자유민주주의 대한민국
산업화 미래 비전

자유민주주의 대한민국
산업화 미래 비전

金源模

단국대학교출판부

머리말

1882년 한미수교 이전의 한미관계는 상호 무지와 적대관계로 시작했다. 미국의 대외정책의 기본 노선은 통상무역 확대정책이다. 이를 구현하는 수단이 곧 포함외교Gunboat Diplomacy이다. 미국은 포함외교 책략에 의해 1844년에 미청조약 체결로 중국을 개항했고, 1853~4년 페리 제독의 일본원정으로 일본을 개항했다. 그러나 조선은 대원군의 쇄국정책에 의해 한반도의 문호는 굳건히 닫혀 있어서 접근조차 할 수 없었다. 그러나 조선은 천주교를 사교邪敎로 단죄하였다. 프랑스 선교사 9명 및 조선인 천주교도 다수를 학살한 병인박해1866가 발발하자 프랑스는 이에 대한 보복원정을 단행하였으니 이른바 병인양요이다. 프랑스군은 양헌수梁憲洙 부대에 연전연패를 당하면서 1866년 11월 10일 강화사고에 보관되어 있넌 귀중한 노서 수전 책 및 문화재를 약탈하고 철수하였다. 1866년 제너럴셔먼호사건이 연달아 발생했다. 이에 강화해협에 대한 구미 함정의 내침을 우려한 대원군은 외국의 함정이 강화해협에 들어와서 개항을 요구하는 사례를 사전에 예방하기 위하여 "海門防守他國船愼勿過 강화해협 관문을 굳게 지키고 어떠한 외국 함정도 강화해협을 드나들 수 없다"는 열 글자의 돌비석을 덕진돈대 입구에 세웠다. 대원군의 쇄국 의지가 얼마나 확고부동한지를 상징하고 있다.

미국 페리M. C. Perry 제독은 일본과의 통상 개시의 명을 받고 대규모 함대를 이끌고 일본원정을 단행했다. 일본은 미 함대에 적대적 공격을 하지 않고 오히려 환대하였으며, 1854년 미일조약을 체결하고 개항했다. 이는 피 한 방울 흘리지 않고 평화적 개항이었다. 일본은 구미 선진문물을 수용, 일본의 근대화 산업화의 원동력으로 작용했다. 그러나 한국의 경우 병인양요에서 수백 명의 전사자를 낼 정도로 치열한 전투를 벌이면서 쇄국정책을 고수했기에 구미 선진문물을 받아들일 절호의 기회를 놓쳤다.

미국은 조선에 대한 통상무역 확대 정책을 구현하기 위하여 1871년 로저스 제독이 이끄는 아시아 함대를 파견하여 개항을 요구하였다. 광성보에서 성조기를 단 미국 함대와 수자기帥字旗를 내건 어재연魚在淵, 1823~1871 부대간 치열한 전투 끝에 조선군 수백 명이 순국하였다신미양요 1871. 대원군의 쇄국양이정책에 부딪친 미국의 조선개항 시도는 결국 좌절되었다. 신미양요 이후 조선은 척화비를 세우고 쇄국정책을 강화했으며, 조선의 대미 적대감은 절정에 달했다.

대외조약 체결 교섭은 양국 전권이 이마를 맞대고 협상·타결하는 것이 정상적인 외교 관례이다. 그러나 당시 조선 외교의 총책임자는 이홍장李鴻章이었다. 이홍장은 조선 전권을 배제하고 미국 전권 슈펠트R. W. Shufeldt와 단독교섭으로 한미수호통상조약 체결을 추진하였다. 이홍장은 한미조약 제1조에 조선은 청의 속국이라는 '속방론'을 명문화할 것을 강요했고, 슈펠트는 조선은 청의 조공국이기는 하나 결코 청의 속국이 아닌 자주독립국임을 주장, 속방론 명문화를 거부했다. 속방론 명문화 문제를 두고 상호 협상 교섭은 결렬 위기에 봉착하자, 이홍장은 일보 양보하여 조약체결 후 조선국왕이 미국 대통령에게 보내는 별도 조회문에 속방론을 명문화하기로 하고, 그 대신 거중조정good offices, 從中善爲調處 조항을 제1조에 명문화하기로 타결했다. '거중조정'이란 조선이 제3국의 침략을 받을 경우 미국이 이에 개입해서 거중조정해 준다는 것이다. 이홍장의 대한정책은 연미론聯美論에 의한 종주권 확보이다. 즉 미국 세력을 한반도에 끌어들여 남쪽 일본의 한반도 침략征韓論을 막고, 북쪽 러시아의 남진정책을 저지함으로써 조선과 조공관계를 확보하겠다는 것이다.

1876년 2월 26일 한일수호조규를 체결했다. 제1관에 "조선국은 자주국이며 일본국과 평등한 권리를 보유한다." 이에 이홍장은 속방론을 구현하기 위하여 주차조선총리 원세개袁世凱를 조선에 파견, 주차조선총리에 부임했다1885. 10. 이로부터 원세개는 내정간섭을 자행했다. 고종의 외교 고문 데니O. N. Denny는 한국내정간섭을 일삼고 있는 원세개야말로 암적 존재라고 비난하면서 추방운동을 벌였다. 이리하여 미국은 일본의 조선독립정책을 적극 지지함으로써 반청·친일정책을 고수하게 되었다.

청일전쟁에서 전승한 일본은 이토히로부미-이홍장간 시모노세키下關·馬關條約조약을 체결했다1895. 4. 17. 제1관에 "청국은 조선국의 완전무결한 독립 자주국임을 확인한다."고 밝힘으로써 일본은 조선이 비로소 독립국임을 공식 인정했다. 그러나 이면에는 일본은 한청 간의 종속관계를 단절함으로써 청의 간섭을 받지 않고 한반도를 정복·지배해 보겠다는 저의가 깔려있었다. 조선은 진짜 자주독립국이 된양 2천만 조선인은 환호했지만 일본이 청일전쟁1894에서 패퇴한 청의 간섭없이 조선을 정복·지배할 수 있는 기반을 조성한 조치임을 깨닫지 못했다. 조선정부는 비로소 독립국이 된양 갑신정변 때 미국으로 망명한 서재필·서광범을 사면하면서 귀국 조치했다1896. 1. 서재필은 독립협회를 결성하고 모화관慕華館을 독립회관으로 사용하고, 영은문迎恩門을 헐어버리고 그 자리에다 독립문을 세우고, 한글 전용 신문인 '독립신문'을 발간했다.

청일전쟁 승리로 한반도 지배권을 확보한 일본은 즉각 김홍집金弘集 친일정부를 수립했다. 일본의 침략 위협에 직면한 조선은 인아책引俄策, 즉 러시아 세력을 끌어들여 일본의 침략을 견제하려고 했다. 친러·반일 정책의 중심인물은 민 황후이다. 결국 일본은 정한론 구현을 위해 민 황후는 한국정복의 장애요인이 될 것이므로 마침내 대원군을 앞세우고 건청궁에 난입, 일본도日本刀로 민 황후를 암살하고 시신에 석유를 뿌려 불태웠다을미사변, 1895. 10. 8. 이에 친러 · 반일 정치단체인 정동구락부는 경복궁에 유수幽囚 상태로 갇혀 있는 고종 구출 작전을 단행하였다. 고종을 러시아공사관으로 이어함으로써 친러정부를 수립 후 러시아 강세기를 실현했다아관파천, 1896. 2. 11.

한미조약에서 미국은 '거중조정'을 공약했다. 한국은 미국이 아니면 한국을 구제할 나라는 없다면서 미국의 거중조정에 의해 나라를 보전할 것을 호소했다. 그러나 친일 · 반러정책을 고수하고 있는 미국은 외교훈령 64호diplomatic instruction 64로 "한국의 정치문제에 개입하지 말라"1895. 11. 11고 발하면서 대한불개입정책을 선언했다. 이는 대한對韓 거중조정 공약의 폐기인 동시에 친일 · 반러정책의 개시 선언이다.

영미 양국의 궁극적 대아시아정책의 목적은 러시아의 남진정책을 저지하겠다는 것이다. 그러기에 영국은 러시아의 남침 기도를 저지하기 위하여 거문도巨文島를 점거했다1885. 그러나 영국은 러시아의 한반도 불침 약속을 받고 1887년 2월 철수했다. 한편 미국의 궁극적 대아시아 정책은 러시아의 남진정책을 저지하겠다는 것이다. 이를 구현하기 위하여 일본 강대화Strong Japan정책을 추진하고, 일본으로 하여금 미국을 위해 대리전을 수행하게 하여 러시아의 남침을 억제하고자 했다. 이같은 정책목표를 실현하기 위하여 친일 · 반러정책을 채택했다. 미국은 아관파천 이래 한반도 지배권을 확립한 후 러시아 세력 추방운동에 적극 동조하였다. 미국은 앞서 대한 불개입 선언에 이어 1896년 1월에는 "한국주재 미국 외교관은 반일 발언을 금지한다"는 외교훈령을 내리기에 이르렀다. 1897년 5월 미 국무부는 알렌H. N. Allen을 주한 미국공사에 임명하면서 한국 정치문제에 대해 절대 중립을 준수할 것을 엄명하면서 "미국은 한국의 국가 운명에 관계되는 문제에 대해 상담역이 될 수 없거니와 한국과 어떠한 보호동맹protective alliance도 맺지 않을 것이다."라고 선언했다.

1898년 러시아 세력이 물러나면서부터 러일전쟁 발발의 긴장이 고조되기에 이르렀다. 앞서 '외교훈령 64호'를 무시하고 아관파천을 적극 지원했던 알렌은 이같은 본국 정부의 훈령과는 정반대로 미국은 대한 불개입정책을 지양하고 친러·반일정책에 의해서만 일본의 침략야욕으로부터 한국의 주권 독립을 보전하고, 한반도에서의 미국의 국익을 담보할 수가 있다고 건의했다. 그러나 루스벨트 대통령은 일본 강대화 정책과 친일·반러정책을 고수하면서 일본이 미국 대신으로 대리전을 수행, 러시아의 남침을 저지할 수 있다고 확신하고 그 대가로 한반도에서의 일본의 지배권을 인정하였다. 1905년 7월 27일 악명 높은 태프트-가쓰라桂太郞 비밀협정Taft-Katsura Agreement을 체결한 미일 양국은 한국에서의 일본 종주권 수립을 승인하면서 한국에서의 일본의 '자유행동권free hand'을 인정하였다.

러일전쟁을 도발한 일본이 전승을 거두자, 미국은 재빨리 대한 거중조정 공약을 폐기하고 한국은 자립 불가능 국가라고 결론을 내리면서 어차피 타국의 지배를 받을 바에야 러시아보다는 일본의 지배를 받아야 한다면서 한국 포기정책을 채택했다. 한국 포기정책을 선언한 루스벨트 대통령은 1905년 9월 5일 포츠머스 강화회담을 주재하면서 한반도에서의 일본의 정치·경제·군사상의 우월권을 인정함으로써 한국에서의 일본의 보호국 수립을 지지·승인했던 것이다. 이리하여 1905년 11월 17일 악명 높은 을사보호조약이 체결되어 한국은 외교권이 박탈됨에 미국정부는 즉각 주한미국공사관을 솔선수범으로 철수함으로써 한미외교관계는 단절되었다.

한미조약 체결 이래 한국은 거중조정공약에 의해 미국이 한반도 문제에 개입, 한국을 일본의 침략으로부터 구제해줄 것이라고 확신, 일방적으로 대미 의존정책을 고수해왔다. 그러나 미국은 친일·반러정책을 고수한 채 한국의 운명을 일본에 위임하기에 이르렀다. 무력외교가 지배하는 제국주의시대에서는 강대국과 약소국 간에 체결된 조약이란 최소한의 국력의 뒷받침이 없는 한, 그것은 한 장의 휴지조각 이상의 가치도 없다는 역사적 교훈을 얻을 수 있다. 한국의 거중조정과 구제 호소를 미국이 묵살한 것은 분명히 미국의 조약 의무 포기 또는 외교적 배신 행위임에 틀림없다고 지적할 수 있다. 한편 조약 의무를 이행할 수 있도록 국력의 뒷받침을 해주지 못했던 것은 한국 스스로가 한국을 배신했다는 자성과 비판을 받아 마땅한 일이다.

일본 군벌이 미국을 상대로 태평양전쟁을 도발하지 않았다면 한국 해방은 절망적이었다. 그러므로 한국 해방은 미국의 전승 선물이다. 루스벨트 대통령은 카이로선언1943. 11. 27에서 '한국 해방과 자유독립'을 보장했다. 이어 얄타회담1945. 2. 8에서 이를 재확인하면서 한국 민족은 자치능력이 없으므로 미중소 3국이 위임국이 되어 신탁통치안을 제의했다. 그러나 38선 획정으로 남북분단의 고착화를 가져온 일대 실책을 자초하였다.

1945년 8월 11일 러스크 대령에 의해 일본군 무장해제의 편의에 따라 즉흥적으로 38선이 획정되었다는 설이 정설화되고 있다. 그러나 포츠담 회담1945. 7. 26 때 마샬 육군참모총장이 헐 육군작전국장에게 한반도 지상작전선을 획정할 것을 지시함으로써 이른바 헐 선Hall Line을 획정했는데, 러스크는 이 '헐 선'을 참조해서 38선을 획정했다는 것이다.

미국이 오키나와 상륙작전을 펼치는 동안 미일 양군은 25만여의 전사자를 내었다. 미국 참모본부는 일본 본토 상륙작전을 벌일 경우 50만 내지 100만이 희생될 것이라고 분석하였다. 미국은 일본 본토 상륙작전에 주력해야 하므로 한반도 상륙작전은 2차적인 문제였다. 그러기에 소련의 참전을 거듭 촉구하고 있었다. 1945년 8월 8일 히로시마에 8월 11일

나가사키에 원자탄 투하로 일본의 무조건 항복이 긴박한 가운데 소련은 8월 8일 대일선전포고를 발하면서 일사천리로 북한을 점령하기 시작했다. 그대로 방치한다면 소련군의 한반도 단독 점령이 될 위기에 직면한 미국은 급기야 38선을 획정하면서 미소 양군이 각각 남북을 분할 점령하게 되었다. 원래 미국은 한반도 단독 점령을 입안했다. 국무부 '정책건의서' 1945. 1. 18에 의하면 "한국에 설치된 연합군과 점령군은 '분할지역'으로서가 아니라 '단일구역'으로 중앙행정의 원칙하에 조직되어야 한다."고 명시되어 있다. 38선 분할점령이 남북 분단의 원인이 되었다.

1949년 소련이 원자탄실험에 성공함으로써 미국은 핵무기 독점권을 상실하고 냉전시대를 맞이했다. 모택동의 중공군이 중원대륙 적화통일로 중화인민공화국이 수립되고 1949. 12. 8, 장개석 중화민국 총통은 타이완臺灣으로 들어가서 이른바 일국양제一國兩制 시대에 돌입했다.

이러한 국제질서의 상황변화를 인식하지 못하고 미국은 애매모호한 대한정책으로 일관했다. 첫째, 미국은 1949년 6월 주한군사고문단 500명만 잔류하고 주한미군의 전면 철수를 단행했다. 둘째, 1950년 1월 12일 '애치슨 라인'을 선언했다. 한국이 북한 공산군 침략을 받더라도 애치슨 라인 밖의 한반도의 안보를 책임질 수 없다는 것이다. 이와 같은 국제적 상황변화와 미국의 애매모호한 대한對韓정책 결정 결과 김일성의 남침도발을 초래하였다.

김일성은 모택동의 군사원조 약속을 받아내고, 모스크바로 직접 가서 스탈린으로부터 군사원조를 받아내고, 마침내 1950년 6·25 남침작전에 돌입하여 남침 3일 만에 서울을 점령했다. 대구-부산을 잇는 낙동강 전선을 제외하고 남한 전역을 점거했다. 이에 유엔회원국 16개국이 참전하에 미 공군은 신형 전투기로 제공권을 장악, 다부동 상공으로 와서 융탄폭격을 가하는 가운데 마침내 북한군을 물리칠 수 있었다.

이에 유엔군 총사령관 맥아더MacArtnur, Douglas, 1880~1964는 인천상륙작전1950. 9. 15을 단행하여 북한군을 제압하고 서울을 수복1950. 9. 28하여 전세는 대역전되어 승승장구 압록강까지 진격하였다. 다급해진 김일성은 모택동에게 중공군 투입을 간청하는 서한을 보낸 결과 50만 중공군을 지원받았다. 한국전에 참전한 중공군의 인해전술로 6 · 25 전쟁은 교착상태에 빠지게 되었다. 맥아더는 전쟁의 교착상태를 타개하기 위하여 만주폭격을 주창하자, 6 · 25 남북전쟁이 국제전으로의 확전을 우려한 트루먼 정부는 맥아더를 해임하였다. 이에 소련의 유엔 대표 말리크는 정전을 제의하였으며, 미국이 이에 호응하여 마침내 1953년 7월 27일 판문점에서 휴전협정이 체결되었다.

그러나 이승만 대통령은 남북통일의 호기가 도래했다고 확신하고 휴전 반대 북진통일을 주장하였다. 그는 우리는 38선을 다시 만들면 안 된다면서 분단 유지 휴전은 결사 반대한다고 고집했다. 6 · 25 참전국들마저 이승만을 '통일병자 늙은 독재자'라고 규탄하자 미국은 이승만 암살작전을 세 번이나 발동하려고 했는데 그것이 'Ever Ready Plan'이다.

이승만의 휴전 반대 이유는 "휴전은 더 큰 전쟁의 준비 행위이며, 더 큰 전쟁과 내란에 의한 공산당의 침략 행위의 서막이 된다"는 것이다. 휴전할 경우 북한군의 국지도발과 게릴라전유격전에 엄청난 정신적 피해를 입을 것이라고 했다. 그 실례가 판문점 공동경비 구역에서 북한군의 미군에 대한 도끼만행과 서해에서 북한군이 자행한 천안함 폭침 사건이다. 두 가지 사례를 보더라도 이승만의 예언이 적중했음을 알 수 있다.

미국은 이승만의 이같은 안보 불안을 해소시키는 최우선책은 "미국은 앞으로 외부 공격에 대비, 대한민국을 방어할 조약을 체결할 것이다."라고 발표하면서 북한의 핵 위협에는 '핵 확장 억제력Extended Deterrence'으로 대응한다고 했다. 드디어 한미상호방위조약을 체결했다1953. 10. 1. 주한미군과 공군은 그대로 유지하고 안보동맹조약을 체결할 경우 이승만은 "한국은 번영의 나라로 발전할 것이다."라고 예언했다.

이스라엘 다비드 벤구리온Ben Gurion, David, 1886~1973과 대한민국 이승만 대통령은 너무나 닮은 건국 지도자이다. 제2차 대전이 종식되자 전승국 영국이 국경선을 제 마음대로 유대인과 팔레스타인, 아랍인 사이에 분할하면서 벤구리온이 초대 총리가 되었다. 2차대전 중 나치에 의해 살해된 이스라엘 민족은 무려 600만이나 되었다. 벤구리온은 1952년 서독과 맺은 홀로코스트 피해 배상협정에서 너무나 많은 양보를 했다고 이스라엘 시민의 저항에 부딪히기도 했으나 그 후에 유엔으로부터 이스라엘 건국을 정식 승인받았다. 이후 이스라엘은 다양한 군사작전을 통하여 안보를 강화했으며, 현재 하마스와 치열한 전쟁을 벌이고 있다.

이승만은 외교를 통한 독립운동을 벌이면서 "미영중 3국은 한국의 자유 독립free and independent을 보장한다1943. 12. 1"를 얻어내었다. 좌우합작을 거부하고 남한에서 독자적으로 실시한 5 · 10 총선거1948를 통해 구성된 제헌 국회의원들은 이승만을 대한민국 초대 대통령으로 선출하였다. 초대 대통령 이승만은 철저한 반공 · 자유민주주의와 시장경제를 지향하였으며, 이를 계승한 박정희의 지도 아래 대한민국은 '한강의 기적'을 이루었다. 대한민국은 한미동맹조약 체결 이후 안보를 철통같이 강화하고 있다. 국가지도자에게도 '공로와 과실' 공과功過의 논란이 있게 마련이다. 국민은 '과실'보다는 '공로'를 인정하는 아량을 베풀어야 한다. 또한 이승만 기념관 건설에 우리 모두 동참하기를 간절히 호소하는 바이다.

한미동맹 체결 71주년을 맞이하며

김 원 모

차례

제1장
반공 · 자유민주주의 정부수립 배경

1. 신미양요와 수자기帥字旗

미국 건국 이래 미국의 대외정책의 기조는 통상무역확대정책이었다. 이를 구현하는 수단 · 방법이 포함외교Gunboat Diplomacy이다. 성조기를 군함 마스트에 내걸고 상대국 항구에 진입하여 해로탐사를 구실로 탐측 활동을 전개하면서 해상에서는 함대의 군사적 시위를 벌이는데, 이때 상대국에서 군사적 공격을 가해오면 '국기모독죄'를 적용, 이에 대한 보상과 사죄를 할 것, 대표를 파견하여 통상조약을 체결할 것 등을 요구하면서 이에 불응 · 거부할 경우 상륙작전을 벌여 군사적으로 정복하여 문호를 개방함으로써 미제상품 판매시장을 확장한다는 것이다.

이에 반하여 조선의 대외정책의 기조는 해금海禁정책을 고수하면서 서양 오랑캐와의 교섭은 국금國禁으로 금지했다. 한반도 근해에 나타난 구미의 이양선異樣船과의 교섭을 일체 거부한다는 것이다. 대원군 집정기에 들어서면서부터는 쇄국양이鎖國攘夷정책으로 강화했다. 구미 열강과의 통상교섭 및 개항을 일체 거부하면서 이를 물리치고 문호를 개방하지 않겠다는 것이다.

미국은 1844년에 중국을 개항했고, 1854년에 페리 제독의 일본원정으로 일본을 개항했다. 미국이 한반도에 적극적 관심을 가지게 된 것은 1866년 9월 '제너럴 셔먼호 소파사건'이었다. 평양 대동강을 소항해서 통상요구를 강요하자 조선은 이를 단호히 거부함으로써 무력적 충돌이 발발, 승무원 24명이 몰살하고 선체는 불태워버린 것이다. 이제 미국 해군의 최대과제는 조선개항이었다. 미국 해군은 포함외교에 의해 한반도에로의 통상교역 확대정책을 구현하기 위하여 그란트 대통령은 조선원정을 단행했다. 미국의 조선원정의 일차적인 목적은 제너럴 셔먼호 소파에 대한 응징 · 보복이었지만 궁극적인 목적은 조선개항이었다. 조선과 통상조약을 체결, 한반도에까지 판매시장을 확대한다는 것이었다.

이리하여 아시아함대 사령관 로저스Rodgers 제독은 기함 콜로라도호를 비롯하여 군함 5척, 함재대포 85문, 총병력 1,230명의 대병력을 이끌고 조선원정길에 올랐다. 로저스는 일본 명치천황에 국서를 제정하면서 일본정부가 조선에 관한 정확한 정보를 제공하면 일본 군사정보장교를 동반하겠다고 제의했다. 그러나 일본은 조선의 정확한 정보, 즉 대원군이 집정하고 있는 한 아무리 막강한 해군 함대를 동원하더라도 조선개항은 실패할 것이라는 가장 중요한 정보만은 제공하지 아니했다. 그 이유는 조선개항의 이니시어티브를 미국에 빼앗기지 않기 위해서이다. 이에 일본은 나가사키長崎를 미 아시아함대의 집결 및 해상군사훈련기지로 제공하고, 1854년 미일조약 및 1858년 미일조약 사본을 제공하면서 군사정보장교 안토安藤太郎에게 로저스 제독을 수행하게 했다. 일본은 명치유신1868 직후에 이미 정한론征韓論을 수립했기에 한반도를 정복 · 지배하기 위한 군사정보를 얻을 수 있는 절호의 호기를 잡은 것이다.

로저스 제독은 나가사키에서 사진업을 하던 이탈리아인 비토Felix Beato를 '공식 원정사진기사'로 채용, 동반했다. 이리하여 1871년 5월

16일 미국 아시아함대는 나가사키를 출항 강화도로 항진했다. 조선원정길에 오를 때에 함상에서에서는 조선군의 장병은 용맹무쌍하다는 헛소문이 나돌아서 미군 장병을 긴장시키고 있었다. "조선민족은 부유한 국민이라는 것, 체격은 장대하고 힘은 헤르쿨레스 같은 괴력을 가졌고, 그들의 잔인성은 호랑이와 같으며, 그들이 소지한 총은 최신형이며, 사격술은 그 옛날 윌리엄 텔 만큼 백발백중이고, 용맹성은 그 옛날 테르모필레의 영웅적 병사와 같다." 이러한 얼토당토 않는 헛소문이 나돌게 된 것은 5년 전 프랑스 로저스 제독의 조선원정병인양요, 1866의 실패에 연유하고 있다.

프랑스 로저스 제독은 한강봉쇄령을 내리고 조선원정을 단행, 조선배는 강화해협을 힝행할 수 없었다. 그래서 로저스 제독은 강화도를 무혈점령하고 말았다. 한강봉쇄령 때문에 조선 배는 낮에는 통항할 수 없기에 양헌수梁憲洙 천총千總은 조선 배 10여 척을 준비해놓고 약 600명의 군사를 이끌고 달도 없는 그믐밤을 이용하여 잠도작전潛渡作戰을 빌어 정족산성을 점거 농성하고 있다가 올리비에 특공대를 격파한 승첩을 거두었다. 조선이 막강한 화력을 가진 서양세력을 물리친 것이 과장되게 부풀려서 이같은 허무맹랑한 헛소문이 미 장병들 간에 나돌게 된 것이다.

당시 한미 양국의 무기 장비를 비교해 보면, 미군 장병은 플리머스, 레밍턴, 스프링필드 등 장총, 댈그런 곡사포를 무장했고, 장교는 연발권총과 쌍안경망원경을 휴대했다. 군함은 모두 증기 동력선이었고 막강한 함재 대포를 적재하고 있다. 이들 신무기는 미국 남북전쟁1861~65의 실전에 사용한 최신식 무기였다. 게다가 군사훈련을 쌓은 실전경험이 있는 장병으로 조직·편성되어 있다.

이에 비하여 조선군의 무기로는 화승총火繩銃, 대포로는 불랑기佛狼機, 대완구大碗口가 전부였다. 조선군의 무기는 특히 조선 대포는 화력, 사정거리, 명중률 등이 열악한 전근대적 노후한 병기였다. 따라서 조선군은 실전경험이 없는 비조직적인 오합지졸에 불과했다. 선박으로는 돛을 달고 노를 저어가는 돛단배平底帆船이다. 한마디로 한미 간의 군사적 대결은 '문명 대 야만'의 전쟁이 아닐 수 없다.

로저스 제독은 인천 월미도와 율도 사이의 해역에 기함을 정박하고 조선대표에게 6월 1일 강화해협을 탐측하겠다고 일방적으로 통고했다. 마침내 손돌목 포격사건1871. 6. 1이 발생했다. 조선군은 대완구 대포를 쏘아 미 함대의 강화도 진입을 막으려 했으나 대포 발포 굉음은 온 산천이 떠나가도록 울렸으나 명중률은 헛방이었다. 이에 미군은 조선군의 대포는 노후한 쓸모없는 병기임을 확인했다.

손돌목 포격사건 후 대원군은 진무사 정기원鄭岐源을 시켜 미국의 국경 침입과 손돌목 포격에 대한 조선의 입장을 표명하는 편지를 보냈다.

〈손돌목 포격 사건 후 조선의 뜻을 미국함대에 전하는 편지(1871. 6. 4)〉

"지난번에 귀선이 바닷가 요새지를 거슬러 올라와서 피차간에 대포를 쏘며 서로 경계하는 조치까지 있도록 만들었습니다. 이미 호의로 대하자고 말하고서도 한바탕 이런 사단이 있게 되었으니 매우 개탄할 노릇입니다. 귀선이 오고부터 연해의 관리들과 무관들에게 절대로 사단을 일으켜 사이가 나빠지게 하지 말라고 경계하여 타일렀습니다. 그렇지만 귀선이 다른 나라의 규례를 아랑곳하지 않고 요새지 어구까지 깊이 들어온 이상 변경을 방비하는 신하들로 말하면 그 임무가 방어인데 어찌 가만히 있을 수 있겠습니까? 지난번 일에 대해 괴이하게 생각하지 말기 바랍니다.…"(고종실록(1871. 고종 8. 6. 4; 수자기帥字旗-136년 만의 귀환, 국립고궁박물관, 2008. p.28).

〈대원군 편지에 대한 미국측의 답신(1871. 6. 7)〉

당산들에게서 온 편지에서 언급한 내용에 의하면 귀 조정이 우리나라 군주대통령가 파견한 관리와 그가 와서 해결하려고 하는 문제에 대하여 우의를 가지고 협상하려 하지 않는다는 것을 알 수 있습니다. 이것이 군주미 대통령가 파견한 로우F. F. Low 공사와 로저스 제독이 매우 안타까워하는 문제입니다. 까닭없이 공격한 문제에 대해서는 잘못을 책망하지 않고 도리어 비호하면서 변경을 책임진 신하의 직책으로서는 응당 해야할 일을 한 것이라고 하였습니다. 우리 로저스 제독과 로우 공사는 원래 포를 쏜 행위는 군사와 백성들의 망동에서 생긴 것이라고 보고 있습니다. 귀 조정에서 이것을 알고 꼭 책임에서 벗어나려고 한다면 모든 사람들이 바라는 대로 높은 관리를 파견하여 협의하는 것이 좋겠습니다. 그러므로 서둘러 행동하지 않고 기일을 늦추어 가면서 기다리는 것입니다. 만일 귀 조정에서 3,4일내에 만나서 협상할 의사가 없이 기한이 되기만 기다린다면 전적으로 군주대통령가 파견한 우리 로저스 제독이 처리하는 대로 할 것입니다.…(수자기帥字旗-136년 만의 귀환, p.31; 고종실록, 고종8. 6. 4(음 4. 17).

이로 인해 한미간 교섭이 단절됨에 장대교섭pole diplomacy이 진행되었다. 장대에 편지를 매달아 놓으면 상대방이 받아보고 답장을 매달아서 전달하는 극히 원시적인 통신수단이 동원되었다. 이 장대교섭을 통해 미군측은 평화적으로 탐측활동을 벌이는 미군함대에 대한 기습포격은 '성조기'에 대한 모독이며 이는 야만적 비인도적 무력행동이라고 규탄하면서 이에 대한 사과를 할 것, 조선개항을 위한 협상에 응하지 않을 경우 10일 후 6월 10일 강화도 상륙작전을 결행하겠다고 통고했다.

그러나 조선측은 자위권을 주장했다. 1866년 프랑스군의 침략병인양요을 받고 나서 대원군은 강화도 입구에 외국배의 항행을 금지한다는 통항금지 표석海門防守他國船愼勿過 · 해문은 막아서 지키니 다른 나라 선박은 통항하지 말지어다을 세워놓고 있다. 조선 당국의 허가 없이 외국 배의 통항이 금지되어있는 강화해협에로의 침입, 군사적 탐측활동은 영토침략 주권침해이기 때문에 미 함정에 대한 포격은 정당방위라고 주장하면서 사과와 협상을 단호히 거부했다.

이리하여 로저스 제독은 마침내 6월 10일 강화도 상륙작전을 단행, 응징보복 작전을 결행했다. 육해 합동 상륙작전이 개시되었는데 이는 미국 건국 이래 최초의 해외전쟁인 것이다. 상륙군 부대는 모두 10개 중대로 편성했고, 포병대와 공병대를 동원했다. 상륙군 부대의 총병력은 644명, 이중 해병대는 104명이었다. 해상에는 포함 2척, 기정 4척, 장병의 상륙용 단정 18척 등 함정 지원 병력은 301명 총 945명이 상륙작전에 동원되었다.

이리하여 수륙 양면 공격작전이 개시되었다. 조선은 병인양요 이래 강화도에 진무영鎭撫營을 설치, 약 3천 명의 수비병을 배치하고 있었다. 광성보廣城堡는 손돌목 돈대를 중심으로 용두돈대와 광성돈대 등 3개 돈대가 솥발처럼 정립하고 있는 강화도에서 난공불락의 요새지였다. 강화 진무중군鎭撫中軍 어재연魚在淵은 손돌목 돈대에 지휘본부인 찰주소札駐所를 설치하고 대형 수자기帥字旗를 내걸고 약 600여 명의 호랑이 포수들로 편성된 수비병을 거느리고 미 상륙군에 결사 항전했다.

미군의 상륙지점은 초지진 앞 갯벌이었다. 미 상륙군 장병들은 허리까지 빠지는 갯벌을 도섭하기 위하여 군화와 양말 그리고 바지를 벗어 목에 걸고 팬티 바람으로 상륙했다. 포병대의 상륙이 가장 힘들었다. 장병들은 웃통을 벗어젖히고 앞에서 밧줄로 야포를 매어 끌고 뒤에서 갯벌에 빠진 야포 바퀴를 밀고 해서 겨우 상륙작전을 완료, 초지진을 무혈점령했다. 초지진에서 야영으로 첫날밤을 보냈다.

그 이튿날 6월 11일 새벽에 기상, 덕진진을 점거, 진사 창고 등을 모두 불태우고 대포와 무기를 전리품으로 노획하고 마지막 광성보 공략 작전에 나섰다. 해상에서 광성보에 대한 함포사격을 가해 조선군이 저항할 수 없도록 초토화한 후 돌격작전을 벌였다. 돌격작전을 개시하려 할 때

광성보로부터 침울한 노랫소리melancholy songs가 들려왔다. “서방 세계의 그 어떤 음악으로도 이처럼 소름 끼치는 곡조를 재현시킬 수 없다. 실로 몸이 절로 오싹해지는 노랫소리였다. 그 무시무시한 곡조는 인간적인 노랫가락이 아닌 듯 여겨진다. 이 몸서리쳐지는 노랫소리는 총검 단도 창 등이 서로 맞부딪치는 처절한 소리보다 더 오랫동안 우리 귀에 쟁쟁히 들려왔다. 그것은 서양의 그 어떤 선율곡조로도 표현할 수 없는 이상야릇한 소름 끼치는 만가輓歌였다.” 이 침울한 애조곡은 함포사격으로 죽은 동료의 죽음을 조상하기 위하여 무당이 땅을 치며 슬피 울부짖으며 넋두리한 호곡號哭 소리였다.

화력에 절대 열세인 어재연 중군은 맨주먹으로 육박전을 벌여 옥쇄작전으로 결사 항전했다. 어재연 중군은 마침내 육박전을 벌이다가 미군의 총탄에 맞아 장렬히 순국했다. 미군 장교는 어재연군의 옥쇄작전의 용맹성을 이렇게 찬양했다. “조선군은 근대적인 총을 한 자루도 보유하지 못했다. 조선군은 진걸총jingalls, 화승총이나 노후한 전 근대적 무기를 가지고 근대적인 미군 총포와 대항해서 싸웠다. 조선군은 결사적으로 장렬하게 싸우면서 아무런 두려움 없이 그들의 진지를 사수하다가 죽었다. 가족과 국가를 위하여 이보다 더 용감하게 싸운 국민을 다시 찾아볼 수 없다. 조선군은 끝까지 필사적으로 싸웠으며, 그 용맹성은 어느 민족보다도 우수했다. 광성보 안에 있었던 조선 장병 대부분은 자기 진지를 사수하다가 전사했다. 그들은 허장성세와 무모함을 보였다. 그들은 도망할 기회를 찾지 아니하였고 살아서 포로가 되기보다는 끝까지 싸워서 옥쇄한 것이다.”

광성보를 점거했을 때 조선군 전사자는 무려 243명, 부상자 20명이었다. 조선군은 그 무더운 여름에 ‘솜 아홉 겹을 놓은 핫옷’을 입고 일종의 방탄조끼 면갑綿甲을 입고 싸웠다. 이는 방탄용의 군복이었지만, 총탄으로 솜옷에 불이 붙어 몸이 뜨거워 바닷물에 뛰어내린 장병이 100여 명이어서 희생자가 가중되었다. 이리하여 조선군 전사자는 총 350명, 부상자 20명이고 미군은 전사자 3명, 부상자 10명이었다. 한미 양군의 전사자는 100대 1의 일방적인 전투였다. 손돌목 돈대를 점거한 미군은 찰주소에 게양되어 있는 '수자기'를 내리고 '성조기'를 게양하고 해상 함정에 신호를 보내니 해상의 미군 장병들은 일제히 전승의 만세 소리 함성을 울렸다.

해병대를 지휘했던 틸톤Tilton 대위는 "적어도 조선군 시체 100여 구가 해협에 떨어져서 물 위에 뜨거나 잠겼는데, 바닷물 빛은 붉은 핏빛으로 변해 있었다. 나는 조선 요새지광성보에서 끔찍한 장면을 보았다. 조선군 몇 사람이 불에 새까맣게 타버린 채 그 근처에 떨어진 미군이 쏜 9인치 포탄의 폭파로 시체가 산산조각이 나기도 했다. 그들이 입은 흰옷에 붉은 피가 물들어져서 붉은색과 흰색이 너무나 두드러진 대조를 이루고 있었다."라고 처참한 전투 장면을 회상하고 있다. 미군은 대완구 · 불랑기를 비롯하여 조선 대포와 조총화승총 등 481문, 수자기를 비롯하여 군기 50개를 전리품으로 노획하고 6월 12일 강화도를 철수했다.

로저스 제독은 1871년 6월 12일 전승축하훈령을 발표했다. "본 사령관은 조선 강화도에서 벌인 최근의 작전에서 아시아 함대 육해 장병들이 발휘한 무공과 인내력에 대해 흡족하고 있다는 사실을 전 장병에게 알리게 되어 대단히 만족하고 자랑스럽게 여기는 바이다. 우리 장병들이 이룩한 빛나는 전승을 축하함에 있어서 본관은 우리나라 성조기의 명예를 수호하다가 산화한 용감무쌍한 전몰장병들에 대해 충심으로 애도하는 바이다."

이리하여 한미전쟁은 미군의 일방적 전승으로 끝났다. 원래 로저스 제독은 1853년 페리 제독의 무력시위를 통한 포함외교에 의해 일본개항을 성공시킨 성공사례를 본받아 조선개항을 성취시키겠다는 결의로 한미전쟁을 벌인 것이다. 미군은 이같은 무력적 전쟁으로 상륙작전을 단행, 강화도의 5개 성채를 점령하고 조선 수비병 350명을 학살하면 조선은 미군의 군사적 위력에 굴복, 순순히 개항 협상에 응할 것으로 예상하고 강화도 앞 기함에서 조선 대표가 나오기를 학수고대했지만 끝내 나타나지 않았다.

미국의 대한對韓 포함외교에 의한 '조선개항 기도企圖'는 대원군의 강력한 쇄국양이鎖國攘夷정책에 부딪쳐 완전 실패로 끝났다. 그러기에 한미전쟁의 전승은 '무의미한 승리'an empty victory로 간주, "승리는 승리였으나, 누구 한 사람 그다지 자랑할 것도 못되며, 누구 한 사람 기억하고 싶지도 않은 전승이다. 입약立約을 위한 미국의 조선원정은 아무런 성과 없이 무위로 끝나 버리고 말았다. 설령 미국 정부가 수도 서울까지 진격하라는 명령이 내린다 하더라도 우리는 충분한 병력을 보유하지 못해 내륙까지 진격할 수 없다. 조선원정은 미국에게 명예로운 일은 못된다."라고 조선개항 실패를 시인했다.

1871년 7월 3일 미군함대가 조선개항원정이 완전 실패하고 강화도로부터 철수하자마자 미국에 대한 배외排外 감정은 절정에 달했다. 대원군은 6월 12일 "서양 오랑캐미국들이 화친하려고 하는 것이 무슨 속셈인지는 알 수 없으나 수천년간 예의의 나라로 이름난 우리나라가 어찌 개돼지 같은 놈들과 화친할 수 있겠는가. 설사 여러 해 동안 서로 버티더라도 단연코 거절하고야 말 것이다. 만일 화친하자고 말하는 자가 있으면 '나라를 팔아먹는 법률'賣國之律로 다스릴 것이다."라고 선언하면서 서울을 비롯하여 전국 주요 도시에 척화비斥和碑를 세우면서 서양 오랑캐와의 교섭과 개항을 경계했다. "서양 오랑캐들이 침범하니 싸우지 아니하면 화친하는 것이요, 화친을 주장하는 것은 나라를 팔아먹자는 것이다. 우리 자손만대에 경계하노라. 병인년1866에 만들고 신미년1871에 세움洋夷侵犯 非戰則和 主和賣國 戒我萬年子孫 丙寅作 辛未立."

조선의 대형 수자기세로 430cm, 가로 413cm.
틸톤 대위는 광성보를 함락, 수자기를 내리고 이를 콜로라도 함상에 걸어놓고 기념촬영했다.
좌측으로부터 브라운 상병, 퍼비스 일병, 틸톤 대위이다.

미 해군은 이 대형 수자기를 전리품으로 가져가 메릴렌드주 애나폴리스 해군사관학교 박물관에 보관해오다가 약탈 136년 만에 대한민국에 반환했다. 10년간 장기대여이다.

1871년 6월 미국 아시아함대는 '성조기'를 마스트에 달고 강화도로 내침했지만 어재연 중군은 그 당시 국기가 없었기에 '수자기'를 내걸고 미군에 항전했다. 6월 11일 한미전쟁신미양요에서 미 해병대의 상륙군 부대가 손돌목 돈대를 점거, 찰주소札駐所, 사령부에 게양되어 있는 수자기帥字旗, generalissimo 원수기, 세로 430cm, 가로 413cm를 내리고 '성조기'를 게양하여

광성보 함락, 전승을 자축했다. 이 수자기는 그동안 미국 애나폴리스 해군사관학교 박물관에 보관하고 있었다.

신미양요1871 때 미군이 전리품으로 빼앗아간 수자기가 136년 만에 반환되었다. 2007년 10월 22일 경복궁 국립고궁박물관에서 문화재청 주관으로 '어재연 장군기 136년 만의 귀환'이란 반환기념식이 거행되었다. 이어 국립고궁박물관은 '수자기 帥字旗-136년 만의 귀환국립고궁박물관, 2008. 3. 27'이란 도록을 펴내고 3월 30일 수자기 특별전시를 개최하면서 특별강연김원모을 개최, 일반에 공개한 것이다.

전쟁에 의해 약탈된 문화재를 136년 만에 반환된 것은 역사적 의미가 크다고 하지 않을 수 없다.

첫째, 이 수자기는 국기 대행 역할을 수행했기 때문이다. 어재연 중군은 해상에 성조기를 마스트에 높다랗게 게양하고 있는 미 함정을 상대로 이 수자기를 내걸고 결사 항전했다는 점에서 그것은 단순한 '원수기'가 아니라 국기대행 역할을 했다는 점에서 수자기 반환은 곧 주권반환이라는 역사적 의미가 대단히 크다 할 것이다.

둘째, 잃어버린 주권을 136년 만에 되찾아왔다는 것이다. 어재연 중군은 이 수자기를 사수하다가 전원 옥쇄했다. 어재연 중군은 "도저히 살아남을 수 없는 진지를 사수하다가守萬死不一生之地" 수자기 아래에서 장렬한 순국을 한 것이다.

셋째, 전쟁에서 약탈된 문화재를 반환해온 첫 사례라는 점에서 이번의 수자기 국내 반환은 그 의미가 더욱 크다고 하지 않을 수 없다.

나폴레옹은 유럽 통일의 야망으로 나폴레옹전쟁1799~1815을 일으켰다. 나폴레옹은 1799년 8월 이집트 원정 시 로제타 스토운Rosetta Stone · 이집트 문자 석판을 약탈했다. 영국을 중심으로 한 대불동맹군 웰링턴 장군은 워털루Watterloo 전투1813에서 전승을 거두고 이 로제타 스토운을 빼앗아 현재 영국 런던 대영박물관에 보관하고 있다. 영불 양국의 소유권이 뒤바뀐 것이다. 그러나 아직까지 프랑스에 반환되지 않고 있다.

병인양요1866 시 프랑스 군은 외규장각에 보관되어 있는 문화재를 약탈했다.

약탈품목

도서역사 · 종교 · 문화 · 전설 340권, 소상자 3개.
고지도 1장, 갑옷 투구甲冑 3개.
천체도天體圖 1장, 가면 1개.
족자簇子 7개 은상자 은괴銀塊 19개
대리석판大理石板 3개(당시 평가: 197,231프랑)
(김원모, 근대한미관계사, 한미전쟁 편, p.318.)

"이것으로 우리 원정 비용을 충당하고도 남으리라 생각한다."라고 전리품으로 약탈한 은괴의 값어치를 높이 평가하고 있다. 이어 조선원정을 통해 비록 피를 흘리는 전쟁을 치렀지만 장차 한불간의 국교수립이 절실히 요망된다고 다음과 같이 결론을 내렸다. 즉 "요컨대 우리가 아시아의 동부 끝까지 파고 들어가려면 한국에 대해 적대적인 태도를 버려야 하며, 유럽은 이날 한국에서 산업에 필요한 자원을 구할 수 있을 것이다." 라고 논평했다.(L'illustration, Journal Universel, 畫報週刊誌 릴뤼스트라숑, 1867년 1월 26일자).

프랑스군은 강화성에 있는 장녕전長寧殿 등 양전兩殿을 비롯하여 행궁行宮 삼아문三衙門 그리고 공해公廨뿐만 아니라 민가 수백호에 불을 지르니 강화성은 일시에 불바다가 되고 말았다. 플랑스군은 이같은 반달리즘을 자행하고 강화도 철수작전을 행하고 본국으로 귀환했다.

외규장각뿐만 아니라 장녕전長寧殿을 비롯하여 행궁行宮 삼아문三衙門 그리고 공해公廨 민가 수백 호를 불태워버리는 등 반달리즘을 자행했다. 고도서 340권, 고지도 1장, 천체도 1장, 족자 7개, 대리석판 3개, 작은 상자 3개, 갑옷투구 3개, 가면 1개, 은상자銀塊 19개 총 197,231프랑당시 가격의 문화재를 약탈해 갔다.

프랑스와 경부고속전철 공사 수주계약을 체결할 때 기술이전 및 병인양요 시 약탈문화재 반환을 조건으로 프랑스와 수주계약을 체결했지만 의궤儀軌 한 권만 반환하고 아직까지 문화재를 반환하지 않고 있다. 그러므로 이번 136년 만에 수자기 반환을 계기로 앞으로 해외 피약탈 문화재를 반환하는 데 하나의 표본적 선례가 되었다는 점에서 그 역사적 의미를 찾아볼 수 있다고 하겠다.

2. 最古 오리지날 진본 태극기-미국 워싱턴 대한제국 공사관 소장 '박정양 태극기'

조선은 병인1866 신미1871 두 차례의 양요를 치르면서 프랑스 삼색기와 미국 성조기를 목도하면서 부터 나라마다 그 나라를 상징하는 국기라는 것이 있다는 것을 비로소 알게 되었다. 조선이 국기를 제정해야겠다는 필요성을 깨닫게 된 계기는 운양호포격사건1875이었다. 일본 운양호雲揚號가 일장기를 내걸고 강화도에 내침했을 때 조선 포대는 자위권을 발동, 일제히 기습 포격을 가했던 것이다. 일본 측은 "운양호에 일장기日章旗를 달아 일본군함임을 표시했는데도 왜 포격을 가했느냐"라고 힐문하면서 귀국도 하루 속히 국기를 제정할 것을 촉구했다. 이에 조선 대표는 다음번 일본 사행시使行時 국기를 휴대하고 가겠다고 언명했다. 이로써 조선은 외교 교섭상 나라의 체통을 유지하려면 국기제정이 시급하다는 인식을 하게 되었다.

조선정부가 국기 제정문제를 구체적으로 논의하게 된 계기는 1882년 한미조약 체결 조인식과 직결되어 있다. 한미조약 교섭은 청清나라 이홍장李鴻章의 주지외교主持外交로 미국 전권 슈펠트R. W. Shufeldt, 薛斐爾와 단독 교섭이 진행되었다. 이홍장은 조선은 중국의 속국이기에 '속방론'을 주장하면서 속방조항을 조약문에 명문화할 것을 강요했다. 슈펠트는 조선은 비록 중국의 조공국이기는 하나 엄연한 자주독립국가라는 이유로 '독립론'을 주장하면서 조약문에 속방조항 삽입을 단호히 거부했다. 이리하여 미 · 청 양국의 조약교섭이 결렬 위기에 직면하자 양자는 각기 일보씩 양보, 한미조약 체결 후 조선국왕이 미국 대통령에게 보내는 별도조회문에 속방론을 명문화하기로 하고 조약문에는 일단 속방조항을 삭제하기로 대타협함으로써 한미조약은 타결된 것이다.

이홍장은 속방론 구현을 위해 한미조약 체결을 지도 · 감독한다는 명분으로 마건충馬建忠을 특파했다. 마건충은 속방론 관철을 위해 조선대표 신헌申櫶 · 김홍집金弘集에게 조선은 청의 속국이기에 조인식에 '흰 바탕에 푸른 구름무늬의 홍룡기白底青雲紅龍旗'를 제작해서 사용할 것을 강요했다. 청국 황제는 황룡기, 조선국왕은 홍색 곤룡포를 입고 있기에 홍룡기를 제작 · 사용할 것을 촉구했다. 그러나 조선 대표는 홍룡기는 제작하는데 공工이 많이 든다는 이유로 홍룡기 국기채택을 거부했다.

1882년 5월 14일 조선대표 신헌申櫶, 1810~1884은 역관 이응준李應浚을 대동하고 스와타라호를 방문하자, 슈펠트는 만약 청의 요구대로 조선이 홍룡기를 만들어 한미조약 조인식에 사용한다면 이는 곧 조선이 스스로 청의 속국임을 인정하는 것이기에 자신의 '독립론'에 배치된다면서 새로 국기제정을 촉구했다. 이에 이응준이 스와타라호 함상에서 '사괘태극기四卦太極旗'를 제작한 것이다. 이응준 창안의 '사괘태극기'는 스와타라호 함상에서 제작·탄생된 것이다.

일반적으로 조선은 국기가 없었기에 한미조약 체결 조인식에 미국 성조기만 게양하고 조약을 체결했다고 인식하고 있지만 사실은 조선은 '이응준 창안 4괘태극기'를 조인식에 사용한 것이다. 《슈펠트의 한미조약체결사The History of the Treaty with Korea》에서 "한미조약은 예포가 울려 퍼지고 한미 양국의 국기가 나부끼는 가운데 제물포에서 조인되었다. 조선 국기Korean National Banner, flag는 이 조인식을 위해 스와타라호 함상에서 급히 제작되었다."[1]라고 4괘태극기 제정 경위를 증언하고 있다.

1882년 5월 22일 제물포 해상의 스와타라Swatara호와 청의 위원호威遠號가 한눈에 내려다보이는 제물포 화도진花島鎭 언덕에 설치한 장방帳房·임시막사에서 한미조약 조인식이 거행되었다. 막사 앞에 성조기와 태극기를 나란히 꽂고 미 해병대의 '양키 두들'Yankee Doodle·미 독립전쟁당시의 애국가 합창이 우렁차게 울려 퍼지는 가운데 역사적인 조인식이 거행되었다. 슈펠트는 독립국가 사이의 조인식이기에 제3국 대표의 배석을 거부하면서 마건충을 별실로 퇴장시킨 가운데 조선 전권과 이마를 맞대고 체결함으로써 독립론을 관철시킨 것이다.

조인식이 끝나자 스와타라호에 신호를 보내니 천지를 진동하는 21발의 축포가 제물포 천지를 진동했다. 한미 양국의 수교修交를 축하하고 조선이 청국의 기반羈絆으로부터 벗어나 신생 독립국가의 새 출발을 만천하에 알리는 축포이다. 이어 청국 위원호에서는 이홍장의 속방정책을 관철

1 『史學志』 제25집(檀國史學會, 1992. 7), pp.187~209, 金源模 譯註, 韓美條約 締結史.

하기 위하여 15발의 예포를 쏘았을 뿐이다. 이와 같이 이응준의 4괘태극기는 슈펠트의 '조선독립정신'에 의해 탄생된 것이다.

일반적으로 박영효가 국기 창안자로 인식되고 있지만 태극기 창안자는 이응준이다. 1882년 8월 조선 수신사 박영효朴泳孝는 국왕의 명에 따라 '팔괘태극기'를 휴대하고 일본 사행길에 올랐다. 영국인 제임스 선장에게 자문을 구하자 8괘는 너무 복잡해서 식별이 어렵다 하므로 박영효는 4괘 태극기'를 제작해서 9월 25일 국기를 제작하여 자신이 체류하는 여관에 처음으로 게양했다. 이어 10월 3일 국기제정을 정부에 보고했다.

이응준이 태극기 창안자라는 사실은 최근 새로운 자료가 발굴됨으로써 그 실체를 드러냈다. 슈펠트는 이응준 창안 태극기를 한미조약 체결식에 사용한 후 이를 미 해군부에 기증했다. 한미조약 체결 2개월 뒤인 1982년 7월 19일 미국 해군부Navy Department 항해국이 제작한 세계 각국 국기종합집 《해상국가의 깃발들Flags of Maritime Nations》에 '4괘태극기'가 수록되어 있다. 현행 태극기의 4괘의 위치가 좌우로 바뀌었을 뿐 전체적으로 매우 흡사하다. 이것이 한미조약 조인식 때 사용한 이응준 창안 4괘태극기 원형이다.[2] 한국 최초의 태극기는 '해상국가의 깃발들'에 수록되었고 슈펠트는 이를 미 의회도서관에 기증했다.

박영효는 일본사행 임무를 완수하고 12월 27일 귀국했다. 그런데 박영효가 일본에서 제작한 태극기 원본이 최근 영국 외교문서에서 발견되었다. 1882년 11월 1일 일본 외무성 요시다 기요나리吉田清成가 주일 일본 영국 공사 파크스Parkes에 보낸 외교문서에 수록된 국기로서 이것이 국기제정당시의 태극기이다. 조선 정부는 1883년 3월 6일 국기제정을

---

2 *Flags of Maritime Nations*(해상국가의 깃발들). United States Navy Department, Washington, D. C. 1882. Plate IX, 'Corea Ensign' and 'National Flag', p.16, "Corea National Flag'; 『朝鮮日報』(2008. 5. 30), 태극기 창안자는 박영효 아닌 이응준(유석재 기자).

공식 반포했다. 그러나 일본 외교관이 제작한 태극기는 영국 국립도서관에 보관되어 있는데 수록된 문헌상의 태극기로서 실물이 없어서 정본 태극기로 인정되지 않는다.

청국 이홍장의 총리아문에서 조선정부에 채색국기를 제작하여 보내라고 요청하자 국기반포 12일 후인 1883년 3월 18일 조선국왕은 채색 태극기를 제작하여 보낸 것이다. 조선국왕은 자문咨文에서 다음과 같이 국기제정 사실을 대외적으로 선명宣明하고 있다.

"우리 나라는 현재 각국과 수호하여 모든 항구에서 일제히 통상을 허락하고 있는바, 앞으로 선함이 내왕할 때는 반드시 깃발을 올려 선적船籍을 인식하는데 편하도록 해야합니다. 이에 사조査照에 대비코자 국기를 제작함과 동시에 그 形色형태와 색깔을 그려서圖畫 보내는 바입니다. 그림과 기색旗色을 판명하여 등록 · 보존하는 외에 의당 문서를 구비한 통첩이 있어야 할 거이며, 이에 준거하여 시행하기를 바랍니다. 아울러 '채색圖畫 고려국기' 한 장을 첨부합니다1883. 3. 20."[3]

이리하여 고종은 채색국기를 그려서 보냈는데, 청국정부는 조선은 청나라 속국의 국기로 변조해서 통상장정성안휘편에 수록했다. 즉 '大淸國屬 高麗國旗'대청국의 속국 고려국기라 명기했다는 것, 더군다나 전 왕조의 국호 고려를 사용, '高麗國旗'라 표기했다는 것, 조선은 청국의 속국임을 강조하기 위하여 청 황제의 색깔 황색 바탕에 고려국기를 그렸다는 것, 청색 4괘조선가 청 황제를 옹위하는 구도로 제작해서 조선은 독립국이 아니라 청국의 속국임을 강조했다는 것이다. 그러므로 이는 변형 고려국기일 뿐만아니라 실물이 없다는 것이므로 정본 태극기라고 공인될 수 없다.[4]

---

3 『通商條約章程成案彙編』(1886), 권 2(서울大 奎章閣 소장), 朝鮮國王 咨文. "據朝鮮國王咨開 敍邦現與各國修好 所有港口之處 均許通商 將來船艦往來 須立旂號 以便認識 玆製國旂 一面圖繪形色 以備查照"; 『東亞日報』(1998. 1. 18), 최초 태극기 원본 발견, 단국대 김원모 교수 찾아내(이광표 기자).

4 金源模, 『태극기의 연혁』(행정자치부 의정과, 1999. 7), pp.62~63.

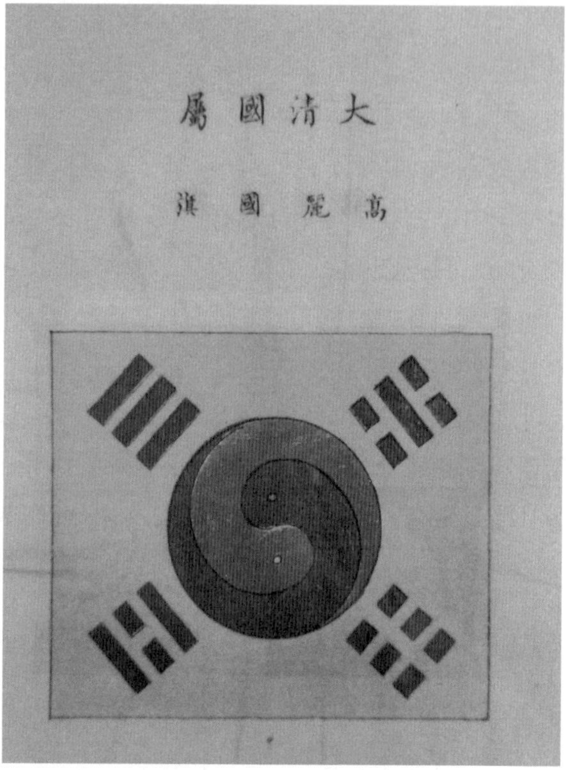

대청국의 속국 고려국기(1883)

고종의 외교 고문 데니가 임기를 마치고 1890년 미국 오리건주 포틀랜드로 귀국시 고종은 대형태극기를 제작하여 기증했다 해서 이를 '데니태극기'라 일컫고 있다. 가로 세로 262×182.5cm의 대형 태극기이다.

데니는 조선독립과 경제개발을 위하여 헌신했으며 청의 내정간섭을 배제하는 등 한국의 자주외교를 위하여 투쟁한 업적을 기리기 위하여 고종은 이 귀중한 대형 태극기를 제작하여 데니에게 하사한 것이다. 데니는 1890년 12월 빙용기한聘用期限이 만료되어 고문관직에서 물러났고,

데니 태극기(1883)

고종은 데니가 본국으로 돌아갈 때 조선왕실에서 1883년 제작한 대형 태극기를 하사했던 것이다. 이것이 '데니 태극기'이다. 이런 점으로 볼 때 데니는 대한내정간섭을 자행하고 있는 원세개는 조선의 독립을 약탈하는 '암적 존재'라고 규탄하면서 그를 추방해야 한다고 주장했다.[5]

한국일보 · The Korea Times1981. 1. 5는 데니 태극기 발견을 톱기사로 보도하고 있다.

"이 最古의 태극기는 구한말 고종의 외교고문관이었던 데니O. N. Denny, 德尼, 1838~1900가 1890년 한국을 떠날때 고종으로부터 하사받은 태극기를 상자에 담아 갔던 것. 1882년 일본에 수신사로 갔던 박영효朴泳孝, 1861~1939가 최초의 태극기를 창안한 때로부터 1년 뒤의 일인데, 데니가 떠날 때 만든 것이 아니라 제작연대는 1883년이어서 더욱 오래된 것이다.

---

5 『신아일보』(1979. 11. 12), 舊韓末 激動의 實相기록; 제7회 교회사간담회 요지(1980. 6. 2) 스워다우트, 高宗顧問官으로서의 데니 役割, 金源模 譯.

데니가 태극기를 미국으로 가져간 사실은 최근세사를 연구하던 김원모 교수가 문헌에서 찾아내 추적·발견의 계기가 됐다. 데니의 족적을 찾던 기자는 이 태극기가 미국 서북단에 위치한 오리건주 포틀랜드시에 사는 윌리엄 롤스턴 씨80, 전직 변호사에게 가 있다는 것을 확인할 수 있었다.

롤스턴씨는 귀중한 것인 줄로 짐작은 했으나 그러한 보배인 줄은 몰랐다면서 기자를 지하실 서고로 안내했다.

태극기는 지하실 헌 책상 위의 손을 대면 금방 바스러질 것 같은 낡고 먼지 쌓인 가방 속에 신문지와 창호지로 조심스럽게 싸여 있었다. 태극기를 싼 신문은 이곳에서 발행되는 일간 오리거니안Oregonian지의 1900년 4월 13일 자.

신문지를 한 꺼풀씩 벗겨가면서 기자의 손끝은 떨리지 않을 수 없었다. 이렇게 눅눅하고 먼지 낀 지하실에서 91년 전의 태극기가 제모습 제 색깔을 유지하고 있을지가 당장 걱정스러웠던 것이다. 그러나 마지막 한 꺼풀을 벗기자 그 속에는 홍청紅靑이 선명한 태극太極무늬가 꼬리가 꼬리를 문채 어우러져 있었고 태극太極무늬를 감싼 청색의 4괘卦가 시야를 압도했다.

질겨 보이는 흰 광목 위에 태극太極무늬와 괘卦는 물들인 다른 천으로 재봉질해 붙여 있었다. 태극太極무늬는 지금의 국기보다 가늘고 날씬했으며 음양의 머리 부분이 원의 중앙에서 위 아래로 마주보고 휘감겨 있었다. 오른쪽에 국기게양용 끈이 아래위로 달려 있었다.

데니는 한국에 살 때 높은 국기게양대에 언제나 태극기를 달았다고 합니다. 그런데 어느날 정동貞洞 외교가에 외교관 한 사람이 죽어 모두 半旗를 올렸는데 데니만은 태극기를 계속 높이 달았다는 겁니다. 다른 외교관들이 항의를 했으나 들은 척도 않았다고 합니다.

청국淸國의 이홍장李鴻章이 묄렌도르프 후임으로 데니를 고종의 외교고문에 천거한 것은 그가 天津·上海 등지의 영사를 역임한데다가 청나라에 협조할 것이라는 기대 때문이었으나 데니는 오히려 청에 항거, 조선의 독립을 위해 투쟁했다고 말했다.

데니는 그의 저서 '清韓論'China and Korea, 1888에서 조공국朝貢國과 종속국從屬國은 별개의 것임을 강조, 조선이 청의 조공국임은 사실이나 종속국이 아닌 엄연한 주권독립국主權獨立國임을 구미 국제법학자들에게 이같은 역사적 진실을 주장한 외교관이었다.

최고最古의 태극기를 찾아나선 길은 한국사람 못지않게 한국을 사랑하고 아꼈던 한 미국인의 일생을 감동적으로 재생시키는 보람의 길이기도 했다."[6]

조선왕실에서 재봉틀로 제작한 '데니 태극기' 규모는 가로 세로 262cm×182.5cm의 대형 태극기이다. 현존 태극기 중 가장 오래되고 규모가 가장 큰 국기다. 미국 스미소니언 박물관 소장 쥬이P. L. Jouy 태극기 53×36cm보다 1년 앞서는 것이나. 그러나 유감스럽게도 쥬이 태극기는 태극무늬의 색깔이 흑홍색黑紅色이고 건곤감리 4괘도 정위치에 배열되어 있었지만 태극무늬의 색깔이 청홍靑紅 색깔이 아니고 흑홍색黑紅色이어서 이는 변형태극기임이 확인되고 있다. 그러므로 최고最古 태극기 반열에 오를 수가 없다. 그러므로 데니 태극기는 유일한 최고 최대의 태극기이다.

그러면 고종은 '채색 고려국기'와 '데니 태극기'의 4괘의 색깔을 왜 청색으로 제작했을까? 4괘의 색깔을 청색으로 한 것은 청구사상靑丘思想에서 유래한 것이다. 일찍이 김천택金天澤은 시조집으로 편찬한 청구영언靑丘永言1728도 청구사상에 기인한다 할 것이다. 우리나라는 옛날부터 東方 東國 靑丘 등의 이름으로 통해오고 있다. 타고르도 우라나라를 '동방

---

6 『한국일보』(1981. 1. 5) 最古의 太極旗를 찾았다(포틀랜드 4日 趙炳雨시애틀 支社長; *The Korea Times,* January 5, 1981, Oldest National Flag Found at American Home.

의 등불'이라고 찬미하지 않았던가?

오행설五行說에 의하면 동쪽은 청색, 서쪽은 백색, 남쪽은 적색, 북쪽은 흑색, 중앙은 황색으로 상징하고 있다. 이 때문에 청색을 선호하게 된 것이다. 그러므로 청색은 한국 국민성과 밀착되어 있다. 우리는 '한국적 미'를 찾는다면 단청의 색깔에서 이를 찾아볼 수 있다. 한국민의 '색채기호에 관한 여론조사'에 의하면 우리 국민은 청·녹색을 가장 좋아하고 흑·적색을 가장 싫어한다는 통계가 나와 있다. 우리 국민의 청색선호도는 민족성과 밀착되어 있다. 조선왕조는 목木이요 청색이라 괘의 색깔을 청색으로 그렸을 가능성이 농후하다. 그러나 시정태극기是正太極旗, 1949. 10. 15를 확정할 때 "4卦의 색깔은 검은색黑色'으로 한다."고 했다. 이에 의하여 4괘는 흑색으로 했다.

한국일보 '메아리'는 국기제정문제를 집중적으로 분석하고 있다.

"최고最古의 태극기가 돌아왔다. 소리없는 환국이지만 역사의 감회는 깊다. 91년만의 귀국이 지나간 '격동 1세기'를 증언해줄 것만 같다.

19세기 후반은 '쇄국조선鎖國朝鮮'이 어지럽게 외세에 시달렸던 시대였다. 동시에 근대국가로서의 골격을 갖추려고 몸부림치던 시대이기도 했다. 무력한 양반사회가 쇠퇴하고 백성은 자각의 눈을 떴다. 외세는 '조용한 아침의 나라'를 조용하게 놓아두지 않았다.

운양호사건을 일으켜 일본이 선수를 쳐왔다. 병자수호조약을 강제로 맺고 침략의 제일보를 내밀었다. 당시 시비를 건 이유의 하나가 자기나라 국기를 단 운양호에 포격을 가했다는 억지였다.

우리나라가 국기의 의미와 필요성을 어렴풋이나마 깨닫게 된 것이 이때부터였다. 전해진대로 태극기가 처음 만들어진 것은 1882년의 일이다. 그러나 불행스럽게도 태극기나 애국가는 그 제작이 미상未詳으로 가리워진 부분이 너무 많다.

처음 나온 태극기는 일본의 한반도 강점强占까지 통일되지 못한 채 여러 모양으로 사용되었다. 이번에 돌아온 태극기는 고종의 외교고문을 지낸 미국인 O. N. 데니가 고국으로 돌아갈 때 하사받은 것이다.

데니는 원래 淸國의 추천으로 우리나라에 왔지만 주권국 조선을 강조하다 오히려 이홍장李鴻章의 미움을 받아 밀려난 친한 외교관이이었다. 그가 하사받은 이 최고最古를 찾아낸 것은 한 국사학자와 한국일보 기자의 끈질긴 추적의 개가라고 할 수 있다.

지하실 서고에 간직되었던 이 태극기를 처음 본 설램을 본지는 연초 이렇게 특종보도했다. "마지막 한 꺼풀을 벗기자 그 속에는 홍청이 선명한 태극무늬가 꼬리에 꼬리를 문 채 어우러져 있었고 태극무늬를 감싼 청색의 괘가 시야를 압도했다."

최고의 데니 태극기를 보면 지금 사용하고 있는 것과 다르다. 오늘의 국기는 정부수립 후인 1949년 국기제정 특별위원회서 5개의 도안중 하나를 체택한 것이다. 확정할 때 제3안으로 알려진 현행 국기는 한국 국기보양회가 보존하고 있었던 것이라고 한다. 국보환국國寶還國의 반가움과 함께 다시금 수난의 역사를 새겨보며 숙연함을 느끼게 된다."[7]

최고 태극기 소장자 롤스딘80 씨는 "이 대극기를 이무런 대기 없이 대한민국 정부에 돌려주겠다"고 하면서 자기는 고령이어서 장남 부부가 이 태극기를 가지고 한국에 갈 것이라고 했다. "가치를 젤 수 없는 귀중한 보물임을 이제야 확실하게 알았다며 내가 사는 이웃에 오리건주 역사박물관의 관장을 지낸 분이 있는데 그에게 보관방법을 물어 앞으로 내 손에 있는 동안이라도 철저하게 보관하겠다면서 한국일보 보도기사를 보고 태극기를 보겠다고 찾아올 것이 예상되나 태극기의 안전을 생각해서 모두 거절하겠다"고 다짐했다.[8]

---

7 『한국일보』(1981. 1. 6), 메아리 : 最古의 還國.

8 『한국일보』(1981. 1. 10), 最古의 太極旗가 돌아온다; *The Korea Times*, January

박정양 태극기(1887), 세로 130cm, 가로 244cm
주미 대한제국 공사관 소장, 현존 最古 진본 태극기

롤스턴 옹80은 전직 변호사 출신이었다. 그는 데니 태극기의 가치는 젤 수 없는 귀중한 보물임을 이제 확실하게 알았다면서 이 데니 태극기는 김원모 교수와 스워다우트 박사의 적극적인 협조로 발굴되었다고 강조했다. 자신은 고령이어서 한국에 갈 수 없어서 장남 롤스턴William K. Ralston Jr. 부부가 데니 태극기를 가지고 와서 1981년 6월 24일 문화공보부 장관에게 반환했던 것이다. 이로써 고종이 1883년 데니 태극기를 제작한지 98년만에, 고종이 태극기를 데니에게 하사한 지 91년 만에 감격적인 반환이 이루어진 것이다.[9]

미국 전권 슈펠트가 조선전권 일행에게 만약 조선이 청나라 청룡기를 한미조약 체결식에 사용한다면 조선이 스스로 청의 속국임을 인정하는

11, 1981, Oldest Korean Flag To Make Home Return.

9 *The Korea Times,* June 24, 1981, Oldest National Flag Makes Return After 90 Years.

한미조약 체결식(1882) 때 사용한 태극기(미 의회도서관 소장) 세로 8.5cm, 가로 17cm. 상단에 코리아(Corea), 하단에 깃발(Ensign)이라 적어 놓고 있다.

것이기에 독자적인 국기를 만들어 사용하도록 권고하자, 수행원 이응준李應浚은 스와트라호 함상에서 급기야 4괘 태극기를 제작했다. 한미 전권은 4괘 태극기를 성조기와 함께 X자로 게양하고 한미조약1882을 체결하였다. 슈펠트 제독은 이 태극기를 가지고 귀국, 미 의회 도서관에 기증, '슈펠트 문서'에 포함 보관하고 있다. 한미조약 체결 142년 만에 발견한 것은 그 역사적 의미는 크다 할 것이다.

그런데 이응준이 한국 최초로 '4괘 태극기'를 급하게 제작해서 그런지 몰라도 깃봉을 기준하여 4괘를 정위치에 그리지 않고 전후좌우로 왜곡 제작했다. 그러므로 일종 변형 태극기여서 현존 最古 정본 태극기 반열에 오르지 못한다(동아일보 2024. 5. 24, 워싱턴 문병기 특파원).

데니는 4년간 고종의 정치고문의 임기를 끝내고 귀국 시 고종은 대형 태극기를 제작 · 기증했다. 이것이 '데니태극기'이다. 원본은 청나라에 있는 대청국속大淸國屬 고려국기高麗國旗(대청국의 속국 고려국기)라 표기되어 있

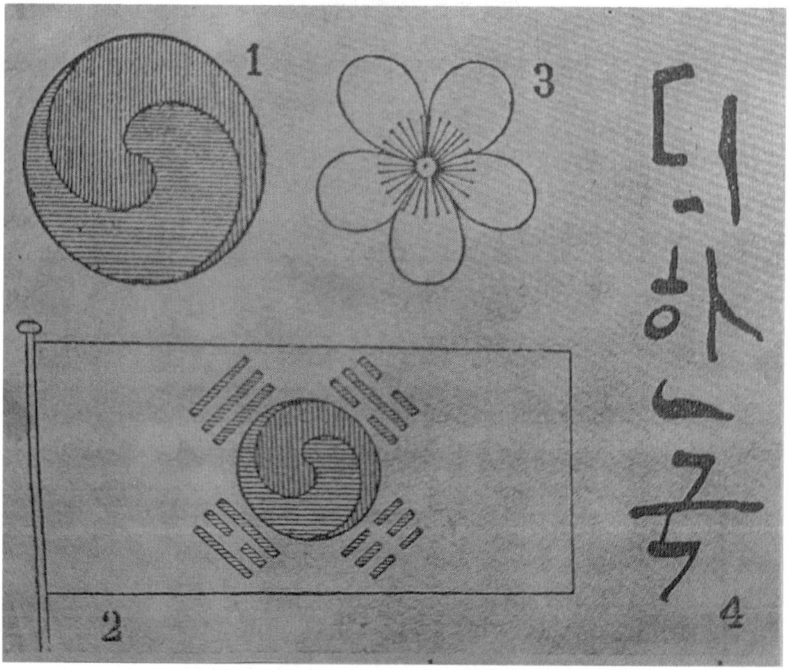

태극문장 · 태극기 · 이화문장 · 국호

1. 태극문장太極紋章 상반부는 홍색 태극, 하반부는 청색 태극이다.
2. 대한제국 태극기. 태극기 구도면에서 홍색 태극이 오른쪽으로 휘감겨右回旋 있다는 것, 건곤감리 4괘가 정위치에 배치되어 있어서 현행 '시정태극기'1949와 완전 일치하고 있다.
3. 대한제국 황실 이화문장李花紋章.
4. 대한제국의 국호國號를 '대한국'으로 한글로 표기하고 있다.

다. 고종은 고려국기 원본을 복제하여 데니에 하사했다 해서 이는 最古 태극기라 인정하지 않는다. 그러므로 현존 최고 정본 태극기는 미국 워싱턴 주미 대한제국 공사관 소장 박정양 태극기1887이다.

1897년 10월 국호國號를 대한大韓, 연호年號를 광무光武, 왕王을 황제皇帝라 칭하여 고종이 황제에 즉위하고 중외에 대한제국임을 선포했다.

한미조약이 체결되자 미국은 즉각 초대 주한 미국 전권공사 푸트를 파견하면서 정동에 주한 미국공사관을 개설했다. 그러나 조선은 미국 워싱턴에 주미 한국 공사관을 개설할 재정적인 여건이 안되었다. 개항한지 5년만에 1887년에 박정양朴定陽 주미전권공사를 파미하려하자 청의 주차조선총리駐箚朝鮮總理 원세개袁世凱는 이를 적극 반대하고 말았다. 그 이유는 속국의 처지에 미국에 '전권공사' 파미는 외교관례상 어긋난다는 것이다. 이에 고종의 외교고문 데니는 직접 이홍장을 방문, 조선은 청의 속국이 아니고 조공국이므로 당연히 공사파미는 외교 관례상 어긋나지 않는다고 주장했다. 이에 이홍장은 영약삼단另約三端을 준수한다는 조건으로 전권공사 파미를 허락하겠다는 것이다.

"영약삼단이란, 첫째, 조선공사가 각국에 처음 가면 먼저 청국 공사에 세 나아가 모든 것을 고하고, 청국공사의 안내를 받아 함께 국무부를 방문할 것. 둘째, 공적인 연회 및 각국 공사와 교제할 석상에는 조선공사는 반드시 청국공사의 뒤를 따를 것이며, 자리에 앉을 때는 청국공사보다 낮은 자리에 앉을 것. 셋째, 교섭할 큰일에 관계되는 긴요한 일이 있으면 조선공사는 먼저 청국공사와 친밀한 협상을 한후 그 지시에 따를 것 등이다. 위에 든 삼단三端은 속방분내屬邦分內의 마땅히 응행해야 할 체제應行之體制이므로 각국은 이에 간여할 수 없다."**10**

---

10 『淸季中日韓關係史料』 권4, pp.2379~82(光緖 13. 9. 26); FRUS, 1888, 1, pp.441~442, No. 73, Li to Yuan, encloser in Dinsmore to Bayard, November 17, 1887.

1887년 11월 13일 박정양 초대 주미 전권공사는 10명의 사절단을 이끌고 오시피Ossipee호 마스트에 태극기를 게양하고 인천항을 출항했다. 미국 해군 수해병이 좌우로 도열, 군악대의 환송연주가 울리고, 15발의 예포가 울리는 가운데 출항, 오시피호는 박정양 미국 사행을 저지하기 위하여 파견된 청국 군함 6척을 제치고 나가사키로 무사 향발했다.[11]

박정양 사절단은 오션익Oceanic호에 승선, 샌프란시스코로 향발하는데 선상에서 크리스마스 성탄절을 맞이하여 동승한 여객의 나라의 국기만을 내걸었는데 이때 태극기를 비롯하여 영독미불일 등 6개국 국기가 게양되었다. 이때부터 박정양 사절단의 표시로 태극기를 마스트에 높다랗게 개양하고 샌프란시스코에 입항했다.[12]

청국 장음환張蔭桓 주미공사는 박정양朴定陽 조선공사가 워싱턴에 도착하면 먼저 청국공사를 방문해야先赴 마땅하거늘 오지않는다고 통박했다. 이에 알렌 외교비서관은 자신이 할 수 있는 모든 일을 이야기하면서 조선공사가 먼저 청국공사 방문을 반대했다. 알렌은 다음과 같이 영약삼단을 무시하고 주권외교를 이행할 것을 선언했다. "나는 드디어 마지막 방책으로 만약 조선공사가 미국 국무장관을 만나기 전에 먼저 청국공사를 방문한다든가 또는 명함을 보내는 일이 있을 경우에는 나는 조선공사의 외교비서직Foreign Secretary을 사임하고 박정양 공사와 관계를 끊겠다"[13] 고 선언했다. 이 말은 청국공사의 선부先赴 · 먼저 방문 압박을 단호히 거부하고 '대미 자주외교'를 강행하라는 어드바이스이다.

---

11 Allen, *A Chronological Index,* p.177(Nov. 13, 1887); 金源模, 『近代韓國外交史年表』 p.127(1887. 11. 13); Swartout, *Mandarins, Gunboats and Power Politics,* p.94.

12 『海上日記』 11월 7~10일.

13 金源模 完譯, 舊韓末 激動期祕史, 『알렌의 日記』(단국대 출판부, 1991), pp.150~151 (1888. 1. 13), *Allen's Diary,* p.535, January 13, 1888.

박정양 공사는 클리블랜드G. Cleveland 대통령에게 국서신임장를 제정하고 나서 주미공사관 건물을 전세내어 입주했다. 고종은 재정상 어려움에도 불구하고 1891년 11월 28일 고종 명의로 주미상주공사관 건물을 매입하여 박정양 초대 전권공사가 태극기를 조선에서 제작하여 가져온 '박정양 태극기'를 공사관 1층 복도 출입문 위에 걸어놓고 있다. 박정양의 복명문답기에 의하면 워싱턴에 상주공사관을 개설한 나라는 31개국이다. 그러나 이홍장 · 원세개는 박정양 공사가 영약삼단을 준수하지 않고 독자적으로 대미 자주외교를 수행했다고 비난하면서 고종에게 '박정양 소환'을 압박해서 박정양 공사는 부임 1년도 안되어 귀국하지 않을 수 없었다.

을사보호조약1905. 11. 18이 일본의 무력적 강압으로 체결, 한국의 국권을 강탈한 일본은 "고종 이름으로 2만5천달러로 구입한 대한제국공사관을 1910년 6월 29일 단돈 5달러로 약탈하고 말았다"는 신문기사가 톱뉴스로 보도되자 이에 격분하지 않을 국민이 어디 있겠는가?[14]

이러한 고종의 이름으로 2만5천달러를 주고 매입한 대한제국 공사관 건물을 단돈 5달러로 무도하게 약탈행각을 벌인 일제의 악랄한 만행을 규탄하면서 한국 자주독립운동의 최후의 보루 대한제국공사관 환수운동이 거세게 일어났다.[15] 이리하여 문화재청은 2012년 350만 달러로 환수 · 매입했다.[16] 공사관 전면 수리작업에 돌입, 2018년 5월 22일 재개관식을 거행했다. 이상재李商在, 1850~1927의 4대 종손인 이상구가 태극기를 게양했다.[17]

---

14 『東亞日報』(1983. 10. 10), 일본이 5달러로 앗아갔다. 金源模 교수 미국 문서를 찾아 확인(林然哲).

15 『檀大新聞』(1983. 10. 10), 金源模, 舊韓國 駐美公使館을 돼찾자.

16 『東亞日報』(2018. 5. 22, 23). 워싱턴 대한제국공사관 102년만에 고국 품으로, 최근 정부 매입 워싱턴 대한제국 공사관 사연 처음 알린 김원모 명예교수 "주권 되찾은 기분 외교박물관 꾸몄으면"(이지은 기자).

대한제국공사관 소유주 젠킨스T. L. Jenkins는 한국공사관 건물의 역사적 가치를 알고 공사관에 비치되어 있는 '박정양 태극기'를 비롯하여 시계 탁자 사무용품 응접실에 비치되어 있는 생활용품 등을 한점도 유실하지 않고 소중히 보관하고 있다가 한국에 반환하였다.

젠킨스가 그처럼 소중하게 보관한 유품 가운데 가장 소중한 유물은 '박정양 태극기'이다. 저자는 이 태극기를 보는 순간 이 태극기는 정통성이 있는 유일무이한 진본 태극기임을 알게 되었다. 박정양 초대 주미공사가 국내에서 제작하여 정기 여객선 마스트에 게양하여 가져온 '박정양 태극기'를 대한제국 공사관에 걸어놓았다는 것이다.

데니 태극기1883는 우리나라 태극기 중 最古태극기이지만 홍색 태극이 왼쪽 으로 휘감겨左回旋 있다는 것, 4괘의 색깔이 흑색이 아니라 청색이라는 관점에서 이는 시정태극기에 어긋나는 변형 태극기이다. 고려국기는 국기 상단에 '大淸國屬 高麗國旗'대청국의 속국 고려국기라 명기되어 있다는 것, 이는 조선은 청의 속국임을 강조한 것이라는 것, 청 황제의 상징색인 황색 바탕에 태극기를 그린 것은 조선은 청의 속국임을 강조하기 위한 것, 전왕조의 국호 고려국기로 왜곡·조작한 태극기라는 것, 4괘의 색깔을 흑색이 아니라 청색으로 한 것은 속국 조선청색 4괘이 청 황제를 옹위하고 있다는 것을 상징했다는 것, 더군다나 '통상조약장정성안휘편'에 게재된 고려국기는 사진 자료일뿐 실물이 아닌 변형 태극기 사진 자료일 뿐이다.

대한제국 공사관 소장 '박정양 태극기'를 분석해보면 중앙의 홍색 태극이 오른쪽으로 휘감겨右回旋 있다는 것, 4괘의 색깔이 청색이 아니고 흑색이라는 것, 4괘四卦의 위치가 정위치라는 것, 왼쪽 상단의 국기봉을 기

---

17 『東亞日報』(2018. 5. 22, 23), 이상재 선생, '위기의 조선 구하기' 주미대한제국 공사관 찾은 文 대통령.

준하여 건乾은 좌상, 곤坤은 우하, 감坎은 우상, 리离는 좌하로 정위치로 배열되어 있다는 것이다. 대한제국 공사관 소장 '박정양 태극기'는 프랑스 신라루스 백과사전에 수록된 '대한 태극기' 및 시정태극기是正太極旗, 1949. 10. 18와 완전무결 일치하고 있다는 점에서 유일무이한 한국 최고最古 오리지날 진본 태극기이다.[18]

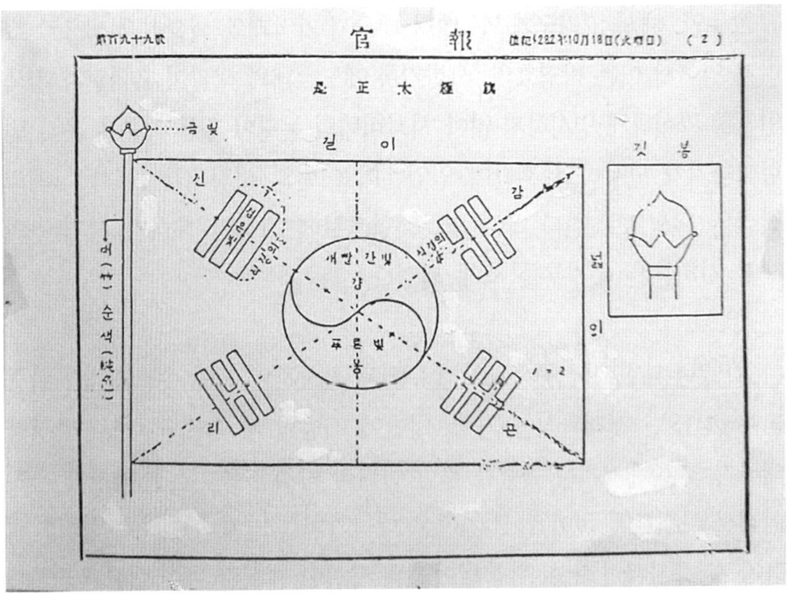

시정태극기是正太極旗(1949. 10. 18)

1949년 10월 15일 안호상安浩相, 1902~1999 문교부장관은 시정태극기를 확정 발표했다.

1. 바탕旗面은 백색으로 하고, 길이長와 너비幅는 3대2 비율로 한다.
2. 중심에 태극 양의兩儀를 두고 상반부는 진홍색, 하반부는 아청색으로 한다.

---

18 官報(1949. 10. 18); 金源模, 『태극기의 연혁』(행정안전부 의정과, 1999. 7.), p.145.

3. 깃봉旗頭을 기준으로 하여 건乾은 좌상, 곤坤은 우하, 감坎은 우상, 리离는 좌하에 배치한다.
4. 4괘의 색깔은 흑색으로 한다.
5. 깃봉旗頭은 무궁화 꽃봉오리로 하고, 전부 금색으로 한다.
6. 깃대旗竿는 대나무로 하되, 색칠하지 않고 순색으로 한다.[19]

그동안 '채색 고려국기'와 '데니 태극기'가 4괘의 색깔이 청색으로 그려져 있어서 이는 박영효의 '사화기록'에도 4괘의 색깔이 흑색인지 청색인지를 확실하게 명시하지 않아 시시비비의 논란이 있는 가운데 온갖 변형태극기가 난무하던 혼란이 있었는데 이번의 시정태극기에서 "4괘의 색깔은 흑색으로 한다"라고 명문화함으로써 그동안 태극기 사괘四卦의 색깔 시비론은 종지부를 찍게 되었다.

2012년 대한제국 공사관이 환수되고 공사관의 전면 수리공사가 완공되어 2018년 재개관식을 거행, 일반에 개방할 때 까지만 해도 '박정양 태극기'의 존재가치는 몰랐을 뿐만 아니라 박정양 주미전권 공사가 정기 여객선 마스트에 높이 달고 가져온 태극기임을 알지 못했다. '박정양 태극기'를 공사관 1층 현관에 걸어놓은 사진이 게재된 '주미대한제국공사관'이 국외소재문화재단에서 2019년에 간행되면서부터 공사관을 일반에 개방, '박정양 태극기'가 비로소 각광脚光을 받게 되었고 저자도 그 역사·문화적 가치를 천착穿鑿 연구에 착수, '박정양 태극기'는 유일무이한 最古 오리지날 진본 태극기임을 밝혀낸 것이다.

박정양 주미 전권공사는 이홍장·원세개의 한국 공사 미국사행 방해공작을 물리치고 대미 자주외교를 완수했다는 것, 정기 여객선 마스트에

19 『官報』 제199호(1949. 10. 18), 文教部告示 第二號; 金源模, 『태극기의 연혁』(행정자치부 의정과, 1999. 7), p.105.

박정양 태극기를 휘날리며 도미했다는 것, 을사보호조약1905을 군사력으로 늑결하자, 한국지배권을 장악한 일본은 고종의 명의로 2만5천달러로 구입한 공사관 건물을 단돈 5달러로 강탈했다는 것, 이에 격분한 한국은 공사관 환수운동을 벌려 공사관 주권을 되찾았다는 것, 한국은 주권수호 정신을 발휘, 박정양 태극기의 역사적 가치를 재발견한 것이다. 그러므로 박정양 태극기는 실로 국보급 보물이라는 것을 명심해야 한다.

3. 명성황후 시해사건과 의병대장 김도화의 활동

일본의 대한對韓 강세가 강화될수록 조선왕실의 불안과 공포는 심화되어 갔다. 일본의 침략위협에 직면한 고종, 특히 명성황후는 제3세력인 러시아세력을 끌어들여 일본을 견제하고자 이른바 인아책引俄策을 강구한 것이다. 이같은 인아책은 일본의 한반도 침략계획征韓論에 중대한 도전이 아닐 수 없다.

이로부터 친일파와 친러파는 대립항쟁을 벌이게 되었다. 이에 일본은 러시아세력을 원천적으로 거세하고자, 친러파의 중심인물 명성황후를 암살하려는 음모를 꾸민 것이다. 명성황후를 비롯하여 조선왕실은 생명의 위협을 느끼지 않을 수 없었다. 당시 주한 일본공사 이노우에井上馨는 조선왕실의 불안감을 누그러뜨리기 위하여 "조선왕실에 대한 반역행위가 있을 경우에는 일본정부는 무력을 써서라도 기필코 조선왕실을 보호할 것입니다."[20]라고 언명한 바 있다.

---

20 *Korea Despatches*, vol. 12, Sill to th Secretary of State, July 27, 1895; "Official Report On Matters Connected with the Events of October 8th,

이산정泥山亭

김도화 건국훈장 애국장

이 말을 전해 들은 명성왕후는 주한미국공사 알렌H. N. Allen에게 이노우에의 말은 거짓말이 아닌가고 확인문의한 일이 있었다. 그러나 알렌은 일국을 대표하는 공사의 발언은 공신력이 있기 때문에 거짓말이 아니라고 전제하면서, "일본이 세력을 잡고 있는 한 민왕후와 왕세자는 폭력을 두려워할 필요가 없다."[21]라고 단언한 바 있다.

조선왕실을 보호하겠다고 공언한 이노우에 공사가 물러가고 가장 호전적인 팽창주의자 미우라三浦梧樓가 주한 일본공사에 부임했다1895. 9. 1. 미우라공사 부임 후 조선정부가 일본인이 지휘하는 훈련대訓鍊隊를 해산하리라는 소문이 나도는 가운데, 훈련대 제2대대장 우범선禹範善이 미우

1895, and the Death of the Queen," *The Korean Repository*, 3(1896), pp.131~132; Homer B. Hulbert, *The History of Korea*(Seoul, 1905), vol. 2, pp.286~288.

21 F. H. Harrington, *God, Mammon and the Japanese*(The University of Wisconsin Press, 1966), p.265.

라 공사에게 고종이 훈련대 해산지시를 내렸다고 밀고했다. 이에 미우라는 훈련대 해산 전에 민왕후 시해거사를 앞당겨 결행하기로 했다.[22]

그당시 한성신보漢城新報 편집장으로서 민왕후 암살의 실행대장小早川秀雄은 민비시해閔妃弑害의 당위성을 다음과 같이 밝히고 있다. "조선과 러시아와의 관계를 이대로 방치한다면, 일본 세력은 완전히 한반도로부터 배척당해 조선의 운명은 러시아가 장악하게 될 것이다. 이것은 단순히 반도의 위기일뿐만 아니라 진실로 동양의 위기이며 또한 일본제국의 일대위기라고 말하지 않을 수 없다. 이런 형세의 변동을 눈앞에 보는 사람이라면 어찌 분연히 궐기하지 않을 수 있겠는가. 일본의 온화한 대한정책으로는 도저히 러시아에 대항할 수 없다. 그렇다면 비상수단에 호소하여 한러관계를 단절하고, 궁중의 중심인물인 민비를 제거하여 러시아와의 결탁할 당사자를 없애버리는 수 밖에 다른 좋은 방법은 없다."[23] 이리하여 미우라 공사는 '대원군大院君과 훈련대와 결탁,[24] 민황후 시행를 단행했다.

미우라 공사가 부임한지 불과 한달만인 10월 8일에 악명높은 민왕후 시해사건이 발생했다. 미우라는 정치깡패를 동원, 야밤중에 대원군을 앞세우고 경복궁 담장을 넘어 건청궁乾淸宮에 난입, 곤녕각坤寧閣에서 명성황후를 난도질로 죽이고, 석유를 뿌려 시신을 불태우는 천인공노할 참변을 일으켰다을미사변, 1895. 10. 8. 일본깡패는 궁내부대신 이경직李耕稙 시위대侍衛隊 연대장 홍계훈洪啓薰, 그리고 궁녀 3명 등을 무자비하게 학살하는 만행를 저질렀다.[25]

만약 주한미국공사 알렌이 이노우에 공사의 조선왕실 보호약속발언을 거짓말이라고 진언했더라면, 민왕후는 1882년의 임오군란 때처럼 안

---

22 角田房子, 『閔妃暗殺』, 新潮社, 1988, p.301.

23 상게서, p.305.

24 상게서, p.286.

25 Allen, *A Chronological Index*, p.194, October 8, 1895; 金源模, 『近代韓國外交史年表』(檀大出版部, 1984), pp.148~149(1895. 10. 8).

전한 곳으로 피신했을 것이다. 결국 알렌과 이노우에는 민비시해를 도와준 격이 되어버렸다.[26] 알렌은 일본의 배신행위에 분노하였고, 잔인무도한 조선 국모 참살만행을 저주했다.

인아책引俄策의 중심인물 민비를 제거한 후 일본군은 경복궁을 에워싸고 일체 궁중출입을 엄금하고 있어서 고종은 행동의 자유가 없는 포로신세가 되고 말았다. 국모를 잃고 공포와 불안이 겹쳐 불면증에 시달려 잠못자는 포로생활이 계속되었다. 이를 계기로 전국 각지에서는 의병이 벌떼처럼 봉기, 일본의 침략만행을 규탄하는 항일운동이 거세게 일어났다.

이제 알렌은 민비시해사건을 계기로 종래의 친일 · 반러정책에서 친러 · 반일 정책에로 급선회했다. 알렌은 주한러시아공사 웨베르와의 협조외교를 통해 강경한 친러 · 반일 정책을 취하게 되었는데, 이같은 대일강경외교를 취하게 된데는 두 가지 기본적 대한정책이 그 바탕을 이루고 있다. 하나는 미국의 국가이익 수호이다. 외교란 국가이익을 우선시해야 한다. 일본이 득세하면 한국에서의 미국의 권익이 위해를 받을것이라고 전망하면서 알렌은 우선적으로 미국의 국가이익을 보호하지 않으면 안된다. 이리하여 알렌은 국가이익 수호를 위해 일본을 공격하기 시작했다. 다른 하나는 조선의 주권존중 즉 조선왕실 보호이다. 민비시해사건 이후부터 고종은 사실상 일본군이 경복궁을 에워싸고 궁중출입을 제한하고 있어서 고종은 포로신세가 되어 불안과 공포에 떨고 있었다. 고종을 보호해야겠다는 동정심이 알렌으로 하여금 친러 · 반일 정책을 취하게 된 동인이 되었다.[27]

친러 · 반일 정책을 바탕으로 한 알렌의 대일강경외교를 다음 세가지

---

26 "Address to the Naval War College and Allen to the Secretary of State, August 31, 1900," in *The Alen MSS.*

27 Dorwart, "The Independent Minllister," pp.501~502; Allen to the Secretary of State, October 10, 1895, December 23, 1898, in *The Allen MSS.*

로 그 예를 들어 입증해 보겠다.

첫째, 알렌은 을미사변민왕후 시해사건의 진상을 철저히 규명, 이는 미우라공사가 바로 그 주범임을 만천하에 폭로하는 일을 수행했다. 알렌은 미우라의 천인공노할 만행을 폭로하는 보고문을 무수히 국무부로 보냈다. 민비시해사건 발생 직후 알렌은 웨베르와 함께 경복궁에 가보니, 이미 민비는 암살되었다는 소식을 접했고, 그순간 알렌은 미우라공사가 시해사건의 주범임을 단정했다. 그러나 미우라는 자신의 관련설을 완강히 부인하면서, 그것은 양복을 입고 일본인으로 변장한 조선 폭도의 소행이라고 주장했다.[28]

친일내각의 김윤식金允植 외부대신도 "단 한사람의 일본인도 궁궐에 나타난 바 없다"[29]라고 주장하면서 미우라의 주장을 지지했고, 일본정부도 공식적으로 현지공사의 관련설을 부인하고 나섰다. 심지어 친일외교관인 던Edwin Dun 주일미국공사도 알렌이 국무부로 보낸 무수한 전문보고문은 자신의 견해와는 다르며, 자기로서는 미우리 관련설을 믿을 수 없다고 주장했다. 이와같이 사건 발생 직후에는 알렌의 미우라 주범설은 이처럼 국내외에 걸쳐 지지받지 못했다. 그러나 알렌은 미우라의 만행을 일본과 전세계에 폭로하는데 고군분투했다.[30]

민왕후시해사건 발발 당시 '뉴욕 헤럴드'사는 민비시해사건의 진상을 규명하기 위하여 코크릴John A. Cockerill을 서울에 특파, 취재하게 했다. 코크릴은 민왕후시해사건을 현장취재, 생생한 기사를 본사로 송고하려 하

---

28 Allen to Jennie Everret, November 5, 1895, in *The Allen MSS*; *Korean Repository*, 3(1896), pp. 128~129; *Korea Despatches*, vol. 12, Allen to the Secretary of State, October 10, 11, 13, 14, 1895.

29 Harrington, *God Mammon and the Japanese*, p. 273.

30 Korean Minister of Foreign Affairs to Allen, October 8, 1895, Seoul Legation Files, State Department Archives;*Korea Despatches*, Sill to the Secretary of State, November 20, 1895.

자, 미우라공사는 자신의 관련설을 은폐하기 위하여 전신국에 압력을 가해, 기사송고를 방해했기 때문에, 코크릴은 부득이 상업전신국Commercial Cable을 통해 유럽지국을 거쳐 본사에 기사를 송고한 것이다.[31]

코크릴은 시해사건발생 4일 후 10월 12일자 '뉴욕 헤럴드'지에, 드디어 미우라의 "일본인으로 변장한 조선인 소행" 주장을 뒤엎고, 민간인 복장을 입은 일본 장사壯士, Soshi패의 소행이라고 보도했다.[32] 이어 일본 당국이 일본인 관련설을 은폐하기 위하여 "민왕후 시해사건 보도를 전면 금지했다."[33]라고 폭로하면서, 다이Wiliam M. Dye, 茶伊 장군의 목격담을 근거로 왕세자의 증언을 보도했는데, 이에 의하면 미우라 일본공사가 관련되었다고 폭로했다.[34]

뿐만 아니라 '헤럴드'는 왕세자와 민비의 초상화를 게재했는데, 특히 민비의 사진컷은 민비가 아니라 청 건륭제乾隆帝의 향비香妃의 초상화였다. 향비는 변경邊境 카슈가르Kashgar, 중국 신강성 위구르Uyghur 출신으로서 컷에는 용모 복장 머리장식까지 향비와 똑같이 그려서 게재하고 있다.

또한 박영효朴泳孝를 소환, 친일내각을 구성할 것이며, 이를 계기로 러일간 대분쟁大紛爭이 발생할 것이라고도 보도했다. 이같이 코크릴의 취재기사는 알렌의 미우라 주범설을 강력히 뒷받침해주고 있다.[35] 신임 일본공사 고무라小村壽太郎도 10월 17일자 사이온지西園寺公望에게 보낸 전문에서 민비시해의 사주자使嗾者는 미우라三浦梧樓라고 분명히 밝히고 있다.[36]

둘째, 알렌은 친일내각이 시해사건 이틀후에 발표한 민비폐후閔妃廢后

31 Allen, A Chlonological Ineex, p.194, September, 1895;『近代韓國外交史年表』, p.149, 1895.
32 *New York Herald*, October 12, 1895.
33 *Ibid.*, October 14, 1895.
34 *Ibid.,* October 17, 1895.
35 *Ibid.*, October 15, 1895.
36 角田房子,『閔妃暗殺』, p.336.

조치을 승인하지 아니했다. 친일내각은 10월 10일 "왕후 민씨를 폐廢흐야 서인庶人을 삼노라"[37]라는 민비 폐서인 조치을 발표했다. 그러나 알렌은 "이 폐서인 조치은 대군주께서 친히 내리신 것으로 인정할 수 없다"라고 선언하면서 친일각료들이 조칙詔勅을 조작해서 발표했다고 주장하고 나섰다. 한 나라의 국모를 암살하고도 사건의 중요성을 축소화하기 위하여 일본은 친일내각으로 하여금 폐서인 조치을 날조해서 발표했다고 알렌은 주장했다.[38]

서울주재 각국 공사의 외교단Diplomatic Body의 수석공사doyen이며 고종의 절친한 친구인 알렌은 이같은 일본의 간악한 시해은폐기도를 국제사회에 폭로 · 고발하기 위하여 일본공사를 제외한 서울주재 각국 공사를 소집, 그 자신이 직접 외교단회의를 주재했다.[39] "국제분규가 발생하더라도 중립을 지키고 독자적 행동을 취하지 말 것이며 절대로 한국의 정치문제에 관여하지 말라"는 '국무부 외교훈령 제64호'Diplomatic Instruction 64를 무시하고 알렌은 영 · 불 · 러 · 독 등 각국 공사들과의 협조외교로 민비 폐후조칙閔妃廢后詔勅에 대한 공식적 승인을 거부했던 것이다.[40]

셋째, 알렌은 곤위坤位를 잃고 울분과 비탄에 빠져 있는 고종의 신변안전을 보호하는 동시에 친러 · 반일파의 성색들을 미국공사관에서 보호조치했다. 알렌은 경복궁에서 가위 포로상태로 감금되어있는 고종과 생명

---

37 『高宗純宗實錄』中, pp.570~71(고종 32. 8. 22); 市川正明 編, 『日韓外交史料 : 韓國王妃殺害事件』, 原書房, 1981, pp.436~453; 『官報』 개국504. 8. 22.

38 "Official Report on Matters Connected with the Events of October 8th," *Korean Repository*, 3(1896), p.135; Allen, God Mammon and the Japanese, p.275. "I cannot recognize this decree as coming from His Majesty."

39 Frederick A. Mckenzie, *The Unveiled East* (London: Hutchenson and Co., Paternoster Row, 1907), p.154.

40 *Korea Despatches*, vol, 12, Allen to the Secretary of State, October 12, 13, 17, 1895, especially the despatch of October 13, enclosing Allen's Note to the Korean Minister of Foreign Affairs; *For. Rel.* Olney to Sill, November 11, 1895; *Korean Repository*, 3(1896), p.135.

의 위협을 당하고 있는 친러 · 반일파 정객들의 애처로운 처지를 다음과 같이 전하고 있다. “고종은 문자 그대로 어린애가 아버지에게 매달리듯 자기에게 의지하고 있고, 친러 · 반일파 정객들은 전심전력 자기에게 의존하고 있다.[41]”라고 그 절박한 상황을 밝힌 바 있다.

이리하여 알렌은 서울 주재 미국 선교사들의 도움을 요청, 교대로 고종을 경호하고, 미국 해병대로 하여금 왕궁을 호위하게 했다. 그당시 경복궁을 교대로 경호한 주요한 인물은 다이 시위대장을 비롯하여 미국 선교사 3명, 알렌 서기관과 공관원과 러시아 공관원 등이다. 이리하여 알렌은 서울 주재 미국 선교사들의 도움을 요청, 교대로 고종을 경호하고, 심지어 알렌 부인이 직접 경복궁에 들어가서 요리하여 수라상을 차리게 했다.[42]

명성황후의 국장國葬은 1897년 11월 21~22일 이틀간 거행했다.

〈명성황후 국장〉

만약 시체 전체가 보존되었더라면 암살되어 매장될 때까지 매우 긴 시일이 걸리며 그러는 사이에 시신은 풍습에 따라 방부하여 얼음 속에 보존된다. 장지를 준비하면서 궁궐의 풍수風水들은 매장을 위한 길일吉日을 잡는다. 국장國葬에는 외국 사절단들이 초대되었으며 그들의 접대를 위해 깨끗하고 아담한 집과 식당이 세워졌다. 식당은 그후 서울에 있는 프랑스 호텔의 관리인이 관리를 맡게 되었다. 국장의식은 야간에 거행되었고, 우리는 그동안 취침하기로 했다.

그날 날씨는 차가왔으나 각 접대소에는 난로가 있었고 우리들의 편리를 위해 침대, 모포, 의자, 탁자 등이 제공되었다. 각국 공사는 자기가 수행할지

41 Allen to Jennie Everett, November 5, 1895, in *The Allen MSS.*

42 『日本의 韓國侵略史料叢書』, 한국출판문화원, 1988, 권 21, pp.290~94(1895. 11. 28~11. 29).

도 모른다고 사전에 통보한 공식 수행원들을 대동하였다. 제물포에 정박중이던 미국 해군 함정중 한 함정에 승선하고 있단 해군 장교 몇 명이 나를 공식 수행하였다.

우리는 사인교四人轎를 타고 장의행렬을 따라갔다. 그 행렬은 장지까지 이르는 5~6마일의 거리를 꽉 메우는 긴 행렬이었다. 그리고 이 행렬에 참가한 사람들은 최신 무기로 무장하였으며 다른 사람들은 옛날 쇠사슬로 엮은 갑옷을 입고 밝은 색깔의 깃이 달린 금속제 투구를 쓰고 긴 창 또는 활과 화살을 멘 중대中隊의 군인들이었다.

그리고 딱딱한 종이로 만든 커다란 방상시方相氏 · 네 눈이 달린 황금색 가면은 상여 앞에 세워 잡귀를 쫓는 역할을 함,가 있는데 이것들은 악령들을 달래기 위해 기괴한 물건들과 같이 장지에서 불태워버리는 것들이다. 그리고 이 행렬에는 관棺이 2개 있는데 이 관은 수천 명의 상여꾼이 어깨로 메며 큰 밧줄이 상여 앞에서 뒤쪽까지 뻗쳐있고 이 밧줄에는 몇 백명의 상두꾼이 붙어 있다. 이들은 상두꾼과 마찬가지로 삼베 두루마기상복를 입고 있었다.

관 두 개를 사용하는 이유는 어떤 질이 나쁜 혼령이 어느 것에 관심을 쏟을까 혼동케 함으로써 재난을 피하기 위해서이다. 악령이 있다고 실제로 믿고 이 믿음 때문에 괴로움을 당하고 있는 원시적인 사람들과 마찬가지로 한국 사람들은 강한 지성을 가지고 있으면서도 악령들에 대한 좋은 인상을 갖고 있지 않다. 이것은 그들이 악령들을 속이려는 간단한 수법을 보아 알 수 있다.

장례행렬이 출발하기까지의 준비와 매장지까지 느린 행진은 거의 하루 종일이 걸린다. 장지에 도착해서 진수성찬을 대접받고 식사 후에는 군주와 근신들이 함께 무료한 의식에 참석하여 가끔씩 눈을 붙이며 밤을 지샜다. 다음날 점심을 먹을 때 독일이 중국의 膠州灣을 점령했다는 첫 뉴스를 들었다. 이 뉴스야말로 기이한 의식보다도 우리들의 잠을 깨게 했다. 그날 오후에 집으로 돌아왔다.[43]

---

43 H. N. 알렌 지음, 申福龍 옮김, 『朝鮮見聞記(Horace N. Allen, Things Korean)』, 평민사, 1986, pp.123~124.

한편 알렌은 반일·친러파 정객 6명을 미국공사관에 피신, 보호조치를 강화했다. 이들 6명이완용·이윤용·이하영·이채연·민상호·현흥택 등 반일·친러인사들은 정동구락부의 핵심인물이다.[44]

앞서 조선왕실 보호를 공약한바 있는 이노우에 전 일본공사가 일본위문대사로 내한했다. 그는 조선왕실 보호를 장담했고 알렌이 이를 전폭지지했음에도 불구하고 민왕비 시해사건이 발생했다. 그러므로 이 두 사람은 시해사건 발생에 대한 도의적 책임을 느끼지 않을 수 없었다. 그래서 알렌은 이노우에로부터 시해사건에 미우라가 관련되었다고 시인한다는 답변을 얻어내었다. 이노우에는 시해사건을 신랄하게 비난하면서 "민비폐후조칙은 무엄한 처사이며, 이는 한국사의 가장 어두운 일면"이라고 규정하면서, 친일내각을 해산하고 조선 국왕의 안전조치를 취하기로 알렌과 합의했다.[45] 그러나 이노우에가 귀국한 이후 고종은 여전히 포로신세였고 친일내각은 해체되지도 아니했다.

알렌이 이처럼 대일강경외교로 대처, 일본을 견제하는데 상당한 성과를 거두었다. 그러나 그는 그 어느 때보다도 난처한 입장에 놓이게 되었다. 그것은 본국 국무부에서는 알렌의 대한조치를 내정간섭이라 규정하고 이를 인정하지 아니했기 때문이다. 미우라공사 주범 폭로보고문을 접수한 올니Richard Olney 국무장관은 "한국 정치문제 개입은 '외교훈령 64호'에 금지되어 있다."라고 지적하면서 "미국의 참다운 힘은 독자적인 행동을 취하고 상대방 국가와 체결한 조약에서 부여된 권리 이상의 것을 결코 추구하지 말아야 한다."[46]라고 밝히면서 미국의 한국 정치문제 불

---

44 Horace N. Allen, *Things Krean, A Collection of Sketches and Anecdotes Mikssionary and Diplomatic*(Fleming H. Revell Company, 1908), pp.233~234.

45 『高宗時代史』 권 3, pp.1014~15(고종 32. 9. 14; 『 明治編年史』 권 9, p.312.

46 "Intervention in political concerns of Korea is not among your functions, and is forbidden by diplomatic instruction 64." *For. Rel.*, pp.972~974,

개입을 거듭 강조하고 있다.

알렌이 일본공사를 배제하고 서울 주재 각국공사를 소집, 외교관회의를 주재하면서 민비폐후조칙閔妃廢后詔勅 승인을 거부한데 대해 유감의 뜻을 표하면서 "그것은 그가 해야할 의무가 아니다."라는 견책전문譴責電文이 잇달아 왔다.47

명성황후 초상화(독립정신)

Olney to Sill, November 11, 1895; Harrington, *God and Mammon and the Japanese,* pp.279~280.

47 *For. Rel.*, Olney to Sill, November 20, 21, 1895; Olney to Sill, January 11, 1896; Rockhill to Allen, November 23, 1895, March 17, 1896, in *the Rockhill MSS.*

"내가 궁중으로 갔던 10월의 그날 아침, 임금님의 사랑을 받던 6명의 정부 고위 관리들이 나의 침실로 피신하여 왔는데 나의 아내가 부상당한 그들의 상처를 치료해 주었다. 그리고 임금이 러시아 공사관으로 파천하자아관파천 이들은 나의 옛 친구이며 전 워싱턴 주재 공사였던 사람박정양이 나의 추천으로 총리대신이 되어 내각을 조직할때까지 피난민으로서 미국공사관에 머물러 있었다."48

이상 명성황후의 존안상은 사진이 아니고 흑백색으로 그린 초상화肖像畵이다. 명성황후의 사진은 전혀 발견되지 않고 있다. 여기 최초로 명성황후의 초상화가 공개된 것이다.49

〈왕비의 치료〉

주한 미국공사 알렌Horace N. Allen, 安連은 어의御醫와 제중병원濟衆病院 원장을 겸직하고 있었기에 궁중을 무상으로 출입할 수 있었다.

나는 어의의 자격으로서 개인적으로 왕족과 친밀하게 지낼 수 있었지만 그때에도 나는 왕비를 만나보지 못하다가 몇 년이 지나서야 왕비를 만나 뵙고 간격 없는 대화를 나누었다. 그 무렵 왕비가 병환을 앓고 있을 때 환관宦官 한 사람이 칸막이를 통하여 신중히 천으로 감싼 왕비의 팔을 내미는데 다만 팔 위의 맥박이 1인치 정도만 보일 뿐이었다. 그리고는 왕비의 혀를 칸막이에 뚫린 구멍으로 내밀어서 나의 검진을 받으려 했다. 그들은 중국에서와 마찬가지로 의사는 양쪽 팔목을 손가락으로 짚고 혀를 살펴 보아 진찰을 하는 것으로 생각하고 있었기 때문이다.

하루는 고통스러운 불면증을 해소시키기 위하여 왕비에게 아편제를 보내드렸다. 다음날 정오에 병원에서 수술을 하느라고 분주한 때에 밖에서 노도와 같이 매우 소란스러운 소리가 들렸다. 그리고 궁중 관복을 착용한 고위 관리가 진행중인 작업을 정지시키면서 수술실로 점잔을 빼며 들어오고 다른

48 알렌의 『朝鮮見聞記』, p.187.
49 리승만, 『독립정신』, 태평양출판사, p.119.

상인常人들은 급히 없어졌다.

그는 곧 말하기를 왕비가 내가 드린 약을 복용하여 수면에 빠졌는데 아직도 잠에서 깨어나지 않았다는 것이다. 그는 무척이나 사나웠고 비타협적으로 보여 나는 무릎이 덜덜 떨렸다. 왕비처럼 신성한 몸에 금보다 질이 낮은 쇠붙이를 사용함으로써 옥체를 더럽히는 일이 없도록 하기위해 쇠붙이를 사용할 수 없기 때문에 피하주사를 놓을 수도 없었고 더구나 용태를 직접 관찰할 수도 없는 왕비의 증상에 대해 나는 속수무책이었으며 다만 그가 아편에 대한 이상 체질이 아닌가 생각하였다.

내가 왕비가 언제 약을 복용하였는지 물어보았더니 5시에 복용했다고 대답했다. 이것은 가공할 일이었다. 그때는 다음날 정오였기 때문이다. 그런데 나는 기절할 것 같이 어질어질한 것을 느끼면서 완전히 기절하기 전에 정신을 차리고 우연히 "어제 저녁 5시입니까?"하고 물었다. 그 관리는 "아니오. 오늘 아침 5시요"라고 대답했다. "아이구 이제 살았구나!" 그 관리 때문에 놀란 것을 생각하니 화가 났다. 그래서 나는 매우 퉁명스러운 어조로 그에게 가라고 했다. 그리고 내가 그에게 바라고 있던 대로 왕비를 그대로 잠자게 하라고 말했다.[50]

1886~1895년 황후의 시의侍醫로 궁중을 출입한 '벙커Annie E. Bunker 부인의 회상기'에 의하면 명성황후는 '절세의 미인'이라고 평가하고 있다. 그들은 1886년부터 1895년 황후가 암살되기까지 궁중에 출입하였다. 1895년에 발표된 벙커부인의 회상기에는 다음과 같은 구절이 있다.

"1895년 9월 14일 언더우드 부인과 나는 황후 폐하를 뵙고 진단할 수가 있었다. 황후는 금실로 수놓은 아름다운 주머니를 하나씩 우리에게 주셨다. 황후는 오랫동안 병석에 있었다. 궁중에서는 알렌 의사에게 사

---

50 H. N. 알렌 지음, 申福龍 옮김, 『朝鮮見聞記(Things Korean)』, 평민사, 1986, pp.154~155.

람을 보내어 약을 가져갔으나 아무런 차도가 없었기 때문에 알렌 의사는 병을 잘 치료하려면 황후의 몸을 직접 진단해 보아야 한다고 말해서 이번에 우리들이 불리어 들어간 것이다.

맑게 개인 가을날이었다. 우리들은 사인교四人轎를 타고 궁중으로 들어갔는데 병사들이 앞장을 서서 인도하였다. 나의 가슴은 몹시 울렁거렸다. 황후 앞에서 어떻게 해야 하는지 걱정이 되었기 때문이다. 널따란 응접실에는 전부터 안면이 있는 민영익閔泳翊, 1860~1914공이 있었다. 그는 외국에 가본 일이 있어서 외국인의 풍속을 다소간 아는 사람이었다. 관의官衣를 입은 시종侍從이 나타나더니 민영익은 우리들을 데리고 배알실拜謁室로 들어갔다. 나는 조심조심 걸어 들어가서 세 번 큰절을 했다. 그리고는 눈을 떴다. 금은보석으로 수놓은 화려한 비단옷을 입고, 키는 작달막한데 하얀 살결에 검은 눈과 검은 머리를 한 황후폐하는 우리를 반가이 맞아주었다. 황후의 얼굴은 아름다웠다. 더욱이 그가 웃을 때에는 '절세絶世의 미인'으로 보였다.

또 황후는 뛰어난 외교가이며 강한 의지와 날카로운 성격의 소유자였다. 그러면서도 황후는 인자하고 다정한 사람이었다. 나는 방문할 때마다 황후의 부드러운 말과 친절함을 받았다. 그래서 나는 황후에 대해서 최대의 존경과 감격을 금할 수가 없는 것이다.

황후는 먼저 나에게 잘 있느냐고 하면서 나이는 몇 살이며, 부모가 다 생존해 있느냐, 또는 형제가 몇이며 그들은 무엇을 하고 있는가를 물으시고 아무쪼록 이 나라에 정을 붙이고 오래 있어 주기를 바란다고 말씀하였다. 이 모든 대화는 통역을 통해서 하였는데 그 통역은 가까이 오지를 못하고 병풍 뒤 보이지 않는 곳에서 허리를 꾸부리고 서서 말만 전해주었다.

옆에 서 있던 민영익공은 나에게 의자 하나를 갖다 주었다. 그때서야 나는 황후가 서양식 안락의자에 앉아 있는 것을 깨달았다. 나는 황후를 진찰하는 동안 두 신사가 처음부터 옆에 서 있는 것을 보았다. 내가 진찰을 마치고 물러 나올 때 그들은 황후와 함께 나의 절을 받았다. 민영익공은 나를 데리고 다시 응접실로 나왔는데 나는 거기서 알렌 의사가 고종황제를 뵙고 나오기를 기다리고 있었다. 그가 돌아와서 말하기를 황후 옆에 서 있던 분이 누구인지 아느냐고 했다. 잘 모르겠다고 했더니 그는 그 두 분이 바로 고종황제와 왕세자순종라고 하였다.

나는 그 두 신사가 임금님인줄을 몰랐던 것을 퍽 다행하게 여겼다. 왜냐하면 만일 내가 그 사실을 알았다면 손이 떨려서 진찰도 잘하지 못했을 것이기 때문이다. 또다시 과일과 음식의 대접을 받고 우리들은 군사들의 호위를 받으며 집으로 돌아왔다. 그때는 벌써 날이 어두워졌기 때문에 초롱을 든 교군轎軍들이 앞장을 서서 캄캄한 거리를 인도해 주었다. 우리 일행이 지나가는 것을 집집에서 사람들이 문을 열고 내다보았다.

텅 빈 거리에는 양쪽에 낮은 집들이 즐비하게 서 있고 그 사이를 초롱을 든 군사들이 어두움을 헤치면서 우리들을 인도해 주었다. 그들은 총과 칼로 무장을 하고 우리를 호위해 준 것이었다."[51]

이 기사를 보면 대강 그때의 궁중 형편을 짐작할 수가 있거니와 무엇보다도 흥미가 있는 것은 명성황후가 절세의 미인이요, 마음이 착하고 다정한 사람임이었다는 것이다. 확실히 말할 수 있는 것은 명성황후가 죽게 된 것은 일제가 저희들의 방해물이라고 해서 암살을 했다는 것이다.

명성황후를 암살한 사건을미사변, 1895. 10. 8에 가담했던 일본 외교관이 이 사건에 가담하여 직접 명성황후를 암살한 다음날 "우리들이 왕비를

---

51 *The Korean Repository,* vol. 2, pp.373~375, Annie E. Bunker, My First visit to Her Majesty; 金乙漢, 新聞人이 본 現代史『여기 참사람이 있다』, 新太陽社, 1960, pp.169~172.

죽였다"고 암살정황을 자세이 밝힌 편지가 발견되었다고 아사히신문朝日新聞, 2021. 11. 16은 보도했다. 발신인은 당시 주한 일본 영사관 보조로 일하던 호리구치 구미이치堀口九万一 1865~1945였다. 그는 1894년 11월 17일부터 1895년 10월 18일까지 고향친구인 니가타현의 다케이시 데이쇼武石貞松에게 8통의 편지를 보냈다. 그중 명성황후 시해 다음날인 1895년 10월 9일자 편지에서 사건 현징에서 행동했던 암살행위를 상세히 적어 놓고 있다.

호리구치는 "진입은 내가 맡은 임무였다. 담을 넘어…간신히 오쿠고텐奧御殿 · 귀족집의 안쪽 건물 · 坤寧閣에 이르러 왕비를 시해했다."고 밝혔다. 또한 "생각보다 간단해 오히려 매우 놀랐다"자신의 감상까지 덧붙였다.

이 편지는 나고야에 사는 우표 연구가 스티브 하세가와長谷川 · 77 씨가 골동품 시장에서 발견한 것이다. 이후 '조선왕비 살해와 일본인'의 저자인 재일 역사학자 김문자 씨가 진품이라고 판독했다. "사건의 세부내용이나 가족에 관한 기술 등에 비춰볼 때 본인의 진필眞筆로 봐도 틀림없다"며 "현직 외교관이 임지에서 왕비살해에 직접 관여했다고 알리는 편지에서 새삼 생생한 충격을 느꼈다. 불명확한 점이 많은 사건의 세부를 해명하는 열쇠가 되는 사료적 가치가 높은 자료"라고 밝혔다. 유명역사학자 나카쓰카 이키라中塚明 나라여대 명예교수 또한 "사건 발생 후 120년 이상 지나 당사자의 손으로 쓴 1차자료가 나온 것은 의미가 크다"고 말했다.

을미사변으로도 불리는 명성황후 시해사건은 1895년 10월 8일 일본 중장 출신 미우라 고로三浦梧樓 당시 일본공사의 지휘로 일본, 외교관 등이 대원군을 앞세우고 경복궁 담을 넘어 곤녕각坤寧閣으로 진입, 호리구치는 '일본도日本刀'로 명성황후를 살해, 그 시신에 석유를 쏫아붓고 불태워 버리는 만행을 저질었다. 결국 명성황후의 주범은 미우라이고 종범은 호리구치임이 비로소 판명된 것이다. 그럼에도 불구하고 1896년 1월 20일

히로시마 재판소에서 민비시해사건 주범 미우라 종범 호리구치를 비롯하여 시해에 참가한 전원에게 무죄 판결을 내리면서 전원 석방하였다.

히로시마 재판소는 전원무죄의 이유를 1876년 일본에 유리하게끔 맺은 강화도조약으로 당시 살인범들에게 조선의 재판권이 미치지 않았다는 것이다. 사건 다음해인 1896년 1월 일본 육군장교 8명은 일본 군법회의에서 무죄판결을 받았다. 호리구치 등 48명 전원이 증거불충분 등을 이유로 전원 무죄 석방된 것이다.[52]

1894년 12월 17일 제2차 김홍집 친일내각이 발족되자 항일운동이 거세게 일어나더니 한국 최초의 배일단체 정동구락부가 발족했다. 그 중심인물은 이완용이고 미국공사 알렌이 전적으로 무기를 지원했다. 정동구락부의 3대 투쟁목표는 (1) 경복궁에 유폐되어 있는 국왕구출 작전 수행, (2) 친일내각 타도, (3) 명성황후 시해에 대한 복수토역復讎討逆 등이다.

(1) (2)의 경우, 1896년 2월 11일 김홍집 친일정부를 타도하면서, 이어 웨베르 러시아공사는 이범진과 제휴, 러시아군 160명을 동원, 국왕을 러시아공사관에 이어했다아관파천, 1896. 2. 11.

(3)의 경우, 한 나라의 국모 명성황후가 일본공사에 의해 시해되자, 각지에서 항일 의병이 벌떼처럼 폭발하였다. 특히 안동지방에는 척암 김도화가 의병대장이 되어 명성황후 시해를 규탄하는 배일운동이 거세게 일어났다.

척암의 춘추정신, 춘추필법은 명성황후감모비문明成皇后感慕碑文이라는 한편 글에 응축되었다. 이 비문은 정훈모鄭薰謨·김홍제金弘濟 등이 명성황후의 조난을 잊지 않고 천하의 모든 국가에 대의를 드러내기 위해 하나

52 『東亞日報』(2021. 11. 17), "명성황후 시해 쉬웠다" 日외교관 편지 발견, 도쿄=박형준 특파원.

의 빗돌을 세우자고 건의를 하자 이에 응하여 작성한 것이다. 당장 비석을 세우지는 못하더라도 충분忠憤과 대의를 간책簡冊에 담아 후세에 전해야 한다는 생각이었다. 그는 비문의 모두에서 다음과 같이 말하였다.

> 아, '춘추'의 법에 "임금을 시해한 사람이라면 누구나 반드시 토벌해야 한다"라고 하였다. 그러므로 역적을 토벌하지 않고 원수를 갚지 않을 경우, 성인이 그 군주를 장례지낸 일을 기록하지 않아서 만세토록 필주筆誅를 받는다는 사실을 보여주었다. 맹자가 이른바 " '춘추'가 나오자 난신적자들이 두려워 했다"는 말이 바로 그 사례가 아니겠는가.
>
> 척암은 명성황후가 왜인에게 시해당한 것을 망국에 버금가는 사건으로 인식하였다. 그리고 황후를 시해한 사람들을 죽이지 못한 것을 천추의 한으로 여겼다. 이에 역적의 이름과 그들이 저질은 행위를 빗돌에 새겨 영원히 전해야 한다고 보았다.[53]

을미사변 명성황후 시해사건1895. 10. 8이 발발됨에 하루아침에 국모를 잃은 고종은 애통조哀痛詔라는 밀지를 전국의 향교 등에 보내어 거병을 독려했다. 이 밀지가 안동 의병결성의 촉매제가 되었다. 고종은 애통조에서 "나의 죄가 커서 나라가 무너지고 벡성이 도탄에 빠졌다"라고 자신을 책망하였다.

고종은 밀조에서 "영의정 김병시金炳始, 1832~1898를 도체찰사都體察使로 삼아 중외中外의 일을 진압·무마케 하고 전 진사 권국량權國樑을 감군지휘사로 삼아 칠로에 근왕케 하고 호서湖西는 충의군忠義軍 영남은 장의군仗義軍으로 해서海西는 效義軍으로 호남은 분의군奮義軍으로 관서關西는 강의군剛義軍으로 관동은 돈의군敦義軍으로 각기 명하노니 창의倡義의 기치를 들고 일어선 자는 초토사招討使로 임명하면서 밀조를 보내니 각 군수는 이

53 『拓菴全集』 下卷, 척암전서 별집, pp.471~472, 明成皇后感慕碑文(拓菴 金道和).

를 믿고 함께 노력할 것이며 관찰사 군수 이하는 스스로 알아서 용사와 양가의 인재를 가려 뽑도록 하되 신상필벌信賞必罰를 엄히 하고 또한 금년은 흉년이 심하니 전세田稅는 반감하고 삭발을 우선 금지케 하여 민심을 안정시켜 생업을 즐기게 하고 관리의 급료를 감한 것을 구제도대로 복원시키게 하라. 수령으로서 명령을 쫓지아니하 는 자는 가려내서 처분을 기다리고 어쩔 수 없이 죽을 죄를 저질은 자는 모두 용사容赦하고 신법을 함부로 시행치 말며 앞으로 곤외閫外의 일은 자제해서 처단하라고 하였다. 긑으로 나는 일로 순의군順義軍을 이끌어 싸우다가 사직에 죽을 터이니 중외中外의 의사는 한마음으로 나의 뜻을 체득해서 종사와 생령을 위해서 싸우라."54

각지의 의병을 충의지사 또는 근왕칠로군勤王七路軍이라 칭하면서 조정의 명령을 따르라고 독려했다. 고종의 밀지를 받은 척암은 즉각 창의진정소倡義陳情疏를 올렸다. 원수를 갚고 적을 토벌하는復讐討賊 일은 춘추의 대의이며 나라가 위태로울 때 달려가는 것은 신히의 떳떳한 본분임을 천명했다. "나라의 원수를 갚지 못하고 군주의 치욕을 씻지못한 채 떳떳한 도를 부지하지 못한다면 사는 것이 영광스러운 죽음만 못하기 때문에 동지를 일으키고 이끌어 대략 군오軍伍를 이루었습니다."라고 의병을 일으킨 동기를 밝히고 있다拓菴集, 별집, 권1 참조.

경북 안동지방은 일찍부터 퇴계 이황李滉, 1501~1570 선생과 임란의 국난을 극복한 서애 류성룡柳成龍, 1542~1607 선생을 배출한 고장인 만큼 유교적인 충효사상과 배일정신이 그 어느 지역보다 강렬하였다. 을미사변이 일어나고 뒤이어 발족한 친일내각이 단발령을 내림에 전국의 민심은 크게 동요되었는데, 특히 안동지방 유생들의 반발과 일제의 명성황후의 천하에 없는 무자비하게 시해한 만행에 대한 충성스런 분노와 적개심은

54 『拓菴全書』下卷 別集, pp.454, 哀痛詔.

대단했다. 이러한 때 척암은 고종으로부터 친일간당을 제거해달라는 밀조密詔를 받은 것이다. 이리하여 척암을 중심으로 안동의병진을 결성, 척암을 의병대장에 추대하고 일대 항일전선을 구축, 관군과 일본군에 항전한 것이다.

그러나 안동 의병진도 명성황후 시해사건에 대한 민족적 울분과 일제에 대한 적개심에서 일어났을뿐, 아무런 조직적인 군사훈련이나 실전경험이 없을 뿐만 아니라 근대적인 병기가 없는 농민군에 불과했다. 그러나 일본군을 격파하고야 말겠다는 그 의기義氣만은 하늘을 찌를듯하다. 진두지휘를 하는 김도화 의병대장은 토적대장 서상열徐相烈에 다음과 같은 비분강개의 시를 써보냈다.

당 당 대 의 판 구 신
堂堂大義辦求伸 당당한 대의를 펴고야 말 것이

강 책 쇠 구 섭 후 진
彊策衰軀躡後塵 늙은 이몸 막대 집고 뒤를 따라 나섰소

일 편 간 장 수 처 조
一片肝腸隨處照 한 조각 붉은 마음 간 곳마다 서로 통함을

생 생 사 사 서 상 인
生生死死誓相因 살아도 죽어도 맹서코 서로 도우리

신 중 유 굴 굴 중 신
伸中有屈屈中伸 펴는 중에 굽힘 있고 굽히는 중에도 펴는 것이

태 악 홍 모 등 일 진
泰岳鴻毛等一塵 태악도 홍모도 다 같은 한 티끌이라오

병 병 차 심 유 불 사
炳炳此心猶不死 밝고 밝은 이 마음 아직도 죽지 않은 것이

소 회 천 일 기 무 인
昭回天日豈無因 하늘의 해가 밝게 도는 것도 원인이 없으라[55]

그리고 이같은 맹서가 있은후 수령중에서 왜의 편이 된다고 인정되

---

55 『독립운동사』 제1권 의병항쟁사(독립운동사편찬위원회, 1970. 12. 31), pp.236~237.

는 예천군수 류인형·의성군수 이관영·영덕군수 정재관 등을 참형에 처했다.

안동의진은 명성황후 시해사건 직후에 조직된 뒤 한 때 안동부를 점령하기도 했으나 이듬해 관군과 일본 수비대에 패하여 흩어지고 말았다. 안동의병은 척암을 정신적 지주로 받들어 안동 의병대장으로 추대했다. 제천의 류인석柳麟錫 서상열徐相烈 부대와 연대, 연합작전을 펴서 상주 함창咸昌에 있는 일본군 병참기지를 공격했으나 일본 정예군에 패퇴하면서 척암은 전력을 재편해서 다소간의 전과를 올렸으나, 뜻밖에 고종의 '의병해산 윤음綸音'이 내리면서 안동 의병대장 김도화도 해산하지 않을 수 없었다.

안동 의병대장 김도화는 고종의 해산명령에 항의성 상소를 올렸다. "앞서는 거병擧兵을 독려하더니 이제는 의병을 해산하는 것을 급선무로 여기고 적의 우두머리를 보호하는 것을 상책으로 여기는 이유가 무엇이냐고 했다. 전하의 백성을 전하의 병기에 죽도록 만들이 원통한 호소가 하늘을 뒤덮고 있습니다. 전하께서 무엇 때문에 백성을 이 지경으로 만드는지 모르겠습니다."[56]

1905년 11월 18일 이토伊藤博文는 강압적으로 을사보호조약을 체결히자 척암은 분노를 참지못하여 개연慨然히 탄식해서 말하기를, "이는 임금이 욕을 당한 것만 아니라 군주보다 중한 것이 사직이요 사직보다 중한 것이 백성인데 백성이 장차 왜 오랑캐의 노예가 되려한다"고 지적하고 결연이 붓을 들어 請罷五條約疏를 초했다. 이때 척암 선생의 나이 81세의 고령이었다. 그래서 을사조약을 늑결勒結이라 일컫고 있다.

국권이 상실됨에 척암은 일제가 승냥이처럼 국권을 강탈한데 대하여

---

56 『우국지사 척암 김도화의 학문과 애국활동』(2023. 8. 22, 한국국학진흥원), 최영성, 척암 김도화의 학문 연원과 정신세계, pp.24~25.

의분이 폭발했다. 직접 역사의 전면에 나서서 싸울 수는 없었지만, 을사5조약을 파기하라는 청파오조약請罷五條約을 올렸다. 천지가 뒤집히더라도 폐하께서는 남에게 나라를 독단으로 넘겨줄 수 없습니다. "저 5적신의 매국노들은 역적으로서 승냥이나 범도 먹지 않을 것이다. 5적신은 용사容赦할 수 없는 죄가 세 가지 있으니, (1)은 우리나라를 제멋대로 팔아먹은 죄요, (2)는 일제의 강도들과 몰래 야합결탁한 죄요, (3)은 군주를 협박하여 조약을 체결한 죄이다.

"그러므로 저 일제는 바로 우리의 원수의 나라이다. 두 상감명종과 중종의 능에 봄풀이 겨우 나고 모후의 궁엔 음산한 구름이 아직 개이지 않았는데 새로운 원수와 옛날의 원한이 맺히고 엉키어 나라 신민들의 와신상담하는 마음이 어찌 하루 한시인들 잊을 수 있으랴. 새 원한과 옛 원한이 층층이 쌓여 있다. 우리 대한의 역대 임금과 신하가 와심상담臥薪嘗膽하는 마음을 잊지 말아야 합니다."[57]

일제는 한일합방을 단행하는 계획을 수립하자 척암은 마침내 통감에게 청물합방소請勿合邦疏 · 합방을 하지 말라는 상소문를 지어 결단코 한일합방을 하지말 것을 건의했다.

"아, 폐하께서는 무엇 때문에 이런 행동을 하시는 것입니까. 오백년 조종의 큰 보물과 삼천리 문무文武의 강토는 선황제가 이것을 폐하에게 주셨고 폐하께서 이것을 선황제에게서 받았습니다. 보옥寶玉과 보기寶器는 폐하께서 사사로이 소유할 것이 아니고 땅 한 자나 백성 한명도 폐하의 사사로운 물건이 아닙니다. 폐하께서 어찌 독단으로 주고받기를 필부필부가 밭과 농산물을 팔고 사고 하듯이 하실 수 없습니다."

망국의 일차적 책임을 황제에게 돌리면서 이를 추궁하는 정도가 예사

---

57 『拓菴全集』(척암선생문집간행회, 1983. 10. 30), 하권, 別集, pp.458~459, 請罷五條約.

롭지 않다. 더군다나 망국지주亡國之主인 순종 황제를 명나라 마지막 황제 의종毅宗, 1127~1173과 비교하면서 '자결'까지 운운하는 것은 이전에 볼 수 없었던 대단한 결기라 하지 않을 수 없다.

"저 일본 오랑캐는 우리의 원수의 나라이다. 명종과 중종의 능에 봄풀이 겨우 나고 모후의 궁에는 음산한 구름이 아직 개이지 않았는데 새로운 원수와 옛날의 원한이 맺히고 엉키어 나라 신민들의 와신상담하는 마음이 어찌 하루 한시인들 잊을 수 있으랴."**58**

영남 방면 즉 경상도 지역의 의병은 먼저 경북 안동을 중심으로 한 일대에서 일어났다. 이 안동지방은 국사상에서도 유명한 유학자 퇴계 이황李滉, 1501~1570 및 임진왜란을 당시 국방과 정치를 잘 처리해서 국난을 극복한 서애 류성룡柳成龍, 1542~1607의 고향인 만큼 유교 교육과 구국정신의 전통적인 흐름이 다른 어느 지역보다 강하다는 고장이다. 이곳에서 먼저 의거의 깃발을 들고 일어서게 된 것도 실은 이러한 전통정신과 관계가 깊었던 것이다.

따라서 을미사변 이후 극도로 격앙되어오던 인심에 단발령이 불을 붙이니 진작부터 유림들의 통문通文이 돌기 시작했다. 안동지역의 유학자 곽종석郭鍾錫, 1846~1919 · 도사都事 김도화金道和, 1825~1912 · 지평持平 김홍락金鴻洛, 1863~1943 · 진연權晋淵 · 강육姜錥 등 명의의 통문이 도는가 하면, 예안禮安현재 안동군에서도 유생 이만응李晩膺 · 금봉술琴鳳述 · 목사 이만윤李晩允 · 진사 김수현金壽鉉 · 승지 이중봉李中鳳 등 223명의 통문이 도는 등 안동지방이 크게 설레이며, 모두들 가사와 일신상의 사정을 돌보지 않고 나섰다. 그중에 권대일權玳一 같은 사람은 양아버지의 상중임에도 불구하고 분한 마음을 억제하지 못하여 친아버지께 나아가서,

"나라 일이 이렇게 되었으니 차마 원수의 적과 함께 살 수 없습니다.

---

58 상게서, 별집, pp.459~460, 請勿合邦疏(金道和).

아버님께서는 지금 연로하시지만 다행히도 두 형님이 계시니 부디 저를 생각지 말아주십시오."하고 아뢰어 승낙을 얻고 곧 앞장서서 통문을 돌리며 인심을 격동하니 사방에서 모두 기약이나 한듯이 일어났다.

이리하여 안동의병은 12월 3일음 1896년 1월 17일에 수백명의 의병이 모여서 안동 관찰사부를 점령하고 무기를 빼앗으니 관찰사 김석중金奭中은 달아났다. 지평持平 김홍락 · 도정都正 류지호柳止浩 등을 중심으로 한 의병 참모진에서는 참봉 권세연權世淵, 1836~1899을 대장으로 추대하고, 이상오李尙五를 좌익장으로 임명하는 등 부서를 정하니 진용이 차츰 정비되었다. 또 부에서 멀지 않은 선성宣城 지방에서는 양산령梁山令 이만도李晩燾, 1842~1910를 대장, 용계 이중린龍溪 李中麟을 부장으로 하는 의병진이 있어 함께 호응하니, 안동지방의 의병의 기세는 크게 떨쳤다. 그리고 안동부 의병진에서는 다시 안동 창의대장 권세연 명의로 된 아래와 같은 격문을 각처 의병과 각 지방으로 보내어 상호간의 긴밀한 연락을 취하고 인심을 격려 · 고무하였다.

안동 창의대장은 눈물을 씻고 격서檄書를 전하노라. 하늘과 땅이 자리를 정하였으니 중화中華와 이적夷狄의 구별을 범할 수 없는 것이며, 춘추春秋의 큰 의리가 있으니 난신적자亂臣賊子의 죄역罪逆이 도망할 길이 없는 것이다. 이러므로 나라에 수치스럽고 욕되기 망극한 변이 있으면 백성들은 분개하여 반드시 씻으려는 마음을 품는 것이니, 저 옛날 중국의 호전胡銓이 죽기를 무릅쓰고 글을 올리니 천리 지방의 사람들이 모두 가슴이 서늘해지고, 안고경顔杲卿이 적을 꾸짖고 의로 항거하니 여러 나라가 모두 따른 것으로서, 이것은 모두 본연의 충분忠憤을 격동하여 큰 윤리를 천하에 붙들어 세운 것이다. 지금 오랑캐를 물리치고 적을 토벌하는 사업에 있어서 그 누가 생명을 버리고 의리를 취하는 사람이 아니겠는가?

아 아! 저 왜적들은 지체로 말하면 2백년간 공물貢物 바치던 나라이며, 원수元數(근본이 되는 수)로 치자면 4백년간 이를 갈아온 적賊이니, 가사 성심호의로 우리에게 와서 화친을 청하더라도 오히려 그 고기를 먹고 가죽을 깔고 자고 싶을 처지로서 바로 볼 수가 없을 일이다. 그런데 감히 방자하게 간사한 꾀를 부리고 이유없이 트집을 잡으며 망명한 역신逆臣들을 손잡고 무뢰한 추류醜類들을 조종하며, 힌가지의 장기長技를 과장하여 우리의 큰마음을 좌절시키고 오영五營의 무기를 움켜 빼앗아 우리로 손을 쓰지 못하게 한 다음, 우리 군상君上을 위협 · 제어하고 우리 대신들을 도살屠殺하였다. 기원紀元을 세우고 존호尊號를 올린다는 것은 사실인즉 중국을 이간시키는 것이며, 재물을 내어 도와준다 하지만 이것은 어리석은 백성들을 농락하는 것이다. 열성조列聖朝의 옛 법을 마음대로 혁폐革廢하고, 선왕조의 법복法服을 억지로 없이하며, 악독한 손길이 어전御殿 위에까지 뻗치니 이것을 어찌하면 입을 열어 말할 일인가? 머리 깍는 칼이 용상 위에 오르니 고금에 이런 변이 또나시 있겠는가? 어찌 생각하였으랴, 당당한 큰 나라로서 한번 싸움도 하여보지 못하고 이렇게 위태롭게 될줄을-. 저들 이리 같은 무리들의 외적침략은 더 말할 나위도 없는 일이지만, 올빼미나 담비 · 경獍(아비 잡아먹는다는 맹수) 같은 놈들의 내응內應이란 웬 말인가?

전날 갑신정변 사흉四凶의 죄악은 만번 베어도 가벼운 것이요, 지금 10신十臣의 간악한 짓은 온 나라가 함께 분개하는 일이다. 그런대도 감히 방자하게 위엄과 명령을 시행하여 장차 만백성을 민대가리로 만들려 하니단발령 아아 통탄할 일이로다. 그 괴수들을 섬멸하지 못하면 지하에 가서 선인들을 봐올 면목이 없는 일이요, 이 머리털을 보전하지 못하면 무슨 마음으로 이 세상에 살아갈 것인가? 세연世淵 등은 학문하는 마을에서 생장하여 충효의 교훈을 받들어 전해왔다. 부모가 병환이 있을 때에 이것을 운명에 맡기고 치료하지 않을 것인가? 시운時運이 좋지못하다 하더라도 하늘의 도움으로 극복할 수도 있는 일이다. 또 일신상의 관계로 보더라도 반드시 목전의 변이 있을 것이니, 생명을 아껴서 산다는 것이 어찌 죽을 일을 당하여 죽는 것만한 것이랴. 비록 성상의 간절한 하명은 받지 못하였다 하더라도 스스로 충분忠憤한 마음이 가슴속에 용솟음치는 것을 금할 수가 없는 일이다.

여기서 고향 사람들을 모아 앞장서서 의병을 일으키니 칼·창 등 무기는 무신년 옛날 감춘 것을 꺼내고, 대오나 규모는 임진년 그 당시의 준례를 모방한 것이다. 군사가 가쁘고 양식이 모자라면 저들은 낮에 난 도깨비가 될 것이요, 지리가 좋고 의지하게 되면 저들을 씨도 남기지 않게 될 것이다. 아아, 우리 동지 제현이여, 어찌 공동 토벌할 좋은 생각하지 않을 것이랴. 혹은 연장을 놓고 손에 침을 뱉고 일어서고, 혹은 책상을 찍고 마음깊이 맹세하고 나서며, 혹은 충갑衷甲의 군사를 분발하고, 혹은 류차달柳車達의 양곡을 수송하여 청해青海에서 장사의 검을 씻고, 고가藁街에 간신들의 머리를 매달 것이니, 성공하면 큰 공훈이요, 죽으면 옳은 넋이 될 것이다.

아아, 인정이 그렇게 서로 다르지 않은 것이니 큰 윤리가 어찌 영영 떨어질수 있을 것이랴. 이 알리는 말을 들으면, 반드시 통곡할 사람이 있을 것이다.

을미년 12월 경상도 안동 창의대장 권세연 격서.[59]

그러나 기울어져가는 대한제국의 상황에서 그와같은 건의가 받아들일 리가 만무하였다. 이에 慟哭詞라는 작품으로 표현하는가 하면, 당시 통감이었던 데라우치 마사다케寺內正毅, 1852~1919 통감에게 격고통감문檄告

59 『독립운동사(의병항쟁사)』(독립운동사편찬위원회, 1970. 12. 31), pp.181~185.

統監文·통감에 보내는 격문을 보내기도 했다.

"위기가 경연 자리에 닥쳐서 밝은 해가 빛을 잃었고, 큰 화가 궁궐에 미쳐서 누런 안개가 하늘에 닿았다. 삼천리강산이 손 닿는데마다 변화하고 오백년 종사가 마음대로 뒤집혔다. 인명을 살륙하니 승냥이가 깨무는 것과 다를 것이 없으니 재산을 빼앗아 취하니 개와 고양이 탐하는 것이 아님이 없다. 곧 합방이라는 이름을 빌려 별전에 우리 임금을 유폐시키고 하늘을 속이는 술을 세워 조정에서 대신을 재갈 물렸다. 국모를 시해하고 국군國君을 유폐시키니 춘추 지은 성인이 반드시 토벌할 바이고, 사람의 처를 과부로 만들고 사람의 자식을 고아로 만드니 천지 귀신이 용납하지 못할 바이다."

통감이 아무런 반응이 없자 재격再檄을 보냈는데, "힘으로써 의를 짓밟고 강으로써 약한 자를 삼키는 패역悖逆의 만행은 천인이 공노해서 용납하지 않을 것이다."라고 했다. 척암은 한일합방 포고일에 통곡사慟哭詞를 지은 시이다.

〈慟哭詞(金道和)〉

금 년 팔 십 유 육 세
今年八十有六歲 올해로 나이가 여든여섯 되었으니

정 백 진 상 근 해 축
精魄盡喪筋骸縮 정신은 다 잃어버리고 근골은 말라빠졌네

출 문 욕 왕 각 여 부
出門欲往脚如捊 문밖을 나서려고 하니 다리가 후들거리고

폐 문 독 와 흉 차 색
閉門獨臥胸且塞 문을 닫고 누워 있자니 가슴이 답답하네

생 무 익 야 사 무 지
生無益也死無地 살아도 무익한 데다 죽을 곳도 없으니

괴 부 부 사 충 의 욱
愧負父師忠義勖 부모와 스승의 충의의 공훈 저버린 것 부끄럽네

서 산 막 의 불 가 변
西山邈矣不可拚 서산은 아득하여 따라갈 수가 없고

해 저 명 월 공 자 백
海底明月空自白 바닷속 밝은 달은 부질없이 저대로 밝네

주 석 몽 배 도 정 절
疇昔夢拜陶靖節 예전에 꿈속에서도 정절을 만났는데

정 녕 수 아 서 일 속
丁寧授我書一束 저성스레 나에게 책 한 묶음 주었네

선 생 기 의 불 감 지
先生其意不敢知 선생의 의도를 감히 알 수는 없지만

만 절 탁 재 동 리 국
晩節托在東籬菊 만년에 동쪽 울타리 국화에 맡기셨네

방 불 도 승 성 불 우
彷佛叨承誠不偶 가르침 받든 것 실로 우연이 아닌 듯하니

행 사 여 생 기 무 두
幸使餘生冀無斁 남은 생애 그 가르침 싫증내지 않았으면[60]

이 '통곡사'는 1910년 8월 22일 한일합방조약을 강제로 조인한 날에 86세의 척암 선생이 일제의 침략에 대한 비분강개한 배일감정이 담긴 호소문이다.

한일합방 직후 '청물합방소 · 격고통감문'을 받아본 데라우치寺內正毅 총독은 척암 김도화의 서릿발 같은 배일감정排日感情을 무마하고 회유하기 위하여 한성사범학교 교수 · 대구고등보통학교 교장 일본의 저명유학자 다카하시高橋亨를 안동 귀미龜尾에 급파했다. 1911년 1월 13일 33세의 다카하시는 87세의 척암과의 대화는 언어불통으로 필담筆談으로 진행했다.

척암은 '격고통감문'에서 "합방은 대한제국의 황제를 폐위시키고 조정 대신에게 재갈을 물리는 행위임"을 거듭 밝히면서 죽을 때까지 싸우겠다고 선전포고한 것이다. 이 일로 척암은 헌병에 체포되어 더없는 수모와 고초를 당했다.

60 『拓菴全集』 하권, 척암선생별집, p.451, 慟哭詞; 한국국학진흥회, 한준호, 「척암 김도화의 문집간행과 독립운동」, p.101.

〈金道和-高橋亨 問答記〉

다카하시가 말하기를, "이번 영남에 온 것은 총독부의 명을 받아 온 것이다. 사문斯文(유교의 문화)을 진작시켜달라는 청을 하였다."

척암이 말하기를 "나라가 망한 외로운 신하亡國孤臣가 구구하게 무슨 말을 하겠는가? 전일 '청물합방소'와 '격고통감문' 등에 분명히 피력했기 때문이다. 그러나 나의 지상소원은 잃어버린 국가와 종묘사직을 되찾는 것 뿐이다."라고 척암은 일갈하면서 일제통치에 동조하기를 단호히 거절하고 말았다.

다카하시가 말했다. "나라가 망하더라도 도道는 망하지 않습니다. 주周나라가 망한 뒤 진秦나라가 들어섰고, 진나라가 망한 뒤 한漢나라가 들어섰습니다. 송宋나라가 망한 뒤로도 명明나라가 들어서서 문교文教가 크게 진흥했습니다. 노사老師께서는 도를 보존할 방법을 도모해 보시지요."

다카하시는 제국주의 앞잡이답게 "진정한 유儒라면 국가보다 도道가 중요한 것 아닌가. 조선 도학자들은 그 논리를 바탕으로 주자학朱子學을 받아들여 이 땅에 학술의 꽃을 피우지 않았는가. 나라의 이름이야 조선이든 일본이든 그것이 무어 대수인가. 도道를 보존하여 문교文教를 꽃피울 방도를 도모하시라."[61]

다카하시는 척암의 훼절이 불가능함을 깨닫고 척암에게 학문을 일으키고 유학을 진흥하도록 권고하고 또한 시를 써달라고 하자 그는 다음과 같은 항일시를 써 주었다.

〈書贈日國 高橋亨(1911. 1. 13)〉(金道和)

天地群陰日(천지군음일) 천지가 무너지는 날에

江湖一介臣(강호일개신) 강호의 일개 신하는

61 상게서, pp.58~60, 이규필, 「척암 김도화의 저술과 시문학」, 『拓菴全集』 下卷, pp.475~476, 與高橋亨問答.

원 매 뇌 수 측
願埋雷首側 바라건대 수양산에 묻히고 싶구나

귀 배 구 군 친
歸拜舊君親 옛 임금과 어버이를 뵙고 싶구나

라고 써주었더니 다카하시는 절을 하면서 말하기를, "선생은 진실로 방정학方正學 · 방효유의 계통을 이었습니다."라고 하였다. 기무라木村 순사 또한 시를 청하니 척암은 즉석에서 써주기를,

통 곡 천 무 일
慟哭天無日 통곡하노니 하늘에 해가 없어졌거늘

애 애 미 사 신
哀哀未死臣 애통절통하게도 신하는 죽지 못했네

홀 언 우 하 몰
忽焉虞夏沒 갑지기 요순의 세상 침몰해 버렸으니 홀연히 나라가 망하였으니

수 시 섭 형 륜
誰是聶荊倫 오늘날 섭정攝政 · 역신 암살과 형가荊軻진시황 암살 자객는 그 누구일지

목 암 신 정 루
目暗新亭淚 눈은 신정의 눈물에 어두워졌고

두 참 율 리 건
頭慙栗里巾 머리는 율리의 두건에 부끄럽다

원 종 망 묘 조
願從莽渺鳥 원컨대 아득히 날아가는 새를 따라

직 상 소·요 신
直上訴瑤宸 하늘의 옥황상제에게 호소하고 싶구나

『拓菴全書』 下卷, p.453.

다카하시가 짧은 시 한수를 청하니 척암은 망국민의 나라 잃은 슬픈 단장의 시 한 수를 써주었다.

天地閉塞(천지폐색) 나라는 망해 천지는 폐색되고

雲木蒼蒼(운목창창) 구름 낀 산천만이 푸르른데

哀我殘喘(애아잔천) 슬프도다 끊어지지 않고 남은 이내 목숨이

何處倘佯(하처당양) 어느 곳에서 서성거릴까[62]

정월 17일 기무라 순사가 와서 한일합방후의 척암의 마음을 떠보려고 시 한 수를 청하니

慟哭天無日(통곡천무일) 하늘에 해가 없는 것 통곡하노니

哀哀未死臣(애애미사신) 죽지못한 신하 서글픈 뿐아로다

忽焉虞夏歿(홀언우하몰) 홀연히 나라가 망하였으니

誰是聶荊倫(수시섭형륜) 오늘날 섭정 · 형가가 누구런가

目暗新亭淚(목암신정루) 신정에서 눈물 흘리노라니 눈앞이 캄캄하고

頭慚栗里巾(두참율리건) 율리에서 갈건 쓰노라니 마음이 참담하도다

願隨莽渺鳥(원수망묘조) 바라건대 망묘조를 따라가서

直上訴瑤宸(직상소요신) 곧장 하늘에 올라가 상제께 호소하고 싶네[63]

대한의 황제 자리가 사라졌음에도 섭정이나 형가와 같이 복수할 자가 없으니 참담함을 절감하고 오로지 죽은 후 상제에게 호소하고 싶다고 솔

---

62 『拓菴全集』 下卷, p.476.
63 상게서, p.453.

직히 고백하고 있다. 그것은 구국의 희망이 없는 암담한 현실을 원망하랴.

검 립 산 성 일 발 청
劒立山城一髮靑 칼날 같은 산성에 머리칼은 푸르리고

황 황 유 적 견 선 생
煌煌遺蹟見先生 빛나는 유적, 선생을 뵙는 듯

만 강 단 혈 춘 추 병
滿腔丹血春秋炳 마음에 가득한 붉은 피 춘추에 빛나고

완 지 반 흔 월 일 쟁
涴紙班痕月日爭 종이에 번진 흔적 일월과 다투네

대 해 천 년 증 기 색
大海千年增氣色 대해는 천년을 가도 그 기색을 더하니

구 원 하 처 읍 영 령
九原何處泣英靈 황천 어느 곳에 혼령이 슬피 울고

서 생 노 담 장 여 두
書生怒膽張如斗 선생 성난 간담 크게 떨쳐 커지는데

삼 복 풍 천 체 루 횡
三復風泉涕淚橫 풍천편을 세 번 읽은 듯 눈물이 쏟아지네

이 시는 도연명陶淵明의 귀거래사歸去來辭를 회상하고 그의 자연풍광을 감상하며 유유자적하는 모습을 그리워하면서 생애 마지막 읊은 시이다.

다카하시高橋亨가 척암의 집을 가리켜 이르기를 "이 집이야말로 한일합방후 크게 반대하는 집韓日合邦後大反對之家"이라 써서 척암의 집 대문에 붙이도록 했겠는가.『拓菴全集』下卷 別集 p.476.

1912년 8월 7일 척암 김도화공은 망국고신亡國孤臣으로서 다카하시에게 욕본 것도 잊어버리고 서거했다.

〈金鴻洛의 拓菴 金道和 輓詞〉

도산陶山의 물이 도도히 흘러 호상湖上에 이어졌고,

뇌암雷岩 : 정재 선생이 계승하고 다시 그 학문이 전하여졌구나.

누가 잘 붙들고 잡아서 열어가고 넓혀 가리오,
선생이 이를 담당하여 으뜸가는 학자가 되었구나.
돈독하고 착실하게 배우고 넓고 요약하는 공부가,
얕은 곳에서 깊은 곳으로 아래로부터 위로 통달하였네.
경敬에 입각하여 궁리하는 것을 학문의 원칙으로 하였고,
발전시켜 문장을 쓰는데는 평범하면서도 담박하였다.
어찌 그 가문을 들어내지 않으리오. 귀와공龜窩公이 바로 그분이니,
임금을 보좌할 재능과 그릇이요 학문을 이은 도맥道脈이었다.
이를 닮고 계승하여 태양과 같이 한가운데로 올발랐으니,
때를 만났던들 쓰였을 것을 역시 세상사에 얽매였도다.
성균관에서 여러 번 악을 뿌리 뽑고 정의를 잡으려 하였으나,
한일합방의 험난한 때를 만나 나라가 망하고 말았구나.
임금의 밀명密命을 받들어 힘을 다해 회복하고자 하였으나,
큰 뜻을 펴지 못하고 물러나 시골에 들어갔네.
한권의 춘추春秋를 가지고 죽을 때까지 읽고 가르치니,
수양산首陽山이 어디인고 그가 묻힌 송천松川의 기슭이로다.[64]

김홍락金鴻洛, 1868~1933 학봉鶴峯의 11세손, 1894년 문과 급제, 척암 선생의 문하생이 됨. 경술국치후 두문불출 은둔생활.

노태우 태통령은 척암의 숭고한 항일정신을 기리고 그의 독립투쟁을 영원히 기념하기 위해 척암 김도화에게 "건국훈장 애국장建國勳章 愛國章"을 추서했다.[65]

64 『聞韶世獻』 上卷, p.463, 金鴻洛의 輓詞.

65 編著者 晩惺 金翰周, 資料補充 金五承 · 金尙塡, 國譯 李大栽, 監修 李壽洛 · 李完栽, 校訂 金尙塡, 『聞韶世獻』(義城金氏 매운공파 문소세헌간행위원회, 2017. 2), 상권, pp.500~514, 拓菴集 解題.

4. 안중근의 이토히로부미 사살의거와 대한제국의 운명

안중근安重根, 1879~1910은 황해도 해주인海州人으로 어려서부터 한학漢學을 배웠다. 14세 때 신천信川에 와있었던 프랑스인 신부 조셉 빌렘Joseph Wilhelm, 洪錫九 신부의 세례로 천주교 신자가 되었다. 남동생 안정근安定根, 1885~1949 안공근安恭根, 1889~? 둘이 있고 슬하에 2남1녀를 두었다.

그 당시 안중근 일가는 평남 진남포鎭南浦에 살고 있었다. 1909년 10월 안중근은 드디어 국사를 논의하기 위하여 평양의 안창호安昌浩, 1878~1938를 찾아갔다. 안중근은 도산에 묻기를 "나는 국중國中에서 어느 놈이든지 없애기로 결심하였는데, 누가 나의 거사 목적인물이 될만한 가치가 있겠는가?"고 타진했다. 이에 안도산은 "군은 과연 기회를 만나서 지금 이등박문이 한국에서 성공하고 다시 중국을 한국과 같이 만들기 위하여 수일 후에 하얼빈을 경유하여 북경으로 향할 터인즉 이것이 좋은 기회가 아닌가?"고 말하기에 안중근은 크게 비분 · 고무되어 "나는 이등박문과 하얼빈에서 만나기로 되었소"라고 외치면서 비장한 각오로 작별인사를 나누고 떠났다.[66]

'애국혼愛國魂'은 1917년 블라디보스톡 신한촌新韓村 한인신문사에서 석판으로 간행했다. 그 중에 의사의 무협에서 안의사가 15세 어린 나이로 동학 반도叛徒를 소탕하는 용맹성을 기록하고 있다.

〈義士의 武俠 : 愛國魂 萬古義士 安重根〉

1. 의사義士의 생장生長

안 의사 중근은 대한국 황해도 해주 사람이라. 일찍이 강보에 남에, 웅장

---

66 『島山安昌浩全集』 권 11, p.623, 郭林大, '안도산' 직해.

한 소리가 사람을 놀래고 가슴에 일곱 개 검정 점이 있으니 그 모양은 북두칠성과 같은지라. 그 한 아버지가 응칠應七이라고 아명을 지었더니 후에 인하여 자字로 통하니라.

2. 의사義士의 무협武俠

의사가 열다섯살 때는 곧 갑오년1894년이라 동학당東學黨이 난을 지어 사방이 분요紛擾하고 백성들은 도망하되 감히 나서 막는 자가 없더라. 이때 의사 부친 태훈공은 이를 크게 슬피 여기고 공의 병兵을 모집할세 의사도 함께 나아가 싸우기를 청하거늘 그 부친이 책망하여 가로대 전장은 죽는 땅이라 어찌 아해들이 담대한 채 하고 희롱하나뇨? 하니 의사가 대답하되 부친은 나라와 백성을 위하여 도적을 침에 몸을 돌아보지 아니하거늘 어찌 자식의 도리로 거저 앉아 보리오 하더라. 의사는 즉시 총을 메고 전장에 나감에 늘 상선上善본이 되어 몇 달 동안에 수십번을 싸움하여 수차 승전하니 그 부친은 매우 기특히 여기더라. 이때 적당의 무리들이 말하되 안가安家의 부자가 어찌 이같이 하리오 하고 곧 격서를 전하여 저의 당류를 모으니 모두 만여명이라.

나와 청계동을 둘러싸고 줏침에마구 침에 때에 의병은 백여명에 지나지 못하고 겸하여 수비가 완전치 못한데 졸지에 대적이 옴에 동중 사람들이 다 겁을 내어 도망코자 하더라. 의사는 말려 가로대 도적의 머리수는 비록 많으나 전술과 기율紀律이 없으니 족히 두려울 것 없다 하고 곧 나아가 돌격 맹진함에 총 한 알도 헛방이 없으므로 도적들이 놀라 달아나고 사상死喪도 무수하더라.

의사는 한 작은 아해로 붉은 저고리를 입었으므로 도적들이 천강홍의장군天降紅衣將軍이라고 하며 인하여 난을 평정하니 모두 의사의 담용을 칭찬하더라.[67]

안중근은 해조신문1908. 3. 21에 '인심결합론人心結合論'을 기고했다.

---

67 『大韓國人 安重根』(안중근 의사 숭모회, 2001), pp.38, 229, 안의사의 소요동학군 토벌기술.

〈寄書 安應七 人心結合力(1908. 3. 21.)〉

귀보 논설에 인심이 단합하여야 국권을 흥복興復하겠다는 구절을 읽음에 적절한 사연과 고상한 의미를 깊히 감복하여 천견박식으로 한 줄 글을 부치나이다.

대저 사람이 천지만물 중에 가장 귀한 것은 다름 아니라 삼강오륜을 아는 까닭이라. 그런고로 사람이 세상에 처함에 제일 먼저 행할 것은 자기가 자기를 단합하는 것이오. 둘째는 자기 집을 단합하는 것이오. 셋째는 자기 국가를 단합하는 것이니 그러한즉 사람마다 마음과 육신이 연합하여야 능히 생활할 것이오. 집으로 말하면 부모 처자가 화합하여야 능히 유지할 것이오. 국가는 국민 상하가 상합하여야 마땅히 보전할지라.

슬프다 우리 나라가 오늘날 이 참혹한 지경에 이른 것은 다름 아니라 불합병不合病이 깊히든 연고로다. 불합병의 근원은 교오병驕傲病이니 교만은 만악의 뿌리라. 설혹 도적놈도 몇이 합심하여야 타인의 재산을 탈취하고 잡기꾼도 동류가 있어야 남의 돈을 빼앗나니 소위 교만한 사람은 그렇지 못하여 자기보다 나은 자를 시기하고 약한 자를 능모陵侮하고 같으면 다투나니 어찌 합할 수 있으리오. 그러나 교오병에 약은 겸손이니 만일 개개인이 다 겸손을 주장하여 항상 자기를 낮추고 타인을 존경하며 책망함을 참아 받고 잘못한 이를 용서하고 자기의 공을 타인에게 돌리면 금수가 아니어든 어찌 서로 감화치 않으리오.

옛날에 어떤 국왕이 죽을 때에 그 자손을 불러모으고 회초리나무 한 묶음을 헤쳐주며 각각 한 개씩 꺾게 함에 개개이 잘 부러지는지라. 다시 분부하여 합하여 묶어놓고 꺾으라 함에 아무도 능히 꺾지 못하는지라. 왕이 가로대 저것을 보아라. 너희가 만일 나 죽은 후에 형제간 산심散心되면 남에게 용이히 꺾일 것이오. 합심하면 어찌 꺾일바 되리오 하였다 하니 어찌 우리 동포는 이 말을 깊이 생각지 않으리오.

오늘날 우리 동포가 불합한 탓으로 삼천리강산을 왜놈에게 빼앗기고 이 지경 되었도다. 오히려 무엇이 부족하여 어떠한 동포는 무슨 심장으로 내정內政을 정탐하여 왜적倭敵에게 주며 충의한 동포의 머리를 베어 왜적에 바치는

고. 통감부 통치라 분함이 철천하여 공중에 솟아 고국 산천 바라보니 애매한 동포의 죽는 것과 무죄한 조선의 백골 파는 소리 참아 듣고 볼 수 없네. 여보 강동 계신 우리 동포 잠을 깨고 정신 차려 본국 소식 들어보오. 당신의 일가 친척 대한 땅에 다 계시고 당신의 조상 백골 본국 강산 아니 있소. 나무뿌리 끊어지면 가지가 성실하며 조상 친척 욕을 보니 이내 몸이 영화 될까. 비나이다 여보시오 우리 동포 자금自今 이후 시작하여 '不合' 2자 파괴하고 '團合' 2자 급성急成하여 유치자질幼稚子姪 교육하고 노인들은 뒷배 보며 청년형제 결사決死하여 우리 국권國權 어서 바삐 회복하고 태극국기太極國旗 높이 단 후 처자권속 거느리고 독립관獨立館에 제회하여 대한제국大韓帝國 만만세를 육대 부주 흔동掀動하게 일심단체 불러보세[68]

안중근은 이범윤李範允 엄인섭嚴仁燮 ?~?과 함께 최재형崔在亨, 1858~1920 총장이 이끄는 동의회同義會)에 가입하면서 의병구국전을 전개했다. 해조신문海朝新聞 별보에 동의회 취지서가 게재되어 있다.

〈同義會 趣旨書 海朝新聞(1908. 5. 10)〉

린츄烟秋에서 유지신사 제 씨가 동의회를 조직하였다는데 그 취지 전문이 이러하다.

무릇 한 줌 흙을 모으면 능히 태산을 이루고 한 홉 물을 합하면 능히 창해를 이룬다 하나니 적은 것이라도 쌓으면 큰 것이 될 것이오. 약한 것이라도 합하면 강한 것이 됨은 고금 천하의 정한 이치라.

그런고로 '주역'에 이르기를 두 사람만 동심同心하여도 그리로 옴이 쇠를 끊는다 하고 '춘추전'에 말하기를 여러 마음이 합하면 성을 쌓는다 하였으며 서양 정치가도 항상 말하기를 나는 뇌정雷霆도 두렵지 않고 대포도 겁내지 않으되 다만 두렵고 겁나는 것은 중심이 합하여 단체된 것이라 하였으니 자고로 영웅호걸이 위태하고 간험姦險한 때를 당하여 충의 열성으로 나라를 붙들고 세상을 건지고져 할진대 반드시 의기남자의 열혈지사를 염탐하여 단체를

68 『海朝新聞』(1908. 3. 21) 寄書 安應七.

맺어 소리 같은 이는 서로 응하고 지기 같은 이는 서로 구한 연후에야 능히 굉대한 사업을 이루며 능히 거룩한 공명을 세우나니 옛적 유·관·장 3인은 도원결의하여 4백년 유씨의 기업을 다시 촉한蜀漢에 중흥하고 알거니와.

청년 이탈리아당 출신의 가리발디가 시칠리아와 나폴리를 점령하고 이를 샤르데나왕에게 바침으로써 1861년 이탈리아 왕국이 탄생하였다. 이리하여 구라파 남반도에 11만평방리의 신로마를 다시 건립하였으니 이것은 다 고금 영걸지사의 몸을 잊어 니라에 드리고 마음을 합하여 의기를 떨침이라.

슬프다 우리 동포여! 오늘날 우리 조국이 어떤 상태가 되었으며 우리 민족이 어떤 지경에 빠졌는지 아는가 모르는가? 위로는 국권이 소멸되고 아래로는 민권이 억압되며 안으로는 생활 생산업권을 잃어버리고 밖으로는 교통 경제 제반권을 단절케 되었으니 우리 한국 인민은 사지를 속박하고 이목을 폐색閉塞하여 꼼짝 운동치 못하는 일개 반생물半生物이 된지라 어찌 자유 활동하는 인생이라 하리오.

대저 천지간에 사람으로 생겨서 사람된 직책이 많은 중에 제1은 국가에 대한 직책이니 국가라 하는 것은 곧 자기 부모와 같이 자기의 몸을 생산할뿐더러 자기의 부모형제와 자기의 조선祖先 이상으로 몇 백 대 몇 천 년을 자기까지 혈통으로 전래하면서 생산하고 매장하던 땅이오.

또한 몇 백 대 조선祖先 이하로 그 종족과 친척을 요량하면 전 국내 몇 천만 인종이 다 서로 골육친척이 아니 되는 자 없나니 일반 국가와 동포는 그 관계됨이 이같이 소중한 연고로 국가에 대한 책임은 사람마다 생겨날 때에 이미 두 어깨에 메고 나는 것이라. 만약 사람으로서 자기 나라에 열심하는 정신이 없고 다만 야만과 같이 물과 풀을 쫓아다니며 어디든지 생활로 위주하면 어찌 금수와 다르리오.

가령 한 나라 안이라도 고향을 떠나 타향에 오래 작객作客하면 고향 생각이 간절하거늘 하물며 고국을 떠나 수천리 외국에 유우流寓하는 우리 동포는 불행히 위험한 시대를 당하여 조국의 강토를 잃어버릴 지경이오.

형제 친척은 다 수화중에 들어 만목수참滿目愁慘한 경상이라 어찌 슬프지 않으리오. 눈비 오고 궂은 날과 달 밝고 서리 찬 밤 조국 사상 간절하여 꽃을 보아도 눈물이요 새 소리를 들어도 한숨짓는 자요. 충신열사의 난시亂時를 당하여 거국 이항한 회포를 오늘이야 깨닫겠도다. 만약 조국이 멸망하고 형제가 없어지면 우리는 뿌리 없는 부평이라. 다시 어디로 돌아가겠는가. 그러하면 우리는 어찌하여야 우리 조국을 붙들고 동포를 건지겠는가.

금일 시대에 첫째 교육을 받아 조국 정신을 배양하고 지식을 밝히며 실력을 길러 단체를 맺고 일심 동맹하는 것이 제일 방침이라 할지라. 그런고로 우리는 한 단체를 조직하고 동의회同義會라 이름으로 발기하노니.

슬프다 우리 동지 동포는 아무쪼록 우리 사정을 생각하고 단체 일심이 되어 청년 이탈리아당의 혈성으로 조국의 정신을 뇌수에 깊히 넣고 발달하여 후진을 계도啓導하며 국권을 회복하도록 진심 갈력할지어다. 저 독일 비스마르크는 평생에 쇠와 피와 두 가지로써 독일을 흥복하고 부강을 이루었나니.

우리도 개개히 그와 같이 철환을 피避치 말고 앞으로 나아가서 붉은 피로 독립기를 크게 쓰고 동심동력하여 성명을 동맹하기로 청천백일에 증명하노니 슬프다 동지 제군이여! 동의회 총장 최재형崔在亨 부총장 이범윤李範尹 회장 이위종李瑋鍾 부회장 임인섭 등[69]

1908년 7월 안 의사는 의병부대의 명칭을 여순 공판장에서는 '대한의군大韓義軍'이라 불렀고, 자신의 신분을 '참모중장參謀中將' 또는 '특파독립대장'이라 밝히고 있다. 두만강 건너 홍의동洪儀洞에서 일본군과의 첫 교전에서 승첩을 올렸으나 회령 남쪽 영산靈山 대회전에서 중과부적으로 일본군에게 패퇴하고 말았다.

〈안중근의 의병을 이끌 때 읊은 시〉

男兒有志出洋外　사나이 뜻을 품고 나라 밖에 나왔다가
事不入謀難處身　큰 일을 못이루니 몸 두기 어려워라.

69 『海朝新聞』 제63호(1908. 5. 10) (한림대학교 아시아문화연구소, 영인본, 1995), 同義會趣旨書.

望須同胞誓流血　바라건대 동포들아 죽기를 맹세하고

莫作世間無義神　세상에 의리없는 귀신은 되지 말지어다.70

1909년 3월 5일경 안중근은 연추煙秋 부근의 가난한 마을 가리哥里에서 의군 동지 12명安重根(회장)·金起龍·姜順琦·鄭元柱·朴鳳錫·劉致弘·金伯春·白奎三·黃丙吉·趙應順·金千華·姜昌斗 동지들과 함께 모여 왼손 무명지를 끊어 그 피로 '大韓獨立'이라 네 글자를 쓰고 '대한독립만세'를 세 번 외치며 하늘과 땅에 맹세하고 조국의 독립회복과 동양평화를 위해 헌신하겠다는 동의단지회同義斷指會를 결성했다. 안중근은 태극기를 펼쳐놓고 각기 왼손 무명지 첫 관절을 한칼로 잘라 생동하는 선혈로 '대한독립大韓獨立'이라 쓰고 대한국 만세를 3창했다.

〈安重根 : 同義斷指會의 趣旨文(1909. 3. 5)〉

오늘날 우리 한국 인종이 국가가 위급하고 생민이 멸망할 지경에 당하여 어찌하였으면 좋은 방법을 모르고, 혹왈 좋은 때가 되면 일이 없다 하고, 혹왈 외국이 도와주면 된다 하나 이 말은 다 쓸데없는 말이니 이러한 사람은 다만 놀기를 좋아하고 남에게 의뢰하기만 즐겨하는 까닭이라. 우리 2천만 동포가 일심단체一心團體하여 생사를 불고한 연후에야 국권을 회복하고 생명을 보전할지라.

그러니 우리 동포는 다만 말로만 애국이니 일심단체이니 하고 실지로 뜨거운 마음과 간절한 단체가 없으므로 특별히 한 회를 조직하니, 그 이름은 동의단지회同義斷指會라. 우리 일반 회우가 손가락 하나씩 끊음은 비록 조그마한 일이나 첫째는 국가를 위하여 몸을 바치는 빙거憑據요. 둘째는 일심단체하는 표標라. 오늘날 우리가 더운 피로써 청천백일하에 맹세하오니 지금부터 시작하여 아무쪼록 이전 허물을 고치고 일심단체하여 마음을 변치 말고 목적에 도달한 후에 태평동락을 만만세로 누리옵시다.71

70 『大韓國人 安重根』(安重根義士紀念館, 2001), p.67.

안중근은 거사 3일전 1909년 10월 23일 중국인 사진관에서 안중근·우덕순·류동하 3인의 기념사진을 촬영하고, 안중근은 거사를 앞두고 '장부가'를 손수 자필로 적어놓고 있다. 안중근은 이번의 거사가 반드시 목적을 이룰 것을 맹세하는 '장부가'를 지었다.

〈丈夫歌(1909. 10. 23)〉(安應七)

丈夫處世兮 其志大矣 장부가 세상에 처함이여 그 뜻이 크도다
時造英雄兮 英雄造時 때가 영웅을 지음이여, 영웅이 때를 지으리라
雄視天下兮 何日成業 천하를 웅시함이여, 어느 날에 업을 이룰꼬
東風漸寒兮 壯士義熱 동풍이 점점 참이여, 장사의 의기가 뜨겁도다
忿慨一去兮 必成目的 분개가 한번 감이여, 반드시 목적을 이루리로다
鼠竊伊藤兮 豈肯比命 쥐 도적 이등이여, 어찌 즐겨 목숨을 비길꼬
豈度至此兮 事勢固然 어찌 이에 이를 줄을 헤아렸으리오, 사세가 고연하도다
同胞同胞兮 速成大業 동포 동포여, 속히 대업을 이룰지어다
萬歲萬歲兮 大韓獨立 만세 만세여, 대한독립이로다
萬歲萬萬歲 大韓同胞 만세 만만세여, 대한동포로다

安應七 作歌[72]

안중근은 1909년 10월 22일 하얼빈에 도착하여 하룻밤 묵은 후에 10월 23일 안중근은 조도선曺道先과 함께 채가구蔡家溝로 갔다. 그날 밤 이등박문을 비웃으며 꾸짖는 뜻으로 노래를 지었는데 한글로 내 목소리를 즉흥적으로 서술한 것이다. 안중근은 "남의 나라 빼앗는 간악한 늙은 도둑 이등박문의 목숨은 내 손안에 있구나"라고 한반도 침략의 원흉을 처단할 것이라고 비장한 결심을 하고 있다.

---

71 상게서, pp.78~79, 242, 동의단지회의 취지문; 『勸業新聞』 제125호(1914. 8. 23).
72 상게서, p.88, 丈夫歌.

〈安重根의 伊藤博文 처단가(1909. 10. 22)〉

만났도다 만났도다 원수 너를 만났도다　逢矣乎 逢矣乎 逢仇敵之汝
너를 한번 만나고자 일평생을 원했지만　欲一番之逢汝 一平生之願兮
너를 한번 먼나기가 이다지도 늦었는고　何相見之晩也
너를 한번 만나려고 수륙으로 수만리를　欲一番之逢汝 水陸幾萬里
혹은 윤선 혹은 화차 천신만고 거듭하여　或輪船或火車 盡千辛萬苦
노·청 양지 지날 때나 앉을 때나 섰을 때나　經露清兩地之時 坐之時立之時
하늘 보고 기도하길 살피소서 살피소서　仰天而祈禱 察之察之
주 예수여 살피소서 동반도의 대한제국　主耶蘇察之 東半島大韓帝國
내 원대로 구하소서 그 간악한 늙은 도둑　依我願而救之 嗚乎奸惡彼老賊
우리 민족 이천만을 멸종까지 시켜놓고　我等民族二千萬 迄于滅亡
금수강산 삼천리를소리없이 빼앗고저　錦繡江山三千里 無聲而欲奪
궁흉극악 저 수단을 거침없이 다하누나　窮凶極惡彼手段
십 개 강국 속이어서 속 내장을 다 빼먹고
그러고도 무슨 부족 그 욕망을 채우려고
여기저기 뛰고 뛰는 쥐새끼가 되었구나
또 누구를 속이려고 누구 땅을 뺏으려고
그다지도 쏘다니나 교활한 놈 늙은 도둑
너를 찾아 만나려고 이다지도 급하구나
지극 공의 무사하고 인자하고 사랑 크신　大公無私 至仁極愛
우리 주님 대한민족 이천만을 모두 함께　我之主 大韓民族 二千萬如均
사랑하고 아끼시어 보살피어 주옵소서　爲愛憐
늙은 도적 만나도록 해주기를 바라오며　使逢彼老賊
정거장서 밤낮 잊고 천만번을 기도하니　於如此停車場 千萬番祈禱忘晝夜
만나려던 이토를 마침내는 만났도다　而欲逢 竟逢伊藤
네 수단의 교활함은 세계 널리 알려진 일
우리 동포 후손들이 우리들의 이 강산을

빼앗겨서 모두 함께 행락 같이 못한 것을
오늘 이날 네 목숨은 내 손안에 있는구나 今日汝之命 懸於我之手
지금 네 명 끊어지면 너 역시도 원통하리 至今汝之命絶 汝亦冤痛矣
갑오독립 시켜놓고 을사체결한 연후에 오늘이 있을줄 몰랐구나
乙巳年新條約後 不知有今日耶
모든 것이 자업자득 스스로가 한 짓이니
오늘 네가 북향할 줄 나도 역시 몰랐노라 今日汝之北向 我亦是不知
범죄하면 죄가 오고 덕 닦으면 덕이 온다 犯罪則罪來 修德則德來
너뿐인 줄 알지 마라 너희 동포 오천만을 莫知以只汝 汝同胞五千萬
오늘부터 시작하여 하나 둘씩 보는대로 自今日爲始 一個二個逢着
남의 나라 뺏는 놈들 내 손으로 죽이리라 以我手殺之
오호라! 우리 동포 한 맘으로 단결하여 嗚呼我同胞 一心專結後
외적 모두 멸하고서 우리 국권 회복하고 恢復我國權
부국강병 이룬다면 세계 안에 누가 있어 圖富國强兵 世界有誰
우리 자유 압박하고 하등下等타고 냉대하랴
壓迫我等之自由 爲下等之冷遇
일어서서 마음들을 한시 빨리 한데 모아 速速爲合心
이토와 한가지로 그들 무리 죽여보자
우리들이 우리 일을 하지 않고 주저앉아
무위평안 누리고자 가만히만 있는다면
스스로는 국권회복 이루지를 못하리라
일어서자 일어서자 용감하게 일어서자 힘을 갖고
국민의무 다 하도록 하여보자 持勇敢之力 盡國民之義務[73]

안중근은 이토를 처단해야할 이등박문 15개 죄상을 밝히고 있다.

73 정교(鄭喬)저 · 조광(趙珖) 편 · 김우철 역주, 『대한계년사』, 소명출판, 2004, 권 9, pp.140~143(1909. 10. 23).

〈이등박문 죄상 15개조〉

1. 한국 명성황후를 시해한 죄요.
2. 한국 황제를 폐위시킨 죄요.
3. 5조약과 7조약을 강제로 체결한 죄요.
4. 무고한 한국인들을 학살한 죄요.
5. 정권을 강제로 빼앗은 죄요.
6. 철도, 광산, 산림, 천택을 강제로 빼앗은 죄요.
7. 제일은행권 지폐를 강제로 사용한 죄요.
8. 한국 군대를 해산시킨 죄요.
9. 교육을 방해한 죄요.
10. 한국인들의 외국 유학을 금지시킨 죄요.
11. 교과서를 압수하여 불태워 버린 죄요.
12. 한국인이 일본인의 보호를 받고자 한다고 세계에 거짓말을 퍼뜨린 죄요.
13. 현재 한국과 일본 사이에 경쟁이 쉬지 않고 살육이 끊이지 않는데, 한국이 태평무사한 것처럼 위로 천황을 속인 죄요.
14. 동양평화를 깨뜨린 죄요.
15. 일본 천황의 아버지 태황제를 죽인 죄이다.[74]

안중근은 연추烟秋에서 블라디보스토크海蔘威에 도착했다. 당지 발행의 원동보遠東報와 대동공보大東共報를 훑어보니 이토가 만주로 온다는 사실을 확인했다. 안중근은 우연준禹延俊, 우덕순과 조도선曺道先과 함께 채가구蔡家溝로 갔다. 10월 26일 이토가 하얼빈에 도착할 것이라는 것을 알고는 즉시 통역 유동하劉東夏를 동반, 하얼빈에 가서 김성박金成博집에 머물렀다.

안의사가 하얼빈 의거지에서 우덕순과 연명으로 이강李剛, 1878~1964에

---

74 『大韓國人 安重根』, p.125, '安應七歷史' 중에 기술된 15개조의 伊藤博文 罪狀; 『明治編年史』(1936), p.171, 安重根 伊藤公暗殺の理由十五箇條.

게 의거준비 상황과 자금상황을 기술한 엽서를 보냈다.

> 블라디보스톡 대동공보사 이강 선생(안중근)께
>
> 안녕하시옵니까.
>
> 이달 10월 22일 오후 8시 이곳에 도착하여 김성박 씨 댁에 머무르고 있습니다. '원동보'에서 보니 이등박문은 10월 25일 러시아철도총국에서 특별히 배려한 특별열차에 탑승하여 이날 오전 11시쯤에 하얼빈에 도착할 것 같습니다. 우리는 조 도선 씨와 함께 저의 가족들을 맞아 관성자에 가는 길이라 말하고 관성자長春에서 거의 10여리 떨어진 정거장에서 때를 기다려 그곳에서 일을 결행할 생각이오니 그리 아시기 바랍니다. 이 큰 일의 성공 여부는 하늘에 달려 있으나, 동포의 기도에 힘입어 성공하게 되기를 간절히 바랍니다. 그리고 이곳의 김성백 씨에게서 돈 50원을 차용하니 속히 갚아주시기 천만번 부탁 드립니다. 10월 24일.[75]

착모한 채, 앞 가슴에 井자형으로 단추 4개 달린 일본 복장으로 변장한 안중근은 1909년 10월 26일 아침 7시에 하얼빈 정거장에 가서 찻집에서 차를 마시면서 이토히로부미가 하차해서 마차를 탈 때 거사할 것인지 아니면 기차에서 내릴 때 사살할 것인지를 궁리하던 중에 오전 9시에 특별열차가 하얼빈 역에 도착했다. 이토 일행이 정차하자 러시아군 군악대가 환영연주를 울리자 도열한 러시아군 장병이 거수경례를 행했다. 이토는 러시아 병정 앞을 군사열병 하듯이 지나가다가 일본영사 일행이 있는 방면으로 나아갈 때 안중근은 러시아 병정 뒤로 가서 끼어들어 사살 기회를 노렸다. 이토가 일본영사 일행이 있는 쪽으로 돌아서 두서너 걸음 지나는데 서로의 거리는 열 걸음쯤 되는 곳에서, 사살 기회는 이때라고 직감한 안중근은 러시아 병정이 벌여 서 있는 사이로 불쑥 끼어들어,

---

75 상계서, p.103.

6연발 권총으로 한반도 침략의 원흉 이토히로부미伊藤博文를 겨냥, 세 발을 쏘아 적중, 꺼꾸러 뜨렸다. 또한 3발을 쏘아 일본 총영사川上와 만철滿鐵 이사田中에게는 부상을 입혔을뿐 러청 환영인사에게는 전연 피해가 없었다는 것은 안중근의 사격술이 백발백중 명사수임을 확인할 수 있다.[76]

안중근은 어릴때부터 사격술이 뛰어났다. "그때에 안진사의 맏아들 중근은 열세살로서 상투를 짜고 있었는데 머리를 자주수건으로 질끈 동이고 곰방총短銃이라는 짧은 총을 메고 날마다 사냥을 일삼고 있어 보기에도 영기가 발발하고 청계동 군사들 중에 사격술이 제일이어서 짐승이나 새나 그가 겨눈 것은 놓치는 일이 없기로 유명하였다. 그의 계부 태건과 언제나 함께 사냥을 다니고 있었다. 그들이 잡아오는 노루와 고라니로는 군사들을 멕이고 또 진사 육형제의 주연의 안주를 삼았다."[77]

이때 러시아 헌병이 닥쳐와 안중근을 붙잡았다. 안중근은 권총총기번호 브로닝 262336을 내던져버리고 세계에서 널리 쓰이는 라틴어로 "꼬레아 우라!대한제국 만세!"를 세차례 우렁차게 외쳤다.

마네바 주조眞鍋十藏 지방법원장의 심문이 있었다.

"그때 자살하거나 혹은 달아날 생각은 없었는가?"

"재판관은 내가 목적을 이미 달성했다고 했지만 나는 이것을 할 수 있는 오직 하나뿐인 일이라고 여기지 않으며, 아직은 모든 목적을 달성했다고 생각하지 않는다. 내가 한 일은 하나의 성공에 불과하다.

우리의 조직을 만든 큰 목적은 한국독립에 하나의 기회가 되려는 것이다. 나는 한국독립의군의 참모중장으로서, 한국의 독립과 평화를 완전히 하기 위해 평생사업을 하려는 사람이다. 그러므로 그때 비록 주머니칼을 지니고 있었지만, 자살이나 도주와 같이 비열한 행동은 하지 않았

---

76 『대한계년사』 권 9, pp.133.

77 『大韓國人 安重根』(安重根義士紀念館, 2001. 9. 2) p.98; 金九 著 金九 自敍傳(이광수 저작) 『白凡逸志』(金信, 圖書出版 國士院, 1947. 12. 15.) p.47.

다. 비록 짧은 시간을 생존하더라도 일본의 난폭한 행동을 세계에 길이 널리 알리려는 것이다. 또 이토 히로부미를 죽인 것은 악한 일이 아니다. 무슨 까닭에 자살이나 도망을 하겠는가?"

마나베 주조가 그의 손가락을 자른 이유를 묻자, 대답했다. "작년 봄쯤 러시아 영토 엔치아烟秋 부근의 한 가난한 마을인 카리哥里에서 안중근이 맹주가 되고, 고국의 동지인 김기룡 · 강순기 · 정원주 · 박봉석 · 유치홍 · 김백춘 · 백규삼 · 황병길 · 조응순 · 김천화 · 강창두 등 이상 단지동맹 12인이다대한국인 안중근, p.79.

우리들은 천신만고를 겪더라도 대한의 독립을 회복하고 동양의 평화를 유지하자고 하느님께 맹세하며 열렀다. 일제히 왼손 약지藥指를 잘라 함께 맹세한 후, 그 생피로 '독립자유獨立自由'라는 네 글자를 대한의 국기 태극기에 크게 썼다. 또 그 피로 취시서를 베껴 썼다. 그때의 동지들은 그들이 간 곳을 알지 못한다."

이번에 이 사건을 결행할 뜻을 가지고 자작시가 있느냐?

있다. 이것은 음력 9월 10일 밤에 지아이스고蔡家溝에서 내 마음에 품은 회포를 간략히 서술하여 시로 지은 것이다. 그 내용은 장부가丈夫歌에 있다.[78]

1909년 10월 26일 이토히로부미가 하얼빈에 온다는 소식을 접하자 안중근은 동지 우덕순 조도선과 함께 이토를 사살하기로 결심하고 하얼빈으로 이동했다. 안중근은 일본인으로 변장하고 엄중한 경계망을 무사히 통과 환영군중 속에 진입했다.

1909년 10월 26일 이토 일행이 오전 9시에 하얼빈 역에 도착하자, 러시아 대장대신 코코프체프Kokovtsev가 객차에 올라 이토를 환영방문,

78 상게서, p.88; 정교(鄭喬) 저 · 조광(趙珖) 편 · 김우철 역주, 『대한계년사(大韓季年史)』, 소명출판사, 2004, 권 9, pp.132~134(1909. 10. 26).

20분간 담화를 나눈 후 러시아 관헌 일동이 오전 10시에 하차한 후 이토가 플랫폼에 하차하는 찰라, 환영군중 속에서 한인이 이토히로부미伊藤博文 공을 6연발 단총으로 연속 쏘아 탄환 3발이 이토의 오른쪽 흉부를 명중, 절명했다. 당시 일본신문은 "범인은 한인韓人 웅짱ウンチアン, 31"이라고 밝혔다.

한편 26일 오후 2시 전보에 의하면 오늘 오전 아침 이토공은 암살되고 총영사川上와 만철이사田中는 부상, 범인은 즉시 체포되었다.

다른 전보에 의하면 이토공은 오전 9시, 이등공은 만주 시찰중 하얼빈 정거장 플랫폼에 하차하는 찰라 환영군중 속에서 일 한인韓人이 손에 6연발 권총을 들고 공을 3발 저격 흉부를 관통 절명했다.[79]

안중근은 이토 사살의거의 이유를 다음과 같이 선언했다. "내가 이등박문을 죽인 것은 한국독립전쟁의 한 부분이요 또 내가 일본 법정에 서게된 것은 전쟁에 패배하여 포로가 된 때문이다. 나는 개인 자격으로서 이 일을 행한 것이 아니요 대한국 '의군 참모중장'의 자격으로 조국의 독립과 동양평화를 위해서 행한 것이니 만국공법에 의하여 처리하도록 하라."[80]

1909년 11월 6일 안중근은 옥중에서 '韓國人 安應七 所懷'를 연필로 순한문으로 작성해서 일본 외무성에 제출했다.

〈한국인 안응칠 소회(1909. 11. 6) 원문은 순한문임〉

하늘이 사람을 내어 세상에 모두 형제가 되었다. 각각 자유를 지켜 삶을 좋아하고 죽음을 싫어하는 것은 누구나 가진 떳떳한 정이라. 오늘날 세상 사람들은 의례히 문명한 시대라 일컫지마는 나는 홀로 그렇지 않는 것을 탄식

79 『明治編年史』 권 14, p.162(1909. 10. 27. 東朝), 滿洲視察中の伊藤博文公 哈爾賓驛頭に狙擊ざる 一韓人六連發銃を連射=聽て絶命(1909. 10. 27. 東朝).

80 『대한국인 안중근』, p.121, 의거의 이유.

한다. 무릇 문명이란 것은 동서양 잘난 이 못난이 남녀노소를 물을 것 없이 각각 천부의 성품을 지키고 도덕을 숭상하여 서로 다투는 마음이 없이 제 땅에서 편안히 생업을 즐기면서 같이 태평을 누리는 그것이라. 그런데 오늘의 시대는 그렇지 못하여 이른바 상등사회의 고등인물들은 의논한다는 것이 경쟁하는 것이요 연구한다는 것이 사람 죽이는 기계라. 그래서 동서양 육대주에 대포 연기와 탄환 빗발이 끊일 날이 없으니 어찌 개탄할 일이 아닐 것이냐.

이제 동양대세를 말하면 비참한 현상이 더욱 심하여 참으로 기록하기 어렵다. 이른바 이등박문은 천하대세를 깊이 헤아려 알지 못하고 함부로 잔혹한 정책을 써서 동양 전체가 장차 멸망을 면하지 못하게 되었다.

슬프다 천하대세를 멀리 걱정하는 청년들이 어찌 팔짱만 끼고 아무런 방책도 없이 앉아서 죽기를 기다리는 것이 옳을까 보냐. 그러고 나는 생각다 못하여 하얼빈에서 총 한방으로 만인이 보는 눈 앞에서 늙은 도적 이등 죄악을 성토하여 뜻있는 동양 청년들의 정신을 일깨운 것이다.[81]

1910년 2월 14일 안중근을 사형에 처한다는 판결문을 발표했다. 안중근은 여순감옥에서 '동포에게 고함'을 발표했다.

〈동포에게 고함(1910. 3. 26)〉

"내가 한국 독립을 회복하고 동양평화를 유지하기 위하여 3년 동안을 해외에서 풍찬노숙하다가 마침내 그 목적을 도달치 못하고 이곳에서 죽노니 우리들 2천만 형제 자매는 각각 스스로 분발하여 학문에 힘쓰고 실업을 진흥하며 나의 끼친 뜻을 이어 자유독립을 회복하면 죽는 자 유한이 없겠노라."[82]

1910년 3월 9, 10일 빌렘 주교와 정근·공근 두 아우가 사형집행때 입을 하얀 명주두루막을 싸들고 여순 감옥에서 최후 면회를 하는 자리에

---

81 전게서, p.126, 韓國人 安應七 所懷(1909. 11. 6).

82 상게서, p.136.

서 안중근은 최후의 유언을 전했다.

안중근은 그의 아우 정근·공근에게 자신의 유해를 여순감옥 공원에 묻어두었다가 조국 광복 후에 조국으로 반장해 달라고 최후 유언을 했다.

〈안중근의 최후의 유언(1910. 3. 10)〉

"내가 죽은 뒤 나의 뼈를 하얼빈 공원 곁에 묻어두었다가 우리 국권이 회복되거든 고국으로 반장返葬해 다고.

나는 천국에 가서도 또한 마땅히 우리나라의 회복을 위해 힘쓸 것이다.

너희들은 돌아가서 동포들에게 각각 모두 나라의 책임을 지고 국민된 의무를 다하며 마음을 같이하고 힘을 합하여 공로를 세우고 업을 이루도록 일러다고.

대한독립의 소리가 천국에 들려오면 나는 마땅히 춤추며 만세를 부를 것이다."[83]

1910년 3월 26일 일제 관동도독부 여순감옥에서 사형이 집행되었다. 이 전문보고에 의하면 안 의사의 사형집행 직후 입회한 園木末喜 통역이 작성, 그들 외무성에 전문으로 긴급보고된 것이다. 이 보고서에서 栗原貞吉 전옥이 사형집행문을 읽고 유언의 유무를 묻자 안 의사는 "나의 의거는 오로지 동양평화를 도모하려는 성심에서 한 것이니 바라건대 오늘 임검한 일본 관헌들도 다행히 나의 미충微衷을 양해하여 彼我 구별없이 합심협력해 동양평화를 기필코 도모할 것을 간절히 바란다"라고 말하였다. 이어 안의사는 마지막으로 '東洋平和 萬歲'를 3창하고자 한다고 하였으나 전옥은 그럴 수 없다고 하면서 사형집행을 명하였다.[84]

〈안 의사 사형집행에 관한 보도전문(1910년 3월 28일(월요일)〉

안중근의 사형집행은 지난 3월 26일 상오 10시 15분에 하였는데 안중근은 감수監守의 인도로 형장刑場에 들어가 본국에서 새로 지어간 흰 명주 두루

---

83 상게서, p.139, 최후의 유언.
84 상게서, p.145.

마기와 검은 양복바지를 입고 우리나라 신을 신고 조용히 집행하기를 기다리는데 검찰관과 전옥과 통역이 형장에 와서 전옥이 사형집행문을 읽은 후에 유언이 있고 없는 것을 물은즉 (내가 이에 이름이 본시 동양평화를 위함인즉 다시 한恨할 바 없으나 다만 여기 모여선 일본 관헌은 이후 한일 친선과 동양평화에 진력하기를 바라노라) 한 후 3분간이나 기도를 하고 즉시 잠잠潛潛히 형대刑臺에 올라 동양평화 만세를 부르고 엄연히 집형執刑을 당하니 곧 10시 4분이라 11분을 지낸 후 절명絶命되었는데 의사醫師가 시체를 검사한 후 관棺에 넣고 우덕순 · 조도선 · 류동하에게 작별케 하니 3인이 다 창연히 절을 하여 조상하는 뜻을 표하는 중 우덕순은 슬픔을 이기지 못하였고 오후 1시에 감옥 묘지에 묻었는데 그 두 아우는 전옥에게 시체를 달라 한즉 주지아니하므로 통곡함을 이기지 못하다가 오후 5시에 떠나 귀국하였다더라.[85]

〈大韓義士 安重根 追悼歌(러시아 극동문서보관소 소장)〉

1. 우리 安공 높은 義, 日月같이 밝으며
우리 安공 먹은 맘 눈과 같이 희도다
短砲三聲 높더니 우리 원수 없앴네.

2. 蝦夷왜놈種子 넋 잃코 동서양이 놀랐네
一介奸凶伊藤 없애고 壯士安義士 一去 아깝다
扶餘民族 이 눈물을 천추만세 잊을까.

3. 愛國義士 흘린 피 우리에게 본 되어
생각할 때 감격과 바라는 때 슬픔이
간절하고 간절해 十萬義士 養하네.

4. 나라 위해 죽으니 萬古에 영혼 살았네

85 상게서, p.147, 안의사 사형집행에 관한 보도전문.

殺身成仁 본 삼고 捨身取義 법 삼아
祖國光復 속히 해 先烈 위로해 보세.[86]

5. 소년회 조직과 조선청년 구제운동

1) 소년회 조직

이광수는 한국 학생운동의 선구자였다. 동경 명치학원 16세 소년 이광수李寶鏡는 1907년 비밀결사 소년회少年會를 조직, 등사판 잡지 '신한자유종新韓自由鐘'을 주재·발행했다. 비밀결사 소년회를 조직하고 항일독립 잡지를 발행했다는 이유로 경시청에 소환되어 '주의 인물'로 블랙리스트에 등재되었다.

뉘게서 들은 말은 아니나 무슨 비밀결사를 만들어야 할 것도 같아서 나또래 칠팔인이 '少年會'라는 것을 조직하고 회람잡지를 만들었다. 회원이 이십 명쯤 되었다. 모두 십칠팔세의 소년들이었다. 잡지도 등사판에 박았다. 그 내용은 비분강개한 애국적인 시, 소설, 논문, 감상문 등이었으나 셋째 호인가 넷째 호적에 벌써 일본 관헌의 눈에 띄어서 우리는 경시청에 불려 야단을 만났다. 설유방송說諭放送으로 끝은 났으나 그로부터 우리는 '주의 인물'이 되었다. 우리는 우리의 전도가 일본 관헌의 주의 밑에 있을 것임을 분명히 인식하였고, 그와 동시에 우리의 존재라는 것은 일종의 자부심을 가지고 인식할 수가 있었다.[87]

---

86 『大韓國人 安重根』(安重根義士紀念館, 2001. 9. 2), p.205.

이와같이 16세 소년 중학교 3학년생 이광수는 소년회라는 비밀결사를 조직, 등사판 잡지를 제작하고 그가 직접 애국적인 글을 써서 발표했다. "청산학원青山學院 다니던 문학청년들끼리 말하자면 김찬영金瓚泳·옥종경玉宗敬·변봉헌卞鳳憲·김일金一 등 여러 사람들과 더불어 등사판회람잡지謄寫版回覽雜誌를 만들고 약 20명 회원이 일주일에 한번씩 모여 소설과 시 이야기를 하였지요. 더구나 남들이 문예에 취미 붙여주기 위하여 나는 일주일에 한번씩 모이는 회합에서 혼자 연극도 하여가며 소설 이야기를 아무쪼록 재미있게 하여 드렸지요. 이 소년회에서는 문예 이외에도 운동을 장려하여 나도 베이스볼야구의 피처 캐처를 다하여 보았데요."[88]

여기서 소년회를 조직, 회람잡지를 등사판으로 발행했다는 것, 허지만 잡지 이름題號도 없다는 것, 소년들이 이와같은 잡지를 발행해서 경시청에 불려가서 심지어 '주의 인물'에 올랐다는 것, 게다가 안중근安重根, 1879~1910의 이토히로부미伊藤博文 사살의거사건1909 11. 26 등 시국이 급박한 가운데 10대 소년학생이 과연 이같은 잡지를 발행했겠는가 하는 의혹이 일어날 수밖에 없었다. 이를 입증할만한 자료가 전혀 없었기 때문에 반민특위에서 이를 묵살했다. 그러나 하토나 세츠코波田野節子교수가 소년회 잡지 '신힌지유종新韓自由鐘'을 발견, 공개함으로써 우리를 깜짝 놀라게 했다.[89] 따라서 이광수의 '나의 고백'은 한 문장도 거짓이 없는 진실된 기록물임을 재확인할 수 있다.

신한자유종 제3호는 한국 내부內部 경무국장을 3년간 역임한 마츠이 시게루松井茂, 1866~1945가 조선 언론계의 논조와 민심의 동향을 파악하기

---

87 李光洙, 『나의 告白』, 春秋社, 1948, pp.37~38.

88 『三千里』(1934. 11) pp.234~243, 春園 文壇生活20년을 機會로 한 文壇回顧座談會(10. 2).

89 『근대서지』 제5호(소명출판, 2012. 6) pp.239~243, '極祕 新韓自由鐘' 제1권 제3호(융희4년 4월 1일 발행)의 이광수 관련 자료에 대하여(하타노 세츠코, 최주한 번역).

위한 자료로 삼았기 때문에 인멸되지 않고 100여년간 보존되었다. 현재 신한자유종 제3호[90]는 일본 국립공문서관에 보존되어 있는데 하타노 교수가 발견하여 학술지에 발표한 것이다.

'신한자유종' 제1권 표지(1910. 4. 1)

이광수는 자유독립의 염원을 구현하기 위하여 미국 독립의 상징물인 자유종에서 그 이름을 따서 '신한자유종新韓自由鐘'이란 제호題號를 채택했다. 표지 중앙 상단에 '신한자유종'이 걸려 있고, 그 아래에 한 해병海兵이 태극무늬를 아로새긴 방망이로 자유종을 치고 있다. 그 둘레에 '무궁

90 極秘『新韓自由鐘』제1권 제3호(隆熙4年(1910) 4월 1일).

화 삼천리 화려강산'으로 '신한자유종'을 에워싸고 있다. 한마디로 표지 디자인은 신한국이 건국되리라는 미래 비전을 표상하고 있다.

"대한민족은 1909년 11월 26일은 안중근安重根, 1879~1910의 이토伊藤博文 사살의거射殺義擧의 날로서, 대한독립군 제1회 적군공격일로, 1910년 3월 26일은 안중근 처형일로서 제2회 독립군 규합일로 정해서 독립군을 일으켜 일제에 대해 항일독립전쟁을 일으키자고 역설하고 있다.

그러기 때문에 우리들이 그저 "씨안중근는 위인이라, 열사라, 의사라," 하며, 언어로써만 씨를 기쁘게 한다면 씨가 (가진) 우리 국가 민족에 대한 열심의 만분의 일의 보답에도 미치지 못함이라. 즉 우리들이 진심으로써 씨를 상찬하고 진심으로써 씨의 열심에 감복하려 한다면, 그 뒤를 잇고자 함이 당연한 이치라. 그 뒤를 잇고자 한다면 우리들은 독립군을 일으켜 무도한 적군敵軍을 일성발포 아래 진멸시켜, 아국가민족我國家民族을 구救해내지 않으면 아니 됨이라. 까닭에 우리는 융희3년1909 11월 26일을 대한독립군 제1회 적군공격일로 삼고, 4년1910 3월 26일을 제2회 독립군 규합일로 인정함이라.[91]

이광수는 와세다 대학 재학 중 1919년 조선청년독립단을 조직, 2·8선언서를 작성, 동경 한국기독교청년회관에서 동경 한국유학생 전원이 참석한 가운데 2·8선언서를 선포하면서 학생 항일독립운동의 봉기의 시단을 선도했다. 이는 한국 학생운동의 최고봉이기도 하지만 적도敵都 동경 한복판에서 학생독립운동의 봉화불을 치켜들었다는 점에서 그 역사적 의의는 크다할 것이다. 2·8선언은 인류역사상 유일하게도 적의

---

91 『근대서지』 제5호(2012. 6), pp.700~702, 〈자료〉 검열 번역본 '신한자유종' 제1권 제3호 완역(황호덕, 장신 번역), 대한민족에 있어서의 융희4년 3월 26일(大韓民族ニ對スル 隆熙 四年三月 二十六日 所感生).

수도 심장부에서 일으킨 식민지독립운동으로 기록되고 있었기에 세계 언론은 주목하고 있었다. 이광수의 2·8선언은 국내 육당 최남선의 3·1선언으로 거족적인 3·1독립운동의 기폭제가 되었던 것이다. 한국 학생운동의 정신적 지도자인 이광수의 독립정신에 감화를 받은 학생운동은 줄기차게 연달아 일어났다. 춘천고보의 상록회사건1938, 수원고농의 비밀결사 언문연구회사건1939, 배재고보의 비밀결사 정신대사건1944 등으로 거세게 학생독립운동이 연달아 발생한 것이니 이는 모두 그 배후에는 이광수의 민족독립운동 지도이념에 감화되어 발생한 것이다.[92]

이광수는 1949년 2월 7일 '민족반역자'라는 죄목으로 반민특위에 구속되었다. 그러나 8월 29일 불기소 치분을 받아 자유의 몸이 되었지만 민족반역자라는 낙인이 찍힌 친일파의 꼬리표가 붙어 있었다. 그러면 과연 이광수는 진짜 골수친일파였던가? 그러나 이와 정반대로 일제말기까지 독립운동을 벌인 사실이 신낙현이 '신태양'1954. 6·7에 '춘원 이광수는 과연 친일파였던가?'를 발표하면서 비밀결사 정신대를 조직하여 독립운동을 벌인 사실이 비로소 밝혀진 것이다.[93]

1944년 8월 이광수는 농촌에는 농촌정신대金永憲를, 서울에는 청년정신대青年挺身隊, 申洛鉉를 조직하여 줄기차게 항일독립운동을 전개했던 것이다. 이광수는 이와 같은 비밀결사를 조직하여 항일운동을 전개한 사실을 한마디 소명하지 않고 친일파 심판을 받은 것이다. 이같은 역사적 항일운동 사실은 정신대사건 판결문에 기록되어 있다. "소화 191944년 8월 초순, 피고인 금광金光·金永憲은 전시前示 결혼문제의 결말을 짓기 위하여 상경하였을 때 전시 함평여관에서 피고인 평천平川·申洛鉉에 대해, 나는

92 김원모, 『자유꽃이 피리라, 춘원 이광수의 민족주의 사상』, 찰힉과현실사, 2015, pp.66~68, 1395~1510.

93 申洛鉉,「(未公開 春園逸事) 春園 李光洙는 果然 親日派였던가? 殘酷한 日帝의 末葉 春園을 中心으로 抗爭할 때 그는 어떤 思想과 態度를 堅持했는가?」, 『新太陽』 上·下 (1954. 6·7), 上, p.95.

이광수李光洙를 방문하였는데, 동인으로부터 시골에 돌아가면 농촌정신대農村挺身隊를 조직하도록 권유받았다는데 시골에 돌아가면 농촌정신대를 조직하겠지만 시기가 오면 이를 역이용하여 조선독립운동을 위해 일어서게 할 작정이라는 뜻을 말하였다."[94]

1949년 3월 7일 반민특위에서 신병 불구속 처분을 받고 출감하고 나서 이광수는 온통 세상 사람들로부터 친일파 매도가 빗발치듯 쏟아지는 험악한 시대 상황에서 자신의 괴로운 심경心境을 읊은 장편 서사시 '인과'를 미공개로 적어놓은 원고가 발견된 것이다. 이광수는 "나는 민족을 구출하기 위해 내 한 몸을 친일제단에 내던졌다"고 호소했다. "나는 진실로 맹수日帝에게 물리라는 사람韓族을 구救하려고 내 몸을 내어 던졌다/내게는 아무 불평도 회한도 없습니다/나는 민족을 위하여 살고 민족을 위하다가 죽은 이광수가 되기에 부끄러움이 없습니다/친지가 이를 알고 신만이 이를 알 것입니다"라고 고해성사했다.

해방 직후 미국 국무부 파견원 2명이 '조선의 친일파 문제에 관한 보고서'를 들고 이광수를 심방, 제시하면서 미국인의 친일파관親日派觀을 주제로 대화를 나눈 일이 있었다면서 그 보고서 내용을 소개한 바 있다.

"그들은 조선에 와서 일찍 한 친일파도 만나지 못하였다. 조선의 해방을 마다하고 일본의 신민臣民으로 머물라는 조선인은 하나도 없었다 하는 것을 놀라는 모양으로 말하고 다음에는 조선의 친일파 문제와 프랑스 등 제2차대전 중의 독일 점령지대의 친독파親獨派와를 구별하여서 말하기를 40년 조직적인 일본 통치하에 있던 조선인으로서는 일본에 협력cooperate하는 것은 불가피한 일이었다. 그렇지 아니한 사람은 망명하였거나 죽었다. 일본에 협력하는 것은 조선인의 생명의 대가였다price for life하여 조선에 생존하는 조선인

94 『독립운동사자료집』 제12집(문화투쟁사자료집)(독립운동사 편찬위원회, 1977. 12), pp.1118~1122, 소화 19년 형공(刑公) 제 3698호, 판결.

은 다 일본에 협력한 자cooperator여니와 일본을 친한 자pro-Japanese는 하나도 없더라고 하였다. 그리고 그 글에는 해학적諧謔的인 표현으로 만일 일본에 협력한 자를 다 제외한다면 죽은 자와 일국一掬 a handful의 망명객들로 신국가를 조직하여야 할 것이라 하고 끝으로 조선서 친일파 배제를 주장하는 자는 좌익과 안락의자 정치가sofa politician라 하였다."[95]

진보 좌파 진영은 정부수립 이후 이승만은 친일파 청산을 제대로 못하고 오히려 친일파를 기용했다고 비판했다. 이에 손세일孫世一은 항일정신이 투철한 이승만의 친일파 기용은 중용重用이 아닌 활용活用이었다고 역설했다. 이승만은 '일본 내막기'에서 요한묵시록의 아마겟돈 개념을 도입, 미국과 일본의 전쟁을 다루었다. 일본은 악惡이다. 악과 싸우는데 반전反戰이나 평화를 말하는 이는 제5열이라고 주장했다. 이승만은 친일파가 대한민국의 주류나 건국의 주도세력이 되게 한 적이 없다. 대한민국의 초대 국무총리는 광복군 출신의 이범석李範奭이다. 초대 부통령 이시영李始榮도 시종일관 임시정부를 떠나지 않은 독립투사이다.

친일파를 건국의 주도세력이나 주류로 삼는 것은 있을 수도 일어나지도 않은 일이다. 기술자로서 기용한 일은 있었다. 가령 '일본경찰의 호랑이'로 불리는 노덕술盧德述[96]은 경시警視로 평남 경찰부 보안과장을 역임하다가 해방 후에는 수도경찰청 수사과장 및 관방장官房長으로 발탁되어 공산당 숙청에 큰 공을 세웠다. 그는 악질적 친일파였지만 공산당 잡는 기술자로서 공을 세워 그의 친일한 죄를 갚도록 했다. 암살이 횡행하던 해방공간에서 공산주의를 막는 기술자로서 활용한 것이지 나라의 주류나 근간이 되도록 한 것은 결코 아니다.

---

95 李光洙, 『나의 告白』, 春秋社, 1948, pp.205~206, 美國人의 親日派觀.

96 金永鎭 編, 『反民者大公判記』, 漢豊出版社. 1949, p.103; 高元燮 編, 『反民者罪狀記』, 白葉文化社, 1949, p.98.

1951년 농림부장관에 임명된 임문환任文桓도 전형적 친일파이다. 동경제대를 졸업하고 고등문관시험에 합격하고 조선에 와서 용인군수와 내선일체 단체인 녹기연맹綠旗聯盟에서 일했고 강원도 민정관을 역임했다. 임문환이 장관이 되어 국회에 가서 망신을 당했다. 국회의원들은 "당신 같은 친일파의 절은 안 받겠다"면서 돌려보냈다. 이승만은 임문환에게 이렇게 말했다. "내가 미국에서 귀국하면서 일본을 보니 산꼭대기까지 물을 대 논을 만들었더라. 언젠가 일본이 무역이다 뭐다 해서 우리나라로 다시 밀려올 것이다. 일본이 다시 오는 것을 막아야 하는 게 당신 같은 친일파다. 일본을 알아야 일본을 막아낼 수 있다." 요컨대 친일한 죄를 일본 막는 일로 갚으라는 것이었다. 이는 친일파를 기술자로 활용한 사례이다. 그들로 하여금 공을 세워 죄를 면하게 하는 취지이다.[97]

2) 해외 유랑 조선 청년 구제운동

재외 유랑 '조선청년 구제 건의서' 제출원문은 일본어, 1921. 4. 10

마침내 이광수는 1921년 4월 초에 국내로 들어왔으나 당국은 구속조치하지 않고 방면했다. 그러자 언론에서는 일제히 이광수는 변절귀순자變節歸順者[98]라는 낙인을 찍으면서 일제히 이광수를 비난하고 나섰다. 귀순변절자라는 근거로 "이광수는 총독부의 알선斡旋으로 동아일보에 입사, 수당手當은 월 300원이다."[99]라는 기록을 제시하고 있다. 그러면 왜 변절귀순자라는 소리를 들으면서 심지어 인신공격까지 당하면서까지 귀국

97 『新東亞』(2015. 12), pp.134~135.
98 『朝鮮日報』(1921. 4. 3), 歸順證을 携帶하고 義州에 着한 李光洙.
99 『朝鮮民族運動年鑑』, p.13; 『日帝侵略下 韓國三十六年史』 권 6, p.183(1921. 5. 15).

을 단행한 이광수의 참뜻은 일제 강점하의 조선인을 구출하는데는 총독부 당국이 인정하는 민족단체를 조직, 합법적인 민족운등을 전개하는 것만이 조선 민족이 살아남을 수 있는 유일무이한 방도라고 판단했기 때문이다.

일본 국회도서관 헌정자료실 사이토문서齋藤文書 서한부문書翰部門 No. 2166에 이광수가 일본어로 작성한 「조선총독시대-조선통치 일반-의견서류」가 보관되어 있다.

1. 12매로 씌어진 '수양동맹회 규약修養同盟會 規約'.
2. 14매로 씌어진 '건의서建議書'.

두 건의 문서가 보관되어 있다. 모두가 이광수의 일본어 육필원고肉筆原稿이다. 전자는 강동진이 발견하여 박사학위논문을 발표했고,[100] 후자는 하타노 세츠코波田野節子가 '건의서'를 발견하여 논문을 발표한 것이다.[101]

'건의서' 작성일자가 1921년 4월 10일로 되어 있는 것으로 보아 이 두 건의 문서 작성일자는 왜성대에서 이광수-사이토 총독 단독 담판 무렵에 동시에 작성해서 사이토 총독에게 제출한 것으로 보인다.

〈건의서 : 재외 조선인에 대한 긴급책에 대하여 다음의 2건을 건의함〉

1. 유랑 조선청년 구제선도의 건.
2. 재외 조선인 교육선도의 건.

그리고 부록으로 적임자의 자격을 제시하고 있다. 첫 번째 건의에서 이광수는 시베리아를 유랑하고 있는 2천명의 조선 지식인에 대한 구제선도에 비상한 관심과 구제책을 강구히고 있다. 이들 조선 지식인은 1백만 재외 조선

100 姜東鎭, 『日帝의 韓國侵略政策史』, 한길사, 1980.
101 하타노 세츠코, 최주한 옮김, 「사이토 문서와 이광수의 '건의서'」, 『근대서지』 제8호(2013. 하반기), pp.381~403.

인에게 커다란 영향력을 가진 지식집단이다. 그들이 만약 러시아 수중에 들어가 과격화되면 일본에 위협이 될 것이므로 이들을 구제 선도해야 함을 강조하고 있다. 특히 이동휘李東輝 공산주의 과격파의 수중에 들어가면 일본에게 큰 위협세력화가 될 가능성이 크므로 사전에 이들을 구제해서 선도함이 조선통치자로서 마땅히 해야할 통치책임임을 역설하고 있다. 그러면 유랑 조선지식인을 구제할 방책은 길림吉林이나 봉천奉天에 토지를 구입해서 기숙사가 딸린 학교를 짓고, 조선청년 500명을 모아 농업과 산업기술을 습득시킬 것을 제안하고 있다. 이에 필요경비는 첫해는 10만원의 자본을 투자하고 그 다음부터는 농산물에서 나오는 수익금을 충당한다는 것이다.[102]

그런데 이러한 계획은 안창호가 일찍이 이상촌 건설계획안을 실천하다가 실패로 끝난 이상촌理想村 기지건설안을 그대로 적용한 것이다. 이광수 자신의 저서 '도산안창호'에 이상촌 계획을 밝히고 있다.[103]

도산은 독립이 회복되기까지는 재외동포가 환국하는 것이 심히 어렵다고 보았다. 만주의 수백만, 러시아의 수십만, 북미와 하와이의 수만 동포가 본국의 문화와 연락되지 아니한 채 여러 해 또는 여러 세대를 간다하면 그들은 아주 거주국 문화에 동화하여서 한족의 정신을 잃어버리거나 그렇지 아니하면 야만몽매한 인종으로 퇴화하여 버릴 우려가 있다고 생각하였다. 북미나 하와이와 같이 우리 모국보다 높은 문명을 가진 나라에 교거僑居하는 동포는 국혼을 상실하기가 쉽고 만주와 시베리아와 같이 우리 모국문화 보다 낮은 지역에서 빈궁한 생활을 하는 동포는 모국의 문화를 잃어버릴 뿐만 아니라 토착민 보다도 정도가 떨어져서 무산무지한 유랑민diaspora이 될 근심이 있다고 도산은 보았다.[104]

---

102 상게서, pp.388~389.

103 島山記念事業會刊行, 『島山安昌浩』(1947. 5. 30), pp.349~367, 理想村計劃.

104 상게서, p.351.

첫번째 건의를 보면, 간도와 서간도西間島·백두산 부근의 만주지역에는 조선인 디아스포라diaspora가 밀집, 한인촌韓人村을 형성하고 있다. 모두가 살길을 찾아 남부여대하고 두만강을 건너 만주지대로 넘어간 유랑민이다. 이들은 문화와 격리되어 원시적 삶을 살아가고 있는 농업을 생계수단으로 한 망명백성이다. 이들은 정치·교육·종교·예술이 없는 원시적 야만인 생활을 하고 있다. 이들을 방치하여 둔다면 비참한 버림받은 방랑인이 되기 때문에 이들의 구제책을 강구할 것을 건의하고 있다.

이들의 구제책으로는 한인촌에 기숙사가 있는 소학교와 강습소를 세워서 산업 위생 등에 관한 교육을 실시하고 값싼 출판물을 보급하면서 문자보급 및 계몽활동을 벌이자는 것이었다. 이들 100만 조선인을 교육 선도할 자는 누구인가? 부록에는 이들을 교육 선도할 선생의 자격을 요약하고 있다. 2천 조선청년 중 사회적 명망, 사무적 수완, 강고한 의지, 급진적 사상이 없는 건전한 지식인, 일선동화日鮮同化주의 자가 아닐 것, 조선인에게 친일파로 지목되지 않은 인사 등이 적임자임을 적시하고 있다. 이러한 방책을 실시할 경우 "절대 비밀을 지키는 것이 좋겠다"고 주의를 주고 있다. 한편 이광수는 조선 지식청년 500명의 집단촌 건설계획을 제시했는데, 만약 이들이 항일 반란기지로 돌변할 가능성을 배제할 수 없어서 사이토 총독은 이를 받아들이지 아니했다.[105]

建議書1921. 4. 10, 재외 조선인에 대한 긴급책으로서 다음의 2건을 건의한다在外朝鮮人ニ對スル緊急ヌ策トシテ, 左ノ二件ヲ建議ス.

(齋藤實文書 書簡, 분류번호 2166, 日本國會圖書館)

1. 방랑 조선청년 구제 선도의 건

---

105 하타노 새츠코, 최주환 옮김, 「사이토문서와 이광수의 '건의서'」, 『근대서지』 제8호(2013. 하반기), pp.389~390.

2. 재외 조선인 교육 선도의 건

덧붙임(附) 적임자의 자격

실행상의 주의

〈이광수의 건의서 : 일본어로 작성한 원문을 한국어로 번역함〉

〈유랑 조선청년流浪朝鮮青年 구제 선도의 건〉

이유

1919년大正 8 조선 3·1독립운동 발발 이래 중등 정도 이상의 교육을 받은 자로서 지나滿洲, 北京, 上海 및 시베리아에 유랑하는 자 2천 이상에 달한다. 그리고 그들은 조선에 돌아갈 수 없는 자, 또는 돌아가고자 하지 않는 자이다. 지금 그들은 의식衣食이 곤궁하여 이번 겨울을 나는 것조차 곤란한 상태이다. 이러한 상태에 있는 그들로서는 취할만한 길이 세 가지가 있다.

1. 독립운동을 표방하고 무기를 휴대하여 조선 내에 몰래 들어오는 것
2. 과격파 러시아의 선전자가 되는 것
3. 사기꾼 또는 절도, 강도가 되는 것이 이것이다.

그들 2천명은 조선인-특히 재외 조선인 사이에서는 지식계급이면서 동시에 애국자로서 민심을 선동하는데 위대한 세력을 가진다. 현재 그 지역에 있는 각종 독립운동단체의 여러 기관은 그들에 의해 굴러가고 있고, 여러 계획 및 실행은 그들의 손으로 이루어진다.

또 그들은 과격파過激派의 사상에 기울고 있다. 소비에트 정부도 동양에서의 과격주의 선동자로서 조선의 불우청년 지식계급을 이용하는 방책을 세우고, 현재 상해上海 기타에서 수백의 조선청년을 부리고 있다. 이대로 두면 필시 그들 2천여 명은 전부 과격화될 것으로 보인다.

그리고 그들은 숫적으로는 적은 것 같아도 사실 일본의 국방 및 사회의 안녕에 대하여 경시할 수 없는 관계를 갖고 있는 것이다.

게다가 그들을 선도하게 되면 재외 조선인, 나아가서는 전 조선인의 교육 및 산업적 활동에 쓸모 있는 인재가 될 수 있고, 또 인도상으로 보더라도 2천여 쓸모 있는 청년을 도랑과 골짜기에 구르게 하는 것은 국가로서도 인류로서도 참을 수 없을 것이라고 믿는다.

구제책

그 구제책은 그들에게 우선 의식衣食을 주고, 다음으로 교육을 주어 건실한 직업을 누릴 수 있는 능력을 주는데 있다.

길림성吉林省 또는 봉천성奉天省에 적당한 토지를 구매하고, 조선인 가운데서 적절한 인재를 구하여 이곳에 농촌과 학교를 경영케 한다. 거기서 그들 유랑의 무리를 모아 한편으로 농공업에 종사하여 의식衣食의 밑천을 얻게 하고, 다른 한편으로 농업과 공업 등 만주의 조선인 산업에 필요한 학술 또는 기예技藝, 또는 사범교육師範敎育을 받게 한다. 사범교육을 하는 것은 재외 조선인백만을 넘는다고 한다의 교육을 진흥케 하는 자극이 되고 실력을 갖추게 하기 위함이고, 실업교육을 베푸는 것은 첫째, 그들 자신에게 건전한 직업에 종사하는 능력을 전수하고, 둘째 재외 조선인의 산업을 진흥시키기 위함이다.

이상에서 언급한 사업의 시도로서, 우선 500명을 수용하기 위한 경비를 대강 셈하면 다음과 같다.

1. 토지구입비(1인 경작분 50원으로 견적)	2만5천원
2. 개간비(기계 구입비 포함)	2만원
3. 기숙사 건립비(1실 평균 4인으로 125실, 및 부속건물)	2만원
4. 교사校舍 및 공장 건설비	2만원
5. 5백명 최초 1년 생활비	1만원

6. 공공비公共費 및 잡비 5천원

합계 금 10만원

일단 이러한 설비가 마련되면 이듬해부터의 해당 토지의 수입으로 유지할 수 있을 것.

재외 조선인 교육선도教育善導에 관한 건

이유

국외國外에 거주하는 조선인이 2백만이라고 한다. 그 가운데 가장 밀집도가 높은 거주지는 러시아령 연해주沿海州 및 만주滿洲 지역이다. 특히 저 간도間島 및 서간도西間島로 통칭되는 지방에는 거의 조선 내지內地와 다르지 않고, 주민이 백만에 달한다. 그런데 그들에게는 정치가 없고 법률이 없고 종교가 없고 교육도, 예술도 없다. 거의 원시적 만민蠻民으로 퇴화하고 있다. 더구나 이러한 인민은 해마다 급증가하여 매년 이주하는 자가 만 명을 헤아린다. 그리고 그들을 지배하는 유일한 주권主權은 위의 항목에 서술한 유랑청년이 있을 뿐이다. 따라서 그들 백만의 인민은 일본의 국방상 간과할 수 없는 위험인물로서, 또한 그들을 계발啓發하는 것은 조선 통치자로서 일본이 등한시할 수 없는 문제이다.

교육선도안教育善導案

그 교육 선도책은 학교의 설립, 강습소 및 순회강습의 시설, 또 값싼 출판물을 발행하는 것이다.

1) 적당한 곳에 기숙사가 딸린 소학교小學校를 세울 것
2) 강습소를 마련하여 산업에 관한 지식을 줄 것
3) 강연을 통해 위생 기타 필요하다고 인정되는 사상思想을 고취할 것
4) 값싸고 또 그 목적에 맞는 출판물로써 도덕과 지식과 위안을 줄 것

상술한 사업은 아래 항목에 언급한 사업 경영자에게 위임하면 가장 편리하다. 경비는 일정해야 하는 것은 아니고, 다만 이로써 시험적으로 점진漸進하는 것이 좋다.

적임자適任者의 자격

이러한 사업에는 적임자를 얻는 것이 가장 필요조건이다. 그 적임자는 다음의 자격을 가질 필요가 있다.

1) 조선인, 특히 조선 청년 사이에 명망名望 있는 자일 것
2) 조선인으로서 친일파親日派로 지목되지 않을 것
3) 교육에 관한 식견이 있고 사무적 수완이 있을 것
4) 비록 일선동화日鮮同化를 외치지 않더라도, 급진적 사상이 아니라 조선인에게 교육과 산업을 전수하는 것을 조선인의 유일한 구제책救濟策이라고 믿는 자
5) 거짓말하지 않고, 의지 강고하여 주의主義를 굽히지 않는 자

이러한 인물이라면 선임해도 좋을 것이다. 이것은 일선동화日鮮同化를 외치지 않더라도 재외 조선인의 '망령된 움직임妄動·항일운동'을 견제하고, 그들에게 지식과 부를 주어 생활의 안정을 얻게 하는 효력을 얻을 수 있다.

상술한 사업을 이룩하는 데는 절대 비밀을 지키는 것이 좋다.[106]

※ 사이토 총독은 200만 재외 조선인 교육선도책은 결국 항일투사 양성기관이 될 가능성이 높다는 시각에서 이를 단호히 각하하고 말았다.

106 하타노 세츠코, 최주한 옮김, 「사이토문서와 이광수의 '건의서'」, 『근대서지』 제8호(2013. 하반기), pp.391~403. 건의서, 재외 조선인에 대한 긴급책으로서 다음의 2건을 건의한다. 建議書, 在外朝鮮人ニ 對スル緊急ノ策トシテ, 左ノ二件ヲ建議ス.

6. 조선민족론

〈朝鮮民族論(1)〉

朝鮮(時調), 李光洙

朝鮮

남만 못한 朝鮮이다. 남만 못한 朝鮮이길래,
朝鮮 사람에게 까지, 미움 받는 朝鮮이다.
미워도 못 떨어질 因緣을 가진 朝鮮이로고나.

上下 五千年 살아오기 짧다 하며
南北 萬餘里 받은 땅인들 좁다 하리.
슬프다 우리 祖上님네 사는 法을 몰랐고나.

무엇이 못 하든가. 피 좋겄다, 뼈 좋겄다.
精神도 재주도 남만 못지 않았건만
'우리'란 말 한 마디를 잊은 것이 섧고나.

누이야 오라비야! 빈터여든 갈아보세.
벗은 山 입히고, 묻힌 개천 쳐내고서,
예 보다 나은 朝鮮을 이뤄보세 이뤄보아.

박차고 나서거라 묵은 허물 훌떡 벗고
일터로 나아가자! "우리! 우리!" 군호 맞춰
이보다 나은 朝鮮을 後孫에게 물려주자.

-1933. 5. 22. 夜半-단피꼴에서

1) 민족은 운명이다

민족이란 무엇인가 하는 문제에 대하여서는 학자의 논의가 구구하다. 여러 가지 정의定義가 있다. 그러나 학자의 정의가 어떻게 많고 또 일치하지 아니하다 하더라도 세계 인류는 누구나 제가 어떤 민족에 속한 것을 분명히 의식하지 못하는 이는 없다. 정의定義야 서든지 말든지 민족은 암연한 실재實在다.

민족은 운명이다. 아무도 민족의 범위에서 초탈超脫할 능력을 가지지 못한다. 조선인으로 태어난 사람은 어디를 가든지 아무리 조선인 되기가 싫어서 이민족異民族의 언어를 쓰고 의복을 입고 풍속·습관을 따르드라도 그는 내심內心에 스스로 조선인인 것을 잊을 수 없고 남도 그가 조선인인 것을 잊어주지 아니한다. 그가 조선인이 아니라고 하면 할수록 남은 더욱더욱 그가 조선인임을 역설할 것이다. 하물며 그의 피에 흐르는 선천적, 유전적인 조선민족적인 성격은 조물주도 변역變易, 바꿈하고 좌우할 힘이 없는 것이다.

유대인猶太人을 보라. 그들은 국가생활을 잃은지 이미 2천년이 되어 이래로 이민족異民族간에 섞여 살아 제 말과 풍습조차 잊어버린 이가 많건마는 그들은 언제까지든지 유대인이 아니냐. 아라사러시아의 유대인, 독일의 유대인 이 모양으로 야속하게도 이민족으로부터 특수한 단일체單一體인 대우를 받고 있지 아니한가.

이 모양으로 정치형태는 변한다 하더라도 민족의 본질은 인류의 기록에서 보는 한에서는 불변이라 할 것이다.

2) 민족의 본질적 요소

그러면 민족의 본질적 요소는 무엇인가.

첫째, 혈통血統

혈통은 그 주主되는 것 중에 하나다. 조선인 중에는 한족漢族의 피, 몽고족蒙古族(몽골)의 피, 일본족의 피도 어떠한 비례로는 흐르리라 함은 지나간 역사로 보아서 추정推定할 수 있지마는 우리 민족의 기록이 소급할 수 있는 한에서 우리는 다른 어느 민족도 아니오 특수한 조선족의 혈통을 받은 민족이다. 혹시 이민족異民族의 피가 흘러들어왔다 하더라도 그것은 대해大海에 들어온 몇줄기 강수江水와 같이 그 독립성과 특수성을 잃어버리고 조선의 피에 화化해버리고 말았다. 그래서 골격, 용모에 '조선적朝鮮的인' 특색을 어디서나 분명히 인식할 수 있다. 중국인과 일본인이 조선인과 혹사酷似하다 하지마는 꼭 같은 복장을 시켜놓고 보드라도 우리는 백百에 99의 경우에서는 조선인을 골라 내일 수가 있는 동시에 일본인과 중국인도 골라 내일 수가 있는 것이다. 이 특이점은 혈통에서 오는 것이라고 할 수밖에 없다.

둘째, 성격性格의 기조基調(일관된 기본적 경향)

둘째는 성격의 기조다. 더 분석해 말하면 정의情意의 움직이는 방향이다. 흔히 성격을 가변적可變的인 것으로 생각하지마는 심리학적으로 보거나 교육자의 경험으로 보거나 개인의 성격 중의 가변적인 부분은 극히 적다는 것이 사실이오 민족심리학적으로 또 사회심리학적으로 보더라도 습관과 제도와의 변천은 극히 지지遲遲하여서 어떤 경우에는 수백년 간에 거의 불변이라고 할만한 것조차 있다. 이것이 정의에 관계되는 것일 때에 더욱더 그러함을 본다.

우리는 청년시대에 성격에 근본적이라고 할만한 급격한 변화가 오는 경우를 흔히 본다. 다언多言하던 사람이 갑자기 침묵해진다든지, 호방豪放하던 사람이 갑자기 소심小心해진다든지 하는 것이다. 그러나 그것은 흔히 일시적 현상이오 30, 40 점점 나이를 먹어갈수록 대부분의 사람들은 일시적 변화를 전부나 일부분 벗어버리고 본래의 성격의 기조가 나오는 것이 상예常例다. 이것은 개인에서뿐 아니라 민족에서 그러하다. 가령 일본민족이 명치유신明治維新 직후에는 마치 그 골격과 용모만을 제하고는 전부 서양화해지는듯한 기세를 보였다. 그러나 대정말大正末에서부터 소화昭和에 이르러 일본민족은 서양화되었던 것에서 일본적인 원성격元性格으로 복귀하는 급격한 역진逆進을 보이고 있지아니한가.

그러한 경향중에는 심지어는 지방분권地方分權의 봉건제도에 돌아가기를 주장하는 일파까지도 생기게 되었다. 개인이나 민족이 어떤 변화를 하였던 도정途程에서 원성격元性格에 복귀한다 함은 무론 단순한 복귀는 아니다. 그것은 원성격이 통과한 모든 단계에서의 혹은 향상 혹은 타락의 흔적을 씻어버릴 수가 없다. 그러나 그 성격기조가 유시호有時乎 방향이 왜곡, 전환되는 일이 있다 하더라도 그것은 어떤 저항抵抗을 받은 운동체運動體 모양으로 약간, 또는 일시 어떤 각도의 방향을 바꾸는 일이 있다 하더라도 그것이 원형原形을 몰라보게 그야말로 변화되기는 불가능이라고 보는 것이 보다 많은 진리를 가질 것이다.

각 개체의 노력, 교육, 환경의 영향 등의 효과의 축적으로 누년累年, 누대累代에 성격의 아까운 점을 촉성促成하여 생장시키고 싶은 점을 교정矯正, 억압하는 것은 가능하다. 만일 이 이치조차 없으면 민족의 개선은 무망無望할 것이다. 그러나 아무리 개선은 하더라도 닭은 닭이오 오리는 오리다. 여기 개인이나 민족이나의 성격적 운명이 있는 것이다.

팔자八字라 운명運命이라 하는 것은 결국 그 개인의 육체의 구조와 정의

情意의 동향을 가리킨 말이다. 어떤 개인이 세상을 떠나는 날 그의 일생의 행적行跡을 고사考查한다 하면 다소의 불우지변不虞之變과 환경의 강제라고 볼 점이 있다 하더라도 그 주主된 부분이오 대부분인 행적은 필경 그의 성격의 표현일 것이다. 민족의 역사도 그러하다. 영국 민족의 역사나 인도 민족의 역사나 그 차이는 곧 그 민족성民族性의 차이라고 아니할 수 없다.

셋째, 문화文化

셋째로 민족의 본질적 요소를 짓는 것은 문화文化다. 문화란 관념에는 정치·종교·철학·문학·예술·과학·습관·취미 등을 포함한다. 그렇지마는 이 모든 것의 근본이 되는 것이 언어言語임은 말할 것도 없다. 언어는 그 민족의 혼魂이다. 왜그런고 하면 그 민족의 사상과 감정을 담아서 서로 전하고 다음 대代에 전하는 것이 오직 언어인 까닭이다. 예를 들면 엄마, 어미, 어머니, 어머님, 에미, 울어머니, 어멈, 등의 말에는 특유特有하게 우리 심금心琴을 울리는 정서情緖와 사고思考를 일으키는 힘을 가진 것이다. 이것은 다른 어느 말로도 번역할 수 없고 다른 어느 민족도 이해할 수 없는 우리의 비밀경祕密境이다.

또 일예一例를 들면 "가지마오 가지마오" 한마디로 우리는 이별離別의 애끊는 정을 맛보는 것이니 만일 이것을 "行き給ふな 行き給ふな"라고 한다든지 "Go not, go not"이라고 한다든지, "勿去勿去"라고 한다든지 하면 우리는 거기서 "가지마오 가지마오"라고 하는데서 보는 맛을 볼 수가 있는가? 결코 없는 것이다. 왜그런고 하면 우리말의 마디마디에는 민족의 역사와 문학의 모든 연상聯想이 포함된 까닭이다. "달 밝은 밤에"라는 구句는 결코 "月明夜"라든지 "月夜に"라든지로 번역될 수 있는 뜻만이 포함되는 것이 아니다. 우리는 "달 밝은 밤에"라는 마디에서 그 비길 수 없는 시적詩的 운향韻響을 맛보는 동시에 이순신李舜臣, 1545~1598의 한산도閑

山島 노래도 연상하고, 김종서金宗瑞, 1382~1453의 육진六鎭노래도 연상하며, 가지가지 역사와 문학의 연상을 하는 것이다.

"孝"라는 말과 "어버이 모시옵고"이라는 말에는 큰 경정徑庭(현격한 차이)이 있다. 효孝라는 한자漢字는 한족漢族의 관념을 가지고 들어왔다. 조선민족을 한족화漢族化한 것은 왕실의 조공朝貢도 아니오 정몽주鄭夢周, 1337~1392 송시열宋時烈, 1607~1689만도 아니오 가장 큰 것이 한문漢文이다. 민일 사서삼경四書三經을 한문漢文대로 읽지 아니하고 조선말로 번역하여서 읽었던들 그처럼 심하게 조선인이 한족화漢族化는 되지 아니하였을 것이다. 일본민족은 같은 한문을 읽어도 일본말로 새겨서 읽었기 때문에 조선민족의 상류계급과 같이 한족화하지 아니하고 끝까지 일본민족의 특징과 정신을 유지해 온 것이다.

어떠한 사상이든지 그 나라 말에 옮겨 담으면 원산지原産地의 빛을 잃고 옮겨진 땅의 빛에 물드는 것이다. 예수교 성경의 "하느님"이란 말이 조선 사람의 이데올로기와 감정에 주는 효과는 'God'이란 말이 영미인에게 주는 효과와는 딴판이오. 더구나 유대인의 "여호와"라는 말이 품은 내용과는 딴판이다. 이러므로 진정한 의미의 번역은 불가능하다는 것이오. 그것이 철학, 문학, 종교 등 민족생활의 핵심에 관한 것일수록 다른 말로는 옮겨지지 아니하는 것이다. "새벽 서리 지샌 달에 울어 예는 저 기럭아"라든지 "저 건너 갈미봉에 비가 묻어 들어온다"라든지 "노자 노자 젊어 노자"같은 것을 다른 말로 옮길 수 있는가.

이상은 한두가지의 비근한 예를 든 것이어니와 어떤 민족의 말이란 것은 씨, 씨에 풀어쓰면 한권의 책을 이룰 연상聯想과 정서와 리듬이 있는 것이오, 또 단어를 모아 이룬 마디, 마디에 그와 같은 혼魂이 있고, 또 그 말을 기록하는 글자에도 그와 같은 혼魂이 있는 것이다.

"우리 고장" "우리 말" "우리 집" "나라" "물불" "가난" "가갸거겨" "간다한들" "못 잊을손" 이렇게 아무러한 말이나 써서 앞에 놓고 들여다보라, 거기 신비神祕한 무엇이 우리 말과 뜻에 일어남을 깨달을 것이다.

말로 짓는 예술이 곧 시詩요 노래요, 소설小說이오, 문文이다. 이런 것을 총칭하여서 문학文學이라고 한다. 문학은 그 민족의 말의 혼魂을 노울너울·形像로 하여 그 민족의 혼의 움직임을 그려 내인 음악이다. 그러므로 말은 그 민족의 생활의 조각 조각이오 문학은 그 조각조각을 모와서 한 옹근 것을 이뤄놓은 생활의 일폭一幅이다. 그리고 그 일을 하는 기술자가 곧 시인詩人이오 문사文士라는 것이다.

그 민족의 철학과 종교도 필경은 그 민족의 말에 나타난 조각조각의 혼을 모아서 이뤄놓은 한 예술품이다. 말을 떠나서 철학도 없고 종교도 없다. 민족은 다른 민족의 철학과 종교를 실어 들이는 수가 있거니와 그러할 때에는 대부분은 제가 이미 가지고 있는 말을 번역하고 극소수의 새말곧 남의 말을 그대로 실어들이는 것이다. 가령 예수교의 "부활復活" 이라는 말이라든지 플라톤의 '이데아'라는 것 같은 유類다.

이러므로 어떤 민족의 말은 곧 그 민족의 혼이어서 민족의 본질적 요소중에 하나를 이루는 것이다.107

누이야春園(朝鮮의 女性에게)

누이야 네 가슴에 타오르는 그 사랑을
뉘게나 주랴하오? 뉘게나 주랴하오?
네 앞에 손 내민 조선朝鮮을 안아 주오 안아주오!

누이야 꽃같이 곱고 힘 있고 깨끗한 몸을
뉘게다 주랴하오? 뉘게다나 주랴하오?

---

107 李光洙 纂, 『東光叢書』, 京城 東光社, 1933, 권 1, pp.1~6.

네 앞에 팔 벌린 조선朝鮮에 안기시오 안기시오.

누이야, 청춘靑春도 가고 사랑도 생명生命도 다 가는 인생人生이오.
아니 가는 것은 영원永遠한 조선朝鮮이니,
당신의 청춘靑春과 사랑과 생명生命을 바치시오 조선朝鮮에.
-1933. 5. 22.야반夜半, 서울 단피꼴에서-108

〈朝鮮民族論(이광수) (2)〉

太白山 春園

차창車窓에 잠을 깨니 대동강大同江에 달이로다.
왕검王儉의 달 아니냐 고구려高句麗의 달 아니냐.
반만년半萬年 우리 서울이서라 아아 평양平壤이로고냐.

월림강月林江 건너서며 단군굴檀君窟을 묻습니다
산山 보러 왔소리까, 절 보러나 왔소리까.
우리 님 사신 곳이니 터별러 왔습니다.

묘향산妙香山이라고 그 어느 분이 고치신고.
우리 님 겨옵시든 태백산太白山을, 태백산太白山을.
철없는 선인先人의 소위所爲를 못내 설워합니다.

註. 月林江==淸川江 上流, 香山 入口.
우리 님==단군檀君. 神人降于 太白山檀木下.
삼천중三千衆으로 신시神市를 세우시니 나라의 처음이다.
太白은 평안도 妙香山, 慶尙道 太白山의 두 곳에 있으나 檀君王儉 誕降地로는 古記가 다 平安의 太白을 가리킨다. -1933년 6월 5일-

108 상게서, 권 1, p.7.

조선민족의 고유 종교

조선민족이 혈통적으로 문화적으로 대단히 안일單一한 민족이라는 것은 우리 조선인 된 이는 누구나 분명히 의식하여 일점의 의심도 없는 바다.

이것은 저 독일이나 영국이나 아라사나의 복합적 국민과는 현수懸殊한 특징이다. 이민족은 혹시 정치적으로 경제적으로 또는 문화적으로 일시 결합한다 하더라도 감정적感情的으로(이것이 민족적 결뉴結紐 중에는 가장 유력한 결뉴다) 비록 동북부여東北扶餘로 갈리고 삼국三國으로 갈리고 하여 정치적으로 분열된 일이 있었다 하더라도 항상 통일에 통일에로 진행하고 있었다. 이 민족적 통일에 방해를 놓은 이는 신라新羅였다. 신라는 당唐이라는 이족異族과 통하여 골육상전骨肉相戰의 대죄를 범한 죄인이다.

왕건王建이 삼국三國을 통일하여 만민의 귀의歸依를 받은 것은 이 신라의 죄를 토討한 까닭이었다. 왕건은 조선 민족이 신라에 대한 원한을 알기 때문에 국호國號를 고구려高句麗에 방倣(본떠서)하여 고려高麗라고 하였다. 조선민족의 종가宗家로 역사적 영예를 지니고 온 이는 고구려高句麗였다. 신라는 애국심에 있어서는 항상 반역자요 죄인이었다. 이족異族을 끌어들이는 것은 신라주의新羅主義라고 할 것이다.

고려高麗 이래로 천여년간千餘年間 조선인朝鮮人은 단일單一한 국민생활國民生活을 하여왔다. 오직 철천지한徹天之恨이 되는 것은 이조李朝의 숭명사상崇明思想이었다. 이 숭명사상은 단군이래檀君以來의 모든 민족문화를 이멸夷滅하고 말았다.

지명地名 인명人名의 지나화支那化, 의복 · 풍속衣服 · 風俗의 지나화支那化는 말할 것도 없고 전통적傳統的인 종교宗教(선왕仙王 및 역사歷史 민족적民族的 위인숭배偉人崇拜를 중심中心으로 한)를 법령法令으로 탄압彈壓하고 지나인숭배支那人崇拜를 국교적國教的으로 강제强制하였다. 선왕당先王堂 부군당府君堂을 음사淫祀라 하여 철폐撤廢하고 공맹孔孟 주자朱子 또는 조선인朝鮮人으로 지나인支那人 된 자들의 사당祠堂을 세웠으며 부조父祖의 제사祭祀도 지나화支那化해 버리고 말었다. 무악원毋岳院은 모화관慕華館이 되고 각지의 '검'산山은 모두 불교식佛教式, 또는 지나식支那式 이름으로 변명變名해 버리고 말었다. 아버지는 춘부椿府로 변하고 언니는 백씨伯氏니 중씨仲氏로 변하고 어머니는 훤당萱堂이니 자당慈堂이니 모친母親이니 하고 지나명支那名으로 변變하고 말었다.

이 모양으로 조선인朝鮮人의 고유固有한 사상思想을 파괴破壞하는 동시에 또는 그 방편方便으로 조선어朝鮮語를 탄압하고 천시賤視하여 이것의 멸절滅絶을 기期하였다. 이 대죄大罪를 범犯한 자는 누구냐 하면 그것은 민족의식民族意識을 마멸磨滅함으로 자기自己네의 지위地位를 보전保全하려 하던 양반兩班, 유림계급儒林階級이었다. 이조李朝의 양반계급兩班階級은 모든 인민의 고혈膏血을 빨아먹은 자者일 뿐만 아니라 실로 민족民族의 정신精神과 말과 글까지 빨아먹은 독충毒蟲이었다.

이조李朝의 양반계급은 조선의 산山을 벗기고, 강江을 막히게 하고 집을 오막살이를 만들고 도로를 파괴할뿐 아니라 실로 조선민족의 정신을 황폐케 하였다. 도덕을 해이解弛케 하였다. 용기를 좌절挫折하였다. 근면의 풍風을 없애버렸다. 민족의식民族意識과 단결력團結力을 消耗해 버렸다. 이 일은 이조李朝뿐만 아니라 여말麗末에서부터 시작되었다. 김부식金富軾, 1075~1151은 삼국사기三國史記를 쓴 것으로 민족의식民族意識 마멸磨滅의 원흉元兇이 되었고 유流를 받아 동국통감東國通鑑이라는 악사惡史가 생겼다.

각지各地의 선왕당先王堂을 서낭님(평안도平安道에는 동네마다 서낭님을 모셔 춘추春秋, 혹은 사시四時로 동네의 대제大祭를 지내는데 지나숭배가 많이 발달된 경기京畿에서는 서낭님이라면 천賤하게 여기게 되었다), 개성開城 덕물산德物山의 최영崔瑩, 1316~1388을 주신主神으로 한 당堂과 전남 여수

麗水의 이순신李舜臣, 1545~1598 주신으로 한 당을 제하고는 민족적 위인을 신神으로 하는 종교적 시설은 이조 5백년에 전부 파괴되고 말았다. 우리는 일본의 신사神社의 발달을 보아 조선의 석일昔日의 신당神堂 상태를 유추類推할 수가 있을 뿐이다.

이 모양으로 조선인은 이른바 소중화인小中華人이라는 저를 잃고, 민족의식을 잃은 백성이 되어 버린 것이었다. 아마 다행히 조선의 말이 남고 가명인배假明人輩가 왜곡해놓은 것이나마 역사적 기록이 남아서 우리 민족의 진면목의 몇 개의 편린片鱗을 오늘에도 엿볼 수 있는 것만 고맙다.

선왕仙王에 관하여 한말 더할 필요가 있다. 仙王서낭님은 선인왕검仙人王儉이란 말이다. 선仙이라 함은 최치원崔致遠, 857~? 최고운崔孤雲의 글에도 있는 바와 같이 조선민족이 성현聖賢을 가리키는 말이다. 고기古記에도 선인왕검仙人王儉이라 하였고 신라에서도 국선國仙이라 하였다. 선仙은 고대인이 그네의 숭배하는 인물을 칭하는 이름이었으니 반신반인성半神半人性을 가리키는 듯하다. 다만 이것은 지나에서 온 사상이 아니요 조선 고유의 것임은 최치원이 우리의 국선도國仙道를 가리켜 "유儒도 아니오 불佛도 아니오 선仙왕도 아니로되 유儒의 충효忠孝와 불佛의 자비慈悲와 선仙(지나의 道教)의 청허淸虛를 겸하였다"하는 것을 보아서 알 것이다.

왕검王儉이라 함은 대신大神이라는 뜻인 듯하다. 왕王은 대大를 검儉은 신神을 가리킨다.

검儉이 신神을 가리킴은 평안도로 보더라도 선천宣川과 정주定州와 영변寧邊의 '검산'이라는 산명山名이 하나의 방증傍證이 된다. 이밖에도 조선 각지에 '검山'이라는 이름으로 불려지는 산이 많다고 하거니와 그 산은 다 그 지방에서 물빌이祈雨, 제천당祭天壇 같은 것이 있는 신성한 산들이다.

백자白字 달린 산이 조선의 성산聖山임은 백두白頭, 태백太白, 소백小白, 대박大朴, 백악白岳 등을 보아서 알려니와 '백' '박'을 가진 산은 서울이거나 기타 전국적 의미를 가진 진산鎭山이오 검字를 가진 산은 그보다 소범위인 일지방의 종교적 의식을 하는 산인 듯싶다.

그리고 평안도에서는 동네마다 그 진산鎭山이라고 할만한 곳에 서낭당이 있어서 이는 왼 동네가 가장 큰 건성虔誠·경건한 정성을 가지고 공동으로 제사를 드리고 또 일가족으로도 제사를 드리는데, 이 서낭당을 '높은 데'라고 부른다. 1년 2차, 혹은 1넌 4차 혹은 닭을 잡고 혹은 소를 잡고 제사를 지낼 때에는 그 음식은 구역내 각 가호家戶에 평균하여 분배를 하며 제관祭官을 그 동네에서 가장 존경받는 이가 당하게 된다.

축문祝文에는 성황신城隍神이라고 쓰는데도 있지마는 이것은 무론 서낭님에 해당할듯한 지나식支那式 명칭을 붙인데 지나지 아니한다. 평안도에서는 가정의 귀신마을, 서천, 삼성, 제석도 여러가지 있지마는 왼 동네가 공동으로 숭배하는 최고신最高神은 이 서낭님이다. 또 넉넉한 동네에서는 무당을 불러 몇해에 한번씩 굿을 한다. 무론 일동一洞 공동共同이다. 이것을 '당ㅅ굿'이라고 한다.

나는 이 "서낭님"이라는 神이 곧 선왕仙王, 왕검王儉이라고 믿는다. 지나문화支那文化가 들어오고 치자계급治者階級에 존한사상尊漢思想이 생겨서 민족고유의 종교, 사상을 박멸撲滅하였기 때문에 이 서낭님 숭배는 일종 민족의 미신迷信처럼 되고 말았지마는 그러한 존한적尊漢的 치자治者의 탄압밑에서도 동네마다 서낭숭배崇拜의 성소聖所가 있고 1년 2차 혹은 4차의 제례祭禮가 전 동민의 건성虔誠으로 지금까지 행한다는 것은 이 선왕숭배가 어떻게 조선민족의 피와 뼈에 깊이 박혀 영원히 뽑을 수 없음을 알 것이다.

근년에 와서 각지에서 예수교회, 기타의 영향으로 서낭당을 유린蹂躪하는 일이 많건마는 알고 보면 무엄도 하고 슬프기도 한 일이다.

태백太白(묘향妙香)산山이 불도佛徒의 전속물처럼 되어버리고 강화江華 마리

山두산頭山이라는 뜻이언만 불도들이 마니산摩尼山이라고 한자漢字를 붙였다의 참성단塹星壇이 빈터가 되는 오늘이지마는 옛날에 있어서는 이러한 명산名山들은 다 우리 선왕仙王을 숭배하는 제단祭壇이오 또 국선國仙, 향도香徒들이 수련하는 도량道場이었던 것이다. 동네 하나에 산山 하나, 고을 하나에 산 하나, 나라 하나에 산 하나인 조선민족은 산악山岳을 제단으로 하는 선왕교도仙王敎徒였다.

註. 본문 중에 "平安道에서는"이라고 특기한 것은 필자가 몸소 본 범위만을 가리킨 것이다.

鴨綠江에서(春園)

우리 조상祖上님네 어찌어찌 오셔견고?
아리나리 건너 푸른 오리 검은 오리
맑은 내 건너시와서 왕검서울 여시니라.

조상님 겨오신 곳 여기어나 저기어나
산이면 태백太白, 물이면은 한물 큰물
큰 뜻을 품으시오니 안그럴길 없어라.

"강江건너 되따라"니 그 무슨 말씀인고?
조상祖上님 사시든 터 되딸줄이 있소리까.
언제나 옛터로소이다 우리 옛터로소이다.

註. ○ 오셔견고==와계신고, 오셧는고.
○ 아리나리==阿利那理 혹은 阿利那禮니 渾河, 鴨綠江의 우리말.
○ 푸른 오리==鴨綠江. 오리꼴==鴨綠谷, 여기서 義州라는 이름이 생겼다. 義字는 오리-옳이.
맑은내==淸川江.

○ 왕검서울==王儉城, 平壤. 平壤仙人王儉之宅.

-1933년 6월 5일-[109]

〈崔致遠의 鸞郎碑 序文〉

國有玄妙之道 曰風流

우리나라에 현묘한 도道가 있으니 말하기를 풍류風流라 한다.

說敎之源 備詳仙史 實乃包含 三敎接化群生

이 종교를 일으킨 연원은 선사仙史(仙家史書)에 상세히 실려 있거니와, 근본적으로 유·불·선儒佛仙 삼교三敎를 이미 자체내에 지니어, 모든 생명을 접하여 저절로 감화시킨다.

且如入則 孝於家 出則忠於國 魯司寇之旨也

집에 들어온즉 효도하고 나아간즉 나라에 충성하니, 그것은 노사구魯司寇(공자)의 교지敎旨와 같다.

處無爲之事 行不言之敎 周柱史之宗也

하염없는 일에 머무르고, 말없이 가르침을 실행하는 것은 周의 주사柱史노자)의 교지와 같다.

諸惡莫作 諸善奉行 竺乾太子之化也

모든 악한 일을 짓지 않고 모든 선한 일을 받들어 실행함은 축건태자竺乾太子석가의 교화敎化와 같다.

최치원은 885년 3월에 귀국, 시독侍讀 겸 한림학사翰林學士가 되었으나, 그해 10월에 견당사신遣唐使臣이 되어 재차 唐에 들어가 황소평정黃巢平定을 축하했다. 귀국후 894년 최치원은 과감하게도 시무십조時務十條를 올리면서 정치개혁을 촉구했다. 신라에는 일찍부터 골품제도骨品制度가 발달, 진

109 李光洙 纂, 『東光叢書』, 京城 東光社, 1933, 권 2, pp.1~6.

골·성골이 권력을 독점하고 있어서 육두품六頭品인 최치원은 고위 관직에 올라가기가 불가능하였다.

바로 그때 895년에 후삼국後三國이 반란을 일으켰으니 견훤甄萱, 867~935은 후백제로, 궁예弓裔, ?~918는 왕건王建을 등에 업고 후고구려가 발흥, 신라와 3국 쟁패전이 치열하게 벌어졌다.

최치원의 계원필경桂苑筆耕에 왕건에 보낸 글에 의하면 "계림황엽鷄林黃葉 곡령청송鵠嶺青松"이라 하여 고려高麗가 흥기하여 새 시대를 맞이할 날이 온다는 미래전망이다. 결국 멸망의 길에 들어선 신라의 골품체제의 구속이라는 현실에 뜻을 잃고 가족과 함께 가야산 해인사에 들어가 은둔생활에 들어갔다. 세상과의 인연을 끊은 은둔생활이기에 최치원이 언제 입적入寂했는지 조차 아무도 모른다.

7. 해방정국과 이승만의 광복서광 육성방송

친일매국노가 난무하는 가운데 한일합방이 늑결, 4천년을 이어온 대한제국이 통째로 일본천황에게 피 한방울 흘리지 않고 갖다 바침으로써 일제의 식민지로 전락되는 참상을 목격한 지성인의 시대적 소명감은 무엇인가? 당시 시골에 은거하던 "매천야록梅泉野錄"의 저작자인 황현黃玹, 1855~1910은 자결로서 일제의 만행을 응징·규탄했다. 그러나 한국의 친일매국노는 너도 나도 친일매국행태로 '조선 귀족' 반열에 오르면 '귀족 은사금'에 눈이 어두워 친일매국 행태를 자행했다. 한일합방이 실현되자 일제는 1910년 10월 8일 조선귀족 76명에게 작위를 수여하면서 은사금을 주었다.[110]

나라가 망해가는 가운데 오직 황현黃玹, 1855~1910만은 자살 응징함으로써 마지막 항일 독립사상을 선양했던 것이다. 황현의 자는 운경雲卿으로 그의 선조는 장수長水사람 무민공武愍公進의 후손으로 호는 매천梅泉이다. 그는 어릴 때부터 재주가 있어 노사蘆沙 기정진奇正鎭, 1798~1879을 뵈었을 때 노사 선생은 그를 매우 기특하게 여기었고, 그후 장성하여 서울에 있을 때는 이건창李建昌 김택영金澤榮 등과 교유하여 친구로 지냈으며 1888년에 진사進士가 되었다.

그는 담론을 잘하고 기절奇節을 좋아하였으며 세상에 할 일이 없음을 알고 가정으로 돌아와 시문에 뜻을 두고 아름다운 문장을 구사하여 평일에 손에서 책을 놓지 않았다. 그러나 융희4년1910 8월 3일 합방령合邦令이 군아郡衙에서부터 민간 마을에까지 반포되자, 그는 그날밤 아편을 복용하여 그 다음날 순절殉節했다. 이때 남긴 유시遺詩 4수는 다음과 같다.

난리곤도백두년 기합손생각말연 금일진성무가내 휘휘풍촉조창천
1. 亂離滾到白頭年, 幾合損生却末然. 今日眞成無可奈, 輝輝風燭照蒼天.

요분엄예제성이 구궐침침주루지 조칙종금무복유 임랑일지누천사
2. 妖氛掩翳帝星移, 九闕沈沈晝漏遲. 詔勅從今無復有, 琳琅一紙淚千絲.

조수애명해악빈 근화세계이침륜 추등엄권회천고 난작인간식자인
3. 鳥獸哀鳴海岳嚬, 槿花世界已沈淪. 秋燈掩卷懷千古, 難作人間識字人.

증무지하반연공 지시성인불시충 지경근능추윤곡 당시괴불섭진동
4. 曾無支廈半椽功, 只是成仁不是忠. 止竟僅能追尹穀, 當時愧不躡陳東.

1. 백발이 성성한 나이에 난리를 만나 몇 번이고 죽어야 합당한 것을 그렇게 못하였다. 오늘 죽는 것은 어쩔 수 없는 일인데, 빛나는 저…촛불은 창천을 비춘다.
2. 요분妖氛에 가려 제성帝星이 옮겨지니, 침침한 구중궁궐에는 물시계도 더디다. 이제부터 조칙이 내려지지 않아, 이 종이 위에는 천 줄기의 눈물이 낭자하다.

---

110 『明治編年史』 권 14, p.312, 朝鮮貴族 七十六名 授爵.

3. 새 짐승도 슬피 울고 해악海岳도 낯을 찡그리니, 근화세계槿花世界는 이미 침몰하였다. 등불 앞에 책을 덮고 천고千古를 회상하니 인간의 지식인 노릇이 정말 어렵다.
4. 대하大廈큰집를 지탱하는 연목椽木서까래의 절반 공도 없지만, 이것은 인仁을 이룬 것이며 충성을 하는 것이 아니다. 나는 겨우 윤곡尹穀을 따르지만 그는 당시 진동陳東을 따르지 않는 것이 부끄럽다.[111]

심훈沈熏, 1901. 10. 23~1936. 9. 16은 경기도 과천 출신으로 본명은 심대섭沈大燮이다. 친일 성격을 띤 가족과는 달리 심훈은 3·1독립운동에 가담, 체포되어 감옥 생활을 했다. 1927년 도일, 영화 공부를 해서 귀국하여 영화 '먼동이 틀 때'를 제작하기도 했다. 심훈의 '상록수'는 1935년 동아일보 창간 15주년기념 현상소설공모에 당선되어 일약 문단에 데뷔했다. 이 소설은 그 당시 브나로드vnarod라는 민족주의 운동의 시대적 감각을 잘 반영시켰기 때문에 민족주의적인 바탕 위에 농촌계몽운동의 전형을 그린 대표작으로 꼽힌다. 그러나 심훈은 이듬해 장티푸스에 걸려 병세하고 말았다.

그의 평생소원은 조국의 자유해방이었다. '그날이 오면'을 발표하여 자유해방을 갈구하는 식민지 동포에 크나큰 감동을 주었다. 심훈은 대한독립의 염원이 실현될 그날이 오면 삼각산이 일어나 더덩실 춤을 추겠다고 노래하고 있다.

〈그날이 오면(심훈, 1932)〉

그날이 오면, 그날이 오며는
삼각산이 일어나 더덩실 춤이라도 추고
한강물이 뒤집혀 용솟음칠 그날이

111 黃玹 著, 金濬 譯, 『梅泉野錄』, 教文社, 1994, pp.904~905.

이 목숨이 끊치기 전에 와주기만 하량이면
나는 밤하늘에 날으는 까마귀와 같이
종로의 인경을 머리로 들이받아 올리오리다
두개골은 깨어져 산산조각이 나도
기뻐서 죽사오매 오히려 무슨 한이 남으오리까.

그날이 와서, 오오 그날이 와서
육조 앞 넓은 길을 울며 뛰며 뒹굴어도
그래도 넘치는 기쁨에 가슴이 미어질 듯 하거던
드는 칼로 이 몸의 가죽이라도 벗겨서
커다란 북을 만들어 들쳐 메고는
여러분의 행렬에 앞장을 서오리다
우렁찬 그 소리를 한 번이라도 듣기만 하면
그 자리에 거꾸러져도 눈을 감겠소

김을한은 공짜로 얻은 해방의 대가代價는 너무나 비싸다고 개탄했다.

"값이 싼 것은 비지떡이요, 공것은 비싸다"라는 말이 있다. 8 · 15해방은 공으로 얻은 것인 만큼 그만치 비싼 댓가를 치루어야만 되었던 것이다. 경술합방庚戌合邦 이후로부터 기미己未 독립운동을 거쳐 8 · 15해방에 이르기까지 허다한 애국지사들의 희생이 있었고, 만주와 중국에는 임시정부 산하의 독립군이 있어서 혹은 부대로, 혹은 개인으로 과감한 투쟁을 해온 것은 사실이나 이미 국권國權이 상실된 지 오래이라 제2차대전 때에는 부득이 정식으로 참전하지를 못하였었다. 그러므로 해서 우리의 운명에 지대한 관계가 있는 얄타회담에도 참가하지를 못하였고 그러한 비밀협정이 있었던 사실조차도 전혀 알지를 못했던 것이다.

따라서 원수의 38선도 미소 양군이 진주한 연후에야 비로소 알게 되었으니 이것도 따지고 보면 8 · 15해방이라는 것이 공짜로 얻은 것이기 때문에 그렇게 된 것이라고 하지 않을 수 없다. 만일 우리가 연합군의 일원으로 정정당당하게 전열戰列에 참가했었더라면 그와같은 과오는 범하지 않았을 것이 아닌가? 8 · 15해방이 실현되었고, 그로 말미암아 38선이 생기고, 38선 때문에 국토가 양단되고, 국토가 양단됨으로 해서 6 · 25동란이 발생된 것을 생각한다면 공짜로 얻은 해방의 댓가가 얼마나 비싼 것인가를 잘 알 수 있을 것이다."[112]

아무런 준비 없이 도둑처럼 찾아온 해방공간은 힘의 공백상태하에서 온통 공산당 천지였다. 이승만 · 김구 귀국 전에 박헌영朴憲永은 여운형呂運亨과 손잡고 조선인민공화국人共수립을 선포하면서 해방공간은 공산당이 날뛰는 좌파천지였다. 1945년 9월 6일 박헌영 · 이강국李康國 등 공산당 재건파와 건준 좌파建準 해산파의 책략에 의해 건국준비위원회는 전국 인민대표자대회를 개최하고 여운형은 조선인민공화국을 선포했다. 건준 중앙집행위 서기인 이동화李東華는 "여운형의 동의하에 인공의 마스터플랜을 작성한 사람은 박헌영"이라고 증언했다.

오영진吳泳鎭은 '하나의 증언1952'에서 광복 직후를 이렇게 회고했다. "식민지 시기 얻은 부富는 친일에 따른 죄악으로 간주되었으며 따라서 사회주의적 세계관과 정책만이 이지러진 조국을 재건하는 유일한 지표인 듯싶었다."라고 시대상황를 설명하고 있다. 광복 직후 한반도는 공산주의를 비롯하여 좌파세력이 해방정국을 장악하고 있었다. 이로부터 3년 후 자유민주주의 반공 대한민국이 탄생한 것은 거의 기적이 아닐 수 없다. 이런 점에서 공산세력을 몰아내고 대한민국 정부를 수립한 이승만의 리더십은 높이 평가되고 있다.[113]

---

112 金乙漢, 新聞人이 본 現代史『여기 참사람이 있다』, 新太陽社出版局, 1960, pp.69~70, 공것은 비싸다.

113 崔永禧,『격동의 해방 3년』, 한림대학교 아시아문화연구소, 1996, pp.21~22(1945.

1945년 광복 후 귀국한 인물 중에서 이승만 만큼 국제적 지명도가 높았던 인물은 없었다. 해방공간 그의 존재감은 절대적이었다. 이승만李承晩, 雩南, 1875~1965은 대한제국 시기부터 청년지도자로서 서재필徐載弼과 함께 독립협회에서 활약하였고, 이후 도미 유학하여 한국인 최초의 박사 학위를 얻은 한국의 대표적 정치지도자였다. 이승만은 상해 대한민국 임시정부의 초대 대통령을 역임하면서 미주에서 독립운동을 주도함으로써 한국의 위상을 세계에 전파하는데 전력을 다한 독립운동가이다. 특히 1941년 여름 일본이 결국 미국을 상대로 전쟁을 일으킬 것이라는 점을 예단한 '일본 내막기Japan Inside Out'라는 저서를 미국에서 출간하여 미국 주류사회의 정계인사로부터 주목을 받은 것이다.

뿐만 아니라 국치일한일합방 체결일인 1942년 8월 29일 이승만의 제의로 시작된 '미국의 소리VOA 한국어방송'은 태평양 건너편의 이승만과 일제 강점하의 식민지 한국인을 맺어 주는 통신망인 것이다. 이는 마치 같은 시기 '자유 프랑스'망명정부의 드골de Gaulle이 망명지 런던에서 나치 독일군이 점령하고 있는 프랑스 국민에게 송출하던 라디오 방송을 통해 대중적 인지도를 높였던 것과 유사한 자유독립을 호소한 방송인 것이다.**114**

이승만은 1941년 8월 영문 저서 '일본 내막기'(Syngman Rhee, *Japan Inside Out* The Calling of Today, 1941)를 발간했다.

이승만은 군국주의 일본이 아시아를 침략, 이른바 대동아공영권을 형성, 아시아의 패권覇權을 장악한 일본제국은 미국을 상대로 전쟁을 도발할 것이라고 예언하면서 미국은 일본의 전쟁 도발에 대비하여 경계심을

---

9. 6); 『朝鮮日報』(2015. 1. 9), 새로 쓰는 대한민국. (2) 광복직후 두달간 한반도는. 이승만 · 김구 귀국前…박헌영, 여운형과 손잡고 人共(조선인민공화국) 선포 '좌파 천하'(이한수 기자).

114 『朝鮮日報』(2015. 1. 22), 새로 쓰는 대한민국 70년 (4) 재외 독립지사들의 귀국(김명섭).

가지고 해군력을 증강하는 동시에 모든 군사력을 동원해서 일본을 제압할 것을 제의했다. 심지어 일본의 침략에 대비함은 '오늘의 시대적 소명召命'(The Calling of Today)이라고 표지에 명시하고 있다. 그러나 미국은 이승만의 경고를 무시하고 평화주의만을 고집하다가 그로부터 4개월 후 일본은 하와이 진주만 기습공격을 감행했다.

발간 초기에는 미국의 평론가들은 이 책을 혹평했다. 어떤 평론가는 이승만을 전쟁도발자로 매도하기도 했다. 그러나 1941년 12월 8일 일본군이 하와이 진주만을 기습공격, 미국을 압도하는 전승을 거두면서 태평양전쟁이 일어나자 이승만의 '일본내막기'는 비로소 선견지명이 있는 저서임이 밝혀진 것이다. 이로부터 '일본 내막기'는 선견지명의 저작이라 해서 베스트셀러가 되었다.

소설 '대지'의 작가 펄 벅 여사는 서평에서 "이것은 무서운 책이다… 나는 이 박사가 미국 사람들이 거의 알지 못하고 있는 사실, 즉 미국이 1905년에 한미조약을 수치스럽게 파기했고, 그로 인하여 일본이 한국을 집어삼키도록 허용했다고 말해준 것을 기쁘게 생각한다."

"이 책에서 또 하나 주목해야 할 점은 드넓은 국제정치적 시야다. 특히 이 점에 관해서는 일본 근대사 전문가인 내가 그동안 읽은 어느 책보다 훌륭하다. 도대체 세계가 어떻게 돌아가고 있는지, 일본의 대륙팽창이란 게 전 세계적인 측면에서 어떤 의미를 갖는 행위인지, 그리고 그것이 태평양을 사이에 두고 마주하고 있는 미국에 장차 어떤 영향을 미칠 것인지, 그런 거대하고 장기적인 시야에서 한국 독립이란 게 어떤 인류사적 의미가 있는지를 웅장한 어조로 갈파한다. 포효에 가깝다. 아마도 그 어떤 한국인의 주장보다 국제사회 설득에 효과가 있었을 것이다. 21세기 또다시 불끈거리는 지정학의 한복판에 서 있는 한국인들이 가져야 할 안목과 취향과 자세가 이 책에 있다."[115]

이러한 암담한 시기에 방송인 황재경黃材景은 이불을 뒤집어쓰고 1942년 8월 29일 단파방송 '미국의 소리Voice of America' 한국어방송을 통해 민족해방의 서광소식을 알리는 이승만의 육성방송을 처음 들었다. 이승만은 일제 강점하의 한국동포들을 향해 "나는 이승만입네다"로 시작하는 방송연설을 할 때 안익태 작곡 애국가 1절이 동시에 방송되었다.[116]

그후 황재경은 '미국의 소리' 아나운서가 되어 방송자료실에서 이승만의 방송원고를 찾아내어 읽고는 또다시 감격했던 것이다.

〈이승만의 '미국의 소리' 한국어 방송(1942. 8. 29)〉

"나는 이승만입네다. 미국 와싱톤에서 해내 해외에 산재한 우리 2천5백만 동포에게 말합네다. 어디서든지 내 말을 듣는 이는 자세히 들으시오. 들으면 아시려니와 내가 말하려는 것은 제일 긴요하고, 제일 기쁜 소식입니다. 자세히 들어서 다른 동포들에게 일일이 전하시오. 또 다른 동포를 시켜서 모든 동포에게 다 알게 하시오.

나 이승만이 지금 말하는 것은 우리 2천5백만의 생명의 소식이요, 자유의 소식입니다. 저 포악무도한 왜적倭敵의 철망 철사 중에서 호흡을 지유로 못하는 우리 민족에게 이 자유의 소식을 일일이 전하시오. 감옥 철창에서 백방악형과 학대를 받는 우리 충애忠愛 남녀에게 이 소식을 전하시오. 독립의 소식이니 곧 생명의 소식입니다. 왜적이 저희 멸망을 재촉하느라고 미국의 준비 없는 것을 이용해서 하와이와 비율빈필리핀을 일시에 침략하여 여러 만 명의 인명을 살해한 것을 미국정부와 백성이 잊지 아니하고 보복할 결심입니다. 아직은 미국이 몇 가지 관계로 하여 대병大兵을 동動하지 아니하였음에 왜적이 양양대득揚揚大得하여 온 세상이 다 저희 것으로 알지 마는 얼마 아니해서 '벼락불'이 쏟아질 것이니 일황日皇 히로히토裕仁의 멸망이 멀지 아니한 것

115 『東亞日報』(2023. 7. 21), 박훈, 한국인이 본 일본사.

116 박원호, 「1945년 重慶임시정부 발행 '한국애국가'의 현대적 의의」, 『한국독립운동사연구』, 제54집(2016. 5), p.66.

을 세상이 다 아는 것입니다.

우리 독립의 서광이 비치나니 일심합력一心合力으로 왜적을 파破하고 우리 자유를 우리 손으로 회복합시다. 사랑하는 나의 동포여! 이 말을 잊지 말고 전하여 준행遵行하시오. 우리가 피를 흘려야 자손만대의 자유기초를 말할 것입니다. 싸워라! 나의 사랑하는 2천5백만 동포여!"**117**

이승만은 '미국의 소리' 방송에서 일본의 하와이 기습공격으로 승승장구했지만 결국 미국은 대반격 작전을 벌여, '벼락불'핵폭탄을 터뜨려 패망할 것임을 예언했다는 점에서 그의 통찰력 있는 시국예언은 적중했다는 것이다. 일본 대본영大本營은 히로시마 나가사키에 투하한 핵폭탄을 가리켜 '신무기'라고만 보도했다.

1941년 12월 8일 일본은 하와이 기습공격으로 태평양전쟁이라는 미일전쟁을 도발했다. 초반전에는 일본군은 하와이를 함락했고, 싱가포르를 함락하고 필리핀을 점령하는 등 승승장구했다. 이승만은 국내 동포들이 한국의 광복은 점점 멀어질까 염려한 나머지 '미국의 소리' 방송을 통하여 국내 동포에게 광복의 서광을 전했던 것이다.

그러나 이승만의 생각은 달랐다. 그는 후스와 마찬가지로 일본의 기습공격은 자멸self-destruction의 길로 들어 섰다고 판단했다. "나는 이승만입네다"로 시작하는 단파방송은 구한말 만민공동회 시절부터 명연설로 유명했던 그답게 조선인들의 가슴을 쳤다. '생명의 소식' '불벼락' 등 기독교적 냄새나는 용어와, 마치 목사의 설교를 연상시키는 리드미칼한 웅변은 지금 들어도 매우 성공적이다. 오랫동안 대일 무력투쟁 시기상조론과 대일항전 무용론을 견지했던 이승만은 이 연설에서 전 한국인의 대일 무력투쟁을 촉구했다.

오영진吳泳鎭은 '하나의 증언1952'에서 광복 직후를 이렇게 회고했다.

---

117 『中央日報』(1978. 10. 14), 남기고 싶은 이야기들, '미국의 소리'(黃材景).

“식민지 시기 얻은 부富는 친일에 따른 죄악으로 간주되었으며 따라서 사회주의적 세계관과 정책만이 이지러진 조국을 재건하는 유일한 지표인 듯싶었다.”라고 시대상황를 설명하고 있다. 광복 직후 한반도는 공산주의를 비롯하여 좌파세력이 해방정국을 장악하고 있었다. 이로부터 3년 후 자유민주주의 반공 대한민국이 탄생한 것은 거의 기적이 아닐 수 없다. 이런 점에서 공산세력을 몰아내고 대한민국 정부를 수립한 이승만의 리더십은 높이 평가되고 있다.[118]

〈在美韓人 前途 리승만, 1908. 3. 4〉

忠愛의 實地

5천년 이래로 우리 조상의 피도 흘리고 재물도 허비하여 가며 영광스러이 보전하여온 우리 대한을 일조에 탕패도지하여 나머지가 없이 만들어 놓았으니 그 불행하고 통분함은 이루 다 형용할 수 없거니와.

그 중에 한가지만 다행한 바는 부지중 우리의 얻는 것이 잃는 것 보다 적지 아니함이라. 대저 만가지를 잃고 한가지를 얻은 것이 도리어 다행타 함은 저 만가지의 잃고 얻는 것이 이 한가지 얻고 없는데 관계한 연고라. 이것 한가지만 있으면 저 만가지가 없어도 종차 생길 것이오. 이것 한가지가 없으면 저 만가지가 있어도 다 완전한 내 것이 아니니 이 한가지가 어찌 중하고 보배롭지 않으리오.

오늘날 우리의 얻은바 한가지는 무엇인고 하니 곧 우리 대한 사람의 충국애국하는 마음이라. 이 마음이 자래로 없음은 아니로되 시세의 변하는 형편을 따라 바로 쓰지 못하면 없는 것과 일반이라. 이전에 각국이 문 닫치고 따로 제 살림할 시대에는 이 나라이 저 나라와 상관이 적은즉 백성의 충군애군

118 崔永禧, 『격동의 해방 3년』, 한림대학교 아시아문화연구소, 1996, pp.21~22(1945. 9. 6);『朝鮮日報』(2015. 1. 9), 새로 쓰는 대한민국. (2) 광복직후 두달간 한반도는. 이승만 · 김구 귀국前…박헌영, 여운형과 손잡고 人共(조선인민공화국) 선포 ‘좌파천하’(이한수 기자).

하는 마음이 곧 충국애국 하는 마음과 한가지가 되었거니와 급기 모든 나라이 문호를 통하고 교섭·경쟁하는 시대를 당하여는 이 두가지를 밝히 구별치 못하면 국민의 이만치 위태함이 없을지라. 가령 한 나라에 임군이 그 백성과 나라를 위하여 자기 목숨이라도 버리고자 할진대 그 백성의 충군애군과 충국애국이 일체로 나라 보전하는 같은 목적이 되려니와 만일 불행하여 임군이 자기 일신의 이해와 평강안락을 위하여 나라와 백성을 외국에 팔아 먹을 경우에는 그 백성이 일제히 두 가지 중에 한 가지를 택하여야 할지라.

옛적에 소위 '충忠'이라 '애愛'라 하던 도리를 위하여 그 나라를 버리든지 충국애국하는 목적을 위하여 그 임군을 버리든지 두 가지 사이에 중간 길이 없는지라. 이것이 참 충국애국이라 함이라. 지금 세상에는 이 충과 이 애가 있으면 임군도 또한 보전할 수 있어 그러하되 이것이 없으면 소위 이전 충애도 완전할 수 없으니 이는 지나간 백년 동안에 각국이 흥하고 망한 사기가 거울 같은즉 역력히 말할 것 없거니와.

反動의 效力

대저 이 마음은 불과 같아서 흔들어 요동시킨 후에야 일어나는 법이라. 나폴레옹이 구라파를 흔들어 모든 독립국을 없이하고 대륙을 통일하려 하는데서 이 충애심이 생겨나서 오스트리아와 프로이센과 기타 각국이 차례로 일어남에 나폴레옹이 구라파를 이긴 능력으로도 능히 이 마음을 누르지 못하여 마침내 일패도지一敗塗地하였고 이 후로 이 마음을 잘 발달시킨 나라는 오늘날 모모 강국이라. 세계에 횡횡하는 바요. 그렇지 못한 나라는 그 결과이 어떠한 것을 우리가 다 아는바니 말할 것 없는 지라. 우리는 연래로 태평안락에 처하여 이 마음을 흔들어 주는 자-없는 고로 거의 다 사라진 지경에 이른 것을 다행히 일본이 와서 흔들어 일으켜 준지라. 이러므로 일본이 우리를 은혜로 대접지 않는 것을 도리어 감사하다 이를지로다.

국채보상금을 모집하며 학교와 회당을 각처에 설치하며 의병이 사면에 연속히 일어나는 것이 다 어찌 사람의 운동으로 되는 것이 아니리요. 다 밖에서 핍박하는 형세를 인연하여 스스로 불같이 일어나는 표적이라. 일본이 가장 염려할 바는 다만 부지중에 일어나는 충국애국심이라. 일본이 만일 이것을 염려치 아니하면 장차 나폴레옹의 실수함을 면치 못하리로다.

在美同胞의 責任

우리의 오늘날 힘쓸 바는 학문과 식견을 배양하여 이 충애심을 발달시키는데 이 마음을 발달시키는 위에 말한 바와 같이 형편에 인하여 스스로 공격을 받아서 생기거니와 이 마음을 어떻게 인도하면 실로 일후 장구한 효험이 있을는지 알게 하는 것이 이 마음을 바로 인도함이 없으면 전국이 모두 의병으로 일어난들 무슨 효험이 있으리오. 다만 우리 백성만 스스로 잔폐하고 원기가 점점 쇠하여 자진할 지경에 이를 뿐이라. 마땅히 단체로 조직이 되어 성기를 상통하며 진퇴 상응할 만치 된 후에야 기회를 기다려 외국 형편을 맞추어 가지고 승패 간에 한번 어떠한 결과를 볼지라. 이것은 서적이 아니면 될 수 없고 이 직책은 미국에 앉은 우리가 아니면 담임할 자-없으니 미국에 앉은 모든 대한 동포들이 합심하여 이 직책을 함께 맡을 줄로 질정質定 · 헤아려 작정함할지어다.

聯合의 必要

우리가 많지 못한 수효와 군졸한 재정에 회를 각처에 설치한 것이 한둘이 아니요. 신문이 두 세가지 되니 일인과 청인의 사회에 비교하여도 처지를 볼진대 실로 장하다 할지라. 이것이 다 여러 동포의 충애심에서 부지중 생긴 것이오. 이 중에서 또한 효험 있는 일이 여러 가지 발포되었으니 이에 대하여 우리가 서로 치하할만 하거니와.

만일 이대로만 끌어가다가는 다만 큰 공효만 이루기 어려울뿐 아니라 이 형편도 오래 부지 못할 터인 고로 각처에서 연합할 운동을 힘 쓸지니 이때에 연합하면 큰 효험을 바랄 기틀이 있고 연합치 못하면 바랄 수 없음을 질언코져 하노라.

대져 연합할 의견을 말할진대 별로 어려울 것이 없을 듯 한지라. 만일 각 지방회를 다 혁파하고 목적을 다 버리고 한 중앙회만 설시하자 할진대 혹 반대할 듯도 하고 이론도 있을 듯 하거니와 만일 모든 회를 다 여전히 두되

다만 그 목적과 규칙이 통동 연합하는 주의와 상반되는 것만 없게 하고 각각 중앙회에 속한 부분 되는 의무를 담당하여 공동한 사업을 일제히 성취하기로 목적을 삼을 것이니 이 뜻은 응당 반대할 사람이 없을 듯 하며 모든 신문으로 말하면 연합하여 하나를 만들기 외에는 달리 보전할 방책이 없는지라. 그 연고를 말할진대 첫째 신문 볼 사람 수효는 적고 신문은 많은즉 경제로 유지할 수 없고 전수히 의연금을 의뢰하여야될 터인데 의연금도 또한 경제상 관계가 있으니 사업이 날로 흥왕되어 가기 전에는 의연금이 항상 여일히 들어오기를 기다릴 수 없고, 또한 여러 사람이 나누어 담당하면 경제에 도움이 될 터이나 수효 적은 사람이 여러 신문을 연조로 유지하자면 오래는 갈 수 없는 일이라. 하물며 각 신문이 각각 그 취지가 달라서 가령 혹은 상업신문이오. 혹은 정치신문이오. 혹 기타는 다른 것이오. 다 등분이 있어 각각 사회상에 없을 수 없는 관계가 있으면 돈을 내고서라도 구하여 보려 하는 이가 있으려니와 우리의 두 가지 신문을 안 보아도 거반 다 흡사하여 별로 등분이 없는지라. 한 지방에 같은 목적으로 두 가지 신문을 내는 것은 아무 의미 없을뿐더러 경비가 갑절이오. 의연금이 갑절이오. 신문 보는 사람은 수효가 나뉘는지라 방관자가 볼진대 몇몇 아니되는 대한 사람들이 저의 끼리 서로 승강함이라. 이 승강을 버리고 연합하여 적국과 승강할진대 어찌 아름답지 않으냐 할지니 실지상 이해와 공익상 관계가 이러할뿐더러 혹 국외에 앉은 자가 글을 지어 신문에 내고져 할지라도 어떤 신문사에 보내는지 모를지라. 이 신문에 보내면 저 신문을 박하게 함이니 차라리 아무 것에도 상관치 않은 것이 사체에도 정대하고 시비도 없으리니 많은 것이 옳다 할지라. 무슨 큰 일을 경영하리오.

폐일언하고 진실로 장원한 목적을 가지고 굉대한 사업을 기약할진대 이 모양으로만 하여 가지고는 과연 될 수 없으니 일제히 변경하여 함께 연합합세다. 닥터 제손씨서재필가 재작년 이래로 나와 상약이 있어 하와이와 미주 각 지방에 있는 대한 사람들이 합력하여 찬성할진대 활판을 설시하고 월보를 발간하여 각처에 전파하고 본국으로 실어 보내면 연조를 힘입지 않아도 스스로 서적소 한 곳을 기초 잡을지라. 서책도 발간하고 번역도 하면 큰 효험 있으리라 하여 제손 씨가 글을 지어 찬성할 줄로 상약이 있었으나 우리의 합심력이 적어 이에 달하지 못한지라. 이때에 연합할 의론이 자주 생기니 이만한 기회가 없는지라. 이 일에 찬성코져 하는 이는 의연이라도 내려니와 전수히 힘입을 바는 각회와 각 신문사에서 일심으로 찬성하여 내외국 물론하고 각 친구에게 편지하여 이 월보가 발간되면 사볼 사람이 얼마나 되겠는가? 자천을 받아 성책하여 놓고 일변으로 친구들에게 져져히 권하여 사보게 할진대 한두번 사보는 이는 그 효험을 알고 여일히 보려할터이니 사업에 기초가 될지라.

대저 이때에 내외국에 앉은 동포가 실상으로 일 아는 이의 한마디 의론 듣기를 어찌 목마르게 바라지 않으리오. 하물며 제손 씨 같은 이는 우리가 능히 할 수있으면 매삭 몇백원씩이라도 아끼지 아니하고 고빙하여 인도함을 받을 터이어늘 공수로 글을 지어 주마하는 자리에 우리가 사사 분별을 인연하여 좋은 기회를 버리는 것은 실로 애석하도다.

바라건대 모든 협소한 생각을 일체히 버리고 대의를 위하여 공동 연합하는 실상 효험이 속히 있기를 바라노라.[119]

8. 제주 4 · 3 사건의 진상

제주 4 · 3 폭동사건의 주역은 김달삼金達三, 1923~1950이다. 김달삼은 남제주군 대장면에서 출생, 일본 주오대학에서 수학후 귀국, 대구에서 1946년 10 · 1 폭동에 개입 남로당의 폭동에 적극 참여했다.

유엔 감시하의 5 · 10 총선거 실시가 확정되자 좌우합작에 의한 통일정부수립을 주장해오면서 5 · 10 선거를 반대해온 엄항섭 · 홍명희는

---

119 『共立新報』(1908. 3. 4), 在美韓人 前途(리승만李承晩).

1948년 4월 3일 통일독립운동자협의회 결성대회를 개최했다. 그 강령에 1. 통일독립운동자와 총역량 집결을 기함. 2. 민족문제의 자주적 해결을 기도함. 3. 민족강토의 일체 분열공작을 방지함.[120]

제주도에서 총선거 반대 폭동 발생

4월 5일 시공관에서 개최된 총선거촉진대강연회 석상 조병옥趙炳玉, 1894~1960 경무부장이 연설한 바에 의하면 4일 제주도에서는 총선거를 반대하기 위한 좌익분자들의 파괴행동이 있었다는데 그 피해상황은 경찰관서 습격이 11개소, 경찰관 사망이 4명, 일반 청년 사상이 8명, 경찰지서 습격이 5개소나 있었다 한다(동아일보, 1948. 4. 6).[121]

경무부장 조병옥, 제주도 소요사건의 진상 발표

지난 3일 이래 제주도에서 발생한 경찰관서 등 습격사건에 관하여 조 경무부장은 다음과 같은 담화를 발표하였는데 회견석상에서 조 부장은 특히 경찰관의 사망자가 30명에 달한 것을 강조하고 현재 제주에는 2 경찰서, 15 지서에 약 480명의 경찰관이 있으며 응원대는 전남에서 파견하였다는 발언이 있었다.

지난 4월 3일 이래 제주도에서는 1947년 3·1사건 이상의 불상사가 발생되어서 치안이 극도로 교란되었다. 공산계열의 파괴적 반민족적 분자들의 지도하에 총기, 수류탄 및 기타 흉기를 휴대한 무뢰한들이 성군작당하여 경찰관서 및 기타 관공서의 습격, 경찰관리 및 그 가족의 살해, 선량한 동포 살해 방화, 폭행 및 약탈 등의 천인공노할 만행을 자행하여 제주 전도의 동포들의 생명과 재산이 위구에 빠뜨리고 있을 뿐만 아니라 총선거 등록실시사무를 정돈상태에 빠뜨리고 있는 인적 물적 손해는 다

---

120 『資料 大韓民國史』, 국사편찬위원회, 1973, 권 6, p.712(1948. 4. 3).
121 상게서, 권 6, p.721(1948. 4. 4).

음과 같다.

〈인적 물적 피해〉

"경찰관서 습격 11개소, 테러 11건, 경찰관 피습 2건, 경찰관 사망 4명, 경찰관 부상 7명, 경찰관 행방불명 3명, 경찰관 가족 사망 1명, 관공리 사망 1명, 관공리 부상 2명, 양민 사망 8명, 양민 부상 30명, 전화선 절단 4개소, 경찰관서 방화 3개소, 양민가옥 방화 6개소, 도로 교량 파괴 9개소."

그런데 경무부에서는 제주도의 치안정세가 위급함에 비추어 전도全道 동포들의 생명과 재산을 보호하기 위하여 당부當部로부터 김정호金正浩 공안국장 및 그 수원을 특파하는 동시에 응원경찰대를 급파하였다.

제주도의 동포 제위는 안심하시는 동시에 경찰과 적극 협력을 하여 그 망국적 도배들을 발본색원적으로 퇴치하여 제주도 치안의 완벽을 기하기를 바라는 바이다. 그리고 남조선의 다른 지역에 계신 동포들도 국제적 정세의 긴박함과 우리 민족의 역사적 위기에 당면한 사실을 직시하여 자유스럽고 평화로운 사회적 환경에서 역사적 대사업인 총선거가 성공리에 종결되도록 국립경찰에게 애국적 협력을 아끼지 말기를 기대하여 마지않는 바이다(서울신문, 1948. 4. 7, 경향신문, 1948. 4. 7).[122]

제주도경비사령부, 제주도 폭동사건의 사상자가 72명이라고 발표

지난 4·3을 기하여 제주도 전도에 걸쳐 일어난 폭동사건은 경찰응원대의 현지 파견으로 차츰 진압되었다고 전하여지고 있는데 제주경비사령부에서 발표한 바에 의하면 4월 3일부터 동 7일 까자의 피해상황은 다음과 같다. "사망 22명, 중상 30명, 경상 20명, 행방불명 12명, 가옥파괴 17건, 방화 7건."

그중 경찰측 피해는 사망 4명, 중상 7명, 경상 1명, 행방불명 2명, 가옥파괴 2건, 방화 3건이다(東亞日報 1948. 4. 14).

122 상게서, 권 6, p.731(1948. 4. 6).

지난 4월 3일 발생하여 그동안 여전히 계속되고 있는 제주도 소요사건의 진압을 위하여 경무부에서는 김 공안국장을 현지에 파견하여 선무공작에 노력중임은 기보한 바와 같거니와 또다시 김대봉 공보실장을 14일 동지에 급파시켜 포고문을 산포하는 등 선무공작에 만전을 기하기로 되었는데 현지에 설치된 제주비상경비사령부 발표에 의하면 남로당南勞黨 계열분자는 총선거를 방해하기 위하여 살상 파괴 방화(주로 경찰과 우익요인) 등을 감행하고 있다 하며 3일부터 7일까지 피해상황은 다음과 같다.

"파급지역 : 毛瑟浦 外部 禾北 朝天 大靜 新巖 細花 南元 翰元 咸德 梨湖 底旨
사망 22명, 중상 20명, 행방불명 12명, 가옥파괴 17건, 방화 7건(서울신문, 1948. 4. 14)".[123]

경무부 공보실장 金大奉, 제주도 소요사태의 진압현황 발표

지난 16일 험악화하는 제주도의 사태와 진정시키고자 비행기로 동섬에 출장하여 선무공작을 계속하고 있던 경무부 공보실장 김대봉은 4일 귀임하였는데 5일 아침 다음과 같이 그동안의 경과를 말하였다.

제주도내 27개 경찰지서 중 24개 지서 관내를 순시하면서 주민들에게 불순 반동분자들의 모략과 선전과 위협에 속지말고 선량한 조선의 국민으로서 주권을 회복하고 국제적인 발언권을 얻어 3천만 겨레가 함께 잘 살 수 있는 총선거에 침가할 것을 설복하여 많은 성과를 거두었다.

대체로 치안은 확보되어 있고 농사일과 바다일에 약간의 지장은 있으나 전비前非를 회개하고 참된 마음으로 돌아오는 도민이 늘어가고 있는 것은 참으로 반가웠다. 그리고 지난달 23일부터 경찰은 도내의 치

123 상게서, 권 6, pp.736~737(1948. 4. 7).

안만을 담당하고 반동분자의 소탕은 국방경비대에서 실시하고 있으므로 불일내에 평정될 것으로 보인다. 그리고 4개소의 선거인 등록사무소의 명부를 탈취되었으나 전도의 선거인 명부는 안전한 장소에 보관되어 있다.

제주도 소요사태의 양상 보도

제주도사건 조사를 위하여 중앙으로부터 특파된 형사대 일행은 그 임무를 마치고 돌아오는 도중 목포 조통지국 기자와 회견하고 제주도사건에 관하여 다음과 같이 말하였다.

問 폭동발생 원인은 무엇인가?

答 직접 원인은 **單選 · 單政** 반대구호 밑에 남로당 계열의 지시에 의한 것, 간접원인은 경찰관 인사문제에 있어 타도인이 많이 들어가 본도인의 감정을 촉발시킨 것과 약 2개월전부터 폭도들의 조직적 훈련이 있었음에도 그것을 시찰치 못하였다는 것이 큰 원인이다.

問 금번 폭동사건의 규모는?

答 인원수 2천여명이 조직적 계획적 무장봉기를 하여 실전의 경험이 많은 지도자가 지휘하고 있다. 무기는 죽창 · 일본도 · 기관총 · 장총 · 소총 · 지뢰 · 수류탄 등을 가지고 있으며 독와사까지 가지고 있는 것으로 추측된다. 일본군이 최후적 저항을 목적으로 약 25만명 가량이 한라산에 있었는데 퇴각시 일부는 패하였던 무기를 발견 사용하고 있는 것이다.

問 작전상 느낀 것은?

答 제주도는 습관상 밭田경계선에다 돌담을 싸서 폭도들로서는 방색防塞이 되며 일본군이 남기고간 굴이 수천개소나 있어 상당한 곤란이 있다. 국방경비대는 경찰과 별개로 비밀리에 작전중이며 현재는

경찰만이 폭도들과 대항하고 있다.

問 작전상 식량공급선을 차단하면 유리할 것인데?

答 그것은 도민이 폭도측에 동정하며 모뿔을 구성하고 있고, 폭도측에서 게릴라 전술을 쓰기 때문에 어려운 일이다. 남로당 계열은 제주읍내에만 72개의 세포망을 가지고 있었다.

問 폭도들의 작전은?

答 폭도들은 지식층 청소년이 많이 있고 경찰관 대청원 우익계 인사를 납치·살상을 하며 건물을 파괴 소각하고 있으며 심한 것은 목을 메어 걸어놓는 만행을 하고 있다. 그러나 폭도세력은 날로 증가세에 있으며 불을 신호로 매일 3,4개소씩 습격해 오고 있다. 5·1 메이데이에는 폭도들의 주동으로 성대한 식을 하였다 한다.

問 경찰의 현재까지의 성과는 어떠한가. 5·10 총선거는 시행되었는가?

答 경찰은 현재까지 30여회 교전하여 폭도 약 5백명을 검거하고 무기 다수를 압수하였다. 쌍방 사상은 백여명이나 있었다. 현 정세로는 총선거는 불가능하다고 보며 선거위원과 입후보자 수명이 피살당하였다(조선일보, 1948. 5. 15),[124]

제주도 폭동진압을 위해 경찰 정예부대 파견

조선민족이 갈망하는 독립중앙정부를 수립할 역사적 총선거를 반대·방해하려는 공산당 반역도배들의 최후의 간계로 벌어진 제주도의 게릴라적 폭동은 1개월여를 두고 국방경비대와 경찰에서 수많은 인적 물적 손해를 보면서 폭도진압에 노력하여왔으나 아직도 완전히 치안을 회복치 못하고 겸하여 국방경비대와 경찰에 약간의 알력관계를 빚어내게 되

124 상게서, 권 7, p.106(1948. 5. 16).

었으므로 작 18일 경무부에서는 새로 파견된 국방경비대와 협조하여 치안을 유지할 상당수의 경찰정예부대를 제주에 파견하였다한다. 그러므로 이제까지 그들의 귀순과 회오·반성을 기다리던 소극적인 대책을 떠나 이번에는 실력으로써 적극적으로 폭도들을 진압·섬멸할 방침이므로 애국적인 제주도민들의 협조를 바란다고 18일 조병옥 경무부장은 중앙청 기자단에 담화를 발표하였다(동아일보, 1948. 5. 19).[125]

제주도 소요상황 보도

본도의 소요사건은 날이 갈수록 점차 확대되어 가고 있는데 경비사령부에서는 4월 3일 이래 5월 25일까지의 상황을 다음과 같이 발표하였다.

습격=경찰관서 25건, 경찰관 8건, 관공서 3건, 선거사무소 18건.

납치=경찰관 4, 경찰관 가족 4, 관공리 2, 양민 289.

행방불명=경찰관 3.

테러=관공리 2, 양민 2.

사망=경찰관 23, 경찰관 가족 13, 양민 2, 관공리 3, 폭도 119.

부상=경찰관 29, 경찰관 가족 2, 양민 65, 관공리 6, 폭도 8.

무기피탈=총기 20, 탄환 231.

무기회수=총기 8, 탄환 245.

방화=경찰관서 4, 경찰관 사택 4, 관공서 4, 양민가옥 223, 관공리 가옥 3, 경찰가옥 3.

파괴=경찰관 사택 2, 동리 2, 교량 4.

검거인원=101(조선일보, 1948. 5. 29).[126]

---

125 상게서, 권 7, p.120(1948. 5. 18).
126 상게서 권 7, pp.185~186(1948. 5. 30).

통위부장統衛部長 류동열柳東悅, 제주도 소요사태에 대하여 담화 발표

제주도 소요사건과 경비대의 활동에 관하여 류동열 통위부장은 다음과 같은 담화를 발표하였다.

육해군 경비대는 긴밀한 협동하에 해안경비대 특무함대로서 폭도와 육지간의 교량을 완전히 차단하고 국방경비대 병력을 현지에 증파하여 4월 27일 폭도 토벌의 전화電火를 열었다. 작전개시 이래 연일 무수히 구축된 동굴과 천연의 요매要碍를 이용하는 폭도를 포위包圍 공격하여 치명적 타격을 주고 5월 27일 까지에 판명된 것으로 다음과 같은 전과를 얻었다.

1. 폭도측 손해=포로와 귀순자 3,126명(권고 · 유인 · 협박에 의한 가담 다수).
   사망 7명, 유기시체 1명. 노획=철모 17, 죽창 12, 99식 소총 3, 수류탄 15, 청룡도 5.
2. 우리측 손해 5명.

이상과 같이 동족간의 무사비한 살상을 피하고 극렬분자와 불연한 자를 구분하기 위하여 가급적 포로와 투항자 획득에 노력하고 있다.

그런데 최근 항간에서 경비대의 행동이 소극적이라든가 혹은 좌익에 대하여 동정석이라는가 하는 낭설이 유포되고 있는듯하나 이는 피상적 관찰 또는 일부 불순분자의 모략이다. 육해경비대는 엄연한 군사력으로 좌우의 내지 중간노선을 높이 초월하여 오로지 국가적 정부의 지상명령 아래 우리 민족을 위협하는 여하한 내외 세력이라도 이를 단연코 분쇄할 임무를 가지고 있다(서울신문, 1948. 6. 3).[127]

127 상게서, 권 7, p.225(1948. 6. 2).

통위부 참모부장 이형근, 제주도사태 진압방법에 대하여 언명

선거개시를 앞두고 제주도에서 벌어지기 시작한 소요사건은 그후 점차 확대되어 응원경관의 파견만으로는 진압키 곤란하게 되어 드디어 경비대의 출동까지 보게 되었음은 기보한 바이나 현지 군경은 과연 어떠한 방법으로 진압하고 있는지 또 본의는 아니면서도 폭도측에 가담한 동족에 대한 처리는 어떠한 방법으로 행하여지고 있는지 다대한 관심을 끌고 있는 바인데 이 문제에 대하여 통위부 참모장 이형근 대령은 대략 다음과 같이 말하였다.

폭동이 진정되지 않아 경비대와 경찰이 출동하고 있으나 그 임무에 관해서는 현지 군경 사이에 협정으로 치안은 경찰이 담당하고 경비대는 오로지 작전행동만을 하고 있으며 경비대와 경찰관에 서로 지휘명령을 받는 일은 전연 없다. 현재 포로와 귀순자들은 비행장에 집결시켜 놓고 폭도와 양민을 엄격히 구별하고 폭도는 법에 의하여 처단을 받도록 될 것이나 일단 군에서 조사한 결과 완전히 양민이라고 인정되어 증명서를 교부받은 자에 대해서는 경찰에서 재조사하는 등의 일은 절대로 없기로 되었다. 그리고 진압시간에 대해서 확언은 할 수 없으나 약 1개월이면 현지 질서도 회복되고 선거도 가능하게 될 것이다(조선일보, 1948. 6. 4).

제주도 소요사건의 현지보고 보도

4월 3일 미명에 돌발한 제주도사건은 날이 갈수록 험악의 도를 가하고 있다. 구름속 높이 솟아있는 한라산속 무수한 동굴에는 당지에서 인민해방군으로 불리어지고 있는 조직부대가 출몰하고 산간부락에는 끊임없이 총성이 은은하다. 읍을 멀리 떨어져 있는 부락은 거의 다 그들의 세력하에 있으며 이를 소탕하는 경비대와 경찰의 전투는 간단없이 진행되고 있다. 30만 도민은 지금 분화구 어구에 서있는 불안 가운데 있다. 1읍 12면의 경찰지서는 그 대부분이 습격을 받았고 그들의 가족 및 우익계열 인사들에 대한 습격은 접종接踵하였으며 또 현재도 계속되고 있다. 연일 증가되는 경비대와 경찰 무장부대는 각기 소탕에 진력을 다하고 있으나 진압의 시기는 속단을 불허하는 상태이다. 한편 경찰과 경비대의 주력이 주둔하고 있는 제주읍은 밤이 되면 죽음의 거리로 화한다. 이 모퉁이 저구석에서 남국의 야기를진동시키고 터지는 총성은 살기찬 이 섬의 공기를 더한층 공포속에 몰아다넣고 있다(조선일보, 1948. 6. 4).

현지 시찰 기자단 일행은 항상 신변에 위험을 느끼면서 국방경비대 장교 안내로 교전지구를 거쳐 피해당한 각 부락을 시찰하였다. 도중 무수한 도로와 교량은 모두가 소요민의 방해공작으로 파괴되었다. 무수한 전주는 비어진채로 밭고랑에 넘어져 있으며 절단된 전선은 마치 광녀狂女의 허트러진 머리카락처럼 바람에 너풀거리고 있다. 비교적 제주읍과 가까운 거리에 있는 촌락은 경비대와 경관들의 보호지구이다. 산간부락은 순전히 소요민측세력하에 있는 것이다. 경관들은 주로 해안선을 방위하고 내외연락을 두절시키는 방침을 취하고 있으며 경비대가 주력이 되어 산악지대를 진격하고 있다(서울신문, 1948. 6. 5).[128]

통위부 참모총장, 제주도소요 진압상황 발표

통위부 참모총장 발표에 의하면 제주도 한라산 주변 밀림지대와 민가에 잠복준동을 계속 중인 인민자위대, 인민해방군, 유격대 소탕전에 참가한 국방경비대 제O연대와 제X연대의 혼성부대는 6월 4일 정오이후 6월 7일까지 다음과 같은 전과를 거두었다 한다.

포로 41명, 살상 3명, 哨居 소각 1개소(서울신문, 1948. 6. 11).[129]

---

128 상게서, 권 7, pp.248~249(1948. 6. 4).
129 상게서, 권 7, p.262(1948. 6. 8).

경무부장 조병옥, 제주도 사건과 관련 공산계열의 만행 폭로

조 경무부장은 공산계열이 감행한 만행의 진상에 대하여 다음과 같이 발표하였다. 남조선의 질서를 교란하고 치안을 파괴하여 북조선과 같이 소련에 예속시키려는 공산계열의 목적달성을 위하여는 수단과 방법을 가리지 않는 무차별 무자비한 폭동만행은 총선거실시에 따라 민중에 대한 공포심 주입과 단말마의 최후 발악으로 더한층 포학과 잔인성을 나타내었으니 그 일예를 제주도 폭동에서 들면 다음과 같다.

폭동이 일어나자 1읍 12면의 경찰지서가 빠짐없이 습격을 받았고 저지리 청수리 등의 전 부락이 폭도의 방화로 전부 타버렸을 뿐만아니라 그 살상방법에 있어 잔인무비하여 4월 18일 신촌서는 육순이 넘은 경찰관의 늙은 부모를 목을 찔러 죽인후 수족을 절단하였으며 대동청년단 지부장의 임신 6개월된 형수를 참혹히 타살하였고, 4월 20일에는 임신중인 경찰관의 부인을 배를 갈라 죽이었고, 4월 22일 모슬포에서는 경찰관의 노부친을 총살한 후 수족을 절단하였으며 임신 7개월된 경찰관의 누이를 산채로 매장하였고, 5월 19일 제주읍 도두리서는 대동청년단 간부로써 피살된 김용조의 처 김성희와 3세된 장남을 30여명의 폭도가 같은 동리 김승옥의 노모 김씨(60)와 누이 옥분(19) 김중삼의 처 이씨(50) 16세된 부녀 김수년 36세된 김순애의 딸 정방옥의 처와 장남 20세된 허연선의 딸 그의 5세 3세의 어린이 등 11명을 역시 고히숙집에 납치 감금하고 무수 난타한 후 눈노름이라는 신림지대에 끌고가서 늙은이 젊으이를 불문하고 50여명이 강제로 윤간을 하고, 그리고도 부족하여 총창과 죽창 일본도 등으로 부녀의 젖·배·음부·볼기 등을 함부로 찔러 미처 절명되기 전에 땅에 생매장하였는데, 그중 김성희만이 구사일생으로 살아왔다. 그리고 폭도들은 식량을 얻기 위하여 부락민의 식량 가축을 강탈함은 물론 심지어 부녀에게 매음을 강요하여 자금을 조달하는 등 천인이 공노할 그 비인도적 만행은 이루 헤아릴 수 없는 정도이다(경향신문, 1948. 6. 9).

수도경찰청장 장택상 좌익진영의 합법적 투쟁의 자유를 보장하는 성명서 발표

수도관구 경찰청 장택상, 좌익진영의 합법적 투쟁의 자유를 보장하는 성명 빌표

수도관구 경찰청 장택상 총감은 4월 8일 '좌익운동자에게 고함'이라는 대요 다음과 같은 성명서를 발표하였다.

이번 수도경찰청의 기구개혁에 따라 다소 경찰조직에 이상이 있다고 좌익진영에서 사실 아닌 착각을 일으키고 있다. 경찰이 무차별로 좌익관계자를 무조건 탄압하는줄 오인하고 있다. 이보다 더 큰 오인은 없을 것이다. 나는 무엇보다도 좌익운동자가 지하운동으로 들어가는 것이 싫다. 해방된 조선에서 당당히 이론 투쟁만을 한다면 그야말로 이상적 민주주의다. 동족상쟁하여 방화 기타 남조선에서 감행하는 악질분자의 범죄는 용서없이 실력으로 박멸하겠다. 내가 수도치안책임자로 있는한 이론투쟁 선상에 활동하는 동포에게는 절대 자유와 평등을 보장하겠다.

폭력을 피하고 이론과 계몽으로 자기진영의 세력확보에 힘쓰자. 좌익범죄자측 살인·방화 이외에는 범죄자는 불문에 부친다. 그대들은 이 정책에 순응하여 남자답게 경찰의 온정을 인식하라. 경찰은 그대들을 포옹抱擁할 용의가 있다. 그리므로 경찰은 속이지 않을 것이니 외선外線에 나와 제가끔 건국에 매진하자.

나의 중대한 결의이니 만큼 그대들은 경솔히 생각말고 협력하여 주기 바란다(동아일보, 1948. 6. 9).[130]

제주도소요사건 관계 변호사, 제주도사태와 그 해결책 피력

제주도사건 재판관계차 서울로부터 내도한 모변호사는 재판을 통하

130 상게서, 권 7, pp.270~271(1948. 6. 8).

여서 본 제주도 사건의 동태와 그 해결책에 대한 견해를 기자단 일행에게 다음과 같이 말하였다.

폭도측의 소요책임자는 하나도 구속되지 않았고 지금 재판에 회부된 자는 대개가 19세 내지 25세 정도의 청년들이다. 그들은 모두가 아무것도 모르고 기계적으로 행동한 자들이다. 법정은 매일 울음의 바다로 변하였고, 도민들의 고통은 지금 절정에 달하고 있다. 무고한 도민들이 폭도와 경찰의 중간에서 동란의 희생이 되고 있다. 폭도측에서 요구하는 자금이나 식량을 제공하면 경찰은 그들을 처벌하고 경찰의 요구에 응하여 기부금을 내면 폭도측의 제재를 받는 것이다. 이럴수도 없고 저럴수도 없는 그들이 누구보다도 억울한 처지에 있으며 제주도에는 지금 일대 복수전이 전개되고 있다.

이러한 감정적 대립이 우심하고 독특한 전통을 가지고 살아나온 제주도의 금번 사건은 그 근본원인을 적출 해결치 않고 무력저항만으로는 쉽사리 해결되기 어려울 것으로 생각한다. 사건 해결책으로는 이것이 근본책은 못될지언정 외지에서 들어간 사설단체를 일체 해산시키고 제주도 출신자로 신망있는 자를 치정 책임부서에 등용하함으로써 도민의 감정을 풀도록 하는 것이 좋다고 생각한다.

그리고 직접 살인·방화를 선동·교사한 자 외의 기계적으로 움직인 도민들을 처벌하지 말 것이다. 행정당국은 과거의 제주 치정상태를 인식하여야 하며 도민의 신망을 회복하여야 할 것이다. 그럼으로서 폭도들에게 준 정치적 구실의 근인을 없애야 한다. 역사적인 조선의 축도판이 금번의 제주도다. 끝으로 한마디 우는 어린애를 운다고만 꾸중할 것 아니라 왜 우는지 그 울게 된 원인을 없애 주어야 할 것이다(서울신문, 1948. 6. 12).[131]

---

131 상게서, 권 7, pp.306~307(1948. 6. 13).

서울지방검찰청검찰관 박근영, 제주도 소요사건의 원인은 경찰관의 처사에서 비롯됐음을 지적

지난 5월 26일 서울로부터 제주도로 파견된 판검사 일행은 사건처리를 끝마치고 지난 12일 공로로 무사히 귀경하였는데 경찰관을 대표하여 박근영 검찰관은 14일 다음과 같이 그 실정을 말하였다.

제주도에는 일본에서 귀환한 동포가 많은데 그 중에는 공산주의자가 섞여 있으나 이번 사건이 전적으로 공산당의 지령에서만 발생했다고 볼 수는 없다. 사건원인은 경찰이 민심과 유리된 것인데 사건이 발생하면 민중은 경찰에 신고를 아니하고 방관하며 심지어는 반항까지 하고 있다. 이 사실은 경찰이 제주도 특수 사정에 대한 사찰을 등한시한 시책에서 나온 것이다. 그리고 최고 책임자는 사건해결을 단시일 내로 수습할 수 있다고 말하였으나 수습은 무력으로 하는 것도 좋지만 먼저 민심을 수습해야 한다. 그렇게 하려면 경찰력과 행정력을 통일하는 유능한 사람이 필요하다. 그리고 사설단체를 경찰력으로 이용한데 대하여 사설단체에 대한 비난이 높아 가고 있다(경향신문, 1948. 6. 15).[132]

검찰총장 이인李仁, 제주도사건의 해결책은 관공리의 개편에 있음을 주상

제주도파견 검찰관들의 상세한 현지보고를 청취한 이인 검찰총장은 15일 제주도사태에 대한 소회를 다음과 같이 피력하였다.

제주도사태가 이렇게까지 악화한 것은 시정방침에 신축성이 없었다는 것과 관공리가 부패하였다는 것 등을 들 수 있다.

제주도라는 곳은 워낙 살기 어려운 곳이고 특히 관공리들은 제주도에 가는 것을 무슨 정배나 가는 양으로 생각하므로서 인재될만한 사람은 제

---

132 상게서, 권 7, p.314(1948. 6. 14).

주도로 안가고 보니 명예나 돈이나 바라는 친구들이 어찌 옳은 시정을 할 수 있었겠는가!

이러한 부패상은 작년에 내가 갔을 때 이미 역력히 말하고 있었다. 예를 들면 고름이 제대로 든 것을 좌익계열에서 바늘로 이를 터진 것이 제주도 사태의 진상이라 할 것이다. 그러기 때문에 지금 시급한 것은 먼저 관공리의 인적 재편성을 단행하여야 하는데 이것은 극히 용이한 일이 아니다.

우선 사법·행정·경찰의 3수뇌부를 갈되 가장 양심적이고 덕망이 높은 사람으로 임명하면 폭도들 측에서도 안심하고 하산할 것이고 특히 굴속에 숨어있는 소위 좌익 지도자들도 무슨 구실이던가 찾아서 내려올려고 하고 있으니 반드시 선정을 베풀 것을 당국에서 표시만 하면 문제는 일단락 될 것으로 확신하는 바이다.

요는 인재를 얻는 곳에 있다고 나는 믿어 마지 않는다(서울신문, 1948. 6. 16).[133]

경무부, 제주경찰감찰청을 경찰청으로 승격시키고 청장에 김봉호 임명

경무부에서는 동란중에 있는 제주도의 치안을 확보하기 위하여 불원 현재의 제주경찰감찰청을 경찰청으로 승격하여 청장을 임명할 것이며 경찰서를 둘씩이나 증설하고 경찰관도 증원배치하기로 되었다. 그동안 정직중이던 제주경찰감찰청장에 새로히 36세의 활동가 제8관구 경찰청 부청장 김봉호金鳳昊, 1895~1982 총경이 17일 임명되어 18일 현지에 부임하였다. 그리고 전 청장 최천은 정직이 해제되어 경무부 출사로 되었다(동아일보, 1948. 6. 19).

133 상게서, 권 7, p.321(1948. 6. 15).

통위부장, 석악石岳 전과를 발표

통위부장 발표에 의하면 국방경비대는 6월 1일부터 모슬포 동북방 15km 지점인 석악을 공격하여 3일 그 근거지를 소탕하고 다음과 같은 전과를 거두었다. "사살 2명, 포로 3명, 미M1 1정, 칼빙 1정, 99식장총 2정, 권총 2정, 식량 식기 약간."(서울신문, 1948. 6. 17).

서울 지방심리원 판사 양원일梁元一, 제주도 소요의 원인과 대책 언급

약 2주일간에 걸쳐 제주도를 시찰한 서울지방심리원 양원일 판사는 제주도 소요의 원인과 대책에 관하여 다음과 같이 말하였다.

1. 해방후 그 세력이 강대하였고 사실상 정부행세를 하여 왔던 인민위원회를 도민들이 너무나 과대히 평가하였다는 점.
2. 경찰이 가혹한 행동을 함으로로서 인심을 잃었다는 점.
3. 청년단원들이 경찰에 협력하는 반면 경찰 이상의 경찰권을 행사하고 혹독한 짓을 함으로써 도민의 원망을 샀다는 점.
4. 중국 일본 등지와의 밀무역 기지가 되는 관계상 정치에는 능한하고 모리에만 열중하였기 때문에 관공리는 일반 도민으로부터 멸시를 당하여 왔다는 점.
5. 도민들은 타산적이고 기회주의적인 경향이 있어 강대한 세력에 아부하고 지위와 재산을 보존하려는 심리가 있다는 점.
6. 남북협상을 과대평가하고 이에 많이 의지해 왔다는 점.

등을 열거할 수 있다. 좌익은 이러한 정세하에서 도민의 사소한 불만·불평을 신속히 포착하고 '단선單選·단정單政' 반대를 구호로 도민을 선동하여 4·3사건을 폭발시켰던 것이다. 금번사태에 대한 대책으로서는 제주도의 치안을 담당하고 있는 미국인측에서 제주도의 실정을 잘 파악하고 경찰의 압박을 완화시키는 동시에 군경간의 마찰을 제거하도록 하고 경비대를 좀더 효과적으로 이용하여야 할 것이다. 한편 제주도 내의 관공리를 재편성하는 동시에 정당 청년단체를 편달하고 도민을 계몽하여 사건수습에 협력하도록 하여야 한다(조선일보, 1948. 6. 17).[134]

검찰총장 이인, 제주도 시찰소감 피력

6월 30일부터 5일간의 제주도 시찰을 마치고 7월 4일 귀임한 이인 검찰총장은 7월 5일 제주도사태에 관하여 다음과 같이 말하였다.

"제주도를 일주하고 상세 조사한 바 예상보다 의외로 한라산 산곡 일부를 제외하고는 치안이 확립되어 있음을 보았다. 해방후 중앙 지방 관민을 망라하고 제주도에 너무나 무관심하고 등한하였으며 건국이념이 철저치 못하고 관민이 모두 먹을 것을 바라고 바다만 내다보는 틈에 공산당원이 제주도를 유일한 거점으로 만들고자 허울좋은 '단정單政·단선單選'을 미끼로 폭동이 야기된 것인데 경찰과 경비대의 분투로 지금은 양민을 포함한 약 1천백 명의 잔당이 심산 중에 도피하고 있으나 식량곤란 기타로 매일 2,30명씩 귀순 혹은 체포되고 있어 불원간 진압될 것이다. 앞으로는 염직廉直한 관공리의 노력과 일반의 발분으로 계몽·선전의 발본색원적 대책이 있어야 하며 진압과 수사에는 종래의 범죄수사의 기술경험과 지방 사정을 잘 아는 수사기관이 이를 전담하여야 진압시일이 단축될 것이다. 그리고 박 대령사건에 관하여는 경비대원과 외부인 등 9명을 30일에 체포하였다"(조선일보, 1948. 7. 6).[135]

제주도 폭동사태의 후유증 및 현상이 알려짐

이미 중앙에서 현지를 시찰한 판·검사 급 변호사 제씨가 이번 4·3 사건의 한 가지 원인으로 관공리의 부패를 지적하고 있거니와 이것은 상

134 상게서, 권 7, pp.336~337(1948. 6. 17).
135 상게서, 권 7, p.473(1948. 7. 5).

상 이상으로 심각하고 광범위하였던 것으로서 김 청장과 임 도지사도 이를 솔직히 행정경찰의 각 부문에 걸쳐 일부 외래인사들의 부정행위와 권력남용은 오랫동안 독특한 생활환경에서 조성된 도민의 생활감정을 유린하였고, 이와 사설단체와의 부화뇌동한 사설단체의 월권행위는 도민의 생명과 재산을 위협하여 그들의 생존을 위태롭게 하였던 것을 들고 있는 것이다.

그들 탐관오리들은 각 부문을 자기 사람들로 짜서 방약무인한 태도로 사복을 체우기에 급급하였고 이에 가담치 않는 자는 모조리 모략중상으로 축출하여 왔다는 것이다(도청내의 내무 · 산업 양국장을 제외하고는 수뇌부는 모두가 외래인이었으며 道 상공과장의 사임사건 등은 이를 증명한다).

그들은 일본에서 돌아오는 수많은 도민의 재신을 밀수품으로 규정하여 몰수하였으며 수십년간 피땀을 흘려 모은 재산을 왜놈의 갖은 방해를 무릅쓰고 실어오면 세관들과 감찰서 항무청 기타 무수한 관청을 거쳐 나오는 동안에 벌써 손에 남는 것은 없다는 것이다.

그리고 사설단체원들은 가택수색을 빙자하여 귀중품을 탈취하고 금품을 강요하며 불법구타 폭행은 끊임없이 자행되어왔다는 것이다.

2 · 7 이후 실시된 통행증은 최하 30원으로부터 백원에 이르는 요금으로 배부되었고 그들의 명령에 불복하는 자는 모조리 빨갱이로 지목되어 갖은 박해를 받아왔던 것이다.

7월 1일의 읍면장회의에서 보고된 바에 의하면 4월 3일 이후 6월 15일까지의 피해는 소실가옥 421호, 양민사망 292명, 동 부상 98명, 납치 35명인데 그중 특히 피해가 심한 곳은 楮旨 今島 五羅里 咸德 道頭里 등으로 면별로 보면 翰林 朝天 舊江 大靜 濟州邑 등이다. 그중 한림면 저지부락 180여호가 전소되었고 20명의 사망자와 2명의 중상자를 내었다

하는데 이 참사의 발단은 저지지서 습격 주범으로 지목되는 玄모 일족 18호가 4월 8일 전소된데서 시작된 것으로 지금 8백여 명의 이재민이 가로에 방황하고 있다 한다. 그리고 기자가 방문한 곳곳에서 행방불명한자가 수다한 것을 들었는데 지난 6월 중순 북촌이라는 마을에서 행방불명된 5명의 시체가 7월 6일 오라리 근방 한 구덩이에서 발견되었다 한다.

동족상잔의 민족적 참극을 연출하고 있는 제주도 사태는 이제 제2단계에 들어선 감이 있다.

일시 치열히 전개되었던 전투는 5월 20일을 경계로 하여 거의 종식되고 7월 1일에 도내 교통이 해제되고 7월 5일에 육지와의 교통도 해제됨에 이르러 극도로 긴장하였던 공기는 현저히 완화된 듯하다. 읍내 주변 바다에는 하나둘의 어선과 해녀의 모양도 간혹 볼 수 있고 상점은 문을 열어 손님을 부르고 있다.

그러나 사람사람의 얼굴에 생기가 없고 삼엄한 경계망은 여전하여 통행금지 구역과 거리에 일정한 간격을 두고 배치된 무장경관이며 관공서 주변에 돌로 쌓아올린 바리케이트 등 이 섬이 침울한 공기는 보는 사람의 가슴을 답답케 한다.

거리를 질주하는 자동차는 경찰이 아니면 경비대 트럭으로 일반의 자동차는 모조리 징발된 채 도내 교통은 마비상태에 빠졌다.

거리에는 아침저녁으로 새로운 목적지로 향하는 부대와 임무를 마치고 돌아오는 무장대의 시위군가소리며 절걱거리는 총검소리가 바늘끝같은 이곳 사람들의 신경을 자극한다.

더욱이 읍내를 지나는 개는 볼 수 없고 (이는 산 사람의 활동을 용이케 하고자 부락민이 죽여버렸다 한다) 젊은 청년이란 그림자도 볼 수 없다(서울신문, 1948. 7. 20).

제주도가 4월 3일 미명에 한라산의 봉화로 개시된 소요로 인하여 이

내 동족상잔의 비극을 거듭하면서 全島가 묘지화할 우려까지도 있는 듯이 보이었으나 김봉호金鳳昊, 1895~1982 신청장의 완화정책으로 말미암아 도내 각 부락에는 점차 명랑한 빛이 보이기 시작하였다 한다. 한편 우리 기자단 일행이 수집한 정보로 한라산 깊이 숨어있는 소요측 동정을 살펴보면 아직도 약 1천에 가까운 주력부대가 건재하고 있다 하며 그들은 김달삼金達三이 사는 총사령장의 지휘를 받고 있으며

1. 도민생활의 안전을 복구시키는 당국의 적절한 시책
2. 민심을 안정시키기 위한 경찰의 무장해제
3. 경찰관의 권력남용의 엄금 및 모모 사설단체의 숙청 등의 요구조건을 걸고 이 현실문제의 해결이 실현되지 않는한 최후까지 도내 전 인민의 생명 재산의 안전을 위하여 재궐기할 태세를 갖추고 있다 하는데 이에 대한 책임당국의 대응책 여하가 자못 주목되며 제주도의 운명을 좌우시킬 관건이 될 것이라는 느낌을 주어 제주도를 싸돌고 있는 무거운 구름은 여전히 사라지지 않고 있다(조선일보, 1948. 7. 20).[136]

제주도사건대책위원회준비회, 동 사건의 원인에 대한 견해 성명

아직도 진정되었다고 낙관할 수 없는 제주도의 사태에 비추어 한국독립당 민주독립당을 위시한 20여 정당 사회단체에서는 각 대표가 18일 민족당 회의실에 모여 제주도 사건 대책위원회준비회를 구성하고 동족상잔의 폐해를 하루바삐 시정함에 이바지하려는 취지 아래 우선 그 진상조사대를 현지에 파견키로 하는 한편 동 사건에 대한 견해를 23일 요지 다음과 같이 성명하였다.

136 상게서, 권 7, pp.590~592(1948. 7. 20).

〈성명서〉

현하 제주도에서 계속되고 있는 동족상잔의 처참한 사태의 원인은略 각종의 정보를 종합하여 보면 첫째로는 작년 3월 1일 기념행사시의 경찰관 발포사건 발생이 금반 사건의 직접원인을 조성하였음은 이미 세인이 주지하는 바이다. 둘째로 수백 사설단체원들이 일종의 관권력을 행사하여 이 지방의 민심을 극도로 자극시켰던 것이다. 셋째로는 경찰과 각 행정기구의 중요한 지위에서 이 지방출신을 일소하여 관민의 소격疏隔 등을 들 수가 있다. 최근의 당국 발표로도 사건이 수습되고 있다고 전한다. 그러나 우리는 사건의 현재 상태를 두 가지 이유에서 더욱 중요시하는 바이다(略)(조선일보, 1948. 7. 24).[137]

〈4·3사건의 진상〉

5·10 총선거가 확정되자 김일성은 김달삼을 제주도로 급파, 남로당 조직강화를 지시했다. 김달삼은 사회적 빈곤층 청년을 상대로 남로당 세포조직에 착수하게 된다. 남로당의 선전·선동 살인·방화 게릴라 전법을 전수하면 남로당원에 가입하게 된다. 이리하여 4·3사건을 일으킬 때 남로당 가입자는 無에서 500~700명으로 급증했다. 제주도 인민유격부대의 총사령관은 김달삼, 특별경비대장은 이덕구이며 대략 4,000명의 병력이다. 제주도 인민유격대의 본부를 한라산 동굴에 설치하고 군사반란을 일으킨 것이다. 마침내 1948년 4월 3일 남로당 인민유격대 지휘자 김달삼은 인민유격대원 350명을 완전 무장하고 제주도 24개 경찰지서 가운데 12개 지서를 습격, 살인·방화하면서 4·3사건이 발생했다. 비참한 동족상잔이 개시된 것이다.

외신은 4·3사건은 공산당 프락치 등 좌익세력이 5·10선거를 방해하기 위하여 일으킨 반란이라고 평가했다. 미군정 당국은 '공산주의자가 주도한 모반폭동'Commuinist-led rebellion이라 규정하고 있다. 4·3폭동을 성공한 김

137 상게서 권 7, pp.623~624(1948. 7. 24).

달삼은 1948년 8월 25일 월북, 김일성으로부터 '국가훈장 2급'을 수여받았고, 김달삼 사후에는 애국열사릉에 안장한다는 것이다. 한편 김달삼의 남로당 선전·선동에 속아 남로당에 입당한 제주도 청년들은 "우리는 빨갱이가 아니다"라고 외치면서 이를 입증하기 위하여 모두 해병대에 자원입대하기도 했다.

4·3 제주도 폭동사건은 인민유격대의 살인·방화 등 만행이 극심, 이를 진압하기 위하여 1948년 11월 21~12월 20일까지 1개월 동안 제주도 전역에 걸쳐 계엄령을 선포하면서 국방경비대는 인민유격대 토벌작전에 돌입했다. 사살자 1,335명, 생포 498명의 전과를 거두었다. 계엄령이 해제되자 1949년 3월 제주지구 전투사령부 유재흥 사령관은 한라산 피신자가 하산 귀순하면 전원 용서하겠다고 선무했다. 그러나 인민유격대의 발호가 끊임없이 심화되자 1949년 6월 4일 제주 인민유격대 사령관 이덕구를 사살하면서 사실상 인민유격대는 궤멸상태였다.

4·3사건 인명피해 25,000~30,000명 추정, 모두 제주도 청년
토빌대 전사자, 군인 180여명, 경찰 140여명, 우익단체 639~744명.
총 희생자 14,442명(제주도인).

〈현길언玄吉彦 교수, 『정치권력과 역사왜곡』(태학사)〉

현길언은 소설가로서 제주 출신으로 제주대·한양대 교수를 역임했다.

"2003년 발표된 정부의 '제주 4·3사건 진상조사보고서'는 당시 노무현 대통령의 국정지표를 구현하기 위해 강만길 교수식(式)의 역사관에 따라 편향적인 집필진에 의해 쓰여진 반역사적인 정치문서다."

정부의 4·3사건 진상조사보고서에 이의를 제기해온 소설가 현길언 전 한양대 교수가 대통령 공식사과와 각종 추념사업의 근거가 된 4·3 보고서의 작성배경 과정, 내용을 종합적으로 비판하는 '정치권력과 역사왜곡'(태학사)을 펴냈다. 558쪽에 이르는 방대한 책에서 현 교수는 4·3

보고서와 관련자료, 회의록, 연구논저 등을 꼼꼼히 검토하면서 보고서가 4·3의 역사적 실체를 규명하지 않고 정치권력자의 이념을 뒷받침해주는 왜곡된 문서로 만들어졌다고 주장한다.

건국방해 난로당 반란을 외면하고 진압과정·반인권 사안에만 초점… 대한민국 부정사관 정부가 수용(현길언은 4·3보고서는 2000년 1월 공포된 '제주 4·3사건 진상규명 및 희생자 명예회복에 관한 특별법'에 따라 만들어졌다. 특별법 제정과 시행을 주도한 세력은 4·3사건이 남로당이 대한민국 건국을 방해한 반란자라는 점을 외면하고 진압과정에서 발생한 반인권적인 사안만 문제삼아 보고서 작성의 방향을 설정했다. 그보다 선행돼야 할 4·3사건의 실상과 그 주역인 남로당의 무장반란 등에 대한 진상규명은 관심사가 아니었다는 게 현 교수의 주장이다.

이런 정치적 의도는 특별법시행을 주관하는 조직 구성부터 드러났다. 전체를 총괄하는 위원회와 실무를 담당하는 기획단의 민간 참여자들은 대부분 진보좌파인사로 구성됐다. 기획단 12차 회의록에는 2003년 2월 노무현 대통령 당선자가 "강만길 교수 등 진보적인 학자들을 참여시켜서 의미규정을 제대로 해야 한다."고 지시했다는 수석전문위원의 보고가 들어있다. 민간 위원이었던 한광덕 전 국방대학원장의 증언에 따르면 강만길 교수는 회의에서 "4·3사건은 먼 역사적 관점에서는 최 초의 '통일시도'로 보아야 할 것"이라고 말했다. 기획단장은 당초 국사편찬위원회 간부가 내정돼 국무총리 승인까지 받았지만 주도세력이 김대중 청와대와 접촉하여 박원순 변호사를 선임했다. 조사와 보고서 작성 실무진에 '4·3 민중운동사' 취재와 저술에 종사하던 사람들이 대거 참여했다.

인적구성의 편향성은 조사와 보고서 작성에도 영향을 미쳤다. 4·3사건 초기 반란을 주도한 남로당 제주도당 산하 인민유격대의 활동을 기록한 '노획문서'와 반란을 진압한 미군정 자료 등 공적인 1차 자료가 있는

데도 실무진은 이를 외면하고 진압군에게 피해를 당했다는 증언과 일부 관련자의 회고록에 주로 의지했다.

4·3 사건의 발발에 대해서도 남로당 제주도 위원회가 군부에 침투시킨 프락치 등을 통해 치밀하게 준비했고, 남로당 중앙위원회가 반란을 격려한 점은 무시하고 "남로당 중앙당의 지시가 있었다는 자료는 발견되지 않았다."며 경찰과 미군정에 대한 제주도민의 불만과 저항이 터져나온 것으로 규정했다.

[이미지 크게 보기 4·3 특별법에 따른 추념사업의 하나로 2008년 3월 문을 연 제주 4·3 평화 기념관. 조선일보 DB.]

4·3사건은 대한민국 정부수립을 거부하는 발란이므로 국가보위의 책임을 진 대통령은 당연히 진압의 책임이 있다. 그런데도 보고서는 진압작전을 대통령의 통수권 행사가 아니라 이승만의 정치적 입지구축을 위한 정략에서 나온 것으로 간주하고, 미군이 이를 비호했다며 비난했다. 4·3사건의 전개와 진압과정에서 많은 피해자가 생긴 것은 사실이지만 이는 복잡하게 얽힌 상황에서 쌍방에서 발생했다. 하지만 보고서는 진압군에 의한 피해만 강조하고 무장대에 의한 피해는 도외시했다. 보고서 작성자들이 내용의 틀을 미리 짜놓은 뒤 그것을 뒷받침해주는 자료만 이용하고 그렇지 않은 것은 외면했다는 것이다. 현 교수는 "4·3보고서의 왜곡은 그 자체도 문제지만 대한민국을 부정하는 사관으로 현대사를 다시 쓰려는 시도를 정부가 받아들였다는 점에서 심각성이 더하다"고 말했다.

제주 출신으로 제주대 교수를 역임한 현길언 교수는 이렇게 왜곡된 보고서를 토대로 이뤄지고 있는 4·3사건 추념사업에 대해 우려를 표명한다. 치욕스러운 대한민국 정부수립과 이에 저항하는 의로운 4·3항쟁을 강조하는 전시와 교육이 제주 사람들에게 어떤 도움이 되겠느냐는 것이다. 현 교수는 "4 · 3사건은 인권 침해가 아니라 이념이 얼마나 폭력적일 수 있는지 보여준다는 점에서 역사적 전형성을 지닌다"며 "이제라도 4 · 3의 진실을 규명하기 위해 신뢰할 수 있는 기관에서 보고서를 보완하는 작업이 필요하다"고 말했다.[138]

제주4 · 3사건 진상조사보고서(2003. 3. 29)가 최종 확정되자 때마침 노무현 대통령 당선자가 "강만길 교수 등 진보적인 학자들을 참여시켜서 의미규정을 제대로 해야한다"고 지시했다. 이리하여 전체를 총괄할 위원회 위원장은 국무총리이고 위원회 산하에 실무를 담당하는 기획단을 두었는데, 주도자는 강만길이고 진보좌파 인사가 대거 참여하여 진상조사 보고서를 작성하게 되었다. 강만길은 회의에서 "4 · 3사건은 먼 역사적 관점에서는 최초의 통일 시도로 보아야 할 것이다."라고 천명했다. 여기서 주목되는 것은 '통일 시도'이다. 이는 진보좌파 인사들이 집결하여 이승만의 반공 · 자유민주주의 대한민국 정부를 문어뜨리고 진보 좌파의 통일정부를 수립할 것이라는 미래전망을 제시한 것이다. 진보좌파의 주재로 '통일 시도'가 실현되면 결국 적화통일로 이어질 가능성이 있다는데 정말 참혹한 미래전망이 아닐 수 없다.

1948년 4 · 3사건은 대한민국 정부수립을 거부하는 반란이므로 이승만은 경찰병력으로는 진압할 수 없을 만큼 대규모 반란이다. 그래서 미군정 병력을 동원, 4 · 3반란사건을 진압했다. 그런데도 보고서는 진압작전은 이승만의 정치적 입지를 강화하기 위한 정략에서 나온 것으로 간주하고 미군이 이를 비호했다며 쌍방 많은 희생자가 생긴 것은 사실이지마는 이는 복잡하게 얽힌 상황에서 쌍방 엄청난 희생자가 발생했다. 보고서는 진압군에 의한 피해만 강조하고 반란군의 희생은 도외시했다는 것이다.

138 인터넷 자료 : 입력 2016. 2. 6. 이진한 기자, 현길언, 정치권력과 역사왜곡.

"4 · 3 제주도 폭동사건은 날이 갈수록 악화되어 갔다. 한라산에 근거를 둔 소위 인민해방군이라 불리는 무장폭도들이 계속 출몰, 총성이 멎을 날이 없었다. 더욱이 폭동진압이 여의치 않자 경비대와 경찰 간에 마찰이 생겨 작전수행에 혼선을 빚기도 했다. 또한 군정당국은 공산당의 악선전이라고 해명했지만 제주도 폭동진압에 일본인 무장대 2백명이 투입되었다는 풍설이 나돌아 기자단에서 이의 해명을 요구하는 사태까지 일어났다. 통위부 및 경무부 관계자들은 제주도사태의 진전과 공산당의 만행 및 사태수습책 등을 거듭 발표했다.

한편 검찰총장 이인은 15일 현지보고를 종합, 제주도 사태가 악화되는 중대한 원인은 시정방침에 신축성이 없고 관공리의 고질적 부패를 공산당이 이용하기 때문이라 지적하고 관공리 개편의 시급성을 강조했다. 또한 현지를 살펴보고 돌아온 최란수 경감은 21일 해방직후 경찰 행정 책임자들의 부패로 도내 좌익세력이 계획적인 조직체를 가질 수 있었다고 폭동의 큰 원인을 경찰의 부패에 두고 경찰의 심리회복의 필요성을 역설했다."[139]

현길언 교수는 4 · 3사건보고서의 역사왜곡은 문제이지만 대한민국을 부정하는 사관으로 현대사를 다시 쓰려는 시도를 정부가 받아들였다는 점에서 심각성이 더하다고 말했다.

---

139 崔永禧, 『격동의 해방3년』(1996), pp.495~496(1948. 6. 15).

9. 이승만의 좌우합작 거부와 단독정부 수립 주장

일제는 중일전쟁을 도발하면서 거국일치의 총력체제를 확립했다. 1937년 국민정신총동원중앙연맹을 결성했고, 5월에는 전시체제를 강화하기 위하여 국가총동원법을 공포하면서 황도정신, 즉 천황주의를 기간으로 하는 필승체제를 확립했다. 1938년 12월에 고노에 후미마로近衛文麿내각은 일본의 동아제패를 천명했다.

일본은 대동아공영권 형성을 뛰어넘어 일본의 국시인 팔굉일우八紘一宇, 온 세상은 한 집안, 세계지배의 구현이다. 팔굉일우는 고대 신신앙神信仰의 신칙神勅에서 유래했다. 전 세계 민족은 '일민족 일국가'를 형성할 수 있다는 이념이다. 이것은 현대의 공상이지만 인류 신신앙을 철저히 할 때 반드시 실현하고야 만다. 일대一大 가족으로서의 인류, 'genus humanum'이 성립할 때가 있다. 팔굉일우의 신칙이 그것이다.[140]

일본정신은 결코 민족주의가 아니라 기독교와 동일계통의 신중심의 신앙이다. 이리하여 팔굉일우, 즉 세계지배를 일본의 국책으로 채택했다. 이와같이 대동아공영권 형성을 달성한 후 세계지배를 지향하는 팔굉일우를 국시로 확정한 것이 일제의 패망을 자초한 것이다.

이광수는 "일본의 국가이상은 팔굉일우의 정신인데 이 이상은 절대로 믿어요"[141]라고 언급했다. 왜 이런 말을 했을까? 일제는 팔굉일우를 실현하기 위하여 미일전쟁을 도발하여 스스로 자멸의 결과를 자초할 것임을 확신했기 때문이다.

일제는 팔굉일우를 실현하기 위하여 1940년 7, 8월에 걸쳐 국론통일을 위해 정우회政友會, 민정당民正黨, 사회대중당 등 각 정당을 해산시켰다.

---

140 김원모, 『자유꽃이 피리라』, pp.1262~1263.
141 『新時代』(1942. 2), pp.52~61, 春園-요한 交談錄.

일본 중의원 의원 사이토齋藤隆夫의 일본 군국주의를 반대하는 반군反軍 연설로 미내米內光政내각이 붕괴되었고, 황실주의를 비판한 학자津田左右吉가 구속·기소되면서 반군·반체제론은 완전 진압되기에 이르렀다. 이제 군벌의 독주를 반대하는 자는 아무도 없어졌다.

일본 군국주의 침략주의자들은 1941년 7월 관동군 특별대연습을 실시하면서 동아제패의 주력군인 관동군關東軍의 병력을 75만으로 확대·강화했다. 내선일체, 황민화운동을 추진했던 미나미南次郎 조선총독이 물러가고 1942년 6월 고이소小磯國昭총독이 부임하면서 일본 신도神道에서 유래했다는 미소기禊, 부정을 씻기위한 목욕재계를 강제하면서 조선인에게 황도정신, 황국사상을 주입했다. 국민정신총동원조선연맹精動聯盟, 1938. 7. 7, 국민총력조선연맹總力聯盟, 1940. 10. 16이 발족, 모든 조선인을 전시체제로 조직화하면서 사상보호관찰령, 사상범예방구금령을 공포함으로써 조선인 반전 지식인을 질식 상태로 몰아넣고 있다.[142]

일제의 국가정책의 지상목표는 일본을 맹주로한 대동아공영권 구현이다. 그러나 장차 영미를 상대로한 전쟁도발을 앞두고 팔굉일우(세계지배)로 발전적 전향을 하였고, 마침내 1941년 12월 8일 하와이 진주만 기습공격함으로써 미영을 상대로 태평양전쟁을 도발한 것이다. 즉 전쟁도발의 궁극적 목표는 팔굉일우의 실현이다. 워싱턴 백악관까지 침공하여 '성하의 맹城下之盟, 항복'을 체결하겠다는 것이다.[143] 망상도 이런 망상은 천하에도 없는 허황된 공상이어서 오히려 이는 일본의 자멸self-destrutruction이 아닐 수 없다.

"무릇 춘원이 쓴 작품은 민족정신 밀수입의 포장으로 쓴 것이었다."[144]

---

142 김원모, 『자유꽃이 피리라, 춘원 이광수의 민족주의 사상』, 철학과현실사, 2015, pp.1226. 1228, 1489~1490.

143 『京城日報』(1943. 6. 19, 9. 22), 白堊館で城下の盟. "首府ワシントンの白堊館において彼米國大統領をして城下の盟ひをなさしむる日まで…"

144 李光洙, 『나의 告白』, 春秋社, 1948, p.192.

암유적暗喩的 표현으로 쓴 것이다." 그러기에 일본이 미국을 상대로한 전쟁도발은 스스로 패망의 길로 귀착된다고 확신했기에 선전대조는 광복해방의 희소식이 아닐 수 없다. 안도산의 일본필패론日本必敗論을 확신하고 있는 춘원은 일본 기습공격을 감행했다는 선전대조 뉴스를 듣고 이제 해방의 희소식이 들려올 것임을 믿고 선전대조에서 이렇게 찬양하고 있다.

宣戰大詔

들으라 반도 2천4백만아
네게도 내게도 꼭 같이
선전의 크신 분부를 나리시왔다
"무도한 미국과 영국을 쳐라"하옵신
진주만 구완탄 바다에 죽은 황군용사
그들과 같이 너도 나도
우리 임께 이 목숨 안 바치랴느냐[145]

미일전쟁을 도발한 도조 히데키東條英機가 개선장군인양 1943년 필리핀 마닐라 니콜스 필드 공군기지에 도착해 전승국 일본군 사열을 하는 모습은 대동아공영권이 성취되었음을 과시하고 있다.

"그러나 이승만의 생각은 달랐다. 그는 후스와 마찬가지로 일본이 자멸의 길로 들어섰다고 판단했다. '나는 이승만입네다'로 시작하는 단파방송은 구한말 만민공동회 시절부터 명연설로 유명했던 그답게 조선인들의 가슴을 쳤다. '생명의 소식' '불벼락' 등 기독교 냄새 나는 용어와, 마치 부흥회 목사의 설교를 연상시키는 리드미컬한 웅변은 지금 들어도 매우 선동적이다. 오랫동안 대일 무력투쟁 시기상조론과 무용론을 견지

145 『三千里』(1942. 1), pp.138~139, 宣戰大詔 香山光郞(1941. 12. 8).

했던 이승만은 이 연설에서 전 조선인의 무력투쟁을 촉구했다.

"우리 내지와 일본과 만주와 중국과 시베리아 각처에 있는 동포들은 각각 행할 직책이 있으니, 왜적의 군기창은 낱낱이 타파하시오. 왜적의 철로는 일일이 타상打傷하시오. 적병의 지날 길은 처처에 끊어버리시오. 언제든지 어데서든지 할 수 있는 경우에는 왜적을 없이해야만 될 것입니다."

폭포와 같이 쏟아지는 그의 연설은 "분투하라! 싸워라! 우리가 피를 흘려야 자손만대의 자유 기초를 회복할 것입니다"라며 끝을 맺었다. 이 단파방송 연설은 적지않은 파장을 일으켰고, 조선인들 사이에서 이승만의 권위와 지명도가 확립되는 계기가 되었다."(정병준 '우남 이승만 연구')146

이승만은 1945년 10월 16일 맥아더 원수의 입국허가를 받아 미군기 편으로 개인자격으로 김포공항에 도착, 귀국성명을 발표했다. "나는 앞으로 조선의 자유독립을 위해 일하겠거니와 싸움을 할 일 있으면 싸우겠다. 그러나 여러분 4000년의 우리 역사가 어둠에 묻혀있는 것은 우리 민족이 불민不敏한 탓이었다. 그중에서도 나와 같이 나이 많은 사람들의 잘못이 컸다. 그것은 내가 책임지겠다. 여러분은 젊기 때문에 그 책임이 적다. 4000년 역사를 이제 우리 손으로 다시 꽃피워야 한다."

한편 임정 주석 김구金九, 白凡, 1876~1949의 귀국은 가장 늦었다. 임정의 귀국을 앞둔 대한민국 임시정부 의정원회의에서 독립운동가 손두환孫斗煥은 "이 정부를 조선에 가지고 들어가는 것은 내란을 일으키자는 위험한 생각입니다. 나는 조선에도 정권이 있다면 그대로 복종할 뿐입니다. 언제 국내 인민의 정권을 받았소, 잘하려면 어서 사직들 하시오."라고 발

---

146 『東亞日報』(2022. 12. 9) 對美 주화파 묵살한 日군부, 핵 파국 재촉하다(박훈 한국인이 본 20세기 일본사).

언했다.

1944년 4월 26일 좌우연합정부가 공식 출범했는데 국무위원 14명 중 우익진영은 5명이었고, 7개 행정부서 좌익계는 2명이나 되었다. 손두환의 이러한 발언은 곧 임정 내부에 존재했던 좌우연합정부의 분열상을 대변하는 것이었다. 이러한 사정으로 김구는 광복 3개월 후인 11월 23일에야 감격적인 귀국을 단행했다. "나와 나의 동료는 오직 완전히 통일된 독립자주의 민주국가를 완성하기 위하여 여생을 바칠 결심으로 귀국했습니다. 여러분은 조금이라도 거리낌 없이 심부름을 시켜주시기 바랍니다. 조국의 통일과 독립을 위하여 유익한 일이라면 불속이나 물속이라도 들어가겠습니다."[147]

김구는 귀국 후 첫 번째로 국민에게 자신의 정치적 신념을 밝히고 있다. "지금 우리나라는 특수한 정치형태의 치하에 있으므로 우리의 소신과 시책을 선명하게 알리지 못하는 것은 유감이다. 그러나 이것은 시일이 해결할 것이니 국민은 안심하고 각자의 직역職域에서 각자의 직능을 최대한으로 발휘하기를 바란다. 과도기의 혼란이란 의례依例히 있는 법이다. 오히려 이러한 과정을 밟아야만 비로소 보다 완전한 질서와 단결과 일치를 얻을 것이다. 국정國政 만반이 국민의 총력집결에 있음을 국민이 통감하는 이상, 또 우리의 소신과 일치하는 이상, 통일된 정치력의 육성에 대해서 낙관을 가진다."[148]라고 남북 좌우합작에 의한 통일정부 수립이 자신의 정치적 이상임을 시사하고 있다.

이승만은 귀국한지 1주일만인 1945년 10월 23일 서울 조선호텔에서 각 정당 대표 2백여 명이 참석한 가운데 자주독립을 촉구하기 위해 각 정당을 규합하는 대표기구로 독립촉성중앙협의회의 결성을 만장일치로

---

147 『朝鮮日報』(2015. 1. 22), (4) 재외 독립지사들의 귀국.
148 『東亞日報』 重刊 제1호(1945. 12. 1), 國民에게 보내는 主席 金九閣下의 말씀.

가결했다. 회장에 이승만이 추대되고 인선과 운영도 그에게 일임했다. 개회 벽두에 이승만은 이 자리가 역사를 만드는 회합임을 강조하면서 "해방 후 60여 정당이 난립하여 혼란을 일으키고 있으니 각 정당 단체가 주의 주장을 고집하지 말고 그 소리를 하나로 하여 세계에 표명하여야 하며 무엇이든지 하나로 만들자. 타국 사람이 한국을 알려면 곧 가서 물어볼 만한 책임 있는 기관을 만들어야 한다."고 좌우이념을 뛰어넘어 대동단결을 호소했다. 독립촉성중앙협의회의 결성으로 신탁통치반대反託를 주도하면서 우익세력을 결집하는 계기를 마련했고, 지금까지 활발히 움직이던 국내 통일전선운동은 새로운 방향을 얻게 되었을 뿐만 아니라 이승만은 국내 정치활동의 발판을 굳히게 되었다.[149]

독립촉성중앙협의회는 11월 2일 연합국에 보내는 결의서를 발표했다. 조선의 완전독립을 위해 모든 정당이 중앙협의회로 뭉쳤음을 천명하면서, "미소에 의한 남북 분할점령의 중대과오는 우리가 자초한 바가 아니요, 우리에게 강요된 바이며, 조선신탁통치 제안은 새로운 중대 과오가 될 것이다."라고 경고하면서 반탁反託을 표명하고 있다.[150]

한편 김구도 이에 호응, 신탁통치반대국민총동원위원회를 조직하여 거족적인 반탁운동에 돌입했다. "피로써 건립한 독립국과 정부가 이미 존재하고 있음을 선언한다. 주권과 자유를 전취하기 위하여는 자기의 정권 활동을 옹호하고 외국의 탁치託治세력을 배격한다."라고 반탁성명서를 발표했다. 반탁운동은 결국 우익진영의 세력 총결집의 원동력이 되었다.[151]

이승만은 귀국성명에서 "덮어놓고 뭉칩시다"라고 이념차이를 넘어서서 좌우합작左右合作을 호소했다. 이승만은 좌우합작에 일루의 희망을 붙

---

149 崔永禧, 『격동의 해방3년』, p.71(1945. 10. 23).
150 崔永禧, 『격동의 해방3년』, pp.80~81(1945. 11. 2).
151 상게서, p.134(1945. 12. 27).

여서 남로당의 박헌영과 자주 회담했다. 말이 합작이요 연립이지 공산당의 욕심은 좌우 연립을 통한 공산정권 구성에 있음을 간파한 이승만은 좌우 연립을 반대했던 것이다. 그러나 11월 7일 인공人共에서는 이승만의 제의에 호응, 이승만을 인민공화국人共 주석에 추대했다. 그러나 이승만은 "자신은 임정의 한사람으로 임정과 타협 없이는 아무데도 관계할 수 없다"고 인공 주석 수락을 거부하고 말았다.

이에 인공은 "이제 우리는 이 박사를 초당파적인 지도자로 대할 수 없으므로 그의 태도 여하를 불구하고 조선민족의 완전통일과 독립을 위하여 매진할 것이다."라고 선언했다. "따라서 만약 이 박사가 인공 주석을 거부한다면 이 박사를 지도자로 지지할 수 없을 뿐 아니라 민족 통일전선 분열의 최고책임자로 규정한다"고 좌우합작의 실패책임을 이승만에게 전가하고 있다.

이리하여 1946년 1월 13일 좌우합작을 시도하기 위한 5당회담이 열렸으나 결국 결렬되고 말았다. 조선공산당을 비롯한 좌익 세력은 찬탁贊託으로 급선회하면서 좌우합작은 결렬위기를 맞았다. 이승만은 민족통일 문제에 대한 내외기자회견에서 "공산분자와 합동이 사실상 될 수 없는 것을 알고도 성의를 다해왔으나 파괴자와 건설자가 어떻게 합동되며, 애국자와 매국자가 어떻게 한 길을 갈 수 있을까?"라고 공산분자와의 타협 포기를 선언함으로써 좌우합작은 실패로 끝난 것이다.

1945년 11월 7일 중도파 단체인 선구회先驅會가 정당 · 언론사 · 문화단체 · 학교 등 105개 단체를 대상으로 대통령 후보를 묻는 여론조사에서 이승만은 431표(44%)의 압도적 지지를 받아 1위에 올랐다.[152]

미군정 하지 사령관의 좌우합작左右合作 지지로 박헌영의 남로당 계열

152 崔永禧, 『격동의 해방3년』, pp.84~85(1945. 11. 7), pp.147~148(1946. 1. 13); 『朝鮮日報』(2015. 1. 30), 새로 쓰는 대한민국 70년 (5) 이승만의 승부수. 이승만, 左右合作 결렬되자 반공 · 반탁 南鮮巡行…지지기반 다져.

의 좌우합작은 더욱 기승을 부리게 되었다. 하지는 한국을 통일하려면 좌우합작 밖에는 없다고 판단하고 이를 반대해온 이승만을 멀리하고 김규식 여운형을 앞세워서 공산당과의 유화를 강조하는 용공容共정책을 채택한 것이다.

이에 격분한 이승만은 미군정 하지John Hodge와의 최후담판을 벌였다. "나는 그대의 말만 듣고 오늘까지 참아왔는데 좌우합작은 결국 실패되지 않았는가? 공연히 시일만 끄는 동안에 공산당만 키워주었으니 이제는 다 그만두고 우선 남한만이라도 독립을 해야겠다."

하지는 정치고문 뻐어치 중위의 말만 듣고 좌우합작을 찬성하게 되었다고 해명했다. "그래서 그는 한국의 통일은 좌우합작 밖에는 없다는 생각을 가지고 있었으므로 하지 중장도 그에 따라서 끝까지 좌우합작을 고집하게 된 것이었다. 따라서 좌우합작을 반대하는 이 박사와는 서로 적대시하게 된 반면에 좌우합작에 찬성하는 중간파나 그것을 이용하려는 공산당파는 점점 가까워질 것은 또한 당연한 일이었다."[153]

이승만이 시종일관 좌우합작을 반대하고 단독정부 수립을 고집한 이유는 얄타회담Yalta Conference, 우크라이나에 의해 동유럽이 소련의 위성국화했다는 사실에 근거한 역사인식이었다. 1945년 2월 11일 미영소처칠·루스벨트·스탈린 3거두는 얄타회담 공동선언문을 발표했다. 미영소 3거두는 얄타회담선언문에서 패전국 독일을 분할통치하기로 합의한 것이다. 이는 1961년 베를린 장벽으로 이어진다.

이 선언문은 동유럽을 소련의 손아귀에 던져주는 실패한 외교전략이다. 이로 인해 동유럽은 소련의 위성국화 되어버린 것이다. 이와 마찬가지로 소련은 히로시마 원폭 직전에 선전포고를 발표하면서 소련군이 참전하여 북한을 점거했고, 이로 인해 한반도는 남북 분단국이 되었고, 북

153 金乙漢, 『여기 참 사람이 있다』, pp.77~78.

한은 소련의 위성국으로 전락하면서, 김일성은 소련의 무력지원으로 남침전쟁을 일으켜 한반도를 적화통일 하겠다는 야욕으로 6·25전쟁을 도발한 것이다.

이승만이 좌우합작을 반대한 이유는 스탈린의 적화赤化방식을 일찌감치 파악했기 때문이다. 이승만은 만약 좌우합작을 통해 연립정부를 세운다 하더라도 남로당박헌영의 선전·선동 전략에 의해 결국 한반도는 적화통일이 될 것이라고 전망하고 있다. 체코슬로바키아를 점령한 소련이 민주주의 방식으로 정부를 수립한다고 해서 좌우 양익의 연립정부를 수립해놓고 좌익의 돌연한 쿠데타로 우익의 애국자들을 추방하고 공산독재 정권이 출현한 것이다. 당시 베네슈 외상은 이를 보고 국가의 장래를 비관하여 자살했다. 스탈린의 적화야욕은 동유럽 전역을 휩쓸었으니 체코에 이어 루마니아, 헝가리, 폴란드 등이 이러한 적화방식에 의해 소련의 위성국가로 변했던 것이다. 적화 도미노 현상은 아시아 대륙으로 파급, 중국의 경우 국공합작國共合作으로 대일항전을 전개했으나 해방 후 모택동의 8로군중공군은 장개석의 국민당 정부를 내몰고 중국대륙을 적화통일하고 말았다.**154**

마해송馬海松은 공산당은 우선 지식인층을 포섭하여 이용해 먹고는 일단 정권을 잡고 나서부터는 이들 비판세력은 장애적인 족속이 될 것이므로 무자비하게 숙청해버리고 있다고 분석하고 있다.

마해송은 공산당은 선전·선동 전략에 의해 지식인을 이용해 먹고 무자비한 숙청을 해버리는 공산주의 분자들의 정치적 관행을 이렇게 폭로하고 있다.

"회고하건대 공산주의의 선전은 반세기에 걸쳐 끈기 있고 뿌리 깊게 세계를 휩쓸었다. 한때 성행한 학생 클럽이니 독서회란 것들은 모두가

---

154 상게서, pp.74~75; 金乙漢 回顧錄, 『人生雜記』, p.136.

공산주의 서적을 읽고 배우는 모임이었다. 대학생 지식인들은 거의 다음 세상은 공산사회가 되리라고 생각하고 어렴풋한 동경을 가졌었고 그런 클럽에 가담하지 않은 층은 어렴풋한 불안을 느꼈던 것이다. 그런 환각은 2차대전 후 부터 차차로 허물어지게 되었으니 공산주의란 인간의 존엄과 자유와 평등과는 거리가 멀다는 것을 알게 된 까닭이요 한국전쟁에서의 비인도적 잔학성이 널리 알려졌기 때문이었다. 이 비인도적 잔학성이란 것은 어떤 개인이나 한 민족의 감정이나 야만성에서 우발된 사건이 아니라 공산주의 정치이념에서 출발한 계획적이요 조직적인 행동인 것이다. 그들이 성서같이 받들고 암송해야만 한다는 당사(黨史)나 약사에 그것이 명백히 있다. 학생, 지식층, 문화인, 불평분자 등을 먼저 포섭한다. 그들은 손쉽게 공산주의 이론을 받아들이고 공명할 수 있다. 그러나 다음 단계에 그들은 가상 장애되는 족속이다. 단호하고 무자비한 숙청을 해야만 한다.

다음 단계라는 말은 그 민족 그 국가를 침식한 다음을 말하는 것이니 말하자면 비판능력이 있는 족속은 기껏해야 사회개량주의자나 점진주의자-'멘셰비키'(볼셰비키와 분열된 소수파)이지 '볼셰비키'(러시아 사회민주노동당 정통파)는 되지 못하는 성분을 지니고 있는 것이니 무자비하게 살육하거나 영구적 유형流刑으로 숙청해야만 한다는 것이다. 대량살육과 대량유형은 공산사회를 이룩하는데 필요불가결하다는 것이다. 그러니 이쯤 되면 헝가리 국민의 적수공권을 중전차重戰車로 무찌르고 분마奔馬와 같이 휩쓸고 있는 것도 짐작할 수 있는 일일 것이다. 그러나 소련이 헝가리를 휩쓸고 살육과 유형과 추방을 마음대로 자행하는 사이에 세계 인류는 한결같이 학살자 소련에 대해서 정이 떨어지고 그 정은 드디어는 공산주의라는 그것에까지 증오를 느끼게 될 것이 뻔한 일이다. 철의 장막 안의 인민이라도, 눈물 있는 인간이라면 이런 사실을 알기만 한다면 또한 같을 것이니 소련 전차의 수레바퀴에 무찔리는 것은 헝가리 인민뿐이 아니라 소련 그 자체이자 공산주의 그것이라 할 것이다."[155]

1945년 10월 27일 미국 트루먼 대통령은 "세계의 모든 자치능력이 있는 민족에게는 외세개입이나 간섭없이 독립자치할 수 있도록 보장한다"[156]라고 선언했다. 이승만은 우리 민족도 자치능력이 있는 만큼 남한 단독정부수립이 가능하다고 확신하고, 이승만은 충청·영남·호남 순으로 남선순행에서 반공·반탁 연설행각을 벌였다. 특히 1946년 6월 3일 정읍井邑연설에서 처음으로 남한 단독정부單政 수립계획을 천명했다. "무기휴회 된 공위(미소 공동위원회)가 재개될 기색도 없고 통일정부의 기대도 여의치 않으니 남한만이라도 임시정부 혹은 위원회 같은 것을 조직해야 한다."고 주장하고 상경 후 즉각 민족통일기관을 설치할 것이라고 언명했다.

이리하여 6월 11일 대한독립촉성국민회 전국대표대회가 전국의 1천 2백여 대표의 참석리에 서울 정동예배당에서 열렸다. 이 대회에서 "남북과 좌우의 통합으로 통일완수에 매진할 것"을 선언하면서 미소공위가 계속 천연되는 경우에는 3천만의 총의로 통일정권 수립을 촉진키로 결의하는 동시에 연합국에 대하여 미소공위의 급속한 임무수행과 38선 철폐를 촉구했다.

총재에 이승만, 부총재에 김구를 추대했다. 이승만은 총재수락 연설에서 자신과 김구와의 갈등설은 낭설이며 모두가 뭉쳐 독립회복에 힘쓸 것을 강조했다. 김구는 "뭉치면 이 박사 하나요 나누어 놓으면 3천만이 되도록 합시다"라고 이승만을 구심점으로 단합을 호소하고 자신과 이승만·김규식 3인은 결코 분열되지 않는다고 다짐하였다.[157]

---

155 馬海松, 『아름다운 새벽』, 성 바오로 출판사, 1974, pp.401~402.
156 『世紀를 넘어서 海史 李元淳 自傳』, 新太陽社, 1989, p.313.
157 崔永禧, 『격동의 해방3년』, pp.218(1946. 6. 3), p.222(1946. 6. 11).

가령 좌익진영에서는 이승만은 남북 좌우합작 통일정부를 거부하고 남한 단정單政을 고집함으로써 남북분단은 영구히 고착화했다는 것이다. 해방 직후 미군정 최고 책임자 하지John Hodge 중장은 한국의 통일은 좌우합작밖에는 다른 방도가 없다는 신념을 가지고 있었다. 그러나 이승만은 좌우합작은 곧 한반도 공산화의 길을 터주는 격이 될 것이라고 경고하면서 체코슬로바키아의 공산화와 중국의 국공합작國共合作의 실패로 중국대륙이 공산화 될 것이라는 역사적 교훈에서 얻은 결론이다. 이승만은 "좌우합작은 민족의 자살을 의미하는 것"이라면서 좌우 연립정부의 수립을 적극 반대하고, 우선 남한만이라도 독립정부를 수립할 것이라고 선언했다.**158**

이광수는 백악산인白岳山人이란 자호로 해방정국에 대한 자신의 정견을 피력하면서 좌우합작左右合作은 허상에 불과하다고 예견하고 있다.

이승만은 좌우합작에 의한 통일정부 수립은 실현불가능하다고 판단하고 주한미군 사령관 하지를 상대하지 않고 직접 미국정부로부터 단정單政수립안을 승인받기 위하여 미국행을 단행했다. "평생을 투쟁으로 일관해온 이 박사임에 일개 군사령관과의 대립쯤은 문제 될 것이 없었다. 그러므로 사대주의가 골수에 사무친 우리나라 사람들이 미국인이라면 대위나 소령 앞에 가서도 '예쓰 써'(네, 그렀습니다)를 연발하던 군정기에 있어서 더구나 중장이요, 군정軍政의 최고 권력자인 하지 사령관을 보고서, '군인인 그대가 정치를 알 것이 무엇이냐?'고 들이대었다고 하니 이 박사의 기백이야말로 통쾌하다고 하지 않을 수 없다. 나는 그때 한편으로는 퍽 민망하게도 생각하였지만 또 한편으로는 경복敬服함을 마지않았던 것이다. 그후 얼마 아니 되어서 이 박사와 하지 중장의 관계는 더욱 악화해서 미국으로부터 오는 서신과 전보까지도 며칠씩 억류를 했다가

---

158 金乙漢 回顧錄, 『人生雜記』, p.136.

줌으로 이 박사는 마침내 미국으로 가서 미국정부와 미국여론에 직접 호소할 결심을 하였었다."[159]

당시 반공주의자 맥아더에 비해 하지는 한국실정에 어두운 나머지 한국의 장래에 대하여 이른바 '진보적 민주주의'에 매력을 느껴서 좌우합작에 의해 통일정부를 수립할 것을 전망하면서 이승만의 도미를 협조하지 아니했다. 그래서 이승만은 멕이더의 주선으로 미군기를 이용, 마침내 이승만은 1946년 12월 4일 방미 외교여정에 올랐다. 하지의 방미 여행알선 거부로 맥아더 원수의 주선으로 방미 외교길을 떠난 것이다. 자신의 한국독립노선을 승인받기 위한 것이었다. 눈물을 먹음은 이승만은 방미외교의 장도를 앞두고 비장한 각오를 표명했다. "내가 이번에 또 미국을 찾아가는 것은 우리의 실정實情을 미국 조야朝野에 호소하여서 우선 남한만이라도 독립을 하자는 것이니 만일 그것이 성공되지 못한다면 나는 다시 돌아오지 않을 결심이다. 후사는 젊은 제군에게 잘 부탁한다…"[160]라고 비장한 각오를 천명했다.

마침내 이승만은 맥아더 총사령관이 주선한 미군기로 도미, 미 국무부에 '남한의 단독정부 수립안'을 제시했다. 그당시 국내외적으로 이승만의 이 폭탄선언은 커다란 파문을 일으켰다. 소련이 개입한 어떤 타협안도 배격한다는 이승만의 소신은 확고한 것이었고 조국 한국을 공산화시킬 수 없다는 의지가 역력했다. 단독정부수립안에 "양단된 한국이 통일되어 그후 즉시 총선거가 실시될 때 까지 남한에 임시정부가 수립되어야 한다"는 것이다.[161]

1947년 2월 7일 미국 국무부에 '6개 항목 요구안'을 제출했는데 그

---

159 金乙漢, 新聞人이 본 現代史, 『여기 참 사람이 있다』, 新太陽社 出版局, 1960, pp. 80~81.

160 金乙漢 回顧錄, 『人生雜記』-어느 言論人의 證言-, 一潮閣, 1989, p.189; 崔永禧, 『격동의 해방3년』, pp.295~296(1946. 12. 4).

161 『世紀를 넘어서 海史 李元淳 自傳』, pp.314~315.

첫째 안에 "총선거에 의해 남북 통일정부가 수립될 때까지 남한에 과도정부를 수립한다"고 남한 단정單政 수립안을 승인받은 것이다.[162] "자유롭고 간섭 없는 선거에 의하여 한국민의 명확한 의사로 남한에 독립과도정부를 수립하는 것은 남북통일로 나아가는 제일단계일 것이다."[163]

남한 단독정수립안은 이승만이 1947년 4월 21일 귀국하면서 구체화되었다. 이승만은 도미 외교에서 남한 단독 총선거에 의한 과도정부 수립안을 미국정부로부터 승인을 받게 된 경위를 다음과 같이 밝히고 있다.

〈이승만 귀국 담화(1947. 4. 23)〉

내가 미국에 가서 가장 역설한 바는 해방 이후 1년 반이 지나도록 한인韓人의 독립정부가 없어 군정청軍政廳 관할하에서 민주화의 곤란과 국제상 중요문제에 해결책이 없어 고통을 받고 있는 중이니 하루바삐 자치自治·자주自主하는 정부수립을 요구한바, 미국 당국과 모든 공론公論이 다 우리의 주장을 옳게 시인하기에 이르른 것이다. 미국이 전쟁 전후로 소련蘇聯과 협의진행을 주상한 고로 공산분자들을 포함해서 중립태도를 표시하느라고 동서 각국에서 이 정책을 지켜온 것이다.

그러나 3월 12일 미국 대통령 트루먼 씨가 국회에 보낸 통첩에 이 정책이 전부 변경되어 동서 각국 문제에 소련이 미국과 합작하지 않을 경우에는 미국이 단독 진행할 것과 공산세력의 확대를 어디서든지 제지하여야 될 필요를 주장하여 세계에 선포하였다. 이에 대하여 우리의 모든 미국 친우들은 한국의 앞길이 열린다고 무한 치하하여 기뻐한 것이다. 지나간 1년반 동안을 두고 정부수립에 노력하며 인내하여왔으나 하나도 성공되지 못한 것은 미국 완화정책으로 인하여 실패된 것인데, 지금 은 이 정책이 변한 결과로 우리 총선거에 의하여 정부를 수립할 계획에 모든 장애가 빙소설해氷消雪解, 눈얼음이 녹듯이된 것이다.

---

162 『資料 大韓民國史』(국사편찬위원회, 1971), 권 4, pp.211~212(1947. 2. 7).
163 『朝鮮日報』(1947. 2. 8).

트루먼 대통령이 한국에 민주정부 건설을 절대 지지하며 국무부 당국 모씨는 한국에 총선거로 독립정부를 수립함에 적극 찬성이고 중국은 장주석蔣主席, 蔣介石 이하 정부 당국과 민중여론이 다 동일히 만강滿腔의 열정을 표하며, 맥아더 장군은 나와 2시간 동안 담화에 한인들이 자치자주할 능력이 있는 것과 그 권리사용의 필요는 누구나 인정치 않을 사람이 없다고 말하였다.

워싱턴에서 하지 장군과 나와 협의된 것이 더욱 충분하여 입법의원을 통하여 총선거제도 통과의 필요를 역설하므로 나의 회환回還이 심히 긴급함을 느낀 것이다. 과도정부 수립에 대하여 다소간 의문점疑點이 있었으나 우리의 주장하는 바는 남북통일정부를 수립하기 위하여 우선 남조선에서 내치외교상內治外交上 문제를 해결하며 남북통일을 미소 양국과 연합 각국으로 교섭 개방할 계획이니 서북동포西北同胞들도 이것을 절대 지지하는 것이 하루바삐 38 이북을 해방하는 첩경이다. 일반 동포와 모든 단체 인도자引導者 제씨에게 다시 부탁하노니 모든 정당이나 사상이나 지방적 관념을 다 초월해서 일심합력으로 죽었던 나라 생명 회복하기로만 유일한 목적을 삼고 각각 재산이나 생명을 아끼지 말고 이 목적을 하루바삐 도달하기에 주저치 말고 용왕매진하기를 바란다.[164]

UN은 1948년 2월 26일 "가능한 지역에서의 총선거 실시"[165]를 결의 · 통과시킴으로써 이승만의 단독정부 수립안은 확정된 것이다.

이승만은 1947년 4월 일본 동경에서 맥아더와 만나고, 중국 남경에서 장개석 총통과 회담한 뒤 장개석이 제공한 특별 군용기를 타고 4월 21일 김포공항에 개선장군처럼 귀국했다. "트루먼 대통령은 한국에 민주 정체政體 건설을 절대 지지하며, 맥아더 장군은 나와의 두 시간 동안 담화에서 '한인들의 자치 · 자주 능력은 누구나 인정하지 않을 사람이 없다'고 말했습니다."

4월 27일 서울운동장에서 열린 이승만 환국환영국민대회에서 이승만은 "현재 미국정책이 공산주의와 합작을 단념하였으므로 우리도 입법의원에서

---

164 『韓美修交100年史』(新東亞 1982年1月號 別冊附錄), p.137, 李承晩 歸國談話(1947. 4. 23).

165 崔永禧, 『격동의 해방3년』, pp.449~451(1948. 2. 26).

총선거법안을 급속히 제정, 남북통일을 위한 남조선 과도정권을 수립하고 UN에 참가하여 소련과 절충, 남북통일을 꾀해야 한다."고 남한 단독정부 수립의 비전을 제시했다.

김구는 독촉국민회 부총재직을 사임하고 1945년 12월 모스크바 3상회의 이후 '이 박사 형님'과 '아우님'이라고 부르면서 공동보조를 취해왔지만 이들은 '단정수립' 문제를 둘러싼 정견政見 충돌로 마침내 1947년 12월 최종 결별했다.[166]

단정을 반대해온 김구는 1948년 2월 10일 '3천만 동포에게 읍고함'(김구)이란 성명서에서 "통일된 조국을 건설하려다 38선을 베고 쓰러질지언정 일신의 구차한 안일을 위해 단독정부를 세우는 데는 협력하지 않겠다"[167]고 이승만의 남한 단독정부 수립방안을 정면으로 반대하고 나섰다. 남북협상에 의한 통일정부 수립이 김구의 정치적 이상이었다. 이를 구현하기 위하여 김구와 김규식은 2월 25일자로 북한 김일성·김두봉에게 남북정치요인회담 즉 남북협상회담 개최를 제의했다. 그 당시 북한은 모스크바 3상 협상을 반대했던 조만식曺晩植을 연금하고 정치활동을 금지했기 때문에 반탁운동을 주도한 김구·김규식의 제안을 거부했다.

10. 김구·홍명희의 좌우합작 공산주의 통일정부 수립 책동

홍명희洪命熹, 1888~1968는 일찍부터 마르크스·엥겔스의 공산주의 사상

166 崔永禧, 『격동의 해방3년』, p.345(1947. 4. 21); 『朝鮮日報』(2015. 1. 30), 새로 쓰는 대한민국 70년 (5) 이승만의 승부수(김성현 기자).

167 崔永禧, 상게서, pp.443~444(1948. 2. 8).

에 심취하여 공산당 천지의 해방공간에서 1946년 3월, 8월에 두 차례 비밀방북, 김일성을 만나 좌우합작에 의한 통일정부안을 관철하라는 지령을 받았다. 이에 따라 좌우합작에 의한 통일정부 수립을 추구했다. 이는 이승만·이광수의 좌우합작을 거부하고 단독정부單政수립 이념과 정반대되는 통일정책이었다. 1948년 4월 김구는 남북협상에 의한 통일정부수립을 실현하기 위해 방북하겠다고 발표하였는데, 이는 성시백成始伯, 1905~1950의 공작도 있었지만, 홍명희의 방북설득이 더 큰 작용을 했다.

그러나 이승만은 단정수립을 처음으로 발표한 정읍발언 이래 시종일관 김구의 좌우합작 통일정부수립안을 반대하면서 "좌우합작은 민족의 자살을 의미하는 것이라고" 정의하면서 연립정부의 수립을 적극 반대하고 우선 남한만이라도 독립한 것은 역시 정당하였다고 생각했던 것이다.

"동유럽과 중국에서는 이미 연립정부가 실패하였음에도 불구하고 하아지 중장과 그 막료들은 그때까지도 공산당의 본질을 잘 모르고서 민주주의 원칙으로 좌우합작은 반드시 실현할 수가 있으며 연립정부가 실현되면 38선도 자연 소멸되리라는 생각으로 끝까지 좌우합작을 고집하였었다.

그때 우리나라 요인중에서도 가장 맹렬하게 좌우합작을 반대한 이가 있었으니, 그분이 곧 후일 대통령이 된 이승만 박사였던 것이다. 이 박사도 처음에는 좌우합작에 일루의 희망을 붙여서 남로당공산당의 박헌영朴憲永, 1900~1955과도 여러번 회견한 일이 있었으나 그들과 만나면 만날수록 공산당과의 연립聯立이란 곧 패배와 망국을 의미하는 것임을 깨닫게 되었었다. 말이 합작이요, 연립이지 공산당의 욕심은 '전부냐 영零이냐?'의 철칙하에 어느 때든지 헤게모니주도권는 자기네들이 잡아야만 만족하였으니 그때 박헌영은 연립정부를 수립하는데 국방, 내무, 외무와 같은 가장 중요한 포스트자리는 전부 저희들이 차지해야 된다고 하는 것이었다.

그러므로 물과 기름과 같이 공산당과의 합작이란 절대로 불가능한 일임을 깨달은 이승만 박사는 일생의 신념으로써 좌우합작이나 연립정부 수립에는 결사반대하여왔던 것이다. 그러나 일개군인인 하지 중장은 그의 정치고문 뻐어치 중위의 말만 곧이 듣고서 한국을 통일하는 길은 오직 좌우합작 밖에는 없다고 해서 자기 말을 잘 듣지 않는 이 박사는 경원하고 그 대신 김규식, 여운형 씨 등을 앞세워서 공산당과의 유화를 꾀하게 되니 그 중간에서 공산당만 어부지리를 얻게 되었음은 또한 당연한 일이었다.

이에 격분한 이 박사는 몇 번이나 하지 중장에게 경고를 하였지만 공산당의 교묘한 술책에 빠진 하지 중장은 시일만 있으면 꼭 성공할 줄로 오신誤信하면서 처음에는 수개월만 두고 보자고 하다가 나중에는 한달만 기다려달라고 하던 것이 열흘, 닷새로 자꾸 줄어들어서 필경엔 하루만 기다려달라는 지경에까지 이르렀던 것이다.

그 마지막 하루가 다 지나도 역시 아무런 성과가 없음을 알게 되자 이승만 박사는 비장한 결심을 하고 하지 중장과 최후의 담판을 하였었다.

"나는 그대의 말만 듣고 오늘까지 참아왔는데 좌우합작은 결국 실시되지 않았는가? 공연히 시일만 끄는 동안에 공산당만 키워주었으니 이제는 다 그만두고 우선 남한만이라도 독립을 해야겠다."[168]

1948년 4월 19일 우익 청년학생들의 북행 만류시위를 뿌리치고 김구는 영식 김신金信, 비서 선우진鮮于鎭을, 김규식金奎植은 송남헌宋南憲 · 김영휘金永暉 등을 수행원으로 대동, 38선을 넘어 평양행을 단행했다. 이 회담에는 좌익계 인사가 대거 참여했다. 홍명희는 북행을 앞두고 "민족과 강토의 분열을 차마 앉아 보지 못하여 남북회담에 나섰다"고 성명서를 발표하고 일가족 솔가率家하여 북행길에 올랐다.[169]

---

168 金乙漢, 『여기 참사람이 있다』, pp.77~78.

1948년 4월 19일 평양 모란봉 회의장에서 제1차 남북 연석회의가 개최되었고, 4월 21일에 제2차 남북조선 제정당 사회단체 대표자 연석회의가 개최되었다. 이 자리에서 김일성金日成, 1912~1994 북조선인민위원장은 "이승만은 근 40년 동안이나 미 제국주의자들이 길러낸 그들의 주구走狗이며 전 민족이 염기厭棄 · 싫어서 버림할 더러운 매국노라는 것을 누구든지 잘 알고 있습니다. 그는 자신의 미국 주인들이 그에게 시키는 대로 무엇이든지 다 실행하려고 합니다."[170]고 원색적인 욕설로 '미제의 앞잡이走狗' '더러운 매국노'라고 맹비난하고 있다.

4월 22일 제3차 회의에는 근민당근로인민당 백남운의 사회로 회의가 진행되었는데, 한독당한국독립당의 김구 · 조소앙 · 조완구와 민독당민주독립당의 홍명희 등이 우레와 같은 박수 속에 입장했다. 4월 23일 제4차 회의에는 유엔 감시하 남한 총선거에 의한 단독정부 수립 반대성명이 채택되었다. 드디어 4월 30일 4김(金九(김구) · 金奎植(김규식) · 김일성 · 김두봉) 등과 좌익계 인사 11인(趙素昂(조소앙) · 趙琬九(조완구) · 洪命憙(홍명희) · 金朋濬(김붕준) · 李克魯(이극로) · 嚴恒燮(엄항섭) · 許憲(허헌) · 朴憲永(박헌영) · 白南雲(백남운) · 崔庸健(최용건) · 朱寧河(주영하)) 등 15인 회의가 개최되었다. 15인 회의에서 한반도로부터 모든 외국군(미소 양국군)의 철퇴를 결의했다. "소련이 제의한 것처럼 외국 군대가 즉시 철퇴한 후 전 조선 정치회담 소집, 각계각층을 대표하는 민주주의 임시정부를 즉시 수립해야 한다"는 공동성명서를 발표한 것이다. 결국 남북회담은 미군 철수 후 남한의 무장해제로 남반부를 무력 적화통일하겠다는 정치책동, 즉 통일전선 · 전략에 부화뇌동한 꼴이 되고 말았다.[171] 김일성의 궁극적 목적은 미군철수가 완료하면

---

169 崔永禧, 『격동의 해방3년』, pp.470~471(1948. 4. 10).
170 『朝鮮日報』(2015. 1. 30), 새로 쓰는 대한민국 70년 (5) 이승만의 승부수.
171 崔永禧, 『격동의 해방3년』, pp.475~478(1948. 4. 21~5. 1); 김원모, 『자유꽃이 피리라』, pp.1561~62.

6 · 25 남침전쟁을 도발, 적화통일 야욕을 이룩하겠다는 것이었다.

이승만은 국공합작國共合作에 의해 중국이 공산화된 역사적 사실에서 보듯이 좌우합작에 의한 통일정부 수립안은 곧 그들의 정치적 선전 · 선동전략에 의해 남한은 적화통일될 것이라고 전망하면서 반대했던 것이다. "김구 · 김규식 등 북행인사들이 남한의 대표자가 될 수 없고 평양에서 자유로운 의사발표가 불가능하기 때문에 남북협상은 소련에 이용되었다."고 비난했다. 그러나 이승만은 이와 같은 국내 좌익계 정당대표들의 단정수립 반대, 남로당의 제주도 4 · 3반란 등 거센 파고를 헤치고 마침내 유엔 감시하 총선거에 의한 대한민국 정부수립을 관철했다. 이리하여 반공 · 자유민주주의 대한민국이 탄생한 것이다.

홍명희는 1948년 9월 조선민주주의인민공화국 초대내각 부수상에 임명됐다. 홍명희는 명실공히 북한 김일성정권의 제2인자로 부각되었다. 이리하여 홍명희는 1949년 3월 김일성의 모스크바 방문에 수행했다. 남침 지원을 승인받기 위한 것이었다. 남침지원 의사를 전달했지만, 스탈린은 묵묵부답하다가 1950년 1월 30일에 남침지원의사를 통보했다. 이리하여 홍명희는 북한정권의 내각 부수상으로 김일성을 수행, 스탈린으로부터 남침지원을 승인받았고, 전쟁을 일으킨 6 · 25 남침전쟁 주범의 한 사람이 아닐 수 없다.

1970, 80년대 좌파 수정주의 역사가들은 이승만의 반공反共 단정수립의 고집이 곧 남북분단의 고착화를 초래했다고 맹비난하고 있다. 그러나 이는 대한민국의 정통성을 훼손하는 모략사관이 아닐 수 없다. 김을한金乙漢은 이승만이 아니었더면 대한민국은 탄생하지 못했거나, 설령 태어났다고 해도 김구 · 김규식의 남북협상파에 의해 결국 공산화가 되었을 것이라고 예단하고 있다.

"그와 같이 8 · 15 해방에서 대한민국정부가 수립되기까지에는 허다한 인재들이 쓰러지고 자빠져서 끝까지 초지初志를 관철한 사람이 많지 못하였거늘 이승만 박사만은 해방 전까지는 배일排日로 일관하였고, 해방 후에는 반공反共으로 일관하여 마침내는 자기 손으로 대한민국을 만들었으니 그 정신, 그 투지는 상찬할만한 것이라고 생각한다."[172]

8 · 15 해방 직후 사회주의와 공산주의가 위세를 떨치면서 해방공간의 정국을 주도했다. 1946년 8월 13일 미 군정청의 여론조사에 의하면, 이데올로기ideology 선호여론조사에서, 자본주의 1,189인(14%), 사회주의 6,037인(70%), 공산주의 574인(7%), 기타 모른다 653인(8%)다.[173]

조선여론협회는 가두에서 초대 대통령 선출에 대한 여론조사를 했다. 서울시내 5개소에서 "초대 대통령은 누구를 원하오?"하는 설문으로 통행인 1천5백명의 여론을 조사한바 다음과 같은 결과를 얻었다.

〈대통령 당선 여론조사〉

"이승만李承晩, 1,024표. 김구金九, 568표. 서재필徐載弼, 118표. 김규식金奎植, 89표. 박헌영朴憲永, 62표. 김일성金日成, 33표. 허헌許憲, 30표. 이청천李靑天 26표. 조봉암曺奉岩, 18표. 신익희申翼熙, 12표. 이외 23명, 45표. 무효 475표."(東亞日報, 1948. 6. 27).[174]

자본주의 세력이 겨우 14%인 정치상황에서 이승만이 사회주의 공산주의의 77% 세력의 거센 "이데올로기 절벽"을 격파하고 자본주의 반공 · 자유민주주의 대한민국 정부의 초대 대통령에 당선된 것은 기적이 아닐 수 없다. 이승만이 아니고는 아무도 해낼 수 없는 정치적 악조건이었다. 조장옥은 이승만의 건국공로를 높이 평가하고 있다. "1946년 8월 13일자 동아일보에 실린 군정청의 여론조사에 따르면 국민의 70%가 사회주

---

172 金乙漢, 『여기 참사람이 있다』, p.88.
173 『東亞日報』(1946. 8. 13), 政治自由를 要求 階級獨裁는 絶對反對, 軍政廳輿論調査.
174 『資料 大韓民國史』 권 7, pp.402~403(1948. 6. 25).

의 · 공산주의를 찬성했고, 자본주의는 겨우 14%, 모름이 8%로 나타났다. 즉 당시의 대중은 자본주의 보다는 사회주의를 압도적으로 선호하고 있었다. 그러나 이승만의 신념과 지도력으로 자유민주주의와 자본주의를 선택한 것은 큰 행운이었다고 아니할 수 없다. 이승만의 치세에 많은 우여곡절이 있었음을 모르는 바가 아니지만 신생 국가에서 자유민주주의와 자본주의가 나라의 근본이어야 한다는 신념을 확고하게 유지했다는 것은 평가해 마땅하다."**175**

1948년 5월 10일 UN 한국위원단의 감시하에 남한 단독 총선거가 실시됐다. 보통 · 평등 · 비밀 · 직접의 4대 원칙에 입각한 한국 최초의 근대적 선거였다. 남로당을 비롯한 좌익세력의 '남한 단독선거' 반대운동과 수류탄 투척 등 물리적 방해공작, 그리고 선거일 북한의 단전斷電위협에도 불구하고 투표율 95%라는 성공적 기록으로 총선거는 끝났다. 심지어 좌익은 부정선거라고 주장했지만 무소속 당선자가 42%로서 이는 모략적 공세임이 드러났다. 김구는 "우리 3천만 한국인은 총궐기하여 남한만의 단정單政 단선單選을 반대하고 한국문제를 다시 UN총회에 회부할 것을 강경히 요구하는 것이 마땅하다. 우리가 나가려는 길에는 태산준령이 가로놓여 있으나, 위대한 정의는 반드시 최후의 승리를 취득할 날이 있을 것이다(1948년 3월 건국실천원양성소 창립 1주년 기념식)."

박헌영의 정체를 파헤친 이는 뉴욕 타임스 특파원 존스톤이었다. 박헌영朴憲永, 1900~1955은 일제 강점하 조선공산당 당수로 활약했다. 해방직후 존스톤은 박헌영에 밀회를 제안, 마침내 정판사精版社, 현 경향신문사에서 단독 회견했다. 마스크로 얼굴을 가린 박헌영은 바람과 같이 나타났다. 존스톤은 마음먹고 핵심점을 찔러 물었다.

"그러면 대체 조선공산당의 최종목적은 무엇인가요? 그리고 소련과의

---

175 『東亞日報』(2016. 8. 19), 나라에 목표가 없다(조장옥).

관계는? 동유럽의 여러 나라와 같이 역시 위성국가로 되는건가요?"

그때의 박헌영은 의기양양한 표정으로 자기말에 자기가 취한 듯, "그야 소련은 우리의 위대한 조국이니까 우리가 정권을 잡는다면 소련의 일연방이 되겠지요."

존스톤 기자는 마음속으로 손뼉을 쳤다. 그 한마디는 존스톤이 오랫동안 노리고 노리던 가장 중요한 포인트(요점)였던 것이다. "조선공산당수 박헌영은 말하기를 조선공산당의 최종 목적은 조선을 소련의 일연방으로 만드는데 있다."라는 기사가 신문에 보도되자 각 방면에 크나큰 파문을 일으키어 필경 민중의 분노가 폭발했다.[176] 이로 인해 6·25이후 북한에 머물고 있었던 조선로동당 중앙위원회 부위원장 박헌영은 김일성에 의해 '미제 간첩' 혐의로 처형되고 말았다.

한편 남로당 위원장 박헌영은 국련(UN) 감시하의 총선거를 배격하는 애국운동을 전개할 것을 호소하고 있다. "애국투쟁은 개시됐습니다. 정의는 우리 편입니다. 우리나라의 통일과 민주 독립을 침해하는 미국의 간섭을 반대합시다. 미국에 우리나라를 팔아먹는 인민의 적 한민당韓民黨·한국민주당 일파를 타도합시다. 남조선 단독정부를 세우기 위한 국련國聯위원단 감시하의 선거를 배격하는 애국운동을 광범히 전개합시다(1948년 4월 성명서 '인민들에게 고함')."[177]

---

176 金乙漢, 『여기 참사람이 있다』, pp.89~92.

177 『朝鮮日報』(2015. 2. 6), 새로 쓰는 대한민국 70년 (6) 정부수립 위한 총선거(전봉관).

제2장
반공 · 자유민주주의 대한민국 정부수립

1. 카이로 선언과 한국 독립정부 수립 보장

1943년 12월 1일 카이로 선언에서 '한국의 자유 · 독립을 보장한다'고 발표했다.

"전기 3대국(미 · 영 · 중)은 한국 국민의 노예상태에 유의하여 적당한 절차를 거쳐 한국을 자유 · 독립국가로 할 것을 결정한다." "The aforesaid three great powers, mindful of the enslavement of the people of Korea, are determined that in due course Korea shall become free and independent."[1]

8 · 15 이전 100여 개 식민지 국가 중 '자유 · 독립'을 보장받은 나라는 한국이 유일하다. "카이로 회의의 공포公佈는 2대 강국영 · 미의 영수들이 결정한 것이다."[2] 이는 이승만 외교의 빛나는 한국독립보장을 얻어낸

---

1 Henry S. Commager, ed., *Documents of American History*(New York: Appleton-Century-Crofts, INC., 1958), II, p.660, 552: Cairo Conference, November, 1943(*Dept. of State Bulletin*, vol. IX, p.393), Released Decmber 1, 1943.

2 『독립운동사자료집』 제8집(임시정부 자료집), 독립운동사편찬위원회, 1974, p.74, 獨立新聞(重慶版) 제2호(1944. 8. 15).

성과이다. 카이로 선언 후 6월중 임정은 비망록을 작성, 중·미·영·소 등 30여 동맹국에게 임정을 승인해줄 것을 요구했다. "임시정부는 동맹국에게 '임시성' 혹은 '정략성政略性'의 승인을 요구하는 것입니다. 이는 바로 한국 임시정부로 하여금 한국민족을 대표하게 하여 공동작전에 참가하는 동맹국의 구성원 자격을 취득하고, 아울러 동맹국의 유력한 물질 원조를 얻게 하는 것입니다. 그러함으로써 곧 한국 국내외의 항일 투쟁과 항일전쟁을 전개시키어 동맹국의 승리와 헌국의 독립을 촉진시키게 하는 것입니다."[3] 류영익柳永益은 "이승만 외교가 한국독립을 보장한 카이로선언을 이끌어 냈다."[4]고 주장했다.

1945년 8월 6월 히로시마廣島에, 8일에는 나가사키長崎에 원자탄이 투하되자 8월 9일 소련은 기다렸다는 듯이 대일 선전포고를 발하고 만주를 폭격하면서 총진군, 거침없이 북한을 점령하고 말았다. 이리하여 38선이 획정되어 북한은 소련군이 남한은 미군이 일본군의 무장해제하면서 한반도는 분단국가가 된 것이다.

일제는 민족운동의 최후의 보루인 동우회(1937. 6. 7)와 흥업구락부(1938. 5. 22)를 해체함으로써 국내의 민족주의 전선이 완전히 붕괴하고 말았다. 상해 임정은 독립운동의 근거지를 상실, 중경 국민당 정부와 연계하면서 대일항전을 벌이고 있었다. 김구는 의열단의 김원봉金元鳳과 좌우합작으로 대일항전을 독려하는 '동지·동포 제군에게 보내는 공개통신'(1939. 5)을 발송했다. 이는 중국이 국공합작으로 대일 항전을 벌인듯이 좌우합작으로 항일전쟁을 일으킬 것을 다짐하는 통신문이다.[5]

1942년 9월 좌우로 분열된 항일운동 단체의 상호갈등은 심각했다.

---

3 상게서, 제8집, pp.53~54.

4 『朝鮮日報』(2013. 3. 19) 유영익(한동대학교 석좌교수) "이승만 외교가 獨立 보장한 카이로선언(1943년 연합국 美·英·中이 한국독립을 보장) 이끌어"(김기철 기자).

5 『高等外事月報』제2호(1939. 8), pp.42~46, 金九·金若山 同志同胞諸君に送くる公開通信(1939. 5).

임정은 연합국에 임정승인을 요청했지만 좌우분열상을 적시하면서 '임정승인'을 거부했다. 미국 하와이대 한국학연구소에서 수집 · 보관 중인 한국혁명통일촉진회 문서 '同盟國의 승리와 조선독립'에서 좌우로 분열돼있는 독립운동의 실상을 지적하면서 좌우 정당 통합은 연합국으로부터 임시정부를 승인받고 독립 이후 한국인이 자주독립정부 수립의 주체로 나서기 위한 필수적인 전제라고 주장했다. 또 1942년 12월 25일 이승만 임정 대통령에게 보낸 서한에서는 "분열된 독립운동가들의 단합을 위한 견해 제시를 요청한다"는 내용이 포함됐다.[6]

이승만은 "좌우합작左右合作은 민족의 자살"이라고 주장했다. 만약 좌우합작으로 남북 연립정부를 수립한다면 그것은 결국 적화통일赤化統一이 되어 소련의 위성국이 될 것이라고 단정했다. 소련이 연합국의 일원으로 제2차 세계대전에서 전승을 거두자 즉시 동구의 여러 나라를 공산화하는데 주력했다. 체코슬로바키아는 좌우 연립정부를 수립했으나 좌익진영은 쿠데타를 일으켜 우익 애국자를 추방하고 공산화를 성취하고 소련의 위성국이 되었다. 이에 베네슈 외상은 격분, 자살하고 말았다. 뿐만 아니라 루마니아, 헝가리, 폴란드 등 동구의 여러 나라도 체코 처럼 좌우합작 연립정부를 구성했지만 결국 적화되어 소련의 위성국이 되고 말았다. 이와같이 좌우합작은 공산화로 이어져 소련의 위성국이 되어버린 동구의 사례를 보더라도 만약 한국도 좌우합작에 의한 연립정부 구성에 응했더라면 대한민국의 운명은 공산화 적화통일은 이루어졌을 것이란 미래전망을 어둡게 하고 있다.[7]

좌파진영은 대한민국은 미 점령군과 친일세력의 합작이기에 대한민국의 정통성을 부정하고 있다. 그러므로 대한민국은 '태어나선 안 될 나

---

6 『東亞日報』(2022. 4. 6), 同盟國의 勝利와 朝鮮獨立(신규진 기자).

7 金乙漢, 『新聞人이 본 現代史 여기 참사람이 있다』, 新太陽社, 1960. pp.74~77.

라'라면서 이승만 죽이기 운동을 벌이고 있다. 그 원조는 노무현이었다. 반칙과 특권의 시대는 끝내야 한다. 친일파와 보수가 득세하는 주류세력을 교체해야 한다면서 대통령에 당선된 노무현, 그의 가족과 친인척이 거액의 뇌물을 받아서 반칙과 특권을 누렸다. 노무현의 비극적인 선택으로 가족이 받은 수십억원의 금품은 환수하지 못했다.[8]

김을한金乙漢은 이광수의 시대적 존재가치를 "민족운동에 공헌한 신문화의 개척자"라고 총평하고 있다.

"그는 철저한 민족주의자로 어느 때나 민족과 사회를 걱정하였으므로 그의 작품도 자연 개인의 이익보다도 사회를, 개인의 애정보다도 민족에 더 치중하였으므로 당시 유행하던 좌익 작가들은 춘원을 가리켜 그는 사회개량주의자요, 타락된 인도주의자라고 공격하였으며 좌익이 아닌 사람들도 춘원의 작품은 사회와 민족을 너무 고조하였기 때문에 인간성은 전혀 찾아볼 수가 없다고 비난하였다. 최근에도 평론가 최태용崔泰鎔 씨는 '작가 춘원'에 대해서 다음과 같이 논평하였다. "춘원은 문학을 한 동기가 민족교화民族敎化에 있었기 때문에 민족을 위하는 일이 그의 생활과 사상과 감정의 '알파'요 '오메가'였다. 문학은 단지 그의 수단이었고, 그의 문학을 통하여 한 사람이라도 더 많이 민족이 무엇임을 깨닫고 또 민족을 위해서 일할 수 있는 것이 무엇인가를 알면 그만이었다. 그러나 춘원의 민족교화는 민족을 위하는 어떤 방법론을 발견하는데 있는 것이 아니라, 민족을 위해서 산다는 개인의 양심의 문제, 성실성의 문제로서 제기되었다. 우리 민족이 잘못 산다는 것은 우리 민족 한 사람, 한 사람이 모두 인간으로 부족하고 인격이 완전치 못해서이므로 그 한 사람, 한 사

8 『東亞日報』(2021. 7. 12) '태어나선 안 될 나라' 그래도 권력은 잡고 싶은 나라(박제균 논설주간).

람의 개과천선을 통해서 전체 민족의 향상을 꾀한다는 극히 종교적 도덕적인 방법이었다."

그의 말에는 확실히 일리가 있다. 따라서 춘원의 작품에는 너무나 종교적이요, 너무나 도덕적인 부자연한 면이 많았던 것이 사실이요, 그가 상해上海에서 썼다는 '민족개조론'이 일세의 비난을 받은 것도 그 때문이었다. 그것은 또 춘원은 한낱 직업적 문사가 아니라, 적어도 그의 중년까지는 조국의 광복을 염원하고 민족의 장래를 걱정하는 유수한 지도자였음을 말하는 것이니, 3 · 1독립운동 직후(사실은 직전인 2월 상순)에 상해로 달려가서 임시정부에 관계한 것이라든지, 흥사단興士團에 가입한 것 등은 모두 '정치가政治家 춘원'의 일면을 여실히 보여주는 것이라고 할 수 있다.

그는 또 오래동안 동아일보 편집국장으로 있었고, 일시 조선일보의 편집국장으로도 있었으나 그것도 역시 신문인이 되고자 해서 신문사에 들어간 것이 이니라, 민족교화의 한 가지 방법으로 편집국장이 된 것이니, 소설이나 신문은 그에게 있어서 하나의 수단이요, 방법이었을 뿐 참다운 목적은 아니었던 것이다. 그렇건만 그가 쓴 작품은 오늘에도 널리 애독되고 소설작가로서의 테크닉技巧으로는 아직까지 그를 따를만한 사람이 없으니, 비록 '여기餘技'로 시작한 소설이었을망정 춘원은 우리나라 작가 중에서 가장 뛰어난 사람으로 가위 문호文豪라고 하여도 결코 망발은 아닐 것이다.[9]

이광수는 1919년 2월 상해로 망명하여 안도산을 조우했다. 안도산은 1920년 1월 29일 흥사단 원동지부를 조직하자마자 이광수는 4월 26일 흥사단 입단문답을 행한 후 안도산 앞에서 "전 생명과 전 재산을 다 바

---

9 金乙漢, 『그리운 사람들』, 三中堂, 1961, pp.45~48, 民族運動에 貢獻한 新文化의 開拓者 春園 李光洙.

치겠다"는 서약례를 행하고 흥사단 원동지부 제1호로 입단한 것이다. 이광수는 1921년 4월 귀국 후 흥사단 국내 지부격으로 수양동우회를 조직해서 민족운동을 전개했다. 흥사단(안창호)과 수양동우회(이광수)의 정치강령은 똑같이 '자아혁신'이다. 자아혁신 정신을 민족운동의 동력으로 삼아 독립대업을 이룩한다는 것이다. 이광수의 평생 혁명동지 주요한은 흥사단 창립 42주년을 맞이하여 흥사단 · 동우회의 정치강령인 자아혁신의 '씨앗'을 뿌려 신생 대한민국의 번영을 이룩하자고 호소하고 있다.

그러면 우리의 갈 길은 과연 무엇인가. 오직 하나가 있다. 그것은 즉 자아혁신自我革新의 길이다. 한 사람 한 사람의 자아혁신이 전 국민의 자아혁신으로 퍼져나가는 길-진실의 추구에 자기희생을 달게 받을 수 있는 실천력을 가진 자아혁신의 역량만이 민족흥망의 '커브'를 상승선上乘線으로 옮길 수 있을 것이다. 이런 생각은 곧 42년전 로스앤젤레스에서 창립된 흥사단의 정신이었고 그 창립기념일이 5월 13일이었다. 5월달을 맞으면서 우리는 자아혁신의 방식을 회억回憶하고 가슴에 손을 얹고 깊은 반성을 하고자 하는 바다. 진실을 생활하는 각계각층의 사람들-소위 현실과의 타협을 용기 있게 거부할 수 있는 하나의 '인격'-그것을 이 나라, 이 시대에 있어서 구할 수 있는 최고의 보배라 할 것이다. 그것이 곧 이 민족 신생新生의 씨앗이 되기 때문에,

씨앗

갈아서 허트리매흩뜨리매 흙 바랑(탕)도 고운지고
봄ㅅ비 넉넉하니 거름일랑 두려니와
익어서 거둘 적에야 뿌린 것을 알리라(1955)[10]

---

10 朱耀翰, 『自由의 구름다리』, 泰成社, 1959, pp.192~193, 씨앗.

이광수는 일제 식민지 압제통치 시대 상황에서 조선민족이 살아남을 길은 자아의식自我意識을 굳게 지켜야 한다고 주장하고 있다. 그러므로 자아의식이야말로 한국민족의 생존을 위한 불사약이라고 정의하고 있다. 그러기 때문에 한국 사람은 저를 찾고 제 정신으로 사는 결심을 하고 연습할 필요가 있다고 역설하고 있다.

〈젊은 조선인의 소원 15회(1928)〉

용기勇氣와 신념信念

역경逆境에 처한 자가 가장 빠지기 쉬운 병은 낙심落心이다. 자력自力으로 이 역경을 탈출할 수 있다는 신념이 없을 때에 우리는 낙심의 포로가 되어버린다. 낙심의 끝은 잘되면 진말晋末의 청담자류淸談者流처럼 둔세독선遁世獨善·속세에서 은둔하여 혼자 독선에 빠짐하는 자가 되고, 못되면 감가낙백轗軻落魄·불우로 넋을 잃음의 이름을 빌어 주색酒色의 무리徒가 되어버린다. 지금까지에 이 두 가지로 빠져버린 청년이 결고 적지 아니하다. 현재에도 혹은 개인적으로 혹은 민족적으로 전도前途를 비관悲觀하여 "다시 말을 말게" 하는 낙심의 태도를 취하는 이가 적지 아니하다. 재분才分이 출중出衆하고 품격品格이 고결高潔한 사람일수록 이러한 이가 많다. 대개 그러한 이는 초이기적超利己的이어서 크게 세사世事를 우려하는 고귀한 정조情操를 소유하였기 때문이다.

그러나 이것은 심히 한심한 일이다. 민족의 생명이라 할 청년 간에 이러한 절망적 기분이 농후하면 민족적 활력活力은 더욱 위축萎縮하여버릴 것이다. 젊은 조선인은 이러할 수는 없는 것이다.

우리의 과거는 눈물과 부끄러움의 폐허廢墟다. 현재는 노라배틀어진 빈궁貧窮이다. 정신적으로 겸하여 물질적으로 빈궁이다. 세계가 넓다 하건마는 우리처럼 빈궁한 백성은 없다. 우리처럼 무기력無氣力한 백성은 없다. 그런데다가 우리처럼 활로活路를 구求하는 노력과 활동이 적은 백성은 없다. 빈궁의 표본標本이어 네 이름은 조선인朝鮮人이다.

그러나 이러한 빈궁의 폐허 위에 우리들 젊은 조선인이 섰다. 우리의 눈에는 대원大願이 있다. 우리의 사지四肢에는 아직 시험해 보지 아니한 청춘靑春의 힘이 있다. 이 힘이 곤궁困窮의 폐허를 안락安樂하고 풍성한 낙원樂園으로 변하지 못할까. 젊은 조선인아 '한다!'고 외쳐 대답할지어다. 젊은 조선인의 대원大願을 품은 개인적 능력體力, 知力, 意志力의 각고刻苦한 수련修練과, 그 수련한 이들이 주의主義와 신의信義로 일심一心하는 단결은 마침내 조선을 불행의 낡은 운명運命에서 건져내어 행복의 새 운명의 세계에 안태安泰케 하고야말 것이다. 그러므로 역경에 처한 자가 마땅히 가질 것은 낙심이 아니오 용기다. 자력自力에 대한 신념이다. 남이 절망絶望하는 곳에 신념을 가지는 자라 젊은 조선인이어, 남이 낙심하여 쭈그러지는 때에 용기를 발하여 일어나는 자가 젊은 조선인이다. 그런데 신념을 유지하여가는 것도 용기다.

용기란 욱하는 기운만이 아니다. 돌격적 용기도 용기 아님이 아니지마는 진실로 귀한 것은 지구전적持久戰的 용기勇氣다. 비겁卑怯 무기력無氣力한 자도 그 때의 환경과 지도자 여하로 돌격적 용기는 발할 수가 있거니와 지구전적持久戰的 용기는 진실로 용사勇士가 아니고는 발하지 못하는 것이다. 고통 곤궁도 참고 모욕과 조소도 참고, 10년 20년 일생을 두고 지리한 고생을 꾸준히 참고 견디어 완고頑固한 역경하고 참기 내기를 하여가면서도 칠전팔도七顚八倒에 초지初志를 변치 아니하고 "암만 그래야 최후의 승리는 내게 있다!"는 신념을 꿋꿋이 지켜가는 용기는 저마다 가지지 못하는 보배다. 현재 젊은 조선인이 가질 공부工夫를 해야 할 용기가 이것이다. 백일기도百日祈禱 천일기도千日祈禱를 하고서라도 얻어야 할 능력이, 풍운조화風雲造化가 아니고 실로 용기다.[11]

11 『東亞日報』(1928. 4. 19) 젊은 조선인의 소원(15회).

2. 이승만 · 이광수의 반공 · 자유민주주의 정신과 대한민국 건국의 당위성

1) 이광수의 반공 · 자유민주주의 정신

이승만 · 이광수는 좌우합작에 의한 남북통일정부 수립안은 실현불가능하다고 예견하면서, 중국의 국공합작國共合作이 중국의 공산화를 자초했듯이 남북합작은 결국 한반도의 적화통일이 될 공산이 크다고 전망하고 있다. 그래서 앞으로 신생 대한민국의 정체는 공산당의 독재정체를 배격하고 반공 자유민주주의 정체政體여야 한다고 강조하고 있다.

"나의 정치이념은 한마디로 표시하면 자유다. 우리가 세우는 나라는 자유의 나라라야 한다. 나는 우리나라가 독재의 나라가 되기를 원치 아니한다. 독재의 나라에서는 정권에 참예하는 계급 하나를 제하고는 다른 국민은 노예가 되고 마는 것이다.

독재 중에도 가장 무서운 독재는 어떤 주의 즉 철학을 기초로 하는 계급독재다. 군주나 기타 개인 독재자의 독재는 그 개인만 제거되면 고만이어니와 다수의 개인으로 조직된 한 계급이 독재의 주체일 때에는 이것을 제거하기는 심히 어려운 것이니 이러한 독재는 그보다도 큰 조직의 힘이거나 국제적 압력이 아니고는 깨뜨리기 어려운 것이다. 그러므로 모든 계급독재 중에도 가장 무서운 것은 철학을 기초로한 계급독재다.

시방 공산당이 주장하는 소련식 민주주의란 것은 이러한 독재정치 중에도 가장 철저한 것이어서 독재정치의 모든 특징을 극단으로 발휘하고 있다. 즉 헤겔에게서 받은 변증법, 포이에르바하L. A. Feuerbach, 유물론 재흥자의 유물론, 이 두 가지와 애덤 스미스의 노동가치론을 가미한 마르크스의 학설을 최후의 것으로 믿어 공산당과 소련의 법률과 군대와 경찰의 힘을 한데 모아서 마르크스의 학설에 일점일획이라도 반대는 고사하고 비판만 하는 것도 엄금하여 이에 위반하는 자는 죽음의 숙청으로써 대하니, 이는 옛날에 조선의 사문난적斯文亂賊에 대한 것 이상이라. 만일 이러한 정치가 세계에 퍼진다면 전 인류의 사상은 마르크스주의 하나로 통일될 법도 하거니와 설사 그렇게 통일이 된다 하더라도 그것이 불행히 잘못된 이론일진댄 그런 큰 인류의 불행은 없을 것이다. 그런데 마르크스 학설의 기초인 헤겔의 변증법의 이론이란 것이 이미 여러 학자의 비판으로 말미암아 전면적 진리가 아닌 것이 알려지지 아니하였는가. 자연계의 변천이 변증법에 의하지 아니함은 뉴턴 아인슈타인 등 모든 과학자들의 학설을 보아서 분명하다."[12]

이광수는 상해 임시정부의 독립신문사 사장으로서 임시정부의 대변인으로서 초대 대통령 이승만의 반공 · 자유민주주의 정치노선과 그 궤軌를 같이하고 있다. 그래서 좌우합작에 의한 통일정부 수립을 반대하는 이유를 다음과 같이 해명하고 있다.

"이제 우리가 앵글로 색슨의 민주주의와 슬라브의 공산주의를 대할 때에도 우리의 역사와 문화를 잊고 체질과 식성에 맞지 아니하는 것을 통으로 삼키는 어리석음을 하여서는 아니될 것이니 우리는 조선왕조의 유교에 있어서 이미 쓿건 쓴 경험을 한 것이다.

그런데 현실을 보건댄 앵글로색슨식 민주주의나 슬라브식 민주주의자나 다 제 민족의 역사와 문화를 무시하고 혹은 워싱턴을, 혹은 모스크바를 고대로 서울에 떠오려하는 것 같다. 지난 적에 우리나라를 소중화小中華를 만들려는 유교도들이 하던 모양으로, 이제는 이 땅을 '소미국' '소소련'을 만들려 하는 것 같다. 우익은 자유주의니까 그대도록 심하지 아

12 金九 著, 金九自敍傳(이광수 저작), 『白凡逸志』, 國士院, 1947, pp.7~10, '나의 소원'.

니하거니와 좌익 사람들은 군대적이오 교파적이어서 주의에 있어서는 개인의 자유가 없는만큼 이 색채가 더욱 농후하다. 그럴뿐더러 공산당의 근본정신이 유산계급과 무산계급의 대립을 인정할 뿐이오 민족을 통일체로 본 정치적 문화적 단위성을 거부하여, 무산자의 독재를 유일한 합리적인 정치형태로 보고, 소련을 세계 공산주의자의 조국으로 규정하여 민족국가의 존재 이유를 부정(국제공산당 테제)하는 만큼 한 민족의 역사, 문화를 기초로 삼는 민족국가는 혹 과도시기의 한 방편으로 이용은 할지언정 이것을 소멸사키는 것이야말로 공산주의자의 신조요 임무인 것임에 우리나라에 있어서도 좌익이 방편으로야 무슨 말을 하든지 간에 그 움직일 수 없는 목표가,

1. 소유권을 폐지할 것
2. 무산계급의 이름으로 공산당 독재의 국가를 세울 것
3. 소비에트연맹, 즉 소련의 일 연방으로 가입할 것

의 세가지에 있음은 숨길 수도 없고 변할 수도 없는 것이다. 그러므로 좌익 사람들(정말 공산주의를 알고 좌익에 참가하였다 하면)을 향하여 민족 역사와 문화를 말하고 민족적인 자주독립국가를 말하는 것은 쓸데없는 일이니 이는 예수교도에게 불교를 선전하는 것과 같은 목적으로 하는 것밖에는 무의미한 일이다. 그러므로 민족주의자와 소련 계통의 공산주의자와 합작한다는 것은 다른 일에는 몰라도 국가를 건설하는 정치적인 일이면 되지도 아니할 요술에 불과한 것이다.

원래 '主義'가 같지 아니한 둘이 합작한다는 것이 말이 아니 되는 소리다. 합작은 모방보다도 나쁘다. 푸른 빛과 붉은 빛이 합한다면 꺼멍이 되고 말 것이니 이는 곧 붉은 것은 붉기를 그만두고 푸른 것은 푸르기를 그만둔다는 것이 되고 만다."[13]

---

13 春園隨筆集『돌베개』, 生活社, 1948, pp.223~225, 내 나라.

김구의 정치적 이상은 좌우합작에 의한 남북통일정부 수립이다. 이를 관철하기 위하여 남북협상을 적극 추진·강행한 것이다. 그러나 반공 자유민주주의자 이승만·이광수는 좌우합작을 반대하고 단정單政·대한민국 정부수립을 적극 지지했다는 점에서 이승만의 정치노선과 그 궤軌를 같이하고 있다. 만약 좌우합작에 의한 통일정부가 수립된다면 한반도는 적화통일이 될 것이라고 예단하고 있다.

이광수는 적도 동경에서 2·8 선언서를 작성하고 이를 전 세계에 선전하기 위하여 상해로 망명, 1919년 3월 하순 이광수 현순玄楯, 1880~1968 손정도孫貞道, 1872~1931 등 3인이 협의하여 '독립임시사무소'를 개설, 상해 대한민국 임시정부 수립의 모태母胎가 되었다. "한국 3·1 독립운동 사건 발발 전후에 한국에서 상해로 도래한 이광수·현순·손정도 등이 수모首謀가 되어 임시정부 조직의 협의를 진행시켜 3월 하순 독립임시사무소를 상해 불조계 보창로 329호에 두고 운동을 개시하여 각국에 독립을 선언하였다."**14**

이광수는 상해 임정의 기관지 독립신문 사장이 되어 신문을 발행하였고 임정의 초대 대통령 이승만과의 교유가 빈번해지고 사실상 이광수는 임정의 대변인 역할을 했기 때문에 이승만의 좌우합작을 반대하고 반공 자유민주주의 이념을 그대로 신봉하고 있었다.

이광수가 원하는 신생 대한민국은 어떤 나라인가? 그것은 '높은 문화의 힘'을 발휘하는 나라여야 한다고 강조하고 있다.

"나는 우리나라가 세계에서 가장 아름다운 나라가 되기를 원한다. 가

---

14 日本外務省 陸海軍省文書(제2집), 『韓國民族運動史料』(中國編)(국회도서관, 1976), p.19.

장 부강한 나라가 되기를 원하는 것은 아니다. 내가 남의 침략에 가슴이 아팠으니, 내 나라가 남을 침략하는 것을 원치 아니한다. 우리의 부력富力은 우리의 생활을 풍족히 할 만하고 우리의 강력强力은 남의 침략을 막을 만하면 족하다. 오직 한없이 가지고 싶은 것은 높은 문화의 힘이다. 문화의 힘은 우리 자신을 행복되게 하고 나아가서 남에게 행복을 주겠기 때문이다. 지금 인류에게 부족한 것은 무력도 아니오 경제력도 아니다. 자연과학의 힘은 아무리 많아도 좋으나 인류 전체로 보면 현재의 자연과학만 가지고도 편안히 살아가기에 넉넉하다. 인류가 현재에 불행한 근본이유는 인의仁義가 부족하고 자비慈悲가 부족하고 사랑이 부족한 때문이다. 이 마음만 발달이 되면 현재의 물질력으로 이십억이 다 편안히 살아갈 수 있을 것이다. 인류의 이 정신을 배양하는 것은 오직 문화다. 나는 우리나라가 남의 것을 모방하는 나라가 되지 말고 이러한 높고 새로운 문화의 근원이 되고 목표가 되고 모범이 되기를 원한다. 그래서 진정한 세계의 평화가 우리나라에서, 우리나라로 말미암아서 세계에 실현되기를 원한다.

홍익인간弘益人間이라는 우리 국조國祖 단군檀君의 이상理想이 이것이라고 믿는다. 또 우리 민족의 재주와 정신과 과거의 단련이 이 사명使命을 달하기에 넉넉하고 우리 국토의 위치와 기타의 지리적 조건이 그러하며, 또 일차 이차의 세계대전을 치른 인류의 요구가 그러하며, 이러한 시대에 새로 나라를 고쳐 세우는 우리의 탄 시기가 그러하다고 믿는다. 우리 민족이 주연배우로 세계의 무대에 등장할 날이 눈앞에 보이지 아니하는가.

이 일을 하기 위하여 우리가 할 일은 사상의 자유를 확보하는 정치양심의 건립과 국민교육의 완비다. 내가 위에서 자유의 나라를 강조하고 교육의 중요성을 말한 것이 이 때문이다. 최고 문화건설의 사명을 달할 민족은 일언이폐지하면 모두 성인聖人을 만드는데 있다. 대한大韓 사람이라면 간데 마다 신용을 받고 대접을 받아야 한다."15

이광수는 새로 세울 신국가의 정체성을 '홍익인간'으로 정립하면서 대한민국의 국체國體를 명징明徵하고 있다. 이는 대한민국의 건국의 이상이다.

돌아보건댄 지난 2천 년간에 우리 민족은 실로 많은 무서운 시련을 겪었으니, 작은 것은 차치하고 다른 민족의 큰 침입만 하여도 무릇 열 번에 달한다. 그중에서 맨 첫 번인 한漢의 침입은 수백 년에 뻗쳤었고, 수隋가 한번, 당唐이 두 번 합하여 네 번은 한족漢族의 침입이오, 다음에 거란契丹이 한번, 원元이 한번, 일본이 두 번, 청淸이 한번, 그리고 이번 미소 두 나라의 군대의 주둔이다. 미소군의 주둔을 침입이라고 할 수 없으니 그것을 제하면 2천 년간에 도합 아홉 번의 대침입을 당하였고, 그중에서 한·원·청·일의 침입과 명明에 대한 조선왕조朝鮮王朝의 자진조공自進朝貢은 각각 수십 년 내지 수백 년간 우리 민족을 한족, 몽골족, 만주족, 일본족의 밑에서 부용附庸, 또는 다스림 받는 자의 수치羞恥에 두었다.

이것은 심히 부끄럽고 쓰라린 일이다. 이때문에 우리는 수 없는 피를 흘리고 국토는 짓밟히고 국민은 애통하였다. 그러나 우리는 이 불행한 시련 속에서 위안과 자신自信과 및 힘을 찾아낼 수가 있다.

그중에 한 가지는 우리 민족이 그러한 많은 시련 속에서 용하게도 멸망하지 아니하고 살아남았다는 것이다. 다른 민족은 이러한 대시련의 한 두 번에 벌써 종족적 멸망을 당하였거나, 그렇지 아니하더라도 민족의 정신과 말과 모든 문화를 잃어버렸을 것이언만, 평균하여 2백 년에 한 번씩이나, 그도 계속하여서, 우리보다 몇갑 절 되는 인구와 병력을 가진 자의 대침입 대살육을 당하면서도 혈통적으로 문화적 으로 통일된 민족

15 金九 著 金九自敍傳(이광수 저작) 『白凡逸志』, 圖書出版 國士院, 1947, pp.15~16.

단위를 유지하여 왔다는 것은 전 인류의 역사를 통하여서 큰 이적(異蹟)이라고 아니 볼 수가 없는 것이다.

저 몽골족蒙古族을 보라, 만주족滿洲族을 보라, 사라센 옛 제국의 아라비아족을 보라, 이들과 대조할 때에 우리 민족의 불가살不可殺, 불가사적不可死的 끈기를 새삼스럽게 아니 느낄 수 없는 것이다. 지난번 일본이 그처럼 조직적으로 우리 민족의 통일과 문화를 깨뜨리고 '제 물을 들이려던' 同化政策 40년의 노력도 이제 보면 연꽃과 연잎에 부은 물과 같아서 터럭끝 만치도 젖은 구석이 없지 아니하냐. 그나 그뿐인가, 우리 민족은 그 놀라운 인구 증식률로써 그가 이 무서운 연속적인 타격 밑에서도 생활력이 위축하지 아니할뿐더러 도리어 그 타격이 자극이 되어서 활력을 더함을 보이고 있다. 360년 전 임진왜란에 4백만으로 줄었던 인구는 약 2백년 전 영조英祖때의 호구조사에 7백만으로 회복한 것을 보아도, 40년 전에 1천3백만이던 것이 지금은 3천만으로 갑절 이상이 늘었다. 앞으로 30년에 우리 인구가 5천만이 넘을 것을 우리는 의심하지 아니하거니와, 이것은 우리 민족의 사명이 과거에 있지 아니하고 미래에 있다는 것을 가장 분명하게 보이는 하늘 뜻이 아닐 수가 없는 것이다.

이리하여 이루어진 우리나라가 사랑의 나라요 서로 미워하는 나라가 아닐 것은 말할 것도 없다. 그것은 위대한 혁명이어니와 이 혁명은 지금 세상에서 말하는 것같이 악을 쓰고 욕설을 하고 때리고 죽이고 지독히 서로 미워하는 그러한 맹수적인 혁명이 아니라, 형제와 자매의 정에서, 서로 저를 책망하고, 서로 남을 위하는 그러한 혁명이다. 우리는 저 이른바 혁명가들의 지긋지긋한 아우성을 더 참을 수가 없고 피 묻은 칼을 들고 날뛰는 양을 보기에 진저리가 났다. 우리는 평화를 원하고 사랑을 구한다. 천당 극락까지는 아니라도 서로 미워하지 않는 이웃을 가져야 하겠다. 모두 전쟁과 피 흘리는 혁명이라는 것과 이름 좋은 투쟁이라는 것이 이미 진저리가 났다.

'땅 위에는 화평이 있고 사람들 속에는 서로 위함이 있으소서'하고 빌 때가 아니라, 이제는 그것을 만들 때다. 그 역사의 첫 일꾼이 우리 민족이오, 그 세계의 첫 나라가 우리나라다."[16]

"그러나 모든 계급독재 중에도 가장 무서운 것은 철학을 기초로 한 계급독재다. 수백년 동안 조선왕조에 행하여온 계급독재는 유교, 그 중에도 주자학파朱子學派의 철학을 기초로 한 것이어서 다만 정치에 있어서만 독재가 아니라 사상, 학문, 사회생활, 가정생활, 개인생활 까지도 규정하는 독재였었다. 이 독재정치 밑에서 우리민족의 문화는 소멸되고 원기는 마멸된 것이었다.

주자학 이외의 학문은 발달하지 못하니 이 영향은 예술, 경제, 산업에까지 미쳤다. 우리나라가 망하고 민력이 쇠잔하게 한 가장 큰 원인이 실로 여기 있었다. 왜그런고 하면 국민의 머릿속에 아무리 좋은 사상과 경륜이 생기더라도 그가 집권계급의 사람이 아닌 이상, 또 그것이 사문난적斯文亂賊이라는 범주밖에 나지않은 이상 세상에 발표되지 못하기 때문이었다. 이 때문에 싹이 트려다가 눌러 죽은 새 사상, 싹도 트지못하고 밟혀버린 경륜이 얼마나 많았을까. 언론의 자유가 어떻게나 중요한 것임을 통감하지 아니할 수 없다. 오직 언론의 자유가 있는 나라에만 진보가 있는 것이다.

만일 이러한 정치가 세계에 퍼진다면 전 인류의 사상은 마르크스주의 하나로 통일될 법도 하거니와 설사 그렇게 통일이 된다 하더라도 그것이 불행히 잘못된 이론일 진댄 그런 큰 인류의 불행은 없을 것이다. 그런데 마르크스의 학설의 기초인 헤겔의 변증법의 이론이란 것이 이미 여러 학

---

16 春園 隨筆集『돌베개』, 生活社, 1948, pp.213~228, '내나라'

자의 비판으로 말미암아 전면적 진리가 아닌 것이 알려지지 아니하였는가. 자연계의 변천이 변증법에 의하지 아니함은 뉴턴 아인슈타인 등 모든 과학자들의 학설을 보아서 분명하다."17

"우리 민족은 건국 이래로 다른 민족을 침략하는 전쟁을 한 일이 없었다. 이렇게 말하면, 우리 민족이 다른 민족을 침략할만한 부강의 힘이 없었기 때문이라고 말하는 자도 있다. 그러나 아주 옛날은 차치하고라도 고구려 때로만 말하더라도 당시 세계에 가장 강국이었던 수와 당의 대군을 격퇴할 실력이 있을만큼 강대하였건마는 한번도 이편에서 전쟁을 건 일은 없고 저편에서 침략하여 올 때에만 일어나서 이것을 쳐 물렸다.

일찍 세계가 제국주의의 판일 때에 우리는 우리 민족이 몽골족이나 로마족 못된 것을 한탄한 일이 있었거니와 이제 와서 보건댄 우리 민족의 홍익인간의 이상은 깊이깊이 우리의 정신에 뿌리를 박아서 몇 천년의 세월을 지나고 어떠한 밖에서 오는 압박과 고뇌를 받아도 스러지지 아니함을 깨닫고 기쁘고 고맙게 생각하지 아니할 수 없다.

그러면 우리 민족은 어떠한가. 단군의 삼백육십사(364)라는 헌법을 일언이폐지한 것이 홍익인간弘益人間이니 곧 '인간을 널리 돕는다'는 뜻이다. 개인의 생활목적도 인간을 돕는데 있고 나라의 목적도 인간을 돕는데 있다. 돕되 누구만을 돕는 것이 아니라 널리 돕는다는 것이니, 국민으로서는, 알거나 모르거나 멀거나 가깝거나 형제요 자매로 알아서 널리 돕고, 인류로서는, 하늘 아래 땅위에 사는 모든 종족을 널리 돕는다는 것이어서 참으로 원융무애한 민족이상이라고 아니할 수 없다.

이 홍익인간이라는 사상은 단군이 나라를 세우신 이래로 세 부여三扶餘, 세 나라羅濟麗 三國를 통하여서 건국의 이상으로 내려왔다. 산해경山海經

17 金九 著 金九自敍傳 『白凡逸志』(이광수 저작), 圖書出版 國士院, 1947, 정치이념, pp.9~10.

이라는 중국 옛날 책에 우리나라를 군자의 나라君子國라 하였고, 우리나라 사람의 특색을 사양하기를 좋아하여 다투지 아니한다好讓不爭 하였으며 고구려가 武를 숭상하였으나 침략하는 전쟁을 일으킨 일이 없었고, 신라에서도 이 옛 도가 행한 것이 가장 분명히 기록에 나타났으니, 김인문金仁問의 풍류교風流教를 설명한 말에, 우리나라에 예로부터 한 교가 있으니 이름은 풍류風流라, 충효를 숭상함은 공자의 가르침과 같고 맑은 마음을 숭상함은 노자의 가르침과 같고 모든 악이란 짓지 말고 무릇 선이란 행하라 함은 부처의 가르침과 같아 큰 사람과 좋은 장수가 다 이 속에 났으니, 이 교가 일어난 근원은 신사神史에 자세히 적혀 있다고 하였다.

이제 그 '신사'란 책을 찾을 수가 없으나 김인문金仁問의 말에서 풍류교風流教라는 것이 어떠한 것임과 그것이 외국으로부터 들어온 것이 아니라 우리 조상적부터 내려온 것임을 알 수 있으니 국선國仙이나 화랑은 이 풍류교에서 생긴 인물을 이름이오. 법흥왕法興王 때에 의식적으로 국가에서 장려하게 된 국선화랑國仙花郞이란 것이 그때에 새로 생긴 것이 아니라 결국 이 풍류교의 종지를 청년교육에 대대적으로 응용한 것이라는 것은 말할 것도 없는 일이다.

지금도 우리나라 말에 남아있는 선비, 도령, 서방, 거랑방이라는 말이 다 이 국선교의 말이오 화랑도의 말이니, 선비라 함은 요새말로 선생을 가리킴이오. 도령이란 말은 용의 새끼에서 온 말이니 장차 용이 될 어린이라는 뜻이오. 서방이란 말은 '새방아'가 줄어든 것이니 새로 방아가 된 사람이란 뜻이다. 방아는 꽃이란 말로서 지금은 아직 피지 아니한 꽃을 가리키는 봉울과 꽃이 방은다는 말로 남아있다. 花郞이라는 한자는 방이라는 우리말의 새김과 음을 함께 표현하려고 붙인 것이니 花에서는 방을 취하고 郞에서는 ㅇ소리와 남자라는 뜻을 취한 것이다.

화랑들이 지키던 도덕률을 간단히 표현한 것이, 저 원광법사圓光法師의

입을 통하여서 귀산貴山과 추항箒項 두 청년에게 가르쳐진 세속오교世俗五教다. 거기 하였으되,

1. 임금을 충성으로 섬겨라
2. 어버이를 효도로 섬겨라.
3. 벗을 미쁨으로 사귀어라
4. 전장에서 물러나지 말어라.
5. 산 것을 죽임에는 가리어 하여라.

하는 것이다. 이것은 한문 문자를 빌어서 표현된 것임에 얼른 보면 충, 효, 신, 용, 인忠孝信勇仁이 다 유교의 덕목德目인 것 같으나, 그렇지 아니함은 이 다섯 가지를 한데 꿰어놓은 모양으로도 알 수 있다. 이것은 삼강, 오륜 등의 순서와 합하지 아니할뿐더러 이 다섯 가지 덕목 중에 효 하나를 제하고는 넷이 다 국민적이오 개인적, 가족적이 아닌 점이다. 중국의 삼강으로 말하면 군신, 부자, 부부요, 오륜은 부자, 군신 부부, 장유, 붕우여서 군신 하나를 제하고는 다른 덕목은 다 개인적이오 가족적이다. 이 점으로 보아서 우리 민족의 본래의 도덕이 국민적이란 것을 알 수 있다.[18]

2) 이승만 · 이광수의 반공 · 자유민주주의 대한민국 건국의 당위성

이광수의 정치적 지상목표는 '자유 독립'이다. 이광수는 1921년 4월 상해 망명지로부터 귀국한 직후 '소년에게'를 '개벽' 제17호(1921. 11)에 발표했으나 '불온문서'로 검열에 걸려 전문 삭제된 것이다. '소년에

18 『돌베개』, pp.203~208.

게'에 '민족운명도'를 그려놓고 있다. 제 운명의 지침을 제 손으로야만 돌릴 수 있다면서 운명의 지침을 돌릴 원동력은 오직 소년의 뜨거운 정성과 끓는 땀汗, 노력이다. 조선민족의 운명의 지침을 돌릴 힘을 가진 자는 오직 조선 소년이다. 쇠약한 조선의 운명을 돌려 부흥케 하면, 마침내 조선의 운명은 흥성興盛하여 무한한 영광을 누리게 된다는 것이다.

진실로 조선 민족의 운명은 소년 남녀에게 달렸고 오직 그네에게만 달렸나니 저 노상에 책보 끼고 가고 오는 소년들, 운동장에서 아주 무심히 공 치는 소년들, 또는 모든 해외에 흩어져있는 소년들 보고 생각할 때에 "저네가 우리의 운명이다. 우리의 흥망이 저네의 조고마한 손에 달렸다." 하는 한껏 슬프고 한껏 기쁘고도 아슬아슬한 희망의 감회를 금할 수가 없습니다.

그러면 여러분! 조선민족의 운명은 어떠하겠습니까. 망亡입니까, 흥興입니까. 그 대답은 전자일 수도 있고 후자일 수도 있습니다. 망하는대로 내버려두면 망할 것이오, 흥하는 길을 찾아 전력을 다하면 흥하기도 할 것이니, 이 조선 민족의 운명에 대한 이 두 가지 문사問辭, 묻는 말 중에서 어느 것을 답하는 것은 전혀 우리 소년 남녀에게 달린 것이외다.

아아 조선朝鮮의 소년少年들아
네 이름을 묻는 이 있거들란
김지金之(김가)요 이지李之(이가)요 할 줄이 있으랴
우리는 조선朝鮮의 운명運命이오라 하라.

과연 오늘날 조선의 소년들은 전 민족의 운명이니 그네는 네요 내요 김지金之(김가)요 이지李之(이가)요 할 수가 없이 오직 '우리'라는 1인칭 복수를 써야 할 것이외다. 그네가 바로 이때를 타서 조선의 땅에 조선의 사람으로 난 것은 진실로 큰 뜻이 있으니 대개 지금 12, 3세 이상, 20세 내외의 소년 남녀들의 일생一生이 될 40년 내지 50년간이 조선민족의 운명을 좌우할 시기時機일 것이외다. 운명의 바늘은 마치 전류계電流計의 지침指針과 같이 흥과 망 두 글자의 중간에 있어 순간순간이 전동顫動하면서 어느 한 편을 향하여 1분 1분 옮아갑니다. 그런데 민족적 생활력이란 전기를 발하는 발동기의 동력의 원천되는 불은 꺼지려합니다. 시각 시각으로 발동기의 폭음은 떠가고 약해가니 까딱하면 이 발동기는 영영 그 회전을 쉬고 말아 저 전동하는 지침이 망亡의 편에 고정되고 말 것이외다.[19]

김소운金素雲은 이광수의 노란 눈동자에 고인 눈물은 민족을 보전하기 위하여 친일하지 않을 수 없는 '참담한 시대적 슬픔'이라고 평가하고 있다.

나보다 열여섯 살 앞선 춘원-그분의 걸어온 길을 나는 '나의 고백'에서 읽고, 내 자신이 허수아비같이 부끄러운 존재였던 것을 새삼스레 깨닫지 않을 수 없었다. 춘원 같은 이에 비하면 나 따위는 백촉 전등 앞에 반딧불 하나만도 못한 존재이다. 그런 이로도 넘어지지 않을 수 없었던 이 나라의 지도자가 가는 형극荊棘의 길-, 3·1선언에서 민족을 대표한 33인 중, 죽지 않고 살아서 그 영예를 더럽히지 않고 나오하지 않은 이가 과연 몇몇인고-.

춘원을 돌로 치려는 이들의 그 심정을 무덮어 놓고 나는 부정하는 사람이 아니다. 어느 의미로 보아서 그것은 그만치 이 나라의 대중들이 춘원을 아끼고 사랑했던 증좌證左이기도 하다. 그러나 춘원을 아끼고 사랑

---

19 李光洙, 『朝鮮의 現在와 將來』, 京城 興文堂, 1923, pp.148~151. '조선의 현재와 장래'는 청소년들에게 민족의식 각성제가 되어 춘천고보의 상록회사건(1938)과 수원고농(水原高農)의 비밀결사 언문(한글)연구회사건(1939) 등 학생의거의 기폭제가 되었다. 그래서 '1937년 9월 21일 *治安*'조치로 發禁圖書로 지정되었다. 『日政下의 禁書33卷』(新東亞 1977년 1월호 별책부록), p.267.

했다는 이들이 '인간 춘원'을 어느 정도로 이해하려고 했는지-. 그의 슬픔이 고인 노란 눈동자를 들여다보기나 했는지-. '인간'으로의 이해를 떠나서 덮어놓고 숭경崇敬하고 추켜들어주는 것이 당자에 있어서는 괴로운 부담일망정 고마워할 은혜는 아닐 것이다.

근시안적인 훼예포폄毁譽褒貶을 떠나 춘원의 정당한 위치나 평가가 결정되는 것은 적어도 30년 후 50년 후 일이라, 나 같은 사람은 간접으로 그의 문학적 선구의 은택恩澤을 입었달 따름이요, 직접적인 사연私緣에 있어서는 이렇다 할 발언권도 없는 사람이다. 나보다는 더 인연이 가깝고 춘원을 더 이해할 수 있는 이들이 세상에는 허다하다. 다만 내가 하고 싶은 말은, 한 시대를 통해서 한 민족에게 그리 여럿은 주지 않은 춘원 같은 이를, 인간으로서의 깊은 통찰과 이해 없이 목전의 구구한 감정만으로 평가하고 결론지어버리는 그런 경솔을 삼가는 것이 옳다고 생각하는 그것뿐이다.[20]

이광수는 그토록 애타게 바라던 광복 자유해방 대한민국 정부수립의 평생 소망이 이루어지자 이제 금방 죽어도 유한이 없다면서 신생 대한민국의 탄생을 송축하는 축시를 발표했다.

> 나는 죄인, 비록 大淸光緖(대청광서)에 나고
> 明治(명치) 대정(大正)의 거상(居喪) 입고
> 天照(천조), 昭和(소화)에 절한, 더러운 몸이언마는
> 건국 선거에 투표하는 날
> 조국은 나를 용서하여 불렀다
> 칠월 십칠일 헌법공포식 중계방송 듣고
> 흘린 감격의 눈물로 먹을 갈아

20 金素雲, 『健忘虛妄』, 南鄕文化社, 1966, pp.241~243.

사는 날까지 조국 찬양의 노래를 쓰련다
그리고 독립국 자유민으로 눈 감으련다[21]

하타노 세츠코波田野節子도 이광수의 광복과 건국의 감격을 노래한 '나는 독립국 자유민이다'의 1절을 소개하고 있다.

わたしは罪人(つみぴと).
大清の光緒に生まれ
明治, 大正の喪に服し
天照, 昭和を拜んだ汚れた身.
それなのに建國選擧の投票日
祖國はわたしを許し呼んでくれた.
七月一七日, 憲法公布式の中繼放送を
聞いて流した感涙で墨をすり
死ぬ日まで祖國を讚える歌を書こぅ.
そして, 獨立國の自由の民として目を閉じょう.[22]

3. UN 감시하의 총선거 실시와 대한민국 정부수립

이승만은 '좌우합작은 민족의 자살'이라고 하면서 좌우익이 합작해서 연립정부를 수립한다면 결국 한반도는 적화통일赤化統一이 되어 마침내 소련의 한 위성국으로 전락하게 된다는 국제 외교사적 시각에서 이같은 결

21 『三千里』(1948. 8), p.18, 나는 독립국 자유민이다(李光洙).
22 波田野節子, 『李光洙-韓國近代文學の祖と『親日の烙印』, 中央公論新社, 2015, pp. 211~212.

론을 도출했다.

모윤숙毛允淑은 남한 단독정부 수립에 크게 기여했다. 1948년 2월 8일 유엔UN 한국위원단은 인도 대표 메논을 의장에 선출했다. 모윤숙은 이승만에게 메논을 연결시켜주는 중간자 역할을 담당했다. 이승만 단독정부 지지자들은 "우선 가능한 지역에서 총선거를 시행하고 독립정부를 수립한 뒤 점진적으로 통일을 이루자"고 결의했다. 모윤숙은 메논으로 하여금 남한 단독정부 수립에 찬동하도록 중재인 역할을 수행했다. 이승만은 얼마나 다급했는지 모윤숙에게 전화를 걸어, "오늘밤이 우리나라가 망하느냐 흥하느냐 하는 운명이 결정되는 날이니 어떻게 해서라도 메논K. P. S. Menon, 유엔 한국위원단 인도 대표을 데려오라"고 당부했다. 그러자 모윤숙은 드라이브를 빙자하여 메논을 이화장으로 안내하였고, 남한 단독정부 수립에 상호 협력을 얻어낸 것이다. 메논이 떠난 후에도 이승만은 모윤숙의 이름으로 남한 단독정부 수립을 호소하는 서신을 띄웠다.[23]

마침내 5·10총선거에 의해 의회가 구성되고 이승만이 대한민국 초대 대통령에 당선됨으로써 대한민국 정부가 수립된 것이다. 김을한은 이승만이 아니면 대한민국은 태어나지도 못했을 것이라고 하면서 이승만의 건국공적을 극구 찬양하고 있다.

"그와 같이 8·15해방에서 대한민국 정부가 수립되기까지에는 허다한 인재들이 쓰러지고 자빠져서 끝까지 초지初志를 관철한 사람이 많지 못하였거늘 이승만 박사만은 해방 전까지는 배일排日로 일관하였고, 해방 후에는 반공反共으로 일관하여 마침내 자기 손으로 대한민국을 만들었으니 그 정신, 그 투지는 상찬賞讚할만한 것이라고 생각한다."[24]

---

23 崔永禧, 『격동의 해방3년』, pp.443~450; 김원모, 『자유꽃이 피리라, 춘원 이광수의 민족주의 사상』, 철학과 현실사, 2015, pp.838~839.

24 金乙漢, 『여기 참사람이 있다』, p.88.

정부종합청사와 교보생명 건물에 대한민국임시정부 100주년을 기리는 현수막에 그림사진 10명 중 김구 안창호 김규식 여운형은 있어도 임정 대통령 대한민국 대통령 이승만의 사진만은 없다. 인물 선정은 대통령 직속 3·1운동 및 대한민국 임정수립 100주년 기념사업추진회가 했다. 임정 100주년을 기린다 하면서 임정을 없애거나 모욕하기 위해 이승만 지우기운동을 일으킨 것이다. 이는 역사왜곡의 극치라는 자가당착의 늪에 함몰하고 있음을 실감난다.[25]

이같은 '이승만 지우기(delete)운동'의 주동인물은 도올 김용옥金容沃이다. 그는 KBS TV '도올아인 오방가다'에 출연해 "이승만을 현충원에서 파내야 한다"고 시정잡배만도 못한 모멸적인 욕설을 퍼부었다. 심지어 방북訪北할 용의가 있다고 밝혔다. 해방공간에서 최대 이슈는 이승만이 주도하는 남한 단독정부 수립안과 김구·김규식이 주도하는 남북 좌우합작에 의한 통일정부 수립안이었다. 김구·김규식은 1948년 4월 23일 개최된 김일성·김두봉과의 남북협상에서 남한 총선거에 의한 단독정부 수립반대성명을 채택하면서 한반도로부터 미소 양군의 철퇴를 결의했다. 결국 남북협상은 미군 철수 후 무장해제로 남반부를 적화통일赤化統一하겠다는 김일성의 통일책동에 이용만 당했던 것이다. 이에 이승만은 "김구·김규식은 남한의 대표가 될 수 없고, 평양에서 자유로운 의사발표가 불가능하기 때문에 남북협상은 소련에 이용되었다."고 비난했다. 그러나 이승만은 국내 좌익계 정당들이 단정수립안을 반대하는 가운데 김일성의 적화통일 전략의 거센 파고를 헤치고 마침내 5·10 총선거에 의해 대한민국정부를 수립한 것이다.[26]

이러한 초대 대통령의 공적을 깡그리 짓뭉게고 이승만 대통령의 묘소

---

25 『東亞日報』(2019. 4. 10), 송평인 칼럼 '임정 모욕하는 임정 100주년.'
26 崔永禧, 『격동의 해방공간』, 한림대학교 아시아문화연구소, 1996, pp.472~480 (1948. 4. 19~30).

까지 파내야한다니 이는 태어나지 말아야할 대한민국 탄생을 원천적으로 부정하는 자학自虐행위가 아닐 수 없다.

하버드 박사 김용옥은 나이 70이 넘도록 화려한 학력에 비해 학문적 업적은 초라하다. 양심 있는 지식인은 모두 죽었단 말인가? 역사의식이 투철한 송평인은 "도발을 넘어 포지티브positive한 정립에 이를 수 없는 무능력과 스스로 부풀린 자아상自我像 사이의 간격이 그를 요새 젊은이들이 하는 말로 관심종자觀心種子 · 관심을 받지 못하면 못 배기는 유형의 길로 빠져들게 한 것이 아닐까싶다."라고 신랄한 비판을 가하고 있다.

그는 이승만이 없는 대한민국은 자학적 역사왜곡이라고 이렇게 주장하고 있다. "학자가 소피스트처럼 궤변으로 대중을 놀라게 하는데 재미를 붙여선 안 된다. 한국 현대사를 언급하는 학자라면 일자무식一字無識의 사람도 알고 있는 사실, 즉 왜 이승만의 한국은 성공국가가 되고 김일성의 북한은 실패국가가 됐는지 우선 해명해야 한다. 물론 더 나은 나라로 가기 위해 과거에 대한 반성이 필요하고, 사실 북한과 달리 그런 반성이 작동하는 시스템이 한국을 성공국가로 만들었다. 다만 반성이 궤변이 돼 반성이 가능한 시스템을 만드는데 기여한 사람을 무덤에서 파내자는 식의 망발을 해선 안 된다."

관심종자 김용옥에 비해 학인 최장집崔章集은 시대정신을 철두철미하게 지키면서 진영을 초월한 예리한 비판정신을 보여주고 있다. 최장집은 마르크스주의 노동정치학을 전공했지만 패거리 의식에 빠져있는 진보학자들과 달리 진영을 초월한 비판정신을 보여주는 학자이다. 그는 노무현 정부에 향해 '과거사 진상규명' 같은 이념문제를 앞세워 현실의 사회경제적 문제해결을 도외시한다고 비판했다. 문재인 대통령은 3 · 1운동 100주년 기념사에서 행한 '친일청산' 발언은 관제민족주의官制民族主義라고 과감한 비판을 가했다. 이는 관심종자 김용옥과 시대정신 발견자 학

인學人 최장집의 초상화이다.[27]

김대중 정부에 이어 노무현 정부가 들어서면서 두 가지 국정지침을 펴고 있다. 그 하나가 남북화해 기조햇볕정책를 유지한다는 것이고, 다른 하나는 사회정의 구현이었다. 사회정의 구현을 실행하기 위하여 내건 것이 과거사청산과 친일파 청산이었다. 이리하여 민족문제 연구소를 급조하여 친일파 인명사전을 편찬하면서 박정희 · 김성수 · 신석호전 국사편찬위원장 등을 친일파로 낙인찍은 것이다. '촛불 시위'에 힘입어 대통령에 당선된 문재인은 과거 역사청산을 선언하면서 해방후 이승만의 대한민국 정부를 두고 '태어나선 안 될 나라'라고 규정하면서 '이승만 지우기delete 운동'을 적극 실천했다. 3 · 1운동 및 임정 100주년기념 사업회가 광화문 광장에 내건 현수막에는 임정요인 10명 중 김구 · 안창호 · 김규식 · 여운형 등의 인물사진은 있었지만 임정초대 대통령 이승만의 이름은 없다. 문 정부 역사청산운동의 관심종자 김용옥은 KBS TV 공영방송에 '도올인 오방가다'에 출연, 현충원에 있는 이승만의 묘를 파헤쳐내어야 한다고 모욕적인 언사를 퍼부우면서 문정부의 남북화해정책에 영합, 자신이 방북할 용의가 있다고 언급했다.

최장집 고려대 명예교수는 최근 동아시아연구원의 '대선특별 논평'에서 "문재인 정부의 역사청산은 80년대 민주화 이후의 민주주의를 지탱했던 '협약에 의한 민주화'를 파기했다는 의미"라고 분석했다. 1970~80년대 권위주의 국가의 집권세력과 민주화 세력 사이에서 폭력 아닌, 합의에 의해 이뤄진 민주화를 '협약에 의한 민주화'라고 한다. 1987년 한국의 민주화운동으로 탄생한 노태우 정부도 여기 속한다.

문재인 정권은 2016년 촛불시위를 '촛불혁명'으로 규정했다. 통일 지

---

27 『東亞日報』(2019. 3. 27), 송평인 칼럼 '관심종자 김용옥, 學人 최장집.'

향적 민족주의 세력이 문 정권이다. 이들 눈에 1987년 협약에 의한 민주화 상대였던 보수 세력은 일제 패망과 더불어 사라졌어야 할 반민족 세력이었다. 이승만, 박정희 정부는 물론 민주화 이후 노태우, 김영삼 등 보수정부도 마찬가지다.

우리 역사에서 이들을 모두 지워버리면 임시정부 다음 첫 정부는 김대중 정부가 될 수밖에 없다. 그게 바로 문 정권의 역사청산인 것이다. 최장집은 "한국 역사의 다층성과 복합성을 간과하고 역사를 이데올로기적으로 해석하는 오류를 범하는 행위"라고 했다.[28]

4. 대한민국 정부수립 국민축하식

대한민국 정부가 수립되자 미국정부는 1948년 8월 12일 한국 신정부에 대한 미국정책을 발표했다. "1947년 11월 14일, 절대 다수로서 두 가지 사실을 결의하였다. 그것은 한국민의 오랜 숙원인 자유와 독립을 위하여 자유롭고 민주적인 선거를 실시할 것과 그 기초 위에서 정부를 구성하자는 것이었다. 이러한 결정의 실행의 일환으로 올해 5월 10일, 한국정부를 탄생시켜야할 국회를 구성할 대표들을 선출하기 위하여, 유엔 한국임시위원단의 감시하에 선거가 실시되었다. 이렇게 선출된 국회는 5월 31일 소집되어 정부를 구성하게 되었다. 그리고 이 과정에 있어서, 소련이 그들의 점령지역 내에서 유엔총회의 결의사항들이 수행되는 것을 거부함으로써 5 · 10선거에 참여하지 못했던 북한 주민들이 언젠

---

28 상게서(2022. 3. 3), 김순덕 칼럼 '태어나선 안 될 나라' 대통령 뽑을 건가.

가는 자유롭게 정당한 역할을 행사할 수 있게 될 것이라는 기대가 표명되었다.

1948년 8월 6일 정부수립의 공포가 유엔한국임시위원단에 통고되었다. 미국의 견해는 그렇게 수립된 한국정부를 1947년 11월 14일자 유엔총회 결의에서 이상적인 것으로 생각된 그러한 한국의 정부로 간주한다는 것이다. 이에 미군정 치하의 한국인으로서의 임무를 수행해야하는 미국은 한국정부와 협상을 수행할 권한을 갖는 특사를 서울에 파견할 것이다. 한국에 파견될 특사에는 로드 아일랜드 주의 존 무쵸John J. Muccio 씨가 대통령에 의하여 임명되었다. 그는 대사급의 대통령 특사이다."[29]

1948년 7월 20일 국회 제3차 국회 본회의에서 대통령에 이승만, 부통령에 이시영을 선출했다. 정부통령 취임식은 7월 24일 중앙청 광장에서 국회의원 전원을 비롯하여 과도정부 부처장 각 정당대표 등이 참석하는 가운데 거행했다.

대통령 이승만 180표로 당선, 김구 13표, 안재홍 2표, 서재필 1표는 무효됨.

부통령 이시영 133표로 당선, 김구 62표.[30]

이승만 대통령은 취임사에서 반공 자유민주주의 대한민국 정부를 수립하겠다는 그의 정치철학의 경륜과 포부를 밝히고 있다. 그는 40년 일제 강점기를 네 번 거론하면서 자신이 40년 동안 미국 망명, 대미외교를 통하여 자유독립운동을 전개한 정치망명시대를 회고했다. 자유해방을 맞이하여 감격적인 귀국을 하니 온통 좌익이 해방정국을 장악하고 있으면서 좌우합작에 의한 남북통일론을 주장했다. 그러나 좌우합작에 의한 남북통일은 곧 한반도가 적화통일이 될 것이라고 확신하고 이를 단호히

---

29 『韓美修交100年史』(新東亞 1982年 1月號 別冊附錄), p.141, 韓國 新政府에 대한 美國 정책(1948. 8. 12).

30 로버트 T. 올리버 저 박일영 역, 『李承晩祕錄』, 한국문화출판사, 1982, p.245.

거부하고 대한민국정부를 수립해서 대통령에 당선된 것이다.

〈이승만 대통령 취임사(1948. 7. 24)〉

여러번 죽었던 이몸이 하나님의 은혜와 동포의 애호로 지금까지 살아있다가 오늘에 이와같이 영광스러운 추대를 받는 나로는 일변 감격한 마음과 일변 감당키 어려운 책임을 지고 두려운 생각을 금하기 어렵습니다. 기쁨이 극하면 웃음이 다하여 눈물이 된다는 것을 이에서 보고 말하였던 것입니다.

요사이 나에게 치하하러 오는 남녀동포가 모두 눈물을 씻으며 고개를 돌립니다. 각처에서 축전 오는 것을 보면 모두 눈물을 금하기 어렵다 합니다. 나는 본래 나의 감상으로 남에게 촉감될 말을 하지 않기로 매양 힘쓰는 사람입니다. 그러나 목석간장木石肝臟이 아닌 만치 나도 뼈에 맺히는 눈물을 금하기 어렵습니다.

이것은 다름아니라 40년 전에 잃었던 나라를 다시 찾는 것이요 죽었던 민족이 다시 사는 것이 오늘 이에서 표명되는 까닭입니다. 오늘 대통령 선서하는 이 자리에 하나님과 동포 앞에서 나의 직책을 다하기로 한층 더 결심하며 맹세합니다. 따라서 여러 동포들도 오늘 한층 더 분발해서 각각 자기의 몸을 잊어버리고 민족 전체의 행복을 위하여 대한민국의 시민된 영광스럽고 신성한 직책을 다하도록 마음으로 맹세하기를 바랍니다.

여러분이 나에게 맡기는 직책은 누구나 한 사람의 힘으로 성공할 수 없는 것입니다. 이 중대한 직책을 내가 감히 부담할 때에 내 기능이나 지혜를 믿고 나서는 것이 결코 아니며 전혀 애국 남녀의 합심 합력함으로만 진행할 수 있을 것을 믿는 바입니다. 이번 우리 총선거에 대성공을 모든 우방들이 창찬하기에 이른 것은 우리 애국남녀가 단순한 애국심으로 각각 직책을 다한 연고입니다.

그 결과로 국회 성립이 또한 완전무결한 민주제도로 조직되어 2,3 정당이 그 안에 대표가 되었고 무소속과 좌익 색채로 지목받는 대의원이 또한 여럿이 있게된 것입니다. 기왕 경험으로 추측하면 이 많은 국회의원 중에서 사상 충돌로 분쟁 분열을 염려한 사람들이 없지 않았던 것입니다.

그러나 중대한 문제에 대하여 종종 극렬한 쟁론이 있다가도 필경 표결될 때에는 다 공정한 자유의사를 표시하여 순리적으로 진행하게 되므로 헌법제정과 정부조직법을 다 민의民意대로 종다수 통과된 후에는 아무 이의 없이 다 일심으로 복종하게 되므로 이 중대한 일을 조속한 한도내에 원만히 처결하여 오늘 이 자리에 이르게 된 것이니 국회의원 일동과 전문위원 여러분의 애국성심을 우리가 다 감복하지 않을 수 없는 것입니다.

나는 국회의장의 책임을 이에 사면辭免하고 국회에서 다시 의장을 선거할 것인데 만일 국회의원 중에서 정부 부처장으로 임명될 분이 있게 되면 그 후 임자는 각기 소관 투표구역에서 갱선 보결하게 될 것이니 원만히 보결補缺하게 된 후에 의장을 선거하게 될 듯 하며 그동안은 부의장 두 분이 그동안 의장을 보좌해서 각 방면으로 도와 협의 진행케 하실 것을 또한 감사히 생각합니다.

국무총리와 국무위원 조직에 대해서 그동안 여러 가지로 낭설이 유포되었으나 이는 다 추측적 언론에 불과하며 며칠 안으로 결정 공포될 때에는 여론상 추측과는 크게 같지 않을 것이니 부언낭설浮言浪說을 많이 주의하지 않기를 바랍니다.

우리가 정부를 조직하는데 제일 중대히 주의할 바는 두 가지입니다. 첫째는 일할 수 있는 기관을 만들 것입니다. 둘째는 이 기관이 견고히 서서 흔들리지 아니해야 될 것입니다.

그러므로 사람의 사회상 명망이나 정당 국체國體의 세력이나 또 개인 사정상 관계로 나를 다 초월하고 오직 기능 있는 일꾼들이 함께 모여앉아서 국회에서 정하는 법률을 민의대로 진행해 나갈 그 사람끼리 모여서 한 기관이 되어야 할 것이니 우리는 그 분들을 물색하는 중입니다.

어떤 분들은 인격이 너무 커서 작은 자리에 채울 수 없는 이도 있고 혹은 작아서 큰 자리를 채울 수 없는 이도 있으나 참으로 큰 사람은 능히 큰 자리에도 채울 수 있고 작은 자리도 채울 수 있을 뿐 아니라 작은 자리 차지하기를 부끄러워하지 않습니다. 이렇게 참 큰 인물들이 있어 무슨 책임을 맡기든지 대소와 고하를 구별치 않고 작은데서 성공해서 차차 큰 자리에 오르기를 도모하는 분들이 많아야 우리의 목적이 속히 도달될 것입니다.

이런 인격들이 함께 책임을 분담하고 일해나가면 우리 정부 일이 좋은 시계 속처럼 잘 돌아가는 중에서 이적異績을 많이 나타낼 것이오 세계의 신앙과 동정이 날로 증진될 것입니다. 그런즉 우리가 수립하는 정부는 어떤 부분적이나 어떤 지역을 한하지 않고 전 민족의 뜻대로 전국을 대표한 정부가 될 것입니다.

기왕에도 말한 바이지만 민주정부는 백성이 주장하지 않으면 그 정권이 필경 정객과 파당의 손에 떨어져서 전국이 위험한데 빠지는 법이니 일반 국민은 다 각각 제 직책을 행해서 위선 우리 정부를 사랑하며 보호해야 될 것이니 내 집을 내가 사랑하고 보호하지 않으면 필경은 남이 주인 노릇을 하게 됩니다.

과거 40년 경험을 잊지 말아야 될 것입니다. 의로운 자를 옹호하고 불의한 자를 물리쳐서 의義가 서고 사私가 물러가야 할 것입니다. "전에는 임금이 소인을 가까이하고 현인을 멀리하면 나라가 위태하다 하였으나 지금은 백성이 주장이므로 민중이 의로운 사람과 불의한 사람을 명백히 판단해서 구별해야 할 것입니다."

승인문제에 대하여는 그 권리가 우리에게 있는 것이 아니므로 우리가 판단할 수는 없으나 우리의 순서가 이대로 계속 전진된다면 모든 우방의 호의로 속히 승인을 얻을 줄로 믿습니다. 그러나 우리가 주의하는 바는 승인을 얻는데 있지 않고 먼저 국권을 공고히 세우는데 있나니 모든 우방이 기대하는 바를 저버리지 아니하고 우리가 잘만 해나가면 우리의 요청을 기다리지 않고 자발적으로 도우며 후원할 것이니 이것도 또한 우리가 일 잘하기에 달린 것입니다.

9월에 파리에서 개최하는 유엔총회에 파견할 우리 대표단은 특별히 긴요한 책임을 가진 것인 만치 가장 외교상 적합한 인물을 택하여 파견할 터인데 아직 공포는 아니 하였으나 몇몇 고명한 인격으로 대략 내정되고 있으니 정부조직 후에 조만간 완전 공포될 것입니다.

우리의 대표로 레이크 석세스(미국 뉴욕주내의 마을)에 가서 많은 성적을 내고 있는 임영신任永信, 1899~1977에게 대해서는 우리가 다 고맙게 생각하는 바입니다. 여기서 우리가 재정후원도 못하고 통신상으로 밀접히 후원도 못한 중에 중대한 책임을 그만치 전진시킨 것을 우리는 다 영구히 기념하게 될 것입니다.

이북 동포중 공산주의자들에게 권고하노니 우리 조국을 남의 나라에 부속하자는 불충한 사상을 가지고 공산당을 빙자하여 국권을 파괴하려는 자들은 우리 전 민족이 원수로 대우하지 않을 수 없나니 남의 선동을 받아 제 나라를 결딴내고 남의 도움을 받으려는 반역의 행동을 버리고 남북의 정신통일로 우리 강토를 회복해서 조상의 유업을 완전히 보호하여 가지고 우리끼리 합하여 공산이나 무엇이나 민의를 따라 행하는 것이 좋을 것입니다.

기왕에도 누누이 말한 바와 같이 우리는 공산당을 반대하는 것이 아니라 공산당의 매국주의를 반대하는 것이므로 이북의 곤산주의자들은 이것을 절실히 깨닫고 일제히 회심개과悔心改過해서 우리와 같이 같은 보조를 취하여 하루바삐 평화적으로 남북을 통일해서 정치와 경제상 모든 복리를 다같이 누리게 하기를 바라며 부탁합니다. 만일에 종시 깨닫지 못하고 분열을 주장해서 남의 괴뢰傀儡가 되기를 감심甘心할진대 이로부터 하늘의 뜻과 인심이 결코 방임치 않을 것입니다.

대외적으로 말하면 우리는 세계 모든 나라와 친선해서 평화를 증진하며 외교 통상에 균등한 이익을 같이 누리기를 절대 도모할 것입니다. 교제상 만일 친소에 구별이 있다면 이 구별은 우리가 시작하는 것이 아니오 타동적으로 되는 것입니다. 다시 말하자면 어느 나라든지 우리에게 친선히 한 나라는 우리가 친선히 대우할 것이오 친선치 않게 우리를 대우하는 나라는 우리도 친선히 대우할 수 없을 것입니다. 과거 40년간에 우리가 국제상 상당한 대우를 받지 못한 것은 세계 모든 나라가 우리와 접촉할 기회가 없었던 까닭입니다.

일본인들의 선전만을 듣고 우리를 판단해왔었지만 지금 부터는 우리 우방들의 도움으로 우리가 우리를 찾게 되었은즉 우리가 우리 말도 할 수 있고 우리 일도 할 수 있나니 세계 모든 나라들은 남의 말을 들어 우리를 판단하지 말고 우리 하는 일을 보아서 우리의 가치를 우리의 중량대로만 정해주는 것을 우리가 요청하는 바이니 우리 정부와 민중은 외국의 선전을 중요히 여겨서 평화와 자유를 사랑하는 각국 남녀로 하여금 우리의 실정을 알아주어서 피차의 양해를 얻어야 정의情意가 상통하여 교제가 친밀할 것이니 이것이 우리에 승리만 구함이 아니오 세계 평화를 보호하는 방법입니다.

새나라를 건설하는데는 새로운 헌법과 새로운 정부가 다 필요하지만 새 백성이 아니고 결코 될 수 없는 것입니다. 부패한 백성으로 신성한 국가를 이루지 못하나니 이런 민족이 날로 새로운 정신과 새로운 행동으로 구습을 버리고 새 길을 찾아서 날로 분발 전진하여야 지나간 40년 동안 잃어버린 세월을 다시 회복해서 세계 문명국에 경쟁할 것이니 나의 사랑하는 3천만 남녀는 이날부터 더욱 분투 용진해서 날로 새로운 백성들 이름으로써 새로운 국가를 만년 반석위에 세우기로 결정합시다.

대한민국 30년 7월 24일[31]

이에 대한민국 정부수립을 국내외에 선포하는 '대한민국 정부수립 국민 축하식'이 중앙청(옛 조선총독부 건물로 광복 후 정부청사와 국립박물관 등으로 쓰이다가 1995년 철거되었음)앞 광장에서 거행됐다.

이해 여름에는 폭염과 8월초순까지 충청 · 전라 · 경상 지방에는 폭우가 쏟아졌다. 수해피해만도 사망자 316명, 중상자 992명, 실종자 345명, 가옥유실 3232호, 침수 5만7544호 등에 이르렀다. 30년간 최악의 기상재난이었다. 그러나 대한민국의 출범을 알리는 역사적 행사가 열리는 이날만은 쾌청한 날씨였다. 중앙청 앞에서 세종로 시청 남대문에 이르는 광화문광장에는 새벽부터 축하 시민들로 인산인해를 이루었다.

이승만 대통령은 축하식을 앞두고 맥아더 원수 부부를 초청했다. 이 대통령은 맥아더 부부를 맞이하기 위하여 김포공항에 주한미군 사령관

---

31 『資料 大韓民國史』 권 7, 국사편찬위원회, 1974, pp.624~630(1948. 7. 24.).

하지 중장의 안내를 받으며 영접하러 출영했다. 한국 땅에 첫발을 밟은 맥아더Douglas McArthur는 이 대통령과 악수를 하며 대한민국 정부수립 축하인사를 건넸다. 맥아더는 "나는 캘리포니아와 내 조국을 지키듯 한국을 지키겠다"고 말했다. 맥아더는 일본 점령군 사령관이고 주한 미군을 관할하는 미국 극동사령관이기에 맥아더의 참석은 축하식의 격을 높일 수 있어서 그 의미가 큰 것이다.

중앙청 정면에 태극기와 UN기를 늘인 축하식장이 마련되었다. 여기서 UN기를 사용한 이유는 바로 UN 감시하에 총선거로 대한민국이 탄생했음을 상징하고 있다. 오전 11시 22분에 3 · 1운동 33인 중 한 사람인 축하식 준비위원회 회장인 오세창吳世昌이 개회를 선언하고 개회사에서 "8 · 15는 해방의 날이며 정부수립 선포의 날로 영원히 기념할 날"이라 선언했다. 명제세明濟世가 개회사를 대독했다. 이어 하늘빛 모시 두루마기 차림의 이승만 대통령은 유장한 목소리로 "민주와 민권을 선양, 자유옹호와 균등사회 건설에 힘쓰자"는 기념사를 읽었다. 기념사에서 민주주의, 자유와 책임, 통상과 공업 진흥, 근로자와 기업의 공존, 통일 방략 등 신생 대한민국의 포부를 밝혔다.

〈이승만 대통령의 대한민국 정부수립 기념사(1948. 8. 15)〉

외국 귀빈 제씨와 사랑하는 나의 동포 여러분! 8월 15일 오늘에 거행하는 이 식式은 우리의 해방을 기념하는 동시에 우리 민국이 새로 탄생한 것을 겸하는 것입니다. 이날 동양의 한 고대국인 대한민국정부가 회복되어서 40여 년을 두고 바라며 꿈꾸며 투쟁하여온 사실이 실현된 것입니다. 그러므로 오늘 이 시간은 내 평생에 제일 긴중緊重한 시기입니다. 내가 다시 고국에 돌아와서 내 동포의 자치자주自治自主하는 정부 밑에서 자유공기를 호흡하며 이 자리에 서서 대한민국 대통령의 자격으로 이 말을 하게 되는 것입니다. 그러나 내 마음에는 대통령의 존귀한 지위보다 대한민국의 한 공복公僕인 직책을 다

하기에 두려운 생각이 앞서는 터입니다.

이 자리에서 미국극동군사령관 맥아더 장군과 그 부인을 환영하게 되는 것은 우리에게 큰 영광입니다. 우리는 맥아더 장군의 경력을 바타안 반도필리핀 루손 섬의 반도에서 모험하던 날보다 승전하고 일본에 들어가서 한국을 해방시킬 때까지 심심한 관심과 상쾌한 기분을 가지고 주시하여 오던 바입니다. 태평양전쟁중 미군최고지휘관으로 있을 때와 승전후 일본연합군총사령관인 맥아더 장군은 다만 미군의 영도자뿐만 아니라 가혹한 일본의 침략하에서 유린을 당하고 있던 많은 민족들에게 유일한 희망의 표적이었습니다. 우리 한국도 일본의 모욕을 무한히 받았으므로 맥아더 장군의 지도하에서 일본 사람들이 전적으로 변화해서 진정한 민주제도를 흡수하여 새 백성이 되기를 바랍니다.

맥아더 장군은 미국 극동최고사령관이므로 따라서 한국 주둔군의 총지휘관이 되었음으로 미군의 우의적 원조를 바라는 것이 많은 중 맥아더 장군의 공효功效가 적지않은 것을 우리가 감히 아는 바이다. 내가 직접으로 맥아더 장군과 그 부인께 감격을 느끼는 바는 이때에 특별히 우리를 심방해서 이 기회에 이 특수한 영광을 주게된 것입니다. 이분들이 여기를 침석하게 된 것에 한국 전 민족이 말할 수 없는 감흥을 받게 되는 것이니 용감한 군인으로 정치대가를 겸하고 가장 우리 한인에게 진정한 친우요 해방자인 맥아더 장군의 이번 심방을 영광스러히 생각하며 영구히 기념할 것입니다.

우리가 목적지에 도달하기에는 아직도 험하고 어렵습니다. 4천여년을 자치자주自治自主해온 역사는 막론하고 세인들이 남의 선전만 믿어 우리의 독립자치할 능력에 대하여 의문하던 것을 금년 5월 10일 전 민족의 민주적 자결주의自決主義에 의한 전국 총선거로 우리가 다 청소시켰으며 모든 방해와 지장을 일시 악감이나 낙심에 절하는 상태를 보이지 아니하고 오직 인내와 정당한 행동으로 극복하여온 것이니 우리는 이 태도로 연일 행진함으로 앞에 많은 지장을 또 일일이 이겨나갈 것입니다. 조금도 우려하거나 퇴축退縮할 것도 없고 작일(어제)을 통분히 여기거나 오늘을 기뻐하지만 말고 내일을 위해서 노력해야 될 것입니다. 우리가 앞에 할 일은 우리의 애국심과 노력으로 우리 민족을 반석과 같은 기초에 둘 것이니 이리하여 공헌과 희생을 많이 한 남녀는 더 큰 회생과 더 굳은 결심을 가져야 될 것이요 더욱 굳센 마음과 힘을 다하여 다만 우리의 평화와 안전뿐 아니라 온 인류의 안전과 평화를 위해서 힘써야 될 것입니다. 이 건국 기초에 요소될만한 몇 조건을 간단히 말하려 하니

1. 민주주의를 전적으로 믿어야 될 것입니다. 우리 국민 중에 혹은 독재제도獨裁制度가 아니면 이 어려운 시기에 나갈 길이 없는 줄로 생각하며 또 혹은 공산분자의 피상적 운동에 중대한 문제를 해결할만한 지혜와 능력이 없다는 관찰로 독재권이 아니면 방식이 없다고 생각하는 이도 있으니 이것을 우리가 다 큰 유감으로 생각하는 바입니다. 목하에 사소한 장애로 인하여 영구한 복리福利를 줄 민주주의 방침을 무효하게 만드는 것을 우리가 결코 허락치 않을 것입니다. 독재가 자유와 진흥을 가져오지 못하는 것은 역사에 증명된 것입니다. 민주제도가 어렵기도 하고 또한 더디기도 한 것이지만 의로운 것이 종말에는 악을 이기는 이치를 우리는 믿어야 할 것입니다. 민주제도民主制度가 세계우방들이 다 믿는 바요 우리 우방들이 전제정치專制政治와 싸웠고 또 싸우는 중입니다. 세계의 안복이 우리를 들여다보며 역사의 거울이 우리에게 비추어 보이는 이때에 우리가 민주주의를 채용하기로 30년 전부터 결정하고 실행하여 온 것을 또 간단없이 실천해야 될 것입니다. 이 제도로 성립된 정부만이 인민의 자유를 보장하는 정부입니다.

2. 인권人權과 개인 자유를 보호할 것입니다. 민주정체民主政體의 요소는 개인의 근본적 자유를 보호하는 것입니다. 국민이나 정부는 항상 주의해서 개인의 언론과 집회와 종교와 사상 등 자유를 극력 보호하여야 될 것입니다. 우리가 40여년 동안을 왜적倭敵의 손에 모든 학대를 받아서 다만 말과 행동뿐 아니라 생각까지도 자유로 하지 못하게 되었던 것입니다. 그러나 이것은 우리 민족이 절대로 싸워온 것입니다. 우리는 개인 자유 활동과 자유 판단력을 위해서 쉬지 않고 싸워온 것입니다.

결론으로 오늘에 지나간 역사는 마치고 새 역사가 시작되어 세계 모든 정부 중에 우리 새 정부가 나서게 됨으로 우리는 남에게 배울 것도 많고 도움

을 받을 것도 많습니다. 모든 자유 우방들의 후의와 도움이 아니면 우리의 문제는 해결키 어려울 것이다. 이 우방들이 이미 표시한 바와 같이 앞으로 계속할 것을 우리는 길이 믿는 바이며 동시에 가장 중대한 바는 일반 국민의 충성과 책임심과 굳센 결심입니다. 이것을 신뢰하는 우리로는 모든 어려운 일에 주저하지 않고 이 문제를 해결하며 장애를 극복하여 이 정부가 대한민국에 처음으로 서서 끝까지 변함이 없이 민주주의에 모범적 정부임을 세계에 표명되도록 매진할 것을 우리는 이에 선언합니다.

大韓民國 30년 8월 15일 大韓民國 大統領 李承晩[32]

기념사 말미에 "대한민국 30년 8월 15일 대통령 이승만"이라는 대한민국임시정부 연호年號를 사용한 것은 1919년 상해 대한민국 임시정부의 법통法統을 계승하고 있음을 분명히 선명宣明하고 있다. 그는 임시정부의 초대 대통령이었기 때문이다.

맥아더는 축사에서 "정의의 군대가 용진하는 이 시각에, 그 승리는 현대사의 커다란 비극 가운데 하나인 인위적 장벽과 분단으로 무색해졌다. 이 장벽은 반드시 무너져야 하며, 무너질 것이다. 자유국가의 자유로운 한국인들의 궁극적인 통일을 그 무엇도 방해하지 못할 것"이라고 분단의 장벽을 허물어버리고 통일을 이루겠다고 약속했다.

끝까지 단정單政 수립을 반대하고 대한민국 정부수립에 비협조적인 태도로 일관한 김구는 "3년이 지난 오늘에 이르러 과거사를 회상한다면 우리에게는 비분과 실망이 있을 뿐이다. 그러나 우리는 실망과 한탄을 버리고 새로운 결심과 용기를 가지고 깃발과 북을 재정비하여 강력한 통일운동을 추진해야 하겠다."고 남북합작에 의한 통일정부수립이 자신의 정치적 이상理想임을 재천명하고 있다. 이시영李始榮 부통령은 "우리에게는

---

32 『서울신문』(1948. 8. 16 · 18); 『朝鮮日報』(1948. 8. 16); 『京鄕新聞』(1948. 8. 16 · 18); 『東亞日報』(1948. 8. 16); 『資料 大韓民國史』(국사편찬위원회, 1974), 권 7, pp.816~821(1948. 8. 15), 大統領 式辭.

남북통일의 역사적 대과업이 남아있고, 국제 우방들의 정식 승인을 얻어야 하는 정치적 대사명이 남아있는 만큼 앞으로 민족적 단결을 더욱 공고히 하고, 3천만 일심으로 중대국면을 돌파해야 합니다."라고 UN의 대한민국 정식 승인을 얻는데 총력을 경주할 것을 호소하고 있다.

정부수립에 관한 해외의 반응은 영국의 일부 평론가는 "토지소유를 갈망하는 농민, 그리고 이승만을 독재적이라고 비난하는 지식층 학생의 불만은 계속될 것"이라 했고, 미국 당국자는 "미국 승인하의 남한 정부와 소련 승인하의 북한 정부가 수립되어 서로 3천만을 대표한다고 주장하지만 UN총회의 결의에 따라 UN감시하의 총선거로 이루어진 한국정부가 정당하다."고 대한민국의 정통성을 인정하고 있다.[33]

정부수립 국민축하식장에서 연합합창단이 신생 독립국가의 무궁한 발전과 영광을 축원하는 '대한민국 정부수립기념가'[34]를 우렁차게 불렀던 것이다.

大韓民國 政府樹立紀念歌(徐廷柱 作詞, 李興烈 作曲)

(1) 三千萬 무궁화 새로이 피라
반만년 이어온 단군의 피로
겨레들 모두다 손을 잡으라
민족과 인류의 영원을 위해

---

33 『朝鮮日報』(2015. 3. 7), 새로 쓰는 대한민국 70년 (9) 1948년 정부 수립된 날(전봉관); 崔永禧, 『격동의 해방3년』, pp.517~519(1948. 8. 15).

34 選擧委員 宋明祚文書 1. 大韓民國政府樹立 國民祝賀式順序 大韓民國 政府樹立紀念歌 2. 영문 프로그램 Program National Celebration 3. 李承晩 大統領이 選擧委員 宋明祚에게 수여한 感謝狀(단기 4281. 11. 3) 4. 백지에 찍힌 大統領印 등 4건 문서(金源模 所藏). 이 문서를 입수한 후 정부기록보존소, 梨花莊, 李承晩展示會 등에 조회해본 결과 '기념가'가 없다는 사실을 확인했다. 뿐만 아니라 작사자 서정주 생존시 필자는 사당동 예술인마을 서정주 옛집을 방문, 작사보존 여부를 탐문한 결과 없다는 사실을 확인했다. 그러므로 현재까지는 이 문서가 유일본이다. 서정주 작사 이흥렬 작곡의 정부수립기념가 전문과 곡보를 소개한 기사를 달리 찾아볼 수 없다.

우리는 받들자 대한민국을
다 같이 받들자 우리의 조국
(2) 三千萬 태극기 높이 올리라
산에서 들에서 또 바다에서
겨레들 일어나 활개를 치라
자주와 독립된 국민으로써
우리는 지키자 대한민국을
다 같이 지키자 우리의 조국
(3) 三千萬 正義의 횃불을 들라
殉國한 先烈의 절개를 이어
自由와 平和의 터전을 닦자
億千年 繁榮할 子孫을 위해
우리는 세우자 대한민국을
다 같이 세우자 우리의 조국

大韓民國 政府樹立 國民祝賀 準備委員會 制定[35]

기념가는 신생 독립국가의 전도를 축하하고 대한민국의 밝은 앞날과 겨레의 단결을 기원하는 노래인만큼 가사의 내용에 맞추어 내림마 장조 4분의 4박자의 힘차고 경쾌한 곡조로 작곡되어 있다.

서정주 작사 이흥렬 작곡의 '대한민국 정부수립 기념가' 합창이 끝나자 이승만 대통령은 맥아더에게 향로를 선물로 증정했다. 맥아더의 부친 아서 맥아더는 19세기 말 방한 시 고종으로부터 향로를 하사받은 것인

35 식순 팜플레트는 4면으로 인쇄돼 있다. 제1면 표지에는 "大韓民國政府樹立國民祝賀式順序 時日 1948년 8월 15일(日) 上午11時 場所 中央廳 廣場" 상단에 태극기가 X자로 천연색으로 그려져 있다. 제2면에는 式順이 채워져 있다. 제3면에는 大韓民國政府樹立紀念歌 徐廷柱 作詞 李興烈 作曲 大韓民國政府樹立國民祝賀準備委員會 制定. 가사 전문과 곡보가 개제되어 있다. 제4면에는 1. 오늘은 정부수립 내일은 남북통일 2. 이 나라 내나라 자나깨나 우리나라 3. 받들자 우리정부 빛내자 우리역사 4. 새나라 새살림 너도 나도 새 일꾼(김원모 소장).

데, 맥아더는 이를 가보로 소중하게 간직하다가 태평양전쟁 때 필리핀 전투에서 일본군에 패퇴할 때 그만 분실하고 말았다. 이 사실을 안 이 대통령은 똑같은 향로를 구해서 맥아더에게 증정한 것이다. 축하식은 오후 1시 30분 오세창의 선창으로 '대한민국 만세'와 '맥아더 장군 만세'를 각각 3창하는 것으로 끝났다.

이승만이 제헌 국회에서 대통령에 선출된 것은 7월 20일이었다. 이승만은 유엔총회에서 대한민국 승인 획득은 나라의 명운이 걸린 중대사이기에 자신의 정치고문 로버트 올리비에에게 보낸 1948년 7월 26일자 편지에서 "호주 · 캐나다 · 인도 세 나라와 시리아가 '한국 분단이 영속화된다'는 이유로 승인에 반대하고 있소. 이들을 막지 못하면 영연방英聯邦과 함께할 수밖에 없는 영국은 물론 프랑스와 중국도 승인을 주저하게 될 것이오."라고 절박한 상황을 전하면서 유엔에서의 '한국승인'을 얻는데 총력을 집중할 것임을 밝히고 있다.

이승만은 카톨릭 교단의 대표적 인물 장면張勉, 1899~1966을 파리 유엔총회 한국대표단 수석대표에 임명, 그로 하여금 로마교황청의 도움으로 승인을 받아내겠다는 외교전략을 수립했다. 그러기에 9월 6일자 장면에게 발급한 대한민국 외교관 여권 1호에는 '바티칸 파견 대통령 특사'라고 명기돼 있다. 파리 유엔총회 대한민국 대표단은 수석대표에 장면張勉, 차석 장기영張基永, 고문 조병옥趙炳玉, 대표 전규홍全奎弘 · 김우평金佑枰 · 김활란金活蘭 · 정일형鄭一亨 · 모윤숙毛允淑 · 김진구金振九로 구성되었다. 이승만은 한국대표단을 구성하자마자 올리비에에게 "그(장면)는 유엔 한국위원회가 가장 쉽사리 동의해 줄 인물이오. 또한 정당인이 아니며 어딜 가나 카톨릭교회의 후원이 있을 것"이라고 그의 임무수행을 전폭 신임하고 있다.

대내외적으로 유엔 대한민국 승인 전망은 그리 밝지 못했다. 국내로는 여순麗順반란사건(1948. 10. 19), 밖으로는 이스라엘 독립 후 1차 중동전쟁(1948. 5) 발발로 아랍권에서는 대한민국 승인을 달가워하지 않았다. 그래서 뉴욕타임스(1948. 10. 21)는 "서울의 미국 관리들은 대한민국이 이제 완전 붕괴 직전에 도달했다고까지 생각하고 있다"고 암담하고도 비관적인 보도를 하고 있다.

장면 수석은 바티칸 공략작전을 전개했다. 유엔총회의 의장국은 호주이기에 호주 대표를 설득하는데 교황청의 지원을 얻어낸 것이다. 교황 비오 12세는 몬티니 바티칸 국무장관과 주프랑스 교황청 대표 론칼리 대주교에게 한국 지원을 명령하는 등 후원을 아끼지 아니했다. 이리하여 장면은 교황청의 호주 출신 오브라이언 부주교를 만나 한국 승인을 요청했다. 오브라이언의 도움을 통해서 유엔총회 의장인 호주 대표 에바트를 설득하는데 성공했다.

드디어 1948년 9월 19일 프랑스 파리 샤요궁에서 제3차 유앤총회가 개막되었다. 12월 12일 유엔총회 대한민국 승인 투표가 행해졌다. 회원국 58개국 중 3개국이 불참한 가운데 표결이 진행됐다. 찬성 48, 반대 6, 기권 1로 대한민국이 한반도에서의 유일한 합법·정통성 정부임을 국제적으로 승인받은 것이다. 승인이 통과되자 미국 대표 덜레스John F. Dulles는 장면 수석에게 "한국의 미래를 위해 축하를 보내며, 장면 박사 Dr. John M. Chang에게"라는 축하 메시지를 전하면서 대한민국 승인에 대한 각국 표결 결과를 정리한 표결문서를 건넸다.

이에 반해 소련이 제출한 북한 승인 결의안은 48개국의 반대로 부결되고 말았다. 대한민국이 유엔총회에서 합법정부임을 승인받은 것이 6·25전쟁 때 미국을 비롯하여 16개국으로 구성된 유엔군 파병을 이끌어내는데 결정적 원동력이 되었다는 점에서 그 역사적 의의는 크다고 하지 않을 수 없다.36

유엔총회에서 대한민국이 한반도에서의 정통적 합법정부임을 승인하자 1949년 1월 1일 미국정부는 정식으로 대한민국 정부수립을 승인한 것이다. "1948년 12월 12일 유엔총회는 한국에 대한 승인결의안을 채택했다. 유엔 한국임시위원단이 감시하고 협의할 수 있었으며 한국 국민의 대다수가 거주하고 있는 남한에 대하여 효과적인 통제와 권한을 행사하는 합법정부(대한민국 정부)가 수립되었다. 동 정부는 유엔 임시위원단의 감시하에 유권자들의 자유의지의 정당한 표현인 선거를 기초로 하여 수립되었다. 따라서 동 정부는 한국의 유일한 합법정부인 것이다. 한국의 신정부에 관해, 유엔총회의 결의에 비추어, 그리고 1948년 8월 12일에 동 정부가 발표한 성명 내용을 고려한 결과 미국정부는 대한민국 정부를 전적으로 승인하는 바이다."[37]

5. 이승만의 농지개혁

이승만은 대한민국 정부수립 직후에 농지개혁에 착수했다. 1948년 3월 20일 정치고문 로버트 올리비에에게 보낸 편지에서, "정부를 갖게 되면 우리는 이 나라를 엄청나게 자유화시킬 것입니다. 한국의 파시스트 반동세력, 그리고 극우파 운운하던 사람들은 그것을 보고 대경실색할 겁

---

36 『朝鮮日報』(2015. 2. 26), 새로 쓰는 대한민국 70년 (8) 建國 외교 막전막후, 유엔 '대한민국 승인' 기적 뒤엔…이승만·張勉 '바티칸 공략 作戰'(허동현), 1948년 유엔 '대한민국 정부 승인' 표결문서 첫 공개(김성현 기자); 毛允淑選集, 『포도원, 내가본 世上』, 三中堂, 1963, p.368, 大韓民國承認.

37 『韓美修交100年史』(新東亞 1982年 1月號 別冊附錄), p.144, 美國의 大韓民國 承認(1949. 1. 1).

니다. 농지개혁법이 가장 먼저 제정制定될 것이고, 다른 많은 자유주의적 조치들도 차례대로 단행될 것입니다. 제일 먼저 농지개혁을 할 것이다. 농민에게 땅이 돌아간다. 북한에서 실시한 것과 어떻게 다른지 보여줄 것이다."라고 농지개혁을 국정운영의 최우선과제로 채택한 것이다.

해방당시 남한 인구의 70%가 농업에 종사했으며, 전체 경지 가운데 3분의 2는 소작지小作地였다. 농가 206만호 중 자작농은 14%에 불과했다. 소작농은 수확량의 절반을 소작료로 지주에 바쳤다. 이승만의 농지개혁의 원칙은 유상有償 몰수, 유상분배였다. 농민에게 토지 사유권을 보장, 사유재산 제도를 인정했다. 이에 비해 북한은 무상無償 몰수, 무상분배를 원칙으로 하고 모든 토지는 국유화하며 농민에게는 사유재산권 제도를 인정하지 않고 경작권만 인정하고 있다.

이승만은 정통 공산주의자였다가 전향한 무소속 의원인 조봉암曺奉岩, 1898~1959을 초대농림부장관에 임명하면서 농지개혁의 임무를 부여했다. 조봉암은 "이들 농민을 정신적으로 또 물질적으로 향상시킬 방침이다. 그리고 토지는 농민에게 분배할 계획인데, 그 방법은 지금 연구중에 있으며 최단 시일 내에 파는 사람이나 사는 사람이 서로 불만이 없도록 하여 토지가 완전히 농민의 손에 들어가게 하겠다."고 농민을 토지소유자로 만들겠다는 농지개혁 의지를 천명했다.

제헌 헌법에 "농지는 농민에게 분배한다"고 헌법을 기초한 유진오俞鎭午, 1906~1987는 한민당 당수로서 호남의 대지주인 김성수金性洙, 1891~1955가 이에 반대할까 두려워 직접 그의 동의를 얻는데 주력했다. "나는 김성수(당시 한국민주당 당수)씨를 찾아가 내가 초안 중인 헌법의 몇 가지 기본원칙을 설명했다. 김성수 씨는 양원제 내각책임제에는 곧 찬성하였으나, 농지개혁에는 약간 망설이는 빛을 보였다. 김성수 씨는 '농지개혁만이 공산당을 막는 최량最良의 길'이라는 내 이야기에 결국 농지개혁에도 찬성했다('헌법기초 회고록')."

이리하여 지주보상액과 농민 상환액을 수확량의 150%로 맞춘 개정 농지개혁법이 통과되어 1950년 3월 공포됐다. 이로써 수백년 넘게 지속했던 '지주-소작제'를 철폐하고 농민에게 농지를 돌려준 역사적인 농지 혁명이 일어난 것이다. 그해 4월 농가가 농지분배 예정 통지서를 받았을 때, 당시 언론은 '전국적인 해방의 날'이라 불렀다.

이영훈은 "농지의 신속한 분배는 곧이어 터진 6·25전쟁에서 대다수 농민이 대한민국에 충성을 바치는 국민으로 남게 함으로써 대한민국을 방어함에 크게 공헌했다('대한민국 역사')"라고 평가하고 있다. 손세일孫世一은 농지개혁이 북한의 남침을 방어하는데 결정적 힘이 되었다고 증언하고 있다.[38]

박헌영朴憲永, 1900~1955이 김일성에게 서울만 점령하면 모든 농민이 총궐기한다고 했다. 인민군이 서울을 점령한 뒤 박헌영이 라디오 연설을 하는데, 그가 북한군 치하의 서울에서 발행한 '조선인민보'와 '해방일보'를 꺼내왔다. 박헌영의 라디오 연설문이 실렸다. 박헌영은 이렇게 호소했다. "엄숙한 시기에 전체 남반부 인민이 어찌 총궐기하지 아니하겠습니까. 무잇을 주지합니까. 모두 다 한 사람같이 일어나 정의의 전쟁에 적극 참가해야 합니다.…인민의 무기는 하나도 봉기요, 둘도 봉기입니다." 그러나 봉기는 일어나지 않았다. 그는 "북한의 토지개혁은 매매도 할 수 없고 담보로도 삼을 수 없는 것이었다. 사회주의 국가의 토지개혁은 모두 실패했다. 공산주의가 망한 게 토지개혁을 잘못해서다"라고 덧붙였다.[39]

'주대환의 시민을 위한 한국현대사(나무나무)'에서 박정희 모델이 성

---

38 『朝鮮日報』(2015. 3. 21), 새로 쓰는 대한민국 70년 (11) 이승만의 농지개혁(주익종).

39 『新東亞』(2015. 12), 인터뷰 '이승만과 김구' 연구 권위자 손세일(송홍근), p.135.

공했다는 것을 쿨하게 인정하자면서 대한민국의 성공은 농지개혁에 성공한 평등한 나라였기 때문에 가능했다고 역설하고 있다. 주대환은 다음과 같이 이승만의 대한민국 건국의 성공은 농지개혁의 성공이 그 원동력이 되었다고 강조하고 있다.

> 우여곡절 끝에 성립된 대한민국 정부의 농지개혁은 성공적이었다. 주 씨는 "대한민국은 농림부장관이었던 죽산 조봉암이 설계하고 인촌 김성수 선생이 도운 농지개혁이 성공하면서 유례없이 평등한 나라로 출발했다"며 "6·25전쟁의 영향까지 더해져 전근대적 신분질서의 잔재가 청소됐다"고 말했다. 소작농小作農은 소출의 30%를 5년 동안 내는 지극히 유리한 조건으로 소유권을 얻었다. 농지개혁은 중국처럼 공산화되는 것을 막기 위한 '예방 혁명'의 성격도 있었다. 그는 "6·25전쟁에 징집된 병사들이 용감하게 싸웠던 것은 그들이 6·25전쟁이 일어나기 두 달 전 완료된 농지개혁으로 자기의 땅을 갖게 된 자영농自營農의 아들이었기 때문"이라고 말했다. "인촌은 한민당의 실질적인 오너였지요. 그런데 대세로서 농지개혁을 받아들입니다. 인촌이 하자고 하니까 중소 지주들도 꼼짝없이 따를 수밖에 없었던 거지요."[40]

김일성金日成, 1912~1994은 박헌영의 말대로 서울만 점령하면 남한 농민이 총궐기하여 적화통일이 달성될 줄 알았는데 오히려 남한 농민은 대한민국에 충성을 바치게 되어 그의 적화통일 야욕은 좌절되고 말았다. 김일성은 마침내 박헌영을 '미제 간첩' 혐의로 몰아서 1956년 처형하고 말았다. 박헌영의 정체를 파헤친 이는 뉴욕 타임스 특파원 존스톤이었다.[41]

---

40 『東亞日報』(2017. 4. 1), 토요일에 만난 사람 운동권 이론가였던 前 민노당 정책위 의장 주대환 씨(조종엽).

41 『朝鮮日報』(2015. 1. 9), 박헌영 아들 원경 스님 인터뷰 : 北서 처형된 아버지 원수 갚으려…청년시절 해군 특수부대 자원입대; 金乙漢, 『여기 참사람이 있다』, pp. 88~91, 朴憲永의 正體.

6. 서정주의 대한민국 정부수립 기념가 친일논란

진보 좌파는 '대한민국 정부수립 기념가'를 작사한 서정주徐廷柱, 1915~2000를 친일파라고 매도하기 시작했다. 서정주는 살아남기 위해 인고忍苦의 세월을 보내면서 총독부가 시키는 대로 친일성 글을 발표했다. 그의 친일작품은 친일시는 4편, 산문까지 합치면 10여 편이다. 서정주는 생전에 "국제정세에 대한 무지로 일본 지배가 오래갈 것으로 알고 판단착오를 했다"고 실토하면서 "나의 실제 이상으로 눈감아주는 어느 우수리도, 나의 실제보다 얕잡아보는 어느 에누리도 나는 절대 바라지 않는다"고 말했다. 자신이 저질렀던 친일행위만큼의 처벌을 달라는 부탁이었다.

서정주의 대표작 '국화 옆에서'(1947)는 중고등학교 교과서에 올라 국민들이 애송하는 민족적 향취가 녹아있는 서정시이다. 그럼에도 불구하고 이것마저 "국화는 일본 왕실의 문장紋章"이라며 일왕을 찬양하는 작품이라고 규탄하면서 '친일파의 거두' '완벽한 친일파'라며 돌을 던지고 있다. 서정주와 같은 시기를 살았던 나운규羅雲奎, 1902~1937는 영화 '아리랑'(1926)을 제작했다. 일제 식민지 정책에 신음하는 민족의 비분을 그린 최대 항일영화이다. 나운규는 남북한 공히 '민족 영화의 아버지'라고 격찬을 받고 있다.

김일성의 회고록 '세기를 넘어서'에서 "나운규 등은 '아리랑'을 비롯한 민족적 향취가 강한 영화들을 제작하여 우리나라 예술인의 실력을 과시했다"고 적혀있다. 하지만 '아리랑' 개봉당시의 기록을 보면 감독은 나운규가 아니라 일본인 쓰모리 히데카쓰였고 제작회사는 일본인 소유의 조선키네마였다. 여기서 나운규는 '친일강요'를 받아야만 하는 일제 말기를 살지 않았는데 비해 서정주는 친일강요를 받아야만 하는 시대상황

에 처했다는 사실이다. 이 때문에 양인의 친일낙인의 명암이 교차되고 있다.[42]

일제말기의 친일강요를 받아야만 하는 시대정신은 '절망'이다. 이에 서정주는 친일강요로 친일성 글을 썼기 때문에 친일파라는 낙인이 찍힌 것이다. 서정주는 1987년 10월에 자신은 친일강요를 받아 친일성 글을 써야만 하는 절망적 시대 상황을 넋두리한 '종천순일파從天順日派'라고 하는 참회성 시를 발표했다. 이는 '종천순일파'라는 의미심장한 상징적 시제詩題가 아닐 수 없다. "하늘이 이 겨레에게 내려준 숙명적 팔자이며 이는 불가피한 민족적 시련이기에 천명天命을 따르고 일본의 통치를 인종忍從하는 수밖에 없다"라고 해석할 수 있다.

從天順日派(종천순일파)?

1943년 가을부터 약 반半해쯤
나는 선배先輩 문인文人 최재서崔載瑞 씨의 요청으로
그의 출판사出版社 인문사人文社에 들어가
일본말 시잡지詩雜誌 '국민시인國民詩人'의 편집일을 맡았으나,
근년에 민중문학가民衆文學家 일부에서 나를 지탄指彈하고 있는 것 같은
그런 비양심이나 무지조無志操를 내가 느끼면서 그랬던 건 아니고
이게 내게도 불가피不可避한 길이라고 판단되어서 그랬을 뿐이다.

일본日本은 이미 벌써 만주滿洲를 송두리째 그들의 손아귀에 넣어
만주제국滿洲帝國이라는 그들의 괴뢰정권傀儡政權을 세운지 오래였고,
중국의 중화민국정부中華民國政府도 먼 서쪽 변방邊方으로 쫓아내고,
왕조명汪兆銘이를 시켜 남경南京에 더 큰 괴뢰정부傀儡政府를 세웠으며,
싱가포르를 함락하고,

---

42 『東亞日報』(2015. 1. 8), 시인 서정주를 위한 변호(홍찬식).

필리핀을 입수入手하고,
동남아東南亞 전체를 먹어 들어가며
"대동아공영권大東亞共榮圈을 세우자"고 우리 겨레에게도 강요하고 있어
그들의 이 무렵의 그 욱일승천지세旭日昇天之勢 밑에서
나는 그 가까운 1945년 8월의 그들의 패망敗亡은 상상도 못했고
다만 그들의 백년 2백년 3백년의 장기지배長期支配만이
우리가 오래 두고 당할 운명運命이라고만 생각했던 것이니,
처자妻子를 거느리고 또 자손子孫의 살아남을 길도 내다보아야 하는
나 같은 사람의 인문사人文社 입사入社는
그저 당연當然한 것으로만 이때엔 판단判斷되었을 뿐이다.
또 달리 호구연명糊口延命할 길도 아무것도 없었다.

그러나 이 무렵의 나를 '친일파親日派'라고 부르는 데에는 이의異議가 있다.
'친親하다'는 것은
시타구니와 사타구니가 서로 친하듯 하는
뭐 그런 것도 있어야만 할 것인데
내게는 그런 것은 전혀 없었으니 말씀이다.
'부일파附日派'란 말도 있긴 하지만
거기에도 나는 해당되지 않는 걸로 안다.
일본日本에 바짝 다붙어 사는 걸로 이익을 노리자면
끈적끈적 잘 다붙는 무얼 가졌어야 했을 것인데
나는 내가 해준 일이 싼 월급月給을 받은 외外에
그런 끈끈한 걸로 다붙어 보려고 한 일은
단 한 번도 없었기 때문이다.
나는 이때 그저 다만,
좀 구식舊式의 표현을 하자면-
"이것은 하늘이 이 겨레에게 주는 팔자다"하는 것을
어떻게 해서라도 익히며 살아가려 했던 갓이니

여기 적당한 말이려면
'종천순일파終天順日派' 같은 것이 괜찮을 듯하다.
이때에 일본식日本式으로 창씨개명創氏改名까지 하지 않을 수 없었던
우리 다수동포多數同胞 속의 또 다수多數는
아마도 나와 의견意見이 같으실 듯하다.

몽고침략蒙古侵略을 당하며 살던
우리 고려인高麗人들의 심상心像이 어땠었는지는
딱은 모르지만,
나는 이조李朝 사람들이 그들의 백자白磁에다 하늘을 담아 배우듯이
하늘의 그 무한포용無限包容을 배우고 살려 했을 뿐이다.
지상地上이 풍겨 올리는 온갖 미추美醜를
하늘이 '괜찮다'고 다 받아들이듯
그렇게 체념諦念하고 살기로 작정하고
일본日本 총독부總督府 지시指示대로의 글도 좀 썼고,
일본군사령부日本軍司令部의 군사훈련軍事訓練 때엔
일본군복日本軍服으로 싸악 갈아입고
종군기자從軍記者로 끼어 따라다니기도 했던 것이다.

서울 용산주둔龍山駐屯의 일본군日本軍 사단師團이
김제金堤 만경평야萬頃平野 일대一帶에서 전쟁연습을 하고 있었는데
이때 어느 휴식시간休息時間의 어느 귀퉁이 풀밭에서던가
같이 종군從軍해 있던 최재서씨崔載瑞氏가
문득 내 목을 끌어안고 딩(뒹)굴며 울던 일은
지금도 눈에 역력히 보이는 것 같다.
도스토에프스키이의 무슨 소설小說 속의 심리心理 이얘(야)기를
하고 있던 판이었는데….
그러나 나는 눈물도 나지 않았었다.43

김구는 그의 마지막 정치카드인 남북협상에 의한 통일정부 수립안이 북한측의 일방적 무시로 완전 실패한 데 뼈저린 좌절감에 빠졌다. 이런 상황에서 그는 그의 정치기반인 한독당의 기반세력을 재정비 강화함으로써 통일정책 이념을 구현해보려고 기도했다. 이리하여 김구는 1949년 1월 16일 한독당 '제6계 제5차 중앙집행위원회(임시)에 제際하여 동지제위同志諸位께 고함'44이란 연설을 행했다. 이 연설문을 분석 · 겸토해보면 다음과 같이 요약 정리해볼 수 있다.

먼저 2차 세계대전 종전 이후 4개년간의 국제정세를 보면, △베를린 문제(4대국 분할점령) △팔레스타인 문제 △인도네시아에 대한 화란의 침략전쟁을 저지하기 위한 아시아회의의 개최 △중국대륙 문제 즉 모택동毛澤東 중공군의 중원대륙 장악과 장개석蔣介石 국민당 정부의 지방정권화地方政權化 △강력한 반공정책을 표방하는 공화당 후보를 누르고 민주당 트루먼이 미국 대통령에 당선된 것 등이다. 이상 5개국의 국제정세의 공통점은 전쟁보다는 평화를 갈망하고 있다는 것이다. 그러므로 한반도 문제도 국세징세의 큰 조류(평화)에 발맞추어 남북한 간에 전쟁을 통한 남북통일을 지양하고, 평화적 타협에 의해 통일정부를 수립해야 한다고 호소하고 있다. 백범의 정치이념은 다음 세가지로 압축해 볼 수 있다.

---

43 『日刊 스포츠』(1987. 10. 9), 팔할이 바람 譚詩로 엮은 自敍傳 '從天順日派?' 總督府 지시대로 글도 좀 썼고, 日本軍服으로. 未堂 徐廷柱; 『미당 서정주 전집』(〈주〉은행나무, 2015), 권 4, pp.233~236, 종천순일파?.

44 『第6屆 제5차 中央執行委員會(임시)에 際하여 同志諸位께 告함』, 謄寫本文書(26×18cm, 金源模 所藏) 총 9면, 1면당 15행이며 첫머리에 만년필로 '金九' 자필서명이 명기되어 있다. 연설문 내용 중 잘못을 바로잡기 위해 만년필로 교정까지 본 것으로 보아 김구가 남긴 自作연설문임을 알 수 있다. 이는 1949년 1월 16일 행한 백범 김구의 생애 최후의 연설문이다. 이 문서 입수 후 관계문헌에 이 연설문이 소개되어 있는가를 확인해본 결과, 『白凡語錄』(백범사상연구소) 305~310쪽, 『東亞日報』(1949. 1. 18), 宋建鎬 편, 『金九』, 327~330쪽 등에 연설문 일부가 게재되어 있을 뿐 연설문 전문이 소개되지 않았고 내용도 상이한 점이 많았다. 김구는 생애 최후의 연설을 행하고는 1949년 6월 26일 극우파 청년의 흉탄을 맞고 운명한 것이다.

> 첫째, 미소 양군의 무조건 철수를 주장하고 있다. 소련군은 이미 북한에서부터 완전철수했으나 미군 3만명은 남한에 계속 주둔하고 있었다. 유엔도 주한미군을 승인하고 있었다. 미소 양군의 조속한 철수 이행을 위해 미소 양군은 등지고 서로 적개심을 고취하지 말고 국방군과 인민군은 서로 뭉치는 결의와 태세를 보여야 한다.
>
> 둘째, 남북통일 문제이다. 미소 양군의 완전 철수 없이는 남북통일은 불가능하다고 보았다. 그러므로 양군 동시 철수로 외세간섭 없이 동족간의 유혈전쟁 없이, 오로지 평화로운 민주방식에 의하여 조국의 통일 · 독립을 완수하자는 것이었다.
>
> 셋째, 남북협상 문제이다. 백범은 남북통일은 평화적인 남북협상을 통해서만 가능하다고 확신하고 있다. 그렇지 아니하면 동족상잔의 민족적 비극을 자초할 것이라고 경고하고 있다. 김구는 "금일 삼천만의 갈망하는 바는 외국의 간섭이 없이 동족의 유혈이 없이 오직 평화로운 민주방식에 의하여 조국의 통일 · 독립을 완성하는 것이다. 조국이 평화롭게 통일을 하지 못하면 정치적으로 독립을 얻을 수 없고 경제적으로 생존을 구할 수 없는 것을 그들이 투철히 인식하고 있다."라고 남북협상의 당위성을 밝히고 있다.

일부에서는 남북협상을 싫어하고 있는데, 이는 제1차 남북협상4金會談에서 양측이 약속한 합의사항을 북한측이 일방적으로 파기하고 인민공화국을 수립했기 때문이라고 지적하고 있다. 그러나 백범은 북한 공산체제 안에서도 세계 신조류평화와 삼천만의 욕구남북통일 열망에 순응, 남북협상을 원하는 진보적 애국분자가 증가일로에 있다고 낙관하고 있다. 소련의 국제공산주의 이데올로기를 탈피, 유고슬라비아는 이미 독자노선을 취했고, 프랑스 공산당도 독자노선으로 자르 루르 점령을 찬성했고, 이탈리아 공산당도 트리에스테 점령을 찬성하고 있다. 이렇듯 국제조류에 따라 북한 공산당도 소련의 국제공산당을 이탈, 결국 독자노선을 취하여 남북협상에 응할 것으로 전망하고 있다.

김구는 끝으로 서울에서 조국통일을 위한 남북협상회의 개최를 제의했다. 일부에서는 이것을 공염불인양 코웃음을 치고 있지만, 그것은 실천 가능한 일이고, 이 길만이 자주·민주의 통일·독립노선이며, 남북협상을 통해 최후 승리를 거둘 수 있다고 확신하고 있었다. 1947년 2월 7일 이승만이 미국에서 남한 단독정부 수립안을 발표한 이후부터 백범은 우남의 정치노선과 상이한 단정반대單政反對 정치이념으로 남북통일 정책을 추진·실천하려다가 마침내 이를 적대시하는 반대세력에 의해 희생된 것이다.

결국 백범은 외군 철수로 외세의 간섭 없이 한반도 문제는 그 어떠한 국제적 원조에 의존하지 말고 한국인 스스로의 자주적인 힘에 의해 독자적으로 해결하자는 것이었다. 그러나 이는 김구의 실현 불가능한 순진한 정치이상일 뿐 현실성이 결여된 것이었다.[45]

김구의 남북협상 전략의 맹점은 주한미군 철수 후 대남 침략전쟁을 통해 적화통일을 이룰 것이라는 김일성의 통일전략을 전혀 예측하지 못했을 뿐만 아니라 김일성의 미래 행보참계획) 조차 알아차리지 못했고 이를 예견할 선견지명도 없었나는 것이다. 김구는 4김김구·김규식·김일성·김두봉회담 석상에서 김일성이 이승만을 가리켜 "미제의 주구, 더러운 매국노"라고 원색적인 욕실과 모욕적 발언을 직접 듣고도, 그리고 김일성은 시종일관 주한미군 철수를 주장했음에도 불구하고 김일성의 진짜 저의底意, 남침계획를 파악하지 못하고, 남북협상을 통한 통일정부 수립만 되풀이 했다는 것이다. 손세일은 백범의 남북합작을 통한 통일정부 수립주장은 판단 착오라고 진단했다. "김구의 판단 착오다. 북한이 같은 민족으로 협상해 얘기가 통하리라고 믿은 것은 실수다. 옛 소련 비밀해제문서에 1945년 9월 스탈린이 점령지역에 부르주아 연립정부를 만들라고 지시한 내용이 담겼다. 공산정부를 만들라는 것은 아니었

45 金源模,「白凡 金九 최후의 演說文」,『新東亞』(1989. 6), pp.464~475.

다고 주장하는 좌익학자도 있으나 실상을 모르는 소리다. 협상으로 이뤄질 게 없었다. 백범의 오판이다."[46]

---

46 『新東亞』(2015. 12), pp.133~134.

제3장

김일성의 적화통일 야욕과 이승만의 국가안보전략

1. 김일성의 6·25 남북전쟁 도발

1950년 전후기 김일성에게는 국내외적으로 남침전쟁을 전개할 호재가 연달아 발생했다. 우선 거대한 중원대륙이 모택동毛澤東의 중공군에 의해 공산화 통일이 되고 장개석蔣介石의 국민당 정부는 대만臺灣으로 쫓겨나 지방정부로 전락했다는 사실이다. 남북협상에서 김일성이 그토록 외군철수를 주장했던 주한미군은 1949년 6월 29일 전면 철수를 완료했다. 1950년 1월 12일 애치슨 국무장관은 "미국의 태평양 방위선은 알류샨 열도에서 일본 본토를 거쳐 오키나와에 이르고 다시 필리핀 군도에 이어져 있다"는 '애치슨 라인Acheson Line'을 선언했다.[1]

이는 한반도는 미국의 방위선에서 제외되었다는 것이다. 그러므로 김일성은 남침전쟁을 감행하더라도 미국의 군사적 개입은 없을 것이라고 판단하고, 마침내 1950년 6월 25일 러시아제 탱크를 앞세워 새벽에 기습적인 6·25 전면 남침전쟁을 도발했다. 북한 인민군은 러시아 탱크를 앞세우고 3일만에 서울을 점령했다. 서울점령을 완수한 박헌영朴憲永,

1 김원모, 『한미외교관계100년사』, 철학과현실사, 2002, pp.526~527.

1900~1955은 적화통일은 이루어진 것처럼 고무되어 라디오 연설에서 "엄숙한 시기에 전체 남반부 인민이 어찌 총궐기하지 아니하겠습니까. 무엇을 주저할 것입니까. 모두 다 한 사람같이 일어나 정의의 전쟁에 적극 참가해야 합니다. 인민의 무기는 하나도 봉기요, 둘도 봉기입니다."[2]라고 선동·선전하고 있다.

6·25 남침전쟁이 발발하자 즉각 미국 트루먼 대통령은 6월 26일 세계평화에 위협을 주는 김일성의 침략행위를 단호히 규탄하는 성명을 발표하면서 한국을 원조·방어하겠다고 선언했다.

"본인은 일요일 저녁 국무장관과 국방장관 및 그들의 고위 보좌관, 그리고 각군 참모총장들과 함께 대한민국에 대한 기습공격으로부터 야기된 극동의 정세에 관해 논의했다.

이러한 침략행위의 책임자들은 미국정부가 그와 같은 세계평화에 대한 위협을 얼마나 심각한 것으로 간주하고 있는가를 깨달아야 할 것이며, 평화유지에 대한 의무를 고의적으로 저버리는 행위는 유엔헌장을 지지하는 모든 국가들에 의해 용납될 수 없는 것이다.

국경침략을 방지하고 국내안정을 도모키 위해 조직된 한국군은 북한 침략군에 의해 공격받았다. 유엔 안보이사회는 침략군들에게 적대행위를 중지하고 38선 이북으로 철수할 것을 촉구했다. 그들은 무력행위를 중지하기는커녕 오히려 공격을 강화했다. 유엔 안보이사회는 전 회원국들에게 동 결의안을 실행함에 있어서 모든 노력을 기울여줄 것을 요청했다. 이러한 상황에서 본인은 미 공군 및 해군에 대해 한국군을 호위하고 지원할 것을 명령하는 바이다."[3]

---

2 『新東亞』(2015. 12), p.135, 인터뷰 '이승만과 김구' 연구 권위자 손세일.

3 『韓美修交100年史』(新東亞 1982年 1月號 別冊附錄), p.154, 트루먼 大統領 성명(1950. 6. 26).

태평양전쟁의 영웅 일본 점령군 최고사령관 맥아더는 1948년 8월 15일 대한민국 정부수립식전에 참석, 신생 대한민국을 지켜주겠다고 약속했다. 6·25전쟁이 발발, 서울이 북한공산군에 점령된 지 이틀만인 1950년 6월 29일 바탄호를 타고 수원 비행장에 착륙했다. 임시수도 대전에서 이승만 대통령도 급거 수원에 와서 맥아더를 영접하면서 수원 서울대 농과대학 강의실 한구석에 회합, 북한 공산군 격퇴 작전회의를 했다. 맥아더는 준비가 갖추어지는 대로 미국은 전폭적인 지원을 약속했다.

이어 맥아더는 전세상황을 시찰하기 위하여 한강 연안으로 이동했다. 김종갑 대령이 통역으로 수행했다. 맥아더는 전방 시찰결과 대한민국의 방위능력이 이미 소멸되었음을 확인했다. 참호를 지키고 있는 한국군 병사에게 "자네는 언제까지 이 호 속에서 있을 건가?"고 묻자 병사는 "우리는 지금 맨주먹으로 싸우고 있습니다. 우리에게 무기와 탄약을 주십시요"라고 호소했다. 이 병사의 말대로 한국군의 무기는 너무나 구식인데다가 열악했음을 알 수 있다. 뿐만 아니라 미군 철수로 '힘의 공백상태'의 상황에서 김일성이 남침 3일 만에 서울을 점령한 것이다.

이에 맥아더는 "이 씩씩하고 훌륭한 병사에게 전해주시오. 내가 도쿄로 돌아가는 즉시 지원군을 보내줄 것이라고. 그때까지 용기를 잃지 말고 훌륭히 싸우라고" 맥아더는 한국이 당면한 최악의 위기는 미 지상군의 지원 없이는 기사회생이 불가능함을 확인하고, 일본주둔 미 8군의 보병 3개 사단이 긴급 출동할 수 있도록 트루먼 대통령에게 재가를 얻어내어 미 지상군을 신속하게 한국전쟁에 투입할 수 있었던 것이다.[4]

이승만은 7월 15일 대전에서 극동군 총사령관 맥아더에게 작전지휘권을 이양하겠다는 공한을 발송했다. "대한민국을 위한 국제연합의 공동군사노력에 있어 한 국내 또는 한국 근해에서 작전 중인 국제연합의 모

---

4 『東亞日報』(2016. 9. 1), 1950년 6월 29일, 그리고 인천상륙작전(박정자).

든 부대는 귀하의 통솔하에 있으며, 또한 귀하는 그 최고사령관으로 임명되어 있음에 감鑑하여 본인은 현 작전상태가 계속되는 동안 일체의 지휘권을 이양하게 된 것을 기쁘게 여기는 바이오며 여사한 지휘권은 귀하 자신 또는 귀하가 한국내 또는 한국 근해에서 행사하도록 위임한 기타 사령관이 행사하여야 할 것이다. 1950년 7월 15일 李承晩"[5]

이리하여 맥아더는 즉각 이를 수락함으로써 한반도의 안보를 책임지겠다는 결의를 표명했다. 1948년 8월 15일 이승만의 대한민국 정부수립 국민축하식 초청을 받고 김포공항에 첫발을 내디딘 맥아더는 출영 나온 이승만 대통령에게 "나는 캘리포니아와 내 조국을 지키듯 한국을 지키겠다"고 말했다. 이는 북한 인민군을 격퇴하고 한국의 안보를 지키겠다는 약속으로서 이제 맥아더는 그때의 약속을 실천하겠다는 각오로 전시 작전지휘권을 수락한 것이다. 이승만의 작전지휘권 이양으로 UN 16개국 참전을 유도함으로써 이승만은 대구-부산 낙동강 전선까지에 몰린 대한민국의 국가위기를 구출하는데 결정적 계기가 된 것이다.[6]

7월 18일 대전이 곡격당하면서 딘W. F. Deam 소장이 납치되어가고 국군과 유엔군은 낙동강 전선으로 밀리게 되자 7월 19일 이승만 대통령은 황급히 트루먼 대통령에게 간곡한 편지를 보낸다.

〈이승만의 친애하는 트루먼 대통령께(1950. 7. 19)〉

절망적인 위기를 맞은 한국에 신속하고 지속적인 원조를 제공해주신 각하에게 본인은 물론 대한민국 정부와 모든 국민은 깊은 감사의 뜻을 무슨 말로

5 『韓美修交100年史』(新東亞 1982年 1月號 別冊附錄), p.157, 指揮權移讓에 관하여 李大統領이 맥아더 장군에게 보낸 公翰(1950. 7. 15).

6 김원모, 『한미외교관계100년사』, p.546; 『朝鮮日報』(2015. 3. 7), 새로 쓰는 대한민국 70년 (9) 1948년 정부 수립된 날, 맥아더 "캘리포니아 지키듯 한국 지킬 것"(전봉관).

표현할지 모르겠습니다.

우리는 한국의 대의大義, 즉 자유의 대의를 위한, 많은 자유 우방의 국제연합을 통한 지원에 깊이 감사드리면서, 각하의 용감한 영도력이 이 난처한 위기를 당하여 발휘되지 않았던들 그러한 지지도, 원조도 없었으리라는 사실을 잘 알고 있습니다.

본인은 한국 전선에서 미군의 전사상자戰死傷者가 늘어난다는 사실을 보고받을 때마다 가슴이 아픕니다. 고국에서 머나먼 이곳에 와서 자유를 위하여 그렇게 많은 사람이 그들의 생명을 바치지 않으면 안 된다는 것은 비극적 사실입니다. 우리 군대는 우리의 국토 안에서 조국을 위하여 싸우고 있으니까 우리 군의 사상자 보고를 받는 것이 아무리 참혹하다고 해도 귀국의 희생자보다는 그나마 낫습니다.

이곳 한국 땅에서 죽고 다친 미국 병사들의 모든 부모 처자 형제자매들에게 부족하나마 위로의 말을 전하고 싶습니다. 우리 한국인들은, 미국의 위대한 전통을 이어받아 약자를 지켜주려고 이땅에 와서 잔인한 침략자들을 상대로 해방과 자유가 지구상에서 사라지지 않도록 생명을 내걸고 싸우고 피 흘린 그들의 용기와 희생을 결코 잊지 않을 것입니다.

대통령 각하, 위대한 귀국의 병사들은 미국인으로서 살다가 죽었습니다만, 세계시민으로서 그들의 생명을 바쳤습니다. 공산 파쇼집단Comminazis에 의하여 자유국가의 독립이 유린되는 것을 방치한다는 것은 모든 나라, 심지어는 미국 자신까지도 공격받는 길을 터주는 길이 됨을 알고 나라 사랑의 한계를 초월하면서까지 목숨을 바쳤던 것입니다.

각하도 아시다시피 한국인들은 그 누구도 참여하지 않은, '38도선에 관한 1945년의 군사결정'의 결과로 자신들의 의사에 반하여 분단되었습니다. 이와같은 분단은 북한에서 소련의 지령과 통제아래 한국인의 전통이나 정서와는 전적으로 이질적인 공산정권의 수립을 허용하고 말았습니다.

이 북한지역에서 군사 경찰 재정의 권력을 절대적으로 장악한 공산분자들은 소련의 지령하에 한국뿐만 아니라 미국과 대다수 국제연합 회원국가들에 대하여도 처참한 피해를 줄 수 있을 정도의 강력한 군사력을 키울 수가 있었습니다. 소련의 후원을 받는 북한정권이 6월 25일 새벽 한국군을 일제히 공격하였을 때 그들은 38선을 자유 대한과 노예 북한 사이의 군사분계선으로 유지할 수 있는 근거를 없애버렸습니다.

원상status quo ante회복을 시도함으로써 적敵이 전열을 가다듬어 또다시 공격할 수 있도록 시간적 여유를 주는 것은 참으로 어리석은 행동이 될 것입니다. 세계 공산주의자들이 우리나라의 가슴 속에 심어서 키워온 제국주의적 침략의 악성惡性 암세포들을 이번 기회에 영원히 도려내야 합니다. 북한 사람은 남한 사람과 차이가 없습니다. 외부세력이 훈련시키고 조종하는 소수의 공산주의자를 제외한 모든 한국인은 그들의 조국에 충성합니다. 이 전쟁은 남과 북의 대결이 아닙니다. 이 전쟁은 우리나라의 절반을 어쩌다 점거하게 된 소수의 공산주의자와 압도적 다수의 한국시민(그들이 어디에 살든) 사이의 대결입니다.

한국정부와 국민은 이제 한반도를 통일할 때가 왔다고 생각합니다. 한국과 강력한 우방이 치르는 막대한 희생을 딛고 통일도 이루지 못한다면 이는 언어도단입니다.

대통령 각하, 각하께서도 같은 결론에 도달하셨을 것으로 본인은 확신하는 바이지만, 우리 정부의 입장을 각하께 분명히 밝히고자 합니다.

한국정부는 대한민국정부의 동의나 승인 없이 한국에 관하여 장차 타국他國이나 국가 그룹에서 결정하는 어떠한 협정이나 양해사항도 이를 구속력이 없는 것으로 간주할 것입니다. 본인은 각하께서 최근에 발표하신 성명서를 통하여 이것이 또한 미국정부의 입장이라고 믿습니다.

본인은 매일 기도합니다. 한미군韓美軍의 승리를 위하여 날씨가 맑아져 미 공군 전투기가 적을 발견하고 파괴할 수 있도록, 그리고 충분한 병력과 물자가 최대한 빨리 도착하여 공세로 전환, 강고한 적군의 진영을 돌파, 승리의 북진을 시작할 수 있도록 매일 기도합니다.

본인은 우리의 대의가 궁극적인 승리를 거두리라는데 추호의 의심도 하지 않습니다. 본인은 정당성right과 강력함might이 우리 편이란 사실을 잘 압니다. 영원히 계속될 친애親愛의 마음을 담아서 편지를 보냅니다.

1950년 7월 19일 이승만[7]

이 편지로 미군의 파병이 신속하게 이루어졌고 맥아더 장군의 인천상륙작전으로 서울이 수복되었고 이에 고무된 이승만은 북진통일을 외치며 휴전선을 넘어 북진작전을 수행할 수 있었다.

1970, 80년대에 북한관계 자료열람금지가 해제됨에 따라 수정주의 역사해석이 난무했다. 심지어 6·25는 남침이 아니라 북침이라는 좌편향 역사인식이 난무하고 있다. 결국 남북 분단과 6·25의 죄책罪責을 김일성에게는 불문에 붙이면서 면죄부를 주고, 모든 책임을 적반하장격으로 이승만에게 뒤집어씌우고 있다. 이승만은 국공합작國共合作이 결국 중국의 적화통일이 될 것이라는 것을 예단하고 좌우합작左右合作을 거부하고 남한 단독정부 수립을 추진하겠다는 대영단을 내려 대한민국 정부를 수립한 것이다. 김일성은 남북협상1948. 4. 19을 주재하면서 "주한미군 철수 후 정치회의 소집"을 고집했다. 결국 남북협상은 미군 철수 후 남반부 적화통일이라는 김일성의 통일전략책동에 이용만 당했다.

그러면 6·25는 누가 일으킨 것인가? 1993년 공개된 옛 소련의 외교문서에 의하면 김일성·스탈린·마오쩌둥毛澤東의 합작임을 확인할 수 있다. 김일성-스탈린 대화내용에 의하면 김일성은 전쟁도발 1년 전인 1949년 3월 모스크바를 방문, "이제 상황이 무르익어 전 국토를 무력으로 해방할 수 있게 됐습니다. 우리의 군대는 강하고 남조선에는 강력한 빨치산 부대의 지원이 있습니다"라며 남침을 승인해달라고 요구하자, 스탈린은 "남침은 불가하다"며 남한이 먼저 공격해오면 반격기회를 노리라고 주문했다. 김일성은 1949년 5월에 국공國共 내전 중인 중국을 방문, 남침 지원요청을 하자, 마오쩌둥은 "국민당을 패퇴시켜 중국을 완전히 지배할 때까지 결정적인 행동을 기다려 달라"고 밝혔다. 중국 공산당

---

7 심훈가 종손 심천보 지음, 영광의 대한민국 진실된 바른 역사의 서술 『우리는 누구인가 우리는 어디로 가는가』(조선뉴스프레스, 2021), pp.185~187, 친애하는 트루먼 대통령께(이승만).

은 국민당 정부와 국공내전國共內戰 중이었다.

그런데 1949년 가을 중국의 공산혁명이 성공하면서 동아시아의 국제적 정치질서는 김일성에게 절대 유리하게 급변해졌다. 이제 김일성은 한반도 적화통일의 절호의 기회가 도래했다고 판단, 1950년 4월1950. 3. 30~4. 25 다시 모스크바를 방문, 한 달 가까이 머물면서 스탈린으로부터 남침에 대한 동의를 얻어내고 군사지원 약속까지 받아냈다. 이어 1950년 5월에는 중국 공산당에게 남침 승인을 받아낸 것이다.

결국 6·25는 옛 소련-중공-북한 등 공산주의자들이 한반도를 공산주의 진영의 아시아 전진기지로 삼으려는 이해관계가 맞아떨어졌기 때문에 발생한 전쟁이다. 이와 같이 6·25 전쟁을 누가 일으켰는지에 대한 학술적 규명은 이미 끝난 상태이다. 그럼에도 불구하고 북한 교과서 '현대조선력사'에는 "리승만은 1950년 6월 23일부터 38도선의 공화국 지역에 대해 집중적인 포사격을 했으며 6월 25일에는 전면전쟁으로 확대됐다"고 이승만의 북침을 강조하고 있다.[8]

해방을 맞이한 한반도에는 인위적 38선을 경계로 이북에는 소련의 국제공산주의가, 이남에는 미국의 자유민주주의가 상호 교차·대립하는 이데올로기의 전쟁터로 화하고 말았다. 니일Fred W. Neal이 지적한대로 한반도에는 미소 간에 서로 양도할 수 없는 이해관계가 상충되고 있었으니, 이를 '기본 이익이론The Theory of Core Interests'이라 한다. 즉 국가의 기본이익이란 해당 국가의 생존을 위해 침해되어서는 안 될 불가침의 영역에 속한다는 것이다. 이럴 경우 약소국은 단순히 영토를 보전하는 것만으로 기본이익이 충족되지만, 강대국의 경우 기본이익은 국경을 넘어 연장되고 있다. 소련의 기본이익은 동부 국경에서의 북한을 위성국衛星國

8 『東亞日報』(2010. 6. 19), 스탈린과 김일성의 남침(송찬식); 2010. 6. 26), 6·25 전쟁은 어떻게 일어났나(化汀평화재단); 2016. 10. 13), 6·25 남침 공모한 중국의 역사왜곡(남시욱).

으로 확보하는 것이고, 미국의 경우 기본이익은 한반도를 어떻게 해서라도 공산화를 방지하는 것이었다. 이로써 한반도는 전후 세계의 이목이 집중되는 미소 양 진영 간의 냉전Cold War의 각축장이 되고 말았다.[9]

스탈린은 1950년 1월 30일 김일성의 남침계획에 동의하면서 한국전쟁 직전에 북한이 구상무역과 차관의 형태로 약 5,000만 달러 상당의 최신 소련제 무기와 장비를 구입할 수 있도록 허용했다. 뿐만 아니라 제2차 세계대전 당시 독소전쟁의 영웅인 바실리예프A. B. Vasiliev 장군을 북한에 파견하여 남침계획을 직접 수립하도록 독려했다는 사실이다. 브루스 커밍스Bruce Cumings의 '한국전쟁의 기원'에 의하면 '제2의 모자이크 second mosaic'라는 가설의 형태로 한국전쟁이 발발했다는 것이다. 이 가설의 핵심은 1950년 6월 24~25일 새벽, 남한군의 옹진반도에서의 도발과 이에 대한 북한군의 반격이 동시에 발생했고, 이것이 연쇄반응을 일으켜 전쟁이 옹진반도에서 철원, 금화, 양양 등 38선 전역으로 확전되어 마침내 한국전쟁이라는 전면전이 일어났다는 것이다. 결국 커밍스는 옹진반도에서의 남한군의 선제 도발이 한국전쟁 발생의 원인이라고 규정하면서 6 · 25전쟁의 책임이 미국과 남한에 더 많이 있다는 수정주의적 역사해석을 내린 것이다.

남한의 종북세력은 이 커밍스의 '모자이크 가설'을 신봉, 6 · 25는 남침이 아니라 북침이라고 주장하게 된 것이다. 커밍스는 최근 '한국전쟁: 역사'를 발간했는데, 6 · 25전쟁은 "헛되고 더러운 전쟁"이 라고 밝히고 있다. 워싱턴포스트는 1980년대 남한 좌파의 영웅이 됐던 저자가 새롭게 밝혀진 자료를 무시했고 잔인한 북한 정권과 달리 대한민국은 경제적 번영과 민주주의를 구가하는 나라가 된 사실도 외면했다고 비판했다.[10]

---

9 김원모, 『한미외교관계100년사』, p.526; Neal, Fred W., "The Theory of Core Interests and U. S.-Soviet Cold War", *Second Annual Meeting of the Internatioal Studies Association, Boulder, California, 1961.*

미국 외교사에서 가장 큰 족적을 남긴 헨리 키신저Henry A. Kissinger가 최근 발간한 그의 회고록 '중국에 관하여On China'에서 "미국과 중공, 옛 소련의 권력관계를 송두리째 변화시킨 6 · 25전쟁은 아이러니하게도당시 만 해도 국제무대에서 가장 존재감이 적었던 북한 김일성의 계략machinations을 통해 시작했다."고 김일성의 남침계획을 적출하고 있다. 그 이유는 스탈린-김일성은 6 · 25전쟁을 도발해도 미국이 한국전에 개입하지 못할 거라고 오판했기 때문이라고 분석하고 있다. 스탈린은 1949년부터 거듭된 김일성의 남침 승인요구를 거부해왔었다. 그 이유는 미국을 상대하기에 부담이 되었기 때문이다.

1950년 4월 모스크바를 방문한 김일성을 만난 자리에서 스탈린은 마침내 남침계획을 승인했다. 영국 정보부 출신 소련 스파이인 도널드 매클린을 통해 입수한 미 국가안보회의NSC 극비문서NSC-48/2 · 1949년 12월 30일 작성가 김일성의 남침계획에 결정적 영향을 끼친 것이다. 이 문서에 담긴 "한국은 미국의 극동방어선 외곽에 있다"는 대목을 보고 "미국이 한국전에 개입하지 않을 것"이라고 오판했다는 것이다. 이 내용은 '애치슨 라인'으로 알려진 1950년 1월 '애치슨 연설'에서 공표되지만 외부에 공개되지 않은 극비문서에서도 이 내용이 확인됨에 따라 미국의 개입불가를 신뢰할만한 정보로 확신하게 됐다는 것이다.[11]

캐서린 웨더스비미 존스홉킨스대 교수는 옛 소련 비밀해제문서를 연구하여 브루스 커밍스의 수정주의 역사관을 깨뜨린 6 · 25전쟁 연구 전문가이다. 6 · 25전쟁은 김일성이 제안해서 스탈린이 승인, 주도면밀하게 기획

---

10 Bruce Cumings, *The Origins of the Korean War*(Princeton : Princeton University Press, 1990), vol. 2, pp.568~621; 김영호, 「한국전쟁 원인의 국제정치적 재해석-스탈린의 롤백이론」, 박지향 · 김철 · 김일영 · 이영훈 엮음, 『해방전후사의 재인식』, 책세상, 2006, 권 2, pp.177~214.

11 『東亞日報』(2011. 5. 19), 키신저 신간 '중국에 관하여' 속 6 · 25전쟁을 들여다보니, "스탈린-김일성, 한국전에 美 개입 못할거라 오판."(워싱턴-허태원 특파원).

된 남침이었다고 규정하면서, 6·25의 성격에 대해 그는 "6·25전쟁은 한반도 내 좌우 대립으로 일어난 것이 아니라 특정인에 의해 특정 시점에 특정 목적을 갖고 대단히 면밀하게 계획돼 일어난 국제전이다. 소련의 기밀문서는 전체주의 국가에서 책임소재를 분명히 하기 위해 방대하면서도 정교하게 작성되었는데, 그 문서를 종합하면 김일성이 제안하고 스탈린이 승인하는 한편 마오쩌둥이 도움을 주면서 주도면밀하게 기획된 침략전쟁이었다."라고 정의하면서 6·25는 남침이라고 규정하고 있다. 한국의 좌파들이 남침을 인정하지 못하는 것은 커밍스의 수정주의 역사관의 영향 탓이라고 지적하고 있다.[12]

북한 조선중앙방송국에서 근무하다가 탈북한 장하성(73)은 북한 중앙TV방송국 전속 아나운서 리춘희는 김일성 왕조가 가짜기사fake news를 날조한 뉴스를 방송하고 있다고 폭로하면서 6·25는 북침이 아니라 남침이라고 단언하고 있다. "남한이 아니라 북한이 6·25 전쟁을 일으켜 남침했고, 김정일은 1941년 러시아에서 태어났다"[13]고 증언했다.

이와 같이 북침설은 정설이 아니라는 자료가 나옴으로써 김일성의 계획적 남침설은 더욱 역사적 사실로 드러나고 있다. 북한 공산군이 서울을 3일만에 함락하고 대구-부산 지역을 제외한 남한 전역을 석권·점령해서 김일성이 전쟁승리에 도취했을 때 맥아더 유엔군 최고사령관은 9월 15일 인천상륙작전을 단행, 9월 28일 서울이 수복된 것이다. "'슬로우 모션느림뱅이'으로 유명한 미국이 그같이 신속 과감하게 전쟁에 개입한 것은 물론 조류潮流관계로 모든 막료幕僚가 반대하는 것을 물리치고 감연히 인천상륙작전을 단행해서 수도 서울을 다시 탈환한 것도 모두 맥아더 원수의 은공이 아니었던가? 그같이 그는 우유부단優柔不斷한 트루먼 행정

---

12 『東亞日報』(2011. 8. 3), 브루스 커밍스 수정주의 역사관 깨뜨린 웨더스비 美 존스홉킨스대 교수 인터뷰, "6·25 남침 못 믿는 사람들 있다니 안타깝다"(허진석).

13 *The Korea Times*, August 25, 2017. "Creating fake news for Kim dynasty."

부를 채찍질해 가며 이끌어오다가 필경 자신이 물러나게 되었으니 말하자면 그는 한국전쟁의 최대의 공로자인 동시에 또한 최대의 희생자이었던 것이다."[14]

개봉 영화 '인천상륙작전'의 맥아더 역을 맡은 할리우드 스타 리엄 니슨(64)은 맥아더는 세상의 운명을 좌우하는 어렵고도 무거운 인천상륙작전을 결행했다고 평가했다. 역사에 대해선 다양한 해석이 있을 수 있겠지만 맥아더 장군은 연합군 7만5000명의 장병을 태운 함선 261척을 이끌고 인천의 비좁은 수로에 상륙작전을 전개한 것은 아무나 할 수 있는 일이 아니다. "당시 인천상륙작전은 성공확률이 5000분의 1밖에 되지 않는다는 예측이 나와 당시 연합군의 나머지 장군들은 모두 '미친 결정'이라고 불렀다며 이를 강한 자신감으로 극복해낸 영웅적 면모가 존경스럽다."고 말하면서 모두가 인천상륙작전은 불가능이라고 얘기할 때 맥아더 장군은 이를 관철시킨 것이다. 김일성의 남침 지상목표인 한반도 적화통일 야욕은 이로 인해 좌절되는 운명의 역사가 뒤바뀐 것이다.[15]

2. 맥아더의 인천상륙작전과 이승만의 북진통일 주장

이승만 대통령은 서울 수복 후 즉각 이날 국군의 38선 이북 진격명령을 내렸고, 맥아더는 10월 1일 김일성에게 항복을 권유했다. 이제 김일성은 유엔군과 국군의 북진北進 작전이 있을 것으로 예측하고 10월 1일

14 金乙漢, 『事件과 記者』, 新太陽社出版局, 1960, p.218.
15 『東亞日報』(2016. 7. 14), 리엄 니슨, "한국전쟁에 늘 관심 많았다…맥아더를 연기한 건 큰 축복"(이지훈 기자).

모택동에게 황급히 중공군 파병을 호소하는 친서를 보낸 것이다. 김일성은 "약속한 바와 같이 중국 인민지원군의 직접 출동이 절대 필요하다"고 언급, 김일성이 모택동으로부터 남침 승인을 받았을 뿐만 아니라 중공군 병력지원 약속까지 받았다는 사실이 있었음을 입증해 주고 있다.[16]

〈김일성의 병력지원 요청 편지〉(1950. 10. 1)(철자법 그대로 옮김)〉

Kim Il-Sung's Letter to A mau Jedong Asking for Assistance

김일성이 1950년 10월 1일 모택동에게 보낸 병력지원 요청

존경하는 모택동 동지 앞

자기의 조국이 독립과 해방을 위하여 싸우고 있는 우리 조선 인민의게 당신께서는 배려를 베풀어 주시어서 각 방면으로 원조를 하여 주시는데 대하여 조선 로동당을 대표하여 우리는 충심으로부터의 감사를 드립니다. 미국 침약가들을 반대하는 우리 인민의 해방전쟁의 금일 전항황에 대하여 간단히 당신의게 말슴말씀을 들이려 합니다. 미국 침약군이 인천에 상륙하기 전에는 우리의 형편이 좋시 않엇디고 볼 수 없섯습니다. 적들은 패전에 패전을 거듭하여 남조선의 최남부 협소한 지역에 몰리어 드러가게 되어 최후 결전에서 우리가 승리할 가능성이 많아섰고 미국의 군사적 위신은 여지 없시 추락되었든 것입니다. 이에 미국은 자기의 위신을 만회하여 조선을 자기의 식민지와 군사기지로 만드려든 본대본디의 목적을 기여히기어이 달성하기 위한 대책으로 태평양 방면의 미국의 육해공군의 거이거의 전부를 동원하여 9월 16일에 마침내 대병력을 인천에 상륙 긴후시킨 후 서울시를 점령하였습니다. 전항전황은 참으로 엄중합니다. 우리 인민군은 상륙 침입한 미군 진격을 대항하여 용감이 싸우고 있습니다. 그러나 전선에는 우리의게 참으로 불리한 조건이 있다는 것을 말슴말씀 드리려 합니다. 적은 약 천대의 각종 항공기로 매일 주야를 구분하지 않고 전선과 후방 할 것 없시 마음대로 폭격을 부절이끊임없이 감행하고

16 『거제도 포로수용소』(거제시, 2010. 3. 31), 6·25 한국전쟁 연표, 1950. 9. 15~10. 1.

있습니다. 그러나 우리의 편으로 부터는 그를 대항할 항공기가 없는 조건여서 적들은 참으로 공군의 위력을 충분히 발휘하고 있습니다. 각 전선에서는 백여대 편성의 항공부대의 엄호하에서 적의 기계화 부대들이 활동하며 또한 특히 우리 부대들을 저공비행으로 다수 살상합니다. 후방에서 적의 항공기들은 교통, 운수, 통신기관들과 기타 시설들을 마음대로 파궤파괴하며 적들의 기동력이 최대한도로 발휘되는 반면에 우리 인민군 부대들의 기동력은 약화 마비되고 있습니다.

이것은 각 전선에서 우리가 체험한 바입니다. 적들은 우리 군 부대들의 교통, 운수 연락망을 차단하고 진격을 계속하여 인천 방면으로 상륙한 부대들과 남부 전선에서 진격하든 부대들이 연결됨으로 서울을 점령할 수 있게 되었습니다.

그런 결과 남반부에 잇는 우리 인민군 부대들은 북반부로부터 차단되고 남반부 전선에 있는 부대들도 여러 토막으로 차단되었습니다.

그리하여 우리 군부대들은 무기와 탄약 등 공급을 받지 못하고 있을 뿐만 안이라 몇 개 부대들도 서로 분산되어 있으며 그중 일부는 적의게 포위되어 있은 형편에 처하여 있게 되엇습니다. 서울시가 완전히 점령된다면 적은 38도선을 넘어 북조선을 침공할 것입니다. 그러기 때문에 우리가 금일과 갓튼 불리한 조건을 계속하야 가지고 있게 되면 적의 침입은 결국 성공할 것이라고 우리는 봅니다. 우리의 운수 공급문제를 해결하고 기동력을 보장하자면 무엇보담도 해당한 항공력을 가저야 하겟습니다. 그러나 우리의게는 임이이미 준비된 비행사들이 있습니다.

친애하는 모 동지시여

우리는 여하한 난관에 봉착하더라도 그것을 극복하면서 조선을 미 제국주의자들의 식민지와 군사기지로 내놓지 않을 것입니다.

우리의 독립, 민주와 인민의 행복을 위하여서는 최후의 피 한 방울까지도 이지잊지 않고 싸울 것을 우리는 굳게 결심하고 있습니다. 우리는 전력을 다하여 새 사단을 많이 조직 훈련하며 남반부에 있는 여만의 인민군 부대들을 작전상 유리한 일정한 지역에로 수습 집결하며 또한 전 인민을 총 무장하여

서까지 장기전을 계속할 모든 대책들을 강구 실시합니다.

그러나 적들이 금일 우리가 처하여 있는 엄중하고 위급한 형편을 이용하여 우리의게 시간여유를 주지 않고 계속 진격하여 38도선을 침공하게 되은 때에는 우리의 자체의 힘으로써는 이 위기를 극복할 가능성이 없습니다. 그러므로 우리는 당신의 특별한 원조를 요구하지 않을 수 없게 됩니다. 즉 적군이 38도선 이북을 침공하게 될 때에는 약속한 바와 갓치 중국 인민군의 직접 출동이 절대로 필요하게 됩니다. 이상과 갓튼 우리의 의견을 당신의게 제이제의하게 되오니 이에 대한 당신의 회답을 우리는 기다립니다.

조선 로동당 중앙위원회 김일성金日成

박헌영朴憲永

1950. 10. 1일 평양시[17]

6 · 25는 남침이 아니라 북침이라는 좌편향적 수정주의 사관史觀의 위세에 편승, '우리민족끼리'를 내세우면서 국가보안법 철폐, 주한미군 철수를 외친 결과, 마침내 '북한=주적主敵' 개념을 삭제케 했고2004, 전시작전권 환수를 실현시킴으로써 북한은 전작권을 이양하는 2012년을 '강성대국 완성의 해'라고 선포하고 있다. 비대칭전력핵무기을 확보한 선군先軍집단이 언제 어디에서 무슨 불장난을 일으킬지 아무도 예측할 수 없는 안보불안 상황이 계속되고 있다.

공산 베트남월맹보다 군사력이 압도적으로 우세한 자유 베트남월남이 1975년 공산화된 것은 월맹의 통일전선 전략에 기인한다는 사실을 교훈으로 받아들여야 할 것이다. 월남 국민은 월맹의 이러한 통일전선전략적 심리전에 말려들어 연일 반미 · 용공 시위를 일삼다가 마침내 공산화

---

17 거제도 포로수용소 전시관 소장. 김일성의 중공군 파병 요청 편지(Kim Il-Sung's Letter to Mau Zedong Asking for Assistance). 액자문서여서 복사불가능, 원문 그대로 옮겼다. 필자는 2011년 5월에 두 차례 현지답사 후 2시간 직접 필사한 것임.

된 것이다.

1960, 70년대 학생운동의 대부代父요 좌익운동 이론가인 안병직安秉直, 서울대 명예교수은 공산주의의 허상을 깨닫고 1995년 전향했다. 최근에 '보수가 이끌다-한국 민주주의 기원과 미래공저, 시대정신, 2011. 5. 26'를 출간했다. 안병직은 인혁당인민혁명당사건1964, 통혁당통일혁명당사건1968, 남민전남조선민족해방전선준비위원회사건1979 등은 일부의 주장처럼 박정희 정부에 의한 용공조작사건이 아니라 실제 공산주의혁명을 시도한 지하조직이었다고 증언하고 있다. 인혁당은 남한에서 자발적으로 생긴 공산혁명을 위한 조직체였고, 통혁당은 북한의 지령에 따라 결성된 혁명조직이었다. 남민전은 북한과 연합전선을 구축하기 위한 조직체로서 무장 게릴라 활동을 전개할 활동자금을 마련하기 위해 강도행각까지 벌였다는 것이다. "한국 좌파가 이제 공산주의와 관계를 끊고 '사회민주주의'에로 나아가야 한다"고 강조하고 있다.

노무현 참여정부는 2006년 민주화운동 관련자 명예회복 및 보상심의위원회를 발족, 남민전사건1979 관련자 29명을 민주화운동 관련자로 인정하고 포상한 것이다. 그 포상명분은 유신체제의 권위주의적 통치에 항거한 행위라고 주장했다. 민주화운동기념사업회법 제2조에 의하면, 민주화운동에 대해 "국민의 기본권을 침해하는 권위주의적 통치에 항거해 국민의 자유와 권리를 회복 신장시킨 활동"이라고 정의하고 있다. 민주체제를 전복하고 공산체제를 수립하려는 기도라면 민주화운동과는 거리가 멀다. 그러므로 공산혁명 세력에게 '민주화 훈장'을 준 것은 민주화운동의 순수성을 모독하는 행태라고 규정하지 않을 수 없다.[18]

이와 마찬가지로 적화통일을 위한 북한의 통일 전선전략에 말려든 남

---

18 『東亞日報』(2011. 5. 25), 인혁당(1964)-통혁당(1968)-남민전(1979) 시국사건은 용공조작 아닌 실제 공산혁명운동; (2011. 5. 26), '공산혁명 기도'에 대한 용감한 증언, 역사에 담아야.

한의 종북從北세력은 주한미군 철수反美 국가보안법 철폐容共를 부르짖으면서 남남갈등을 부추기고 있다. 2005년 한국진보연대가 맥아더 동상 철거를 요구하면서 일으킨 폭력시위는 북한지령에 따른 것이었음이 2010년 8월 한국진보연대 공동대표인 한충목을 기소하는 과정에서 드러났다. 그러기에 황장엽은 '천안함 불신' 30%가[19]국가안보를 위협하고 있다고 경고하고 있다.

황장엽은 "과거에 비하면 지금 남한은 도처가 완전히 지상낙원이다. 상상할 수 없었을 정도다. 북한은 그때보다 더 퇴보했다. 여기 지상낙원에서 살게 된 사람들이 그때를 전혀 모르고 김정일을 찬양하는 사람까지 나오니 우리가 얼마나 속이 상하는가. 나라가 분단된 조건을 딛고 이런 기적을 창조했는데 이것을 지켜야 하지 않겠는가. 어떻게 나라를 빼앗기고 되찾았는지, 6·25전쟁이 왜 일어났는지, 공산주의자가 얼마나 악독한지 모르는 사람이 너무 많다. 그래서 사상교육, 역사 교육을 다시 하지 않으면 안 된다."[20]고 주장했다.

휴전반대운동이 전국에 걸쳐 격렬하게 일어나고 있을 즈음 이승만 대통령은 휴전에 관한 한국의 참된 입장을 외국인 사이에서 왜곡·오인시킬 수 있는 격렬한 행동을 자제해 줄것을 요구하는 성명을 발표했다. "우리의 휴전반대에 대한 결정적인 논점은 우리는 이 땅에 적의 군대가 남아있는 한 우리는 생존할 수 없다는 것이다. 우리의 동맹국에 대한 호소는 이 점에 근거한 것이다. 그리고 중공군을 우리의 영토 밖으로 몰아내야 한다는 것을 끊임없이 요구해왔으며 만일 그 상황이 계속된다면 우리는 우리 스스로 투쟁해야 한다. 아이젠하워 미국 대통령의 우리에 대한 배려와 우애는 의심할 바 없지만 그는 최근 한국에 있어 휴전은 여러

---

19 『東亞日報』(2010. 8. 21), 군사력보다 더 중요한 것들(육정수).
20 『東亞日報』(2010. 8. 17), 나와 8·15(황장엽 전 북한 노동당 비서).

면에서 이 나라에 이익이 될 것이라고 그의 의견을 피력했다. 그러나 우리는 그의 의견에 대단히 회의를 갖는다. 왜냐하면 우리는 그것과는 다른 견해는 불가피한 것이다."[21]

김진현은 이승만의 자강의 리더십이 강력했기에 이같은 국가안보의 보장을 확보하게 되었다고 주장하고 있다. "안의 통합과 연대 그리고 실력 배양이라는 원형질의 자강, 진정 이승만 같은 지극한 자강自强의 리더십이 지금처럼 절실할 때가 없다."[22]

"닉슨은 무엇이든 할 것이다. 그가 화내면 말릴 수 없다. 그는 핵무기 단추에 손을 얹고 있다."고 평가되고 있는 리처드 닉슨은 공포의 핵위협을 구사하는 미치광이 협상전략을 행사하면서 소련을 압박하여 냉전을 서방세계의 승리로 이끄는데 기여했을 뿐만 아니라 중공中共의 '죽竹의 장막'을 무너뜨린 것이다. 닉슨의 이러한 미치광이 외교전략의 원조元祖는 이승만 대통령이라고 한다. 이승만은 반공포로를 석방하고 북진통일을 외치는 등 독자행동으로 골치를 앓던 드와이트 아이젠하워 대통령은 1953년 닉슨 부통령을 한국으로 파견, "또 다시 전쟁을 일으키지 않겠다고 약속해 달라"고 요구했다. 하지만 이승만 대통령은 "미국이 이승만을 통제할 수 있다고 공산주의자들이 생각하는 순간 귀국은 중요한 협상력 하나를 잃게 된다."며 거절하고 말았다. 닉슨은 회고록에서 "이승만의 힘과 지혜에 깊은 감명을 받았다"고 기록하고 있다. 여기서 '미치광이 협상전략'이란 상대가 자신을 미치광이로 보게하고 협상을 유리하게 이끄는 전략을 미치광이 이론Madman Theory이라고 정의하고 있다.[23]

이승만은 맥아더의 인천상륙작전이 성공, 서울이 수복되자 '북진통일'을 주장하였다. "한국은 통일되어야 합니다. 우리는 38선을 다시 만들면

---

21 『韓美修交100年史』(新東亞 1982年 1月號 別冊附錄), p.159.
22 『東亞日報』(2017. 8. 4), 절절한 자강의 리더십(김진현).
23 『東亞日報』(2017. 8. 11), 미치광이 협상 전략(하종대).

안됩니다." "그것은 '미국침략'을 확립시키게 될 것으로 생각하는 사람들이 더러 있는가 하면 어떤 사람들은 소련으로 하여금 전쟁을 일으키도록 자극을 주게될 것이라고 걱정합니다. 지금 단계에 있어서 우리가 38선에 도달하면 어떤 일이 발생할 것인지를 이야기하는 것은 비외교적이라고 국무부와 국제연합은 생각하고 있습니다. 그러나 태프트, 아이젠하워, 리프만 그리고 영향력있는 기타 인사들도 지금 전체 한국의 통일에 대하여 화제삼고 있습니다. 이 문제가 어떻게 실패할 수 있겠는지 제가 알지 못할 정도로 '통일문제'는 그만큼 불가피한 것이라고 저는 생각합니다."[24]

3. 한미상호방위조약과 한미동맹

'휴전반대 북진통일'을 완강하게 주장해 온 이승만 대통령은 전쟁 당사국임에도 불구하고 휴전협정 조인에 참가하지 않았다. 이승만은 휴전협정 체결을 반대하는 이유를 다음과 같이 밝히고 있다. "휴전협정은 전쟁 감소가 아니라 더 큰 전쟁의 준비행위이고, 더 많은 고난과 파괴를 의미하며, 전쟁과 내란에 의한 공산당의 더 많은 침략행위의 서막이 되리라는 나의 확신 때문에 나는 휴전협정 서명에 반대하여 왔습니다."[25]

허물어져 가는 정세를 있는 힘을 다하여 구해보려고 필사적인 노력을 기울이는 가운데 이승만은 세가지 조건이 충족되면 모든 국제연합군과

---

24 로버트 T. 올리버 저, 『李承晩秘錄』, 한국문화출판사, 1982, p.383.
25 상게서, p.543.

중공군이 동시 철군에 근거를 둔 휴전을 자기는 수락하겠다고 부리그스 대사에게 밝혔다.

(1) 미국은 앞으로 외부공격에 대해 대한민국을 방어할 것을 보증하는 조약을 양국간에 체결할 것.

(2) 전쟁으로 파괴된 남한의 재건을 위하여 대규모의 원조를 제공할 것.

(3) 나라의 통일을 위한 새로운 노력의 일환으로 대한민국 국군을 지원하기 위해 미국 공군과 해군이 남한에 계속 주둔할 것.[26]

결국 이승만은 휴전조약체결에 동의함으로써 6 · 25 전쟁은 종식되었고, 주한미군이 계속 한국에 주둔하게 했다는 것, 한미상호방위조약 체결을 성사, 한미군사동맹으로 한반도의 안보가 보장된 것이다.

이리하여 이승만은 반공포로를 석방했다. "앞으로 빚어질 이 중대한 결과를 피하기 위하여 나는 1953년 6월 18일 이날에 나 자신의 책임하에 반공적인 한국인 포로들의 석방을 명하였다."[27]

중공군의 개입으로 한반도의 안보불안 문제가 당면과제로 제기되자, 이에 이승만 정부는 휴전을 위한 4개 조건의 하나로 한미상호방위조약 체결을 제시, 이에 대한 미국정부의 한미동맹 체제확립을 사전보장을 받고나서야 비로소 휴전협정에 동의했다. 이와 같이 이승만 대통령은 한미상호방위조약 체결 전에는 휴전조약에 동의할 수 없다며 반공포로 석방을 단행해 한미동맹 체제 확약을 관철했다. 이는 한국의 안보 불안을 해소하기 위한 안전보장조약인 셈이다. 1953년 10월 1일 워싱턴에서 변영태卞榮泰 외무장관과 덜레스J. F. Dulles 국무장관 사이에 한미 상호방위조

26 상게서, p.513.
27 상게서, p.514.

약이 체결되었다. 이승만 대통령은 "한미동맹 체결로 전쟁으로 피폐된 한국은 여러 세대를 거치면서 번영의 나라로 발전할 것입니다." "South Korea's first president, Syngman Rhee, said that the agreement would make the war-torn nation prosper for many generations to come."라고 통찰력 있는 미래 비전을 전망하고 있다.[28]

한미상호방위조약문 제1조에 "국제적 분쟁이라도 국제적 평화와 안전과 정의를 위태롭게 하지 않는 방법으로 평화적 수단에 의하여 해결한다"고 밝히고 있다. 한반도의 안전보장 조항은 제2·3·4조에 명시되어 있다. "제2조. 당사국 중 어느 일국의 정치적 독립 또는 안전이 외부로부터의 무력공격에 의하여 위협을 받고 있다고 어느 당사국이든지 인정할 때에는 언제든지 당사국은 서로 협의한다. 당사국은 단독적으로나 공동으로나 자조自助와 상호원조相互援助에 의하여 무력공격을 방지하기 위한 적절한 수단을 지속하고 강화시킬 것이며 본 조약을 실행하고 그 목적을 추진할 적의適宜한 조치를 협의와 합의하에 취할 것이다.

제3조. 각 당사국은 타 당사국의 행정지배하에 있는 영토와 각 당사국이 타 당사국의 행정관리하에 합법적으로 들어갔다고 인정하는 금후의 영토에 있어서 타 당사국에 대한 태평양 지역에 있어서의 무력공격을 자국의 평화와 안전을 위태롭게 하는 것이라고 인정하고, 공통한 위험에 대처하기 위하여 각자의 헌법상의 절차에 따라 행동할 것을 선언한다.

제4조. 상호합의에 의하여 결정된 바에 따라 미합중국의 육군, 해군, 공군을 대한민국의 영토에 와 그 주변에 배치하는 권리를 대한민국은 이를 허여許與하고 미합중국은 이를 수락한다.[29]

---

28 *The Korea Times,* April 26, 2023, Korea-US Security alliance evolves into comprehensive pattnership.

29 『대한민국 조약집』(외무부 정무국, 1956~1958), 전7권; 『韓美修交 100년사』, 新東亞(1982년 1월호 別冊附錄), pp.165~166, 韓美相互防衛條約(1953. 10. 1).

〈글로벌 석학 인터뷰, 조지프 나이 하버드대 교수〉

"중국의 신종 코로나바이러스 감염증코로나19 급증은 중국 독재체제의 실패다. 중국은 이제 그 댓가를 치르게 될 것이다." 조지프 나이 미국 하버드대 교수(86)는 동아일보 신년 인터뷰에서 "중국이 '제로 코로나'정책으로 인한 혼란을 1, 2년 안에 해결한다고 해도 경제성장 둔화와 인구감소, 생산성 저하를 비롯한 장기적인 문제에 봉착할 수 있다."라고 내다봤다. 나이 교수는 중국 기술 굴기崛起를 차단하기 위한 반도체 규제 같은 미국 수출 규제에 대해 "미국 경쟁력을 강화하는 현명한 조치"라면서도 "보호주의가 심해진다면 미국의 '소프트파워'를 떨어뜨릴 수 있다"고 말했다. 나이 교수는 국가가 경제문화를 비롯한 '매력'요소를 통해 힘을 얻어내는 '소프트파워' 개념의 창시자다.

- 중국에서 '제로 코로나' 정책을 완화하면서 코로나19가 급격히 확산되고 있다. 이곳을 마우스로 누르고 내용을 입력하세요다.
  일각에선 중국체제의 위기로 분석하는데….

"'코로나 제로'와 코로나19 급증은 독재체제의 실패다. 독재체제에선 독재자가 실수를 하면 바로잡을 길이 없다. 중국이 그 댓가를 치르고 있다. 중국이 1,2년 안에 코로나 정책으로 빚어진 문제를 해결한다고 해도, 인구감소와 생산성 저하 등 경제둔화로 인한 장기적 문제에 봉착할 것이다. 모두가 중국의 강력한 성과를 기대했던 과거와 달리 중국은 이제 좀 더 평범한 국가가 될 것으로 본다."

- 3연임을 확정한 시진핑(習近平) 중국 국가주석의 정책방향과 미중 관계에 미칠 영향은….

"중국 공산당의 정당성을 확보하기 위해 시 주석은 과거 중국 성공의 비결이었던 급속한 경제성장을 필요로 하고 있다. 경제성장의 둔화는 시 주석과 통치 체제 유지에 문제를 일으키고 있다. (이런 맥락에서) 시 주석이 중국 경제에 악영향을 미칠 수 있는 지정학적 환경을 원치 않는 만큼 올해 미중관계는 약간 개선될 가능성이 있다. 하지만 미중 전략적 경쟁의 근본적인 구도는 바뀌지 않을 것이다."

- 대만해협을 둘러싼 미중 군사적 긴장이 고조되고 있는데….

"2030년대 무슨 일이 일어날지 예상하기는 어렵지만 단기적으로 대만해협에서 미중 충돌은 일어나지 않을 것으로 본다. 대만해협 충돌이 전 세계에 초래할 엄청난 댓가를 감안하면 충돌을 피하는 것에 양국의 이해관계가 맞아떨어진다. 대만에서의 군사적 충돌이 임박했다고 예측하는 이들은 상황을 과장하고 있는 것이다. 미국은 중국에 의한 무력통일을 반대하는 동시에 대만의 독립선언을 막는 '이중 억제'정책을 유지해야 한다."

- 중국견제를 위한 수출통제는 어떻게 평가하나.

"수출통제와 국가안보를 연계하는데는 주의가 필요하다. 제이크 설리번 백악관 국가안보보좌관은 수출규제와 관련해 마당은 작게 '담장은 높게'라는 원칙을 밝혔는데 그것이 옳은 접근법이다. 화웨이 등 통신장비나 첨단 반도체 등 국가안보와 분명한 관계가 있는 일부 분야에 대한 수출통제는 일리가 있지만 미국과 중국의 경제를 광범위하게 디커플링탈 동조화하려는 시도는 바보foolish같은 일이 될 것이다."

- 인플레이션감축법IRA 등 조 바이든 행정부의 산업정책이 보호무역주의라는 비판도 나온다.

"보호주의의 위험은 언제든 존재한다. 그러나 '반도체과학법'이나 '인프라법'을 기본적으로 보호주의라고 보지 않으며 미국의 경쟁력을 강화하기 위한 현명한 움직임이다. IRA에 대해선 바이든 행정부도 문제를 인식하고 있는 것으로 보이지만 아직 대책은 분명하지 않다. 바이든 행정부가 보호주의적 요소를 잘 통제하길 기대한다."

- 보호주의가 중국과 경쟁하는 미국의 소프트파워 약화로 이어질 수 있는데….

"보호주의가 너무 강하다면 미국의 매력이 줄어들면서 소프트파워가 약해질 수 있다. 다만 미국 소프트파워의 원천에는 경제뿐만 아니라 개방사회도 있다. 반면 중국은 주변국과 충돌하고 시민사회에 대한 엄격한 통제를 고집하면서 스프트파워에 문제를 일으키고 있다."

- 일본의 재무장에 대해선 어떻게 평가하나. 일각에서는 아시아 다자안보체제 논의를 시작해야 한다는 주장도 나온다.

"일본의 군국주의화에 대한 우려는 기우다. 일본의 반격능력 보유는 북한과 중국의 공격적인 행동을 억제하는데 유용할 수 있다는 점에서 주변국의 경계를 불러올 이유가 없다. '아시아 판 나토NATO · 북대서양조약기구'는 여러 국가가 다른 이해관계를 갖고 있는만큼 어려울 것으로 생각된다. 다만 이미 아시아에는 미국, 일본, 호주, 인도가 참여하는 '쿼드Quad'와 미국, 영국, 호주의 안보 협력체 '오커스AUKUS'가 있고 이를 통해 공식적 · 비공식적으로 다양한 외교안보협력을 할 수 있다."

- 우크라이나 전쟁 장기화는 불가피하다고 보나.

"우크라이나 전쟁이 2023년에 끝나리라고 기대하기엔 비관적이다. 러시아와 우크라이나, 어느 쪽도 전쟁을 끝내기 위한 양보를 할 준비가 돼 있지 않다. 블라디미르 푸틴러시아 대통령에게 이 전쟁은 실존적 문제다. 그가 타협을 한다면 지도자로서의 위상이 심각하게 손상되는 것을 피할 수 없는 만큼 그는 기꺼이 이 전쟁을 이어갈 것이다. 그리고 우크라이나 전쟁 장기화로 인한 부정적 영향이 커질 것이다. 코로나19로부터 회복하기 위해 각국 정부는 재정지출을 확대해 인플레이션을 초래했고 이는 기준금리 인상으로 이어져 경기침체 우려를 키우고 있다. 우크라이나 전쟁은 이런 위험을 가중시키고 았다."

- 미중 갈등과 우크라이나 전쟁, 각국의 군비 증강으로 세계가 경쟁의 시대로 돌입했다. 한국에 대한 조언은…?

"불행하게도 우리는 강대국 경쟁시대에 접어들었다. 이런 상황에서 미중과 모두 좋은 관계를 유지하고 있는 국가들은 어느 쪽이 더 큰 위협인지 스스로에게 물어야 한다. 중국과의 경제관계를 유지할 수는 있지만 군사적 위협의 관점에선 중국보다 미국과 긴밀한 관계를 유지하는 것이 더 큰 이익이라는 것을 인정해야 한다."[30]

이와 같이 휴전협정을 앞두고 이승만은 시종일관 '북진통일 휴전반대'를 주창하면서 반공포로를 석방함으로써 그 댓가로 한미상호방위조약 체결을 이끌어내어 굳건한 국가안보를 보장받은 것이다.

4. 이승만 대통령 바로 알기

이승만은 국호國號를 대한민국으로, 자유민주주의 대한민국을 건국한다고 선포했다.

〈大韓民國臨時憲章宣佈文(1919. 4. 11) 李承晩〉

신인神人 일치로 중외가 협응하여 한성漢城에서 의를 일으킨 지 30여 일에 평화적 독립을 300여주餘州에 광복하고 국민의 신임으로 완전히 다시 조직한 임시정부는 항구 완선한 자주독립의 복리로 우리 자손 여민黎民에 세전世傳키 위하여 임시의정원의 결의로 임시헌장을 선포하노라.

대한민국 임시헌장

제1조 대한민국은 민주공화제로 함.
제2조 대한민국은 임시정부가 임시의정원의 결의에 의하여 이를 통치함.
제3조 대한민국의 인민은 남녀·귀천 및 빈부의 계급이 없고 일체 평등함.
제4조 대한민국의 인민은 종교·언론·저작·출판·결사·집회·통신·주소 이전·신체 및 소유의 자유를 향유함.

---

30 『東亞日報』(2023. 1. 3), 문병기 워싱턴 특파원.

제5조 대한민국의 인민으로 공민 자격이 있는 자는 성거권 및 피선거권이 있음.

제6조 대한민국의 인민은 교육·납세 및 병역의 의무가 있음.

제7조 대한민국은 신의 의사에 의하여 건국한 정신을 세계에 발휘하며, 인류의 문화 및 평화에 공헌하기 위하여 국제연맹國際聯盟에 가입함.

제8조 대한민국은 구황실舊皇室을 우대함.

제9조 생명형生命刑·신체형 및 공창제公娼制를 전폐함.

제10조 임시정부는 국토회복 후 만 1개년 내에 국회를 소집함.

〈대한민국 선서문〉

존경하고 열애熱愛하는 우리 2천만 동포 국민이여!

민국원년民國元年 3월 1일 대한민국이 독립을 선언함으로부터 남녀노소의 모든 계급과 모든 종파宗派를 막론하고 일치단결하여 동양의 독일인 일본의 비인도적 폭행 아래에 극히 공명하게, 극히 인욕忍辱하게 우리 민족의 독립과 자유를 갈망하는 실사實思와 정의와 인도로 애호하는 국민성을 표현한지라. 세계의 동정이 흡연翕然(화합)히 우리 국민에게 집중하였도다. 이때를 당하여 본 정부는 전 국민의 위임을 받아 조직되었으니 본 정부는 전국민으로 더불어 전심專心하고 육력戮力하여 임시헌법과 국제도덕의 명하는 바를 준수하여 국토 광복과 방기확고邦基確固의 대사명을 과果하기를 자에 선서하노라.

동포 국민이여, 분기할지어다. 우리의 흘리는 한방울의 피가 자손만대의 자유와 복락의 값이요, 신이 부여한 국가건설의 귀중한 기초이니라. 우리의 인도人道는 마침내 일본의 야만을 교화敎化할 것이요, 우리의 정리正理는 마침내 일본의 폭력을 이겨낼 것이니, 동포여, 일어나 최후의 한 사람까지 투쟁할지어다.

정강政綱

1. 민족 평등·국가 평등 및 인류 평등의 대의를 선전함.
2. 외국인의 생명과 재산을 보호함.

3. 일체 정치범인을 특사함.

4. 외국에 대한 권리 의무는 민국 정부와 체결하는 조약에 일체 의지함.

5. 절대 독립을 서도誓圖함.

6. 임시정부의 법령을 위월違越하는 자는 적으로 인정함.

大韓民國 臨時議政院 대한민국 원년 4월 11일

국무총리 李承晚 재무총장 崔在亨

내무총장 安昌浩 군무총장 李東輝

외무총장 金奎植 교통총장 文昌範

법무총장 李始榮[31]

〈朝鮮靑年에게 寄함(李承晚)〉

우리 민족발전에 두 가지 없지못할 요소는 곧 정신과 물질이다. 이 두 가지가 서로 표리가 되어 피차 떠날 수 없는 것이다.

우리의 이른바 정신은 곧 우리 마음에 있는 무형한 우리 사회다. 이 무형한 우리 사회의 기초가 먼저 선 후에야 유명한 물질적 우리 사회를 형성하리니 세계 모든 사회의 성쇠가 다 이 정신의 정도를 따라서 되는 것이오. 그 민중 다과와 강토 대소에 관계가 도무지 없는 법이다.

흔히 오늘에 있어 우리에게 긴절히 필요한 것은 곧 물질적 세력을 발전하여 정신적 세력을 해방하는데 있다. 대가大家를 팔아서 초가를 사고 초가를 팔아 행랑살이 하다가 행랑에서 쫓겨나서 도로에 방황하다가 남부여대하고 만주 시베리아로 가다가 굶어죽고 얼어죽고 병들어 죽고 맞아 죽는 저 우리 동포가 다 정신이 없어 저러한가. 다만 우리에게 경제력이 없어 그러한 것이며 양가 여자로 삼순구식三旬九食 · 30일 동안 아홉끼니 먹는다을 못하여 견디다 못하여 필경 몸을 팔아 화개동 생활을 하여보니 차라리 죽어 모르니만 못한지라. 강에 빠져 죽으러 갔다가 돌처돌아서생각하니 내 목숨 하나는 버리면 그만이

31 柳光烈 編, 『抗日宣言 · 倡義文集』, 瑞文當, 1975, pp.123~125, 大韓民國臨時憲章宣布文(1919).

려니와 나의 노부모는 누가 돌아보리오 하고 다시 돌아가 부끄러운 생활을 견디는 저 가련한 여자도 정신이 없어서 저러하뇨. 오직 우리에게 경제력이 없는 연고라.

우리 사회사업에 급급히 행할 천만가지 사업을 하나도 진행치 못하고 멀건히 앉았는 우리들은 다 정신이 없어 그러한가, 할줄을 몰라 이러한가. 하기가 싫어서 아니하는가. 정신도 있고 할줄도 알고 하고도 싶지마는 다만 경제력물질이 없어서 할 일은 하나도 없는 고로 지붕만 처다보고 한탄하는 것이다.

그런즉 하루바삐 우리의 경제력을 발전하여 우리의 고유한 정신력을 활동시켜야 할 것이다.

아래는 경제발전에 필요한 조건 두 가지를 간단히 설명하리니,

우리의 물산으로 모든 의식주 일용품을 가급적으로 자작자급自作自給케 할 것이다. 우리 물산을 우리가 귀중히 여기기를 타국인이 각각 저의 물산을 귀중히 여기지 못하고 경제력을 개발하려하면 이는 밑빠진 항아리에 물붓는 것이다. 그 새는 밑을 막는 방법은 오직 물산장려物産奬勵뿐이다.

자본을 합하여 공업 상업 등 모든 경제 근원을 공동적으로 착수할지니 각국인이 다 이 방법으로 세계 재력을 긁어 들이는 바다. 여러 백만금 가진 큰 회사와 은행도 서로 합동하여 더 크게 만들어 가지고 타국의 경제기관과 경쟁하는 중에서 전국이 그 이익을 얻게 되나니 우리 청년들은 더욱 이 방면으로 주의할 것이다. 이에 더하여 세 가지 주의할 점이 있으니 첫째는 한번 실패하거든 버리지 말고 끝까지 시험하여 성공하는 일을 얻도록 할 것이며, 둘째는 우리끼리 서로 경쟁하여 제 손으로 제 목을 따는 싸움을 하지 말고, 합동하여야 이 경제전쟁에 능히 승리를 얻을 것이며, 셋째는 개인의 영리를 도모하지 말고 민족 전체의 공동적 복리를 목적하고 분투할지니 이는 전체에 손해를 붙여서 분자의 이익을 경영함이 본래 경제책이 아닌 연고이다.[32]

이승만은 경제력을 발전하려면 필요조건 두 가지를 들고 있다. 첫째는

32 金東煥 編, 『平和와 自由』, 京城 三千里社版, 1935, pp.80~82, 朝鮮青年에게 寄함.

우리 물산으로 의식주와 일용품을 자급자족하려면 물산장려운동을 일으켜야 한다. 둘째, 자본이 분산되면 상공업 사업 착수는 실패되기 때문에 자본을 합동하여 상공업을 공동 협업協業으로 착수한다면 우리의 일상품을 생산, 자급자족할 수 있다. 이같은 이승만의 경제력 발전책이 발표되자 조만식曺晩植은 오윤선吳胤善과 함께 조선물산장려회를 발족했다.[33]

〈朝鮮物産奬勵會 趣旨書(1920. 8) 曺晩植〉

우리 조선반도는 천부天府 · 천연으로 요새를 이룬 땅의 터전이요, 풍부한 자원이 있는 땅이다. 반만년 장구한 세월에 끊임없이 물자를 공급하고 사업을 부여하여 종족이 번식하고 문화가 개발되었도다. 생장력이 강한 토질은 농업을 대부분으로 삼고, 무진장의 광물을 매장한 지질은 공업을 성장케 하고, 사통오달한 위치는 상업을 번성케하고 기후와 풍토는 원예園藝와 임업, 목축업에 알맞고 강과 바다와 항만은 어업과 해상무역에 절호하여 식산殖産하면 축적하고, 흥업興業하면 치부하겠으니 이러므로 삼천리 근역槿域은 삼천만 민족의 보고寶庫요, 태창太倉 · 큰 곳집이라 하리로다. 이니 낙원이요, 에덴이라 하겠도다.

우리는 고루거각高樓巨閣에서 금의옥식錦衣玉食으로 행복과 안락의 생활을 향수함이 의심 없을 것 같다. 참말 그러하겠도다. 그러나 시험삼아 묻노니 과연 그러한가? 이이 슬프고 슬프도다. 사실은 이에 반하여 보고와 태창에서 동뇌凍餒 · 얼어 굶주림의 궁경을 어렵고 낙원과 에덴에서 고난의 참상을 피치못하게 되도다. 이것이 과연 어떠한 이유이며 여하한 곡절인가. 우리는 끽경차탄喫驚嗟歎함을 말지 아니하노라. 우리는 매일 보기도 하고 듣기도 한다. 우리 동족 중에는 남부여대하여 부로휴유扶老攜幼하고 내조내부乃祖乃父의 고국 강산을 버리고, 산천이 생소하며 풍토가 부적한 만리 이역에 유출하는 사람이 하루에도 천백으로 헤아리며 10수년 내에는 백만을 헤아리는 것이 아닌가.

또한 우리 남아있는 사람도 그 생업이 날로 쇠하고 달로 퇴하여 가난에 가난을 더하고 허약에 허약을 더하게 되니 이 어찌 도외度外 방치하며 등한시

33 柳光烈 전게서, pp.201~205.

할 바이리오. 실로 심히 연구할 문제라 하노라. 이를 연구컨대 개인과 단체를 막론하고 경제력의 여유의 유무, 즉 부富와 가난은 생활상에 괴로움苦과 즐거움樂의 차가 있을 뿐 아니라 지식상에 우열優劣이 일어나고 따라서 세력상에 강과 약을 생하며 부자는 우월하고 강성하며 가난한 자는 열약劣弱하여 필경 우승열패와 약육강식의 희비극을 연출케 되나니, 그러면 시험심아 생각해보라. 우리 민족은 우승자인가, 열패자인가. 강식자强食者인가, 약육자弱肉者인가. 우리는 설설히 이를 설명코자 함이 아니고 다만 우리의 빈약한 원인이 무엇인가를 말하고자 함이라. 이에 대하여는 물론 근대의 정치이며 교육이며 제도이며 습관이 부패하고 해이하여 농공상을 천시하고 오직 사士만 존숭하며 당쟁을 유일의 정략으로 하고 의문儀文·儀式의 표, 儀章을 최선의 교육으로 하였으니, 이와같이 된 것이다. 빈약의 원인이 될 것은 의심 없으리라. 그러나 이것들은 다 원인遠因은 아니다.

이에 우리는 일대 근인近因이 있음을 간파하였으니 충분히 자급自給치 아니함이라 하노라. 환언하면 조선물산을 장려치 아니함이니, 고로 우리는 이에 대서특필하고 절규 고창하는 바는 자작자급自作自給하자 함이니, 이것이 우리 조선인에게 가장 큰 문제라 하노라.

현금 구미 각국은 저와 같이 상공업이 발달되었으나 자유무역주의를 행하는 나라는 하나도 없고 다 보호무역주의를 행하나니, 이로써 볼진대 선진이며 부강한 나라도 그와 같이 국산을 장려하고 무역을 보호하거든 하물며 낙오요 빈약한 조선이리요. 고로 우리는 조선물산을 장려하지 아니치 못하리라 하노니 이를 행함에는 다음의 실익實益이 있음을 확인하노라.

1. 경제계의 진흥이니 대범大凡 조선은 해마다 거액의 수입초과가 되어 경제계가 점차로 위미萎靡·시들고 느림하고 쇠퇴하는지라. 고로 조선물산을 장려하여 수입초과의 해를 방지함으로써 경제의 진흥을 도모함이오.
2. 사회의 발달이니 경제는 인류생활의 기본이요 원체元體·으뜸되는 몸라 경제의 융체隆替는 우리 생활상 만반 사업에 그 영향이 파급치 않는 것이 없나니, 고로 조선물산을 장려하여 경제계의 융성을 기하는 동시에 사

회발달을 도모함이오.

3. 실업자 구제책이니 농공상을 물론하고 타화他貨의 세력으로 인하여 조선인 실업자가 많음은 실로 천으로 계산하여 백으로 산할 수 없는지라. 고로 조선물산을 장려하며 실업자를 취직케 함이 사회구제상 막대한 효과를 거둠이오.
4. 사회를 애중히 여김이니 이는 정신상에 관한 대문제라, 근대 조선인은 숭외배외심崇外拜外心이 성하여 조선물산은 여하이 우미한 것이라도 탁濁하니 진陳하니 새로우니 하여 애호하고 있다. 무어 특히 물화物貨뿐이리오. 천사만반千事萬般이 다 그러하다 하노라. 고로 조선물산을 장려하여 우선 조선물산을 애중히 여김을 받게 하고 아울러 자중자애성을 함양케 함이오.
5. 근검한 풍조와 용감성을 기르게 함이니 근대 조선인은 유약하고 뇌타하여 사치와 부허浮虛를 숭상함이 날로 심한지라. 그 원인이 나변에 있는가 함에 대하여 여러 가지의 원인이 있을줄 알거니와 그런중 무르고 약하며 가볍고 경솔한 다른 물화를 수요함이 중요한 원인의 하나임을 인정치 아니치 못할지라. 고로 튼튼하고 실히며 두텁고 질박한 조선물산을 장려하여 이를 사용케 함으로써 근실과 검소의 풍조를 이루게 하는 동시에 굳세고 쾌활한 성질로 되게 함을 도모함이라.

이상을 장려하여 실효를 거두고자 함에 가장 필요한 것은 공덕심과 공익심이라 함이니 대개 우리가 법령이나 정책으로는 이와같은 문제를 해결할 권리 또는 처지가 아닌즉 자위상 불가불 공덕심과 공익심에 의하지 못할지라. 조선물산이 설혹 다른 물산보다 품질상 또는 가격상으로는 개인 경제상 다소 불이익이 있다 할지라도 민족경제상 이익에 유의하여 이를 애호하며 장려하여 수요·구매하지 아니치 못할지라. 고로 우리는 의복과 음식을 위시하여 가장집물家藏什物이며 일용 물품에 이르기까지 부득이한 물품 외에는 철저히 본지本旨를 실천궁행하고 일보를 나아가서 상공업에 착수 역행하여 직접으로 실업계의 진흥과 융창을 도모하고, 간접으로 일반사회의 발전과 진보를 기하여 무궁화 삼천리가 2천만 민족의 참다운 하나의 낙원, 참다운 하나의 에덴이 되기를 지성으로 갈망하는 바이다.

1920년 8월

조선물산장려회 발기인 조만식曺晩植 · 오윤선吳胤善 등 70명[34]

1945년 8 · 15 광복을 맞이하여 권력공백이 된 해방공간에 여운형 · 박헌영은 재빨리 손잡고 인민공화국人共을 출범, 좌익 공산주의세력을 결집하여 해방정국의 정치적 주도권을 장악했다. 모스크바 3상회의에서 한국에 대한 신탁통치안이 가결되자(1945. 12. 28) 이들 인공 좌익계열은 신탁통치를 찬성贊託하면서 좌우합작에 의한 통일정부 구성을 주장했다. 그러나 이승만 · 김구는 독립촉성중앙협의회를 발족, 우익 민족세력을 결집, 신탁통치 반대운동反託을 주도했다. 인공계열은 좌우합작을 통한 통일정부 수립을 주장하면서 이승만의 동참을 강요했다. 그러나 이승만은 반공 · 반탁을 외치면서 동참을 단호히 거부했다. 심지어 미 군정청의 하지 사령관도 좌우합작을 적극 지지하고 있었다.

이승만은 좌우합작 요구에 호응한다면 결국 한반도가 공산화될 것임을 우려하면서 남한 단독정부 수립을 주장하고 나섰다. 이승만은 미 군정청 하지의 용공容共정책을 반대하면서 맥아더 연합군총사령관의 주선으로 방미외교를 통하여 미국정부로부터 단독선거單選에 의해 남한의 단독정부單政 수립을 승인받은 것이다(1947. 2. 7). 이광수는 국공합작國共合作이 결국 중국의 공산화로 이어지듯이 한국도 좌우합작左右合作은 결국 한반도의 적화통일이 될 것임을 예단하고 이승만의 단선 · 단정노선을

34 柳光烈 전게서, pp.201~205.

적극 지지했다. 만약 좌우합작을 한다면 민족의 역사와 문화를 기초로 하는 자주독립국가는 소멸하고 한국은 결국 소련의 일 위성국으로 전락할 것이라고 경고하고 있다.

김구는 단선 · 단정을 반대하면서 이승만과 결별하고 남북협상에 의한 통일정부 수립이라는 독자적 정치노선을 채택했다. 김구 · 김규식은 남북협상을 통해 통일정부 수립이 그들의 정치적 이상임을 밝히면서 북행하여 김일성과 정치회담을 벌였다(1948. 4. 19). 김일성은 남북협상에서 단선 · 단정을 반대하고 미소 양군의 전면 철수를 관철시켰다. 이는 미군 철수로 한국을 무력으로 적화통일하겠다는 통일전략인 것이다. 결국 김구의 남북협상은 김일성의 통일전선 · 전략에 이용만 당하게 되었다. 이승만은 반공주의자로서 좌우합작과 남북협상에 의한 통일정부 수립안을 반대하면서 인공세력의 공산화 기도企圖를 분쇄함으로써 단독정부 수립안을 관철, 마침내 반공 · 자유민주주의 대한민국정부가 수립되었다.

이제 이승만은 방미외교를 통해 단독정부 수립을 하되, 유엔 감시하의 총선거를 실시, 대한민국 정부를 수립했다. 이와같이 공산주의자의 단선 · 난정반대운동의 거센 파고를 헤치고 대한민국을 수립한 이승만에게는 유엔총회에서의 정식 승인을 받는 일은 국가존립의 명운이 달린 최대과제가 아닐 수 없다. 이에 이승만은 로마 가톨릭교의 장면張勉, 1899~1966을 유엔 한국대표단 대표에 임명, 유엔총회에서의 대한민국 승인을 얻어내는데 외교적 총력을 집중했다. 유엔총회 승인전망은 암담했다. 국내로는 여순반란사건(1948. 10 19), 국외로는 이스라엘 독립후 1차 중동전쟁(1948. 5) 등 악재상황으로 회원국들은 대한민국의 존립타당성을 잘 모르기 때문에 승인을 얻어내기란 실로 어려운 상황이었다.

그러나 바티칸 특사 장면은 로마 교황의 한국지지를 얻어내어 의장국인 호주 대표를 설득하여 승인을 얻는 데 성공했다. 이리하여 1948년 12월 12일 유엔총회에서 찬성 48, 반대 6, 기권 1로 대한민국은 한반도에서의 유일 합법정부임을 승인받게 되었다. 한편 소련이 제출한 북한 승인결의안은 48개국 반대로 부결되고 말았다. 대한민국 정부가 유엔총회에서 합법 · 정통성정부임을 승인받은 것이 6 · 25 한국전쟁이 발발하자 미국을 비롯하여 16개 유엔회원국의 참전을 유도, 북한 공산군을 격퇴함으로써 한국의 적화통일을 막아낸 원동력이 되었다.

1950년 전후기에 접어들면서 동아시아 정치질서에서의 대변혁이 발생하였다. 중원대륙에서는 모택동의 중공군이 중국대륙을 적화통일하고 장개석 국민당 정부는 대만으로 쫓겨나 일개 지방정부로 전락했다. 김일성이 남북협상에서 그토록 주징해왔던 주한미군이 완전 철수했다. 1950년 1월 12일 애치슨 국무장관은 애치슨 라인Acheson Line을 선언했다. "미국의 태평양 방위선은 알류샨 열도에서 일본을 거쳐 오키나와에 이르고 다시 필리핀 군도에 이어져 있다."라고 선언하면서 한반도는 미국의 방위선상에서 제외되었다.

이와 같은 동아시의 정세의 변화, 그리고 주한미군 전면철수로 한반도에는 '힘의 공백' 상태는 길일성에게는 남침전쟁을 통해 한반도 적화통일을 이룩할 절호의 호기好機가 도래했다고 판단했다. 이리하여 김일성은 모택동과 스탈린의 전면적 무력지원을 얻어내고 남침 승인을 받아내어 마침내 1950년 6 · 25 남침전쟁을 도발했다. 북한 공산군은 주한 미군이 철수한 '힘의 공백' 상태의 남침 3일만에 서울을 함락 · 점령하고 대구-부산 라인을 남겨두고 전 남한 전역을 점령했다. 이승만 대통령은 1950년 7월 15일 작전지휘권을 맥아더 유엔군 총사령관에게 이양하면서 대구-부산 라인을 사수했다. 유엔군이 낙동강 방어선으로 밀려나던 그때 이승만 대통령은 트루먼 대통령에게 나라를 구하고자 긴급편지를 보냈다. 트루먼 대통령에 보낸 편지에서 "한국정부와 국민은 이제 한반도를 통일할 때가 왔다고 생각합니다. 한국과 강력한 우방이 치르는 막대한 희생을 딛고 통일을 이루지 못한다면 이는 언어도단입니다."[35]

이 편지로 미군 및 유엔군의 파병이 신속하게 이루어지고 맥아더 장군의 인천상륙작전으로 서울이 수복되었을 뿐만아니라 북진통일의 서광이 비추게 되었다. 뿐만아니라 이승만은 한국안보가 보장되도록 한미 동맹체결을 촉구하면서 계속 휴전조약 서명을 거부하면서 오로지 북진통일을 주장했다. 이리하여 1953년 8월 8일 한미상호방위조약의 체결로 한국의 안보가 보장되었다.

1950년 공산침략으로부터의 방어, 그리고 필수적인 경제원조의 제공 등에 대해 이승만 대통령이 미국을 찬양하고 고맙게 여기면서도 그는 결코 그들의 '괴뢰'가 아니었다는 사실을 결론적으로 밝혀주고 있다. 사실상 신탁통치는 물론이고 6·25전쟁을 국가의 통일보다 분단의 재연으로 몰고간 '제약정책' 등을 포함하여 휴전조약을 반대하고 북진통일을 고집하는 등 기본적인 미국 정책에 대한 노골적인 그의 반대는 이승만 정권을 타도하고 그를 체포하려는 미국의 '이승만 제거작전Ever Ready Plan'을 자아내게 하었다.[36]

허물어져 가는 정세를 있는 힘을 다하여 구해보려고 필사적인 노력을 기울이는 가운데 이승만은 세 가지 조건이 충족되면 모든 국제연합군과 중공군의 동시 철군에 근거를 둔 휴전조약을 자기는 수락하겠다고 주한 미국대사 부리그스에게 밝혔다.

친북 민주화 세력들은 대한민국임시정부 인사를 현수막 사진 전시에

---

35 심훈가 종손 심천보 지음, 『우리는 누구인가 우리는 어디로 가는가』, 조선뉴스프레스, 2021, pp.185~187.

36 로버트 T. 올리비 저, 박일영 역, 『李承晩祕錄』, 한국문화출판사, 1982, 머리말, p.vi.

서 임정의 대통령이요 대한민국의 초대 대통령의 사진만을 쏙 빼는가 하면, 심지어 현충원의 이승만 묘를 파헤치겠다는 폭언을 공영방송 KBS를 통해 공공연히 내쏟고 있다. 그러나 이승만은 해방 후 좌우합작左右合作은 민족의 자살을 의미하는 것이라 주장하면서 UN 감시하에 총선거를 통해 단독정부 대한민국을 건국했다. 김을한은 "그와같이 8 · 15해방에서 대한민국정부가 수립되기까지에는 허다한 인재들이 쓰러지고 자빠져서 끝까지 초지初志를 관철한 사람이 많지 못하였거늘 이승만 박사만은 해방 전까지는 배일排日로 일관하였고, 해방 이후에는 반공으로 일관하여 마침내는 자기 손으로 대한민국을 만들었으니 그 정신, 그 투지는 상찬할만한 것이라고 생각한다."[37]

이에 맥아더 유엔군총사령관은 즉각 미군을 투입하는 동시에 9월 인천상륙작전을 단행, 일시에 전세를 역전하면서, 이승만의 북진통일의 비전이 달성될 것으로 전망했다. 그러나 중공군 개입으로 전쟁은 장기화되면서 휴전조약체결교섭이 진행되었다. 이승만은 분단상태하의 휴전을 절대 반대하고 북진통일을 고집했다. 이승만은 심지어 휴전조약에도 서명을 거부했다. 이에 미국 정부는 북진통일을 포기하고 휴전에 동의한다면, 한반도를 굳게 방위하겠다고 다짐했다. 이와 같이 이승만의 대한민국 안보전략은 한미상호방위조약 체결로 국가안보를 보장받았다는데 역사적 의미는 크다 하지 않을 수 없다.

허긴스가 알려주는 두 번째 교훈은 공산주의와의 타협은 무용지물이고 국익은 냉정하다는 것이다. 이승만 대통령이 허긴스와의 인터뷰에서 "공산주의자들에게 타협이란 시간을 벌기 위한 수단이자 속임수라는 것을 미국도 알아야 한다."고 강조한 건 지금도 유효하다.

북한과 핵 폐기 협상 30년이 결국 사기로 끝났다는 것을 우리는 안다.

---

37 金乙漢, 『여기 참사람이 있다』, 新太陽社, 1960, pp.71, 88.

좌파정권들이 모르고 당했는지, 알고도 속았는지 궁금할 뿐이다. 중국이 잘살게 되면 민주화할 것이라고 미국은 믿고 싶었겠지만 틀렸다. '한국에 가혹했던 전쟁과 휴전'이라는 책 제목이 말해주듯, 트루먼은 6 · 25 때 적을 완전 소탕하는 것을 금했고, 그리하여 중국에 패배를 안길 기회와 한국주도의 통일을 놓치게 했다.

히긴스가 남긴 세 번째 교훈은 그럼에도 "대한민국은 세계인을 잠에서 깨우는 국제적인 자명종 역할을 했다"는 것이다. 6 · 25전쟁 때는 물론이고 지금도 우리나라는 핵을 지닌 북한과 머리를 맞대고 자유세계와 전체주의 세계를 각각 대표하는 체제로서 자유시민을 일깨우는 자명종 역할을 하고 있다고 해도 과언이 아니다.

70년 전에는 소련이 공산주의 헤게모니를 쥐고 있었지만 현재는 중국 공산당이 세계지배를 노리고 있다. 아직도 이승만 대통령을 '내란 수괴'로 믿는 시대착오적 세력이 존재하는 우리나라는 좋든 싫든 참 독특한 K-모델이다. 군기가 살아나자 6 · 25때 미군은 일어났다. 시민정신이든 용기든 애국심이든 북이 도발할 경우 무기를 들고 나설 결기든, 우리 국민의 정신이 살아나야 자명종도 울릴 수 있다."[38]

우남 아카데미 출범식에서 김동길 교수는 격려사에서 이승만의 하와이 망명을 밝히고 있다. 3 · 15 부정선거는 분명 지탄받아 마땅하지만 이것은 이승만을 보좌한 자유당 고위인사들의 과오이지 이 대동령은 직접 부정선거를 지시하거나 개입한 사실이 없다. 4 · 19 학생혁명이 발발한 이후에야 비로소 부정선거 사실을 알았다는 것이다. 대통령은 격노하면서 물러나겠다는 결심을 굽히지 않고 4월 26일에 하야성명을 발표하고 경무대를 떠나 이화장에 들어갔다. 이승만 필생의 유일한 과오로 인

---

38 『東亞日報』(2023. 5. 25), 김순덕 칼럼 : 6 · 25 종군 여기자의 외침 "한국은 자명종이다"

해 정계를 떠나 하와이에 망명한 수치스런 행적을 남겼다.

사실상 3·15 부정선거와 이승만과는 아무런 관련이 없다. 야당 대통령 후보 조병옥趙炳玉, 1894~1960 박사가 미국 월터리드 유군병원에서 급사해서 이승만은 자동적으로 대통령 당선이 확정되었기 때문에 부정선거를 지시하거나 간여할 필요조차 없다. 문제는 '이기붕 대 장면'의 부통령 선거이다. 어느 모로 보거나 장면의 당선확률이 높았기 때문에 자유당 충성파들은 이기붕 당선을 위하여 온갖 조직적 부정선거를 감행했다. 이로 인해 3·15 부정선거를 규탄하면서 1960년 4·19 학생혁명이 폭발했다. 이에 흥분한 강경학생은 경무대로 몰려오자 경무대 경무관경호실장 곽영주는 데모를 진압코자 발포 명령을 내려 다수 학생이 희생되는 불상사가 발생했다.

4월 27일 이강석이승만의 양자 소위는 3·15 부정선거의 총책임을 지고 경무대에서 이기붕 부부, 이강석 동생을 차례대로 권총으로 살해하고 자신도 권총 자살했다. 이승만 대통령은 4월 26일 하야성명을 발포하면서 대국민담화를 라디오로 직접 발표했다. "내가 부탁하는 것은 우리 동포들이 지금도 38선 이북에서 우리를 침입코자 공산군이 호시탐탐하게 기다리고 있다는 것을 명심하고 그들에게 기회를 주지말 것을 바란다" 북한침략을 경계하라는 간절한 부탁의 말씀을 남겼다.

제1공화국의 끝마무리에 대한 마지막 기록으로 1960년 5월 1일 이 대통령이 나올리버·Robert T. Oliver에게 써보낸 편지 전문을 여기에 공개하는바 그가 한국을 떠나려고 하던 때의 일이므로 이것이 내가 그로부터 받은 마지막 서한이었다.

4월 28일자 당신의 좋은 편지가 나의 내자와 나 자신에게 큰 위안이 되었고, 우리는 그 편지에 대해 고마운 뜻을 전하고 싶소. 친구들이 자기들 자신을 증명하는 것은 이와 같은 시기의 일로서 우리는 그들의 격려의 말을 또한 고맙게 여기고 있소.

우리가 이화장으로 옮긴 지도 벌써 1주일이 자났으며 차차 새집과 정원에 익숙해 가고 있는 중이오. 일단 물러나기로 결심한 이상 경무대를 되도록 빨리 떠나는 것이 나의 의도였소. 그로부터 나의 내자는 모든 가구를 둘 장소 물색의 어려운 문제를 안게 되었으나 지금은 훌륭한 솜씨로 그 일을 성공시켰소.

시간의 흐름은 근자의 비극을 기억에서 지워 버리는데 도움이 되고 있다는 것을 알아 주기 바라오. 사사로운 시민으로 우리는 다만 정의는 승리한다는 온전한 생각을 가지고 미래를 개척해 나갈 것이오.

우리는 항상 감사한 마음으로 당신의 헌신적 노력을 기억하고 있을 것이며 당신이 도모하는 모든 사업에 최대의 성공이 함께하기를 기원하오.[39]

이승만은 하야성명을 발표하고 이화장으로 옮겼다. 이제 대통령 권한대행 허정許政, 1896~1988으로서는 이승만의 신변보장을 염려하지 않을 수 없다. 흥분한 일부 강경 학생들이 이화장으로 난입, 무슨 폭행을 저지를지 모를 상황이다. 허정은 이승만 박사를 하와이로 모시도록 전용 비행기를 예약, 마침내 1960년 5월 29일 어느 누구도 전송하는 이 없는 쓸쓸한 단독 하와이로 망명한 것이다.

이승만은 모두 12년간(1948. 8~1960. 4) 제왕적 대통령을 역임했다. "전에는 임금이 소인을 가까이하고 현인을 멀리하면 나라가 위태하다 하였으나 지금은 백성이 주장이므로 민중이 의로운 사람과 불의한 사람을 명백히 판단해서 구별해야 할 것입니다."라고 자신의 운명을 예단하고 있다. 결국 일부 자유당 열성 충성파는 이기붕李起鵬, 1896~1960 부통령 후보 당선을 위하여 3 · 15 부정선거를 감행, 4 · 19 학생혁명에 의해 이승만은 하와이로 정치망명, 파란만장한 삶을 살다가 운명했다. 이승만은 미국 교육을 받은 최고 지성인이다. 어찌하여 미국 초대 대통령 워싱

---

39 『李承晩祕錄』, p.611, 이승만의 마지막 편지.

턴의 교훈을 준수하여 국부國父의 길을 택하지 않고 간신배의 종신 대통령의 유혹에 빠져 이같은 비참한 종말을 고했단 말인가.

이승만의 공과功過는 과 1, 공 9의 실적을 남기고 하와이 망명으로 비극적 종말을 고했다. 특히 이승만은 5 · 10 총선거에서 여성에게도 선거권을 부여함으로써 남녀평등권을 실현했다. 더욱 놀라운 일은 6 · 25 전쟁 혼란기에 국민의 민주주의 훈련에 열정을 바쳤다. 지방자치제도를 도입하여 6 · 25전쟁의 혼란 와중에도 시도면市道面 의원선거까지 치른 것은 국민들에게 민주시민 교육을 시키려는 목적에서 비롯되었다. 전시 비상조치 등 헌정중단을 한 번도 안한 일, 역시 갓 출범한 반공 자유 민주주의 체제를 조속한 기간에 정착시키려는 이승만의 확고한 의지와 신념이 있었기 때문이다. 금년은 한미 동맹체결 70주년이 되는 뜻깊은 해이다. 우리 국민은 이승만의 첫째도 한반도의 안보 보장임을 대한민국 정부의 국민은 명심해야 할 것이다.[40]

반미 주사파 친북인사들은 한결같이 이승만을 파렴치한 지도자로 몰아 '이승만 지우기운동'을 벌이고 있다. 그러나 반미 종북 집단은 이승만 지우기운동을 강화하면서 좌우 갈등을 조장하고 있다. 반미 종북세력들은 대한민국 임시정부 인사의 사진을 현수막에 그려놓은 사진에서 임정의 초대 대통령 이승만의 사진을 쏙 빼놓고 있다. 심지어 반미 종북 세력 김용옥은 KBS 공영방송국의 공연에서 현충원의 이승만 묘를 파헤쳐 버리겠다고 폭언을 내쏘면서 자신이 북행北行할 용의가 있다고 선언했다. 도대체 북한에 가서 무엇을 하겠다는 건가?

〈이승만의 '독립정신'의 6대 강령〉

1. 우리는 세계에 개방해야 한다.

---

40 대한민보 명사 칼럼 김동길 교수 구국의 말씀 작성자 최학종.

2. 새로운 문물을 빨리 받아들이자.
3. 외교를 잘 해야 한다.
4. 나라의 주권을 소중히 여겨야 한다. 외국 국적을 갖지 말자.
5. 도덕적 의무를 소중히 여겨라.
6. 자유를 소중히 여겨라.

옥중에서 저술한 '독립정신'을 읽고 고종은 이승만을 석방, 외교특사에 임명했다. 이승만 · 윤병구 대표로 '하와이 한교 독립청원서'를 작성, 1905년 8월 10일 뉴욕에 있는 루스벨트 대통령을 만나러 갔으나 이러한 중대한 청원서는 공식 채널을 통하여 제출하라고 말하면서 접수를 거부하자 대표는 주미 서리공사 김윤정金潤晶에게 독립청원서를 전달해 달라고 당부하자 김윤정은 외무대신의 훈령이 없다는 이유로 접수를 거절했다.

청원서의 내용을 요약하면 "장차 루스벨트 대통령이 포츠머드 강화회담을 주재할 때, 한미조약에 명시되어있는 '거중조정從中善爲調處 · good offices'을 행사, 한국의 독립을 보전해 줄 것을 요구함." 그러나 이승만 · 윤병구尹炳求 대표는 임무 실패하고 8월 17일 하와이로 귀환했다.[41]

이승만은 6 · 25 남북전생에서 분단 유지의 휴전을 결사 반대하며 오로지 북진통일을 밀어붙이면서 통일대업을 이룩하겠다는 것이었다. 전 세계로부터 이승만을 독재자로 몰아 고립상태에 빠졌다. 심지어 영국을 비롯한 6 · 25 참전국들도 '통일병자 늙은 독재자 이승만'이라고 규탄하면서 휴전조약에 참여할 것을 촉구하고 있다. 그러나 이승만은 시종일관 북진통일만이 유일한 해결책임을 강조했다. 이로 인해 미국은 이승만을 세 번 이상 제거하려 했다. 암살작전을 만들어 여차하면 발동하려던 이른바 'Ever Ready Plan'이 그것이다.

---

41 金源模, 『近代韓國外交史年表』, p.225(1905. 8. 2), 獨立請願書.

이승만은 휴전조약을 왜 결사 반대했을까? 6 · 25 전쟁은 노후한 무기로 무장한 한국 국방군을 방치한 채, 아무런 안보대책 없이 미군을 철수했기 때문이다. 이러한 힘의 공백 상태에서는 전쟁은 일어날 수밖에 없다.

가까스로 세운 대한민국을 지킬 군사원조를 해주겠다는 약속을 묵살하고 주한미군을 철수한 죄, 국제공산주의 침략음모를 알면서도 이를 외면한 죄, 한반도를 제외한 미 극동방위전략 애치슨 라인(1950. 1. 12) 선언 등 김일성으로 하여금 기습남침전쟁을 유발하는 원인으로 작용, 남침 3일만에 북한 공산군은 서울을 점거, 서울시민을 얼마나 고통의 함정으로 빠뜨렸는가?

이승만은 마침내 한국의 안보를 보장하는 한미상호방위조약 체결을 이끌어내는데 성공했다. 휴전조약에는 김일성이 서명했으나 이승만은 끝까지 서명을 거부했다. 금년은 한미동맹 체결 70주년이 되는 뜻깊은 해이다. 한미상호방위조약에 서명한 이승만은 "이 조약으로 우리 후손들은 자자손손 번영을 누리게 될 것이다." 그말 그대로다. 오늘의 대한민국 번영은 이승만이 만들어 준 무대 위에서 이룩한 결과물이다.

우크라이나 젤렌스키 대통령 부인 올레나 젤렌스카 여사는 동아일보 인터뷰에서 "6 · 25전쟁 후 한국이 빠르게 경제성장을 이룬 경험을 나누고 싶다"고 했다. 허지만 우리는 젤렌스키 보다 더 위대한 이승만이 있었기에 한국의 경제적 번영이 가능했다.

이승만 대통령의 위대한 점은 공산주의의 실상을 누구보다 먼저 꿰뚫어 봤다는 점이다. 미 하원은 2일 수백만명이 기근 테러로 굶어 죽은 우크라이나, 수천만 명이 아사餓死한 중국 대약진운동, 소련 볼셰비키 혁명, 350만 명이 굶주린 북한의 참상을 전하며 '사회주의 공포' 규탄 결의안을 채택했다. 이승만 대통령은 미 하원이 이제야 알아챈 사회주의공산주의의 본질을 진즉 알았다. 소련군은 북조선에 2월 북조선인민위원회라는 단독정부를 세우자 이승만은 1946년 6월 정읍에서 남한만이라도 단선單選을 선언, 유엔 감시하에 5·10총선거에 의해 대한민국이 탄생한 것이다.

한국의 안보를 보장한다는 조약체결 없이 무조건 휴전조약 체결을 강요하는 것은 이승만으로서는 한국의 공산화 통일의 함정에 빠질 수밖에 없다고 확신했다.

이런 식이면 우리의 이승만 대통령은 결코 휴전을 찬성하지 않을 것이다. 당시 미국은 북한군을 38선 이북으로 격퇴시키고 '제한전쟁'을 끝내는 것이 중요했지만 우리로선 미군이 철수할 경우 어떻게 살아남느냐에 필사적이었다. 미국이 유럽의 나토 같은 방위조약을 한국과 맺어주지 않으면 생존이 위태롭다는 것을 이승만은 너무도 잘 알고 있었기에 휴전에 결사반대할 수밖에 없었다. 미국과의 방위조약 없이 남겨진다면 한국의 공산화는 시간문제라고 믿었다.

1952년 3월 21일 이승만이 미국 트루먼 대통령에게 "만일 미국이 상호방위조약을 체결해 주지 않으면 한국인들은 싸우다 죽을 것이라고 쓴 편지는 눈물날 정도다. 마침내 1953년 10월 1일 한미상호방위조약을 쟁취한 뒤 이승만은 담화를 발표했다. "이제 우리 후손들이 앞으로 누대에 걸쳐 이 조약으로 말미암아 갖가지 혜택을 누리게 될 것이다.[42]

만약 이승만이 김구처럼 중국에 망명하여 중국과 손잡았다면 좌우합작에 동의하고 김구와 함께 김일성을 만나 남북합작에 참여했다면 대한민국은 태어나지도 못했을 것이고 세계 10대 경제대국은 한민족에게는 그림의 떡일 뿐이다.

---

42 『東亞日報』(2023. 2. 16.) 김순덕 칼럼 : 우리에겐 젤렌스카보다 위대한 대통령 이승만이 있었다.

대륙문명권의 변방에서 열강에게 시달리다가 한미동맹으로 해양문명권의 중심에 우뚝 서게 된 대한민국, 이승만 특유의 불굴의 리더십이 이뤄낸 한국 현대사의 기적이 아닐 수 없다.

맥아더 미군정 치하의 일본의 파트너는 요시다 시게루吉田茂였다. 요시다는 맥아더와 밀착, 미국을 최우선시하면서 일본 내각 총리를 다섯번 역임했다 해서 '미국의 푸들'이라 불리기도 했다. 요시다와 이승만은 다 같이 철저한 반공주의자로서 아시아의 공산화를 우려했다. 하지 미군정 치하의 한국의 해방 정국은 좌익 천하였다. 심지어 해방 직후 여운형·박헌영의 건국준비위원회는 전국 인민대표자대회를 개최하고 조선인민공화국을 선포했다. 여운형은 "연합군의 진주를 맞아 인민의 집결체가 필요하다. 혁명초에는 혁명단체가 조직하는 것이요 인민이 조직하는 것이 아니다."[43]라는 인사말을 했다.

하지 미군정 치하의 한국의 파트너는 이승만이다. 이승만은 좌우합작에 의한 통일정부 수립을 주장하고 있는 하지의 통일 방안을 정면으로 반박하면서 좌우합작은 곧 한반도는 공산화 되어 소련의 위성국으로 전락한다는 것이다. 이승만은 하지를 무시하고 대미 독자외교를 펴기로 하고 맥아더의 주선으로 미국행을 단행, 마침내 유엔 감시하의 총선에 의해 대한민국이 탄생한 것이다.

김일성은 남북협상에 의해 미군철수를 보장 받고 미국은 주한미군을 전면 철수를 단행했다. 한국군은 노후한 병기를 가진 것이기에 사실상 한반도는 힘의 공백 상태이다. 이승만은 "국제공산주의의 위협에 공동대처할 것"을 호소했음에도 불구하고 미국은 한국의 안보문제를 도외시하고 미군 철수를 강행했다. 한국은 에치슨라인의 방위선 밖에 있다는 '애치

---

43 崔永禧, 『격동의 해방3년』, 한림대학교 아시아문화연구소, 1996, pp.20~22(1945. 9. 6).

슨 라인Acheson Line'을 선언했다. 무엇보다도 중공은 중원대륙을 적화통일함으로써 김일성은 남침전쟁을 단행, 한반도 적화통일을 기도했다.

이승만은 대한민국 정부수립기념식에 맥아더를 초청, 한국의 안보가 걱정이라고 말하자 맥아더는 무슨 일이 발생하더라도 대한민국을 지켜주겠다고 약속했다. 이에 맥아더는 인천상륙작전을 진두지휘하여 전세를 역전, 이승만은 북진통일의 꿈이 실현될 것으로 전망했다. 그러나 중공군의 개입으로 전세는 교착상태에 빠지면서 휴전조약이 체결되기에 이르렀다. 이승만은 휴전조약을 반대하고 오로지 북진통일을 고집했다. 심지어 휴전조약에 서명을 거부했다. 이에 한미 안보동맹조약을 체결함으로써 한국의 안보는 확보된 것이다.

〈리승만, 한인들은 어찌 하려는고, 태평양잡지(1924. 7.)〉

이민문제로 미일간 충돌이 장차 어떻게 결말될 것은 우리가 예언하기도 원치도 아니하며 필요도 없지만은 한가지 드러난 사실은 양국이 다 준비를 부지런히 하는 중이니 장차 전쟁이 있던지 없던지 이것은 다 필요한 줄로 인증하는 것이다.

지금 세상에 모든 부강한 나라들도 세계 대세를 살펴서 남과 연맹도 하며 밀약도 하여서 각각 저의 이익과 세력을 유지도 하며 확장도 하거니와 더욱 소약국小弱國의 계획은 매양 열강의 분쟁을 이용하여 저의 위치를 보호도 하며 권리를 확장도 하나니 오늘 한국의 처지로는 이웃나라의 충돌을 이용하여야만 될 것이다.

소약국이 열강의 충돌을 이용하는 방법은 어떤 이웃나라를 믿어서 그 나라이 잘 되면 우리를 독립시켜 주리라 하고 그 나라를 돕자는 것이 결코 아니니 이것은 우리나라 사람들도 다 경력을 인연하여 아는 바라. 더 말할 필요가 없고 다만 그 중간에서 남이 서로 싸우는 기회를 이용하여 우리가 우리 정신을 차려 가지고 우리 일 하자는 것이라. 이런 기회를 타서 우리가 우리 일만 잘 하면 누가 이기고 누가 지던지 다 우리게 상관 없고 다만 우리 일을 이루는데 속하기가 기러기 털이 순풍을 만난 것 같을 것이다.

일본이 어느 나라와든지 오래지 아니하여 전쟁을 또 할 것은 면치 못할 일이오. 언제든지 이런 전쟁이 우리애게 큰 기회 될 것은 의심 없는 일이라. 2천만 한인들이 아직 가만히 있는 것이 이런 기회를 기다림이오. 실로 독립주의를 다 버리고 있는 것이 아닌 줄은 일인도 아는 것이오. 또한 세상이 다 짐작하는 바이다.

그러면 우리는 이 중에서 준비하는 것이 무엇이냐? 남들은 저의 일을 위하여 각각 부지런히 준비하는데 우리는 상관 없는 자로 가만히 앉아 구경만 하는 것인가.

설령 어떤 나라이 일본과 개전하게 되어서 그 나라이 우리와 연맹을 하자든지 우리에게 재정이나 혹 군기를 도와주마하면 우리는 이에 대하여 어찌하겠나뇨. 설령 그 나라이 우리 민국정부를 승인하면 우리는 또 무슨 태도를 가지겠는고? 우리 모든 한인들이 다 합동하여 그 정부 아래서 설령 지휘를 받으며 조직적 행동을 취하겠는가. 또 여전히 분쟁·분열로 서로 싸우다가 말겠는가.

연전에 소약국동맹회에 한인들이 대표를 파송하였는데 각국인이 모두 모여서 각각 저의 나라 단합력을 자랑하는 자리에 한인들은 대표라고 참석한 몇사람이 서로 각국인 모인 좌석에서 선언하기를 저 사람은 아무 단체를 대표하였고 내가 정작 한인 다수의 대표라 하여 남들에게 알리고 또 부족하여 서양 신문에 이런 말을 내서 전파함에 남들이 말하기를 한인들은 아직 아무것도 할 수 없다 하였으며.

민국 원년(1919)에 내지 동포들은 각 단체와 각 종교와 각파 명색이 다 합동하여 독립을 선언하고 정부를 조직하여 세계에 발표함에 타국인들은 신문상으로라도 이것을 찬성하며 한인들이 다 일심이라 한국 임시정부에 다 복종한다 하여 한인의 영광도 장하거니와 세계에 동정이 많이 생길 때에 한인들은 상해에 모여서 '개조'이니 '승인'이니 하는 문제로 몇 달씩 두고 서로 싸우며 당파를 모아서 기호이니 서북이니 호남이니 평등이니 하는 중에서 필경은 정부를 소수인이 조직한 것으로 장부에 들어가지도 않고 밖에서 정부는 없는 것이라고 선언하며 혹은 정부가 유산계급이니 유식계급이니 하는 문자를 박아 전파하기에 이른지라. 이 결과로 인연하여 이방에 좋은 친구들도 낙심한 자- 많으며 우리와 아직도 동정하는 친구들은 내지 한인들이 이와 같이 많다는 말로 보호하는 중이며.

어떤 한인들이 소비에트 러시이 정부 주권자를 찾아 보고 말하기를 우리는 한국정부의 주의와 같지 않으므로 따로 나왔으니 우리에게 재정으로 도와주면 공산주의를 선전하겠노라 하였는데 그이들의 대답이 한인들이 다 한 정부 밑에서 합동하여 가지고 조직적으로 일을 해야 힘이 생기지 그렇지 못하여 삼분오열로 지내면 아무 일 할 수 없을 것이니 우리가 돈을 준들 공산주의로 유력하게 전파할 수 없을지라. 우리는 이런 형편을 보고 돈을 줄 수 없으니 무엇을 하든지 먼저 한인끼리 조직이 되어 실력을 만들어 놓은 후에 다시 와서 우리를 보면 의론할 수 있다고 하였나니 이것도 그 시에 여러 한인들이 각각 대표를 보내서 서로 자기를 한인의 대표로 인증하여 달라는 중에서 러시아 국인들이.

그후 아령俄領 어떤 지방에서는 어떤 인도자들이 군사상 단체를 조직하여 러시아국 관리들의 도움을 얻어 군사의 무장을 차려서 대활동을 시작할 즈음에 한인의 또 한 단체와 충돌이 나서 서로 총질을 하고 인명을 살해하여 아무것도 할 수 없게 됨에 필경은 서로 해하고만 것 뿐이라.

지금 미주 안에 형편으로 보아도 몇몇 분자가 있어서 서로 저의 분자만 알고 다른 것은 모른다 하는 중에서 피차 다 어렵게 되며 한인의 힘이 점점 무력하여지는 터이라. 본래 많치못한 수효에 얼마는 우리 정부를 우리가 먼저 인증하고 옹호해야 한다 하고 재력으로 성심으로 받들어오나 그 힘이 한정이 있어 마땅히 행할 일을 다 못하고 있으며. 또 한 분자는 정부가 우리 당과의 소유가 아니니 우리는 정부로 인증하지 아니하고 도우지도 않는다 하여 언제든지 저희가 주인이 된 후에야 모든 사람을 강제로라도 복종시켜 통일한다 하며 백방으로 저해하고 그중에 또 한 분자는 이 당파싸움에 우리는 들지 말고 따로 우리끼리 합동하여 언제든지 우리가 할 수 있을 때에 나서보자 하며 양편을 다 시비하고 앉은 중이라. 형편이 이러하여 반수불수 병들린

자와 같이 아무것 못하고 있으니 서로 다 해를 당하는 것이 그 결과이다.

이상에 여러 가지를 말하는 것이 모든 사람의 낙심·상심될 것이나 우리가 이것으로 상심·낙심하여 가지고는 될 수 없는 처지다. 우리의 오늘 당한 처지를 사실대로 다 알고 이것을 지금이라도 교정하기를 힘써야 될 것이라. 미국이 처음 독립전쟁 할 때에 13 준주准州가 각각 지방정부 주권을 위하여 서로 다투는 고로 유럽 각국이 미국 대표로 간 외교관을 대하여 말하기를 미국의 13 준주정부를 다 승인할 수는 없고 어떤 정부를 중앙정부로 인증할는지 모르겠으니 인증할 수 없다 한지라. 미국인들이 이것을 알고 곧 중앙정부 주권을 세워서 다 합동이 되어 승인을 얻었으니 우리도 우리의 사실을 알아가지고 병근을 고쳐야 할 것이라.

설령 지금에 우리에게 좋은 기회가 오게 되면 또 이상에 말한 바와 같이 서로 다투며 서로 해하겠는가. 다 합하여 형식상 승인을 얻든지 실지로 재정을 얻든지 하면 모든 한인이 다 이에 합동적으로 조직적으로 꾀있게 지혜롭게 규모있게 효력있게 이용할 수 있겠는가. 모든 한인은 이때에 이것을 연구하여 준비해야 될 것이다.

지금도 우리가 이것을 교정하지 못하고 여전히 고집하여 서로 결단 나는 것을 보려고 결심하고 앉았으면 지금은 다만 좋은 기회를 잃어버려 우리끼리 잔멸한데 빠질뿐 아니라 외양에서도 장차는 이번 동경 학살 같은 참상을 도처에서 당해도 세상에 말 한마디 해줄 사람이 없을 것이다.

동경 진재震災시에 한인은 유죄·무죄를 물론이고 선한 자나 악한 자를 묻지 않고 학생이나 노동자나 구별 없이 어떤 지방이며 어떤 당파인지 다 상관않고 한인을 돕는 한인인가 왜적을 돕는 한인인지도 분간 않고 그저 한인이라고는 잡히는 대로 살육한지라. 장차는 이런 살육이 아령俄領 중령中領에서 나지 말라는 법이 없으며 구미 포와布哇·하와이 등지에서 나지 말라는 담보가 없는지라.

유대인과 아메리카 인종은 오늘 우리보다 처지가 얼마 나으되 도처에 학살을 당하여온 것이 우리의 전감이 소소한지라. 우리 외양에 있는 사람은 남의 보호 밑에서 자유하며 생명을 보전하니 아무 걱정없다고 인정된 자는 어디 있던지 각각 자기 동포를 보호하며 나라를 회복하기 위하여 민국 정부 밑에 다 한 단체를 이루어서 대동단결로 우리의 앞길을 준비하여 가지고 앞에 기회를 잘 이용하기를 결심하는 것이 도리오 또한 지혜라 하노라.

대한민국 6년(1924) 7월 리승만[44]

핵무기 개발을 추진하고 있는 북한 정권이 김대중 대통령의 햇볕정책을 받아들이면서 김대중은 처음으로 북한 방문, 5억달러라는 엄청난 달러현금을 주어 북한은 이를 '핵 개발 종자돈'으로 이용함으써 남북간 무력균형이 북한에 비대칭 무력우세를 보이게 되었다. 이어 노무현 대통령이 북행, 상당한 달러 자금을 북한에 공여했다. 이에 발맞추어 현대측은 금강산 관광개방을 조건으로 달러현금을 제공, 북한은 이를 받아 핵 개발에 박차를 가했다. 현대 그룹은 북한의 금강산 관광개방의 댓가로 엄청난 달러현금을 제공, 이를 핵 개발에 이용했다. 이로 인해 현대 책임자는 검찰소환을 앞두고 극단적 선택을 했다. 기나긴 6자회담에서 북한 대표는 비핵화하겠다는 거짓 약속을 하면서 핵 개발에 시간벌기로 이용했다. 오로지 핵 개발에만 집중해서 핵 실험을 여섯 번 하면서 대륙간 탄도미사일을 비롯하여 각종 미사일을 날마다 쏘아대면서 한국의 안보를 위협하고 있다.

국가 존망의 위기에서 이승만 대통령은 한미 동맹조약을 체결, 국가안보를 지켜낸 것이다. 북한이 6·25 남침전쟁을 도발, 남쪽으로 밀리자 이승만은 손수 타이프라이터로 미 트루먼H. S. Truman대통령에게 미군참전을 요청하는 타이프라이터 편지를 보내자, 트루먼은 이승만의 간절한 편지를 읽어보고 즉시 '미 8군'을 투입하라고 지시하자, 백악관 고위보좌관들은 한결같이 미군이 개입하면 전쟁확대로 이어진다며 이를 반

---

44 『태평양잡지』(국가보훈처, 2013), 2, pp.85~88, 태평양잡지(1924년 7월호), 한인들은 어찌 하려는고(리승만).

대했다. 트루먼은 단호하게 "일의 모든 책임은 내가 진다The buck stops here"라고 단언하면서 미군의 한국전쟁 참전을 굽히지 않았다. 이는 유엔 16개국의 한국전 참전을 이끌었다. 유엔 참전국은 초기에는 16개국이지만 6·25전쟁이 장기화 되면서 22개국이 참전하여 한국의 안보와 자유를 지켜냈다.

빌 클린턴 행정부에서 미 국방부 국제안보담당 차관보를 지낸 나이 교수는 한국과 일본에 대한 확장억제 강화와 미군주둔을 통한 중국견제라는 '나이 이니셔티브'를 수립했다. 그의 정책은 이후 30년간 미국 동아시아 정책의 근간이 된다. 올해 한미동맹은 70주년을 맞는다. 북한이 위협수위를 높이면서 미국이 확장억제에 더 유연해져야 한다.

"나는 한미동맹을 운명공동체라고 부른다. 한미동맹의 진정한 유대와 신뢰는 전술핵 재배치나 핵 공유가 아니라 북한이 미군을 죽이지 않고는 한국을 공격할 수 없다는 그 사실 자체에서 나온다. 확장억제력과 관련해 우리는 핵 공유나 전술핵 재배치가 미국의 재래식 전력만큼 신뢰할 수 있는지 자문해봐야 한다. 나는 재래식 전력이 훨씬 중요하다고 본다.

중국이 북한을 억제하는데 더 많은 역할을 하도록 설득하려는 시도는 오랫동안 지속돼온 노력이지만 그다지 효과적이지 않았다. 북한 문제에 대한 유일한 해법the answer은 한국과 일본에 대한 확장억지력을 강화하는 것이다. 그리고 확장억제를 보장하라는 최선의 방법은 미군의 주둔 그 자체와 한미 연합훈련의 강화라고 본다.

금년은 한미 동맹 체결(1953. 10. 1) 70주년이 되는 뜻깊은 해이다. 북한은 그동안 핵개발을 과시하는 일환책으로 그동안 개발한 대륙간 핵탄두 미사일을 비롯하여 순환미사일 등을 날마다 쏘아대면서 한국을 국가존망의 위기에 빠뜨리고 있다. 핵보유한 북한과 미국의 핵우산하의 한국과의 힘의 격차가 뚜렷한 비대칭 조건하에서 한국의 안보를 확보하는 길은 미국의 단호한 북한 핵무기 사용을 확장억제해야 한다. 만일 북한이 핵무기로 도발한다면 종말doomsday을 맞이할 것임을 경고해야 한다.

나는 한미동맹을 운명공동체라고 부른다. 한미동맹의 진정한 유대와 신뢰는 전술핵 재배치나 핵 공유가 아니라 북한이 미군을 죽이지 않고는 한국을 공격할 수 없다는 그 사실 자체에서 나온다. 그는 한미동맹 70주년을 맞는 한미동맹에 대해서는 '운명공동체Community of fate'라 규정했다. 북한위협에 대한 해답은 미국의 확장억제력extended deterrence을 강화하는 것이며 이를 위해 미군 주둔을 유지하고 한미 연합훈련을 강화해야 한다."[45]

〈동아일보 사설(2023. 4. 1)〉

한미동맹 70년을 맞아 동아일보가 국가보훈처와 함께 한미 양국 국민들을 대상으로 실시한 창간 103주년 여론조사에서 두 나라 국민 모두 주한미군 주둔과 한미 연합훈련의 필요성에 공감하는 것으로 나타났다. 반면 반도체과학법 같은 '미국 우선주의' 입법에 대해서는 한미 국민 간에 적지 않은 인식차를 보였다. 대미 교역과 투자 등 한국 경제와 직결된 경제안보 현안에 대한 양국 간 인식의 간극을 줄이는 노력이 절실해졌다.

이번 조사 결과는 한미 국민들이 안보동맹의 당위성과 필요성에 인식을 같이하고 있음을 확인시켜준다. 미국인 응답자의 66%가 주한미군 주둔이 필요하다고 했고, 나아가 71%가 연합훈련의 필요성에 동의했다. '상대국에서 전쟁이 나면 군대를 파병해야 하느냐'는 질문에도 미국인의 파병 찬성비율이 반대보다 높게 나왔다. 어느 나라에도 일방적 의존이나 부담이 아니라 안보이익을 공유한다는 상호 인식은 동맹 결속의 핵심토대다.

한국의 자체 핵 보유나 북대서양조약기구NATO · 나토식 핵 공유에 대해서도

45 『東亞日報』(2023. 1. 3), 글로벌 석학 인터뷰 : 조지프 나이 하버드대 교수.

미국인의 찬성 여론이 반대보다 높게 나타난 것은 다소 이외다. 미국 행정부가 어떤 형태의 한국 핵무장에도 거부감을 보이지만 미국인의 인식은 달랐다. 그만큼 북핵 위협에 대한 공포감이 크다는 반증이이지만 그것이 '한반도의 문제'로 끝나길 바라는 미국 사회 저변의 인식을 엿보게 한다. 한국의 방위비 분담 수준에 대한 한미 국민간 엇갈린 반응도 동맹의 갈등 요인이 될 수 있는 만큼 유념해야 할 대목이다.

경제 분야에서 한미 간 인식의 간격은 앞으로 양국 동맹의 미래를 위한 중요한 숙제가 될 것임을 보여준다. 미국의 반도체법 · 인플레이션감축법 추진과 관련해 '동맹국의 이익을 고려해야 하느냐'는 질문에 80% 넘는 한국인이 동의했지만 미국인은 그 절반 정도에 그쳤다. 한미동맹이 자국 경제에 미치는 영향이 '긍정적'이라는 응답도 한국인 76.7%, 미국인 41.4%로 차이를 보였다. 동맹의 가치나 효용보다 경제적 이익을 중시하는 미국인의 기류를 보여준다.

한미동맹은 존망의 위기에서 한국을 구救한 미국의 막강한 힘에서 시작됐다. 군사력과 경제력을 비롯한 국력의 차이는 여전하다. 하지만 한국도 이제 세계 10위권 안팎의 경제력과 군사력을 당당히 갖췄다. 한미 양국은 힘의 격차가 뚜렷한 비대칭 동맹으로 출발했지만 이제 안보와 경제의 동반자로서 서로 부족한 부분을 채워주는 대등한 동맹으로 발전해야 한다. 한국의 더 큰 역할, 특히 우리 기업의 활약이 더욱 매력적인 동맹의 미래를 이끌기를 기대한다.[46]

독립신문(상해) 사장 이광수는 인재양성과 산업진흥만이 오천년 가난에서 벗어나 산업화할 수 있다고 주장했다.

〈선전 개조(10)〉

이리하여 5백 명의 신인재를 양성하되, 특히 주의할 것은 그들로 하여금

46 『東亞日報』(2023. 4. 1), 社說 : 한미동맹 70년, 안보 넘어 경제까지 '매력 파트너'로.

참된 사람 미쁜 사람이 되게 함이다. 하늘을 말아 나팔을 부는 재주가 있더라도 참되고 믿지 아니한 사람은 쓸모없는 사람이다. 그들은 실로 민족개조民族改造라는 대종교大宗敎의 사도使徒가 되기에 족한 인격을 구비하여야 할 것이다.

아무러한 짓을 하여서라도 인재양성하여야 할지니 인재양성이 없이 나라를 세우려함이 진실로 연목구어緣木求魚라 합니다. 내손에 금력을 가진 자는 힘이 자라는대로 한 사람이나 두 사람씩이라도 교육하시오. 이러할 실력이 없는 자여든 마음으로라도 늘 생각하고, 사람을 만나면 즉각 인재양성이라 하시오. 이리하여 전국민이 인재양성이 어떻게 중요하고 긴급한 것을 깨닫게 될 때면 이는 실현될지니, 우리는 인재양성으로 민족적 공동요구를 삼아야겠소. 국시國是를 삼아야 하겠소이다.

인재양성 다음에 우리의 국시國是될 것은 산업의 진흥이외다. 2천만 한족韓族으로 하여금 의식衣食이 족하게 함이외다. 그 낮고 좁고 더러운 오막살이를 모두 버리고 그 자리에 번적한 벽돌 대리석 집을 짓게 함이다. 기갈飢渴이 영원히 한토韓土에서 자취를 끊어버리고 2천만이 모두다 충분한 자양과 수양과 오락을 취하여 혈색 좋고 점잖은 백성이 되도록 함이외다.

왜 런던과 뉴욕에 한인의 회사와 은행이 없습니까. 왜 태평양 대서양에 태극기를 날리는 윤선輪船이 없고, 그것은 다 못하더라도 왜 동양상업의 중심인 상해의 황포탄黃浦灘 남경로南京路에 한인의 대상大商 하나가 없이 아편 밀수인으로서 한인의 상업을 대표게 되었습니까. 왜 전국민의 일치한 독립운동에 재정의 군핍窘乏을 한탄하게 힙니까. 우리는 부유하여야 하겠소. 아는知 동시에 부富하여야 하겠소이다.

이러함에는 두 길이 있으니, 즉 생산의 증식과 분배의 평균이다. 국내의 부원富源을 개발할 수 있는 대로 개발하고, 자연력을 이용할 수 있는 대로 이용하고, 이원利源의 외국의 유출함을 방지할 수 있는 대로 방지하여, 수입초과의 계단에서 자작자급自作自給의 계단에, 자작자급의 계단에서 수출초과의 계단으로 이행移行하기를 기하여야 할 것이다.

다음에는 분배의 균형이니 아무리 생산이 많다 하더라도 과거의 자본주의의 제도로는 도저히 국내에서 빈궁의 자취를 없앨 수 없을 것이다. 오늘날 노동문제가 세계개조의 중심문제가 됨을 보아도 알지니 우리나라에도 토지문제 노동문제는 장차 신국가의 중심문제가 될 것이다. 또한 되어야 할 것이다. 그러나 이들 문제보다도 더욱 긴요한 것은 2천만인 중에 한 사람도 놀고먹는 유민遊民이 없어야 합니다.

부국의 제일 요도要道는 나라에 유민이 없음國無遊民 · 직업 없이 놀고먹는 백성에 있을 것이다. 현재 우리 처지에서 절규할 것도 1인 1업으로 유민이 없게 함이다. 불행히 만일에 우리의 광복사업이 수년을 격하게 된다 하면, 더구나 해외에 있는 동포는 근면으로써 저축을 힘써 매년 적어도 60만원의 재력을 구취鳩聚하도록 힘써야 할 것이다. 산업에 대하여는 유학생 파견과 같이 간단히 말하기 어렵거니와 인재양성 산업진흥이 우리의 2대 국시일 것은 동포의 깊이 기억할 바이라 합니다.47

태극기太極旗(춘원 이광수, 독립신문 사장)

(1)

삼각산三角山 마루에, 새벽빛 비췰 제
네 보았냐 보아, 그리던 태극기를
네가 보았나냐, 주은줄 알았던
우리 태극기를, 오늘 다시 보았네
자유
이천만二千萬 동포야, 만세를 불러라
다시 산 태극기를 위해, 만세 만세
다시 산 대한국大韓國

(2)

붉은 빛 푸른 빛, 둥글게 엉키어
태극을 이뤘네, 피와 힘 자유 평등

---

47 김원모 편역, 『춘원의 광복론 : 독립신문』, 단국대학교출판부, 2009, pp.698~700, 선전 개조(10); 독립신문, 제14호 1919. 9. 27).

엉키어 이뤘네, 우리 태극일세
건삼련乾三連 감중련坎中連
곤삼절坤三絶 리중절离中絶
동서남북 상하, 천하에 떨치라
태극기 영광이, 세계에 빛나게
국민아 소리를 모도다(모으다), 만세 만세

(3)
대한국 만만세, 갑옷을 입혀라
방패를 들어라, 늙은이 젊은이

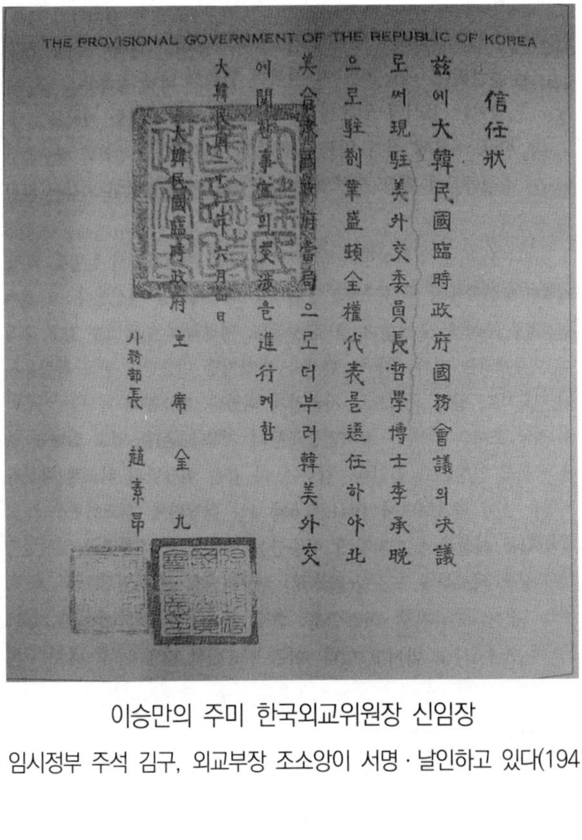
THE PROVISIONAL GOVERNMENT OF THE REPUBLIC OF KOREA

信任狀

玆에大韓民國臨時政府國務會議의決議로써現駐美外交委員長哲學博士李承晩으로駐剳華盛頓全權代表를選任하야北美合衆國政府當局으로더부러韓美外交에關한事宜의交涉을進行케함

大韓民國二十三年六月四日

大韓民國臨時政府主席 金九

外務部長 趙素昻

이승만의 주미 한국외교위원장 신임장

대한민국 임시정부 주석 김구, 외교부장 조소앙이 서명 · 날인하고 있다(1941. 6. 4).

머시마나 가시나, 하나이 되어라
태극기 지켜라, 귀하고 귀한 국기
윈 세계 백성이, 다 모여들어도
우리의 태극기, 건드리지 못하리
대한大韓 사람들아 일어나, 나가 나가
태극기를 지켜, 대한 나라 지켜48

대한민국 원년1919 8월 30일에 주미한국외교위원부韓國委員部가 워싱턴에서 개최되었다. 서기가 본회의 주지主旨를 표명하여 가로되, "본회는 이승만 임시정부 대통령의 임석한 자리에서 대한독립에 관한 선언과 요구를 협의코자 함이다."라고 천명했다. 본회에 참석한 요인은 임시대통령 이승만李承晩, 본회 회장 김규식金奎植, 회원은 이대위李大偉, 임병직林炳稷 제씨 및 대한민국 고문 돌프F. A. Dolph 등이다. 돌프 고문은 구미위원부 발족선언서 등본을 미국 국무부, 상하원 의장, 상하원 외교위원회, 연합통신사AP와 신문사 잡지사 등에 발송했다. 그러나 한국위원부가 창설된 지 한달만인 그해 9월 30일에 명칭을 구미위원부歐美委員部라 개칭했다. (김원모, 춘원의 광복론 : 독립신문, p.781).

이와 같이 구미위원부 발족선언서에 서명이 있은 후 계속하여 이승만 대한민국 임시대통령의 연설이 있었다.

대한민국 국민과 친구들아, 오늘 저녁에 통과하고 성명한 선언서는 오늘날 우리나라의 독립을 위하여 일본과 싸우는 2천만 한인들의 마음을 흔드는 자유정신으로 정성되고 진실한 성명입니다. 이것이 곧 금년 3월 1일에 경성에서 선포한 독립선언서에 서명한 33현賢 대표자들을 위하여 말하는 것이며, 이것이 여러 천만 명 한인 남녀노소가 기념될 거룩한 3월 1일에 일어나 패트

48 『독립신문』(상해), 제30호, 1919. 11. 27.

릭 헨리Patrick Henry와 같이 선포하기를 "나에게 자유를 주거나 그렇지 않으면 주검을 주시오."한 것을 위하여 말하는 것이며, 이것이 한국의 수천만 민족을 위하여 일본의 감옥 중에서 악형을 당하며 도륙屠戮받던 이를 위하여 말하는 것이며, 이것이 경성 병원에서 충의열사들의 몸이 27곳씩이나 창검에 찔리어 마지막 숨을 지울 때에 그 주검이 그의 사랑하고 한인 전체가 사랑하는 한국독립을 도와줄 줄을 바라던 것을 위하여 말하는 것이외다.

우리가 이 선언서를 만든 것은 다만 내지內地에서 나라의 자유를 위하여 싸우며 곤란 당하는 백성의 사정을 말하는 것이외다. 나는 믿기를 이 사정이 세상 제일 큰 공화국 곧 합중국 안에서 자유를 사랑하는 이에게 소고訴告될 줄 압니다. 한국 13도 인민이 이 주의主義를 가지고 오늘날 싸우는 것이 아메리카 13주13 식민지 백성들이 150년 전에 싸우던 일과 같소이다. 달리 말하자면, 이같은 정신 곧 미국혁명을 일으켰던 조선祖先을 감동시키던 정신이 지금 한국 독립운동 하는 인도자들을 감동시켰나이다. 한인들이 지금 자결주의自決主義를 위하여 싸우는 것이 곧 미국 군인들이 구주 대전란에 가서 이 세상 민주를 위하여 싸우던 것 같소이다.

한국이 이 큰 세계에 한 부분이나 그러나 아직까지 민주안전民主安全을 얻을 날 이 멀었습니다. 한인들이 그들의 아름다운 일을 위하여 제일 전제專制와 제일 제국주의를 가진 일본정부를 항거하여 자유와 민주를 안전케 하기를 다른 민주국가들과 같이 하려 함이외다. 우리 일이 정당함에 이 일이 장차 성공되고야말 줄로 진실로 믿습니다.

이 한인들의 운동이 그들이 능히 외국의 군사적 원조를 받지는 아니하고, 스스로 일본통치권을 벗어버릴 능력이 있는 것을 이 세상에 증거코자 합니다. 그러하나 지금 해육군海陸軍으로 이 큰 도덕적 혁명을 진압합니다. 이 큰 전쟁 중에 우리가 믿으며 우리 백성들들이 미국 사람들의 동정과 도덕상 원조를 받는 줄로 압니다.(독립신문, 제29호 1919. 11. 20).

이승만의 구미한국위원부는 영미 양국을 상대로, 김구 주석은 중국을 상대로 '독립외교 전략'을 구사함으로써 1943년 12월 1일 카이로 선언에서 “영미중 3국은 한국 국민의 노예상태에 유의하여 적당한 절차를 거쳐 한국을 자유독립free and independent을 보장한다.”(H. S. Commager, Documents of American History, II, p.660, Cairo Conference, December 1, 1943). 그 당시 한국과 같이 식민지 국가가 15개국인데도 유독 한국만이 자유독립을 보장받은 유일한 국가가 되었다. 이것 모두가 이승만 · 김구의 ‘독립외교’의 공적이다.

일제는 팔굉일우八紘一宇 · 세계통일라는 망상에 빠져 미영을 상대로 테평양전쟁을 도발, 하와이 기습공격, 미 해군함대를 침몰하고 이어 싱가포르를 함락하고 필리핀을 점령하여 맥아더 사령관은 긴급 후퇴했다. 이와 같이 초반전은 승승장구하여 정말로 일제는 영미를 제압 세계통일을 이룰것이라고 도조 히데키東條英機 총리는 비행기를 타고 필리핀 전선을 시찰하면서 이제 일본은 대동아공영권을 넘어 세계지배의 날이 올 것임을 호언장담했다.

그러나 미국은 전력증강을 통하여 괌 사이판 티니안 등 15개 도서를 아우르는 마리아나 제도Mariana Islands를 회복, 괌에 남태평양의 최대규모의 미군기지를 건설했다. 태평양 전쟁중 가장 격렬한 오키나와 상륙작전 결과 미일 양군의 엄청난 인명 피해가 났다. 미 공군은 제공권을 장악, B29의 동경 폭격에 일본 군부는 속수무책이었다. 일본군의 패색이 짙어졌다. 이제 마지막으로 일본 본토 상륙작전이었다. 미 합참은 일본 본토 상륙작전을 벌일 경우 150만의 인명피해가 날 것으로 전망했다. 그래서 미군은 한반도 상륙작전 계획은 아예 포기하고 소련에게 참전을 촉구하게 되었다. 미공군은 8월 6일 히로시마에, 이어 나가사키에 원자탄을 투하 일본은 무조건 항복함으로써 태평양전쟁은 조기에 끝나게 되었다.

일본은 만주 100만 관동군을 남방전선에 이동·배치하자 소련은 바로 이점을 간파, 참전을 선언하면서 일본군의 저항을 받지 않고 일사천리로 한반도로 진격, 북한을 점거했다. 이제 미국이 보기에 소련군의 단독 한반도 점거가 될 것을 염려, 급기야 38선을 획정, 북한은 소련군에 의한 일본군 무장해제, 남한은 미군의 일본군 무장해제를 함으로써 한국은 운명적인 남북분단국이 되어버렸다. 약소국의 서름은 이래도 저래도 강대국의 전후 처리에 휘말릴 수밖에 없었다.

1950년 6·25 남북전쟁에서 북한 인민군은 낙동강 전선의 '다부동 전투'에서 전승하면 남한 전역을 점령할 수 있는 긴박한 상황에서 제공권을 장악한 미 공군의 융단폭격으로 북한군을 제압했다. 맥아더의 인천 상륙작전으로 인민군은 궤멸상태가 되자 이승만은 북진통일을 주장하면서 UN군과 국군은 압록강까지 진격하자 중공군의 인해전술로 인해 북진통일은 좌절되었다. 카이로 선언에서 한국은 '자유 독립'을 보장하고 있다. 유엔군에 의한 북진통일을 실현하는 전략은 없다는 말인가.

"일제 강점기 시절 봄이 되면 벚꽃놀이로 봄축제를 즐기는 것은 서울 창경원의 밤 사쿠라 축제, 일본 우에노 공원의 사쿠라 축제, 미국 워싱턴의 제퍼슨 기념관 주위의 광활한 벚나무 숲은 미국의 대표적인 관광명소이다. 1912년 일본이 미일친선을 위해 3,000그루의 사쿠라를 기증함으로써 워싱턴을 온통 벚꽃 천지로 조성한 것이다.

제퍼슨은 초대 국무장관, 3대 대통령, 주불대사를 역임했다. 그는 독립선언과 종교 자유법의 기초자이다. 그는 대규모 농장을 경영했는데, 미국 3대 대통령에 취임하고 나서 1803년에 루이지애나 지역 약 420만 6천㎢의 드넓은 땅을 프랑스로부터 1,500만 달러로 매입했다. 이는 한반도 전체 면적의 20배에 가까운 엄청난 면적이다. 그는 대규모 농장을 경영하면서 농기구의 현대화에 큰 이바지를 했다.

노예해방은 링컨 대통령의 최대 업적이지만 제퍼슨의 최대업적은 인권이라는 개념을 구체화하면서 그가 33세에 기초한 미국독립선언서에 "모든 인간은 평등하게 태어났다."고 했다. 이는 프랑스 대혁명의 도화선이 되었고, 모든 인류의 삶에 큰 영향을 끼치기도 했다.

"그런데 제퍼슨은 당시의 농장에 수많은 흑인 노예를 데리고 있었는데, 그에게 이들의 인권은 무엇이었을까? 물론 링컨의 노예해방 선언 100여 년 전 일이다. 제퍼슨은 1784년에 프랑스 대사로 부임하면서 딸들의 몸종으로 노예를 데려갔는데, 그중에는 14세짜리 흑인 소녀도 있었다. 제퍼슨은 이 소녀와 지속적인 관계를 유지했고, 둘 사이에는 아이가 대여섯명 태어났다. 오늘의 가치관으로는 상상도 할 수 없는 엄청난 인권유린인데, 그러나 이 때문에 제퍼슨 기념관을 없애야 한다는 극단적 주장은 없는듯싶다. 과거 행적의 일부를 문제 삼아 인물 전체를 묻어버리자는 주장이 걸핏하면 횡행하는 우리 사회가 반면교사로 삼을 일이다. 현재의 기준으로 과거를 평가하거나 혹은 그 반대 즉, 과거의 기준으로 현재를 평가하는 일은 모두 신중해야 한다."[49]

김일성은 1950년 6·25 남침전쟁을 도발, 러시아제 탱크를 앞세워 남침 3일만에 서울을 점령했다. 사실 남한에는 주한미군이 전면 철수했고, 게다가 한국군은 구식 무기만을 갖춘 사실상 비무장 상태라 다급해진 이승만은 대전으로 후퇴하면서 타이프라이터로 트루먼 대통령에게 구원을 호소하는 편지를 보냈다. 트루먼은 이승만의 긴급구원 편지를 받은 즉시 미8군을 파견할 것이라고 결단하자 보좌관들은 한결같이 미군이 개입하면 국제전으로 확대할 것이라고 우려를 표명하자, 트루먼 대통령은 단호히 미 8군 파견을 단행하겠다고 선언하면서 "모든 책임은 내가

49 김도연, 칼럼: 서울, 도쿄 그리고 워싱턴의 벚꽃, 『동아일보』, 2024. 4. 18.

진다The Buck stops here!"라고 독백獨白메시지를 외치자, UN회원국 16개국은 이에 호응, 카이로 선언에서 한국의 '자유독립'을 보장한 한국을 수호하기 위하여 한국전에 참전을 선언했다. 트루먼의 독백獨白 메시지는 잠언箴言, Aphorism이 되어 인구에 회자하는 구원 메시지가 되었다.

북한군은 거침없이 남진, 대구-부산 낙동강 전선을 제외하고 전국을 석권했다. 이제 낙동강 전선이 무너지면 대한민국은 공산화될 것은 불을 보듯 뻔한 실상이다. 트루먼의 미 8군 파견으로 전세는 역전되는 계기가 되었다. 북한군은 다부동 전투에서 전승하면 낙동강 전선이 무너지고 적화통일 될 것이라고 낙관하면서 다부동전투에 전력을 집중했다. 드디어 미군과 유엔군이 투입되면서 미 공군은 제공권을 장악, 다부동 전투에 융단폭격을 감행, 마침내 북한군을 제압, 전세는 역전되기 시작했다. 이것 모두가 이승만-트루먼의 전략이 성공했기 때문이다. 맥아더는 인천상륙작전에 성공, 북한군은 궤멸상태가 되었고, 서울 수복과 동시에 이승만은 북진통일을 외치면서 압록강까지 진입했으나, 중공군의 인해전술로 후퇴하지 않을 수 없었다.

김용옥은 고려대학교 특대생, 대만국립대 박사, 일본 도쿄대 박사, 미국 하버드대 철학박사로 한국 최고의 학벌을 자랑하는 석학이다. 그러므로 김용옥은 KBS TV '논어' 강의에서 동서양 유학의 석학의 학설을 총동원한 현학적 명강의로 청중의 관심을 사로잡았다. 김용옥은 광폭의 지성인임에도 불구하고 대롱식 시각으로 이승만의 과거 행적을 문제 삼아 현충원의 이승만 묘를 파헤쳐버리겠다고 호언장담하고 있다.

이승만은 1956년 민주당 대통령후보 신익희申翼熙, 1892~1956가 호남유세중 뇌일혈로 급사함에 무투표 당선되었다. 뿐만 아니라 1960년 민주당 대통령 후보 조병옥趙炳玉, 1894~1960박사는 미국 월터리드 육군병원에서 치료중 급서했다. 이리하여 이승만은 두번째로 무투표 당선된 것이다. 이승만은 자동적으로 대통령 당선이 확정된 만큼 부정선거를 감행해야 할 이유가 전무했다.

그 당시 정·부통령선거를 분리해서 실시했다. 부통령 선거에서 '이기붕 vs 장면'의 대결이다. 자유당 충성파는 이기붕 당선을 위하여 온갖 부정선거를 자행, 4·19 학생혁명을 촉발하고 말았다. 학생들은 부정선거를 규탄하면서 4·19 학생혁명의 봉화불을 올렸다. 흥분한 학생들의 난폭한 항의시위는 마침내 경찰의 무력진압을 유발해서 학생의 희생자가 속출했다. 이로 인해 이기붕 일가는 도의적인 책임을 지고 극단적 선택을 하였으니, 1가족 전원의 집단자살로 4·19 학생혁명에서 학생들의 핏값을 보상했다.

이와같이 이승만은 부정선거와는 무관함에도 불구하고 부정선거의 원흉인양 몰아 학생혁명을 일으켜 규탄해야할 중심인물로 몰아세우면서, 학생의거의 촉매재가 되었다. 그러면 과연 이승만은 부정선거에 의해 대통령이 되었다는 규탄의 대상자로 몰아세워야 마땅하냐고 우리 모두 공정한 비판의식을 가지고 평가해야 한다. 이로 인해 이승만은 마치 민주정부를 허물어버리는 죄인으로 몰아 결국 하와이 망명으로 자신의 기구한 인생역정을 마감하고 영면했다.

제4장

동회운동과 새마을운동

1. 이광수의 동회운동과 박정희의 새마을운동

이광수는 오산학교 교원생활 4년 동안 가장 보람있는 일은 '잘 살아보기' 위해 동회洞會운동을 일으켜 농촌의 절대빈곤을 타파했다는 사실이다. 이는 촌락자치운동의 효시가 되었을 뿐만 아니라 후대 '새마을운동'의 원조가 되었다는 사실에서 그 역사적 의의는 실로 크다고 하지 않을 수 없다.

오산학교에 바로 이웃인 용동龍洞이라는 동네는 남강南岡 이승훈李昇薰, 1864~1930 선생의 고리故里다. 남강은 이 동네를 문명화하려고 동회洞會를 만들어놓고는 옥으로 가시고, 그 뒤를 내가 이어서 3, 4년 보았다. 청결과 풍속개량과 저축을 목적으로 하여 매월 1차 남녀가 다 모여서는 일도 의논하고 강연도 들었다. 청결을 힘쓴 결과로 헌병의 청결검사에 용동에는 들르지를 아니하였고, 매 회의에 남자면 신 한컬레 여자면 양미糧米 얼마를 모아 공동저축을 한 것도 상당한 액수에 달하였다. 나는 부인회원들의 위임을 받아서 매 토요일에 부엌과 뒷간과 안방과 이불을 검사

하였다. 아마 조선에서 촌락자치운동村落自治運動으로는 이것이 처음일가 한다.[1]

나는 술을 뚝 끊고 아침에서 해질 때까지 학교에만 있었다. 나는 내일 가르칠 교재를 내 힘껏 준비하고 또 직원과 학생과도 사괴었다. 나는 야구와 정구와 축구를 사다가 학생들에게 가르치고 또 손소 비를 들고 학교 구내의 청결을 하여서 학생들의 모범이 되려고 하였다.

그리고 어학 교재를 모아서 등사판에 박아서 교과서를 삼았다. 나는 M학교에서 공부하던 깨끗하던 시대의 나를 회복할 수가 있었다. 나는 조국에 대한 의무를 굳세게 인식하였다. 나는 이 학생들을 가르치기에 전 생명을 다 바치리라고 혼자 맹약하였다. 나는 내가 가난한 생활을 하는 것을 조국에의 봉사로 생각하려 하였다.

이렇게 고쳐진 내 생활은 한달이 못하여 N교주와 기타 직원 학생들의 인식한바 되어서 나에게 대한 신임과 존경은 날로 더하였다. 나는 학교를 내 집으로 알고 학생들은 내 사랑하는 형제들로(자녀라는 생각은 나이 관계로 나지 아니하였다) 깊이깊이 정을 들이게 되었다.

여름방학이 지나고 가을 학기가 되어서는 N교주와 K이라는 교무주임격인 늙은 선생이 학칙변경을 내게 일임하도록 나는 신임을 받았다.

그뿐 아니라 나는 N교주의 고향인 Y라는 동네의 동회洞會의 회장이 되고 남녀 야학교의 교장이 되어, 집도 Y동네로 옮겼다. 나는 가정생활로도 동네의 모범이 되리라 하고 닭을 치고 방이며 부엌이며 마당을 아침마다 손소 깨끗이 치이고 새벽 일찍 일어나 동네 길을 쓸고 학교에 건너와 학교의 청결을 몸소 하였다. 특별히 부엌과 뒤깐의 청결을 위하여

1 春園 李光洙 著作 · 朝鮮語學會 校鑑, 『文章讀本』(弘智出版社 · 大成書林, 1937.K 3. 15), p.92.

서 동회에서 많이 권면하였고 또 이불과 벼개를 깨끗이 할 것을 장려하였다. 동회洞會를 세우기는 N교주어니와 이러한 여러 가지 실행에는 내 힘도 없지 아니하였다.

내가 몸소 행하는 정성은 동회의 인정하고 신임하는 바가 되어서 회원들은 기쁘게 내 충고를 들었다. 얼마 지난 뒤에는 나는 회원들의 만장일치의 결의로 청결검사위원이 되어서 토요일마다 집집으로 순회하면서 방과 부엌과 뒷간과 금침까지도 모두 검사하는 권한을 받았다. 부뚜막은 1주일에 한 번씩 새로 '흙질'을 하여야 하고 뜰에는 황토를 깔아야 하고 이불과 욧잇과 베갯잇에는 때가 묻으면 안되고 또 가마솥과 기명은 어른어른하게 닦이지 아니하면 아니되고 담이나 영이나 바자나 다 가쪽하게 아니하면 아니되었다.

"이것이 더럽습니다" 한다든가,

"여기를 좀 고치시지오"

하면 부인네들은 다 기쁘게 내 말을 들었다.

나는 이 밖에 회원 전체를 통하여 남자는 매일 집세기 한 컬레, 여자는 끼니 때마다 매식구에 쌀 한 숟가락씩을 모아서 한 달에 한 번 동회 모이는 날에 동회에 바치되 저마다 제 구좌로 하여 저금해 두었다가 그 돈이 백 원이 차거든 찾아갈 수 있고 그 동안에는 저리로 대부하는 제도를 세웠다. 이 제도에 대하여서는 처음에는 이론도 있었으나 결국 그대로 시행하여 불과 반년에 5백여 원 저금이 모였다.

동네 전체가 예수교인인 것과 또 이 동회로 하여 Y동네는 이웃 다른 동네와는 딴판인 동네가 되었다. 술과 노름이 없는 것은 물론이어니와 어느 동네에서나 흔히 보는 이웃끼리의 싸움도 없었고 집들, 옷들도 다 깨끗하게 되어서 헌병들이 청결검사도 아니 들어오게 되었다. Y동네에는 실로 경찰이 올 필요가 없었던 것이다.

이듬해 봄까지에는 학교도 면목이 일신하고 동회도 자리가 잡히고 모든 것이 재미 붙으리만 한때에 큰 사건이 일어 났다.

내가 K학교에 온해 8월 29일에 한일합방이 되었다. 나는 K역에 붙은 두 나라 황제폐하의 합병조서를 읽었다. 그날은 하레 혜성이 지나간다는, 이 지방에는 무척 해무가 자욱하게 낀 날이었다. 이 합병이라는 큰 사실이 내게 깊은 인상을 준 것은 말할 것도 없다. 내가 학교와 동회에 전 생명을 바치러든 것도 이 영향이 한 원인이 되었을는지도 모른다.[2]

나는 4년간 영양부족과 과로와 심려로 무척 몸이 약하게 되었다. 내가 후년에 중병으로 오래 신고한 원인이 여기서 시작된것이었다. 월급이란 거의 한푼도 받아보지 못하고 나무와 양식과 무 배추같은 반찬거리를 얻어먹을 뿐이었다. 의복도 말이 아니었다. 혹 지나가는 손님이 두루마기 한 감, 모자 한 개를 선물하는 것을 받아서 썼다. 양말은 구녁이 뚫어지고 메투리는 창이 났다. 그리고는 학교시간만을 한 주일에 설흔네시간, 그리고 야학 있고 동회洞會 있고, 또 교회에서 때때로 설교까지 하였다. 게다가 가정관계 기타로 내 마음에는 번뇌가 늘어났다. 잡아가둔 이 몸 내려누른 청춘은 가끔 반란을 일으켰다. 나는 때때로 누구도 아닌 사람을 그리워하는 생각도 났다. 이것저것이 합해서 나는 밤에 잠안드는 병이 생기고 몸은 마르고 기침까지도 났다. 의원들은 몸이 약해졌으니 쉬이고 복약服藥하라고 권하였으나 나는 쉬일 새도 없고 복약할 돈도 없었다. 여름방학까지도 나는 하기강습교사로 다녔다. 나는 강습회 다녀오던 길에 차중에서 졸도한 일도 있었다. 나는 이렇게 피곤한 생활을 하다가 피가 말라서 죽는 것을 영광으로 생각하고 있었었다.[3]

---

2 朝鮮日報 연재『그의 自敍傳』43회(1936. 2. 3).
3 상게서, 45회(2. 5).

내가 하는 일은 학교일 이외에 동회洞會일이 있었다. 동회라 함은 이승훈 교주의 고향인 용동龍洞이라는 작은 동네의 조직체로서 아마 우리나라에서는 처음되는 동회일 것이다. 이것도 이 교주가 창설한 것이었다. 나도 이 동네에 집을 가지게 되어서 남강南岡의 뒤를 이어 회장이 되었다.

동회가 모이는 것은 매삭 1차이지마는 회장이 하는 일은 여러 가지 있었다. 회會는 남녀평등으로 발언권과 표결권을 가져서 이렇게 하는 것이 동네에 좋을 듯하다는 제안이 나오면 토의가 있은 뒤에 대개는 가결되는데 이것이 실시가 되는가 안 되는가를 감독하는 의무는 회장에게 지우는 것이었다. 가령 매 월례회月例會에 남자는 짚세기 한 켤레, 여자는 매 식구 끼니 때마다 쌀 한 술씩 떠모은 것을 가져오는 것(이것은 각자의 명의로 하는 저금이었다), 동네의 청소, 가정의 청소, 우물과 우물길의 청소, 이런 것을 다 회장이 돌아보는 것이었다. 회원들은 이렇게 생활을 개선하는데 점점 재미가 나서 더욱더욱 여러 가지 일을 결의하였다.

회장은 매주 토요일이면 각 가정을 순시하였다. 대문과 문전과 마당과 수채구멍의 청소상태를 점검하고는 뒷간도 보기로 되어 있었고, 여름철이면 구더기가 끓을만한 곳에는 석유를 뿌리게 하여서 파리가 나지 못하게 하였다. 그리고는 부엌을 보았다. 부뚜막은 한 주일에 한번은 흙물로 새로 발라야 하고 식기도 닦아야 하였다. 부엌에 거미줄이나 선반에 먼지가 있으면 당장에 떨게 하였다.

다음에는 젊은 남자인 나로서는 참으로 어려운 일을 하여야 하였다. 그것은 안방에 들어가서 이부자리를 펼쳐놓고 검사하는 일이었다. 아이들의 오줌, 똥 자욱이 있거나 이불 깃에 때가 묻어서는 안 되는 것이었다. 이런 검사를 받는 날 부인네들은 다 새옷을 갈아입었다. 그들은 모든 것을 깨끗이 준비해놓고는 회장이 돌아오기를 기다리고 있었다. 이것은 내게는 참으로 잊지 못할 기쁜 기억이오 감격이었다.

동네 길은 아침마다 쓸었다. 우물길도 그러하였고 우물도 자주 쳤다. 이런 것은 다 남자들의 일이었다.

이리하여서 용동에는 청결검사하는 헌병이 들어오지 아니하게 되었다. 그때의 청결검사라면 기막힌 것이어서 헌병이 경관이 막 내정에 달겨들어서 때리고 차고 하는 것이었다.

이 동네 사람들이 이 교주의 전도로 예수를 믿게 되었기 때문에 이런 일을 하기가 더욱 쉬웠다. 일요일에는 모두 새옷을 갈아입고 예배당에 댕겨와서는 다들 놀았다. 일요 휴업문제로 동회에서 꽤 논란이 되었으나 실행해본 결과는 대단히 좋았다. 비록 바쁜 농사 때라도 엿새 동안에 좀 더 부지런히 일하고 이레 되는 날 하루를 안식과 정신수양에 바치는 것은 유쾌도 하고 유익도 할 것을 다들 깨달았다.

본래는 이 동네는 그리 풍기가 좋은 동네는 아니었으나 예수를 믿고 동회를 함으로 술주정, 노름, 싸움 같은 것이 없어지고 인근에 으뜸가게 점잖고 깨끗한 동네가 되었다. 집들도 잘 거두어서 윤이 흐르고 사람들도 옷을 깨끗이 거두니 갑자기 부요해진 것 같았다.

야학으로 이 동네 사람들은 모두 신문과 성경을 뜯어 보게 되었다. 밤이면 내가 직접 부인네들을 모아놓고 글을 가르쳤다. 심히 둔한 부인이 하나 있어서 아무리 하여도 국문을 깨치지 못하였으나 그 밖에는 다들 국문 성경을 읽게 되었다.

참으로 이상한 것은 한사람의 힘이다. 이 교주를 가진 용동龍洞이 이렇게 문명하게 되건마는 인접한 다른 동네들은 여간해서 용동을 따라오지 아니 하였다. 그들은 여전히 더럽고 무지한 속에 살고 있었다. 머리도 깎으려 아니하고 아이들을 학교에 보내랴고도 아니하였다. 그 동네들에도 한 사람씩 이 교주가 나야만 하는 것이었다.4

이광수는 오산학교 42시간의 수업, 동회 회장의 업무수행, 게다가 야간학교 수업 등 밤낮에 한순간도 쉴 틈이 없는 고단한 삶을 살아야만했다. 그러나 이같은 고행은 민족을 살릴 길이라면 자기 생명을 바치다가 거꾸러지더라도 거룩한 소원이라고 확신했다. 그러나 한편으로는 이광수는 집이 미웠다. 자기는 누구 때문에 이 고생이냐. 이광수는 동경제일고등학교에 합격했으나 이를 고만두고 이 시골 구석에 묻혀서 한 주일에 40여시간 근로를 하여서 청춘의 꽃다운 시절을 허비하는 것이 누구 때문이냐.

몸이 노곤하였다. 이 학교에 와서 인제 1년반, 내가 학교일과 동회일에 아주 몸을 바친지도 만 1년이이다. 그동안 나도 참으로 생명을 바쳐서 일하였다. 낮에는 학교, 밤에는 동네의 남녀 야학과 동회로 내게 한가한 날과 한가한 시간이 없었다. 열정적이라는 말을 듣는 나는 학교와 동네를 위하여서 청춘의 열정을 아낌없이 쏟았다. 그러나 내 과로와 영양불량은 내 건강을 많이 깎았다. 내 관골은 높이 드러나고 뺨은 들어갔다. 눈도 꺼졌다. 기침도 났디. 그래도 나는 내 몸을 애끼려는 생각은 아니하였다. 이 모양으로 내 생명을 갈아서 민족에게 먹이고 거꾸러지는 것이 거룩한 소원이라고 생각하였다.

내 벽에 써붙인,

"발 씻어 무엇하리,
첫닭 울면 나갈 것을
하루 열두 시에
다리 뻗을 때 없어라"

하는 노래는 옛 사람의 시를 번역한 농부의 노래여니와 지난 1년의 내 생활은 실로 이 심경으로서였다.[5]

---

4 李光洙, 『나의 告白』, 春秋社, 1948, pp.58~61.

이광수의 용동에서의 동회운동은 1960년대 박정희의 새마을 운동의 원조가 되었다. 박정희는 새마을운동으로 5천년 절대빈곤인 보릿고개을 극복함으로써 산업화에의 도약의 원동력이 되었다.

2. 박정희의 이순신과 안도산 선양

박정희는 대구사범학교를 졸업하고 문경보통학교에서 근무했다. 하숙집 방에는 나폴레옹의 초상화를 걸어놓고 나폴레옹 전기를 애독하면서 그의 웅지를 키우고 있었다. '군인 혁명가'라는 점에서, 또한 군사혁명으로 집권, 황제 대통령이 되었다는 점에서 나폴레옹과 박정희는 똑 같은 인생역정을 거쳤다. 나폴레옹은 육사 졸업 후, 이집트 원정을 완수한 후 쿠데타로 집권, 프랑스 황제에 올랐다(1804). 유럽 통일의 꿈을 실현하기 위해 대륙봉쇄로 60만 대군을 이끌고 모스크바 점령에는 성공했으나, 러시아의 초토화작전과 동장군의 한파 맹위에 그만 후퇴하다가 오스트리아 스웨덴 연합군에 대패, 엘바섬에 유배되고 말았다. 그러나 그는 유럽 통일의 웅지를 구현하기 위하여 엘바섬을 탈출하여 파리에 입성, 제위에 올랐으나 워털루 전투(1815)에서 영국과 프로이센의 연합군에 패배, 세인트헬레나 섬에 유배되어 일생을 마감했다(1821).

박정희는 일제의 차별대우로 조선인을 모욕한 일본인 시가꾸視學에게 "내선일체의 정신은 조선인과 일본인이 하나가 되어 미영귀축米英鬼畜을 몰아내자는 것이 아닌가. 그런데 당신들은 조선인을 차별함으로써 천황

---

5 상게서, pp.31~32.

의 뜻을 어기고 있는 것이 아닌가."[6]라고 항의한 일이 있었다. 박정희는 장래의 역할를 모델로 나폴레옹을 설정하고, 조선인과 일본인간의 차별대우가 우심한 '현상status quo'의 틀을 깨고 도전과 모험을 감행할 길을 모색하고 있었다. 박정희는 어릴 때 항상 '병정놀이'를 즐겨 했다. 그래서 어머니는 "저 애는 아무래도 군인이 되겠구나"라고 예언했다.

문경공립보통학교 동료 교사 류증선柳增善은 박정희의 기계체조의 묘기를 보고 감탄했다. 철봉을 잡더니 그 주위를 크게 회전하는 대차륜大車輪 묘기를 신묘하게 펼치는 것을 보고 아무래도 군인 될 운명이라고 점쳤다. 이제 박정희는 만주 군관학교나 일본 육사에 지망할 꿈을 실천할 단계에 이르렀다. 그런데 연령제한 문제가 최대 장애요인이었다. 16~19세가 입학자격 요건이기 때문에 당시 박정희의 나이는 23세이기에 무려 4세나 초과한 나이다. 류증선과 박정희는 비상수단을 강구했다. 만주군관학교 당국이 감동적으로 받아들일 묘안을 짜냈으니 그것은 혈서血書를 써 보낸다는 것이었다. 박정희는 학생 시험용지를 펼치더니 면도칼로 새끼손가락을 찔러 피를 내어 혈서를 써서 만주군관학교로 발송한 것이다. 그런데 박정희의 사진과 함께 혈서가 『만주신문』 1939년 3월 31일자에 '혈서 군관지원, 반도의 젊은 훈도로부터'라는 제목으로 상세히 크게 보도된 것이다.

"29일 치안부 군정사軍政司 징모과徵募課로 조선 경상북도 문경聞慶 서부공립소학교 훈도 박정희 군(23)의 열렬한 군관지원 편지가 호적등본, 이력서, 교련검정합격증명서와 함께 '한 번 죽음으로써 어봉공함 박정희'라고 피로 쓴 편지와 함께 반지半紙를 봉입封入한 등기로 송부되어 관계자係員를 깊이 감격시켰다. 동봉된 편지에는 (전략) "일계日系 군관모집요강

---

6 趙甲濟, 『朴正熙』 권 1, p.219.

을 받들어 읽은 소생은 일반적인 조건에 부적합한 것 같습니다. 심히 분수에 넘치고 두렵지만 무리가 있더라도 아무쪼록 국군에 채용시켜 주실 수 없겠습니까. (중략) 일본인으로서 수치스럽지 않을 만큼의 정신과 기백으로써 일사봉공一死奉公의 굳건한 결심입니다. 확실히 하겠습니다. 목숨을 다해 충성을 맹세할 각오입니다. (중략) 한 사람의 만주국군으로서 만주국을 위해, 나아가 조국을 위해 어떠한 일신의 영달을 바라지 않겠습니다. 멸사봉공滅私奉公, 견마犬馬의 충성을 다할 결심입니다.(후략)"라고 펜으로 쓴 달필로 보이는 동 군의 군관지원 편지는 이것으로 두 번째이지만 군관이 되기에는 군적에 있는 자로 한정되어 있고 군관학교에 들어가기에는 자격 연령 16세 이상 19세이기 때문에 23세로는 나이가 너무 많아 동 군에게는 안타까운 일이지만 정중히 사절謝絶하게 되었다.[7]

그런데 '친일인명사전'에는 "一死以テ御奉公 朴正熙"를 "한 번 죽음으로써 충성함 박정희"라고 과장 · 왜곡 해석을 하고 있다. '어봉공'을 '충성'으로 둔갑하고 있다. 이는 박정희의 친일을 극대화하기 위한 모략적 왜곡 해석이 아닐 수 없다. '일사어봉공'은 일본 군인이 되는데 의례적인 요식구호일 뿐이다. 그 이상의 의미가 없었는데도, 또한 구체적인 친일 행태가 없었는데도 불구하고 단순히 만주국 육군중위라는 장교신분만으로 친일파의 범주에 포함시키고 있다. '일사어봉공'은 '한번 죽음으로써 봉공한다'는 것이지 결코 '충성 한다'는 것과 그 의미가 다르다. 공과功過에 대한 불균형 모략적 역사해석은 지양되어야 한다.

박정희는 만주군관학교에 들어가기 위해 두 번씩이나 시도했지만 이같이 연령제한 문제로 말미암아 입학의 꿈은 좌절되었다. 박정희의 혈서 보도와 함께 군관학교 입학을 성사시키는 데 결정적인 역할을 한 이가 바로 당시 만주 관동군에 근무하고 있는 대구사범학교 교련주임 아리카

---

7 『滿洲新聞』(1939. 3. 31), 血書 軍官志願 半島の若き訓導から.

와 게이이치有川圭一 대좌였다. 합격자는 일계日系 240명, 만계滿系 240명인데, 조선인은 만계에 소속, 조선인 합격자는 모두 11명으로 박정희는 15등이라는 우수한 성적으로 합격했다. 박정희는 만주군관학교에 입학하자마자(1940. 4) '다카키 마사오高木正雄'라고 창씨개명 했다.

박정희는 대구사범학교 재학 중에는 나폴레옹 전기를 비롯하여 위인전을 애독하느라 학과 공부를 소홀히 해서 학과성적은 꼴찌로 맴돌고 있었다. 그러나 만주군관학교에 입학하고부터 그의 잠재적인 재능이 십이분 발휘, 1942년 3월 수석졸업을 하게 되어 만주 황제 푸이溥儀로부터 금장시계와 은사상恩賜賞을 받고, 졸업 후 동년 10월 성적 우등생으로서 일본 육군사관학교 본과 3학년에 편입, 1944년 4월 일본 육사를 일등 졸업, 소만蘇滿 국경지대에 배속 1년 만에 만주국군 육군 중위로 해방을 맞이하였고, 이어 천진으로 가서 광복군에 입대한 후 광복군 중대장 신분으로 1946년 귀국하자마자 그해 4월 조선경비사관학교육군사관학교 전신에 입학했던 것이다.

민족문제연구소에서 편찬한 '친일인명사전'에 박정희는 일본군 장교라는 것, 창씨개명했다는 것, 두 가지 단순이유만으로 친일파로 등재하고 있다. 공과 과를 무시한 균형감각이 실종된 편향적 모략사관이 아닐 수 없다. 이광수는 그 사례를 홍사익洪思翊 일분군 육군중장을 들고 있다. 과연 그는 민족을 배반하고 일본군인이 되었던가? 마닐라에서 육군중장 홍사익이 전범으로 사형선고를 받았을 적에 우리 각 정당 사회단체에서는 연명으로 맥아더 총사령관에게 사면진정서를 제출하였던 것이다. 왜 그리하였던가. 그가 비록 일본의 육군중장었지마는 그의 정신은 조선의 애국자라고 믿었기 때문이다. 그는 조선인으로서 끝까지 창씨개명을 거부했고 일본군 최고위 중장이 된 조선인이다. 일제는 그에게 결코 일선 사령관에 임명하지 않고 군인직으로는 최악역을 해야 하는 포로수용소장에 임명된 것이다.

이로 인해 그는 A급 전범으로 처형된 것이다.

"홍사익이 공주령公主嶺에 있다가 마닐라 포로수용소로 좌천된 것은 그가 재류 동포 간에 애경愛敬을 받은 죄였다. 그 유족의 말에 의하면 그는 그때에 중경重慶·임정 소재지 방면으로 탈주하라는 친지의 권고를 받았으나 일본군 내에 있는 수많은 동포 장병이 자기의 탈주로 하여 증오를 받을 것을 염려하여서 인종忍從한다고 하였다 한다. 나는 일본군 내에 있던 동포 장병의 심경心境은 하나도 빠짐없이 다 이와 같았다고 믿는다. 문관이나 공직자나 또는 실업가들도 이러하였다고 생각하는 것이 옳지 아니할까. 역사役事는 크고 손은 부족한데 각박하게 전죄를 찾아 몰아내느니보다 훈훈한 마음으로 '다들 오라'하여 일터로 모아들이는 것이 안 좋을까."8

박정희 소령의 친형 박상희는 1946년 10·1 대구 좌익폭동사건을 주도하다가 죽은 좌익계 인물이었다. 박정희 소령은 마침내 남로당 군사부문 책임자 이재복李在福에게 포섭되어 남로당 군사책을 맡게 되었다. 당시 정보국장 백선엽白善燁 대령은 숙군작업을 총지휘하고 있었다. 1949년 2월 박정희 소령은 남로당 군사책 혐의로 체포되어 명동 옛 증권거래소 건물 지하에 감금, 군사재판에서 사형이 선고되어 10일 후이면 수색 처형장에서 사형집행을 받을 운명이었다. 당시 방첩과장 김안일金安一은 박정희를 살려냈다. "박정희 소령이 살 수 있었던 것은 남로당 조직 명단을 털어놓아 수사에 협조한데다가 그의 자세가 의연하여 수사관을 감복시켰기 때문이다."라고 증언했다. 김안일 소령은 박정희와 육사 2기 동기생이었다. 김안일 소령은 박정희는 작전계획 수립에 탁월한 능력을 발휘했다고 평가하면서 백선엽 정보국장에게 구명을 호소했다.

---

8 李光洙, 『나의 告白』, pp.211~212, 大韓民國과 親日派.

이에 백선엽은 박정희를 살리기로 결정하고 이응준李應俊 총참모장에게서 '박정희 형집행정지' 재가를 받아내어 박정희를 구해냈다. 백선엽은 사형을 면제하는 명분과 이유 세 가지를 들고 있다. 첫째, 박정희는 남로당 군사책 혐의는 'O분O' 없다는 것이다. 백선엽은 박정희를 구제한 후 군무원으로 문관 자격으로 일하게 배려했다. 박정희는 6·25 발발로 즉각 군에 복귀했고, 1953년 준장으로 진급, 1954년 미국 오클라호마주 포트실 미 포병학교에서 교육을 받고 귀국 후 육군소장으로 진급한 후 5·16 군사 쿠데타로 집권, 대한민국 대통령이 된 것이다.[9]

박정희는 보통학교 5학년 때 이광수의 '이순신'을 읽은 것이 이순신을 숭모하게 되는 동인이 되었다. 이제 대한민국 대통령이 되어 민족의 수호신 이순신 장군을 숭모했던 당초의 신념을 실천하기 위하여 그 첫 번째 숭모사업으로 1968년 4월 27일 「忠武公李舜臣將軍像」 동상을 광화문 네거리에 건립한 것이다. 동상 높이는 17.49m, 동상 본체 높이는 6.93m이다. 기단석 하부에는 독전고와 거북선이 있으며, 기단석 좌우에는 배전도와 해전도가 부조되어 있고 기단석 뒷면에 "朴正熙 獻納, 題字 朴正熙 書, 銘文 李殷相 撰, 彫像 金世中 作, 1968年 4月 憂國先烈彫像建立委員會 建立"박정희가 헌납하고, 제자는 박정희가 썼다. 명문은 이은상이 지었고, 동상 제작은 조각가 김세중이 제작했다. 1968년 우국선열조상건립위원회가 건립하다라고 새겨져 있다.

박정희의 두 번째 숭모사업은 도산 안창호의 독립정신을 영구히 기리기 위하여 도산공원을 조성했다. 박정희 대통령은 도산 안창호의 구국정신을 숭모, 1971년 4월 6일 강남구 신사동의 한 블록(약 1만평, 서울 강남구 신사동 649-9)을 도산공원으로 지정·조성하면서 도로 이름마저 아예 '도산로'라 명명했다.[10]

---

9 『중앙일보』(2010. 8. 2~6), 내가 겪은 6·25와 大韓民國, 軍과 함께 60年 백선엽, 남기고 싶은 이야기 7138~7142.

10 『수난의 민족을 위하여(도산 안창호의 생애)』, 도산안창호선생기념사업회, 1999,

도산 · 춘원과 함께 흥사단 · 수양동우회를 이끌었던 주요한은 도산공원 조성에 대해 이렇게 회고하고 있다. "해방 후 묘소를 옮기자는 논의도 있었으나, 통일된 후에 경영하자는 의견으로 미루어오다가, 1968년도에 박정희 대통령의 지시로 새로운 묘소를 건립하기로 하여 서울시에서 새로 개발하는 영동지구에 도산공원을 설치하고 그 앞의 큰 길을 '도산로'로 이름 하였다. 오는 6월에는 공원 안에 묘소를 건립하고, 미국서 별세한 그의 부인 이혜련 여사의 유해와 함께 그곳에 안치하게 된다. 그리해서 앞으로는 그의 업적과 인격과 사상을 추모하는 모든 시민과 학생들이 편리하게 묘소를 찾고 기념할 수 있게 된 것이다."[11]

주요한은 4차 5개년계획을 수립할 당시 경제과학심의회에서 일했다. 1968년 여름 파티 석상에서 박정희 대통령은 주요한에게 "망우리에 있는 안도산의 묘소가 찾기 힘드니, 이를 적당한 장소로 옮겨서 청년들과 일반 시민이 자주 찾을 수 있게 하라"고 지시했다. 당시 박 대통령은 국민정신 함양의 모범으로 역사적으로는 이충무공을, 근대 인물로는 안도산을 추앙하도록 하기로 생각하고 있었다. 그런 연유로 아산牙山의 현충사를 성역화하고 도산 묘소를 이장하겠다는 계획을 수립한 것이다. 이에 주요한은 즉각 최두선崔斗善을 위원장으로 하는 소위원회를 구성하고 도산 묘소 이장계획을 추진했다.

처음에는 국립묘지를 생각했는데 민간인을 모실 장소가 없었다. 그래서 우선 삼청공원이 후보지로 올랐으나 농림부 당국이 녹지대로 지정했고 장차 단군성역으로 만든다 해서 단념했다. 다음 후보지는 사직공원인데 이는 조선왕조 500년의 사직단社稷壇이 있어 적당하지 않다는 것이다. 이리하여 주요한은 서울시장 김현옥金玄玉과 상의한 결과 당시 영동지구

---

pp.216~217, 258.

11 『新亞日報』(1973. 3. 9), 安島山 35周忌에 즈음하여(주요한).

개발과 동시에 그 지구에 한 블록을 도산공원으로 지정, 도산 묘소를 이장하기로 최종 타결하고 도로 이름을 '도산로'라고 이름을 짓고 1970년에 양탁식梁鐸植 시장이 도산공원 기공식을 거행했다. 이듬해 2천만원 예산으로 도산 부인이 별세함에 유해를 운구하여 도산묘소에 합장하기로 했다. 춘원이 찬한 도산묘비도 그대로 이건했던 것이다. 도산과 인연이 있는 박홍식이 동상을 기증했다. 일본에 있는 동포 중 문중인 안재우安在祐, 미주 각지의 동포의 성금으로 도산묘소는 조성되었다. 이와 같이 도산공원은 박정희 대통령의 특별지시로 조성된 것이다.[12] 평소부터 도산을 숭배하던 박흥식朴興植은 도산 동상을 세웠다.

이광수는 동아일보에 '이순신'을 178회 연재했다(1931. 6. 26~1932. 4. 3). 연재를 끝내자마자 그해 9월 '이순신' 단행본이 출간되었다.[13] '이순신'은 공교롭게도 도산 안창호가 윤봉길尹奉吉의사의 상해 홍구공원에서의 벤토폭탄의거(1932. 4. 29)에 연루되어 체포되어 국내로 압송되는 가운데 발간된 것이어서, 침체되었던 국권회복 의식을 고취했다는데 큰 의미가 있다고 하지 않을 수 없다. 언더우드Horace H. Underwood, 元漢慶는 자신의 저서 '선박고'에서 "이 책에는 조선 선박에 관하여서 문헌과 저자 자신의 실지 관찰에서 구할 수 있는 모든 재료를 집록輯錄하고 삽화를 넣어서 설명하였다. 그 중에도 이순신의 거북선에 대하여서는 가장 소상하게 하기를 힘썼다. 일반 선박에 관한 조선인의 손으로 된 문헌으로는 순암집順庵集과 이충무공전서 등 몇 가지밖에는 별로 없는 모양이다."[14]

독일인 구걸근 신부는 '이순신'을 독일어로 번역하여 독일 문단에 소

---

12 주요한 문집 『새벽』(요한기념사업회, 1982. 2. 15), I, pp.109~110.

13 李光洙, 『李舜臣』, 大成書林, 1932.

14 Horace H. Underwood, *Korean Boats And Ships*(The Literary Department Chosen Christian College, Seoul, Korea, February, 1934), Preface; 『朝鮮日報』(1934. 5. 10), 元漢慶 博士와 朝鮮船舶考(李光洙).

개하게 된 것이다. "부내府內 명치정에 있는 카톨릭 청년사에서는 일찍 조선 현대문학작품을 외국에 소개하려고 계획중이던 바 이번 제일차로 춘원 이광수 씨의 '단종애사' '이순신'을 독일문단에 소개하기로 되어 방금 독일 성분도회聖芬道會 수사修士 구걸근具傑根 신부가 번역 중에 있다. 역자 구 신부는 20여 년간 조선어를 연구한 터이므로 이 사업의 제일인자라는 정평이 있으며 이것으로 말미암아 조선 문학작품이 세계 문단에 진출하게 되었다." 일찍이 독일인 카니시우스 퀴겔겐具傑根, 1884~1964 신부는 1918년 서울 종로구 혜화동 성 베네딕도 수도원에서 서양의 양봉기술을 조선에 보급하기 위하여 양봉교재로 '양봉요지養蜂要誌'를 국문으로 편찬·발간했다. 유일본인 양봉요지는 독일 뮌스터슈바르자흐 수도원에 보관되어 있었는데 발간 100년 만에 2018년 1월 27일 영구대여 형식으로 반환, 성 베네딕도 왜관수도원경북 칠곡군에 보관 중이다.[15]

3. 박정희의 이순신 · 안창호 숭모사업과 새마을운동

박정희朴正熙, 1917~1979는 구미보통학교초등 5학년 때에 동아일보에 연재 중인 이광수의 '이순신'을 읽고부터 이순신을 민족구원의 영웅으로 숭배하게 되었고 군인이 된 동기가 되었다고 증언하고 있다. 박정희의 형이 동아일보 지국을 운영하고 있어서 매일 신문연재물 춘원의 '이순신'를 손쉽게 읽을 수 있었다.

---

15 『朝鮮日報』(1934. 3. 11), 春園 李光洙 氏 作品, 獨逸文壇에 紹介, 具傑根 神父가 飜譯中;『東亞日報』(2018. 1. 30), 국내 최초 양봉교재, 100년만의 귀환, 독일 수도원서 '양봉요지' 반환식, 1918년 종로 베네딕도 수도원서 편찬(조종엽 기자).

"소년시절에는 군인을 무척 동경했음. 그 시절 대구에 있던 일본군 보병 제80연대가 가끔 구미龜尾지방에 와서 야외 훈련하는 것을 구경하고는 군인이 되었으면 하는 생각이 더 갈망했음. 보통학교 시절에는 일본인 교육으로 일본역사에 나오는 위인들을 좋아하다가 5학년 때 春園의 '李舜臣'을 읽고 이순신 장군을 숭배하게 되고, 6학년 때 '나폴레옹 전기'를 읽고 나폴레옹을 숭배하였음."[16]

박정희가 구미보통학교에서 배운 '보통학교 국사'일본사를 분석해보면, 조선은 독립할 능력이 없다고 기술하면서 일본의 사무라이武士 정신 즉 상무정신尙武精神을 크게 강조하고 있다. 임진왜란 대목에서 토요토미 히데요시豊臣秀吉가 명明을 치기 위하여 길을 빌려 달라征明假道고 요청하자 조선은 明을 두려워하여 이를 거절함으로써 화를 자초했다는 것이다. 13만 원정군이 출항하는 장엄한 모습을 왜군 조선 침략사령부 히젠 나고야성九州 肥前 名護屋城에서 바라보는 토요토미豊臣秀吉의 그림이 함께 실려 있다. 원정군은 석 달 만에 조선 전역을 점령, 군정軍政을 실시했다.

조선은 당파 싸움으로 방비가 허술하여 일본군은 싸우면 이기고 공격하면 함락시키면서 선정善政을 베풀어 백성의 민심을 얻었다는 것이다. 다만 수군만 이순신에게 격파되어 육군을 지원하지 못해서 철군하게 되었다고 기술했다. 이 전쟁은 일본군과 명군과의 전쟁이고 조선군은 오직 달아나기만 하는 존재라고 평가절하하고 있다. '조선의 국정國政' 항목에서 "조선은 자력으로서는 독립을 유지하지 못하고 항상 타국의 압박을 받아 동양의 평화를 파괴하는 불씨가 될 우려가 있기 때문에 일본이 조선을 보호국으로 삼았다가 이토 히로부미伊藤博文가 흉도兇徒 安重根에게 암

16 金鍾信, 『박정희 대통령과 주변사람들』, 한국논단, 1997, p.259, 박정희 대통령의 '친필 회고의 소년시절'(1970. 4. 26). '기록 : 나'.

살되었으나 한민족 가운데서도 한일합병을 원하는 사람들이 많아져 드디어 합병을 보게 되었고 그 뒤 조선은 크게 발전하고 있다."[17]고 한일합방을 정당화하고 있다.

박정희는 보통학교에서 일본 교과서에서 나오는 일본의 위인들을 숭배하다가 보통학교 5학년 때 동아일보에 연재 중인 이광수의 '이순신'[18]을 읽고 비로소 민족의식을 각성, 이순신을 숭배하게 되었다. 그 당시 박정희의 셋째 형 박상희朴相熙는 조선일보·동아일보의 보급소를 운영하고 있었기에 박정희는 '이순신'을 손쉽게 읽을 수 있었다.

이광수는 '이순신' 연재를 앞두고, "나는 이순신을 철갑선의 발명자로 숭앙하는 것도 아니오, 임란壬亂의 전공자戰功者로 숭앙하는 것도 아닙니다. 그것도 위대한 공적이 아닌 것은 아니겠지마는 내가 진실로 일생에 이순신을 숭앙하는 것은 그의 자기희생적 초훼예적超毁譽的, 그리고 끝없는 충의애국심입니다. 군소배群小輩들이 자기를 모함하거나 말거나, 군주가 자기를 총애하거나 말거나, 일에 성산成算이 있거나 말거나, 자기의 의무라고 믿는 바를 위하여 국궁진췌鞠躬盡瘁하여 마침내 죽는 순간까지 쉬지 아니하고 변치 아니한 그 충의, 그 인격을 숭앙하는 것입니다. 그러므로 이 소설 '이순신'에서 내가 그리려는 이순신은 이 충의로운 인격입니다. 나는 나의 상상으로 창조하려는 생각이 없습니다. 고기록古記錄에 나타난 그의 인격을 내 능력껏 구체화하려는 것이 이 소설의 목적입니다."[19]

이광수는 '이순신' 집필을 앞두고 "나는 조선사람 중에서 두 사람을 숭배합니다. 하나는 옛 사람으로 이순신이요, 하나는 이제 사람으로 안도산입니다. 글이나 그림으로 저 생긴 이상은 못쓸 법입니다. 내가 이순

---

17 趙甲濟, 『朴正熙』, 조갑제닷컴, 2006, 권 1(軍人의 길), pp.93~97, 일제교과서로 배우다.

18 『李舜臣』 春園 作, 靑田 畵, 東亞日報 178회 연재(1931. 6. 26~1932. 4. 3).

19 『東亞日報』(1931. 5. 30), 作者의 말(李光洙).

신을 그리거나 안창호를 그리거나, 결국 내 인격 정도 이상은 넘지 못할 것을 내가 압니다. 그러니 나는 나 이상 할 수는 없기 때문에 다만 내 힘을 다하여서 내 애인을 그릴 뿐입니다."[20]

박정희는 '이순신' 최종회178회에서 적의 총탄에 맞아 쓰러지면서도 어리석은 군주선조와 당파싸움에서 눈이 먼 썩은 선비들의 모함 속에서도 고군분투하는 최후의 모습을 읽고 더욱 감동했을 것이다.

진린陳璘 · 명 수군제독을 위험에 구해 내인 순신은 마침내 적의 탄환에 가슴을 맞았다. 순신은 곁에 섰던 조카 완莞에게 손에 들었던 기를 주며, "내가 죽었단 말을 말고 내 대신 싸워라!" 하고 명하고는 군사들에게 붙들려 장중으로 들어왔다. 장중에 들어와 누운 순신은 한번 들려 눈을 떠서 곁에 모여 선 부하들을 보고, "나를 혼자 두고 어서 나아가 싸워라. 적을 하나도 놓아 보내지 말어라"하고는 눈을 감았다. 오직 그가 사랑하던 동포의 자손들이 사당을 짓고 춘추 제향을 지내었다. 그 때에 적을 보면 달아나거나 적에게 항복한 무리들이 다 정권을 잡아 3백년 호화로운 꿈을 꾸는 동안에 조선의 산에는 나무 한 포기 없어지고 강에는 물이 마르고 백성들은 어리석고 가난해졌다. 그가 돌아간 지 334년 4월 2일에 조선 5백년에 처음이오 나중인 큰 사람 이순신충무공이란 말을 나는 싫어한다. 그것은 왕과 그 밑에 썩은 무리들이 준 것이기 때문에의 슬픈 일생을 그리는 붓을 놓는다."[21]

임진왜란에서 이순신의 노량대첩으로 일본군은 서둘러 철수하고 말았다. 그런데 숭명사대주의崇明事大主義사상에 빠져 있는 썩은 선비들은 관우關羽의 혼령이 나타나 왜군을 물리쳤다는 허황된 미신을 믿고 서울을 비롯하여 전국적으로 관왕묘關王廟를 국력을 기울러 세웠던 것이다. 그러

---

20 『三千里』(1931. 7), 李舜臣과 安島山(李光洙).
21 『東亞日報』(1932. 4. 3), 李舜臣 최종회(178회).

기에 이 같은 '관우 숭배' 열풍에 이순신의 전공은 묻혀버렸을 뿐만 아니라 완전히 잊혀진 인물로 내려오다가 정조正祖가 이순신을 재발견한 것이다. 정조는 정조 19년(1795) 규장각에서 '이충무공전서'를 간행했다.[22]

이순신을 대중화 시키는데 있어서 결정적인 역할을 수행한 이는 이광수의 '이순신'이었다. 정조와 이광수를 이어받아 이순신을 민족의 수호신 태양으로 추켜올린 이가 박정희였다. 이광수가 이 소설에서 그리고 싶었던 것은 왜적과 용감하게 싸우는 이순신이 아니라 문약하고 비겁하며 시기심이 많은 썩은 선비에 의해 모함을 당하고 있는 비극적인 군인 이순신이었다. 박정희도 이광수와 똑같은 인식을 하고 있었다. 박정희가 1960년대 말에 현충사를 성역화하고, 광화문 네거리에 '이순신장군동상'을 세울 때, 자신의 조국 근대화 정책에 반대하는 지식인들과 직업 정치인들을 이순신을 모함했던 조선조의 썩은 선비들과 동일시했다.

1962년에 쓴 『우리 민족의 나아갈 길』에서 "이충무공 정신은 화랑도의 이조적 중흥이다. 신라 때부터 호국, 민족정신으로 꿋꿋하게 전승되어 온 화랑도가 한때 문약文弱에 빠져 시들어오다가 임진왜란을 맞이하여 그 정신이 다시 한번 꽃핀 것이다. 화랑국선花郞國仙을 이조에서 찾는다면 이충무공이다." 박정희는 이광수의 '이순신'을 읽으면서 조국 근대화의 이념적 뿌리를 우리 민족사의 이 같은 상무尙武정신과 실학實學의 실사구시實事求是 정신에서 구하려고 했다. 그러므로 김유신화랑국선→이순신→정조→이광수→박정희로 이어지는 한민족의 민족정신의 한 맥은 상무尙武→실사구시→자주정신으로 승화, 그 명맥을 유지해온 것이다.[23]

박정희는 대구사범학교 3학년 때(1934) 금강산을 수학여행 했다. 17세 소년 박정희는 5천년 가난을 깨뜨리고 조국 근대화의 꿈을 달성하겠

---

22 李舜臣 著, 『李忠武公全書』(奎章閣 正祖19年, 1795), 活字本(丁酉字), 14卷 8冊.
23 趙甲濟, 『朴正熙』 권 1, pp.77~81, 李舜臣과의 만남.

다는 그의 정치적 이상과 미래비전을 '한글 시'로 적어놓고 있다.

> 금강산金剛山 일만이천봉一萬二千峰, 너는 세계世界의 명산名山!
> 아 ! 네 몸은 아름답고 삼엄森嚴하므로
> 천하天下에 이름을 떨치는데
> 다 같은 삼천리三千里 剛山강산에 사는 우리들은
> 이같이 헐버사니헐벗어 사니 과연果然 너에 대對하여 머리를 들 수 없다.
> 금강산金剛山아, 우리도 분투奮鬪하여
> 너와 함께 천하天下에 찬란하게-.
>
> 온정리溫井里에서 정희正熙 씀.[24]

한마디로 박정희는 '통찰력의 사나이A Man of Vision'이다. 17세 소년 박정희는 헐벗고 사는 절대빈곤의 틀을 깨고 조국 근대화와 산업화의 찬란한 미래의 꿈을 시로 표현해 놓고 있다. 문경보통학교 3학년 담임반 출신 제자 강신분姜信粉은 담임 박정희 선생이 평소에 하던 말을 그대로 전하고 있다. "미국 사람들은 자동차를 한 집에서 한 대씩 갖고 있고, 일본 사람들은 자전거를 한 대씩 갖고 있는데, 조선 사람은 지게도 하나씩 가질 수 없으니 우리는 어떻게 하면 잘 살 수 있을까."[25]

'근대화 혁명가' 박정희가 대통령이 되어 1960년대 말, "잘 살아보세"라는 구호를 외치면서 '새마을 운동'을 일으킨 것도 이때의 미래지향적 비전에 기인하고 있다. 이러한 새마을 운동도 춘원의 '흙'을 읽고 동기부여가 되었던 것이다. 새마을 운동은 춘원의 동회운동(1910), '흙'의 농촌계몽운동과 이상촌 건설에 유래했기 때문이다. 춘원의 용동 '동회운

---

24 상게서, 권 1, 사진 동판. 박정희의 친필 글로는 가장 오래 된 필적이다.
25 상게서, 권 1, p.210.

동'은 박정희의 '새마을 운동'으로 꽃피웠다. 뿐만 아니라 '흙'의 살여울은 곧 새마을의 원조가 되었던 것이다. "춘원의 '흙'에서 전개한 살여울 같은 모범농촌을 건설하여 농촌 근대화운동을 전개함으로써 민족의 힘을 기르고 독립대업의 기초를 준비해서 조국광복을 이룩하는 것이 이광수의 지상목표이다. 이는 1970년대의 박정희의 새마을 운동의 원조가 되고 있다."[26]

1910년 4월 오산학교에 부임한 직후부터 이광수는 정주 용동마을에서 동회운동을 전개, 용동마을을 농촌모범 마을로 육성했다. "나는 학교 시간만을 한 주일에 서른네 시간, 그리고 야학 있고 동회洞會 있고, 또 교회에서 때때로 설교까지 하였다."[27]

이광수는 일종의 작은 자치정부의 성격을 띤 동회를 조직, 자신이 동회장이 되어 농촌근대화운동을 줄기차게 전개한 결과, 용동마을은 한국 최초의 근대화된 농촌마을이 되었다. 이것 모두가 망국민의 천대를 벗어나기 위한 구국운동이었다. "저기 한 촌중이 있으니 집이 한 300호, 모두 농사로 업을 삼다. 한 회會가 있으니 이름은 '동회'이니 촌중의 정부라. 이 동회의 규칙을 대강 보건댄, 직업이 있어야하며 부지런히 일할 것, 술 잡기 등 외도는 엄금함."이라 규정하고 있다."[28]

이광수는 제2차 동경유학 시절 학지광 편집 및 발행인이 되어 학지광 제8호(1916. 3. 4)를 제작 · 출판했는데 이 유학생 잡지에 오산학교 재직 시 자신이 동회장이 되어 동회운동의 체험담을 자세히 기록하고 있다. 이광수야말로 새마을운동의 선구자임을 여실히 입증해주고 있다. "그러고 동회라는 회를 조직하고 매삭 2차씩 모이기로 작정하였다. 첫

---

26 김원모, 『자유꽃이 피리라, 춘원 이광수의 민족주의 사상』, 철학과현실사, 2015, pp.306~307, 918~919, 1191.

27 李光洙, 『그의 自敍傳』, 高麗出版社, 1953, p.117.

28 『대한인정교보』(치타), 제11호(1914. 6. 10), 모범촌(외배).

동회에 그는 세 가지 의안을 제출하고 회원의 토론과 의결을 청하고 우선 회장을 선거하여 생전 처음 투표라는 것으로 그가 피선되었다."[29]

결국 이광수의 동회운동의 궁극적 목표는 '잘 살아 보세'이다. 이 '잘 살아보세'의 이념은 박정희의 새마을 사업이 표방하는 농촌근대화 이념과 상통되고 있다는 점에서 춘원의 선구적 역할 비전은 새마을 사업의 원조가 되고 있다. "우리는 상당한 고역이 있어야 하는 동시에 상당한 안식과 쾌락도 있어야 하오. 아무쪼록 인생을 즐겁게 보내는 것이 우리의 이상이외다. 우리가 땀을 흘리며 고역하는 것도 그 목적은 가급적 가장 즐겁게 살려 함이외다. 즉 우리는 '사는 것'만이 목적이 아니요 '잘 사는 것'이 목적이외다. 우선 '죽지 않고 살고' 다음에는 '살되 잘 사는 것'이 우리의 이상이외다."[30]

농촌계발운동의 궁극적 목적은 '잘 살아 보자'는 운동이라고 정의하고 있다. "우리 젊은 사람들! 여기 모인 40명이 일심一心하여 하려고만 하면 20년 내에 이렇게 될 수 있습니다. 내가 벼슬을 그만두고 돌아온 것도 우리 촌중을 한번 이렇게 만들고 우리들도 이 사람들과 같이 잘 살아보려고 우리 자손들도 이 사람네 자손 모양으로 잘 살아보려고 돌아온 것이외다."[31]

박정희의 새마을운동 사업은 바로 산업혁명으로 이어져서 불과 1세대 만에 '한강의 기적'을 이룩하여 한국은 6 · 25 전쟁의 참화를 딛고 세계 10대 경제대국으로 우뚝 서게 된 원동력이 되었다.

2017년 11월 9일 미국 트럼프Dnald Trump 대통령은 대한민국 국회에서의 연설에서, 북핵北核위협에 대응하여, "오늘 나는 우리 양국뿐만 아니라 모든 문명국가들을 대신하여 북한에 말합니다. 우리를 과소평가하

---

29 『學之光』 第8호(1916. 3. 4), pp.39~44, 龍洞(帝釋山人).

30 『每日申報』(1917. 1. 20), 農村啓發, 七夕(春園).

31 『每日申報』(1916. 12. 2), 農村啓發, 靑年을 鼓動함(春園).

지 마십시오. 또한 우리를 시험하지도 마십시오. 우리는 공동의 안보, 우리가 공유하는 번영, 그리고 신성한 자유를 방어할 것입니다. 나는 힘을 통해 평화를 유지하고자 합니다I want peace through strength."라고 엄중한 경고발언을 토해냈다. 이어 한국은 전쟁의 잿더미에서 일어나 5 · 16 군사정변 후 '한강의 기적'을 이룩하여 영광스런 경제대국을 이룩했다고 격찬하고 있다.

트럼프 대통령이 언급한 '한강의 기적'을 성취한 주도자는 누가 뭐래도 박정희라는 역사적 엄연한 사실을 부인할 사람은 없을 것이다. 박정희는 "우리 민족의 나아갈 길"(1962)에서 '잘사는 나라'를 만드는 미래 비전을 이렇게 전망하고 있다. "우리 겨레에게 진정 갱생의 길은 없는 것일까. 비틀린 민족성을 바로잡고 건전한 복지 민주국가를 세우는 길은 없는 것일까. 거짓말과 몸에 밴 무사안일주의를 청산하여 부지런한 생활인으로 탈바꿈하고, 그 인간혁명을 기반으로 사회개혁을 통해 굶주리는 사람이 없는 나라, 잘사는 나라를 만드는 길은 어디 없는가." 이때 제시한 국가발전 미래비전은 민주국가 건설만 제외하고 모두 그의 집권 18년 만에 구현한 것이다. 5 · 16 직후의 민주화가 지속될 수 없었던 이유는 국민의 절대다수가 '정치적 자유'보다 '배고픔으로부터의 자유해방'을 먼저 원했기 때문이었다.[32]

박정희는 조국근대화의 미래비전을 찬송하는 '새마을 노래'를 작사 · 작곡했다. 일본의 근대화1868 明治維新는 서구화西歐化 모델이라면 한국의 근대화1961 5 · 16 군사정변는 한국의 독창적인 새마을운동을 통한 경제개발 모델이다.

---

32 『주간동아』박정희 탄생 100돌(No. 1114 2017/11/22~28), pp.14~15, 18.

〈새마을 노래〉

씩씩하면서도 명랑하게 - 박정희 작사 · 작곡

1. 새벽종이 울렸네 새아침이 밝았네 너도 나도 일어나 새마을을 가꾸세
2. 초가집도 없애고 마을길도 넓히고 푸른 동산 만들어 알뜰살뜰 다듬세
3. 서로서로 도와서 땀 흘려서 일하고 소득증대 힘써서 부자마을 만드세
4. 우리 모두 굳세게 싸우면서 일하고 일하면서 싸워서 새 조국을 만드세

후렴 : 살기 좋은 내 마을 우리 힘으로 만드세

이러한 잘사는 나라 만드는 그의 정치철학은 바로 새마을운동으로 승화 발전했다. 박정희는 1971년 기존의 절대빈곤의 프레임을 벗어나 농촌 삶의 패러다임을 전환할 목적으로 새마을운동을 전개했다. 생활혁신, 환경개선, 소득증대를 통해 후진된 농촌을 근대화시킨다는 목표에서 전국적으로 새마을운동을 전개한 것이다. 세계적인 경제학자 제프리 색스는 새마을운동에 대해 "'할 수 있다'는 정신이 최빈국을 50년 만에 원조하는 나라로 변신시켰다."고 말했다. 박정희 작사 작곡의 '새마을 노래'의 "일하면서 싸워서 '새 조국'을 만드세, 살기 좋은 내 마을 우리 힘으로 만드세"라고 합창하면서 국민통합을 이룩하여 농촌근대화운동을 전개한 것이다. '우리도 할 수 있다'는 '캔두can do정신'을 국민에게 심어주면서 조국근대화운동을 줄기차게 전개했다.

박정희는 농촌근대화 정책을 착수하면서 최우선적으로 농촌 전화電化 사업을 이룩하여 전국 농촌마을에 전기불을 밝혔으며, 가난의 상징물인 '초가집'을 없앴고, 악명 높은 '붉은 산' 황폐한 대머리 산에 녹화사업을 성취, 단기간에 산림녹화를 성취했으며, 통일벼를 개발하여 식량 생산증대를 성취, 5천년 절대빈곤의 '보릿고개'를 없앤 것이다.

이와 같이 5·16 직후부터 경제개발정책을 추진, 새마을운동을 전개, 농업혁명을 성취한 후 산업혁명을 추진했다. 경부고속도로를 개통하고1970, 포항제철 준공, 중화학공업 육성계획을 발표1973하면서 산업화를 추진한 결과 마침내 수출 100억 달러를 달성했다1977. 5·16 군사정변 당시 1인당 국민소득이 85달러이던 것이 20년 후엔 1957달러, 2017년에 국민소득 2만9500달러로 3만 달러 시대를 앞두고 있다. 이처럼 산업혁명에 성공하여 각광받는 산업국가로 탈바꿈한 것이다.

1968년 1월 21일 박정희 대통령 암살지시를 받고 남파된 김신조는 민족보위성 정찰국 소속 124부대 조장 장교소위였다. 남파된 조직원 모두가 사살된 상황에서 그는 세검정계곡에서 투항한 직후 "왜 내려왔느냐"는 기자들의 질문에 "박정희 모가지 따러 왔수다"라고 말할 정도로 기세가 등등했다. 김신조(76)는 1 · 21사태 50년 인터뷰에서, "1968년만 해도 북한의 국내총생산GDP이 한국보다 많았고, 군 훈련 운영 시스템 등도 앞서 있을 때다. 휴전선 방어도 북쪽과 달리 남쪽은 허술했다. 나는 1 · 21사태 이전에 두 번이나 휴전선을 통해 한국에 내려와 정찰작전을 수행하고 돌아갔다." 그러나 이러한 열악한 상황에서 박정희 대통령은 경제개발 드라이브 동력을 얻기 위해 철길을 깔아서 경제개발 기적을 이룩했다고 평가하고 있다. "박정희 전 대통령을 어떻게 생각하나"의 질문을 받은 김신조는 "철길을 깔아야 기차가 달릴 수 있다. 관광지도 자원도 없는 한국이 북한의 도발 등 그 어려움 속에서 여기까지 왔다. 그 철길을 만든 것이다. 잘한 건 잘한 것이다."[33]

박태균朴泰均은 박정희는 인권과 민주주의를 희생하고 현명한 지도력을 발휘, 경제대국을 이룩했다고 평가하고 있다. 경제발전에 성공하려면 국가의 현명한 지도자가 현명한 전략을 세우고 국민과 자원을 효율적으로 동원할 수 있는 지도력이 필수적이다. 따라서 박정희는 싱가포르의 리콴유, 일본의 기시와 함께 현명한 지도력을 발휘한 개발국가의 지도자라고 평가할 수 있다. 5 · 16 군사정변으로 대한민국 대통령이 되어 장기 집권하면서 인권과 민주주의를 희생, 경제정책 영도력을 발휘, 경제대국으로 육성한 것은 '경제개발 영웅'이라 칭할만하다. 그의 경제정책과 리더십은 후진국 경제개발의 모범이 되고 있다고 재평가하고 있다.[34]

---

33 『東亞日報』(2018. 1. 20), 토요기획 김신조 목사가 말하는 '1 · 21사태, 그후 50년'(길진균 논설위원).

34 『新東亞』(2004. 10), pp.148~159, 박태균, 박정희 리더십 다시 보기 「'인권 희생'으로 이룬 '경제성장 영도력' 재평가 돼야」.

경제개발 독재의 선봉장으로 경제개발정책을 주도한 남덕우南悳祐 전 총리는 '한강의 기적'을 창조한 박정희의 공로를 깎아내리는 행태는 영광스런 과거사를 부정하는 것이라고 개탄하고 있다. 박정희가 인권을 탄압하고 민주주의를 억압한건 맞는 말이다. 박정희는 "민주주의가 밥 먹여주나" 하면서 '잘 살아보세'라는 새마을 노래를 스스로 작사 작곡하여 부르면서 '우리도 할 수 있다'는 자신감을 국민에게 심어주면서 산업화에 성공한 것이다. 우선 보릿고개를 극복하고 나서야 민주주의를 이룩하겠다는 "선 빈곤 타파 후 민주주의 달성"이라는 정치적 신념이 확고하다. 이처럼 가난에서 벗어나게 하고 경제를 발전시키지 않았나. 한마디로 북쪽의 무력적화武力赤化 통일야욕을 억지하고 안보태세를 확립하고 이 나라 국민을 전통적 빈곤으로부터 해방시키는데 강력한 리더십을 발휘한 것이다.

5 · 16 정변 이후 불과 18년 만에 세계 최빈국 중 하나였던 한국이 각광받는 산업국가로 탈바꿈한 거죠. 지도자는 이념적 지도자와 실천적 지도자로 구분할 수 있다. 백범 김구, 도산 안창호, 해공 신익희 선생 등이 이념적 지도자다. 실천적 지도자는 이승만과 박정희 대통령을 꼽을 수 있다. 이념적 지도자는 현실을 비판하고 이상理想을 드높인다. 반면 실천적 지도자는 이념을 현실에 적용하는 과정에 따르는 그 이념에 반하는 행동을 하기도 한다. 우리나라 지식인들은 글과 말로 좋은 소리를 하는 지도자에게는 존경을 표명하지만 나라의 어려움을 타개하기 위하여 흙탕물에 뛰어든 실천적 지도자는 옷에 흙을 묻혔다고 해 지나치게 깎아내리는 경향이 있다.[35]

---

35 『新東亞』(2004. 10), pp.160~169, '개발독재 선봉' 남덕우 전 총리 「나라 위해 흙탕물 뛰어든 지도자, 흙 묻었다고 깎아내려서야…」(조성식).

제5장
동우회의 항일 · 독립 혁명운동

1. 이광수의 젊은 동포에게의 유언

〈광복기도회光復祈禱會에서(춘원春園)〉

하나님이시어
불쌍한 이의 발원發願을 들어주신다는
하나님이시어.
잃어버린 나라
그 안에 우짖는 가엾은 동포同胞를
건져주소서.
늦도록 바쁜 일에 피곤한 몸을
겨울 새벽 닭의 소리에 일으켜
인적人跡없는 길로 당신의 집을 찾아갑니다.
망명亡命의 이역異域, 길치인 오막살이 검을은 불빛에
말없이 모여앉은 남녀男女의 얼굴을 봅시오
사향思鄕과 우국憂國의 눈물에 붉은 눈들을 봅시오.
푹 숙으린 고개
멀리, 땅밑에서 오는듯한 떨리는 기도祈禱의 소리
검은 바람같이 윈 방안으로 휙 도는 구슬픈 느낌.

“지아비를 잃은 아내, 아들딸을 잃은 어머니
주여 그네의 피눈물을 씻어주시고
소원을 이뤄주소서”-아아 이 진정의 발원.
무덤에 한 발을 놓은 팔순八旬이 넘은 할머니
철도 나지 아니한 어린 아해, 규중閨中에 깊이 자란 처녀處女들까지
“하나님이시어” 부르는 그네의 부르는 소리를 들읍시오.
가장 낮은 땅의 한 모퉁이에서 부르짖는
이 불쌍한 무리의 기도가 번제燔祭의 내와 같이
구름을 지나 별을 지나 당신의 보좌寶座로 오르게 합시오.[1]

이리하여서 나는 “국민개업國民皆業 국민개학國民皆學 국민개병國民皆兵”이라는 긴 글 한 편을 지어 ‘독립신문’에 실리고는 그 신문사에서 손을 떼고 국내로 뛰어들어오기로 결심하였다. 나는 이 뜻을 안도산에게 고하였으나 그는 반대하고 나더러 미국으로 가라고 하였다. 도산은 내가 국내에 들어가는 것이 민족운동자로서의 명성을 떨어뜨리는 길이라고 말하였다. 명성을 돌아볼 것이 아니나 명성이 떨어지면 민중이 따르지 아니하므로 일을 할 수 없으니 그러므로 명성은 아낄 것이라고 도산은 간곡하게 말하였다. 그러나 나는 내 명성이라는 것을 그다지 대단한 것으로 생각지 아니하였고, 조그마한 내 명성을 아낀다는 것도 한 사특한 생각이라고 결론하고 도산 모르게 귀국할 결심을 하였다. 이렇게 작정하고 나는 귀국할 기회와 노자를 생각하고 있을 때에 내 약혼자 허영숙이 상해에 왔다. 그는 자기가 의사이기 때문에 상해에서 개업을 하고 살 생각이었고 안도산도 그리하기를 권하였으나 나는 내가 귀국할 뜻을 말하고 나를 따라 상해에 와있던 이성태李星泰와 함께 먼저 본국으로 돌려 보내었다.

1 『獨立新聞(上海)』 제94호(1921. 2. 17), 광복기도회에서, 춘원.

내가 마침내 상해를 떠난 것은 신유년1921 이른봄이었다. 나는 천진을 경유하여 봉천에 이르러, 거기서 밤차를 타고 압록강을 건넜으나 선천 근방에서 이동경찰의 손에 붓들려 신의주로 끌려왔다. 나는 잡힐 것을 예기는 하였으나 될 수 있으면 서울까지는 가고 싶었다.[2]

개화기 우리나라의 '3대 천재'라 함은 육당 · 춘원 · 벽초 세 사람이다. 민족주의 독립운동가의 유형을 두 가지로 분류해볼 수 있다. 하나는 현실과 일체 타협을 거부하고 절개를 지키는 독선기신獨善其身을 고수하는 벽초碧初 홍명희洪命憙이고, 또 하나는 작은 절개를 굽혀 현실과 타협하면서 합법적인 방법으로 독립운동을 실천 · 궁행하는 불구소절不拘小節의 육당 최남선(3 · 1선언서) · 춘원 이광수(2 · 8선언서)이다.

송욱宋稶, 1925~1980은 "일제 강점기 이 나라의 지식인은 행동을 하지 않고 침묵을 지키거나 그렇지 않으면 일제의 앞잡이가 되는 두 가지 중에서 하나를 택할 수밖에 없었다. 그들은 암흑기의 기막힌 처지에 빠져 있었다."[3]

송욱은 전자는 공론가 홍명희, 후자는 역행가 최남선과 이광수라고 분류했다. 송민호는 "춘원은 소설, 논설 등을 통하여 고취했던 민족정신을 실천에 옮긴 행동가였다."[4]라고 춘원을 역행가力行家라고 강조했다.

춘원은 벽초 홍명희洪命熹는 알기는 많아도 행동하지 않고 관조론을 고수하고 있다고 평가하고 있다. "벽초의 관조론觀照論이다. 그는 인생을 관조하는 태도로 살아간다는 것인데 아마 자기는 인생 갈등의 와중에 들어가지 아니하고 한층 높은 자리에 머물러서 인생을 내려다보고 살자는 뜻이 아닌가 한다. 그 후에 벽초는 안남으로 인도로 남양으로 돌아다녔으

2 春園 李光洙『나의 告白』, 春秋社, 1948, pp.139~141.

3 『思想界』(1965. 4), pp.206~227, 韓國 知識人과 역사적 현실 : 修養이냐, 출세냐, 정치참가냐(송욱).

4 趙容萬 · 宋敏鎬 · 朴炳采, 『日帝下의 文化運動史』, 민중서관, 1970, p.280. 일제하의 저항문학(송민호).

나 여행기 하나 쓴 일 없었다. 그것은 써서 무엇해? 하는 태도였다. 두어 번 그가 감옥에도 들어가고 소설도 끝없이 긴 이야기林巨正를 하나 써보았으나 끝을 맺지 아니하고 말았다. 그는 평생에 그 '관조의 태도'라는 것을 떠나지 아니하는 모양이었다. 무엇이나 다 알아두지마는 내가 몸소 하지는 않는다. 그것은 해서 무엇해? 하는 모양이다, 아마 은사隱士라든가 처사處士의 심경일는지 모른다."[5]

이광수는 평소 폐병으로 고생하고 있었다. 하루에도 몇 차례 각혈을 쏟아내고 있다. "누구나 피를 보면 겁이 나는 것이다. 겁이 아니 나면 흥분이 되는 것이다. 사람을 자극하는 것 중에 피 이상은 없을 것이다. 그들은 내가 빨간 피를 한입씩 물어서 뱉는 것을 보고는 마치 얼빠진 사람들과 같이 되었다. 나는 그들이 그처럼 나를 소중히 여기고 사랑해주는 것을 볼 때에 눈물겹게 고마웠다. 기쁘기까지도 하였다."[6]

동우회 사건(1937. 6. 7) 두 달 전(4. 12)에 이광수는 민족운동 최후의 보루인 동우회마저 강제 해체위기에 직면하였음을 직감하였다. 도산 · 춘원을 비롯하여 181명이 총검거 · 수감될 것임을 예측하고 한평생 줄기차게 전개해온 민족개조운동도 종언을 고하게 될 것임을 예단하면서 마지막으로 젊은 조선인에게 민족개조운동을 일으켜 해방동력을 길러서 영광스런 광복의 그날을 실현할 것을 호소하는 '젊은 동포에게의 유언'을 발표했다. 그것은 마치 1808년 나폴레옹 군사지배하의 독일 해방을 호소한 피히테Fichte의 '독일국민에 고함Adress to the German Nation'에 필적하는 민족개조운동을 통해 해방동력 양성을 호소한 민족개조선언서民族改造宣言書이다.

언제 죽을지 모를 이 생명이 할 일은 중국본토, 만주, 시베리아 일대

---

5 『朝鮮日報』(1937. 2. 13), 『그의 自敍傳』(長白山人) 53회, 방랑의 길(7).
6 상게서(1937. 4. 10), 長白山人, 『그의 自敍傳』(長白山人) 107회, 북경(19).

에 퍼져 살고 있는 2백만 동포에게 마지막 유언을 남기는 일이었다.

〈젊은 同胞에게의 遺言(1937.4.12.~13)〉

처음에는 내가 젊은 몸으로 세상을 위하여 아무것도 한 것 없이 중병이 든 것을 말하고 내가 하려던 직분까지 여러분께 전함을 말하고 우리는 우리 선인들의 잘못으로 불행을 당하고 있으니 우리가 또 우리 자손에게 불행을 주어 원망을 사지말 것을 말하고, 이리하기 위하여 우리는 마치 전장에 나간 군사와 같은 생각으로 우리 자신을 잊고, 우리 몸의 고락과 이해를 잊고 오직 이 따(땅)와 이 사람에게 좋은 일을 하기에 몸과 마음과 재산을 바치기로 맹세하자고 말하고, 그리하기 위하여서는 우리는 첫째로 거짓과 게으름을 버리고 이기주의를 버려서 말이나 행실이나 오직 참되고 저를 잊고 이 따(땅)와 이 사람의 행복을 위하여 부지런히, 부지런히, 죽기까지 부지런히 일하여야 할 것을 말하고 일할 구체적 내용에 관하여서도 악습관 타파라든지, 문맹타파文盲打破라든지, 농촌계발農村啓發이라든지, 경제적, 사회개량적 각종 조직운동이라든지, 민중교화기관의 설차라든지 이런 것을 들어서 말하였다.

그중에서 내가 가장 격렬하게 주장한 것은 한족漢族을 숭배하는 유림의 노예근성 타파와 조상중심, 가문중심인 사상과 도덕의 타파였다. 나는 유교를 공격하여서 조선사람의 혼을 죽인 것은 유교라고 극언하고 안정복安鼎福, 1712~1791, 정몽주鄭夢周, 1337~1392 이하로 조선을 유교화 하기에 힘쓴 선현들을 막 공격하였고, 삼국사기三國史記를 쓴 김부식金富軾, 1075~1151과 만동묘萬東廟를 세운 송시열尤庵 宋時烈, 1607~1689을 민족의 적敵이라고 절규하였다.

그리고 민족의 역사라든지 어학은 위할줄 모르면서 이름 없는 조상의 무덤을 꾸미고 족보를 간행하는 것을 타파하고 마땅히 자녀를 중심으로 하여 부모는 자녀를 위한 거름이 되고 희생이 되고 발등상이 될 것이라고 통론하였다. 그리하는 동시에 혼인은 신랑과 신부의 일이오 결코 두 집의 문제나 두 부모의 문제가 아니라 하여 연애자유론을 주창하였다.

그리고 나는 조선이 비록 오늘은 성명없고 빛없는 한 존재이지마는 우리네 젊은 사람들의 총명한 노력으로 말미암아 장래에는 세계에 큰 빛이 되리라고 말하고 우리 젊은 조선인의 생명은 마땅히 그 빛을 발할 초의 원료도 바칠 것이라고 하였다.

“아들과 딸은 구습에 젖은 부모의 길에서 반역하여 새길을 찾아 밟으라”

이러한 소리도 하고,

“제 조상을 잊고 한족漢族의 조상을 조상이라고 하던 선인들의 무덤을 갈르고 해골을 파내어 가루로 만들어 바람에 날려서 조선의 땅을 깨끗이 할지어다!”

이러한 격렬한 소리도 하였다.

나는 신문으로 오십여일에 긍하여 조선의 모든 낡은 것에 대하여 선전포고를 하고 내 힘을 다하여 공격하였다. 그리고 끝에,

“나는 아마 죽을 것이다. 내 병은 날로 침중해간다. 나는 이 글을 끝맺을 때까지 목숨을 부지한 것을 큰 기쁨으로 안다. 나는 아직도 하고싶은 말이 많다. 그러나 쇠약한 내 신경은 이 글을 쓰기에도 가끔 아뜩 아뜩한다. 인제 나는 더 무엇을 생각할 힘이 없는 것과 같다. 이제 나는 이 글을 끝막을 수밖에 없다.

그러나 만일 우리네 조상이 믿던 바와 같이 사람이 죽어서 다시 어디나 태어나는 것이라 하면 나는 극락도 천당도 다 버리고 영국도 미국도 다 버리고 기어코 조선에 태어나려고 한다. 만일 몇 번이고 죽어서 또 태어날 수 있는 것이라고 하면 천만번 억조번이라도 번번이 조선에 태어날 것을 맹세한다. 그래서 내 손으로 조선의 산과 들을 울창한 삼림과 기름진 오곡과 아름다운 꽃으로 꾸미고 조선의 사람으로 하여금 세계에 가장 힘있고 영광있는 백성을 만들고야 말 것을 맹세한다.”

이런 말을 쓰고 그리고는 이십여일 동안이나 내 글을 받아쓰고 또 정서한 엘렌과 그동안에 내 더러운 것을 받아내고 쑤시는 어깨와 팔다리를 주무르고 내 머리맡에서 밤을 새이다 싶이 간호해준 엘렌과 마가렡에 대하여 나는 이렇게 썼다.

“내 친구의 안해인 마가렡과 누이인 엘렌은 앓는 나에게 대하혀 친동기 이상으로 정성을 다해주었다. 내 생명을 오늘날까지 부지하여 이 글을 마치

게 한 이는 실로 이 두 사람이었다. 나는 일어나 앉을 기운이 없음에 이 원고는 엘렌이 받아쓴 것이오 오후와 밤동안의 높은 열과 고통이 내 생명을 끊어버리려할 때에 밤을 새어서 그것을 붙들어준 이는 마가렡이다. 만일 이 글이 내가 원하는 바와 같이 조선을 위하여 다소의 도움이 된다 하면 그 공적은 엘렌과 마가렡과 나와 셋이서 고루 나눌 것이다. 그러나 무론 마가렡과 엘렌이 나를 위하여 이렇게 생명을 바쳐주는 것이 아무 소득을 바람이 없는 것 같이 내가 임종을 눈앞에 바라보면서 이 글을 쓰는 것도 나를 위한 아무 소득을 바라는 것은 아니다. 막가렡이나 엘렌이나 또 나나 다 아니하지 못하여서, 아니하고는 못 견디어서 하는 것이다. 우리에게는 기쁨이 있다.

나는 내가 사랑하는 조선이 마가렡과 엘렌 두 사람을 대표로 보내어서 만리타향에서 앓고 있는 나를 간호해주는 것이라고 믿는다. 아아 끝없는 조선의 정이어, 사랑이어!"[7]

그리고 민족의 역사라든지 어학은 위할 줄 모르면서 이름 없는 조상의 무덤을 꾸미고 족보를 간행하는 것을 타파하고 마땅히 자녀를 중심으로 하여 부모는 자녀를 위한 거름이 되고 희생이 되고 발등상이 될 것이라고 통론하였다. 그리하는 동시에 혼인은 신랑과 신부의 일이오 결코 두 집의 문제나 두 부모의 문제가 아니라 하여 연애자유론을 주창하였다.

그리고 나는 조선이 비록 오늘은 성명 없고 빛없는 한 존재이지마는 우리네 젊은 사람들의 총명한 노력으로 말미암아 장래에는 세계에 큰 빛이 되리라고 말하고, 우리 젊은 조선인의 생명은 마땅히 그 빛을 발할 초의 원료로 바칠 것이라고 하였다.

조선은 지난 천년동안 모방과 의뢰의 역사에 빠져 '제 정신'을 상실하고 '남의 정신'으로 살아왔다. 단족檀族의 정신은 이름 없는 민중 속에서

---

7 朝鮮日報 연재 『그의 自敍傳』 109~110회(1937. 4. 12~13).

명맥을 유지 · 보존되고 있을 뿐이다. 태백산 구월산의 단군사檀君祠, 시월 상달의 명절, 서낭당 신앙 등에서 겨우 조선정신의 잔명殘命을 이어가고 있다.

춘원은 상해 독립신문 사장 이래 민족개조운동을 전개해 왔거니와 이제 꺼져가는 조선정신을 되찾자고 절규하고 있다. 이는 동포의 실질적인 생활면에의 관심이오, 호소였다. 도산 수감 이래의 2년간은 민족개조운동의 절정을 이룬 때이기에 민중이 알기 쉽게 평이한 문체를 취한 것이다.

2. 동우회 해산조치와 이광수의 항일 · 독립운동

1936년 8월 27일 미나미南次郞 신임총독은 내선일체 동화정책, 이어 사상보호관찰법(1936. 12. 27)을 발표하면서 동우회 탄압을 예고했다. 춘원 이광수는 1937년 초순 송태산장에 은거하고 있는 안도산으로부터 초청편지를 받았다.

증거 제11호(李光洙 所持)

안창호로부터 이광수에게 보낸 서신(1937. 4. 24)

현우賢友 춘원春園에게

송태松苔에는 진달래가 만발하고 있습니다. 저는 나무 심는 것을 일과로 삼고 있습니다. 작년과 금년에 이식한 유실수나 화초들은 앞으로 5년쯤 되면 매우 훌륭한 경치를 드러내 보일 것 같습니다. 이번 꽃이 피어날 무렵에 현우賢友께서 한번 왕림해 주셨으면 하고 고대하고 있습니다. 신문지상의 발표를 보건대, 조선문예협회란 조직이 있어 현우께서 참가하고 있는 모양인데 그 회會의 조직동기와 내용 그리고 앞으로 활동이 어떻게 전개되는 건지, 민간인으로서 참가 여부를 고려할 필요는 없는건지 그리고 현우께서 참가하면 일반적 영향은 어떠한지, 깊이 숙고熟考할 필요가 있는지 없는지 자세한 내용을 일차 회답해 주시기를 부탁합니다.

1937년 4월 24일 안창호安昌浩 올림[8]

마침내 춘원은 진달레가 만발한 평양 송태산장松苔山莊에 은거하고 있는 안도산을 방문했다. 밤하늘에 유성이 줄줄이 포물선을 지으면서 하락하는 것을 목격한 안도산은 "세상에 큰 일이 생길 것 같다"고 한탄했다. 춘원은 미나미 총독이 동우회를 아예 해체해 버리겠다는 말을 도산에게 보고하면서 앞으로의 대책에 대해 진지하게 협의하려고 방문했다고 고백했다.

동우회사건은 '그의 자선전' 연재(1936. 12. 22~1937. 5. 1)가 끝난지 1개월여 후에 빌생했다. 1937년 6월 7일 동우회 사건이 발발하자 조선일보는 '그의 자서전'을 연일 대대적인 광고를 보도했다.

〈조선일보 '그의 자서전' 광고문〉

"조선일보 지상에 연재되었던 춘원 이광수씨 저, 장편소설 '그의 자서전'이 간행되었다. 이 소설은 작자에게 있어서 가장 의의있는 작품인 것은 무론이요 근세 조선의 면모가 이 소설을 통하여 여실히 나타나 있는 점에서 조선청년은 누구나 읽어둘 필요가 있는줄 안다.

'그'는 과연 무엇을 웅변하고 또한 고백했는지 자세히 들으라. 이 책이야말로 춘원이 아니면 쓰지 못할 독특한 작품이다.

---

8 抗日獨立運動關係(朝鮮總督府 警務局所藏 祕密文書) 『島山安昌浩資料集』(국회도서관, 1998. 11. 20), II, p.30.

이광수의 '제말'

'그의 자서전'은 어떤 산 사람의 자서전은 아닙니다. 더구나 나 자신의 자서전은 아닙니다. 그러나 넓은 의미로 볼 때에는 내 자서전이라고 할것입니다. 왜 그런고 하니 그중에는 내 개인적 경험이 많이 들어 있기 때문입니다. 똑바로 말하면 이 소설에 필요한 한에서 내 개인적 경험도 집어넣은 것입니다. 이야기꾼은 결코 제 아야기를 아니하는 법입니다. 다만 이야기에 흥미를 더하기 위하여 제 이야긴 채 할 뿐입니다. 왜그러냐? 그것은 제 이야기를 똑바로 하려면 남이 부끄럽기 때문입니다. 저 자신이 부끄럽기 때문입니다. 그러나 '그의 자서전'에 나는 다른 인물들을 대개는 실재적 인물의 그림자라고 보셔도 좋다고 생각합니다.

이광수李光洙"9

동우회 이사부장 이광수는 항일·독립운동을 꾸준히 전개해왔음을 입증해주는 자료는 동우회사건이 발발하면서 모두 압수됐던 것이다. 이제 압수문서를 국회도서관에서 '도산안창호자료집' 두권을 발간 했던 것이다.

이제 압수문서를 통하여 이광수는 동우회를 이끌면서 면종복배식面從腹背式 항일·독립투쟁을 치열하게 전개해왔음을 비로소 판명되고 있다.

증거 제12호(李光洙 所持)

〈李光洙 手帖記事 寫本〉

경사진 땅은 경작하지 말고 나무를 심어야 하며, 비료개량과 식량개량에 의해서 식량증산을 꾀해야 한다. 조선민족은 산악지대에 살고 있는

9 『朝鮮日報』(1937. 6. 8), '그의 자서전' 광고문.

민족이다.

이조李朝 500년의 악정惡政과 학정虐政을 이제와서 절치切齒한다. 조선인의 훈련중 필요한 것은 조직 그 자체이다. 개인의 능력은 남에 못지 않지만 조직력이 부족하다. 조선사람은 오늘만 생각하고 내일의 일은 생각하지 않는다.

'그것을 어떻게 할 것인가'를 버리고 '좋다 해보자' 는 태도를 취한다. 문화운동의 기조는 지방적이어야 한다. 조선인은 문화의 소중함을 알고 있으나 어떻게 이것을 향상시키느냐는 모르고 있다.

자신과 발판을 갖추지 못했기 때문에 조선 시람은 중국쪽으로 쏠리고, 러시아를 모시고 있는 공산당운동은 조선의 문화를 20년 후퇴시켰다. 조선의 부르즈와가 불어나면 지금보다는 조선인의 프롤레타리아의 생활은 편해질 것이다.

아무리 조선을 망각한 신 부르즈와라 하더라도 적어도 사내종과 계집종은 조서 사람을 바랄 것이다.

조선에는 확실히 나무가 많아졌다. 이것은 확실히 사이토齋藤實 씨의 공적이다. 산의 나무를 베는 것은 문자 그대로 국토의 자살행위다.

우선 작은 조합을 많이 만드는게 좋지 않을까.

함북咸北이나 평남平南에는 도처에 석탄이 있다. 그것은 조선인의 부富의 원천이 될 자원이며 백두산白頭山의 나무도 그러하다. 목재는 대중적인 시장을 갖고 있으며 나무로는 종이를 만들 수 있지 않는가. 지금도 늦지 않다.

공산주의자들이여! 그대들은 먼저 조선인에게 글자를 가르치고 생활 향상의 방법을 가르쳐주라. 조선인이 문화와 경제의 힘을 갖추게 되면 그대들의 마음대로 되지 않을지도 모른다. 지금 혁명주의를 부르짖는 것은 여러분…한여름에 수확을 부르짖는 것이나 다름없다.

민중이 그대들의 명령에 따르지 않아서 다행이지만 그대들의 말대로 됐더라면 오곡은 이삭도 나기 전에 베어 거두어 들였을 것이다.

만약 조선인이 총독부로 하여금 조선인이 말한 것을 듣게 하는데 성공했더라면 조선총독부는 조선인의 것이 되었으리라. 시험삼아 해봐서 듣지 않으면 해치워도 되지 않겠는가. 그러나 우리들은 아직껏 시도해 보지않았다. 그것을 시도할려면 우리에게 굳건한 단결력이 없어서는 안 된다. 그리고 조선민족의 목소리를 만들 필요가 있다.

현재는 갑甲의 조선인, 을乙의 조선인의 소리는 있으나, 조선민족의 소리는 없다. 빼어난 조선인들은 스스로 초연超然히 있는 것을 자랑스럽게 여기겠지만, 물론 그것이 가장 명예를 지키는 도리임을 틀림없으나, 여러분이 그렇게 있는 동안에 조선민족은 당신들의 지사적志士的 명에 때문에 희생이 되어 멸망하게 되는 것이다.

사농주의四農主義의 전농田農 · 답농畓農 · 초농草農 · 임농林農 모두는 조상의 묘를 빛낸 민족의 조상이나 위인偉人들을 기념하는 것을 잊고 있었으며 그 묘까지도 개인적이었다. 이는 공동묘지여야 했다.

삼각산三角山이나 수락산水落山 등은 산의 시체가 아닌가. 수도首都 근방의 산을 죽여버렸고, 강을 죽여버렸도, 전답을 죽여버렸고, 자손을 죽여가고 있는 것이다.

그들은 집정자執政者 계급은 아니었으나 500년간 조선의 정치를 한손에 쥐고 있었다. 그들 양반계급의 유적遺蹟을 보라. 그들은 관직을 자기의 향락장으로 알고 있었다. 그들중에 선정善政을 베푼 자가 있었다고 한다면, 그건 적극적으로 가렴주구苛斂誅求(국민에게 세금을 가혹하게 받고 물품을 강제로 청구하는 일)를 할 수완이 부족했던 자였을 것이다.

함경도咸境道 사람은 절대로 딸을 팔지 않는다. 일단 분가하면 형제에게 의지하지 않고 독립심이 강하다. 결혼을 시켜 집과 전답을 떼어주면 그것으로 호주의 임무는 끝난다. 그런 다음 그 집안을 도울 의무를 갖는다.

함경북도 사람은 상업에 익숙하지 못하다. 상인商人은 함경남도 사람이거나, 평양사람, 또는 개성 사람이다. 그리고 경성 상인은 타지방으로 가는 것을 낙향이라고 해서 꺼리며 싫어한다.

함경도는 여진족女眞族과의 오랜 전쟁터였기 때문에 여진족은 혈통으로 단군檀君의 유족이며 우리들과는 형제지간이다. 우리 민족은 전통적으로 골육상식骨肉相食의 정책을 폈지만, 귀족의 힘에 의해 이런 정책을 펴지않고 완전히 영예令譽를 간직했던 나라는 고려高麗뿐이었다.

나는 경성을 저주한다. 500년간 민족의 광영, 문화, 부富, 위대함, 천재 등을 도살한 도살장이다. 서울은 우리 민족의 서울은 아니다. 우리들은 서울을 영예로운 평양으로 옮기고 싶다. 오늘의 평양은 이전에 고려시대의 평양은 아니다.[10]

증거 第17호(申鉉謨 所持)

이광수李光洙로부터 신현모에게 보낸 통신(1934. 10. 9)

현모형 요사이 건강하신지요. 미국의 金동지에게는 조선의 정세와, 청년들의 사상경향과 앞으로 우리들 사업의 중심이 국내에 있을 거란 것과, 산옹山翁(안창호)의 출감이 가까워졌다는 것을 알리고 회관의 필요성을 자세히 적었습니다. 어떻게 해서든지 성공하시기를 기원하고 있습니다.

이경선李慶善 목사는 지난 해 일본의 농촌사업을 1년 동안 전문적으로 시찰했을 뿐만 아니라 10년 전부터 이 사업을 위해 노력하고 있으며 그 의지력과 열성은 참으로 존경해야 할 동지로서, 이번 평남平南 용성龍城에 토지를 구해 농촌교화운동의 큰 근거지에 첫돌을 놓게 되었습니다. 통속교육보급회通俗教育普及會의 이상理想을 실현하기 위해서입니다. 이번 이사

10 抗日獨立運動關係(朝鮮總督府 警務局所藏 祕密文書) 『島山安昌浩資料集』(國會圖書館, 1998, 11), II, pp.31~33.

개선理事改選에 즈음하여 저를 빼고 이 목사를 선출하기 바랍니다. 자세한 사업경영에 관해서는 선생과 이 목사가 협의한 후 처리하시기 바랍니다. 제가 새삼스럽게 책임을 회피하는 것 같지만 결코 그렇지는 않습니다.

다가오는 5월경까지는 반성과 수양에 전력을 다할 작정이므로 양해하여주시기 바랍니다. 제가 손을 들고 서약한 것은 평생을 두고 변함이 없을 겁니다.

지제志弟 이광수李光洙 올림(11. 8)[11]

증거 第48호(金允經 所持)

〈안창호安昌浩의 격문檄文(1929. 2. 8)〉

미국美國에 재유在留하는 동지同志 여러분에게

소생이 여러분께 대하여 저의 의견을 진술하려고 했던 것은 오래전부터였으나, 구체적이고 원만하게 기술하여 송부하려고 생각했기 때문에 늦어졌습니다.

소생小生은 지금 필리핀에 재류하고 있는 동포들로부터 초청되어 내일 정오에 출발하기 때문에 의견을 구체적으로 상세히 써서 보내지 못하고 분망奔忙 중에 다만 의견의 대략만 초들어 간단하게 표시하겠으므로 자세히 살펴본 뒤 만약 이해할 수 없는 점이 있거든 물어주십시오.

우리 흥사단興士團은 건전한 인격과 신성한 단결을 이룩하는데 목표를 세우고, 여러 동지들이 맹약盟約하여 성립되었던 것입니다. 왜 우리들은 이같은 목표 아래 굳게 맹약하며 모였을까요?

오로지 우리 한국의 혁명의 원기元氣를 알차게 하여 역량을 증진시키기 위해서입니다. 그러기에 우리 흥사단은 평범한 수양주의로써 성립된 수양단체가 아니라, 한국의 혁명을 중심으로 해서 투사鬪士의 자격을 양

---

11 상게서, II, pp.38~39.

성하고자 하는 혁명훈련단체인 것입니다. 이것을 최초로 맹약하여 발기發起한 동지들이 품고 있던 정신과 뜻을 헤아리고, 그후에 가맹加盟한 일반 동지들의 뜻을 헤아려 보면 한국이 이민족異民族에게 침탈侵奪되어 2천만 동포가 압박을 받고 있는 것을 뼈아프게 원망하며 조국을 광복하고자 하는 뜻을 가지고 시작했던 것입니다.

우리들의 정신과 마음이 이러했고, 동시에 문자에 나타난 것을 보더라도 첫째 목적에 우리 민족의 전도대업前途大業의 기초를 준비한다고 쓰여져 있으므로 그 전도대업은 다름아닌 구국광복救國光復하는 혁명의 대업大業인 것입니다. 또한 단가團歌를 보면 "조상의 나라를 빛내려고" "한 목적 달성하자고" "조국아 걱정마라" "네 영광을 빛내리라"고 한 것이나, 또는 서약에 "나는 동지와 더불어 위태로울 때 함께 조국을 구제하는데 노력하겠습니다"라고 되어 있으므로 우리들의 가장 주된 목적에, 우리를 이 엄중히 여기는 서약에, 날마다 정성으로 노래부르는 단가團歌에 실고 있는 것들이 모두 혁명을 목표로 했던 것입니다. 그렇다면 우리 흥사단은 혁명을 중심으로 한 투사의 인격을 훈련하고, 혁명투사의 결합을 위해 성립한 단체라고 말해야 할 것입니다.

이같은 위대한 목적으로써 성립한 우리 단체가 수십년 가까이 되었어도 특별한 업적을 이루지 못한 것은 우리 모두가 유감이라고 생각하는 바입니다. 그러면 우리가 빌고 바란대로 발휘하지 못한 것은 어떤 원인일까요?

첫째는 동지의 수가 적다는 것, 둘째는 경제력이 부족하다는 것, 셋째는 환경이 혼란하다는 것, 넷째는 동지 중에 정신적으로 방황하고 타락하게 된 자가 있기 때문입니다.

첫째, 동지의 수가 왜 적을까? 동포의 수가 근본적으로 적은 미주美洲에서 성립한 단체로서 동지를 선발하는데 다수를 확보하기가 사실상 불가능했고, 원동遠東에 있어서의 산재散在한 청년중에서 동지 자격자를 찾는다는 것은 지극히 어렵고, 본국에서는 각종의 요언妖言과 중상中傷 때문에 청년들에게 이해를 시키기가 곤란하다는데 이유가 있습니다.

둘째, 경제력은 왜 부족할까? 소수의 고학생을 중심으로 한 단체가 경제력이 부족하다는 것은 어쩔 수 없는 일입니다.

셋째, 환경의 혼란상태는 어떤 것인가? 우리 흥사단이 맹렬한 힘으로써 진흥할 즈음 3·1운동이 일어났습니다. 그 3·1운동은 일찍이 굳게 단결된 혁명결합단체로부터 일어난 것이 아니라, 소수의 유지有志들의 일시적 창거創擧로 온 겨레가 한때 향응響應했던 거사擧事입니다. 우리 겨레가 그같이 일어난 것은 가장 위대한 일로서 우리들이 크게 기념해야 할 일입니다. 그러나 그것이 조직체가 아닌 것이 유감이고, 또한 3·1운동이 일어난 뒤 운동의 계통이 없어졌던 것입니다. 그래서 일반 겨레는 모일 곳, 지향할 곳을 찾지 못해서 방황하고 혼란해졌습니다. 따라서 각층각파가 제멋대로 제각기 활동하는데 있어 서로 의심하고 시기하게 되자, 각파가 서로 요언비어妖言蜚語로써 타파他派에 대항함으로 인하여 우리 사회는 극도로 문란해져 무엇이 옳지 않는가를 판별하기가 어렵게 되어버렸습니다.

그런 경우를 우리들은 원치 않았지만 우리 흥사단도 어지러운 파도의 소용돌이 속에 빠져들었습니다. 이런 환경이 우리 흥사단의 발전상에 방해가 된 것이 적지 않습니다.

넷째, 동지들의 방황과 타락함이 어떠했는가? 혹은 위에서 말한 것처럼 혼란해진 환경에 마음이 동요되고, 혹은 시간이 오래되었기 때문에 부지중에 최초에 맹약할 때 간직했던 열정이 식어버렸고, 혹은 우리 단團에 대하여 갖고 있는 가량力量 이상의 바램을 기대하고 있다가 그 바램을 이루지 못하자 불평과 비관이 생기어 방황하고 퇴락退落하는 지경에 이르렀고, 본래부터 수가 적은 단체에 방황하고 퇴락한 자가 많이 있으면 진흥의 장애를 사실상 면할 수가 없는 법입니다.

상술한 바와 같이 우리 단團이 우리들이 바라는대로 크게 진흥하여 우리가 기대하는 혁명의 원기元氣가 충실해지고 역량이 증진하는 형편에 이르지 못한 것을 유감으로 여기지만 그러나 저는 조금도 비관하지 않습니다. 어떠한 사회, 어떠한 단체를 불문하고 힘이 있다고 자부하는 단체가 창건된 그날부터 힘이 있는 것은 아니며 위대한 단체일수록 장구한 시간에 걸쳐 파란과 곤란을 겪고 성장하는 것입니다. 어찌하여 우리 단체만 아무런 곤란과 장애도 없이 빨리 진흥되기를 바랄 수 있겠습니까. 더구나 우리들은 정치적 훈련이나 사회적 훈련, 단체적 훈련이나 과학적 수양 등이 모두 부족하기 때문에 한 단체생활을 영위하는데 남보다 몇 배 이상의 곤란과 장애를 받는 것은 자연의 형세인 것입니다.

다른 사람은 그렇다 치고 우리 단團을 사랑하는 동지로서 우리 단에 대하여 수십년 동안 한 일이 무엇이냐고 말하며 비관하기까지에 이르렀지만, 우리 흥사단 이외에 흥사단의 주의主義와 정책이 시대에 맞지 않는다 비관하고 반항적 기분으로 일어난 단체나, 또한 우리 단에 대해서는 하등 관심을 갖지 않고 일어난 각종 딴 단체들의 업적은 어떠한가? 제가 살펴본 바로는 나라 안팎을 불문하고 우리 사회에서 일어난 단체로서 5년 이상 생명을 유지한 단체는 몇 개밖에 없으므로 그 업적 여하는 말할 여지도 없습니다. 이것은 우리 민족이 하등 열등하기 때문인 것은 결코 아닙니다. 문화수준이 낮은 민족으로서 새로 일어날려고할 때 이런 과정을 거치지 않을 수 없는 것은 역사적 원칙입니다. 그렇다면 우리들이 단단히 각오해야 할 것은 이런 때 우리들의 진로가 어렵게 되었다고 해서 주저하거나 걸음을 멈추지 않고 굳세게 매진하면 성공이 있다는 것을 확신하고 전보다 힘과 열정을 한층 더 쏟아야 할 것입니다.

우리 단團이 진흥하지 못함을 걱정하는 여러 동지들중에 우리 단을 새롭게 개혁하여 진흥케 하려는 뜻이 있어서 본단의 개조문제가 미주美洲·원동遠東 및 국내에서 많이 제기되었습니다. 개조를 주장하는 동지 가운데 혹은 언론이 과격하다든가, 또는 행동이 불평적 태도이므로 안정을 바라는 동지들 중에는 싫어하는 사람도 있지만 나는 그 언동과 태도가 어떠하든 별도문제이며, 나라 안팎에 있는 다수 동지들이 우리 단에 대하여 다른 단체의 구성분자처럼 무책임하다거나 무관심하지 않고, 우리 단에 대하여 구성분자다운 책임감에서 제각기 일어나 새롭게 진흥시키려고 분투노력한데 대한 여러 동지들의 성의에 감복함과 함께 우리 흥사단이 부흥할 운運이 도래했으니 단團의 전도前途에 대하여 기쁨을 금할 수 없습니다. 단체란 어느 한두 사람의 소유도 아니고 그 단체의 전체 구성분자의 소유인 것입니다. 그러므로 누구나 성의로써 자기의 의견을 단에 제공하면 결국은 다수의 의견에 의하여 해결되는 것입니다.

이제부터 나의 의견을 간단히 진술하겠으므로 이것을 본 뒤 선택여하는 여러 동지에게 일임하겠습니다.

우리 흥사단을 개조하여 혁명당으로 변체變體할 것인가?

종전부터 주장한 훈련단체의 성격을 바꾸지 않고 다만 규약과 방법만을 개선할 것인가? 또는 혁명당과 훈련단체의 성격을 并有해서 진행방법을 새로이 개정할 것인가? 등의 세가지 중요한 문제점이 대두되었습니다. 나는 흥사단은 혁명을 중심으로 하는 훈련단체가 되고, 혁명당은 별도로 조직하는 편이 옳다고 생각합니다. 지금 우리들은 혁명에 전력해야할 때입니다. 오늘날에 처하여 한국 사람으로서는 혁명밖에 할 것이 없다고 나는 생각합니다. 오늘날 한국인의 생존이나, 위안慰安이나, 장래의 번영은 오로지 혁명에서 찾지 않으면 안됩니다. 우리들은 혁명이 없으면 지옥에서 영멸永滅할 입장에 있을 겁니다. 그렇기 때문에 우리들은 대소를 불문하고 오직 혁명을 중심으로 하지 않으면 안됩니다. 단체사업은 차치하고 한 개인이 입고 먹는 일까지도 혁명 그 자체를 위해서 입고 먹어야 합니다. 그러므로 우리 흥사단은 평범한 수양을 위한 수양단체로 흘러서는 대단히 위험한 짓입니다. 그러므로 혁명을 중심으로한 투사의 인격을 훈련하는 훈련기관임을 분명히 밝히지 않으면 안됩니다. 그렇다면 어찌해서 우리 단을 혁명당으로 변체變體하지 않으려고 하는가?

첫째는 우리들이 본단本團을 변체해서 혁명당으로 개조한 뒤에도 훈련기관을 두지 않으면 안되기 때문입니다. 우리 단원團員보다 사회적 · 혁명적 훈련을 많이 받는 사람이라 하더라도 혁명사업의 훈련가관을 조직하여 투사의 양성에 특히 주력하기 마련입니다. 이것은 혁명을 추진하려고 한다면 무엇보다도 투사양성이 필요하기 때문입니다. 우리 입장으로서는 남보다 이것에 대하여 더욱 힘을 다하지 않으면 안되므로 훈련기관을 설치해야 합니다. 그렇다면 이미 있는 훈련기관을 말살하고, 다시 조직하는 중복된 일을 할 필요없이 훈련기관은 훈련기관대로 두고 다만 정신을 전보다 더욱 명확히 하고, 방법을 전보다 낫게 해야 합니다.

둘째, 우리는 혁명의 이해관계로 보아 흥사단을 혁명당으로 변체하는 것보다 별도로 혁명당을 조직하는 편이 적절합니다. 지금 만약 흥사단이 혁명당으로 변체되어 많은 당원을 모집하여 혁명세력을 확장하려고 했더라면 절대로 불가능했을 거라고 말하는 것은 아니지만, 사실에 있어 신속히 단기간 내에 큰 세력을 결집한 커다란 당黨을 성립시키기는 일이 불가능했을 거라고 생각합니다.

흥사단 이외의 무수한 단체가 각각 주관상 혁명조직체인 이상 종래의 자기 단체를 버리고 변체된 흥사단의 혁명당으로 모이게 하는 것은 용이한 일이 아닙니다. 따라서 혁명당은 흥사단우 · 비흥사단우를 불문하고 누구든지 혁명의식이 있는 혁명투사를 총망라하여 결집한 후가 아니면 혁명세력은 커질 수 없습니다. 내가 이같이 말한 것은 일시에 갑자기 온 나라의 혁명투사를 망라하자는 것은 아닙니다. 그 조직의 기초가 어떤 국부적局部的 소수 단체의 변형으로부터 되지 않고, 대다수가 망라할 만한 각 방면의 핵심분자들의 결합에 의해 성립되어 앞으로 점차적으로 혁명투사의 모두를 망라하여 결집시켜 보자는 뜻입니다.

혹자는 말하기를, 우리 단이 훈련을 주장하는 것은 잘못된 것은 아니지만 요즈음 청년들이 이것을 환영하지 않기 때문에 단의 운명이 위태로우므로 정치적 태도를 변형해야 한다고 말하고 있습니다. 그것은 흥사단의 이해利害를 본위로 한 동지들의 생각입니다. 우리 흥시단의 이해를 생각한다는 것은 당연합니다. 그러나 혁명의 이해관계를 떠나서 흥사단의 이해관계를 생각한다는 것은 옳지 않습니다. 마약 흥사단이 있으면 혁명이 불리해지고 흥사단이 없으면 혁명이 유리해진다고 보면, 흥사단을 희생하는 것이 정당하며 조금도 아까울 것이 없을 것입니다. 그런 까닭에 나는 별도로 혁명당을 조직하여 다수의 역량을 결집시키는 것이 혁명에 유리하다고 여겨 혁명당을 별도로 조직하여 다수의 역량을 결집시키는 것이 혁명에 유리하다고 여겨 혁명당을 별도로 조직해서 투사의 인격을 저극적으로 양성하는 일이 우리 혁명에 유리하다고 보아 훈련기관인 흥사단을 그대로 두고 다만 그 정신을 명확히 해서 그 방법을 개신하자고 말한 것입니다.

이상 말한 주의主義를 기초로 해서 우선 목적 · 훈련 · 원칙 · 사업 및 공약에 관한 개정안을 원동遠東에 있는 동지들과 본국에 있는 동지들과 누차 협의하고 마지막으로 주요한朱耀翰 동지가 안건을 수정해서 원동遠東 동지들에게 의견을 요청했던 바 모두 동의했으며 국내에 있는 동자들도 동의할 것 같습니다. 그 안건을 아래와 같이 기술記述하오니 참조하여 주십시오.12

증거 제87호(金永道 所持)

〈창가唱歌 대한반도大韓半島는 나의 님)(안도산安島山)〉

무궁화 3천리는 나의 님, 화려한 그대 품에 안기어 밝고 빛나는 하늘에 올라

영원히 노래 부르리라.

무궁화 3천리는 나의 님. 화려한 그대 품에 안기어 밝고 빛나는 하늘에 올라 영원히 노래 부르리라.

계곡에 물 흐르는 저 동산東山은 거룩하신 단군檀君님이 태어나신 곳,

무궁화 3천리 화려한 강산 나의 님을 노래 부르리라.

님 만세 만만세. 무궁화 3천리 화려한 강산. 나의 님 만세 만만세.

무궁화 3천리 화려한 강산, 나의 님 만세 만만세.

아! 고국을 떠나서 방황하는 동포들 그리운 정 깊노라.

아! 고국을 떠나서 방황하는 동포들 그리운 정 깊노라

형제들이여! 놀아와 노래 블러라. 무궁화 동산 그대의 집,

나의 강산, 나의 민족, 부궁화 3천리 나의 님이여! 화려한 그대

품에 안기어 밝고 빛나는 하늘에 올라 양원히 노래 부르리라.

계곡에 물 흐르는 저 동신東山은 거룩하신 단군檀君님이 태어나신 곳,

무궁화 3천리 화려한 강산, 나의 님 만세 만만세.

무궁화 3천리 화려한 강산. 나의 님 만세 만만세.

아름다운 대한반도 億千萬年 무궁한 그대는 나의 님이시기에

그대를 잊지 못하리. 억천만년

억천만년 무궁한 나의 님이여! 나의 대한반도 나의 님이여!

우리 사랑이여! 대한반도 3천리 만만세.[13]

---

12 상게서, II, pp.123~130.

13 『島山安昌鎬資料集』 II, pp.441~442.

증거 第88호(金永道 所持)

창가唱歌(빛나는 우리 단체)(안도산安島山)

(1)

대한의 충의忠義로운 아들 딸들이여! 빨리 나와 싸우자.
우리 부모 형제들은 원수의 칼에 모두 죽었노라.
보라! 그 참혹한 죽음을
보고만 있을소냐. 우리들은 어찌 그 원수들을 잊으랴.
정의와 충의를 위해서
부여扶餘의 민족이여!
품안에 칼을 품고
전진 전진하자.
자유를 위해서
죽어서도 살아서도

(2)

용감한 나의 딸들이여!
자유를 위해서 나아가자.
붉은 깃발 높이 들고
용맹하게 전진하자.
내려진 우리 태극기
일월과 같이 높이 내걸고
빛내자. 우리 강산
영원히 무궁토록

(3)

대한의 충의열녀忠義烈女들이여!
나라를 위해 몸을 바치자.

애국충성 붉은 피를
그대를 위해 바치리라.
애국정신 굳은 단결 위대한 애국단愛國團인
빛나는 우리 단체
영원히 빛내리라.[14]

(1)
증呈 향산香山 이형李兄(李英學)
신시神市 삼천중三千衆에 이 몸도 바치리라
그 분의 옛터에서 새로운 일 할 때
향산香山의 나무 한 그루 커서
이몸 받아들여 주소서
춘원春園

(2)
대아大我
1936년 10월
안창호安昌浩[15]

증거 제46호(張利郁 所持)

3 · 1가歌
우리나라
(1)
하늘이 내려주신 3천리 반도半島
산은 높고 물은 맑고나

14 상게서, II, pp.442~443.
15 상게서, II, p.467.

백두산 우뚝 솟은 그 밑에
　　　끝없는 두만강 흘러가도다
강변의 광활한 들판 비옥한데
　　　금강金剛과 구월九月이 둘러싸고 있으니
뛰어난 경관景觀 부유한 물산
　　　무궁한 행복, 우리 강산
〈후렴〉
비단 같은 우리 강산
그림같은 우리 강산
우리는 충의와 용감한 칼을 뽑아
영원히 지키리라 우리 강산
(2)
청천강淸川江 중류中流의 넘쳐 흐르는 물결은
　　　수양제隋煬帝를 습격한 호령이요
안시성安市城 밑의 먹구름은
　　　이세민李世民의 눈알을 뺀 원한이며
명량포鳴梁浦의 모래밭에 파묻힌 창은
　　　평수길平秀吉이 도망친 흔적이로다
백전백승百戰百勝했던 옛 싸움터
　　　무수한 영웅, 우리 강산
(3)
바람이 산들대는 꽃동산은
　　　아이들의 웃음 소리요
황혼의 바위 언덕에
　　　송아지는 어미소를 찾아 내려오네

고요한 달밤 물 흐르는 강가에
　　연인의 감동이 이것이로다
잎이 푸른 싱싱한 봄
　　평화가 가득 찬 우리 강산[16]

동지同志의 사모가思慕歌(안도산)

(1)
달이 뜨면 그대도 그 달을 바라보리라
잎이 지면 그대도 이 가을을 느끼리라
동지同志 그대를 그리워하네

운산雲山이 높으면 높을수록
동지同志 그대를 진정 그리워하네
(2)
안위安危를 가리지 않고 생시生死를 함께 히겠노리고
손을 들고 맹약盟約한 동지 그대를 그리워하네
비열하게 보기 흉한 짓을 많이 했거나
한때는 옳고 그름을 다두있어도
아! 지금은 그대를 진정 그리워하네
(3)
무실務實 · 역행力行 같은 생명
덕德 · 체體 · 지육智育 같은 수련修鍊
동지 그대를 그리워하네
건전한 인격을 만들고 신성한 단결을 하자고

---

16 상게서, II, pp.313~314.

영원히 바라보면서

동지 그대를 그리워하네[17]

증거 第63호(李英學 所持)

〈동우회同友會 공함公函(제1회, 1931. 4)〉(이광수)

1. 정신환기精神喚起와 회무쇄신會務刷新에 관한 건

동우회 이사부장 이광수李光洙는 친애하는 동지 여러분께 말씀드립니다.

본회가 창립된 지 벌써 9주년이 되었습니다. 우리들은 저마다 시종여일하게 주의主義를 지켜 왔는데도 커다란 진보를 보지 못한 것은 매우 유감스럽습니다.

우리들은 이대로 있을 수 없습니다. 세월이 흘러서 정세가 바뀔적마다 우리들이 품은 주의主義가 조선을 구제할 수 있는 유일한 바른 길임을 확신하고 크게 분발해서 회세會勢의 발전을 획책하지 않으면 안된다는 강한 양심의 독촉을 받고 있습니다. 이 때문에 올봄 이사회에서는

1) 회원배가會員倍加 운동

2) 의무이행

3) 실생활혁신

등의 새로운 정책을 의결했습니다.

이 새로운 정책은 결지일편決志一片의 결의일 뿐만 아니라 회會의 간부들의 노력만으로 될 수 없으며, 오직 회우 각자가 동심협력同心協力하지 않으면 될 수가 없는 것입니다.

여러분은 내년 3월말까지 반드시 1명 이상의 동지를 입회入會시켜 주십시오. 이것이 회우배가會友倍加의 유일한 비결입니다. 각 지방에는 입회를 담임한 위원들이 할 터 이지만, 평소부터 믿는 동지들에게 될 수 있는

17 상계서 II, pp.313~315.

대로 주의主義를 선전하여 그분들이 입회할 의사를 표하면 즉시 위원에게 소개하여 주십시오. 그 이후의 일은 위원이 알아서 할 것입니다.

우리 114명의 회우 모두가 이 의무를 완수하면 4, 5년 동안에 2,000명 내지 3,000명의 동지를 얻을 수가 있고, 이것이 얼마만큼 위대한 힘이 된다는 것을 명심하여 많은 힘을 모아 주시기 바랍니다.

의무이행은 별난 것이 아니고 집회에 참석하는 것과 회비를 틀림없이 꼬박꼬박 내는 것이 가장 중요한 것입니다. 이것이 회會의 정신과 사업을 유지 · 발전시키는데 있어 절대적으로 기본이 되는 요건입니다. 이것이 우리 조선사람에게 항상 모자란 점입니다. 올해를 신기원新紀元으로 삼아 의무이행에 대분발을 가해 주시기 바랍니다.

실생활혁신에 관해서는 별도 항목으로 결의안을 발표하겠으나 일상생활, 가정생활부터 우리 정신에 맞도록 과학적으로 합리화하자는 데 있습니다. 이것 또한 경제공황의 오늘에 대처하는 도리이기도 합니다. 우리들은 결코 공功을 서둘러도 안되며 또한 실생활혁신은 우리 정신 구체화의 첫걸음이요 기본이 되는 것입니다. 각별히 힘을 나하시기 바랍니다.

이상은 올해 1년동안 우리들이 실행해야 할 일들이며 요령要領이 되겠지만, 특히 5월 1일부터 신규정과 결의 등을 실행해야 하므로 4월을 그 준비기간으로 하여

1) 이사부원의 각 지방 순회
2) 각종 신규정 및 결의의 발표
3) 지방회와 班의 새로운 조직
4) 회우의 근본적 정리

등이 있어야 할 것입니다.

이를 위해서 회우 여러분은 특히 본회에 대한 새로운 이해와 결심을 갖고 5월부터 실행에 부족함이 없도록 충분한 준비를 갖추시기 바랍니다.

동우회 이사부장 이광수李光洙 1931년 4월 일.[18]

〈동우회 공함公函(제2회, 1931. 6. 30)〉(이광수)

1. 더운 계절이 되었습니다.

동지 여러분의 건강과 사랑하는 가족의 건강을 빌며 귀하의 사업이 성공하시기를 기원합니다.

그리고 수양修養만이 우리들 개인과 민족을 갱신更新하고 역강力强케 한다는 것을 믿고, 우리가 저마다 수양을 해서 건전한 인격을 육성하여 공고한 단체의 한 사람으로 되는 것이 우리 민족에 대한 최상의 길이요, 근본적인 의무임을 믿고 있는 동지 여러분께서는 더욱 수양에 힘쓰고 계실거라고 믿고 있습니다.

동지 여러분! 우리들은 하루라도 빨리 이 민족을 갱신해야 합니다. 경제적으로 궁핍하면 할수록, 사상적으로 혼란하면 할수록, 우리들의 주의主義에 따라 동지를 불러모아 포섭하는 일이 더욱 큰 긴급사항입니다.

그렇게 하기 위해서는 첫째, 가족을 둘째, 친구를 셋째, 이웃 사람을 권유하여 우리 동지로 만드는 일입니다. '회우배가會友倍加'라고 하는 우리들의 표어는 이것을 말합니다.

현재 110여 명의 동지가 각자 한 사람의 동지를 포섭하면 220여 명이 되고 각자 2명씩을 포섭하면 330여 명이 됩니다.

다시 220여 명이 한 사람씩 포섭하면 440여 명이 되고, 그 440여 명이 다시 두 사람을 포섭하면 880여 명이 되며, 다시 이를 반복하면 1,760여 명이 됩니다.

동지 여러분! 우리들의 주의主義로 단결한 1,700여 명의 단결을 상상해 보십시오. 그날에 우리들은 이전에 볼 수 없었던 위대한 힘을 갖게 될 것입니다. 그리고 이런 일쯤은 우리 동지들이 약 4~5년간의 노력에 의해 틀림없이 달성할 수 있는 문제입니다. 요컨대 우리들의 열성과 노

---

18 상게서, II, pp.346~348.

력의 여하에 달려있는 것입니다.

동지 여러분! 올해도 벌써 절반이 지나갔습니다. 여러분이 담당한 올해의 의무인 "한 사람의 동지를 포섭하자"는 것을 빨리 실행하여 주십시오.

2. 동지 여러분! 우리들은 우리 회會를 위해서 좀더 생각하고, 좀더 희생하고, 그리고 좀더 자부할 필요가 있습니다. 매일 반시간씩이라도 회會를 위해서 뜻을 가다듬을 필요가 있고, 또한 어디를 가더라도 "나는 동우회 회원"이다 라는 것을 "나는 조선사람이다"라고 말한 것과 같이 자부할 필요가 있습니다. 그리고 때론 우리 자신들이 동우회의 산 간판이 될 필요가 있습니다.

3. 동지 여러분! 오는 8월 17일부터 22일까지 1주일간 평양平壤에서 하계수양회를 개최하기로 되었으니 가능한한 많이 출석하시기 바랍니다.

그 회합會合에서는 우리 회會의 발전에 관하여 토론할 예정이므로 이사부에서 여러분께 배부한 문제를 잘 연구하여 그 자리에서 발표하시고, 만약 부득이 출석할 수가 없을 경우는 서면書面으로라도 의견을 제출하여 주십시오.

이간은 회합은 회우의 정의情誼를 돈독히 하기 위해서, 수양을 하기 위해서, 의견교환과 의견통일을 위해서 매우 중요한 회합이므로 가능한한 출석하여 주시기 바랍니다. 동지 여러분의 건강을 기원합니다.

동우회 이사부장 이광수, 1931년 6월 30일[19]

하계수양회 개최

중요한 토론애 참가하자.

예고한대로 금년도 하계수양회는 대동강변大同江邊에서 개최하기로 결

---

19 상게서, II, pp.360~362.

정했습니다. 토론의 제목은 "우리 동우회의 발전방침"입니다. 우리들이 앞으로 나아갈 길에 대하여 여러 가지 뜻있는 목표가 될 이 회합에 동지 여러분은 분연奮然히 참가하시기를 진심으로 바랍니다.[20]

〈동우회 공함(제3회, 1931. 9. 1)〉(이광수)

이번 가을에 우리들이 해야할

가을바람도 시원한 요즈음 동지 여러분께서 건강하시며 집안 여러분께서도 내내 편안하시기를 기원합니다. 우리 동포들은 위생관념과 운동이 부족한 탓으로 쇠약해진 분이 많습니다. 이것은 참으로 민족적으로 커다란 걱정거리입미다.

우리들이 체육을 주창主唱하는 것은 이런 이유에 있으므로 이번 가을철을 맞이해서 귀 동지들은 첫째, 온 가족의 건강진단을 받으시어 기관器官의 이상과 기생충의 유무를 검사하고 둘째, 보건에 필요한 것들을 가정에 시설하고 셋째, 온 가족이 모두 실천할 수 있는 운동을 하나씩 선택하여 실행하시기 바랍니다. 예방이 가장 경제적이라고 일컬음은 보건에 있어서 더욱 그렇다고 생각합니다. 한번 건강을 해치면 개인생활뿐만 아니라 가정생활까지 모두 파괴되어 버립니다.

확대해서 말하면 건강이 부실한 개인을 포용하고 있는 민족은 도저히 자립자존自立自存의 힘이 없는 것입니다. 이번 덴마크의 체육대가體育大家인 앗크 씨가 조선을 거쳐 갔는데, 그분은 자기가 발명한 체조로 덴마크 국민의 체격을 개조한 점이 많았다고 말하고 있습니다. 앞으로 우리 조선 민족의 운동 가운데 가장 커다란 프로그램의 하나를 점거占據해야 할 것은 체육이어야 합니다.

동지들이여! 지난 8월 17일부터 23일까지 개최했던 평양平壤에서의

---

20 상게서, II, p.362.

본회 수양회는 실로 우리들이 근래 경험한 가장 큰 기쁨이었습니다. 120명 동지가 재회齊會하지 못한 것은 유감스럽지만 전국에서 모인 분들이 47명이나 되었습니다. 1주일간 지냈던 유쾌함과 유익한 생활은 동지마다 일생을 두고 잊을 수 없는 깊은 감명을 받았으리라고 믿습니다.

동지들의 모임, 믿음직스러운 모임, 티끌만한 이해관계도 없이 순수한 주의主義와 정의情誼와 의리義理만으로 모인 '수양회'요, 또한 이같은 경험은 우리들이 아니고서는 맛 볼 수 없을 거라고 생각합니다.

그러나 동지들이여! 우리 수양회가 이같은 일이 없어서는 안됩니다. 장차는 수만의 회우들이 특별열차로 대회가 열리는 곳으로 향할 것이며, 우리들의 대회가 열리는 지방에서는 온 시민들이 총동원되어 우리들을 환영할 것입니다. 조선의 신문과 잡지들은 이 대회의 기사를 가장 큰 명절처럼 취급할 날이 올 것입니다. 내년에라도 우리들의 회우배가운동會友倍加運動이 실현되어 240명의 회우가 한 곳에서 재회齊會할 것을 약속해야 할 것입니다. 그렇게 하려면 어쨌든지 귀 동지들께서 적어도 각각 한 사람의 새 회우를 내년 봄까지 포섭하는 일이 절대적으로 필요합니다. 그리고 내년의 대회 또는 수양회 때는 반드시 출석할 수 있도록 올해부터 준비하는 일이 절대적으로 필요합니다.

만약 내년의 대회에 240명의 동지들이 모이게 된다면 그때 우리 회會의 위세威勢와 이로움과 감명은 더욱 커질 것입니다. 그 함성이 커졌을 때 그 효과의 막대함은 도저히 무엇으로도 형용할 길이 없을 겁니다.

"한 사람의 회우가 한 사람씩"이란 표어로 회우모집에 전력하시기 바라며 어떤 곳이라도 입회지원자가 있다면 반드시 입회위원이 찾아갈 겁니다.

동지들이여! 귀하께서 회우를 새로 얻었을 때 가장 큰 힘을 얻을진대 그 유일한 길을 귀하부터 회우의 의무를 충실히 이행해야 할 것입니다.

1. 금전의 의무
2. 집회의 의무
3. 수양의 의무
4. 보고의 의무
5. 회會를 애호하고 발전시킬 의무

귀하께서 먼저 충성으로 실행하면 회우로 하여금 귀하의 위력偉力이 원동력이 되리라고 믿습니다.

동지들이여! 전번 평양 수양회가 열렸을 때 많은 토론이 있었습니다. 우리들은 우리 동우회의 사업이 오늘 조선에 있어서 모든 민족사업의 기초사업이 될 거라는 것을 확실히 파악하고 강하게 주장하며 절대로 동요되지 않도록 해야 합니다. 우리들의 인격운동과 단결운동이 상당한 단계에 이르지 않으면 어떠한 운동도 기초가 없는 사상누각沙上樓閣이 된다는 것을 분명히 안식해야 합니다. 그러기 때문에 우리들의 사업이 하루라도 지연되어서는 안된다는 것을 깨닫고 동심협력하시기 바랍니다.

1931년 9월 1일 이사부장 이광수李光洙 백白[21]

의제議題

1) 소년운동
2) 협동운동
3) 문맹퇴치운동

소년운동에 대하여 소년부를 설치하자고 하는 의견과 회우의 직계가족 소년훈련에 대해서 토의가 있은 다음 위원 3명을 선정히여 연구한 구체적인 안案을 이사회에 제출케 하기로 가결했음.

특히 직계가족 소년의 훈련에 관해서는 올해 안에 각 회우에게 통지

---

21 상게서, II, pp.372~374.

하도록 하자는 노준탁盧俊鐸 동지의 동의가 있어 이를 가결했음.

협동운동 및 문맹퇴치운동에 대해서는 농민교화農民敎化 및 생산조합·구매조합 등에 관해 토의가 있었고, 동경東京에 유학留學중인 이경선李慶善 동지로부터 "농촌사업을 내년도부터 헌신적으로 노력하겠다"고 보내온 서신을 낭독한 다음 위원 3명, 이사장과 상무이사 3명에게 일임하자는 이영학李英學 동지의 동의가 있어 이를 가결했음.

위 두 위원회의 의장은 전형위원銓衡委員 3명을 자벽自辟하여 선거하고 본회에서 통과시키자는 주요한朱耀翰 동지의 동의를 가결했음.[22]

〈동우회 공함(제4회, 1931. 12)〉(이광수)

한 사람 이상의 동지를 포섭하셨습니까.

연말도 멀지 않은 이때에 모든 동지들의 건강과 사업의 번창과 가내균안家內均安을 기원합니다.

심각한 경제공황으로 험난한 곤경이라도 당면하시지나 않았는지 염려됩니다. 이같은 현상現狀에 있어서 우리들의 경제적 생활기초를 유지할 수 있는 길은 첫째, 소비절약, 둘째, 가족들의 총동원으로 생업에 힘쓸 것 셋째, 생산과 소비의 합리화를 목적으로 한 협동조합운동이 아닐는지요. 이에 대해서 깊이 고려하시기를 바라는 바입니다.

지금은 겨울 초기라 날씨도 변칙적이어서 감기·장질부사 등 각종 전염병이 유행할 조짐이 보이니 여러분은 미리 각자의 가족 이웃에게 특히 보건에 주의하시어 예방의 방도를 강구하시기 바랍니다.

올해도 얼마 남지 않아 금년 안에 회우배가운동의 효과를 거둘 기간은 매우 절박해 있습니다. 이 편지를 받은 날부터 더욱 분투하시어 회우會友 여러분은 한 사람 이상의 동지를 연내에 포섭하시기 바랍니다.

---

22 상게서, II, pp.378~379.

우리들의 모든 사업의 기초가 회우포섭會友包攝에 있다는 것은 재언再言할 필요도 없는 바이며, 올해 안의 배가운동倍加運動의 성공은 앞날을 위해 우리들에게 위대한 자극이 되고, 희망이 되고, 자신自信이 되고, 실력이 될 것입니다.

'동광東光' 잡지를 속간續刊한 지 현재로 만 1주년이 됩니다. 동지 여러분의 동심협력同心協力과 일반동포의 환영으로 명성이 높아져 판매부수도 예상 이상의 성적을 거두었습니다.

앞으로 독자확보, 투고投稿, 기타 등으로 '동광東光' 잡지의 장래를 위해 진력하시기 바랍니다.

1931년 12월. 同友會 이사부장 李光洙[23]

〈동우회 공함(제5회, 1932. 2. 29)〉(이광수)

경성京城 종로구鐘路區 2정목丁目 9번지 4층 동광사내東光社內 同友會本部 同友會本部 이사부장 이광수李光洙

거듭 회세확장會勢擴張에 대하여

해가 바뀌어 봄도 다가오고 있는 계절에 동지 여러분의 건강과 고당高堂께서 두루 건승하시기를 기원합니다.

작년부터 시행하고 있는 회우 배가운동을 올해는 어떻게 해서라도 실현할 수 있도록 각자 노력하시기 바랍니다.

회우로는 소년이든, 청년이든, 장년이든 상관없으나 우리들의 주지主旨는 진실된 사람을 모아서 덕德 · 체體 · 지智와 단체생활의 정신을 수련하는 데 있으므로 특히 학생들 사이에서 많은 회우를 포섭하도록 노력하여 주십시오.

---

23 상게서, II, pp.387~388.

장차는 본회에 남녀 각각의 성년부 · 학생부 · 소년부 등의 설치규정이 생길겁니다. 그렇게 하려면 우선 학생 · 소년의 회우를 포섭하는 일이 필요합니다. 귀하께서는 학생 · 소년 가운데 허식이 없고 신의가 있는 사람을 눈여겨 봤다가 선택하여 명부를 작성한 뒤 이사부로 보내주십시오.

여자부에 대해서도 그와 마찬가지로 여자 동지를 포섭하는 일이 필요하므로 귀하께서 직접 권유할 수 없는 사정이 있거든 그런 사람의 주소 · 성명 등을 써서 이사부로 보내 주십시오.

위와 같이 귀하께서는 회우로 될만한 사람을 찾아내어 명부를 작성한 뒤 이사부로 보내고, 또한 힘이 미치는 한 직접 우리 회會의 취지를 설명하는 일을 올해 1년간의 커다란 의무로 삼아주십시오. 회우로 권유할만한 사람(성년 · 청년 · 소년 · 남녀를 불문하고)의 명부를 작성하는 일이 회우배가운동會友倍加運動에 가장 중요한 첫 단계라고 생각합니다.

우리 회會에서 이제부터 해야할 회우 자체의 훈련과 사업계획에 대해서는 이사부에서 위원을 초빙하여 연구할 것이므로 성안成案이 되는대로 모두에게 발표하려고 합니다. 수시로 규약을 읽고 우리들의 각개훈련各個訓練과 회會에 대한 의무를 명심하시어 실행에 노력하시기 바랍니다.

날씨가 불순하므로 귀하 및 가족 일동의 보건에 가일층 조심하시기 바랍니다.

동우회 이사부장 이광수 1932년 2월 29일[24]

〈동우회 공함(제8회, 1934. 1. 15)〉(이광수)

대회大會의 뒤를 이어서 손을 들고 서약한 여러분과 가족들의 건강 그리고 하시는 일이 나날이 순조롭게 성취되시기를 바라며 건강 그리고 하시는 일이 나날이 순조롭게 성취되시게를 바라며 또한 무실務實 · 역행力

24 상게서, II, pp.394~395.

行의 정신으로 인격수양과 단결, 훈련 등으로 수양이 날이 갈수록 증진되시기를 기원합니다.

이달 2, 3일 양일에 걸쳐 경성京城에서 개최했던 본회의 대회 당시 동지 모두가 재회齊會하지 못한 것은 유감이지만 바쁜 가운데 40명 가까이 모여 정의情誼를 돈독히 하고, 주의主義를 토론하여 우리 회會의 장래 발전을 위해 서로 의견을 교환한 것은 참으로 우리들의 회합에서만 볼 수 있는 성실하고 화기애애한 광경이었습니다. 다음번에는 합숙이 가능한 곳에서 동지 모두가 모여 더욱 성황된 대회를 개최했으면 합니다.

종래 우리 이사부에는 전임이사 할 것 없이 모두 다망多忙한 생업에 종사하고 있는 관계상 회무會務는 침체되고 발전은 지지부진한 바가 있었습니다. 이에 대해서 이사부원 모두는 깊이 책임감을 느끼어 이번에 이사 모두가 사직하고 총개선總改選을 하기로 결정했습니다.

새로 선출된 이사들의 새로운 총명함과 새로운 노력으로 경시일신更始一新의 새로운 기축機軸이 우리들의 내일의 소망이며 또한 그리 될거라고 믿습니다.

이사부는 해태懈怠한 탓으로 동지 여러분 가운데는 의무이행을 하지 않는 분도 있어 우리들은 우리 정신에 입각하여 의무를 이행하지 않는 회우는 단연코 정리할 수밖에 없다고 생각합니다.

통상보고, 예연금例捐金, 출석 등의 의무를 앞으로 더욱더 성실하게 이행하시기 바랍니다. 단결의 생명은 그 단원들의 의무이행에 전적으로 의존하고 있습니다. 이달말 이내에 적체된 예연금을 송금하지 않는 분은 심사부에 이첩할 예정입니다.

그리고 이것은 새로운 이사들이 실시해야 할 일입니다만, 유급有給 전무이사 또는 간사 1명과 전용회관 등을 두는 것은 회무會務 발전상 절대로 필요하기 때문에 이번 대회에서도 의견일치를 보았으며, 이를 위해 예연금例捐金과 수입금 외에 연간 1,200원의 예산을 세우고 동지들이 자진 출연自進 出捐하기로 되어 벌써 360원 1구좌口座, 120원 1구좌 합계 480원의 출연 약속이 있었습니다.

대회비大會費는 출석 여하를 불문하고 회우 모두가 고루 부담키로 되어 이번 대회의 비용으로 각자 3원씩을 부담하기로 되었습니다. 만약 잉여금이 있을 경우에는 다음 번 대회비에 이월하여 사용하기로 됐습니다. 이것도 적체된 예연금과 금년도 제1기분 예연금과 일괄하여 이달 안에 송금하시기 바랍니다. 언제나 건강하시고 더욱 분투하시기를 기원합니다.

동우회 이사부장 이광수李光洙 1934년 1월 15일[25]

〈동우회 대회 경과보고〉

1934년 1월 2일 오전 11시부터 본 대회는 경성京城 공평동公平洞 소재 태서관泰西館에서 이사장의 간단한 개회 선언이 있은 다음 개최했음.

상견례相見禮

이사장을 선두로 회원 일동의 의미심장한 악수가 있었음.

1934년 1월 일

제1차 회의

강론회

강론회의 사회자 유상규劉相奎 동지의 결석으로 장이욱張利郁 동지가 사회를 봤음.

1. 규약낭독 : 장이욱張利郁 동지
2. 강 론

연제演題 : 우리 주의主義의 재인식

연사 : 이광수李光洙 동지

25 상계서, Ⅱ, pp.405~407.

강론 요지

이탈리아의 파시스트의 원리인 개체적個體的 불평등 및 생물학적 진리와 국제적 생활양식을 초탈한 민족의 단일성을 예로 들어 그것과 일치하는 우리들 주의主義의 조선적朝鮮的 단일성을 역설하고 주의主義의 재인식과 동시에 인격수양과 단체훈련의 재음미를 역설했음(시간 약 20분)

3. 담화談話시간

먼저 본회의 발전책에 대한 소감 내지 의견 등이 있었음.

김동원金東元 동지

회우들 자체가 단체에 대한 연화성軟化性의 경향이 현저하다. 이것을 청산하려면 회우친선會友親善 여하에 달려있고 당연히 해야할 일이 있다. 그걸 해야할 일이라면 제안하거나 말을 하고 자신부터 실행해야 할 것이다. 허위를 버린 뒤에 성심으로 회會의 견고堅固를 도모해야 할 것이다.

김병연金炳淵 동지

인격수양과 단체훈련

여기에 있어서 사업이 또한 필요합니다. 회우간에 통일되지 않는 점이 있다면 그건 간단한 규약하에 있는 탓으로 개인적 신념이 각기 다르기 때문입니다. 그러므로 본회에서 신념을 확립케 하는 이른바 팜플렛과 같은 것이 필요합니다.

전영택田榮澤 동지

본회의 사업은 우리 회會의 정신인 민족사회를 이루기 위한 희생정신, 즉 이 정신을 갖춘 인격자를 규합糾合하는 것이다. 따라서 이 감화感化를 조성하기 위해서는 우리 주의主義를 발휘할 수 있는 강연 및 서적출판 등이 필요하다고 생각합니다.

이광수李光洙 동지

인격수양과 단체훈련 등이 우리 주의主義인 동시에 첫째 사업이며, 모든 분야에서 실천적 사업을 이루기 위해서는 사람을 규합함과 동시에 역량을 비축하는 일이 급선무입니다.

주요한朱耀翰 동지

회會 자체의 강화와 사업확장에 관련해서는 진화進化하는 단체의식과 그 단체의 이론을 고정화시키지 않을 경우 책자冊子선전은 늘 수정을 가해야 하므로 그렇게 긴요함을 인정할 수가 없다.

회의 발전책에 대한 의견은 좋지만 비관적 태도는 금물禁物이다. 회우간에는 늘 관대한 포용력이 있어야 좋고, 단체세력이라고 하는 것은 원칙적으로 질적 단결에 있다고 본다.

일반회우들의 본회발전책에 대한 모든 의견이 토의되었음.

오후 1시 30분 중식시간에 점심 먹는 석상에서 주요한朱耀翰 동지의 동광사東光社에 대한 보고와 이광수李光洙 동지의 동광총서東光叢書에 대한 보고가 있었고, 보고가 끝남과 동시에 이영학李英學 동지로부터 동광사 부채청산負債清算의 건은 주朱 동지 개인의 문제가 아니라 동우회 자체가 당연히 짊어져야 할 문제라는 것과 이사회 존재에 대한 의견이 있었음.

장이욱張利郁 동지가 대회는 순서적으로 해야 하는 것은 아니다. 회會에 대한 일반적 토의를 좀더 하자는 의견이 있어 일동이 찬동했으나 시간관계로 휴회하고 오후 3시 30분에 끝냈음.

제2차 회의

1934년 1월 2일 오후 5시 동 장소에서 일동 거수경례하고 사회자 김항조金恒祚 동지의 개회사로 개회했음.

1. 운동회 개회사 : 김항조金恒祚 동지

2. 강 론

연제 : 우리 회의 당면한 제문제

연사 : 주요한朱耀翰 동지

강론요지

침체 상태로부터 우리 회會를 구제하려면 우리들의 힘을 정확히 인식하고 과대평가를 삼가야 한다. 그러기 위해서는 지도이론의 인식정리, 그 이론의 진보성 역설, 회會의 조직범위의 단순화, 사회적 적응성의 촉진, 과대평가를 벗어난 사업의 단순화와 청당淸黨이 필요하다. 따라서 일보씩 전진해 가고 있는 우리들의 전도前途는 모든 것이 윤택하다. 단번에 뛰어 넘을 방도가 없다는 인식하에 가능한한 서서히 전진해야 한다(소요시간 약 30분)

3. 담화시간

제1차 회의에서 토의하다가 중단되었던 동광사東光社 문제에 관해서 분분한 의견이 토의된 다음 약 10분간 휴식했음. 그 사이에 임시 이사회가 긴급소집되어 동광사 부채청산의 건에 대한 결의가 있었고 속회하자 그 결의의 보고가 있었음.

1) 동광사의 문제

동광사 부채청산의 건에 관해서 의론이 다시 있었음. 동우회는 대외적 관계로 보더라도 기채起債라도 해서 법리상法理上의 책임을 져야 한다는 의견과, 아니면 최초의 방침대로 호의적으로 의리상 책임을 회會의 명의를 떠난 상태에서 끝내자는 두 가지 의견이 있었으나 결국 동우회에서 청산해야 할 일이므로 주朱 동지 개인에게만 짊어지게 해서는 안된다는 데 의견이 일치되었음. 실지보상이 당좌當座로 불가능해지면 논란論難은 계속되므로 이것을 이사회에서 다시 한번 명확히 확인하여 회會에서 보상할 수 있는가를 결의한 뒤 그 정리 방침을 안출案出하도록 일임했음.

지난 1년 동안 이사회가 휴면상태에 있었기 때문에 동광사 문제를 해결하지 못했다고 한다면 먼저 이사회를 각성케 해야 한다는 요망이 있었음.

대회의 근본정신 그대로 친목과 수양을 도모하기 위한 옳고 그름의 여부에 대한 논의는 그쯤해서 끝내야 한다는 의견이 있어 일단락되었다.

오후 8시에 휴회하고 일동은 자리를 위층에 있는 식탁으로 옮겨 다정한 만찬회를 열고 식사 중에 이야기가 계속되었다.

제3차 회의

1) 상무간사 및 회관설치에 관한 건.

본건 설치의 1년간 소요경비 1,200원을 회의 석상에서 비공식적으로 예산을 세우고 동 예산 금액중 480원은 분담이 되어 있지만 나머지 720원은 어떤 좋은 방법이 없겠느냐에 대하여 토의하다.

장이욱 동지가 다음과 같이 계획을 제안했다.

일금 1,200원

상무간사 및 회관 설치비의 분담내역

1) 480원 : 2명의 회우가 분담함.

내역

선천宣川지방 : 180원

경성京城지방 : 320원

평양平壤지방 : 300원

상무간사가 설치되면 회관을 중심으로 도시의 남녀학생을 모집범위로 해서 주력해야 하며, 그 방법으로 평소의 성행性行을 본위로 삼아야 하고 또한 학생층만 국한할 것이 아니라 각 방면에서 모집해야 하며 종래의 교제방침을 야간개선하자는 의견이 있었다.

동맹저금同盟貯金에 관한 건

전부터 있었던 것을 부활하기로 하고 각 회우의 수입중 얼마쯤을 각 개인의 미래를 위해서 동맹저금을 하는 것이 유익하며, 수입이 없는 학생층에는 어떤 종류의 면제를 설정하는 것이 좋겠다는 의견이 있었고,

그 방침에 있어서도 회우 중심의 지방회 단위로 하되 생활변동을 감안하여 그 기간을 3년 만기로 하고 3년마다 이월한다. 회會 전체의 통일을 도모함과 동시에 저금에 대한 기본 규칙을 정해야 한다.

이상의 의견을 실행할 수 있는 시기를 기다렸다가 이사회에 일임키로 했음.

동맹저금규칙의 재정위원 3명을 호선互選한 결과 아래와 같다.

김병연金炳淵 · 주요한朱耀翰 · 이영학李英學

신임이사 선거에 관한 건

만기가 된 이사의 개선改選에 관해 의견이 많았지만 아무런 구체적 방침을 세우지 못해서 잠시 동안 휴회되자, 그 사이에 이사회의 긴급소집이 있었고 속회하자 이사회의 보고가 있었음.

신임 이사의 개선改選은 대회의 성질로 보아 회의석상에서 해야할 일이 아나고, 기회期會가 기회인 이상 현 이사부 전체 가 인책 사직을 해야 하겠지만 신임 이사의 총개선을 하기로 했다는 이사장의 보고가 있었음.

이 문제에 대하여 이사부의 결의를 그대로 접수하여 총개선을 하자고 하는 한승인韓昇寅 동지의 동의와 박원규朴元圭 동지의 재청으로 가부를 표결한 결과 可 14, 否 12로 가可쪽 총개선하자는 이사부의 안案이 의결되었음.

총개선의 방식

전형위원銓衡委員 5명이 후보자 15명을 천거하고 그 이사후보자 중에서 12명의 이사를 연기투표連記投票하되, 대회에 참석한 회우는 즉석에서 투표하고 그밖의 회우는 서면투표로 한다. 이사로 피선된 12명을 제외한 나머지 3명중 2명은 득표 순위에 따라 이사 후보가 되고, 이사의 임기는 투표수에 따라 최고 득표 순위로 3년간, 2년 간, 1년간으로 정하되 동점인 경우에는 고령자순에 따르기로 한다.

이 방식을 만장일치로 가결하고 전형위원 5명을 구두공천했는데 그 성명은 아래와 같다.

주요한 · 이광수 · 한승인 · 이영학 · 신윤국

15분간 휴회한 속회에 들어가자 전형위원이 신임 이사후보 15명을 천거한 바

신임이사 후보자 15명

李允宰 · 金允經 · 朱耀翰 · 崔允鎬 · 張利郁 · 金東元 · 李慶善 · 李英學 · 金善亮 · 吳天錫 · 金炳淵 · 吳翊殷 · 申允局 · 趙炳玉 · 李大偉[26]

〈동우회 공함 제9화(1934. 6. 5)〉 동우회 이사장

올해의 사업

여러 가지 난관으로 인하여 우리들의 회무會務가 자칫 정체 상태停滯 狀態로 빠지려고 하는 것은 유감입니다.

그러나 곰곰이 생각컨대, 오늘날과 같은 착잡한 사회적 정세하에 있어서는 우리들이 한결같은 부굴不屈의 노력으로 당분간 수세적守勢的으로 나아가는 것이 우리들에게 남겨진 최상의 방법이요 책임이기도 합니다.

이번 신임 이사회 석상에서의 의견을 종합해 보더라도 위와 같은 견해가 각 이사원들의 일치된 견해였다고 생각됩니다.

그런 까닭에 금년도 사업도 우리들은 아래 수개 항목의 실현을 기하는데 그쳤으면 합니다.

1. 중앙본부에 정체된 회무會務를 정리할 것.

이에 대해서는 새로 선임된 상무이사 김윤경金允經 · 신윤국申允局 두 동지가 책임을 지고 노력하기로 결정했습니다.

2. 중앙본부의 회관을 구입할 것.

---

26 상게서, II, pp.407~414.

이에 대해서는 김윤경·신윤국 두 동지가 솔선하여 기금을 출연出捐했으므로 각 회우들의 응분의 거출에 의해서 5,000원 안팎의 회관을 마련하고자 합니다.

3. 지방회의 진흥振興

각 지방에 있는 지방회는 월례회의 회합을 힘써 행하고 월례회 때는 적절한 수양 강좌修養 講座를 반드시 열어 그것에 의해서 뜻있는 회합이 되었으면 합니다.

그리고 지방회의 간사는 월례회의 상황과 회우의 전반적인 동정動靜을 반드시 월 1회 본부에 보고해 주십시오. 그렇게 하면 이 보고를 종합하여 공함公函을 편찬하고자 합니다.

4. 지방회의 새 조직

회우가 거주하고 있는 지방으로 아직도 지방회가 없는 곳은 이번에 반드시 지방회를 조직하도록 하여 주십시오.

만약 회우가 한두 사람에 불과한 지방은 두어 사람의 동지를 더 포섭하여 월례회를 열고 점차적으로 입회 수속을 밟아 지방회를 조직하도록 하여 주십시오.

이상이 금년도 우리 회會의 사업 추진 방침이므로 회우 여러분께서는 이를 명심하여 실행하여 주신다면 그만큼 한 해를 무위無爲로 허비하지 않고 많은 수확을 거두게 되리라고 생각합니다.

해이解弛해지지 말고 꾸준히 전진하는 우리들의 정신을 역경이 있으면 있을수록 가일층 발휘하여 주시기 바랍니다.

동우회 이사장 1934년 6월 5일[27]

---

27 상게서, II, pp.417~418.

〈동우회에 관한 보고문서〉

증거 제3호

김항조金恒祚는 수양동맹회修養同盟會를 대표하여 사랑하고 믿는 동지 "7번 회우會友 김선량金善亮"에게 짤막한 글을 올려, 귀하가 가일층 몸과 마음이 건강해질 것과 우리들이 목숨 걸고 서약한 주의主義를 위해서 진력盡力하시기를 소망합니다. 귀하도 생각하신 바와 같이 우리 조선은 점차 곤란한 처지에 놓여지고 있으며 모든 동포는 어찌할 바를 모르고 그저 한탄만 하고 있으므로 이대로 간다면 우리 민족의 앞날은 말할 꺼리가 없을 만큼 되어버릴 것입니다.

이것은 우리들이 여러번 눈물로 토론한 바이고, 가장 분명하게 이미 알고 있듯 눈앞에 참혹한 일을 당했을 때 우리들의 슬픔은 더욱 깊어지며 따라서 이 백성들을 구해내기 위해 몸을 바치고자 하는 결심은 한층 강해짐을 느낄 수 있습니다.

우리들 각자가 생활에 바쁘다 하더라도 먹을 것을 먹지 않고 견디며 시간을 제한해서라도 우리들이 지닌 힘을 다하여 우리들 자신을 선전케 하고, 많은 동지들을 모아 우리들의 주의主義를 실현하는 날이 하루라도 빨리 오도록 진력하지 않으면 안됩니다. 알고 있듯이 우리 수양동맹회는 아직껏 창립시대로 있은 지 벌써 3년째입니다. 늦어도 내년 봄까지는 100명 이상의 동지를 확보하여 기구를 조직하고 선전사업을 크게 전개하지 않으면 안됩니다. 될 수 있느냐 없느냐는 귀하가 진력하느냐 진력하지 않으냐에 있습니다. 우리들의 동지가 불과 40명이 각자가 2명씩만 모집한다 하더라도 88명의 동지를 새로 모집한 것이 됩니다. 예컨대 먼 지방일지라도 2, 3명의 지원자만 있다고 하면 입회수속을 위해 사람을 파견하도록 노력할 것이므로 귀하는 아무리 바쁘다 하더라도 반년 동안에 2명 이상의 동지를 포섭한다는 주의主義로 노력하시기를 바라며 또한 믿습니다.

우리들의 기관잡지는 명년안에 발행하기로 흥사단본부에서 벌써 가결되어, 그 기초로서 흥사단으로부터 2,000원을 거출키로 했고(해마다 500원씩 수양동맹회에 선전비용으로서 송금하는 이외에) 나머지 2,000원은 우리들이 국내國內에서 노력하지 않으면 안되겠으므로 그것에 대해서도 깊이 생각하시어 노력해주시기를 바랍니다.

그리고 의연금義捐金을 내 는 것과 10일에 한 번씩 보고하는 것도 우리 동지들이 거부할 수 없는 의무이므로 더한층 노력해 주시기 바랍니다.

끝으로 거듭 귀하의 건강과 주의主義를 위해 노력하시기를 기원하며, 또한 수시로 소식 전해주시기를 바랍니다.

1924년 4월 5일 수양동맹회[28]

증거 제4호

경애하는 벗들에게 한 말씀 올립니다.

우리들은 조선을 살리는 길이 이것 외에 달리 방법이 없다는 것을 확신했기 때문에 모두 약속을 굳게 맺었지 않았습니까. 참으로 세월이 흘러 시국이 변천하는 것을 볼 때마다 조선을 살리는 길이 오직 우리 주의主義에 있다는 것을 더욱 깊이 자각 하리라고 믿습니다.

그렇기 때문에 우리들은 주야로 게을리하지 않고 우리들의 의무를 실천하고, 아울러 많은 동지를 모으지 않으면 아니됩니다. 우리들은 날마다 5개조의 의무를 암송하며 그것을 이행했는지 않았는지를 반성해야 하며, 날마다 동지를 포섭하는데 얼마간의 시간과 정력을 쏟지 않으면 안됩니다.

우리들은 공상空想·공론空論을 하는 것이 아니라 실행하는 것이라는

---

28 『島山安昌浩資料集』 I, pp.423~424.

것을 각자 믿고 다른 사람도 인정하게 하지 않으면 안됩니다.

만약 귀하께서 동지를 포섭했을 경우 통지하는 대로 즉시 입회수속을 하려고 생각합니다.

우리들은 절대로 성급하게 굴 필요는 없지만 적어도 올해 안에 100명의 동지를 포섭하도록 노력해야 할 것이며, 우리 단체의 기초와 기관이 완비되는 데 힘써야 한다는 의무를 자각 하리는 것을 확신합니다.

설령 더딜지라도 정당한 주의主義를 항상 숨돌릴 사이도 없이 해나가는 것이 최후의 승리를 얻는 길이라고 확신합니다.

3월 10일 창립위원장創立委員長 김항조金恒祚 배[29]

이광수는 1924년 4월 초순에 안창호安昌浩와 수양동맹회 운영방안을 협의하기 위하여 서울을 비밀히 떠날 때 동아일보에서 모금한 재외동포 위문회 자금 중 1,700엔을 가지고 가서 안도산에게 전달한즉, 안창호는 300엔을 더내어 2,000엔을 채워주면 남경 동명학원東明學院 부지 매입자금으로 사용하겠다고 했다.

1924년 4월 8일 북경 중앙호텔에서 1주일 동안 머물면서 앞으로 독립운동 활동 방향 등에 집중적인 협의·대화를 진행했다. 이광수는 수양동맹회를 조직한 후 농촌지도기관으로 재단법인 통속교육보급회通俗教育普及會를 조직했고, 조선물산장려를 위해 자작회自作會를 조직했다고 보고했다. 안창호는 평양의 동우구락부同友俱樂部와 경성의 수양동맹회修養同盟會는 주의主義와 목적의 결사結社인만큼 양자를 통합하여 결사結社의 확대 강화를 도모해야 한다고 강조하자, 이광수는 귀국하면 평양의 동우구락부와 경성의 수양동맹회를 통합하여 수양동우회修養同友會를 발족하겠다고 약속했다.

안창호는 정치적인 투쟁 방안과 포부로서 조선 동포에게 전해야할 사

29 상게서, Ⅰ, pp.424~425.

항은 흥사단의 혁명사상인 것이다. 안창호가 그의 정치적 이상을 구술口述하면 이광수는 이를 일일이 받아 적어서 귀국후 산옹山翁이란 이름으로 '동광東光' 지에 정리 발표한 것이 이른바 갑자논설甲子論說이다.

1주일 동안 협의를 마치고 안창호는 춘원을 천진天津까지 배웅하면서 도산은 이등표를, 춘원에게는 일등표를 사서 주었다. 천진역에서 작별할 때 안도산은 자기의 새모자를 춘원에게 씌워주고, 도산은 춘원의 헌 모자를 바꾸어 쓰고 눈물어린 작별을 했다. 도산은 "국내 동지 여러분께" 라는 서한을 이때 춘원에게 전달했다.[30]

증거 제5호

국내 동지 여러분께(안창호)

민족구제民族救濟의 기초적 지위에 있는 자의 책임이 중대함은 여러분이 스스로 알고 있으리라고 믿습니다. 어느 때라고 단정하기 어렵지만, 조만간 국내에 우리들의 기관본부機關本部의 위치를 정하려고 생각하고 있으므로 여러분의 책임이 더한층 무겁게 되었습니다. 여러분이 우리의 가련한 민족을 구제하기 위해 이미 주의主義와 방침을 세워 책임을 지고 있는 이상 그 책임을 이행하는 데 있어 첫째 희생적 정신이 없어서는 안됩니다.

여러분이 이전에 입회入會할 때 돈과 시간과 재능과 정신과 목숨 등의 모든 것을 바치겠다고 말했을 것입니다. 그 말을 할 때에는 그렇게 말하지 않으면 안된다고 하는 진정한 자각에서의 발로發露라고 생각합니다. 희생정신은 특별한 것이 아니라 입회할 때 말한 것이 곧 그것입니다.

여러분은 우리 민족이 이같은 처지에 있으나 주변을 둘러보더라도 이

30 金源模, 『영마루의 구름 春園李光洙의 民族保存論』, 단국대학교출판부, 2009, pp. 484~485; 『수난의 민족을 위하여』 p.249; 『新女性』(1934년 9월호), 北京호텔과 管城子의 밤(이광수).

런 처지에서 우리 민족을 구제할 수 있는 진정한 희생적 인물이 드물다는 것을 보고, 우리 만족사회를 위해 비창悲愴한 심정이 있다면 가일층 우리들의 희생정신을 발휘하여 우리를 보고 우리를 따르는 자가 보다 많아지도록 하지 않으면 안됩니다. 거듭 말씀드리건대 우리들의 최초의 생각을 잊지 말고 변함없이 나아갈 뿐입니다.

나는 이번에 춘원春園에게 구술口述로 말한 일이 있기 때문에 여러분께 전했으리라고 생각합니다. 그밖에도 여러분께 여러 가지 말할 것이 많지만 차내車內의 짧은 시간에 여러 가지를 쓰지 못해 유감스럽습나다. 간단하게 두어마디 하고 싶은 것은

1. 수양회원修養會員인 우리는 일생을 두고 딛고 가야할 길이 무엇이며, 또한 우리들의 직칙을 분명히 하고 그 직책을 완수하도록 노력할 것.

2. 사소한 일이라 하더라도 소홀히하지 말 것

세상 사람들이 큰 사업쪽으로 지향하지만, 큰 사업이라고 하는 것이 특별히 존재하는 것이 아니고 많고 작은 것들의 집합체集合體인 것입니다.

현재 우리나라 사람들의 심리는 뭔가 크게 보여야 비로소 해보겠다는 욕망이 생기고, 작은 것은 마음에 차지 않아 손도 대지않고 포기해버리는 까닭에 그들이 기대하는 큰 사업은 싹도 돋지 못한 채 끝나버립니다.

동지 여러분! 그렇기 때문에 우리들은 책의 한쪽을 읽고 운동을 하나 방을 한번 청소하고 책상을 한번 정돈하더라도 작은 일이라고 생각하지 말고 지성과 최선을 다하여 실행해야 하며 또한 실행하는 것은 아닐런지요. 그러므로 작은 일이든 큰 일이든 가리지말고 우리들이 해야할 모든 것들을 다 큰 일이라고 생각하여 지성과 노력을 다해야 한다고 생각합니다.

3. 성공이 더디고 멀더라도 전진해 가는 도중에 물러서거나 주저하지 말아야 합니다. 가치가 있는 것일수록 더디게 성장하듯 가치있는 성공은

쉬운 일은 없고 더디고 멀 뿐입니다.

현재 우리들의 처지로 쉽게 할 수 있는 것은 없고 단지 더디고 먼 것 뿐이며, 아울러 고난과 장애가 전도前途를 방해하는 일을 모면할 수 없는 것이 현실입니다. 우리가 4대 정신중에서 용감한 정신을 양성하자고 말한 것은 이것 때문이 아니겠습니까. 더디고 멀고 그리고 곤란한 것을 참고 견디는 일이 일견一見 불행한 것처럼 보일지라도 뜻을 품고 용기를 감추고 전진하는 청년들에게는 흥미있는 일이기도 합니다.

여러분이 스스로 경험한 결과 이를 체득體得했으리라고 믿습니다. 우리 단체가 10년을 힘차게 달려온 것은 이 정신이 있었기 때문이라고 생각합니다.

우리 역사의 과거를 되돌아 볼 때 장래에 있어서도 더 한층 신장하리라고 믿습니다. 우리 동지 각자는 이것을 잊지 말고 한층 더 실천하시기를 바랍니다.

4. 우리 주변에 있는 일반 사람들에 대하여 감정적 저항적으로 대하지 말고 따뜻하고 겸손하게, 그리고 애정으로 대할 수 있는 테도를 배웁시다. 우리들에게 대우를 깍듯이 해주는 사람에 대해서가 아니라, 우리를 비난하고 압박하는 사람에게도 이같이 대우하는 것을 배웁시다. 여러분도 알고 있듯이 세상 모든 것은 차가우면 움츠러들고 따뜻하면 늘어납니다. 이처럼 우리 민족사회도 애정이 있는 따뜻한 분위기에 접함으로써 번영하는 것입니다.

그럼데도 우리 민족은 여러 가지 단점중에 특히 애육정신愛育精神이 부족합니다. 그런 까닭에 현재의 조선사회는 매우 냉정하여 우리 사회의 모든 것은 움츠러들고, 모든 사람은 화기和氣와 신나는 생명이 끊겨 있습니다.

그러므로 우리들은 현재의 상태를 개선하기 위해 우리들의 몸에서 우리나오는 애정과 따뜻한 분위기와 열기로써 이 사회를 따뜻이 하여 우리들의 감화를 받아서 사랑으로 바뀌는 사람을 많이 만들어내야 합니다. 내가 말하지 않더라도 여러분은 이미 이같이 생각했으리라 믿고 있습니다.

그런데 이렇게 하기 위해 먼저 생각해야할 것은, 우리들 내부의 동지들 사이에 우리의 목적인 정의돈수情誼敦修를 실천궁행實踐躬行하고 상조相助의 정신을 연마하여 배양하는 일입이다.

우리 단체의 10년이란 역사가 다른 사람들의 회합처럼 지위, 명예의 싸움으로 서로 질투하고 시기한 일은 별로 없었다고 생각합니다. 나는 이로써 우리 단체에 대하여 경하해 마지 않습니다. 그러나 우리들도 근본은 사랑이 부족한 인간이므로 상부상조의 정신수양에 힘쓸 이상은 가지고 있으면서도 역시 불만족스러운 탄식이 나오지 않는 것도 아닙니다.

그렇기 때문에 우리들은 먼저 동지간에 사랑하고 동정하는 정신을 길러서 우리 단체로 하여금 애육정신愛育精神을 연마토록 하는 것이 당연하다고 생각합니다.

5. 참됨을 달성하기 위해 노력합시다. 우리들의 목적, 우리들의 정신, 우리들의 규약規約, 우리들의 규정 무엇 하나 소홀히 하지 말고 모두 지키지 않으면 안된다는 것은 물론이고 우리들이 하려고 하는 것 중에 가장 중요한 것은 '사랑'과 '참됨'인 것입니다.

우리들이 우리 민족을 개선하려고 해도 사랑이 없는 우리가 민족사회를 사랑이 있는 사회로 바꾸기 위해서 먼저 '사랑'의 두 글자를 특히 부탁했습니다. 이에 못지 않게 중요한 문제는 "'참됨'이지요. 우리들은 끝까지 이 추악하고 허위로 충만한 사회를 전복하여 참된 사회로 바꾸어 봅시다" 그렇게하기 위해서는 먼저 우리들의 단체로 하여금 단체가 되도록 해야 하고, 우리들의 단체로 하여금 참된 단체로 탄생케 하려면 먼저 우리 한 사람 한 사람이 참된 인간이 되어야 합니다.

모든 종교 모든 철학이 어떤 이론이 있다해도, 한 마디로 말하면 '참됨'의 하나를 달성하게 되면 모든 종교, 모든 철학의 진리에 도달했다고 생각합니다. 우리들 각자가 참된 인간으로 되는 것은 우리 자신이 받는 무상한 행복이며, 동시에 우리 한 사람이 참된 인간이 되어 참됨을 사회에 미치게 하여 참된 세계를 만드는 것은 사회에 무상한 행복을 주는 것입니다. 우리들 자신을 위하기 보다도 참됨을 위해서 노력해야 합니다. 그러나 우리들에게는 불행하게도 허위적인 관습의 유전과 전수로 인하여 참됨을 행하기 어려운 현실이기도 합니다.

그러므로 특별히 참됨에 대하여 비상한 노력을 기울여야 한다고 말하는 것입니다.

1924년 4월 14일 자정, 경진선京津線 열차 안에서 안창호安昌浩 드림[31]

京鍾警高祕 제41호의 2호(1938. 1. 8)

〈동우회同友會 회가會歌 발견에 관한 건〉

동우회가 조선독립혁명을 목적으로 한 결사結社인 것은 경성 · 평양 · 선천 등의 관계자의 취조에 의해 이미 명료해진 바이나, 기타 지방에 있어서의 회원의 의식정도가 명료해지지 않았기 때문에 지난해 말부터 안악安岳 · 진남포鎭南浦 · 영변寧邊 등의 각 관련자에 대하여 피의자의 언행 및 가택수색 등을 촉탁했던 결과 안악安岳의 회원 김선량金善亮으로부터 유력한 증거품 다수를 발견했던 것은 이미 보고한대로이고, 이번에 다시 예심豫審 중인 피고 장이욱張利郁, 1895~1983의 휘하인 평북 雲山郡 北鎭面 大岩洞 東洋合同鑛業會社 현장 사무실 근무 오경식吳璟植 집에서 '펜글씨로 쓴' 동우회 약법約法 말미에 동우회 회가會歌 기록되어있음을 발견하고

---

31 島山安昌浩資料集, Ⅰ, pp.425~429.

이를 입수했음. 이 회가會歌는 별지와 같고 그 내용 중 "온 몸과 온 마음을 나라에 바치자 운운"라고 적혀 있어 조선국 건설을 위한 것임을 명시한 혁명적인 것이 분명하고, 이 회가會歌는 이광수李光洙의 작품으로 이광수 · 장이욱 두명을 거쳐 오경식에게 넘어간 것 같으며 자세한 것은 취조중에 있음. 위 보고함.

〈수양동우회修養同友會 회가會歌〉(이광수)

1. 건전한 인격과 공고한 단결로
새조선문화의 기초를 세우려고
조선의 아들 딸 모여와 뭉치니
주의主義도 클시고 수양동우회

조선의 강산아 조선의 사람아
슬픔을 버리고 기뻐할지어다
우리 무리 일어났네 일어났네
조선을 살리려 조선을 빛내려

2. 참되자 일하자 믿어라 힘내자
온 몸과 온 마음 나라에 바치자고
조선의 아들 딸 모여와 뭉치니
정신도 드높고나 우리 수양동우회

3. 덕德 · 체體 · 지智 세가지 우리 큰 공부를
맹세코 일생을 동맹수련하자고
조선의 아들 딸 모여와 뭉치니
수련도 길도다 우리 수양동우회

4. 동지의 사랑은 변함이 없고나
의義 위한 일심이 못할 일 무엇이랴

조선의 아들 딸 모여와 뭉치니
단결도 굳고나 우리 수양동우회[32]

1937년 6월 7일 안도산 · 춘원을 비롯하여 동우회 회원 181명이 총검거되었다. 181명의 동우회 회원은 우리 민족의 최고지식인 집단이었고 각계각층의 대표적 엘리트 인물이다. 미나미南次郎 총독은 동우회는 총독의 '내선일체 동화정책'을 완전 무시하면서 독립운동을 하는 조직체이기에 아예 해체해 버리겠다는 것이다.

〈이광수李光洙의 태도 및 결사結社의 단속에 관하여〉

이광수는 이민족異民族은 절대로 융합되지 않는다. 조선인은 아무리 노력을 해도 일본인으로 될 수 없는 까닭에 조선인은 영원토록 민족적 순결을 유지 · 보전하여 조선민족에 의해 조선을 통치해야 한다고 주장한 자로서 앞으로도 이 태도를 유지하리라고 인정됨. 특히 그자의 수기手記 중증거품 사본 제1호에 기록한 일부분을 비춰 보더라도 "실력을 양성한 뒤 총독에 대하여 정치상의 요구를 하고 응하지 않으면 해치운다" 바꿔말하면 혁명을 의미하며,

또한 "경성을 저주한다. 서울을 영광스러운 평양으로 옮기고 싶다." 등의 글귀는 이번 사건의 진상을 드러낸 것이며, 조선독립운동의 핵심을 실력양성에 두고 기반을 평안남북도에 둔 것은 본건 처리상 또는 앞으로의 단속상 놓쳐서는 안될 사실로서 일당一黨에 대해서는 엄벌을 필요로 하며, 더구나 동우회의 검거에 비추어 앞으로는 아무리 훌륭한 주의主義 · 강령綱領을 제시하더라도 조선인만으로 조직된 결사結社는 가급적 이를 잘 타일러 중지시켜야 한다고 사료됨.[33]

---

32 상게서, Ⅰ, pp.470~471.

33 抗日獨立運動關係『島山安昌浩資料集』Ⅰ(朝鮮總督府 警務局所藏 祕密文書) (국회도서

1. 안창호의 몰락

이번 사건의 검거에 의하여 안창호가 주장하는 실력양성운동은 비과학적이고 中國의 排日運動과도 비슷하게 감정적 조선독립운동으로 빠져들어 조선독립의 가능성은 없으며, 입으로는 조선민족의 구제를 부르짖고 있으나 기실 관련자 모두에게 도탄에 빠진 고통을 주는 운동이라고 해서 관련자 중에는 안창호를 극도로 원망하는 자도 있어 옛날 안창호 숭배의 관념은 점차 실추되고 있으며 피의자들은 미몽에서 깨어나고 있음.

2. 피의자에 대한 동정행위同情行爲의 감소

이번에도 그같은 동정자의 족출簇出을 미리 예상하고 맨 처음 2,3명의 피의자에 대한 면회 요구자변호사는 모씨 한 사람뿐이었음에 대하여 비국민적非國民的 피의자에 대한 동정은 피의자로 하여금 영웅적인 기분을 일으키게 하여 장차 범죄를 조장할 우려가 있음을 통렬하게 설득한 결과, 이런 행위는 사건의 양과 피의자의 질에 비해 더할 수 없을 정도로 감소현상을 나타내고 있음.

또한 석방자 중 중요한 인물들에 대해서는 석방위로회釋放慰勞會 등에 참석하지 말도록 엄히 훈계한 결과 이것 또한 모두 지켜진 것 같으며, 특히 교직자학교 교사 및 목사로서 기소유예 처분을 받았던 자는 검사국의 지시에 의해 각자는 교직자로서의 자격이 없다는 것을 자각하고 모두 퇴직하여 근신의 뜻을 표하고 있음.

3. 각 단체에게 미친 영향

가. 기독교 내부에 있어서는 동우회의 검거로 인하여 민족주의 지도분자를 잃고 점차 순수한 종교로 전향해 가고 있는 것 같으며, 경성에서는 오늘의 시국에 대하여 황국신민皇國臣民으로서의 열의를 피력하고 있음.

관, 1997. 12), p.371.

나. 평양에 있어서는 대성학우회大成學友會가 안창호의 휘하로서 민족의식이 농후함은 평안북도의 통보 및 당 경찰서의 취조에 의하여 분명히 밝혀졌으나 금년 8월 동우회의 검거에 자극되어 이를 해산한 것 같음.

다. 관하管下 중학정中學町 1번지에 본부를 둔 조선소년군朝鮮少年軍은 좀처럼 해산하지 않았는데도 동우회의 검거와 시국에 자극되어 금년 9월 3일 마침내 해산했음.

라. 그밖에 천도교를 비롯하여 여러 단체는 제각기 자중하고 시국에 대하여 올바른 인식을 하게 된 이면에는 동우회의 검거가 지대한 영향을 준 것 같으며, 대동민우회大東民友會의 경우는 조선에서 앞으로 조선인 만으로 단체를 조직하는 것은 백해무익이라고 주장하기에 이르렀음.[34]

총검거가 이루어진 후 주로 종로경찰서의 악질 형사들의 고문이 행해졌다. 이로 인해 안도산은 옥고 끝에 1938년 3월 10일 폭설이 내리는 가운데 서거하고 말았다.

〈불사약不死藥(자아 혁신)〉

조선 민족의 지나간 천년간은 모방의 역사, 의뢰의 역사였다. 사상 제도 심지어 습관까지도 혹은 당唐을, 혹은 원元을, 혹은 명明을, 혹은 청淸을 모방하고 의뢰하여 왔고, 최근에 와서도 혹은 아라사를, 혹은 일본을, 혹은 미국을 또 혹은 소비에트 러시아를 모방하고 의뢰하여 왔다. 이를테면 남의 정신에 살아왔다. 저를 잊고 왔다. 신라 말단 이래로 성명을 지나식으로, 지명을 지나식으로, 의복 예의를 지나식으로, 모방할 때에 벌써 단군족檀君族의 정신은 죽기 시작하였다. 그러다가 송학宋學이 수입되어 조선의 양반계급이 명나라 서자, 양자, 종으로 화함에 미쳐서 단군

---

34 상게서, 1, pp.369~371.

족의 정신은 완전히 죽어버리고 말았다. 이 정신은 겨우 성명 없는 민중 속에서 한 줄기 명맥을 보존하였으니 태백太白, 구월九月 등의 단군사檀君祠와 시월 상달의 명절, 선왕당의 신앙으로 남아 있었던 것이었다.

오늘날 새 교육을 받은 청년계급에도 제 정신으로 살지 못하는 이가 적지 아니함을 본다. 어떤 이는 미국 사람이요, 어떤 이는 소비에트 러시아 사람이요, 어떤 이는 야마도大和사람이요, 또 어떤 이는 아직도 명나라 사람이다. 그들은 기막히게도 저를 찾지 못하고, 뱅뱅 돌고 있다.

이럴 수는 없다. 이대로 있을 수는 없다. 조선에 저를 찾고 제 정신으로 사는 날이 아니올 수는 없다. 왜 그런고하면 조선의 문제는 그것이 정치적인 것이든지, 경제적인 것이든지, 사상적인 것이든지 그 무엇이든지를 물론하고 조선사람의 역사, 풍속, 습관, 성격, 환경을 떠나서 해결할 수 없는 것이기 때문이다. 다른 민족의 진로가 그대로 우리 민족의 진로가 될 수 없는 일이 많고, 다른 민족의 정치가, 사상이, 이상이, 제도가, 그대로 우리 민족의 것이 될 수 없는 일이 많기 때문이다.

조선사람은 조선사람 고유의 성격을 가졌다.

조선사람은 조선사람 고유의 이상理想을 가졌다.

조선사람은 조선사람 고유의 환경과 사정을 가졌다.

조선사람은 그러므로 과거에 있어서는 조선사람 고유의 선통을 가졌었고, 장래에는 조선사람 고유의 이상, 나아갈 길, 사업계획을 가질 것이요, 또 가져야 할 것이다. 이러하기 때문에 조선사람은 조선사람 아닌 아무 것도 될 수 없는 것이다.

이러하기 때문에 조선사람은 저를 찾고 제 정신으로 사는 결심을 하고 연습을 할 필요가 있는 것이다.

그러하거늘 오늘날 조선사람은 자기 자신을 구제할 아무 독특한 주의, 이상, 계획, 활동을 가지지 아니하고 다만 영상초 모양으로 외래 사상의 바람을 따라, 부평초 모양으로 목전의 세력의 물결을 따라 동으로 서로 남으로 북으로 흔들거리고 기웃거리고 있을 뿐이다.

농촌의 파멸, 중소공업자의 대공황, 실업자 사태, 청년의 타락, 학생의 방황-이 모든 어렵고 치명적인 큰 문제를 앞에 놓고도 그것이 저절로 풀려지기만, 어떤 누가 풀어주기만 기다리고 앉았다. 생각도 아니 하고, 하물며 무엇을 할 생각도 아니 하고 앉았다.

그러면 어찌할까. 우리는 조선의 역사와, 옛날 조선사람들의 생각을 연구하여 우리 민족의 특질을 찾고-즉 저를, 제정신을 찾고 다음에 조선의 오늘날 형편을 연구하여 정치적으로, 경제적으로, 사상적으로, 우리의 병통을 찾고, 다음에 세계의 사조와 다른 민족의 운동방침을 연구하여, 이 세 가지 조건을 합해서 우리 자신의 앞길을 찾고 사업계획을 세우고, 그 계획을 따라 굳세게, 일심으로 실현하기를 힘써야 할 것이다.

우리를 건질 이는 오직 우리다. 우리를 찾고 우리 정신으로 우리 생각으로 계획으로, 우리 일을 우리가 하는 날에 우리의 생명이 올 것이다.[35]

이광수는 최후 수단으로 진정서를 제출했다. 조선어학자 이윤재李允宰는 검사의 혹독한 고문에 못이겨 동우회는 국체변혁國體變革을 목적으로 한 결사라고 자백했던 것이다. 이윤재는 동우회 사건 2심재판(1940. 8. 21)에서 징역 1년 판결을 받았고, 조선어학회 사건(1942) 때 고문 끝에 함흥 형무소에서 옥사했다.

사이카齊賀八郞 경부보는 이윤재 등이 이미 동우회는 국체변혁을 목적으로 한 결사조직임을 자백했고, 안창호·주요한도 독립을 자백했다면서, 이광수에게 "그러면 민족전도民族前途 대업大業이라는 것은 조선의 독립을 가리키는 거지?"하고 윽박지르자, 이광수는 "그것은 너무도 엄청난 거짓

35 『東光』 제38호(1932. 10), pp.20~21, 不死藥(李光洙).

이 됩니다."고 대답하자, 사이카 경부보는 조서를 쓰려던 손을 멈추고 다시 새침해지면서 "또 그따위 소리를 해?"하고 대성일갈했다. 이에 이광수는 마침내 "민족전도 대업은 생존번영을 말하는 것이므로 만일 독립이라는 것이 민족의 생존번영에 필수한 조건이라면 결국에 있어 그것(독립)도 포함될는지 알 수 없습니다."고 애매모호한 대답을 했다. 이어 "수양동맹회에 의해 조선민족에게 역량이 갖추어지면 궁극적으로 독립될 수도 있다고 생각하였으므로 최후의 목적은 조선독립에 있었다고 할수 있다."고 자백했다. 이에 사이카 경부보는 "그것은 대답이 되지 않아. 독립이라면 독립, 아니라면 아니라고 분명히 말해"라고 호통을 친 것이다.

不可不可는 不可不 可로 두 가지 상반되게 해석할 수 있는 말이다. 춘원은 '불가불가'라는 이것도 저것도 아닌 어정쩡한 '독립자백'을 함으로써 그 지독한 고문을 모면했전 것이다.[36]

1941년 11월 17일 경성고등법원京城高等法院 상고심에서 재판장高橋隆二은 증거불충분으로 전원 무죄를 언도함으로써 동우회사건은 전후 4년 5개월만에 종결되었다.[37]

3. 조선 신문계의 무솔리니 이광수

조선일보는 창사 이래 극도의 부진상태를 면할 길 없었다. 김을한金乙漢, 1906~1992은 민세民世 안재홍安在鴻, 1891~1965과 함께 조선일보가 재정상

---

36 『독립운동사자료집』(독립운동사편찬위원회, 1977), 권12, pp.1385, 1415~16, 昭和15년 刑上 제102 내지 제104호(1941. 7. 21).
37 수양동우회 上告審 判決文(昭和 16년 11월 17일).

가장 어려웠던 시기에 근무했다. 안재홍은 조선일보 주필로 신문사에 종이를 사대느라고 얼마 안 되는 가산까지 탕진하고 젊은 기자가 추위에 떠는 것을 보고는 자기가 입고 있던 내의까지 벗어주었으므로 민세에 대해서는 누구나 경복하지 않을 수 없었다. 김을한은 조선일보 기자로 있는 동안 월급을 1년치씩이나 타지 못할 때의 고난은 이루 말할 수 없을 정도이다.[38]

이렇게 재정난에 허덕이고 있는 조선일보는 어느 재력이 있는 유지자가 나타나서 조선일보를 인수·경영하길 학수고대하고 있었다. 1933년 광산업으로 노다지 금광을 발견, 거부가 된 방응모方應謨, 1883~1950, 납북는 금광판매 대금 150만엔을 가지고 전액 출자하여 조선일보를 인수했다.[39]

방응모는 평북 정주定州 출신의 이광수와는 동향인으로서 이제 이광수 영입을 최우선 인사목표를 세웠다. 이광수李光洙, 1892~1950, 납북 사망를 조선일보 부사장으로 초빙한 것이다. 이광수는 1923년 5월에 동아일보 촉탁기자로 파격적인 대우를 받으며 입사한 이래 편집국장을 역임하면서 1933년 8월까지 10년간 재직하다가 갑자기 서북파 방응모가 인수한 조선일보 부사장으로 초빙된 것이다. 이는 인촌 김성수金性洙, 1891~1955에게는 배신행위가 아닐 수 없다.

방응모는 조만식曺晩植을 사장에 추대했으나 조만식은 신문경영의 경험이 전무하다는 이유로 이를 수락하지 아니했다. 그 대안으로 고문으로 추대하고, 1933년 8월 29일 이광수를 부사장, 김기범金箕範을 영업국장, 주필에 서춘徐椿을 임명했다. 이광수는 조선일보 부사장 겸 취체역, 편집국장, 학예부장, 정리부장 등 5개 직책을 독점하였으니, 사실상 이광수

---

38 金乙漢, 新聞人이본 現代史『여기 참사람이 있다』, 新太陽社, 1960, p.110.
39 金乙漢, 『그리운 사람들』, 三中堂, 1961, pp.27~28, 方應謨.

에게 신문제작 및 원고집필의 전권을 부여한 셈이다. 이광수는 부임하자마자 '一事一言'을 '장백산인長白山人이란 이름으로 독점 집필하는 것을 필두로 사설·논설·소설·일사일언 등 사설四說을 독점 집필해서 조선일보는 이광수 독무대나 다름없었다.[40] 오죽하면 이광수의 행태를 가리켜 '조선 신문계의 무솔리니 이광수'라는 풍자적인 별명을 붙였겠는가.[41]

이광수가 동아일보를 버리고 주요한과 함께 조선일보로 동반 입사한 것은 김성수에 대한 배신 행위가 아닐 수 없다. 윤치호는 서북파 안창호를 조선일보 사장에 추대하겠다는 것은 서북파西北派와 기호파畿湖派 간의 갈등요인으로 작용했다고 분석했다. "이광수가 동아일보를 떠나기로 되어 있던 날 밤이 되어서야 비로소 은인인 송진우宋鎭禹, 1890~1945에게 조선일보사로 옮기려는 계획을 말했다는 게 잘못이었다. 이상은 신흥우와 여운형에게 들은 얘기다. 만약 이것이 사실이라면, 이광수는 김성수와 송진우에게 굉장히 버르장머리 없이 처신했다고 할 수 있다.

서북파 인사들 방응모·고일청高一淸이 자금을 댄 조선일보가 서북파의 거두인 안창호의 일자리로 준비되고 있다는 건 일만한 사람은 다 알고 있는 사실이다. 그런데 안창호는 일본인들은 최근 몇 년 동안의 적이지만 기호인들은 500년 동안 서북인들의 적이었으므로, 먼저 기호파를 박멸해야 한다고 말한 것으로 알려져 있다. 나는 안창호가 이런 말을 했다고 결코 믿지 않는다. 그러나 대부분의 기호파 인사들은 이를 사실로 여기고 있으며, 안창호가 이보다 더 심한 말도 했다고 믿고 있다. 신흥우申興雨, 1883~1959와 여운형呂運亨, 1886~1947이 내게 서북파의 비양심적인 음모와 계획을 분쇄하기 위해 충직한 기호인들로 구성된 결사結社를 만들자고 제안했다.[42]

---

40 『朝鮮日報60年史』(조선일보사, 1980), p.143; 朝鮮總督府 警務局 保安課, 『高等警察報』 제4호(1935), pp.62~66.

41 『朝鮮日報90年史』(조선일보사, 2010), p.119. '조선 신문계의 무솔리니 이광수.'

이광수는 인촌에 대한 배신행위라는 비난을 받아가면서 이를 개의치 않고 조선일보에 입사한 근본 목적은 도산 안창호가 머지 않아 출옥하게 되면 조선일보 사장에 추대하겠다는 것이다. 도산을 조선일보 사장에 앉히게 되면 조선일보는 동우회의 민족세력을 보호해 주는 안전판 역할을 할 수 있을 것으로 전망했다. 이에 이광수는 대전형무소에 복역 중인 도산으로부터 사장 추대 승낙을 받고 도산 사장추대운동을 벌였다.

그러나 방응모는 조선일보를 인수한 지 얼마 되지 않은 시점에서 사장직에서 물러날 의사가 없으므로 도산 사장추대운동은 무산되고 말았다. 이에 도산 사장추대운동에 가담한 이광수 · 김기범 · 주요한 · 서춘 등은 11월 14일 방응모에게 사장직 사퇴를 제의했으나 사퇴 시기가 아니라는 이유로 완강히 거부하자 이들 4명은 같은 날 일괄 사퇴서를 제출했다. 그러나 방응모는 사표 수리를 보류하면서 이들에게 무마 설득한 결과 이광수와 서춘은 사직을 철회하였고, 주요한은 화신백화점으로 옮아가고 도산 사장추대는 유야무야한 일로 끝난 것이다.

방응모가 조선일보를 인수할 때만 해도 신문사 경영상태가 부진함을 면하지 못하다가 이들 이광수 · 서춘 · 김기범 등 최고의 인재 영입으로 '황금내각'이란 세론이 나돌 정도로 활기를 띠기 시작했다. 가장 찬란한 인물들로만 조직한 편집진용에 대한 칭호이다. 이에 금상첨화격으로 이광수는 조선일보에 부임한 지 겨우 1개월 만에 '유정'(1933. 10. 1~12. 31, 76회 연재)을 그해 10월 1일부터 연재하기 시작했다. '유정' 애독자로부터 열광적인 절찬과 환호가 쏟아졌다. 춘원 한 사람의 고정 애독자만 해도 1만여 명이나 되었다. 이제 신문사의 발전 동력의 중심축이 '동아'에서 '조선'으로 옮아가는 역사적 계기가 되었다. 조선일보가 이같이

---

42 *Yun Chi-Ho's Diary*, vol. 10, pp.166~168, October 4, 6, 8, 1933; 김상태, 『윤치호일기』, 역사비평사, 2001, pp.624~626(1933. 10. 4, 6. 8).

면목이 일신되자 발행 부수가 급증, 동아일보를 능가했다. 이제 이광수는 조선일보 중흥자의 영예를 얻게 된 것이다.[43]

4. 『유정有情』의 독립혁명 사상

춘원의 야심적 명작 '유정'은 조선일보에 연재했다. 76회 연재(1933. 9. 27~12. 31)

〈석간 연재 신소설〉

젊어서 '무정無情'을 써서 낙양의 지가를 올리고 문명文名을 천하에 떨친 춘원春園이 이제 나이 불혹不惑의 지경에서 다시 젊기를 꾀한다 하면 그것은 안될 말이다. 그러나 춘원은 늘 젊기를 원한다. 그리하여 그는 제목부터 다정다한히 '유정有情'을 써서 독자와 함께 젊어보랴 한다. '무정'에서 '유정'에! 말만 들어도 얼마나 가슴이 뛰는가. 이 소설의 내용이 어떻다든가 작자의 필치가 어떻다든가를 여기서 말함은 군더더기가 될 듯 차라리 모든 것은 27일부터 본지 석간 제4면에 실린 본문으로 미루려 한다. 그뿐 아니라 이 소설의 삽화는 신진화가로 이름이 높은 김규택金奎澤 씨의 수고를 청하기로 되었으니 춘원의 소설에 김씨의 삽화리면 그야말로 금상첨화錦上添花일 것을 믿으며 독자로 더불어 27일을 고대하려 한다.

〈작자의 말〉

나는 인생 생활을 움직이는 힘 중에 가장 힘있는 것이 인정인 것을

43 『三千里』(1933. 12), pp.30~34, 東亞日報 對 朝鮮日報.

믿습니다. 가장 아름다운 것도 가장 악착한 것도 인정임을 믿습니다. 그리고 인생을 높게 하고 깨끗하게 하는 것도 인정인 것을 믿습니다. 돈의 힘으로도 권력의 힘으로도 군대의 힘으로도 할 수 없는 힘을 인정의 힘으로 할 수 있으리 만큼 인정에 신비한 힘이 있는 것을 믿습니다. 나는 순전히 정으로만 된 이야기를 써보고 싶습니다. 사랑과 미움과 질투와 원망과 절망과 회한과 흥분과 침울 등등 인정만으로 된 이야기를 쓰고 싶습니다.

최석崔晳이라는 지위 있고 명망 있고 양심 날카로운 중년남자와 남정임南貞妊이라는 마음 깨끗하고 몸 아름다운 젊은 여자와의 사랑으로부터 생기는 인정의 슬픈 이야기를 써보자는 것이 이 유정有情이라는 소설입니다. 나는 22,3세의 도무지 아무 것에도 구속을 받지않는 열정에 타는 어리든 시절로 돌아가서 열정이 쏟는 대로 이 이야기를 써보려 합니다. 이 이야기가 뜨겁고 아름답고 재미있는 이야기가 되어지이다 하고 빌 뿐입니다.[44]

'유정'은 주인공 최석과 남정임 간의 사제간 연애를 다룬 1인칭 소설이다. 유교적인 전통사상이 뿌리 깊은 조선사회의 분위기는 사제 간의 자유연애는 용납할 수 없었다. 이에 조선을 탈출, 시베리아로 망명했다. 이광수는 1913년 오산학교를 그만두고 시베리아로 정처 없는 방랑생활을 경험했다. 단순한 방랑이 아니라 독립지사를 찾아다니면서 독립운동을 주도했다. 그러므로 유정의 배경은 바로 춘원의 시베리아에서의 애국지사들과의 교유를 소설로 다룬 것이다.

1940년 4월 창씨개명 직후에 유정 번역판이 동경에서 출간된 것은 영靈의 구원을 모색하기 위한 몸부림이었다. 춘원 자신도 '유정'이 후세

---

44 『朝鮮日報』(1933. 9. 22) 有情.

에 끼칠 만한 것이 있다면 '유정'이고 외국어로 번역될 만한 것이 있다면 그것도 역시 '유정'이라고 실토하고 있다.

'모던 일본사' 마해송馬海松, 1905~1966은 일본인의 왜곡된 한국관을 비판하며 폭넓은 조선이해를 도모하기 위하여 일본 독자들을 대상으로 하여 춘원의 야심적인 작품 '유정'을 일본어로 번역했다.

〈紹介と解說 소개와 해설(일어 번역문)〉

좀 오랫동안 유교의 사상에 지배되어 온 봉건적인 사회이기 때문에 결혼도덕에 있어서 시대에 뒤떨어진 비상히 편협하고도 엄격한 관념을 가지고 있다. 특히 사제간師弟間에 있어서의 연애에 대해서는 이를 친자親子 사이의 연애와 같이 간주하는 경향이 있다. 이는 군사부일체君師父一體라는 유교사상이 화근이 되어 거기서부터 파생하는 편견의 하나이지만, 여하튼 이 때문에 조선사회에서는 왕왕 교사로서의 남자가 자기가 가르치고 있는 생도를 사랑하고 연애한다는 것은 문제가 되어 신문에서 비난 공격을 하고 잡지에서도 그게 다루고 있어서, 마침내 사회여론이 되고 있는 것은 당사자와 동지들 마저도 사회에 용납할 수 없게 되었고 해외에까지 살아남기 어려운 함정에 빠지고 만다는 사건이 발생했다. '유정'은 이와같은 센세이셔널한 주목할 만한 사실에서 취재한 것이다.

그렇지만 이 1편에 있어서 작자는 이와 같은 사건 자체를 정면으로 쓰고 있지 않고 있다. 사건 자체를 정면으로 비판하고, 혹은 그것에 부딪혀서 또 이를 올바르게 해결하려는 노력을 보이지 않고 있다. 요컨대 주인공들은 자기들을 불행에 빠뜨린 사회의 낡은 시대에 뒤떨어진 관념이라든가, 결혼도덕이나, 편견이나 협량狹量이나 질투나, 내지는 부당한 비난이나 공격에 대해서 어디까지나 끝까지 싸우고, 자기들의 입장을 지키면서 행할 강력하고 격렬한 의욕이나 행동을 하등 보이지 않고 있다. 작가는 이러한 의욕이나 행동을 쓰는 것이 본편의 …이하 1쪽 및 판권이 낙장됨.

後記 이미 간행된 嘉實 및 '有情'은 이광수 씨의 自撰한 것으로 이미 간행한 嘉實 및 본편의 번역은 金逸善氏(嘉實, 血書, 有情) 金山泉氏(亂啼鳥, 夢(꿈), 無明(金史良氏)이다.[45]

그러므로 '유정'의 주인공 최석은 독립지사를 방문하는 등 실제로 독립운동을 실천에 옮긴 독립지사이다. 이광수는 한국 민족운동의 최후 보루인 동우회를 이끌고 있는 민족지도자이므로 노블레스 오블리주를 역행하는 실천가이다. 이에 송민호는 "춘원은 소설 논설 등을 통하여 고취했던 민족정신을 실천에 옮긴 행동작가였다."고 정의했다. 민족정신을 고취하고 실천했지만 "큰 뜻을 어이하리 바위 밑에 눌린 큰 뜻"이라고 한탄했다. 큰 바위덩이 같이 총독정치의 탄압과 기반羈絆으로부터 벗어나지 못해 혁명전쟁을 통한 구국운동이 좌절됨에 "지금에 돌아보오니 모두 허사였어라"라고 하소연하고 있다.[46]

'유정'은 편지형식의 1인칭 서술의 소설이다. 단순한 애정소설이 아니고 민족의식을 심화시키는 작품이다. 유정은 편지형식의 1인칭 서술의 소설이다. 주인공 최석과 남정임과의 초이성적超異性的 애정관계를 묘사하고 있다. 주인공 최석은 3·1운동 시위에 연루되어 구속수감되어 3년간 옥살이를 한 독립투사이다. 그의 친구 남백파南白坡는 본명이 상호相灝, 호를 백파라고도 하고 태백광노太白狂奴라고 하며 독립투사이기 때문에 신분을 숨기기 위하여 남화南火라는 가명을 사용하고 있다. 남백파는 백암 박은식白巖 朴殷植과 함께 강유위康有爲, 장병린章炳麟 같은 중국 지사들과 교유

45 朝鮮藝術賞 第一回 受賞作家 李光洙 著『有情』(モダン日本社, 1940. 6. 25).
46 趙容萬·宋敏鎬·朴炳采,『日帝下의 文化運動史』, 民衆書館, 1970, p.280, 일제하의 한국저항문학(宋敏鎬).

하며 비분강개한 시와 글을 발표하다가 기미년 전해에 천진에서 관헌에 체포되어 옥살이 하다가 출옥 후 별세할 때 중국 부인 장章씨와 외동딸 정임을 최석에게 의탁한 것이다. 부인 장씨는 바로 장병린의 친척이다. 최석은 남백파의 부인 장씨와 딸 정임을 조선으로 데리고 와서 부인 장씨는 이내 세상을 하직하고, 딸 정임은 한 집에 살면서 교육을 시키면서 양육했다.

'유정'은 단순한 애정소설이 아니고 민족의식을 각성시키고 민족주체성을 선양宣揚했다는 데 그 의미가 크다 하겠다. 최석은 정임을 찾아 헤매다가 우연히 무명의 독립지사의 집으로 안내되어 들어간다. 여기서 망명지사의 집 안에서 조선이라는 주체성을 상징하는 '한반도 지도'와 국조國祖 단군檀君의 초상화를 보고 감격하고 있다. 이를 보고 조선을 버리고 떠나온 자신의 처지를 부끄럽게 여기면서 후회하고 있다. 민족의식이 강한 최석은 우연히 독립지사의 집을 방문했다.

우리는 방으로 들어갔소. 방은 아라사식 절반, 중국식 절반으로 세간이 놓여 있고 벽에는 조선지도朝鮮地圖와 단군檀君의 초상이 걸려있소.

그들 부처는 지도와 단군초상檀君肖像 앞에 허리를 굽혀 배례하오. 니도 무의식적으로 그대로 하였소.

그는 차를 마시며 이렇게 말하오.

"우리는 자식들을 이 흥안령興安嶺 가까운 무변광야에서 기르는 것으로 낙을 삼고 있지요. 조선사람들은 하도 맘이 작아서 걱정이니 이런 호호탕탕한 넓은 벌 판에서 길러나면 마음이 좀 커질까 하지요. 또 흥안령 밑에서 지나支那 중원中原을 통일한 제왕帝王이 많이 났으니(몽고蒙古 칭기즈칸의 원元, 만주족 누르하치의 청淸), 혹시나 그 정기正氣가 남아 있을까

하지요. 우리 부처夫妻의 자손이 몇 대代를 두고 퍼지는 동안에는 행여나 마음 큰 인물이 하나 둘 날는지 알겠어요? 하하하하"하고 그는 제말을 제가 비웃는 듯이 한바탕 웃고나서

"그러나 이건 내 진정이외다. 우리도 이렇게 고국을 떠나있지마는 그래도 고국소식이 궁금해서 신문 하나는 늘 보지요. 하지만 어디 시원한 소식이 있어요? 그저 조리복숭이가 되어가는 것이 아니면 조그마한 생각을 가지고, 눈곱만한 야심을 가지고, 서푼어치 안되는 이상理想을 가지고 찡고까불고 싸우고 하는 것밖에 안보이니 이거 어디 살 수가 있나. 그래서 나는 마음 큰 자손이 나타나서 길러볼끼 하고-이를테면 새 민족을 하나 만들어 볼까하고, 둘째 단군檀君, 둘째 아브라함(이스라엘 민족 시조)이나 하나 낳아 볼까 하고 하하하 하앗하"하고 유쾌하게, 그러나 비통하게 웃소.[47]

'유정'에는 단군이 다섯 번 등장한다. 45회 3번, 5회 한번, 52회 한 번, 이상 다섯 번 등장한다.

私達は室內に入りました. 部屋はロシヤ式が半分, 支那式が半分で, それに應じた道具が置かれてあり, 壁には朝鮮地圖が 懸けてゐました.

彼等夫妻は地圖の前に腰を曲げてお辭儀をするのでした. 私も無意識的にさうしました. 彼はお茶を飮みながら話ながら話すのでした.

私達は子供達をこの興安嶺に近い, だだつ廣い曠野で育てることを樂しみとしてゐます. 朝鮮の人といふものはあまりにも氣が狹くて困るからかういふ廣い平原で 育つたら氣がいくらか廣くなるのではないかと思つてですよ. また興安嶺の麓で支那中原を統一した帝王が多く現れたから, あるひ

47 春園 李光洙, 『有情』, 45회.

はその正氣がまだ殘つてゐやしないかとも思つてですよ. 私達夫婦の子孫が何代も何代も廣まつて行く中には, 幸ひに氣の大きい人物が一人か二人出るかも知れないと思つて ははは…"ど, 彼は自分の話を自分で嘲笑ふやうに氣持よく笑ふのでした.

"それで私は氣の廣廣とした子孫でも育て上げやうと思ひましてね-云ひかへれば新しいアブラハムでも一人生んで見やうと思ふのですよ. ははは"と, 彼は愉快に, しかし悲痛に笑ふのでした.[48]

춘원은 큰 인물 '새 단군'이 출현하여 '새나라 건국'을 간절히 기원하고 있다.그러나 단군을 원문 그대로 살려둘 경우 이는 곧 한국의 국체와 정통성을 인정하는 것이기 때문에, 민족정신말살정책을 강행하고 있는 총독부 검열 당국이 단군을 의도적으로 삭제했거나, 번역자 아니면 모던 일본사가 아예 '단군'을 생략한 것으로 추단해 볼 수 있다. 어느쪽이든 민족정신을 말살하려는 만행이 아닐 수 없다. 한국 정체성 말살이야말로 일제의 황민화皇民化 정책의 궁극적 지상목표이다. 그러기에 일제는 민족정신의 상징인 한배님 신단 즉 '단군신단'을 깡그리 없애 버리고 그 대신 조선신궁을 남산에 세웠고 전국 각지와 전국 초중고학교에 신사를 세워 조선인에게 경배를 강요하고 있다. 이러한 시국에 춘원은 민족정신을 고취하기 위하여 단군 경배를 강조하고 있다.

이 광막한 시베리아 벌판에서 위대한 지도자가 나와 중원대륙을 통일, 천하를 지배했듯이 그 독립 지사가 이역땅 시베리아로 나와 살게 된 것도 망명지사의 후손 중 큰 인물이 나와 한반도로부터 일제를 몰아내고 '신한국' 건국을 간절히 기원하고 있었기 때문이다.

---

48 李光洙 著『有情』, モダン日本社, 1940, pp.189~190.

呈 香山 李兄(1936. 10)

神市 三千衆에 이 몸도 바치리라
그 분의 옛터에서 새로운 일 할 때
香山의 나무 한 그루 커서
이몸 받아들여 주소서

春 園[49]

이광수는 고조선을 흥기한 큰 인물 단군이 출현하여 주체국主體國 새나라 건국을 간절히 기원하고 있다.

그럼에도 불구하고 '일역판 유정'에는 단군을 모두 삭제하고 있다. 그러나 유정 일역판을 낼 때 단군을 그대로 살려 둔다면 이는 곧 한국의 주체성 · 정체성 · 정통성을 인정하는 것이기 때문에 단군을 모두 삭제한 것으로 추단해 볼 수 있다. 번역자가 단군을 그대로 살려 둔다면 한국의 주체성을 인정하는 것이기 때문에 민족정신말살정책을 강행하고 있는 검열당국이 단군을 삭제했거나, 아니면 번역자가 의도적으로 삭제 했거나, 또는 모던일본사가 삭제했거나 그중 하나일 것이다.

고요히 눈을 감으면 맨 처음 우리 몸에 내리운 채찍은 우리네 정신생활의 관冠이든 단군신단檀君神壇의 훼멸毁滅에서부터 시직되었거니 이방민족異邦民族은 우리의 심령心靈의 왕좌요, 정신의 성소聖所를 헐기 위하여 구월산九月山과 묘향산에서부터 전국의 깨끗한 산기슭과 강변에 노였던 '한배닌神壇'에 검은 손을 들이밀어 성소의 제전祭殿 근방에 처음은 새끼줄 늘어 들어오지 못하게 하더니 그래도 새옷 입고 머리빗은 흰옷 입은 백성들이 관헌官憲의 눈을 도적하여 먼 발치에서 절함을 보자 채찍 들어 쫓기를 일삼고 있다.

그는 즉 민족정신이었노라, 오래오래 잊어버렸고 돌보지 않았던 거룩

---

49 『島山安昌浩資料集』 II, p.467.

한 우리의 민족정신을 찾게 하였노라. 우리는 '한배님神壇'의 나무기둥, 칠넝쿨 서까래, 주춧돌 몇 개를 잃은 대신에 높으고도 성스러운 이 민족정신과 시조단군始祖檀君의 얼굴 찾아내었노.

"네. 내 선친은 혹 아실는지? 선친의 말씀이 노 그러신단 말씀야요. 조선사람은 속이 좁아서 못 쓴다고. '정감록鄭鑑錄'에도 그런 말이 있다고 -조선은 산이 많고 들이 좁아서, 사람의 마음이 작아서 큰일 하기가 어렵고, 큰 사람이 나기가 어렵다고. 언만치 큰 사람이 나면 서로 시기해서 큰일 할 새가 없이 한다고-그렇게 '정감록'에도 있다더군요. 그래서 선친도 자손에게나 희망을 붙이고 간도間島로 오신 모양이지요. 거기서 자라났다는 것이 내 꼴입니다마는 아아하('有情' 46회)."

정비석鄭飛石, 1911~1991은 춘원 작품 가운데 최고 걸작품은 '유정'이라고 단정하고 있다.

누가 나더러 춘원 선생의 작품을 꼭 한 편만 읽어보고 싶은데, 그러자면 어느 작품을 읽어야 하겠느냐?고 물어보는 사람이 있다면, 나는 서슴지 않고 '유정'이라고 대답하겠다. 그것만은 '유정'을 발표 당시(1933)에 읽었을 때니, 그로부터 30년이라는 장구한 세월이 경과한 오늘날 다시 읽고 나서나 조금도 변동이 없다. 왜냐하면 '유정'은 춘원 선생의 참된 모습을 단적으로 찾아볼 수 있는 가장 압축된 걸작이기 때문이다.[50]

문 : '유정'은 처녀작 '무정'의 속편격입니까?

답 : 아녜요. 그런 뜻은 없어요. 나는 '유정'에서는 인정人情의 아름다움을 그리느라 하였어요. 그 일을 했다고 보수報酬를 받는 것도 아

50 『李光洙全集』 권 8, '有情' 解說(鄭飛石).

닌데, 다만 아름다운 정情에 끌려 몸도 바치고 생명도 바치고 재물도 바치는-외람한 말이지만, 만일 내 작품 중에 후세에 가히 끼쳐질 만한 것이 있다면 이 '유정'과 '가실'이라고, 그 역亦 외람한 말이나 외국어로 번역될 것이 있다면 그는 역亦 '유정'이라고 생각해요. 더구나 '유정' 속에 "시베리아의 자연묘사를 한 것"에 이르러서는 나는 싱당히 힘을 들였소이다.[51]

이광수는 시베리아 고비사막에서 치타를 거처 바이칼 호수에 이르는 광막한 대자연의 풍광을 이렇게 묘사하고 있다.

가도가도 벌판. 서리맞은 마른 풀바다. 실개천 하나도 없는 메마른 사막. 어디를 보아도 산 하나 없으니 하늘과 땅이 착 달라붙은 듯한 천지. 구름 한 잠 없건만도 그 큰 태양 가지고도 미처 다 비추지 못하여 지평선-호弧·활 모양를 그린 지평선 위에는 항상 황혼이 떠도는 듯한 세계. 이 속으로 내가 몸을 담은 열차는 서쪽으로 서쪽으로 해가 가는 걸음을 따라서 달리고 있소. 열차가 달리는 바퀴 소리도 반항할 곳이 없어 힘없는 한숨 같이 스러지고 마오.

기쁨 가진 사람이 지리해서 못 견딜 이 풍경은 나같이 수심 가진 사람에게는 가장 공상의 말을 달리기에 합당한 곳이오.

이곳에도 산도 있고 냇물도 있고 삼림도 있고 꽃도 피고 날짐승, 길짐승이 날고 기던 때도 있었겠지요. 그러던 것이 몇 만 년 지나는 동안에 산은 낮아지고 골은 높아져서 마침내 이 꼴이 된 것인가 하오. 만일 큰 힘이 있어 이 광야를 파낸다 하면 물 흐르고 고기 놀던 강과, 울고 웃던 생물이 살던 자취가 있을 것이오. 아아, 이 모든 기억을 꽉 품고 죽은 듯이 잠잠한 광야여!('有情' 41회).

---

51 『三千里』(1937. 1), 無情 等 全作品을 語하다(李光洙).

내가 탄 차가 F역에 도착하였을 때에는 북만주 광야의 석양의 아름다움은 그 극도에 달한 것 같았소. 둥긋한 지평선 위에 거진(거의) 걸린 커다란 해! 아마 그 신비하고 장엄함이 내 경험으로는 이곳에서밖에는, 볼 수 없는 것이라고 생각하오. 이글이글, 이글이글, 그러면서도 둥글다는 체모를 변치 아니하는 그 지는 해!

게다가 먼 지평선으로부터 기어드는 황혼은 인제는 대지를 거의 다 덮어버려서, 마른 풀로 된 지면은 가뭇가뭇한 빛을 띠고 사막의 가는 모래를 머금은 지는 해의 광선을 반사하여서, 대기는 짙은 자줏빛을 바탕으로 한, 가지각색의 명암을 가진, 오색이 영롱한, 도무지 내가 일찍 경험해보지못한 색채의 세계를 이루었소. 아 좋다!

그 속에 수은같이 빛나는, 수없는 작고 큰 호수들의 빛! 그 속으로 날아오는 수 없고 이름 모를 새들의 떼도 이 세상의 것이라고는 생각하지 아니하오.

한 호수를 가서 보면 또 저편 호수가 더 아름다워 보이오. 원컨대 저 지는 해가 다 지기 전에 이 광야에 있는 호수를 다 돌아보고 싶소.

내가 호숫가에 섰을 때에 그 거울같이 잔잔한 호수면에 비추이는 내 그림자의 외로움이여, 그러나 아름다움이여! 그 호수는 영원한 우주의 신비를 품고 하늘이 오면 하늘을, 새가 오면 새를, 구름이 오면 구름을, 그리고 내가 오면 나를 비최지 아니하오? 나는 호수가 되고 싶소. 그러나 형! 나는 이 호수 면에서 얼마나 정임의 얼굴을 찾았겠소? 그것은 물리적으로 불가능한 일이겠지요.

그러나 보이는 것은 외로운 내 그림자뿐이오.

"가자 끝없는 사막으로 한없이 가자. 가다가 내 기운이 진盡하는 자리에 나는 내 손으로 모래를 파고 그 속에 내 몸을 묻고 죽어버리자. 살아서 다시 볼 수 없는 정임의 '이데아'를 안고 이 깨끗한 광야에서 죽어버리자."하고 나는 지는 해를 향하고 한정없이 걸었소. 사막이 받았던 따뜻한 기운은 아직도 다 식지는 아니하였소. 사막에는 바람 한점도 없소. 내 발자국 밑에서 우는 마른 풀과 모래의 바스락거리는 소리가 들릴 뿐이오.

해는 허리를 지평선에 걸었소. 그 신비한 광선은 내 가슴으로부터 위에만을 비추고 있소.

해가 지평선에서 뚝 떨어지자 대기의 자줏빛은 남藍빛으로 변하였소. 오직 해가 금시 들어간 자리에만 주홍빛의 여광餘光이 있을 뿐이오. 내 눈 앞에서는 남빛 안개가 피어오르는 듯하였소. 앞에 보이는 호수만이 유난히 빛나오. 또 한떼의 이름 모를 새들이 수면을 스치며 날 저문 것을 놀라는 듯이 어지러이 날아 지나가오. 그들은 소리도 아니하오. 날개는 소리도 아니 들리오. 그것들은 사막의 황혼의 허깨비인 것 같소.

인제는 어둡소. 광야의 황혼은 명색瞑色 뿐이오. 순식간이오. 해지자 신비하다고 할 만한 극히 짧은 동안의 아름다운 황혼을 조금 보이고는 곧 칠과 같은 암흑이오. 호수의 물만이 어디서 온 빛을 받았는지 뿌옇게 나만이 유일한 존재다, 나만이 유일한 빛이다 하는 듯이 인제는 수은빛이 아니라 남빛을 발하고 있을 뿐이오('有情' 42회).

사막의 밤은 참으로 어둡소. 하늘빛도 땅의 어두움과 같이 어둡소. 하늘과 땅이 온통 한 빛으로 칠 같으니 연빛 같은 호숫물조차도 인제는 거의 빛을 잃어서 가만히 한참이나 들여다보아야 희끄무레한 것이 어렴풋이 보일 뿐이오.

이러한 어두움 속에 생명이라고는 오직 나 하나뿐. 풀도 마르고 벌레도 죽었소. 땅속에는 가냘픈 풀뿌리와 버러지의 용蛹(번데기)들이 닥쳐올 추위를 생각하고 떨고 있겠지요. 그러다가 얼어 죽고 남은 뿌리와 용에서 풀과 버러지가 나와서 오늘의 사막에 빛과 소리의 잔치를 차리겠지요. 그러나 지금의 이 천지는 완전한 어두움과 죽음뿐이오. 그 속에 나라는 생명이 오직 하나!

서쪽 하늘에 약간 남았던 훤한 기운도 다 스러지고 인제는 은하만이 흰 무지개와 같이 하늘의 이쪽 끝에서 저쪽 끝까지 뻗치었을 뿐이오. 그리고는 수없는 별. 도무지 온기와 빛이라고는 한 땀도 없는 수없는 별들. 영원이라는 이름으로 부르는 별들. 그래도 소웅성小熊星, 대웅성大熊星하고 서울 장안서도 낯익게 보던 별들이 내가 아직도 이 세상에 있구나 하는 생각을 줄 뿐이오.

아아 나는 어떻게나 작은 존재인가. 나는 이 땅에 붙은 조그마한 한 버러지. 나의 존재는 이 큰 우주에서 볼 때에 도무지 감각되지 않는 미물. 티끌 한 알갱이보다도 작고 가엽고 뜻없는 미물. 그러나 형! 이것이 무엇이오? 내 속에 요 반짝반짝하는 것이 무엇이오? 저 한없는 공중과 한없는 세월과 그리고 슬픔과 기쁨과 사랑과 이런 모든 것을 의식하는 요것이 무엇이오? 요것이 생명의 신비요? 형은 철학자요, 문사文士니까 요것이 무엇이란 것을 아실 것도 같소. 마는 날같이 칠판과 분필로만 일생을 보낸 사람에게는 이런 생각을 할 기회가 없었소.

나라고 하는 미물의 속에 이러한 생명의 신비가 있다고 하면 저 빛나고 영원한 별들에게도 기쁨과 슬픔과 사랑의 생각이 있을까. 이 마른 풀과 버러지의 그들에게도 나와 같은 괴로움이 있겠지요. 아까 나를 끌고 가던 그 두 별도 영원히 풀리지 못할 슬픔과 영원히 달하지 못할 소망을 가지고 시간과 공간의 길을 헤매는 것이 아닐가요?

점점 찬 바람이 불어오고, 찬 바람이 불어온다느니 보다는 땅과 대기가 얼어온다는 것이 합당하겠소. 춥소. 나는 벌떡 일어나서 어두움 속을 더 걷기 시작하였소. 마치 이보다 더 어두운 곳, 이보다 더 추운 곳, 이

보다 더 쓸쓸한 곳을 찾는 듯이. 그리고 그 가장 어둡고, 춥고 쓸쓸한 곳을 찾아서 이 슬픈 맘을 담은 버러지 같은 몸을 묻어버리랴는 듯이. 그러나 그보다도 내 생명의 마지막 순간이 오기 전에, 이 어두운 허공속에서 마지막 한번 정임의 모양을 찾으랴고요(有情 43회).

5. 선지자 예레미아와 도산1935

이광수는 1910년 8월 29일 합방조서를 보고 "이제는 망국민이다" 외치면서 즉시 종을 쳐서 학생들을 예배당으로 모아 '예레미아 애가'를 낭송하면서 대성통곡했다. "어찌하여 이 백성은 과부가 되었나뇨. 여러 나라 중에 크고 여러 지방 중에 여왕이던 자가 속방이 되었나뇨. 그는 밤에 슬피 울어 눈물이 그의 뺨에 있도다. 그를 사랑하던 자들 중에 하나도 그를 위로하는 자가 없고 그의 친구들은 그를 배반하여 적이 되었도다" 하는 것이 예레미아가 그의 조국 유대가 바빌로니아의 속방이 된 것을 슬퍼하는 노래이다.[52]

일제는 대륙침략의 일환으로 상해사변上海事變을 일으켜 상하이를 점령했다. 1932년 4월 29일 상하이 홍커虹口공원에서 상해사변 전승 축하식에서 애국단원愛國團員 윤봉길尹奉吉, 1908~1932의사의 도시락 폭탄 투척으로 시라가와白川義則 일본군사령관은 즉사하고 기타 장병 10여 명이 치명적인 부상을 당했다. 김구는 의거가 성공했다는 것을 확인하고 "도산 몸을 숨기시오"라는 메모를 도산에 전하고 백범은 변장 탈출했다. 그러나 안도산은 백범의 '응급대피' 메모를 받지 못하여 하비로霞飛路에서 일본군에

52 李光洙, 『나의 告白』, 春秋社, 1948, pp.53~55.

체포되어 국내로 압송된 것이다.

안도산은 1935년 2월 10일 형기 22개월을 남기고 이광수의 교섭으로 대전형무소로부터 가석방되었다. 파인巴人 김동환金東煥, 1901~?은 소공동 금곡원金谷園 청요리집에서 안도산과 단독 회담을 했다. 파인은 안도산의 구술口述을 받아 적으면서 대화를 나누었다. 도산은 다음과 같이 '일본필패론'을 피력하고 있다.

4백 년 동안 한족漢族의 지배를 받아오던 낙랑樂浪도 나중에 외세를 물리친 우리 민족이 아닌가. 현재 일본이 강하기는 하지만 그렇게 오래 가지 못할 것이다. 그저 자갈밭을 흘러내리는 물방울 모양으로 남의 눈에 띄지않게 소리없이 실력을 몰래 길러 물리쳐야 된다는 것이다.

때리면 맞고 쫓으면 쫓기우고 그러면서 조국에 대한 일념만 변치 말고 우리 동포 대부대가 폭풍 속에 살아남아 최소의 희생을 겪으면서 살아나가야 한다. 현재의 시국이 일본은 이른바 지나사변支那事變의 전야라 우리 동포의 머리에 압제자의 일층 가혹한 채찍이 떨어질 것이다. 그러므로 민족대부대가 큰 희생없이 이 광란의 폭풍을 뚫고 극복해야 우리 민족의 대부대는 살아남을 수 있다.

그날밤 헤어질 때 도산은 내일 경성역 2층 식당에서 만나자고 했다. 이튿날 경성역에 가보니 뜻밖에 일본 육군대좌 이응준李應俊, 1891~1985이 기다리고 있었다. 그는 독립투사 이갑李甲, 1877~1917의 사위이다. 오산학교 교주 남강 이승훈李昇薰, 1864~1930이 작고하자 이응준 대좌는 정주定州 장례식장에 와서 조문한 일이 있다. 현직 제국군인이요 용산 조선군의 대대장의 중임을 맡고 있다.[53]

53 『꽃피는 韓半島』 pp.30~35.

제6장

개화기 조선에서의 상공업진흥책

1. 개화기 상공업 진흥책 논란

지난해 일본인 경제학자 노구치 유키오 히토쓰바시대 명예교수는 일본이 선진국에서 탈락할 위기에 처해 있으며 한국이 그 자리를 대신한다 해도 이상하지 않다는 것이다. 이제 한국은 일본을 따라잡지 않아도 되는 이유는 일본의 무역수지 적자, 엔화의 절하, 낮은 임금, 과도한 정부부채 등을 거론하고 있다. 뿐만 아니라 2021년 전 세계 전기차 생산대수에서 현대자동차가 22만 대로 6위를 차지했다. 세계 20위에도 들지 못하는 도요타는 1만4000대를 생산했다. 일본 방송은 이 보도를 보고 걱정하고 있다는 것이다.[1]

개화기 한국의 처참한 경제곤란은 일본의 극심한 자유권 탄압이었다.

〈한국인의 곤란정황〉

한국인의 곤란정황 삼척동자 아는 바라. 더 말할 것 없거니와 위생법을 실시후로 더욱 곤란 자심타는 여항 물론 들어본즉 이리 가도 원망이오 저리 가

1 『東亞日報』(2022. 9. 17), 동아광장 : 일본 걱정은 일본에 맡기자(박상준 와세다대 교수).

도 칭원이라. 민생호원 이러고야 무삼 일이 될 수 있나. 청이불문할 수 없어 듣는 대로 말하노라.

못살겠네 못살겠네 나는 진정 못살겠네. 오예물을 다 제하고 신선공기 받는 것이 위생상에 필요인데 똥통 설시한 이후로 게딱지와 같은 집에 방문 열고 나서면은 똥통 부엌 한데 붙어 음식기운 똥냄새가 바람결에 혼합하니 구역나서 못살겠네.

못살겠네 못살겠네 나는 진정 못살겠네. 의복음식 요족하여 기한 없게 하는 것이 위생상에 필요인데 전재고갈 이 천지에 조석으로 절화하여 부모처자 주린대도 구제방침 없건마는 위생비를 내라 하고 불볶듯이 독촉하니 정신없어 못살겠네.

못살겠네 못살겠네 나는 진정 못살겠네. 신체 강건하려니와 십지 활발하는 것이 위생상에 필요인데 근근득생 우리더러 인정없는 일순사가 문앞 쓸지 안했다고 구타하며 공갈한다. 군도 끄는 소리에도 몸서리가 절로 나니 경겁하여 못살겠네.

못살겠네 못살겠네 나는 진정 못살겠네. 남녀 간에 짝을 지어 서로 살림하는 것이 위생상에 무해인데 유부녀의 매음함은 치지불문하면서도 과부 되어 개가코져 한두 남자 선본 것을 매음녀로 잡아다가 병 있다고 검사하니 경위없어 못살겠네.

가련하다 저 사람들 이내 말을 들어보라. 개인이나 국가이나 자유권을 잃은 후에 압제 속박 받는 것은 면치 못할 바어니와 행복이라 하는 것은 곤란중에 나는게니 쓸데없는 청원말고 자강력을 양성하소. 자유권만 찾으면은 이런 곤란 없으리라.[2]

개화기 상공업이 발달해야만 고질적인 경제적 곤란정황을 타파하고 부강하는 원동력이 될 수 있다고 각성하기 시작했다.

2 『대한미일신보』(1909. 4. 16), 시사평론.

〈공업의 발달함은 부강하는 근원(김광휘)〉

무릇 공업이라는 것은 일국 경제상에 근원이라. 천산의 물품을 가지고 능히 인조물의 이익을 이루는 자는 다만 공장뿐이니 나라이 독립하고 나라이 부강함은 반드시 공업이 주장된다 하여도 과한 말이 아니로다.

그런즉 나라이 쇠잔하고 백성이 빈약한 것을 뉘게 탓하리오. 저 구라파와 아메리카 열국 중에 가장 넉넉한 자로만 추려 말할지라도 독일에는 공장하는 자 백인 중에 27인이오, 프랑스에는 백인 중에 35인이며, 영국에는 백인 중에 35인이오, 미국에는 백인 중에 40인이니 이러므로 그 나라이 부강하고 그 백성이 넉넉하여 현금 지구상에 제일 문명국이라 칭도하는 지라.

우리나라는 원래 공업을 힘쓰지 아니하므로 자기 나라에 천연으로 나는 물산도 스스로 취하여 쓰지 못하고 거대한 이익을 외국 사람에게 내어주어서 각처 금광 은광 철광 동광 연광 석탄광과 운모 옥색 수정 수은 마노 백반 등 각종 광물의 소산이 1년 통계하면 그 이익이 천여만 환 내리지 아니하니 가사 이상 각종 천산물의 채굴하는 것을 본국에서 할진대 그 소용되는 각종 기계의 제조하는 이익이 또 천산물의 이익보다 몇 배가 될터이며

또 외국에서 수입하여 일용하는 물품으로 말할지라도 사기 종이 석유황 철날 각종 기계 단속 포백 각종 염색료 등 제반 물품을 이루 헤일 수 없으니 본국에서 산출하는 물품을 타국에 내어주는 것이 이러하고 남의 나라에서 수입하여 쓰는 물품이 또 이러한즉 나라이 어찌 부강하며 민생이 어찌 풍족하기를 바라리오.

이에 대하여 구폐할 방침을 연구하건대 제일 먼저 할 일이 공업의 발달이라. 공업이 발달되면 지혜와 교가 날마다 늘 것이오 지혜와 교가 넉넉하면 천연으로 산출하는 물품을 다른 사람에게 사양치 아니할 것이오. 일용하는 각종 물품도 외국에서 수입치 아니리라 하노라.

대저 각종 기계와 물품제조를 각 사람의 재조와 장기를 따라서 연구케 하고 권장할진대 어찌 구미 각국의 공업가만 세계에 이름을 홀로 누리게 하리오.

연후에 평양에서 석탄을 공고하고 철원에서 철을 캐어 큰 풀무를 설시하고 압록강 연안에서 목재를 취하여 건축소를 지으며 은산의 금과 갑산의 동

과 은과 백동을 불려서 전환국을 복설하고 각색 제조창과 직조국을 설립하여 자국에서 제조하는 물품을 타국에 수출하는 것이 외국에서 수입하는 물품보다 많이 하기를 힘쓰면 독립의 기초가 이에 있고 부강의 근원이 이에 있다 하노라.

옛적에 어떤 여인이 화문귀족의 딸로 나이 삼십이 넘도록 여공이 무엇인지 알지 못하고 평생에 입는 옷을 모두 사람을 시켜서 하여 입고 음식을 모두 하인이 받들어다가 주는 것만 먹으며 일신을 편하게만 지내더니 부모가 죽고 가세가 점점 탕패무여하게 됨에 침모와 하인이 먹을 것이 없이 어찌 즐겨 저를 위하여 복역하리오.

다 각기 제 생계를 도모코자 나가고 없는지라. 이에 팔을 걷고 부엌에 들어 밥을 짓고 의복을 잡혀 미천을 삼아 밤낮으로 쉬지 아니코 길삼을 하니 몇달을 아니하여 자본이 넉넉하게 된지라. 몇 해를 그치지 아니코 이같이 하여 필경 부자의 이름을 얻었으니 당당 남자가 되어 어찌 여자의 공을 따르지 못하리오. 원컨대 청년 동포들은 오늘날 경쟁시대에 앉아서 하늘에서 절로 떨어지는 복록을 기다리지 말고 급급히 공업을 연구하여 전국의 부강기초를 이룰지어다.[3]

〈상공업의 큰 전장〉

수백년래로 상업과 공업의 전장이 공연히 크게 열리어서 상업대와 공업대가 동서로 횡행하여 상업으로 싸우고 공업으로 싸우는 것이 천지를 흔들어서 그칠 날이 없으니 굉장하다 이 전장이여.

이런 전장에 서서 득승하는 이를 얻고자 하면 상업과 공업에 지혜를 준비하고 상업과 공업에 용기를 극진히 고동하여 십생구사하는 험한 일을 무릅쓰며 지피지기하는 기변을 가지고 전장이 더욱 혹렬할수록 앞으로 나아가기를 더욱 빨리 하여야 비로소 가하니라. 수십년래로 이 전쟁의 바람이 한반도로 불어 들어와서 한국의 장시가 세계의 장시로 변하니 어시호 세계의 상업대

---

3 『대한미일신보』(1909. 9. 19), 기서.

공업대가 구름같이 모여들어 세계 상공업의 싸움이 조수 같이 몰아 들어오며 이 진 저 진에서 승부를 다투는지라.

수천년 문을 잠그고 앉아서 아해의 희롱같이 작은 상공업으로 생활을 자유자락하던 한국인이 홀로 이같이 굉장하고 혹독하며 기괴한 큰 전장을 당함에 눈 정기가 자연 몽롱하여 경쟁하기는 고사하고 감히 바로 보지도 못하여 도회처와 장시와 촌에 까지라도 으레 싸우지도 아니하고 스스로 패하였도다.

근일에 한국 장래의 경제 발달을 말하는 자 혹 이르기를 한국은 농업국이라 지금에 한국을 위하여 계교할진대 먼저 농업을 개량하여 발달케 하는 것이 가하다 하나니 이는 불통의 의론이로다. 어찌하여 그러한고. 농업으로 산출하는 자는 천산물이오 상공업으로 산출하는 바는 인조물과 화물의 교통을 주장하는 자라. 대저 천산물의 산출함은 한이 있고 인조물의 산출함과 화물의 교통함은 한이 없나니 한이 있는 천산물을 가지고 한이 없는 인조물을 경쟁코져 함이 어찌 가하리오. 그런고로 상업 · 공업이 발달하지 못하면 아무리 농업이 발달될지라도 그 나라는 빈약함을 면치 못할지니라.

향자에 어떤 일본사람이 의론을 게재하여 이르기를, 한국사람으로 농업만 알게 함이 가하고 상공업은 발달케 함이 불가하니 만일 한국인의 상공업이 발달되는 날이면 일본인과 경쟁함이 발생하여 일본인이 이익을 독점치 못하게 될지라. 가사 한국 남도는 면화가 잘 되는 땅이나 한국인으로 하여금 직조업을 흥왕케 함은 불가하니 만일 직조업만 흥왕하면 일본인의 방직업에 방해가 될지며 한국 북도는 양잠하기에 석합하나 한국인으로 하여금 양잠업을 흥왕케 함은 불가하니 만일 양잠업이 흥왕하는 날이면 일본인의 잠업에 방해가 될지라.

그런즉 한인의 공업 지식을 열어주어 한국인으로 하여금 공업을 전습케 하고 한국인에게 공업으로 고동함은 크게 불가하고 한국인에 공업은 일본인만 경영케 하고 한국인의 공업발달은 극력 배척하는 것이 가하다 하였다더라.

오호라 이 사람이여. 그 생각이 진실로 깊고 그 계교가 진실로 흉특하도다. 그러나 우리는 이것을 괴이하게 여기지 아니하노니 이 세상은 인류의 생존을 경쟁하는 마당이니 저 일인의 말도 또한 생존을 경쟁하는 한가지 방법이라. 저는 한인의 공업이 발달할까 밤낮으로 염려하나니 어찌 이런 계교가 없으리오.

한국 사람은 일층이나 분발하여 상공업을 더욱 발달하여 생존을 보전할지라. 어찌 다른 사람의 술중에 떨어져서 그사람이 발달케 하면 발달하고 발달치 못하게 하면 못할 이가 하리오.

오호라 한국 사람들이여 급급히 상공을 전쟁하는 능력을 양성하여 상공전쟁의 승리를 도모할지어다.[4]

일본이 서양을 재빨리 모방해서 근대화에 성공했다면, 조선도 같은 방법으로 근대화에 성공하지 말란 법이 없다는 것이다. 구체적으로 이것은 교육과 산업을 진흥시키는 것이었다.

조선인은 왜 절대 빈곤에 허덕이고 있는가. 그 원인은 농사를 '천하지대본天下之大本'으로 중히 여기는 중농주의에서 비롯되고 있다고 진단했다. 농산품을 팔아서 공산품을 사 쓰지 않을 수 없기 때문이다. 게다가 그 농산품을 운반·배송하는 유통업체조차 갖추지 못해 상업활동도 제 손으로 못한다는 데서 이같은 빈곤탈피는 불가능하다.

"이러한 저를 알진댄 모든 게으름을 버리고 모든 사치를 버리고 모든 낭비를 버리고, 모든 외국 사람 숭내를 버릴 것이다. 오직 싼 것으로, 오직 실속있는 것으로, 애끼고 애낄 것이다. 맥주를 타도하여라, 술을 먹으랴거든 약주, 소주 막걸리나 먹어라. 값비싼 의복을 타도하고 모자를 타도하고, 모든 잔치를 타도하여라. 조선이 경제적으로 갱생할 때까지 모든 치레, 체면에 대하여 모라토리움을 단행하여라. 비용 없는 혼인식, 비용 없는 장례. 거지 같은 조선사람이니 거지같이 하여라."[5]

---

4 『대한미일신보』(1909. 4. 25), 논설.
5 『東光』(1932. 9) 제37호, pp.30~31, 永遠한 運命(春園).

2. 상공업 진흥책만이 실력양성의 대도

"조선인에게 공업진흥책을 실시하라는 것이 조선인의 빈궁을 해소하는 유일한 구제책이다. 모든 생활필수품을 다 조선 안에서 조선인 손으로 만들지는 못한다 하더라도 조선 안에서 조선인이 할 수 있는 공업만을 조선인이 하게 된다면 조선인의 부력富力이 많이 증가될 것이다.

이를테면 방직업, 인견공업, 유리제조, 제약, 제지업 같은 것은 조선에서 개발될 수 있는 좋은 조건을 갖추고 있다. 만일 당국이 다소의 장려와 입법적 물질적 보조를 아끼지 아니한다 하면 이같은 경공업은 개발이 가능할 것이라 믿는다. 무엇보다도 조선인 자신의 상공업 진흥에의 자각이 필요하다. 이같은 말은 농업을 가볍게 하라는 말은 아니다. 조선인 빈궁을 쫓아낼 것은 오직 상공업의 진흥책임을 역설하고 싶다."[6]

사실 춘원은 농사를 생명처럼 지어봐야 '거지 같은 조선사람' 신세를 면할 수 없다고 단정하고, 조선의 갱생은 오직 상공업화해야만 절대빈곤 탈출이 가능하다고 주장하고 있다.

"사실 근년에는 질소 방적 등 대공업의 굴뚝이 조선 안에 나타나게 되고 영등포와 평양은 공업지대로 화하였다고 보게 되었다. 화폐경제시대에 있어서는 농업이 제일 박리한 업인 것은 말할 것도 없다. 더구나 근년과 같아서는 조선의 농업은 밑지는 업으로 자호字號가 박혔으니 농업만 믿고 있다가는 조선 민중은 가난에서 궁핍으로 전락의 일로를 걸을 길밖에 없는 것은 너무도 분명한 이치인 듯하다.

동력, 노동, 원료, 부지, 시장 등 여러 조건으로 보아서 조선이 공업에 적당한 국토임이 이미 판명되었을진댄, 또 고무공업, 방적공업, 초자공

---

6 『朝鮮日報』(1933. 11. 28), 조선인과 富(長白山人).

업 등으로 조선인 중에 상당히 성공한 표준이 있는 것을 볼진댄 조선인은 틈발리闖發 · 기회를 엿보아서 일어남 공업에 진출할 대계획을 세우지 아니치 못할 것이다.

조선의 공업화, 특히 조선인의 공업화를 위하어서는 공업 금융기관의 설치, 간이공업학교의 설치 등이 필요하려니와 공업회의소라든지 공업협회 같은 것을 조직하여 1개면-조선 안에서 유리할 공업의 종류와 경영방법을 조사하고 1개면 실지 지도의 임무를 행하게 함이 필요할 것이오. 당국으로서는 각종 반관적 금융기관으로 하여금 공업금융의 원활을 도모케 하고 동시에 유력한 산업기사를 각도에 다수 배치하여 민간기업자의 신뢰할, 그리고도 친절한 고문과 방조자가 되게 함이 필요할 것이다. 조선의 공업화가 운명적이라 하면 대자벌大資閥의 진출이 있기 전에 틈발리 덤비라 덤비라!"[7]

이광수는 비록 식민지 지배라는 정치적 탄압을 받고 있는 역경하에서도 한국의 산업화의 비전을 제시하고 있다. 이를 수탉싸움의 진리에서 일본을 이기는克日 비법을 도출했다.

우리 집 닭이 번번이 교주집 닭에게 참패해 암탉을 빼앗기는 수치의 꼴을 보고 화가 치밀어올라 문의에게 부탁하여 보통 닭값의 갑절이나 주고 수탉 한 마리를 사다가 문의의 처방대로 생쇠고기 한 근에 구리가루 두 돈중을 넣어서 탕을 쳐서 먹였다. 이렇게 실력을 기른 후에 교주집닭과 결판싸움이 벌어졌다.

"문득 우리 닭이 번적 머리를 들었다. 그의 볏은 일부분은 적의 입에 남았고 뜯긴 볏에서 흐르는 피가 우리 닭의 눈으로 흘렀다. 적의 입에서 머리를 빼어낸 우리 수탉은 껑충 몸을 솟아 적의 앙가슴을 박찼다. 털속

7 상게서(1935. 5. 3). 조선공업화 문제(長白山人).

이라 어디를 어떻게 맞았는지 모르거니와 교주집 닭은 마치 실신한 듯이 비틀거렸다. 정통을 단단히 채인 모양이었다. 우리 닭은 적이 몸을 비킬 틈도 주지 아니하고 목을 높이 뺄대로 빼어서 '팍'소리가 나도록 적의 머리를 내리 쪼았다. 그리고는 두 번째 쪼을 때에는 적의 목덜미를 물어서 끊어져라 하고 좌우로 잡아 흔들었다."[8]

일본을 이기는克日 법은 바로 수탉싸움에서 실력양성의 진리를 도출할 수 있었다. 이광수는 "나는 닭싸움이라는 것도 잊고, 우리 닭의 승리라는 것도 잊고, 한 목사에 대한 일종의 앙갚음이라는 것도 잊고, 자연의 지극히 깊은 비밀의 방을 들여다보는 마음으로, 내가 개인과 민족의 생활의 진리를 배우는 자리에 앉은, 한 작은 제자의 심경으로 두 닭의 움직임을 보고 있었다."[9]

이와 같이 수탉싸움 진리를 통하여 일본을 이길 수 있는 실력양성의 진리를 도출할 수가 있었다.

"흥. 제국주의다! 하고 나는 유쾌하게 웃었다. 그때는 카이저의 독일이 한창 강성하여서 영국과 힐항하던 시절이다. 확실히 그것은 두 큰 수탉이었다. 러시아라는 엄청나게 큰 수탉이 풋병아리 일본에게 참패하자, 더 큰 수탉 루스벨트가 싸움을 말렸으나 그통에 우리나라는 풋병아리의 것이 되고 말았다. 우리나라가 이 수치를 벗는 길은 둘이 있었나. 하나는 정당한 길이오 하나는 요행의 길이었다. 정당한 길이란 우리나라가 고기 한 근과 구리가루 두 돈중어치를 먹고 며느리발톱을 날카롭게 갈아서 바다 건너온 수탉 일본의 대가리를 쪼고 앙가슴을 박차서 넘어뜨리는 것이오. 요행의 길이라 함은 다른 닭이 일본을 물어서 끌리는 것이었다. 합병된 지 일년 남짓한 당시 우리들은 비분강개의 눈물을 흘렸으나 한 근 고

8 李光洙, 『스무살고개 '나' 青春篇』, 生活社, 1948, p.21.
9 상게서, p.22.

기와 두 돈중 구릿가루를 구하는 것보다도 어느 큰 닭이 나타나 미운 일본닭을 쫓아주기를 빌고 있었다. 그러나 일본 닭을 타고 누른 닭이 우리를 그와같이 할 것을 생각하는 사람은 적었다.

"고기 한 근(교육)과 구리가루 두 돈중(산업)!"

나는 이것을 교육과 산업이라고 생각하였다.

나는 다윈의 생물진화론을 들어서 우승열패와 적자생존의 철칙을 말하였다.

가증한 오줌병아리놈들은 다 죽어라! 무엇이냐? 어깨를 축 처뜨리고 발자국 소리도 없이 어슬렁 어슬렁 댕기는 그 반쯤 죽은 것은 못난 것들이. "우리는 단군의 자손이오, 고구려인의 자손이다! 우리는 저, 세계의 노예 이스라엘은 아니다! 너희들은 이스라엘을 버려라, 차라리 로마인을 배워라!"

"여러분! 우리 민족이 요구하는 것은 고기 한 근 구리가루 두 돈중이오. 우리 민족은 싸워야 하오. 우리 민족은 이겨야 하오. 다른 닭이 싸워주기를 기다리는 것은 거지 영신佞臣 · 간사하고 아첨하는 신하이오."하고 말을 맺았다.[10]

3. 이광수의 대군의 척후와 산업화 미래비전

〈경제독립(1935)〉

"가족 구성원이 경제적으로 독립함이 필요한 것은 우리 조선에서도 주의主義로는 다 찬성하지마는 실천에 있어서는 아직도 의뢰성을 벗어나지 못하였

10 상게서, pp.24~26.

다. 이는 자본주의 경제 체제의 전단계이기 때문이다. 그런데 송도松都·開城 사람은 부자, 부부, 형제가 다 독립한 재산이 있어서 저금을 해도 각자 독립한 구좌를 가지고 부동산의 소유나 기업의 출자에도 다 독립한 명의와 회계를 가지면서 독자적인 경제적 활동을 하고 있다.

오늘날 1만 호밖에 아니 되는 송도에 10만 원 이상이 1백 호, 50만 원 이상이 5호, 그리고 중등생활 이상이 전 인구의 3분의 2라는 놀라운 기록을 가진 것이 우연한 일이 아니니 개성 고려인삼을 상품화해서 해외에로의 판매망을 넓힌 것이 신용이 굳고 근검하고 저축성이 있고 이재理財에 밝은 송도인의 특성은 역사적 유래가 긴 것이어니와, 이는 조선민족이 일치하여서 배울 정신 중에 중요성의 하나이다. "개인과 가정의 경제적 독립-이것은 우리의 앞날의 큰 표어 중에 하나다. 저마다 제 밥을 버는 직업을 가지는 것은 민족부흥운동의 기초이다."[11]

이광수는 산업화만이 극일克日의 유일한 최선책임을 강조하면서 산업혁명 당위성이라는 시대적 사명을 실현하기 위하여 산업화와 관련있는 논설문 11편을 발표했다. 그의 산업화에의 열망과 의지가 얼마나 강렬하고 절실했음을 확인할 수 있다.[12]

이광수는 조선에서 상공업이 진흥할 기미가 엿보인다고 진단하면서 이는 장차 산업혁명의 전조라고 예측하고 있다. '명일의 상공조선'에서 상공업 발전의 비전을 제시하고 있다.

---

11 『朝鮮日報』(1935. 4. 28), 經濟獨立(長白山人).

12 『朝鮮日報』(1933. 9. 21), 圓坡 金祺中翁;(1933. 9. 22), 自力統制;(1933. 11. 28), 朝鮮人과 富;(1933. 11. 30), 朝鮮綠化;(1934. 4. 27), 松都;(1934. 5. 5), 고무 工業의 活路;(1935. 4. 13), 明日의 商工朝鮮;(1935. 4. 14), 實業과 精神修養;(1935. 4. 28), 經濟獨立;(1935. 5. 2), 平壤의 明日;(1935. 5. 3), 朝鮮工業化 問題. 長白山人이란 자호로 이상 산업화 관련 11편의 논설문을 발표했다.

〈명일의 상공조선(1935)〉

"조선사람이 정치적 자각을 가지게 된 것은 독립협회 시대 즉 약 40년 전에 소급할 수가 있으나, 경제적으로 자각하게 된 것은 극히 최근의 일이어서 10년 내외에 불과하다. '경제적 파멸'이란 문자를 하도 많이 써서 지리하리만큼 되었다. 정치적 자각이나 경제적 자각이나 모두 절망적 비애 속에서 얻은 것이지마는 작 금년래에 조선인의 상공업이 약간 건실한 진세進勢를 보이는 것은 도쿄, 오사카의 은행에서 조선 상인의 수표의 신용이 증가하였다는 것으로도 알 수 있을 것이요, 또 농지에서 토지를 사는 조선인이 증가한다는 것도 경제적 재생의 한 조짐이라고 볼 수 있을 것이다.

공장부지와 노임의 저렴, 석탄, 수전水電 등 동력의 풍부, 만주 중국 등 시장에의 접근, 중일관계의 변화 등은 조선 공업화의 유리한 조건이 되니 비록 대자본의 압박이라는 우려가 없지 아니하다 하더라도 이때는 바야흐로 조선인이 공업적으로 대분발, 대활약을 시도할 때인가 한다. 대전 후의 쓴 경험을 잊어 버릴 만한 시기도 되었으니 방직업, 인견 공업, 제지업 등 새로 시설하는 것일수록 유리한 공업에 진출할 때가 아닐까. 이리함에는 자본과 기술이 필요하지마는 먼저 민족적으로 갱생, 신흥의 정신기백을 고무하여야 할 것이다.[13]

이광수는 1935년 4월에 한국에는 "상업에서 화신, 공업에서 경성방직의 확장 · 발전은 결코 한낱의 사실만이 아니요, 뒤에 오는 대군의 척후임이 확실하다."[14]라고 미래 상공업 부흥의 비전을 예측했다. 도산 안창호가 대전형무소로부터 가석방된 직후의 이같은 '대군의 척후'를 예언하는 조선 상공업 부흥 미래 비전을 발표했다는 사실에 주목해야 한다.

일본이 명치유신(1868) 이래 탈아입구脫亞入歐, 아시아를 벗어나 서구화를 지향한다를 표방하여 공업화로 선진 근대화를 달성했는데 조선이라고 못할 이유가 없다는 자신감을 심어준 것이었다.

그런데 대군이 몰려올 것이라는 예언은 정확히 적중했다. 주익종朱益鍾은

---

13 『朝鮮日報』(1935. 4. 13), 明日의 商工朝鮮(長白山人).

14 상게서(1935. 4. 14), 實業과 精神修養(長白山人).

"한국 신문학의 개척자이자 시대를 선도한 지식인 이광수는 1930년대 중엽 대표적인 한국인 기업 화신백화점과 경성방직에서 훗날 만개할 한국 자본주의를 감지했다. 그의 예측은 적중했다. 비록 그가 일제 말 대동아공영권의 성공에 한민족, 한국의 장래를 거는 치명적인 잘못을 범했지만, 그의 예언은 놀랍게도 정확히 들어맞았다. 대군이 몰려온 것이다.

그럼에도 21세기 초두 우리 사회 일각에서는 이 경이로운 성취를 부정하고 폄훼하는 가히 본말이 전도된 역사의식을 보이고 있다. 지나간 역사를 자학에 가까울 정도로 비판하여, 대한민국은 태어나지 말았어야 할 나라이며, 한국의 근현대사는 정의가 패배하고 기회주의가 득세한 역사라고 간주하고 있다. 이는 민족지상주의 도덕사관에 따른 역사 연구와 역사교육의 영향인데, 이 입장에서는 우리가 걸어온 성공적인 근대화의 길을 부정하고 거기서 벗어날 것을 주장한다. 선진국과의 국제협력 대신 폐쇄적인 민족공조의 추구, 자유시장경제의 훼손, 평균주의 지향 등이 그것이다. 이는 근래 국내외적으로 불필요한 갈등과 혼란을 낳았다."[15]

〈대군의 척후론 : 실업과 정신수양(1935)〉

"우리는 어제 이 난欄에서 조선의 상공업이 새로 일어날 기미機微를 보인다는 말을 하였다. '상공조선'이라는 것이 금후의 표어가 아니면 아니될 것이다. 농민은 농토를 꽉 붙들 것은 물론이지마는 자본 있는 이는 상공업에 진출할 것이다. 상업에서 화신和信, 朴興植, 공업에서 경성방직京城紡織, 金性洙·金季洙의 확장·발전은 결코 한 낱의 사실만이 아니요, 뒤에 오는 대군大軍, Large Army의 척후斥候, Scout임이 확실하다. 그러나 상공업은 자본과 기술의 이중주二重奏가 아니요, '자본'과 '기술'과 '정신'의 삼중주로만 되는 것이다.

정신이란 무엇이냐?

첫째는 단행하여 시작하고 견인堅忍하여 이룩하는 용기다. 일개의 점포나 공장을 설치할 때도 고식주의姑息主意, 속발복주의速發福主義, 소성주의小成主義를

15 주익종 지음, 『대군의 척후 Scout of Large Army』, 푸른역사, 2008, pp.5~6.

> 버리고 백년의 대계를 세우고 칠전팔기七顚八起 칠십전칠십기七十顚七十起할 기백을 가져야 할 것이다.
>
> 둘째로 요하는 정신은 진리파지眞理把持, 진리를 파악함다. 좀 맞지 않는 문자인듯하지마는 이 진리파지라는 말에는 심심甚深한 뜻이 있다. 1. 오직 순리대로 과학적으로 하고 요행과 요술을 바라지 말자. 2. 절대로 조선 상공업자의 입에서 거짓말을 제거하자. 수표보다도 담보보다도 조선인의 말 한마디를 내외가 믿도록 하자. -이것이 상공업자의 진리파지다.
>
> 셋째로 조선 상공업 진흥에 생명인 정신이 되는 것은, 심히 의외인듯하지마는 '마음의 안정' 즉 부동심不動心이다. 이것이 종교적인 말이지마는 이 '마음의 안정'이 없이는 용기도 진리파지도 불가능한 것이다. 성공하려는 상공업자는 일파부동一派不動하는 가을 수면과 같이 맑고 고요한 마음의 소유자임을 요한다. 고락에 끌려서도 안 되고 허욕에 넘어가도 안되고 성패에 움직여도 아니 되고 부가굴不可屈 불가살不可殺, 마치 선승禪僧의 정신상태와 같이 넘어지지도 않고, 움직여지지도 않고, 물러서지도 않고, 구르지도 아니하여야만 된다.
>
> 그것은 평정한 마음에서만 정당한, 명철한 판단이 오기 때문이다. 대실업가의 정신의 부동함은 대종교가, 대정치가와 다름이 없는 것이다. 모든 감정의 동요를 극복하여 '마음의 안정'을 얻음이 상공업자의 정신 중의 정신이요, 자본 중의 자본이다. 용기와 진리파지와 부동심-이 세 가지 정신을 조석으로 수양하면서 '상공조선'의 건설에 매진하자."[16]

여기서 척후斥候 Scout란 선발기업 화신상회(박흥식), 경성방직(김성수·김연수)이고, 대군大軍이란 후발기업(삼성·현대·LG·포항제철)이다. 척후 선발기업이 이룩한 상공업 발전을 기반으로 하여 대군 즉 후발기업이 벌떼처럼 몰려와서 선발기업이 이룩한 산업화를 성장동력growth engine으로 하여 산업화를 성취한다는 '대군의 척후론'을 정립한 것이다. 산업화

16 『朝鮮日報』(1935. 4. 14), 實業과 精神修養(長白山人).

를 성취하는 데는 자본·기술·정신 3요소가 성공의 필요충분조건이다. 여기서 정신이란 용기·진리파지·부동심마음의 안정이다. 이 삼중주三重奏의 하모니에 의해 산업화는 성공할 것이라고 전망하고 있다. 이광수는 일제 강점하의 악조건하에서1935 이같은 '대담한 구상audacious initiative'을 창안한 것은 놀라운 일이다. 더욱 우리를 경탄케한 일은 대군의 척후 이론을 발표한지 40년 만에 '코리언 드림'은 실현했다는 사실이다.

일제 강점기라는 정치공학적 악조건하에서도 이광수가 '대군의 척후론'을 창출, 일본을 이기겠다克日는 독창적인 산업화 이론은 한민족 모두가 경탄하지 않을 수 없다. 이광수는 '대군의 척후론'에서 예언자답게 척후斥候 Scout 선발기업 : 화신·경성방직가 이룩한 산업화를 바탕으로 하여 대군大軍 Large Army, 후발기업 : 삼성·현대·LG·포철이 몰려와 산업혁명이 일어날 것임을 정확히 예언하고 있다.

17세기 전반 영국에서 목양을 위한 인클로저enclosure 운동이 전개되면서 자영농민 특히 젠트리gentry 지주층 그리고 도시의 상공인 등 시민계급이 형성되고 공업도시가 생기고 농촌으로부터 도시에로의 인구이동이 급증하여 도시화urbanization가 진행되면서 산업사회로 발전하였다. 18세기에 진행된 제2차 인클저 운동은 농촌인구가 도시로 몰려와 풍부한 노동력을 발판으로 하여 새로운 기계의 발명과 기술혁신으로 제2차 산업혁명이 발생하였다.

이와같이 영국은 먼저 농업혁명이 일어나고 산업혁명을 일으켜 근대화 산업화에 성공했다. 이광수는 이같은 역사 법칙을 원용하여 '흙'에서 농촌계몽운동을 통한 농업혁명을 역설했고, '대군의 척후론'을 발표함으로써 장차 한국의 산업혁명이 일어날 것임을 전망하고 있다.

박흥식朴興植, 1903~1994은 평남 용강龍岡 출신으로서 16세의 어린 나이에 진남포에서 미곡 객주업을 시작해 화물의 보관 운송 및 위탁판매업 등 유통업에 종사해서 재물을 모으는데 성공했다. 1926년 서울에 진출, 지물업에 뛰어들어 동아일보와 조선일보 등 주요 신문사에 권지卷紙, 신문용지를 납품하는 사업으로 막대한 재산을 모았다. 1936년 3월 전국에 100개 이상의 화신연쇄점 지점을 가진 화신연쇄점주식회사를 설립, 신예 재벌가로 성장, 종로 2가에 현 삼성종로타워 자리에 지하 1층 지상 7층의 웅장한 건물을 건축, 한국인 상권을 대표하는 웅장한 최고층 화신백화점 빌딩을 건축하여 화신백화점을 개업했다. 서울 장안의 대표적인 고층건물로 주목을 받았다. 백만원의 화신상회 사장, 35만원의 선일 사장 박흥식이다.[17]

1993년 7월 조선군 헌병사령부 헌병오장 장준식張埈植의 증언에 의하면 이광수 · 박흥식 · 주요한 · 최린 · 윤치호 등은 민족주의자로 분류, '요시찰인 특'으로 지정해서 동향감시를 강화했다. 특히 헌병오장 장준식은 경기도 경찰부 사찰과 소속 최운하崔雲霞와 공동으로 김동환金東煥의 삼천리사와 효자동 175번지 춘원 자택을 최상급의 감시대상으로 지목하여 밀착 감시했다. 종로 2가 삼천리사는 독립운동가들의 아지트로 지목되어 왔었다.[18]

주요한은 1926년 3월 조선으로 돌아와서 동아일보 기자가 되었으며, 1929년 1월 편집국장으로 진급되었고, 1931년 7월 조선일보 편집국장이 되었다. 1934년 1월 이를 사임하고 박흥식의 화신상회 지점과장이 되었고, 1936년 3월 화신연쇄점 주식회사가 창설되자 그 전무취체역으로 승진 근무했다. 그러나 1937년 6월 7일 동우회 사건으로 총검거되면

---

17 『三千里』(1933. 12), pp.54~57, 半島財界의 十傑 朴興植氏, 百萬圓의 和信商會 社長, 三十五萬圓의 鮮一社長.

18 金英植, 『아버지 巴人 金東煥-그의 생애와 문학』, 국학자료원, 1994, pp.472~476, '要視察人 特'의 민족주의자들.

서 주요한은 이를 사임하고 회사 위탁원으로 일하게 되었다.[19] 이렇듯 주요한은 화신연쇄점주식회사로 발전하는 데 지대한 공헌을 한 셈이다.

4. 김성수의 경성방직 창업

인촌 김성수金性洙, 1891~1955의 3대 사업은 교육(중앙학교 · 보성전문 · 고려대학) · 언론(동아일보) · 산업(경성방직)이다. 김성수는 교육과 언론은 자신이 경영하고 산업은 경성방직 설립 후에 그의 아우 김연수가 맡아서 기업을 경영하게 했다. 김성수는 3 · 1운동 직전에 우선 총독부로부터 경성방직 설립허가를 받아내기 위하여 박영효를 영입했다. 1919년 8월 중순 경성방직주식회사의 설립인가원을 총독부 식산국에 제출했다. 사업목적은 "제직, 방적, 및 그 판매와 그에 관련된 업무"였다.

김성수는 호남 최대의 지주인 그의 양부와 친부로부터 투자 허락을 받아내어 1919년 2월 19일부로 조선총독부에 경성방직 설립청원서를 제출했다.[20] 김성수 양부와 생부 형제는 김성수의 뜻에 따라 백만 원의 재산을 바쳤다.[21] 바로 민족자본 백만 원이야말로 한국 산업화의 추진동력으로 작용했다.

1915년 5월 이광수는 김성수의 학비보조로 와세다 대학 철학과에 입

19 朝鮮總督府 高等法院 檢事局 思想部, 『思想彙報』 제24호(1940. 9), pp.196~201, 피고인 주요한 범죄사실; 『독립운동사자료집』(독립운동사편찬위원회, 1977), 권 2 (문화투쟁사 자료집), p.1290(1940. 8. 21).

20 『每日申報』(1919. 2. 20).

21 『朝鮮日報』(1933. 9. 21), 圓坡 金祺中翁(長白山人).

학했다. "다음해 봄까지 북경에서 지났는데 내게 학비를 주는 K(김성수) 씨로부터 동경으로 가거라, 동경으로 가는 길에 서울에 들러라. 이러한 청구가 왔다. 인촌은 그때에 서울에서 학교를 경영하려고 준비하는 중이어서 내게 학비를 주는 것에는 학교일을 보게하자 하는 뜻도 풍겼던 모양이었다. 또 나도 공부를 하려면 동경이 낫다고 생각하였다."[22]

"나는 동경으로 가는 길에 인사차 서울에 들렀다. 이때 이광수는 김성수야말로 교육과 산업을 일으키기 위하여 전재산을 바칠 인물임을 예측하고 있었다. 그는 나이는 나보다 한 두살 위일밖에 아니 되나 벌써 동경서 대학을 마치고 돌아와서 학교를 세우려고 계획하는 중이었다. 그는 재산가의 아들로서 교육과 산업을 일으키는 일을 위하여 전 재산과 일생을 바치겠노라고 말하였다.

나는 K(오산학교)학교에 잠간 들렀으나 이태 동안에 벌써 반은 졸업하고 반은 몰라보게 변하고 그리고 새로 들어온 절반은 생소한 학생들을 만났다. 직원 중에도 C라는 이는 죽고 Y와 K는 만주로 가고 P는 군 서기로 가고 이 모양으로 변동이 있었고 N교주는 아직 감옥에서 돌아오지 아니하였다. 동회洞會와 야학夜學도 시시한 모양이었다. 인사의 변천이 덧없음을 느꼈다. 그렇게도 오랫동안 그리워했던 오산학교는 벌써 나와는 인연이 끊어진 듯 하였다. 그것이 섭섭도 하였다. 나는 이번에는 애끊는 생각 없이 오산을 떠날 수가 있었다."[23]

인촌은 민족교육의 제일보로 당시 기호학회畿湖學會에서 관리하던 중앙학교를 인수·경영하기로 결정했다. 이리하여 1915년 4월 27일 중앙학교 인수청원서를 총독부 학무국에 제출, 허가를 받아내었다.[24]

---

22 長白山人, 『그의 自敍傳』, 113회(조선일보, 1937. 4. 16)
23 상게서, 그의 자서전 114회(4. 17).
24 『仁村 金性洙傳』(인촌기념회, 1976), pp.104~105.

경성직뉴京城織紐는 1911년 주식회사로 개편되어 납입자본금 7만5천 엔으로 출발했다. 사장은 윤치소尹致昭, 윤보선의 아버지이다. 주생산품은 허리띠, 대님, 주머니끈 등 끈 종류를 생산했다. 일부 직물도 직조했다. 그러다 보니 수지 적자를 면할 수 없어 문을 닫을 수밖에 없었다. 1917년 김성수는 경성직뉴를 인수 후 추가자본금 2만5천 엔을 납입하고 선우전鮮于全이 전무이사직을 맡았다. 경성직뉴는 1919년 말 당시 7.5마력짜리 전동기를 설치하고 소포직기로 직공을 고용하여 한양목漢陽木, 한양사漢陽紗, 와사단瓦斯緞 등을 제조하고 있었다. 한양목은 두터운 금건金巾과 비슷하게 경사, 위사 모두 20번수의 단사丹絲를 써서 평직한 것으로 한국인의 의복지로 애용되고 있었다.

경성직뉴의 매출은 전보다 그다지 늘지 않았고 따라서 재고가 쌓였다. 재고자산은 인수전 3만 엔 내외에서 인수후 7만 엔 정도로 급증하더니 2년 뒤에는 10만 엔에 달했다. 이리하여 김성수는 경성직뉴를 청산하고 마침내 경성방직을 설립하기로 방침을 바꾸었다. 김연수金季洙는 1921년 3월 대학을 졸업하고 귀국하여 처음 한 일은 김성수로부터 경성직뉴를 넘겨받아 그것을 고무공업회사로 개편하는 일이었다.[25]

산업혁명을 일으키는 데는 자본 축적이 절대적으로 기본조건이다. 그러면 이 자본은 어디에서 나오는가. 바로 호남 최대 재벌 김성수金性洙, 1891~1955 일가에서 나온 것이다. 조선에서 자못 근대식 사업을 벌일 자본가가 있다면 인촌 김성수를 꼽지 않을 수 없다. 김성수는 전북 고부古阜, 현 高敞의 대지주의 아들로서 양부와 친부의 재산을 물려받아 자본축적을 착실히 하여 산업혁명의 추진동력이 되었다.

당시 조선인의 의복제품 수입비용은 연 5천만 원이 해외로 유출하고 만다. 김성수는 이에 착안하여 1919년 방직회사를 발기하여 제1회 불입

25 주익종, 『대군의 척후』, 푸른역사, 2008, pp.115, 119, 155.

금 25만으로 사업을 시작하였다. 그러나 그간의 사업부진으로 당시 기업의 책임을 맡았던 이강현李康賢, 1888~1976은 빈손이 되었을 때 김성수는 제2회 불입을 획책하여 50만원을 투입하여 1년 생산액 250만원으로 영등포의 거대한 방직공장을 세워 남녀 직공 4, 5백 명의 일자리를 제공했다. 경성방직의 태극성 광목은 전 조선의 유일한 조선산 광목으로서 이로부터 외래품을 안 쓰게 되었다.

원래 해동은행海東銀行은 귀족 윤덕영尹德榮, 1873~1940이 창립 · 경영하였으나 중도에 경영난에 빠지자 그의 아우 김연수金季洙가 자본금 백만원을 투자하여 인수한 주식회사이다. 이로써 해동은행은 조선재계에 상당한 지반을 확보한 것이다.

경성상공회사京城商工會社는 조선직조織造를 경영하던 것을 김연수가 인수하여 경영하게 되었는데 김연수는 직조는 앞으로 경성방직에서 맡아 경영하기로 하고 고무신제조 사업에 착수했다. 조선인은 짚신이나 매투리를 만들어 신던 조선인은 경성상공회사에서 만든 고무신을 신을 수 있는 개화인이 된 것이다.

그러면 김성수 일가의 재산은 얼마나 되는가. 김성수는 장자로서 양가로는 약 백만 원의 자본이 있고, 생가 재산은 약 4백만 원의 재산이 있어서 합하여 5백만 원의 자본가임을 알 수 있다. 조선에 자본가다운 자본가가 있다면 감성수 · 김연수 형제이다. 그래서 5백만 원의 재산이 김성수 형제에게 있으니 세상 사람들은 "재산에서는 김씨 형제를 당할수 없네"(君家兄弟는 莫能當)라고 풍자하고 있다. 그래서 현대 청년들은 김씨 형제를 가리켜 "부르주아=영리한 부르주아"라는 것도 무리가 아니다. 개화기 재산가의 자제는 흔히 주색잡기에 휩싸여 재산을 탕진하는 사례가 많건만, 김성수 형제는 한국 산업혁명에 전액 투자하여 한국 산업화의 기수 역할을 충실히 수행한 것이다.[26]

1919년 8월 중순 경성방직 창립총회 취지문에서 소비의 절반 이상을 수입품에 의존하는 면포綿布의 자급을 기도하는 것이 조선 경제 독립상의 급선무이며, 경성방직은 초기에는 면직물 생산에 주력하되 방적紡績업도 겸할 것이며, 이로써 조선 상공업발달을 도모하는 동시에 조선인에게 일자리를 제공하고 공업훈련을 하겠다는 것이다.[27]

1919년 8월 중순 인촌은 오랫동안 구상해온 경성방직주식회사의 설립을 위해 주식회사 설립인가원을 총독부 식산국에 제출했다. 사업목적은 "제직製織 방적紡績 및 그 판매와 그에 관련되는 업무"였으며 창립취지서는 다음과 같다.

〈경성방직주식회사 창립취지서, 1919. 8. 일본어로 작성〉

조선에 있어서의 면포綿布의 수용需用은 통계가 제시하는 바에 의하면 연액年額 약 4천2백만 원이며 그중 2천7백만 원은 이移·수입품輸入品에 의존하고 있는 현상에 있으니, 이의 자급을 기도함은 조선경제 독립상 급무라고 할 것이다. 아래에 기명한 우리는 이 기운機運에 세際하여 이에 경성방직 주식회사京城紡織 株式會社를 설립하여 우선 면직물의 제조를 제1기 기업起業으로 하며 장래 적당한 특수시기가 도래함을 기다려(조선산 면의 성적이 점차 양호함을 보아) 마지막에는 방적紡績 사무도 겸하여 경영하고자 한다. 그리하여 조선공업의 발달을 도모함과 함께 더욱더 제품의 증산을 꾀하여 자급自給은 물론 나머지 액수는 만주滿洲 방면에도 이출할 것을 기하며 아울러 다수의 조선인에 직업을 주어 공업적 훈련을 하는 동시에 주주의 이익을 희도希圖하는 목적으로 동지가 상모相謀하여 본사 창립의 허가신청서許可申請書를 제출하는 바이다(원문은 일본어문).[28]

---

26 金東煥 編,『平和와 自由』, 京城, 三千里社, 1932, pp.251~255, 金性洙系의 財閥解剖(柳光烈).

27 『仁村 金性洙傳』, 인촌기념회, 1976, pp.161~162.

28 상게서, pp.161~162.

경성방직주식회사는 자본금 1백만 원으로 하고 1주를 50원으로 2만 주를 발행했다. 전민족의 회사로 출범한 것인만큼 인촌은 전국 각지로 순회하면서 1인 1주의 주식을 모집하였다. 제1회 불입금으로 총 자본금의 4분의1에 해당되는 25만 원이 불입되어야 회사를 설립할 수 있다. 이러한 고투의 결과는 2만주 중에 발기인 인수주가 3천7백90주, 일반공모주가 1만6천210주로 나타났다. '우리 회사'를 세우려는 인촌의 투철한 신념과 끈기 있는 노력이 아니고는 바랄 수 없는 성과였다.

주식모집을 끝낸 인촌은 3·1독립선언식이 거행된 태화관泰和館에서 창립총회를 열고 간부 진용을 선출했다.

사장 박영효朴泳孝

전무취체역 박용희朴容喜

취체역 이강현李康賢(지배인) 선우전鮮于全 윤상은尹相殷 안종건安鍾健 김성수金性洙

감사역 장두현張斗鉉 이일우李一雨 장춘재張春梓 이승준李承駿 조설현曺偰鉉

회사의 실지 운영은 전무취체역인 박용희와 지배인 이강현 두 사람이 담당하였다.

임시 사무소는 계동 인촌 자택에 두고, 영등포 노량진에 있는 공장부지에 공장을 세우기로 하고 기계구입비는 10만 원으로 잡고 박용희와 이강현이 일본 나고야에 있는 도요다豊田직기주식회사에 가서 직기 1백대를 발주하고, 이강현은 오는 길에 오사카에 들러 면사綿絲의 장기 공급계약을 맺었으며 이어 11월에는 기술자 2명을 나고야에 보내어 기계조작을 습득하게 했다.[29]

구한말 일제 강점기 초기만해도 한국 상공업은 너무나 부진했다. 일상 필수품조차 생산하지 못하는 원시적 농업사회였다. 일제 말기에 이르

---

29 상게서, pp.162~166.

러 상공업은 비약적인 발전을 거듭했다. 1910년 10인 이상 고용한 공장은 151개 중 한국인 공장은 39개에 불과했다. 1939년에는 5인 이상 고용 공장 6,953개 중 한국인 공장이 4,185개에 달했다. 한편 1911년 한국인 단독 설립회사가 27개사, 납입자본금 270만 원에 불과하던 것이 1939년에는 한국인이 대표자인 회사가 2,385개사, 납입자본금 1억 4,331만 원에 이르렀다. 이들 상공업회사 중 가장 눈부시게 성장한 것이 경성방직(주)이었다.

1919년 창립 당시 25만 원의 자기자본으로 출범한 경성방직은 1943년 말에는 1,150만 원의 자기자본을 가진, 한국 최고의 대기업으로 성장했다. 창립당시 직기織機 100대만 갖춘 소규모 직포회사에 불과했지만 일제말에는 직기 1,120대와 방기紡機 3만 200추를 보유하고 또한 같은 크기의 자회사를 만주에도 두고 있는 한국 최대 기업으로 성장했다. 당시 경성방직은 일본계 대기업과 더불어 '조선 4대방'의 일원이 되었다.[30]

경성방직주식회사는 전 민족의 회사임을 강조하기 위하여 자본금 1백만 원으로 하고 1주당 50원, 총 2만 주를 발행하기로 해서 제1회 불입금으로 총자본금 4분의 1에 해당돼 25만 원이 불입되어 회사를 설립할 수 있었다. 주식 2만 주 중에 인촌가의 주식이 과반으로 주종을 이루고 있었다.

박영효는 1935년까지 경방의 사장으로 재임했다. 기계 구입비는 10만원으로 잡고, 박용희와 이강현이 일본 나고야에 있는 도요다豊田 직기주식회사에 가서 직기 1백 대를 발주하고, 이강현은 오는 길에 오사카에 가서 면사綿絲의 장기공급계약을 맺았으며 이어 11월에는 기술자 2명을

30 허수열, 「일제하 조선인 공장의 동향」, 『근대조선공업화의 연구』, 일조각, 1993; 주익종, 『대군의 척후』 pp.18~19.

나고야에 보내어 기계조작을 습득케 하였다.[31]

대군의 척후선발기업의 중심인물은 김연수金季洙, 1896~1979이다. 그는 중학 2년 15세 소년 시절에 이미 기업가가 되어 산업 건설에 매진하겠다고 결심한 선각자였다. "중학교 2학년 무렵부터 나는 장차 실업인이 되어 조국의 부강을 위하여 몸 바칠 것을 결심하기 시작하였다. 처음 동경으로 올 때 오사카를 비롯한 철도 연변에 즐비하게 세워진 큰 공장들을 잊을 수가 없었다. 나는 학교를 마치고 귀국하면 곧 공장을 세우고 크게 산업을 일으킬 생각이었다.…나는 중학교 2학년에 불과하던 나이에 산업을 생각하고 있었다. 이것은 아버님에게 배운 것과 처음 일본에 와서 큰 공장의 굴뚝을 보고 결심이 선 것인지도 모르겠다.…학교만 마치면 지체없이 조국으로 돌아가 산업을 일으켜 실력을 길러야 한다고 몇 번이나 다짐하였다."[32]

김연수는 "민족을 이끌 인재를 길러야 한다"는 목표를 세우고 1939년 한국 최초의 민간 장학재단을 창설했고, 후손은 1968년 수당재단을 설립, 유지를 계승해오고 있다.

김연수는 산업 중에도 공업을 건설해야만 근대화를 앞당길 수 있다고 확신하고 있다. 공업 발전은 곧 산업혁명의 원동력이 되기 때문이다. "근대의 문명은 과학적 문명이다. 기계의 문명이다. 기계문명의 대표적 표현은 농업에 있지 아니하고 공업에 있다. 그러므로 기계를 사용하여 공업으로 입국한 국가는 문명국이며 우등국이요, 그렇지 못한 국가는 미개에 열등국이다. 농산물은 대개 원료요, 그 가격이 싸고 공업품은 정품이요, 따라서 고가가 아닌가.…공업을 등한시하고 농업으로만 입국한다 하면 현재와 같은 국가적 경쟁장리에 도저히 그 존재를 인정치 못하게

31 『仁村 金性洙傳』, pp.162~166.
32 金季洙, 『財界回顧』, 한국일보사, 1981, 권 1, pp.47, 50.

된다."[33]

김용섭金容燮, 1931~2020은 조선후기 전북 고부古阜, 현 高敞의 김성수 일가의 논과 밭의 양안量案, 토지대장연구를 토대로 '경영형 부농富農'개념을 제시했다. 경영형 부농은 당시 시장에 판매할 목적으로 대규모 농지를 경작하면서 임노동자 까지 고용했다는 것이다. 이 개념은 조선 사회에서 자본주의의 싹이 존재했다는 한국사의 내재적 빌전론자본주의의 맹아론을 뒷받침하고 있다.[34]

경성방직의 운영 주역인 이강현李康賢은 "우리나라는 이미 국운이 쇠퇴한 때라 수구적인 타성에서 탈피하여 과학적인 새 기술의 습득과 이를 바탕으로 한 산업근대화로써 국력을 배양하는 길만이 구국의 첩경이라고 판단하고 경성고등공업학교에 진학했다."[35]

경성방직의 사원들도 회사의 일을 '민족의 사업'이며 '독립운동의 일환'이라고 자부하면서 긍지와 보람을 느꼈다. 경성고등공업학교를 졸업하고 경성방직에 입사한 류홍柳鴻은 "이러한 일들이 곧 우리 민족을 위하는 길이요, 완전독립을 위한 경제적 독립의 길이라고 생각하고 큰 긍지를 가졌었다."[36]라고 했다.

경성방직은 그 뒤로도 몇 번 위기가 있었으나 사세는 대체로 신장일로에 있었다. 시설도 점차 확충되어 1925년에 20대, 1928년에 104대의 직기를 증설하였고, 제품으로는 태극성太極星 상표 광목을 생산했다. 생산량은 1924년에 61,196필, 1925년에 77,900필, 1926년에 89,900

33 『時代日報』(1924. 4. 6), 조선 산업정책을 논함(2)(김연수).
34 金容燮, 「한말 · 일제하 지주제 연구사례 4: 古阜金氏家의 농업경영과 자본전환」, 『史學硏究』 19(1977), pp.223~227; Carter J. Eckert, *Offspring of Empire : The Koch'ang Kims and the Colonial Origins of Korean Capitalism, 1876~1945*(The University of Washington Press, 1991), p.38.
35 김원모, 『자유꽃이 피리라』 p.1155.
36 『柳鴻』, 자서전출판동지회, 1976, pp.111, 119.

필, 1927년에 96,000필, 1928년에 123,000필을 생산해 냄으로써 경성방직은 안정기에 들어섰다. 인촌은 1928년 3월에 취체역을 사임하고 아우 김연수가 전무로 취임한 1923년 4월부터 경방은 사실상 김연수 주도하에 운영되어 왔다.

김연수는 갈수록 그의 역량을 발휘하여 경방을 확충하였다. 1935년 박영효가 사장직을 사임함에 김연수는 제2대 사장에 취임하면서부터 경방은 비약적인 발전을 거듭했다. 1945년 해방 당시에는 방기 3만200추, 직기 1천80대를 헤아렸다. 김연수의 사업의욕은 국내에서 다시 만주로 뻗어 진출했다. 1938년 자본금 1천만원이 전액 불입된 남만주방적주식회사를 봉천奉天에 세웠다. 이어 하얼빈에는 동양맥주주식회사, 길림 봉천에 7개 농장과 간도에 임업경영을 위한 삼척기업주식회사를 세워 만주 민간사업계에 군림하게 되었다. 실로 한반도와 만주에서의 경제대국을 형성한 셈이다.[37]

경성방직(김연수)의 태극성 상표를 보면, 민족부호 태극무늬를 디자인하고 중앙에 태극무늬를 중심으로 둘레에 별 8개를 도안했는데 이는 조선 8도를 상징하고 있다. "값싸고 질긴 광목 태극성太極星 광목, 조선서 일등광목 태극성 광목"이라 씌어 있다. 민족부호 태극이 꺼지지 않고 조선팔도를 상징하는 8개의 별이 영원히 빛나고 있음을 상징하고 있다.[38]

경성방직은 '만주 붐'과 함께 공업화에 박차를 가했다. "경성방직은 영등포에 공장을 확장하고 만주시장의 수요증가에 대비하는 기민함을 보였다. 1932년 이미 경성방직은 전체 판매량의 26%가 만주로의 수출이었으며, 1931년에 불과 14만 원이었던 총판매액이 1934년에 450만

---

37 상게서, pp.252~253.
38 『仁村 金性洙傳』, 제3장 화보, 京紡의 太極星 商標.

원으로 급증했다."[39]

국내 제1호 상장회사인 면직물업체 경성방직은 "우리 옷감은 우리가 만든다"는 기업정신으로 당시 조선 광목시장을 석권했다. 이러한 경영실적을 바탕으로 하여 1941년에는 만주 지역에 남만방적南滿紡績을 세워 국내 기업으로는 국경을 넘어 국외기업 및 지사를 만주 봉천에 설립해서 비약적인 발전상을 과시했다.

경성방직은 1922년 6월 총독부에 보조금 지급을 청원했다. "일본인 자본가의 손으로 부산에 설립한 조선방직회사에 대해 총독부로부터는 주주 배당 연 7%에 달하기까지 보조금을 교부하게 되었으므로 동일 성질의 사업을 경영하는 경성방직회사에서도 조선방직의 예에 의해 보조금의 교부를 희망하며, 회사 당국자는 얼마 전 총독부 당국과 누차 교섭한 결과 관계 당국의 양해하에 정식으로 보조금 지급청원서를 제출하였다."[40]

요청한 보조금은 납입 자본금에 대해 연 7%였다. 일본인의 조선방직에 보조금을 지급한다면 당연히 조선인의 경성방직에도 보조금을 지급해야 마땅하다고 역설하면서 "우리는 총독부가 조선인의 이 사업을 혹은 보조금의 형식으로, 혹은 기타 금융상의 편의로 원조 · 보호함이 필요할 뿐 아니라 그 임무의 마땅한 줄로 인정하노라."[41]

이같은 보조금 지급청원서를 접수한 총독부 당국은 경성방직의 사업 내용을 상세히 조사한 후 유망하다고 판정하고 1923년도 예산에 계상

---

39 『國史館論叢』 제51집(1994), p.52, 1930년대 전반기 부르주아 민족주의자의 민족경제 건설전략:조선 공업화와 엔블록 재편정책에 대한 인식을 중심으로(池秀傑); Carter J. Eckert, *Offspring of Empire: The Koch'ang Kims and the Colonial Origins of Korean Capitalism, 1876~1945*(The University of Washington Press, 1991), p.174.

40 『東亞日報』(1922. 6. 11).

41 상게서(1922. 7. 16).

하겠다면서 대장성大藏省과의 교섭을 거쳐 마침내 12월 29일에 보조금 지급계획이 확정되었다. 이에 김연수는 "조선인 경영 공업회사에 보조금을 계상하는 것은 금번이 효시라. 다음 달 중순부터 작업을 시작할 것인데, 보조금이 확정되면 5년 계속될 터인즉, 금후 사업의 진행과 함께 확장하여 자작자급에 일조가 되기를 기하는 바더라."[42]라고 장차 사업확장 계획까지 구상하고 있다.

경성방직에 총독부의 첫 보조금이 지급된 것은 1924년 3월이었다. 회사의 제품생산을 시작하면서 발생한 손실액에 대해서 총독부가 보전해준다는 의미이다. 부산의 조선방직은 총 168만5,281원의 보조금을 받았고, 경성방직은 25만6,201원을 받았다. 결국 일본인 기업이 조선인 기업보다 6~7배 더 받은 셈이니 여기에서 한일인간 차별대우를 실감할 수 있다.[43]

경방은 1930년대에 들어서면서 재무상태가 안정되었다. 에커트는 경성방직이 일제에 타협적 협력적이었으며 회사 창립부터 성장할 때까지 총독부와 일본인 기업게 의존했다고 지적하면서 그것은 예속자본이오 '제국의 후예Offspring of Empire'라고 낙인찍고 있다.[44]

에커트는 일제강점기 조선의 기업체를 민족자본과 예속자본으로 양분하면서 일제 지배하의 유일한 민족자본 경성방직을 예속자본이라고 규정하고 있다. 총독부로부터 보조금을 받아 기업을 창업했다는 것, 일본기업 이토추伊藤忠상사에 의존해서 기업을 확장했다는 것 등을 근거로 해서 결국 경성방직은 '예속자본가=제국의 후예'라는 등식을 세운 것이다. 1925년 받은 첫 보조금은 1924년의 손실을 보전하는 데 씌었다고

---

42 상계서(1922. 12. 31).

43 김원모, 『장유꽃이 피리라』, p.1162; 카터 J. 에커트 지음, 주익종 옮김, 『제국의 후예』, p.132.

44 카터 J. 에커트, 주익종 옮김, 『제국의 후예』, 푸른역사, 2008, pp.126~133; 주익종, 『대군의 척후』, pp.174~175, 331.

하지만 그것은 정확하지 않다. 보조금 총액은 25만4,788엔이었다. 당시 경방의 납입자본금은 100만 엔이있다. 이 돈은 경방주식 및 김성수의 양부 및 친부의 토지를 판매한 순수 민족자본이었다. 그러므로 에커트의 '예속자본론'은 왜곡된 논리가 아닐 수 없다.[45]

반제투쟁, 항일독립운동 편에 설 수 있는 기업만이 민족자본이라면, 그 밖의 자본은 예속자본 매판자본일 수밖에 없다. 그렇다면 일제강점기 '엔 블록권'에 편입된 조선 민족자본은 모두가 운명적인 예속자본일 수밖에 없다는 논리이다. 1주당 50원 총 2만 주의 주식을 모집하면 100만 원이 된다. 이 돈으로 1919년 10월 5일 경성방직주식회사를 창립했다. 이는 순수한 민족자본이다. 그렇다면 민족자본 100만 엔을 투자하여 설립한 경성방직이 창업 5년 후에 보조금을 받았다고 해서 에커트는 이를 '예속자본가=제국의 후예'라고 낙인찍은 것은 모순된 과장논리가 아닐 수 없다.[46]

"일찍 경방이 파산 위기에 임하였을 때에 김성수의 양부 김기중 옹은 세전世傳의 토지문권土地文券을 왼통으로 아들에게 내어주어 식은殖銀에 전집典執하여 경방에 출자해서 경방을 부활시켜 경방에 출자하였던 모든 주株를 다시 살렸다고 한다. 김성수의 양부 김기중 친부 김경중은 아들의 뜻을 받들어 전후 100만 엔의 재산을 조선민족을 위하여 바쳤다."[47] 김기중의 민족자본 백만 엔이야말로 한국 산업화의 추진동력으로 작용한 것이다.

에커트는 협력과 의존관계로 성장한 경성방직을 '제국의 후예'라고 낙인 찍으면서 현대 한국의 정치경제의 틀이 식민지 시기에 만들어졌으

45 京城紡織株式會社, 『경방 六十年(1919~1979)』, 동사, 1974, pp.70~72, 248, 503, 524.

46 김원모, 『자유꽃이 피리라』, p.1163.

47 『朝鮮日報』(1933. 9. 21) 圓坡 金祺中翁(長白山人).

며 김연수와 같은 일제 강점기 한국인 자본가층이 현대 한국 자본가 계급의 원류라고 규정하고 있다. 한국 산업화의 기동력이 외부(일본)로부터 왔으며 식민지 지배는 한국 자본주의 변혁과 근대화를 촉진했다는 식민지 근대화론이 제기되었다. 식민지 근대화론에 의하면 한국의 식민지화가 비록 불행한 일이기는 하지만, 수명이 다한 폐쇄적 구체제가 일본의 근대화문명을 접하게 되면서 경제발전의 성장동력의 획기적 계기가 되었다는 것이다.

5. 박정희의 경제 개발정책

한 국가가 경제발전을 추진할 수 있는 주체적 역량은 곧 '사회적 능력social capability'이라 부를 수 있다. 예컨대 오카와大川一司와 로스프스키에 의하면, 일본이 다른 어느 나라보다 후발 공업화를 잘 수행한 것은 전통사회로부터 축적해온 그 '사회적 능력' 덕분이라고 했다.[48]

'사회적 능력'이란 각종 인적 자원, 우수한 기업가와 노동자, 해외에서의 정보 수집능력, 특히 노하우와 기계설비 등, 사회간접자본 즉 인프라 축적, 능률적인 정부의 존재 등이다. 한국이 비록 경제적 후진국이지만 일본의 선진 공업기술을 충실히 '실행학습learning by doing'을 통해 배우고 사회적 능력social capability을 축적 해왔기에 선진국을 따라잡을 수 있었다.[49]

48 Okawa and Rosovsky, *Japanese Economic Growth:Trend Accceleration in the Twentieth Century*(Stanford University Press, 1973), Chap. 1 and Chap. 9.

49 미나미 료오신(南亮進), 정영일 옮김, 『日本의 經濟發展』, 經文社, 1991, pp.148~149;

이에 반하여 예속자본론자들은 현대 한국의 고도 경제성장과 성공적인 자본주의가 식민지 시기에 기원을 둔 것이 아니라 식민지 시기 이전에 이미 성립했다고 보았다. 식민지 지배가 오히려 경제성장을 저해했기 때문에 일본은 경제성장과 근대화에 장애물로 작용했다는 것이다. 이는 식민지 근대화론에 대한 반대개념인 '내재적 발전론'이다. 식민지화 이전부터 한국사회에서 자생적으로 사회경제적 발전이 이루어지고 있었는데 일제의 식민지 지배로 말미암아 한국 경제발전을 억압했기 때문에 경제개발이 좌절되었다고 주장하고 있다. 그래서 일제 강점기 일본과의 협력과 일본에 대한 의존에 의해 성장한 '예속자본가=제국의 후예'는 일본의 형제가 아니라 무한한 충성을 맹세한 '일본제국의 영원한 꼬봉子分, 부하'일 뿐이라고 신랄한 비판을 가하고 있다.[50]

이광수는 오도답파여행기五道踏破旅行記, 1917에서 부장과의 대화에서 부장은 동경 한국 유학생의 위험사상에 대하여 우려를 표명하면서 어떤 사태가 발생할지 모른다고 했다. 여기서 위험사상이란 '항일독립사상'을 의미한다. 위함사상의 장본인인 춘원에게 추궁하니 이를 변명하느라 새로 갈아입은 양복이 차 땀에 젖을 정도로 긴장했다.

부장은 내게 차를 권하고, 권연卷煙을 피어 물더니,

"어떠시오. 경성을 떠날 때의 조선관朝鮮觀과 지금 조선관의 차이가?" 하는 것이었다. 질문하려다가 내게 거꾸로 질문을 하는데는 놀라지 않을 수 없다. 그러나 나는 침착한 태도로 말하지 않을 수 없었다.

"차이가 대단합니다. 전에도 조선을 안줄로 자신했는데, 그것은 근거

주익종, 『대군의 척후』, pp.16~18, 330~331.

50 『國史館論叢』 제51집(1994), p.65, 1930년대 전반기 부르주아 민족주의자의 '민족경제 건설전략': 조선공업화와 엔블럭 재편정책에 대한 인식을 중심으로(池秀傑).

없는 한 상상에 지나지 못하였소. 실지로 처처에 다니며 보니, 상상하던 바와는 퍽 다르던데요.” 하였다.

“그것 보시요. 동경에 있는 조선 청년들은 조선의 실상을 모르고, 공연히 사첩반四疊半 방에서 공론空論만 하지요. 사첩반에서 혼자 떠드는거야 상관있겠소마는, 조선에 돌아와서 전반 사회에 해독을 끼치는 것은 용서할 수 없소. 우리의 직무가 있으니까. 거기 상응한 처분이 있어야지요.” 하고, 부장은 동경 유학생의 근황을 묻는다. 나도 유학생의 한 사람임에 유학생을 위하여 변명하지 않을 수 없었다.

- 동경 유학생들이 소위 ‘위험사상’을 가졌다는 의심을 받는 것은 사실이다. 그러나 그네들이 붓으로 입으로 필생의 정력을 다하려고 하는 것은 결국 다른 것에 있지 않다. 산업발달, 교육보급, 사회개량 등이다. 어떻게 하면 조선을 알게 하고 부富하게 할까 하는 것이 그네의 이상이다. 오히려 정치에 대해서는 냉연불관冷然不關한 태도다. 7, 8년 전부터 격열해오던 사상은 지금 거의 종적을 감추었다고 해도 마땅하다. 그네는 조선에 돌아와 극히 온건한 방면으로 활동하려한다. 그럼에도 불구하고 당국에선 그네들의 뜻을 잘못 알고 두려워한다 -.

부장은 이상과 같은 내 말을 조용히 듣고 있다가, 다시 입을 열어 말한다.

- 유학생은 상당한 교육을 받아서 능히 세계의 대세를 요해하는 선각자다. 조선의 진보를 위하여 유학생은 실로 귀중한 일꾼이다. 그네가 만일 온건 착실하게 모든 방면에 활동한다 하면, 당국에서는 쌍수를 들어 그네들을 환영하고, 그네들 앞길을 원조하겠다. 과연 동경 유학생의 현상이 군의 말한바와 같다면, 그만 대행大幸이 없다. 원컨대 더욱 자중하기를 바라며, 이 뜻을 유학생 제군에게 전달하기를 바란다 -.[51]

51 春園李光洙傑作選集, 『半島江山 紀行文集(五道踏破旅行記)』, 京城 永昌書館版, 1939,

김성수 · 김연수 형제의 일본유학의 동기는 바로 실력양성지향이었다. 즉 "공부를 해야지 모두가 남에게 뒤떨어진 때문이 아닌가"라는 의식이 그들의 마음 밑바탕에 깔려있었다. 이러한 실력양성론의 배후에는 당시 유학생들을 사로잡았던 것이 사회진화론이었다.

이광수는 1921년 4월 상해 임시정부의 독립신문사 사장직을 그만두고 본국으로 귀환할 때 도산에게 실력을 갖추어야만 독립은 이루어질 수 있다고 강조하면서 실력양성론을 제창했다. "도산은 정부에서 물러나오자 흥사단에 그의 밤시간을 썼다. 내가 그에게 흥사단 말을 처음 들은 것은 첫해 가을인가 한다. 흥사단의 이론은 도산의 실천과 아울러서 깊이 내 마음을 끌었다. 흥사단의 주지主旨를 들은 내 인상으로는 민족의 독립은 독립을 운동함으로 될 것이 아니오 민족이 독립의 실력을 갖춤으로만 이루어진다는 것이었다. 그런데 민족의 실력을 기르는 길은 민족 각 개인의 실력을 기르고, 이러한 개인들이 단결함으로 독립의 힘을 발할 수 있다는 것이었다. 이러한 힘이 없고는 독립이 오게 할 수도 없거니와 설사 남의 힘으로 또는 요행으로 독립이 오는 일이 있더라노 그것은 오래 지닐 수가 없는 것이었다."[52]

동우회 이사부장 이광수가 1937년 6월 동우회사건이 발발, 체포되었는데, 그의 수기手記가 압류되었다. 이 '수기'에 실력을 양성한 후 총녹을 해치운다는 것이다.

"이광수는 이민족異民族은 절대로 융합되지 않는다. 조선인은 아무리 노력을 해도 일본인으로 될 수 없는 까닭에 조선인은 영원토록 민족적 순결을 유지 · 보전하여 조선 민족에 의해 조선을 통치해야 한다고 주장한 자로서 앞으로도 이 태도를 유지하리라고 인정됨. 특히 그자의 수기 중에(증거품 사본 제1호 제28쪽~제24쪽) 기록한 일부분을 비춰 보더라

---

pp.104~106, 五道踏破旅行 : 晉州에서(春園生).

52 李光洙, 『나의 告白』, 春秋社, 1948, p.138.

도 "실력을 양성한 뒤 총독에 대하여 정치상의 요구를 하고 응하지 않으면 해치운다." 바꿔말하면 혁명을 의미하며, 또한 "경성을 저주한다" "서울을 영광스러운 평양으로 옮기고 싶다" 등의 글귀는 이번 사건의 진상을 드러낸 것이며, 조선 독립운동의 핵심을 실력양성에 두고 기반을 평안남도에 둔 것은 본건 처리상 또는 앞으로의 단속상 놓쳐서는 안될 사실로서 일당에 대해서는 엄벌을 필요로 하며, 더구나 동우회의 검거에 비추어 앞으로는 아무리 훌륭한 주의·강령을 제시하더라도 조선인만으로 조직된 결사는 가급적 이를 잘 타일러 중지시켜야 한다고 사료됨.[53]

동우회 이사부장 이광수는 1935년 중년의 몸으로 도쿄여행을 단행했다. 14세 어린 유학생때부터 시모노세키-도쿄간 철도여행을 30여차례 했다. 이제 중년의 나이로 냉철한 마음으로 현실을 직시하면서 러일전쟁(1904) 이래 30여년간 일본의 눈부신 산업화 발전상을 보고 경탄하지 않을 수 없었고, 조선의 현재와 장래를 생각할 때 조선 민족의 무력함, 특히 산업 후진성을 너무나 뼈저리게 통감하고 오로지 실력양성산업화만이 일본을 이길 수 있는 유일한 길임을 진지하게 절규했다. 지구상에 어디를 가든지 조선인이라고 하기를 나도 영광으로 알고 남도 영광으로 부러워할 날이 언제 올까. 우리는 단군족檀君族의 후손이오, 수·당 백만 대군을 물리친 고구려인의 자손이다. 우리라고 이렇게 못할 이유가 없다. 할 수 있다고 부르짖었다.

일제는 1933년 8월 만주국 관동주關東州 대련大連에서 산업박람회를 개최했다. 이광수는 일본관에 전시된 '선진산업 일본'을 상징하는 최첨단 공업 제품을 보고, 조선관에 경성방직의 초라한 광목 전시품을 관람하고 상대적 열등감을 느끼지 않을 수 없었다. "오늘날 공업 없는 민족이 산업적으로 자활할 수가 있겠습니까. 없습니다. 그렇다 하면 공업이 없는

---

53 抗日獨立運動關係『島山安昌浩資料集(朝鮮總督府 警務局所藏 祕密文書)』(국회도서관, 1997), Ⅰ, p.371, 이광수의 태도 및 結社의 단속에 관하여.

조선 민족은 딱하지 아니합니까. 왜 조선의 재산가들이 조선 내의 원료와 노동을 가지고 공업을 아니 일으킵니까. 박람회 문을 나오는 우리 몸에서는 찬 땀이 흘렀습니다."[54]라고 산업화에의 강렬한 동기부여를 절규했다.

이광수는 수탉싸움에서 실력양성의 진리를 도출할 수 있었다. 일본을 이길 수 있는 길은 무엇일까. 수탉싸움을 관찰한 후에 실력양성만이 일본을 이길 수 있다는 진리를 파악했다. 이에 건장한 수탉 한 마리를 배값으로 사와서 쇠고기 한 근교육, 구리가루 두 돈중산업을 탕을 쳐서 먹여 실력을 충분히 양성한 후에 바다 건너온 일본 수탉과 결판싸움에서 승리를 거두었다. 이광수도 이에 호응, "여러분! 우리 민족이 요구하는 것은 고기 한 근 구리 가루 두 돈중이오, 우리 민족은 싸워야 하오. 우리 민족은 이겨야 하오."라고 절규했다.[55]

동우회 사건1937. 6. 7이 발발, 도산 · 춘원을 비롯하여 181명이 총검거될 때 압수된 춘원의 '手記'증거품 사본 제1호 제28-제24쪽에 "실력을 양성한 뒤 총독에 대하여 정치상의 요구를 하고 응하지 않으면 해치운다. 조선인은 아무리 노력을 해도 일본인이 될 수 없는 까닭에 조선인은 영원토록 민족적 순결을 유지 · 보선하여 조선 민족에 의해 조선을 통치해야 한다."[56]고 명기되어 있다.

이는 실력양성 후 민족해방혁명을 일으켜 독립을 달성하겠다는 것이었다. 이광수는 실력양성론을 이렇게 정의하고 있다. "민족의 독립은 독립을 운동함으로 될 것이 아니오. 민족이 독립의 실력을 갖춤으로만 이뤄진다는 것이었다. 그런데 민족의 실력을 기르는 길은 민족 각 개인의

---

54 『東亞日報』(1933. 8. 23), 滿洲에서(5) (春園).

55 李光洙, 『스무살고개 '나' 青春篇』, 生活社, 1948, pp.24~26.

56 抗日獨立運動關係 『島山安昌浩資料集(朝鮮總督府 警務局所藏 祕密文書)』(국회도서관, 1997), Ⅰ, p.371, 李光洙의 태도 및 結社의 단속에 관하여.

실력을 기르고, 이러한 개인들이 단결함으로 독립의 힘을 발할 수 있다는 것이었다. 이러한 힘이 없고는 독립이 오게 할 수도 없거니와 설사 남의 힘으로 또는 요행으로 독립이 오는 일이 있더라도 그것은 오래 지닐 수가 없다는 것이었다."[57]

1910년 3월 오산학교 교원이 되고부터 제일 먼저 착수한 것이 농촌근대화운동을 일으켜 인재 육성만이 잃어버린 나라를 되찾는 유일한 길이라는 교육철학을 실천했다. 한국 최초의 동회洞會운동은 자치개념을 도입한 근대적인 자치제도의 성격을 띠고 있다. 농촌근대화야말로 조국 근대화의 밑거름이 된다는 그의 동회운동은 1960년대 박정희에 의한 새마을운동으로 계승·발전했다. 그러므로 동회운동은 곧 새마을운동의 원조라고 평가되고 있다. 박정희 정부는 1969년 '새마을운동'이라 명명하면서 수원에 새마을 지도자연수원을 개설 운영, 빈곤퇴치를 위한 국민운동을 전개했다.

동회의 회장에 당선된 이광수는 "우리는 '사는 것'만이 목적이 아니오. '잘 사는 것'이 목적이외다. 우선 '죽지 않고 살고' 다음에는 살되 잘 사는 것이 우리의 이상이외다."[58] 이 잘 살자는 개념은 새마을운동의 '잘 살아보세'와 '새마을 노래'에로 계승된 것이다.

6. 김기림의 「새나라송」에 담긴 경제대국의 꿈

김기림金起林, 1908~?은 함북 성진 출생으로 호는 편석촌片石村. 서울 보

57 李光洙, 『나의 告白』, 춘추사, 1948, p.138.
58 『每日申報』(1917. 1. 20), 農村啓發(李春園), 七夕.

성고보와 일본 도호쿠제국대학東北 帝大 영문과를 졸업하고 1936년 3월 9인회박팔양 · 김상용 · 정지용 · 이태준 · 김기림 · 박태원 · 이상 · 김유정 · 김환태에 가담, '시와 소설' 창간호1936. 3. 13에 '창작에 대하여'를 발표했다.

김기림은 이양하李敭河, 1904~1963 최재서崔載瑞, 1908~1964와 함께 주지주의 문학과 모더니즘 시 이론을 번역 소개했다. 주지주의主知主義는 지적 작용을 창작의 원동력으로 한다는 관점에서 이를 모더니즘modernism이라 한다. 감각이나 정서보다 이지理智를 중시하는 태도로 감정을 상위에 두는 주정주의主情主義와 대립한다.

"최재서는 문학비평가로서 1933년 조선일보에 '구미 현문단 총관 · 영국편'을 비롯하여, '현대 주지주의 문학이론'1934 및 '비평과 과학'1934 등의 논문을 발표했다. 이같은 일련의 논문을 통하여 흄Hume, T. E., 엘리엇Eliot, T. S., 리드Read, H., 리처즈Richards, L. A. 등의 주지주의 문학이론을 집중적으로 소개했다."[59]

김기림은 이양하 · 최재서 등과 함께 주지주의 문학이론을 도입, 지금까지 카프KPAF · 조선 프롤레타리아 예술가동맹 · Korea Proletarian Artist Federation가 주동해온 비문학적 정치주의를 반대하고 예술성을 중시하는 경향을 보였다. 특히 L. A. 리처즈의 문학이론을 도입하여 처음으로 한국적 모더니즘을 선언하는 한편, 그 이론에 입각한 시의 시도를 꾀했다. 김기림은 철강산업을 일으켜 신생 대한민국을 현대화modernization할 것을 송축하고 있다.

김기림은 '시에서의 모더니즘modernism, 전통주의에 대립'을 다음과 같이 정의하고 있다.

59 최덕교 편저, 『한국잡지백년』 3, 현암사, 2004, p.418.

〈시에서의 모더니즘, 김기림, 1934〉

지금 우리들은 협애한 장미의 창과 우울한 석양의 숲으로부터 날아올라 넓은 백주 현실 속에서 시의 소재를 구해야 한다. 거리에서, 해양에서, 태양에서, 문명의 훤조喧噪 속에서, 국제회의에서, 전장戰場에서, 전차에서, 백화점의 메커니즘에서. 이리하여 시의 역사는 항상 새로운 가치를 창조하려는 위대한 정신에 의해 파괴되고 또 건설되어왔다. 전통-파괴-건설로 부단한 유전流轉의 여행을 떠나면서도 시는 여전히 내일에의 의욕을 버린 일은 없었다. 이러한 시인의 노력 속에는 그 자체 시대 시대의 강렬한 의지가 반영되어있던 것이다. 따라서 시에서의 시간적 가치는 시인 머릿속에서 배양된 일시적인 변덕이 아니게 된다.

그렇지만 우리들은 우리들의 일이 어느샌가 하나의 고전으로까지 고정되어 우리들 자신의 질곡이 된 경우에는, 조금도 주저하지 않고 그것을 부술 것이다.

시인이란 결국 하나의 가치로부터 또 하나의 새로운 가치로 영원한 여행을 계속하는 탐욕스러운 돈 환Don Juan, 14세기 스페인의 전설적인 난봉꾼이고, 영원히 정지할 줄을 모르는 방만放漫한 코즈모폴리탄이기 때문이다.

그리하여 우리들의 자랑은 결코 오늘날에 한정된 모더니스트가 되는 것이 아니라 오히려 영원의 모더니스트가 되는데 있다1934. 6. 20.[60]

춘원의 '대군의 척후론1935'에 발맞추어 김기림은 1948년 대한민국정부 수립을 앞두고 마침내 모더니즘 시각으로 대한민국 정부수립을 경축하는 '새나라 頌'을 발표하면서, "새로운 가치를 창조하려는 위대한 모더니즘 정신"으로 철강산업을 일으켜 "아무도 흔들 수 없는 새나라an unshakable Nation" 대한민국을 세우자고 송축하고 있다.

---

60 『근대서지』 제5호(2012), pp.626~630, '반도신인집' '오사카매일신문' 조선판(1934. 6. 20).

〈새나라 頌, 김기림, 1948. 8〉

거리로 마을로 산으로 골짜구니로
이어가는 전선은 새나라의 신경
이름 없는 나루 외따른 동리일망정
빠진 곳 하나 없이 기름과 피
골고루 돌아 다사론 땅이 되라

어린 기사들 어서 자라나
굴뚝마다 우리들의 검은 꽃묶음
연기를 올리자
김빠진 공장마다 동력을 보내서
그대와 나 온 백성이 새나라 키워가자

산신과 살기와 염병이 함께 사는 비석이 흔한
마을에 모터와 전기를 보내서
산신을 쫓고 마마를 몰아내자
기름친 기계로 운명과 농장을 휘몰아갈
희망과 자신과 힘을 보내자

용광로에 불을 켜라
새나라의 심장에 철선을 뽑고
철근을 늘이고 철판을 펴리자
시멘트와 철과 희망 위에
아무도 흔들 수 없는 새나라 세워가자

녹슬은 궤도에 우리들의 기관차 달리자
전쟁에 헤어진 화차와 트럭에
벽돌을 신자 시멘트를 올리자

애매한 자비와 굴욕이 좀먹던 부락과 나루에
내 나라 굳은 터 다져가자

김기림은 제철공장을 세워 한국의 산업화의 원동력이 되어 산업혁명을 일으켜 '아무도 흔들 수 없는 강대국'이 될 것을 송축하고 있다.

광복후 좌파 천지의 카프KPAF 공산주의 성향의 조선문학가동맹이 조선문학계를 휩쓰는 상황에서 김기림은 '새노래 시집'에 '새나라 송'을 발표, 이같은 모더니즘 시각에서 산업화 미래비전을 송축하고 있다. 아무도 상상할 수 없는 경제기적을 이루겠다는 의지가 굳건했음을 엿볼 수 있는 대목이어서 그 역사적 의미는 크다 하지 않을 수 없다.

김기림은 카프를 반대하고 반공적 모더니즘 문학 활동을 하면서 "아무도 흔 들 수 없는" 대한민국 정부수립을 찬양하는 '새나라 송'을 발표하고 6 · 25 동란 중에 납북되었다. 그렇다면 '새나라 송'은 그의 유작시일 것으로 판단된다. 이광수와 김기림은 다 같이 산업화만이 5천년 가난을 극복하여 경제대국이 될 수 있다는 신념에서 이광수는 '대군의 척후론' 1935을 김기림은 '새나라 송'(1948)을 발표하여 결국 납북 · 사망했다는 점에서 공동운명체이다.

슬프다! 6 · 25가 발발, 김일성의 북한 공산군이 남침 3일 만에 서울을 점령했다. 김기림은 그가 꿈꾸었던 대한민국의 경제대국으로의 성장 모습을 볼 수 없이 공산당에 납북되었으니 이보다 더 처참한 슬픈 민족적 비극이 있었을까. 김기림은 대한민국이 철강산업을 일으켜 "아무도 흔들 수 없는 새나라" 경제대국으로의 급성장을 송축하다가 공산당에 강제 납북되어 희생된 '대한민국을 위한 의사자義死者'임을 기려야 한다.

제7장

박정희의 대군의 척후 실천과 산업화 비전

1. 박정희의 대군의 척후 실천

박정희朴正熙, 1917~1979는 보통학교 5학년 때 동아일보에 연재 중인 이광수의 '이순신'을 읽고부터 민족구원의 영웅으로 숭배하게 되었고 군인이 된 계기가 되었다고 증언하고 있다. 박정희 대통령의 친필회고록 '나의 소년시절1970. 4. 26'에 다음과 같이 증언하고 있다.

"소년시절에는 군인을 무척 동경했음. 그 시절 대구에 있던 일본군 보병 제80연대가 가끔 구미龜尾 지방에 와서 야외훈련하는 것을 구경하고는 군인이 되었으면 하는 생각이 더 갈망했음. 보통학교 시절에는 일본인 교육으로 일본역사에 나오는 위인들을 좋아하다가 5학년 때1931~1932 춘원春園이 쓴 '이순신'을 읽고 이순신 장군을 숭배하게 되고, 6학년 때 '나폴레옹 전기'를 읽고 나폴레옹을 숭배하였음."[1]

---

1 金鍾信, 『박정희 대통령과 주변사람들』, 한국논단, 1997, p.259. 박정희 대통령의 친필회고록: 나의 소년시절(1970. 4. 26); 김원모, 『영마루의 구름, 춘원 이광수의 친일과 민족보존론』, 단국대출판부, 2009, pp.871~872, 885~886.

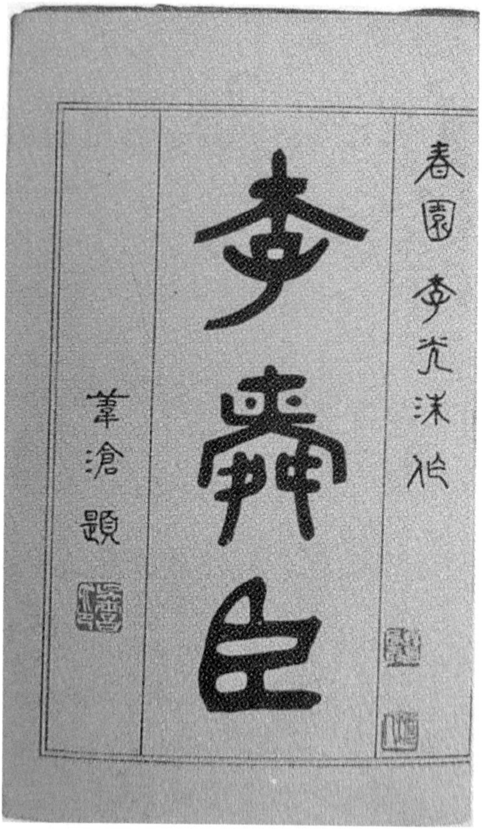

李光洙, 李舜臣(大成書林, 1932) 초판본 표지. 葦滄 吳世昌 題

이광수는 "'이순신'이나 무릇 내가 쓴 소설은 민족정신 밀수입의 포장으로 쓴 것이었다."[2]라고 실토했다.

박정희는 민족정신 밀수입의 포장으로 쓴 이광수의 '이순신'을 읽고 이순신을 숭배하게 되어 군인이 되었다. 만주 군관학교 1등 졸업, 이어 일본 육군사관학교 57기 1등 졸업, 대한민국 대통령이 되어 1968년 민

2 李光洙, 『나의 告白』, p.192.

족의 구국영웅 이순신 장군 동상을 광화문 광장 네거리에 우뚝 세웠다. 높이 17.49m의 우람한 「충무공리순신장군상」忠武公李舜臣將軍像 박정희 헌납을 건립했다. 뿐만아니라 아산 이순신 현충사 성역화 사업을 주관하면서 1967년 5월에 '현충사'(현판 박정희 한글휘호) 본관을 완공하였다.

'근대화 혁명가' 박정희가 대통령이 되어 1960년대 말, "잘 살아보세"라는 구호를 외치면서 '새마을 운동'을 일으킨 것도 이때의 산업화 미래비전에 기인하고 있다. 이러한 새마을운동도 춘원의 동회운동, 소설 '흙'과 '대군의 척후'를 읽고 동기부여가 되었던 것이다.

김동길 교수는 단군 이래 대한민국 지도자 중에 단 한건의 비리도 없었던 지도자가 있었다면 박정희 말고 누가 있겠는가고 반문하고 있다. 대한민국 역사상 가장 위대한 지도자 청렴결백한 지도자, 산업화를 달성한 박정희를 총살한 김재규를 '민주화 인사' 운운하는 좌파 민족문제연구소 인사들은 박정희를 헐뜯을 게 없어서 박정희가 일본군 장교 출신임을 문제 삼아 친일파로 몰아세우고 있다.

박정희 대통령은 일본과의 국교정상화를 단행한 후 일본이 제공한 대일청구권 자금 4억 달러청구권 3억 달러, 1억 달러 대여을 전액 포항제철 창설에 투자하여 우리나라 철강산업의 기틀을 마련하여 산업화에의 역동적 동력으로 작용했다.[3]

새마을 운동은 춘원의 '동회'운동과 '흙'의 농촌계몽운동과 이상촌 건설에 유래했기 때문이다. 춘원의 용동 '동회운동'은 박정희의 '새마을 운동'으로 꽃피웠다. 뿐만 아니라 '흙'의 살여울은 곧 새마을의 원조가 되었던 것이다. "춘원의 '흙'에서 전개한 살여울 같은 모범농촌을 건설하여 농촌 근대화운동을 전개함으로써 민족의 힘을 기르고 독립대업의 기초를 준비해서 조국광복을 이룩하는 것이 이광수의 지상목표이다. 이는

---

3 『대한신보』 명사 칼럼 김동길 교수 구국의 말씀, 작성자 최학종.

1970년대의 박정희의 새마을 운동의 원조가 되고 있다."[4]

1910년 4월 오산학교에 부임한 직후부터 이광수는 정주 용동마을에서 동회운동을 전개, 용동마을을 농촌모범 마을로 육성했다.

> "나는 4년간 영양부족과 과로와 심려로 무척 몸이 약하게 되었다. 내가 후년에 중병으로 오래 신고한 원인이 여기서 시작된 것이었다. 월급이란 거의 한푼도 받아보지 못하고 나무와 양식과 무 배추 같은 반찬거리를 얻어먹을 뿐이었다. 의복도 말이 아니었다. 혹 지나가는 손님이 두루마기 한 감, 모자 한 개를 선물하는 것을 받아서 썼다. 양말은 구멍이 뚫어지고 메투리는 창이 났다. 그리고는 학교시간만을 한 주일에 설흔네시간, 그리고 야학 있고 동회 있고, 또 교회에서 때때로 설교까지 하였다."[5]

이광수는 일종의 작은 자치정부의 성격을 띤 동회를 조직, 자신이 동회장이 되어 농촌근대화운동을 줄기차게 전개한 결과, 용동마을은 한국 최초의 근대화된 농촌마을이 되었다. 이것 모두가 망국민의 천대를 벗어나기 위한 구국운동이었다. "저기 한 촌중이 있으니 집이 한 300호, 모두 농사로 업을 삼다. 한 회會가 있으니 이름은 '동회'이니 촌중의 정부라. 이 동회의 규칙을 대강 보건댄, 직업이 있어야하며 부지런히 일할 것, 술 잡기 등 외도는 엄금함."이라 규정하고 있다."[6]

이광수는 제2차 동경유학 시절 '학지광' 편집 및 발행인이 되어 학지광 제8호1916. 3. 4를 제작 · 출판했는데 이 유학생 잡지에 오산학교 재직 시 자신이 동회장이 되어 동회운동의 체험담을 자세히 기록하고 있다. 이광수야말로 새마을운동의 선구자임을 여실히 입증해 주고 있다. "그러

---

4 김원모, 『자유꽃이 피리라, 춘원 이광수의 민족주의 사상』, 철학과현실사, 2015, pp.306~307, 918~919, 1191.

5 『朝鮮日報』(1937. 2. 5), 45회, 長白山人 李光洙, 그의 自敍傳.

6 『대한인정교보』(치타), 제11호(1914. 6. 10), 모범촌(외배).

고 동회라는 회會를 조직하고 매삭 2차씩 모이기로 작정하였다. 첫 동회에 그는 세 가지 의안을 제출하고 회원의 토론과 의결을 청하고 우선 회장을 선거하여 생전 처음 투표라는 것으로 그가 피선되었다."[7]

결국 이광수의 동회운동의 궁극적 목표는 '잘 살아 보세'이다. 이 '잘 살아보세'의 이념은 박정희의 새마을 사업이 표방하는 농촌근대화 이념과 상통되고 있다는 점에서 춘원의 선구적 역할 비전은 새마을 사업의 원조가 되고 있다. "우리는 상당한 고역이 있어야 하는 동시에 상당한 안식과 쾌락도 있어야 하오. 아무쪼록 인생을 즐겁게 보내는 것이 우리의 이상이외다. 우리가 땀을 흘리며 고역하는 것도 그 목적은 가급적 가장 즐겁게 살려 함이외다. 즉 우리는 '그저 사는 것'만이 목적이 아니요 '잘 사는 것'이 목적이외다. 우선 '죽지 않고 살고' 다음에는 '살되 잘 사는 것'이 우리의 이상이외다."[8]

농촌계발운동의 궁극적 목적은 '잘 살아 보자'는 운동이라고 정의하고 있다. "우리 젊은 사람들! 여기 모인 40명이 일심一心하여 하려고만 하면 20년 내에 이렇게 될 수 있습니다. 내가 벼슬을 그만두고 돌아온 것도 우리 촌중을 한번 이렇게 만들고 우리들도 이 사람들과 같이 잘 살아보려고 우리 자손들도 이 사람네 자손 모양으로 잘 살아보려고 돌아온 것이외다."[9]

1935년 이광수가 '대군의 척후론'을 발표하여 한국에 산업혁명이 일어나 부강한 나라가 될 것이라는 미래비전을 제시했다. 이를 계승, 산업혁명의 실천자가 박정희이다. 1961년 박정희의 새마을운동 사업은 바로 산업혁명으로 이어져서 불과 1세대만에 '한강의 기적'을 이룩하여 한국은 6·25 전쟁의 참화를 딛고 1인당 국민소득 85달러의 열악한 한계상

---

7 『學之光』제8호(1916. 3. 4), pp.39~44, 龍洞(帝釋山人).
8 『每日申報』(1917. 1. 20), 農村啓發, 七夕(春園).
9 『每日申報』(1916. 12. 2), 農村啓發, 青年을 鼓動함(春園).

황에서 산업혁명에 성공, 세계 10대 경제대국으로 우뚝 서게 된 것이다. 한국은 자동차 생산 3대국 '빅3'의 반열에 올랐다. 이제 한국은 "원조를 받는 나라에서 원조를 주는 나라로 역전된 것이다An aid recipient turned donor country".

2017년 11월 트럼프Donald Trump 미국 대통령은 한국 국회연설에서 "한국에서는 그 어떤 독재자도 할 수 없었던 것을 한국 국민들이 해냈습니다. 바로 스스로 책임을 지고 미래 주도권을 가졌습니다. 꿈이 있었는데 바로 그 코리안 드림을 현실로 만들어냈습니다. 그렇게 함으로써 여러분들께서는 '한강의 기적the miracle on the Hahn'을 만들어냈습니다."[10]

이와 같이 트럼프 대통령은 한국 산업화는 한국인의 꿈a Korean dream을 현실로 실현해냈다고 정의하고 있다.

트럼프 대통령이 언급한 '한강의 기적'을 성취한 주도자는 누가 뭐래도 박정희라는 역사적 엄연한 사실을 부인할 사람은 없을 것이다. 박정희는 "우리 민족의 나아갈 길" 1962에서 '잘사는 나라'를 만드는 미래비전을 이렇게 전망하고 있다. "우리 겨레에게 진정 갱생의 길은 없는 것일까. 비틀린 민족성을 바로잡고 건전한 복지 민주국가를 세우는 길은 없는 것일까. 거짓말과 몸에 밴 무사안일주의를 청산하여 부지런한 생활인으로 탈바꿈하고, 그 인간혁명을 기반으로 사회개혁을 통해 굶주리는 사람이 없는 나라, 잘사는 나라를 만드는 길은 어디 없는가." 이때 제시한 국가발전 미래비전은 민주국가 건설만 제외하고 모두 그의 집권 18년 만에 구현한 것이다. 5 · 16 직후의 민주화가 지속될 수 없었던 이유는 국민의 절대다수가 '정치적 자유'보다 '배고픔으로부터의 자유해방'을 먼저 원했기 때문이었다.[11]

---

10 Remark by President Trump to the National Assembly of the Republic of Korea, November 10, 2017.

11 『주간동아』 박정희 탄생 100돌(No. 1114 2017. 11. 22~28), pp.14~15, 18.

박정희는 조국근대화의 미래비전을 찬송하는 '새마을 노래'를 작사·작곡했다. 일본의 근대화(1868 明治維新)는 서구화西歐化 모델이라면 한국의 근대화(1961. 5·16 군사정변)는 한국의 독창적인 새마을운동을 통한 경제개발 모델이다.

〈새마을 노래〉(박정희 작사·작곡)

씩씩하면서도 명랑하게

1. 새벽종이 울렸네 새아침이 밝았네 너도나도 일어나 새마을을 가꾸세
2. 초가집도 없애고 마을길도 넓히고 푸른 동산 만들어 알뜰살뜰 다듬세
3. 서로서로 도와서 땀 흘려서 일하고 소득증대 힘써서 부자마을 만드세
4. 우리 모두 굳세게 싸우면서 일하고 일하면서 싸워서 새 조국을 만드세

후렴 : 살기 좋은 내 마을 우리 힘으로 만드세

이러한 잘사는 나라 만드는 그의 정치철학은 바로 새마을운동으로 승화 발전했다. 박정희는 1971년 기존의 절대빈곤의 프레임을 벗어나 농촌 삶의 패러다임을 전환할 목적으로 새마을운동을 전개했다. 생활혁신, 환경개선, 소득증대를 통해 후진된 농촌을 근대화시킨다는 목표에서 전국적으로 새마을운동을 전개한 것이다. 세계적인 경제학자 제프

리 색스는 새마을운동에 대해 '할 수 있다'는 정신이 최빈국을 50년 만에 원조하는 나라로 변신시켰다."고 말했다. 박정희 작사 · 작곡의 '새마을 노래'의 "일하면서 싸워서 '새 조국'을 만드세, 살기 좋은 내 마을 우리 힘으로 만드세"라고 합창하면서 국민통합을 이룩하여 농촌근대화운동을 전개한 것이다. '우리도 할 수 있다'는 '캔두can do정신'을 국민에게 심어주면서 조국근대화운동을 줄기차게 전개했다.

박정희는 농촌근대화 정책을 착수하면서 최우선적으로 농촌 전화電化사업을 이룩하여 전국 농촌마을에 전기불을 밝혔으며, 가난의 상징물인 '초가집'을 없앴고, 악명 높은 '붉은 산' 황폐한 대머리 산에 녹화사업을 성취, 단기간에 산림녹화를 성취했으며, 통일벼를 개발하여 식량 생산증대를 성취, 5천년 절대빈곤의 '보릿고개'를 없앴다.

이와 같이 5 · 16 직후부터 경제개발정책을 추진, 새마을운동을 전개, 농업혁명을 성취한 후 산업혁명을 추진했다. 경부고속도로를 개통하고1970, 포항제철 준공, 중화학공업 육성계획을 발표1973하면서 산업화를 추진한 결과 마침내 수출 100억달러를 달성했다1977. 5 · 16 군사정변 당시 1인당 국민소득이 85달러이던 것이 20년 후엔 1,957달러, 2017년에 국민소득 2만9500달러로 3만 달러 시대를 앞두고 있다. 이처럼 산업혁명에 성공하여 각광 받는 산업국가로 탈바꿈했다.

2015년 한국냉전학회 창립총회에서 고려대 허은 교수는 '냉전과 지역사회'를 발표했다. "한국의 새마을 건설계획은 말레이반도 · 필리핀 · 베트남에서 공산주의 세력의 영향력을 완전히 차단하려는 미국의 안보적 이해와 연관성 속에서 전개되었다."라고 주장했다. 박정희 대통령의 진두지휘하에 진행하던 새마을 운동은 냉전시대 동남아시아 제국에서는 공산세력이 발호했지만 한국은 한국식 전략촌인 '대공對共 마을'을 전국적으로 건설, 반공계몽교육을 실시했고, 새마을운동은 빈곤퇴치운동으로 5천년 가난뱅이 '보릿고개'를 극복함으로써 공산주의 게릴라의 침투를 원천 봉쇄했다.

현재 해외 74개국에 새마을운동을 수출했다. '새마을운동 기록물'은 제11차2013. 6. 18 유네스코 세계기록유산 국제자문위원회에서 이순신의 '난중일기亂中日記'와 함께 유네스코 세계기록유산으로 등재되었다.

이광수는 산업화만이 극일의 유일한 최선책임을 강조하면서 산업화의 당위성이라는 시대적 사명을 실현하기 위하여 산업화와 관계되는 논설문 12편을 발표했다. 그의 산업화에의 열망과 의지가 얼마나 강렬하고 절실했음을 확인할 수 있는 대목이다.[12]

마침내 조선일보 부사장 겸 편집국장 이광수는 1935년 산업화의 미래 비전 '대군의 척후'를 발표했다. 이광수는 산업화라는 담대한 구상audacious initiative을 창안한 것이다.

김소월金素月, 1902~1934은 본명은 정식廷湜이다. 평북 구성龜城 출신으로 오산학교와 배재고보를 거쳐 일본 도쿄상대 중퇴해 귀국했다. 그의 유일의 시집 '진달래'1925를 출판했다. 그러나 그는 일정한 수입이 없는 극도의 생활고를 하는 룸펜 생활을 하면서 통음으로 여생을 보내다가 극단적인 가난을 이기지 못하고 자살하고 말았다. 그는 일생을 극도의 가난에 시달리는 빈곤의 삶을 살다가 스스로 목숨을 끊은 불우한 삶을 읊은 '옷과 밥과 자유1925'를 남겼다.

〈김소월 : 옷과 밥과 자유1925 동아일보 발표〉

공중에 떠다니는

12 『朝鮮日報』(1933~1935), 一事一言(長白山人), (1933. 9. 21) 圓坡 金祺中翁, (1933. 9. 22); (1933. 9. 28) 鍾紡罷業 解決; 自力統制, (1933. 11. 28); 朝鮮人과 富, (1933. 11. 30); 朝鮮綠化, (1934. 4. 27); 松都, (1934. 5. 5); 고무 工業의 活路; (1935. 4. 13); 明日의 商工朝鮮; (1935. 4. 14) 實業과 精神修養; (1935. 4. 28) 經濟獨立; (1935. 5. 2) 平壤의 明日; (1935. 5. 3) 朝鮮工業化 問題. 이상 12편 발표.

저기 저 새여
네 몸에는 털 있고 깃이 있지.

밭에는 밭곡식
논에는 물벼
눌하게 익어서 수그러졌네.

초산楚山 지나 적유령狄踰嶺
넘어선다
진실로 저 나귀는 너 왜 넘니?

아! 천재시인 김소월金素月 1902~1934은 절대빈곤의 가난에 허덕이다가 32세의 청춘의 나이로 자살하였으니 너무나 아까운 청춘의 나이로 이 세상을 하직했다. 그의 유일의 시집 '진달래(1925)' 초판본은 최근 경매에서 1억5천만원으로 낙찰했다는 것이다.

김소월의 자살의 원인은 절대빈곤이다. 이에 충격을 받은 이광수는 5천년 가난을 극복하는 길은 오로지 산업화만이 유일책임을 인식하고 산업화 미래비전 '대군의 척후론'을 발표하게 되었다.

이광수는 '산업과 정신수양'에서 예언자 답게 척후화신, 경성방직가 산업혁명의 선구자이고 대군후발기업이 몰려와서 산업혁명을 이룰 것이라고 예단하고 있다.

"우리는 어제 이 난欄에서 조선의 상공업이 새로 일어날 기미機微를 보인다는 말을 하였다. '상공조선에'라는 것이 금후의 표어기 아니면 아니 될 것이다. 농민은 농토를 꽉 붙들 것은 물론이지마는 자본 있는 이는 상공업에 진출할 것이다. 상업에서 화신박흥식, 공업에서 경성방직김성수·김연수의 확장·발전은 결코 한날의 사실만이 아니요, 뒤에 오는 대군大軍

의 척후斥候임이 확실하다. 그러나 상공업은 자본과 기술의 이중주二重奏가 아니요, '자본'과 '기술'과 '정신'의 삼중주三重奏로만 되는 것이다."13

이광수가 말하는 척후斥候 Scout는 선발기업 화신상회와 경성방직을, 대군大軍 Large Army은 후발기업 삼경, 현대, LG, 포항제철 등을 가리키고 있다. 이들 후발기업大軍이 몰려와서 한국의 산업혁명을 일으키는 데 성장동력이 된 것이다.

이광수야말로 산업화의 미래비전 '대군의 척후'를 발표하면서 시대적 사명을 앞서서 예단하고, '상황을 앞서서 주도하는 걸물a proactive great man'임을 확인할 수 있다. 이같은 새로운 산업화 미래 비전은 우리를 경탄케 한다. 이러한 미래비전은 40년 후 1960~80년대 산림녹화와 새마을운동이라는 농업혁명을 일으켜 보릿고개라는 절대빈곤을 극복한 후, 시공사 현대건설정주영이 주동이 되어 경부고속도로를 완공1970. 7. 7,14 이를 성장동력으로 작용, 산업혁명을 달성한 역사적 사실과 부합되는 정확한 미래비전이 아닐 수 없다.

이광수가 1935년 산업화 미래비전을 예측한 '대군의 척후'에서 척후斥候 Scout는 선발기업 화신상회박흥식, 경성방직김성수 · 김연수이다. 대군Great Army이란 해방 후 후발기업 삼성이병철, LG 그룹의 창업주 구인회, 현대그룹의 창업주정주영, 포항제철박태준 등이다.

이들 후발기업 대군大軍, Large Army은 (1) 삼성三星 그룹의 창업주 이병철李秉喆, 1910~1987은 경남 의령 출생으로서 1938년 대구에서 삼성상회三星商會를 창업했고, 경성에서 삼성물산공사1947, 제일제당1953, 제일모직1954, 삼성전자1969, 삼성 석유화학1974, 이를 일괄하여 삼성 그룹의 회장이 되었다.

---

13 『朝鮮日報』(1935. 4. 14), 實業과 精神修養(長白山人).

14 『東亞日報』(2015. 3. 20), 당재터널은 인간을 거부했고 우린 미친 듯이 기적을 뚫었다.

(1) 삼성그룹의 창업주 이병철은 1983년 2월 8일 일본 도쿄에서 반도체 산업진출을 선언했다. 이는 '대담한 구상audacious initiative'이 아닐 수 없다. 후발기업인 삼성이 반도체 첨단 기술인 초고밀도집적회로VLSI 개발에 대규모 투자를 선언하자 당시 세계는 '무모한 도전' '과대망상증 환자'라고 비꼬기도 했다. 그러나 이병철은 "어려울 때일수록 미래산업에 투자해야 생존할 수 있다"는 것이 그의 반도체 산업혁명의 미래비전 철학이다. 삼성그룹은 반도체 산업진출 40년2023만에 반도체 신화의 꿈이 실현, 한국 경제가 퀀텀 점프quntum jump · 약진하는 기적이 일어나고 있다.

삼성 그룹의 이병철 회장은 일본의 선진공업기술을 충실히 실행학습learning by doing하였고, 사회적 능력social capability을 착실히 축적했다. 특히 삼성의 이병철 · 이건희李健熙 부자는 와세다대학早稲田大을 졸업한 후 일본 생활을 통해서 일본의 선진과학기술을 충실하게 실행학습하여 일본을 따라잡았고, 일본을 능가하여 세계 초일류 기업으로 발전할 수 있었다.

세계화가 새로운 변곡점에 다달은 지금 각국은 수출규제, 보조금, 세액공제, 등 모든 인센티브를 지급하는 등 수단과 방법을 강구하면서, 전력 반도체사업육성에 총력을 기울이고 있다. 한국도 연구개발R&D 투자, 인재육성 등 전 분야에 걸쳐 정부의 지원이 요망되고 있다. 이제 한국은 40년 전 시작한 반도체 사업의 성공으로 D램을 비롯한 메모리 반도체 시장에서 세계 1위를 차지하고 있지만, 그 격차는 줄어들고 있다. 이를 극복하려면 경기에 민감한 메모리 반도체 시장으로부터 탈피하여 파운드리 반도체위탁생산 시스템 등의 전반적인 경쟁력을 높여야 할 것이다. 그 첫 과제가 소재, 부품, 장비 국산화가 시급하다. '챗GPT'로 시작하는 인공지능AI시장의 가파른 성장에 주목하여 수요증가의 기회를 적극 활용해야 할 것이다. 이제 제2차 반도도체 혁신사업이 성공하려면 정부와 기업이 합심하여 과감한 투자를 함으로써 제2 비약적인 반도체 혁신사업이 꽃피우기에 주력해야할 것이다.

(2) LG 그룹의 창업주 구인회具仁會, 1907~1969는 경남 진주 출생으로 6·25 휴전 당시 럭키 치약을 생산하다가 1953년 금성사金星社, Goldstar를 창업, 우리나라 최초로 금성 라디오와 금상 TV를 생산, 전자산업시대를 열었다. 금성사를 통합하여 LG 그룹이 되었다. 특히 LG TV, LG 냉장고, LG 세탁기는 전 세계 전자 제품 시장에서 단연 최고 판매기록을 세우고 있다.

LS 그룹의 창업주 구자열具滋烈 회장은 경남 진주 출생, 2003년 금성산전(주), LG 산전주으로부터 계열 분리, LS 산전을 창설했다. LS 산전LS Eelectric의 주력 사업분야는 전력과 자동화 부문이다. 전력사업은 발전소에서 만들어진 전력을 수용자 까지 공급하고 전력계통을 보호하는 전력기기 제품을 생산하며, 초고압 전력시스템 사업도 영위하고 있다. 중요제품으로는 중·저압기기, 고압기기, 계량기, 계전기, 초고압 개폐기, 배전반, 진단시스템 등이 있다. 2013년 4월 LS 그룹의 재정수익은 세계순위 9위에 오르기도 했을만큼 호황을 기록하고 있다. 현재 한국무역협회 회장으로 활동하고 있다.

(3) 정주영鄭周永, 1915~2001은 강원도 통천 출생으로 전후 네 번이나 가출하여 부두노동을 비롯하여 건설공사장에서 온갖 막노동일을 하다가 경성에서 자동차 정비회사 아트 서비스Art Service를 인수1940하여 운영하더니, 해방과 동시에 현대現代자동차공업사를 설립1946, 이어 현대토건사를 설립1947, 이들을 통합, 현대건설주식회사로 개편했다1950. 마침내 정주영·정세영 형제는 현대자동차주식회사를 설립1959, 울산공업단지가 조성되는 과정에서 대규모 울산 자동차 생산공장을 세워 1974년 한국 고유모델 포니Pony쿠페를 생산했다. 국산부품 80%의 최초의 국산 포니는 생산되면서 영국 프랑스 등 유럽에 수출하기 시작했다.

현대 포니 쿠페는 1970년대 전설적인 이탈리아 자동차 디자이너 조르제토 주지아로Giorgetto Guigaro에 의해 탄생했으며 1974년 10월 토리도 모터쇼에 첫선을 보였다. 현대자동차는 독자기술로 포니Pony 특유의 기하학적인 라인과 쐐기 모양의 코, 원형 해드램프는 머지않아 하나의 아이콘으로 자리매김했다. 1975년 12월 4도어 세단 버전 포니가 출시된 이후 1976년 5월 포니 픽업, 1977년 4월 스테이션 웨건이, 1980년 3월 해치백 버전이 추가로 출시되는 등 이제 포니 자동차는 국내외로 인기를 끌었다. 이리하여 1976년부터 유럽 영국, 벨기에, 그리스, 네델란드에 수출하기 시작했다.

정의선鄭義宣 현대자동차 그룹 회장은 1974년 출시된 포니 원모델이 남아 있지 않아 이를 복원 · 전시하기 위하여 직접 포니 디자이너 주지아로를 방문, 포니 원모델을 복원 · 제작해 줄 것을 간청하자, 마침내 2023년 6월 포니 쿠페 콘셉트카가 첫 생산된지 49년 만에 복원모델을 인도받게 되었다. 이는 한국이 자동차 생산 '글로벌 빅3'로 급부상한 기념사업의 일환이었다.

이제 제너시스Genesis 전기차 142만 대 생산을 기점으로 우리나라는 세계 4대 자동차 생산국의 반열에 올랐다. 정주영 회장은 경부고속도로 완공1970. 7. 7을 산업화 추진동력으로 작용, 한국 산업화를 달성하는 데 기여했다. 1979년 기아자동차를 인수 · 합병하여 기아Kia자동차를 생산, 유럽 각국에 수출하면서 비약적인 발전을 거듭하여 세계 자동차생산 3대 생산국 반열에 올랐다.

〈연간 자동차 생산 판매량(2022)〉

1. 토요타 1049만 대
2. 폭스바겐 857만 대
3. 현대 그룹 666만 대

4. 르노 닛산 615만 대
5. GM 593만 대
6. 스텔란타스 583만 대

현대 자동차그룹의 연간 자동차 판매량은 666만 대를 생산 · 판매함으로써 '글로벌 빅 3'로 약진했다.[15]

정주영은 현대중공업現代重工業HHI : Hyundai Heavy Industries 울산조선소를 창립1973. 12. 28, 아시아 최대의 조선造船 중공업시대를 열었다. 현대중 울산조선소 창업주 정주영은 미포만의 조선소 건설부지 사진 한 장과 거북선이 그려진 구화폐 500원권 지폐 한 장을 들고 임란1592 때 이순신이 거북선을 만들어 왜적을 물리쳤다고 강조하면서 영국 버클레이즈 은행에 제출, 차관을 받아내어 선박 건조와 조선소 건설을 동시에 추진, 마침내 1994년 6월 국내 최초의 LNG액화 천연가스 유조선을 완공 · 인도했는데, 선박 길이는 299m, 너비는 46.4m의 초대형 선박을 완공했으니 이를 세우면 63빌딩250m을 넘어설 정도이다. 이간이 정주영의 '거북선 배짱'이 '미포만의 신화'를 창출한 것이다. 2012년 3월 선박 1억 GT 달성, 현대 조선소는 수주 잔량 역시 957만 CGT로 세계 1위를 달성했다.[16]

(4) 박정희 · 박태준朴泰俊, 1900~1986은 대일청구권 자금을 투자, 포항제철 건설공사를 진두지휘하여 1973년 6월 9일 포항제철을 완공, 쇳물 생산 국내 1호 용광로에 점화하면서 철강생산 시대를 열었다. 연간 생산량 103만t, 가동 5년 만에 누적 500만t 생산을 달성했다. 포항제철은 용광로 준공 48년만에 쇳물 5,520만t 생산하면서 종풍終風 · 생산중단을 단행한

15 『동아경제』(2023. 3. 16), 현대차그룹 글로벌 '빅 3' 됐다.
16 르포 : 정주영 '미포만의 신화' 울산 현대조선소 가보니, 세계 1위 울산=김도현 기자.

후 기념관 '경제국보 1호'로 재탄생했다.

국책 기업 포항제철소 공사를 진두지휘한 박태준은 영일만 모래밭 제철소 용지에 슬레이트 지붕의 목조건물을 지어 숙식을 해결하면서 "선조들의 핏값으로 짓는 제철소 건설이 실패하면 우리는 모두 '우향우'해서 동해 바다에 몸을 던져야 한다."고 비장한 제철소 건설의지를 불태웠다. 이리하여 박정희 대통령의 산업화 미래 비전을 실천하는데 앞장선 것이다. 박태준 회장은 첫 출선 당시 1고로 앞에서 만세를 외치면서 감격의 눈물을 흘리는 모습이 아직도 선한데 종풍終風·생산중단을 단행한 후 기념관으로 재탄생했다.[17]

2. 포항종합제철 건설과 경부고속도로 건설 비화

춘원의 '대군의 척후론'과 김기림의 '새나라 송頌'은 다 같이 철강산업에 의한 산업화 미래비전을 제시했다는 점에서 하나의 공통적인 시대정신이 되었다. 이에 자극을 받은 박정희·박태준은 포항 종합제철을 건설하기로 뜻을 모았다. 드디어 1967년 10월 20일 대한민국정부와 한국국제차관단KISA간에 협약서를 체결했다. "60만톤 종합제철소의 외환비용은 9,570만 2000달러를 차관확정계획서 제출후 3만5,000달러를 지급함."[18]

박정희 대통령은 종합제철 건설에 관한 보고를 받고 1969년 5월 22

---

17 『동아경제』(2021. 12. 30), 쇳물 5520만t 생산 '경제국보 1호' 역사속으로(신동진 기자).

18 양윤세·주익종, 『고도성장시대를 열다』, 해남, 2017, p.346.

일 다음과 같이 지시했다.

1. 정부는 종합제철의 필요성, 경제성, 차관 상환능력에 대한 자료를 대한차관단KISA에 제시토록 하여 적극적인 자세로 설득할 것.

2. 정부가 지원하는 종합제철과 관계되는 항만, 도로, 정지사업을 계속 강력히 추진할 것.

3. 종합제철이 국제경쟁력을 갖출 때까지는 정부투자에 해당되는 부문은 모두 보조로 돌릴 것.[19]

차관 문제로 난항을 거듭하자 박태준의 하와이 구상이 나왔다. 1969년 1월 하순 나는 미국 피츠버그로 날아가기로 했다. KISA를 잉태시킨 코퍼스사 포이 회장과 담판을 벌여 확답을 받아낼 작정이었다. 코퍼스사는 세계 최고의 철강 엔지니어링회사였다. 그 대표인 포이와 마주 앉았다. 하지만 그의 결정은 '노no'였다. 자페의 보고서를 무시할 수 없다면서 물러서지 않았다.

나는 일행과 함께 하와이로 날아갔다. 와이키키 모래사장에 드러누웠다. 갑자기 어떤 아이디어idea가 뇌리를 스쳤다. 번쩍 정신이 들었다. 대일청구권 자금, 일제 식민지 배상! 조상의 피맺힌 돈이 남았을 것이란 생각이 스친 것이었다.

"그래 좋아! 자네가 기막힌 생각을 해냈군. 그 정도는 될거야." 박정희 대통령은 즉시 수락했다.[20] 포항종합제철소는 이런 우여곡절 끝에 태어났다.

이리하여 1969년 12월 3일 김학렬金鶴烈, 1923~1972 기획재정부장관과 가네야마 마사히데金山政英 주한일본대사 사이에 포항제철 건설안을 주의제로 올리고 대일청구권자금을 일본에서 기술지원 해주기로 하는 포항

---

19 상게서, p.366.

20 상게서, p.370; 『중앙일보』(2004. 8. 29~31) 박태준 자전에세이 연재.

종합제철 한일 기본협약을 체결했다.[21]

대일청구권 자금 전액을 투입, 마침내 1973년 6월 포항종합제철을 대일청구권 자금으로 준공했기에 이는 국책기업인 것이다. 완공과 동시에 철강생산을 산업화 실현의 성장동력으로 작동, 한국은 일약 10대 경제대국의 반열에 올랐다. 이로써 5천년 절대빈곤을 타파, '보릿고개'를 극복했다.

1992년 가을, 철강 2100만t 생산시설을 완성한 박태준 회장은 박정희 대통령의 묘소를 찾아 제철보국製鐵報國의 임무 달성을 보고했다. "용광로 구경조차 해본 적 없는 39명의 창업요원을 이끌고 포항의 모래사장을 밟았을 때는 각하가 원망스럽기도 했습니다. 터무니없는 모략과 질시와 수모를 받으면서 그대로 쓰러져 버리고 싶었던 때도 있었습니다." 얼마나 힘들었을까? 그 절절함이 가슴을 친다. 일본과의 협력은 일단 친일親日이라며 매도하는 정치인들이 요즘도 허다한데, 이런 모략에 의해 박태준 회장이 쓰러졌으면 대한민국은 지금 어디에 있었을까?[22]

이러한 산업이 전무한 상황에서 한국은 1952년까지 자전거 조차 만들지 못하고 수입해서 사용했다. 경북 칠곡 출신의 학산鶴山 김철호金喆浩, 1905~1973는 자전거 제조기술을 배우고자 일찍이 일본으로 건너갔다. 기계부품을 생산하여 큰돈을 벌었다. 일본의 선진 공업기술을 충실히 학습하고 8·15 해방 직전에 고국으로 귀국하여 경성정공(주)을 설립, 기계부품을 생산하여 큰돈을 벌었다. 6·25전쟁이 한창 지속되는 가운데 1952년에 최초의 '삼천리 자전거'를 생산했다. 그 후 기아산업주으로 회

21 상게서, pp.380~381.

22 『東亞日報』 김도연 칼럼 : 산업화의 첫걸음을 내디딘 반세기 전 여름.

사명을 바꾸고 오토바이 삼륜차 트럭과 기아起亞자동차를 생산했다.

김철호 사장이 별세한 후 1979년 기아는 현대자동차에 인수 · 합병되고 말았다. 김철호야말로 6 · 25 전쟁중임에도 불구하고 1952년 '삼천리 자전거'를 생산하고 이어 기아자동차를 생산하여 한국 산업혁명의 추진동력을 창출한 한국산업혁명의 선구자이다.

"박정희경부고속도로, 1970 +정주영현대 포니 Pony, 생산, 1974 = 산업혁명 달성의 성장동력 작동"

경제기획원 양윤세梁潤世 국장은 경부고속도로 건설의 비화를 다음과 같이 증언하고 있다.

> 내가(양윤세) 기획원 국장 때인데1962, 박 태통령이 나를 부르셨어요. 대통령 집무실로 갔는데, 대통령이 접었다 폈다 하는 철제 의자 위에 가부좌를 하고 앉아 계시더라고요. 앞에 그 악보 올려놓는 보면대譜面臺 같은 것에 지도가 펼쳐져 있었어요. 뭘 하시나 하고 옆에 가서 보니까 대통령이 그 지도에 고속도로 노선을 그리고 계셨어요. 지도에 파랗고 빨간 선이 그어져 있었어요. 대통령께서 "경부고속도로 노선 그려" 하시더라고요. 그분이 포병사령관을 했기 때문에 지도에 대한 조예가 깊었어요. 우리는 지도를 봐도 잘 모르죠.
>
> 경부고속도로 만들 때 박 대통령이 사면초가였어요. 누구도 찬성하는 사람이 없고 사방에서 반대만 했어요. 대통령이 명령하니까 하지요 하는 정도가 가장 앞장서서 지지한 거였어요. 기획원에서도 대통령이 하라고 하니까 볼멘 표정으로 추진했어요. 장기영 씨도 "요즘 대통령이 사면초가야. 고속도로에 관해서는 대통령 혼자서 밀어붙이고 있어"라고 이야기하기도 했어요. 장기영 씨도 어느 쪽이 맞다고 하지 않고 긴가민가하면서 대통령을 따라간 거예요. 거의 유일하게 성의있게 "이거 합시다. 얼마 안듭니다" 한 게 정주영鄭周永 씨예요. 정씨가 거기서 큰 뿌리를 잡은 거죠. 집무실에서 혼자 고속도

로 노선을 그리고 있던 박 대통령의 모습이 아주 인상 깊어요. 대통령인 분이 직접 노선을 그리는 것을 보고 감탄을 했어요.[23]

후발기업대군은 사회적 능력을 축적한 선발기업(척후)에 호응, 벌떼처럼 몰려와서 6·25전쟁의 잿더미 속에서 산업혁명을 달성, '한강의 기적'을 창출했다는 점에서 그 역사적 위업은 실로 그 의미가 크다고 아니할 수 없다. 한 국가가 경제성장을 추진할 수 있는 주체적 역량은 곧 사회적 능력social capability이라 부를 수 있다. 한국은 비록 경제적 후진국이지만 일본의 선진 공업기술을 충실히 실행학습learning by doing을 통해 배우고 사회적 능력을 축적해왔기에 선진국을 따라잡아 산업화를 이룰 수 있었다.[24]

이광수는 1932년 '이순신'을 간행했다. 1592임진년 4월 왜군豐臣秀吉 30만 대군은 "명나라를 치는데 필요한 길을 빌려달라征明假道"라는 망언을 하면서 삼로三路로 침략, 조선 팔역八域을 삼킬 야심을 품고 내침했다.[25]

왜군이 부산에 상륙하자, 조선군은 조총에 맞서 싸울 무기가 없어서 속수무책, 왜군은 별다른 항거를 받지 않고 거침없이 서울을 점령했고, 전라도를 제외한 조선 7도를 점거했다. 국왕 선조는 최후의 마지노선인 의주로 피란했다. 왜군이 의주로 내침한다면 명나라로 내부內附하겠다는 것이다. 조선군은 조직적 군사훈련을 받지 않은데다가 왜군의 조총의 위력에 압도되어 피란하는 데만 분주했다. 게다가 양반 지배계층은 상무尙

23 양윤세·주익종, 『고도성장 시대를 열다(박정희시대의 경제외교사 증언)』, 해남, 2017, pp.551~552.

24 미나미 료오신(南亮進), 정영일 옮김, 『日本의 經濟發展』, 經文社, 1991, pp.148~149.

25 신채호 지음 김주현 주해, 『申采浩 文學註解』, 경북대학교출판부, 2018, 李舜臣, p.289.

武정신은 찾을 길 없이 문약文弱에 빠진 공론가로서 '서인'은 내침설을, '동인'은 불침설을 두고 당파싸움에만 골몰했다. 충청 · 전라 · 경상 삼도 수군통제사 이순신은 안골포安骨浦 해전을 앞두고 "호남이 없으면 국가가 없다無湖南 無國家"라고 선언했다. 만일 전라도마저 적의 손에 들어가면 이순신의 수군까지도 양식을 얻고 발을 붙일 근거지를 잃어버려 조선은 영영 회복할 기회를 얻을 수 없을 것이었다.[26]

이순신 통제사는 거북선을 개발하고 전선戰船을 건조하는 동시에 일본 조총을 새로 개발하며 돌덩이 탄환을 쏠 수 있는 대포를 제조하여 한산도 대첩, 12척 전선으로 왜군 함대 133척을 물리친 명량해전 울돌목 대승, 안골포 대첩, 등 일본 수군을 연전연승하여 나라를 구출했다.

정주영은 강원도 통천通川 출신인데, 구장집에 배달되는 동아일보에 연재중인 춘원의 '흙'1932을 읽고 주인공 허숭許崇이 고문 패스 변호사임에도 불구하고 스스로 '살여울'에 들어가서 농촌 계몽운동 새마을운동에 헌신한 그 숭고한 농촌근대화 정신을 '롤 모델'로 하여 그의 경부고속도로 공사와 한국 최초의 국산 포니를 생산, 유럽 각국으로 수출함으로써 산업혁명을 일으키는데 역동적인 추진동력으로 작용한 것이다.[27]

한국 1인당 국민소득NIPH · National Income Per Head을 보면, 1961년 85달러, 1981년 1,957달러, 2017년 2만9,500달러로 국민소득 3만 달러 시대를 열었다. 2021년에는 코로나 펜데믹 역병이 절정에 달하는 시기에도 불구하고 1인당 국민 총소득GNI은 3만5천 달러를 돌파했다. 국내총생산GDP은 1980년 900억 달러, 1990년 1,900억 달러, 2000년 5천억 달러, 2007년에 1조 달러시대를 열었다. 수출을 보면 1964년 1억 달러이던 것이, 1967년 3억 달러, 1970년에 10억 달러, 1977년 100억

26 春園 李光洙 作, 『李舜臣』, 大成書林, 1932, p.337.
27 鄭周永, 『나의 삶 나의 이상 시련은 있어도 실패는 없다』, 현대문화신문사, 1992, pp.21~22.

달러, 1986년 1천억 달러를 달성했다.

이광수는 그의 산업화 비전인 '대군의 척후론'1935을 발표한 지 4,50년 만에 한국이 산업화를 성취되었다는 역사적 사실을 정확하게 예단했다는 점에서 그의 미래비전의 통찰력의 정확성을 확인할 수 있다. 18세기에 진행된 영국 인클로저enclosure 운동이라는 농업혁명을 일으킨 결과 면직물산업이 진흥했고, 이를 바탕으로 하여 영국 산업혁명이 일어났다. 1961년 한국은 1인당 국민소득 100달러도 되지 않은 세계에서 가장 가난뱅이 원시적 농업국가였다. 이광수는 조선인의 빈궁의 참상을 이렇게 개탄하고 있다.

"우리의 과거는 눈물과 부끄러움의 폐허다. 현재는 노라 비틀어진 빈궁貧窮이다. 정신적으로 겸하여 물질적으로 빈궁이다. 세계가 넓다 하건마는 우리처럼 빈궁한 백성은 없다. 우리처럼 무기력한 백성은 없다. 빈궁의 표본標本이여 네 이름은 조선인朝鮮人이다."[28]

3. 고도 경제성장 시대 개막

양윤세梁潤世는 황해도 곡산 출생1931. 7으로 1948년 4월 단신 월남, 1950년 10월 미 공병대 통역을 담당하면서, 1953년 육군 통역장교로 입대 대위로 전역했다. 1955년 가을 정일권丁一權 참모총장의 도움으로 도미 유학, 코넬대학을 졸업 경제학석사1959. 6, 뉴욕대학 대학원에 진학국제경제학 석사 1960. 8, 이어 하버드 대학원 특별학생1961, 세계 일주 여행1961.

28 『東亞日報』(1928. 9. 18), 15회, 젊은 朝鮮人의 所願(長白山人).

5~12 후 귀국했다. 내각수반실 외무비서관1962. 4~6, 경제기획원 사무관시험에 합격, 1차산업국 과장, 경제협력국 기획과장1962. 6~1966. 10, 한미경제협력위원회ECC 조직, 간사가 되었다1963. 7.

1965년 5월 박정희 대통령 미국 방문 수행비서로 통역을 담당했고, 경제기획원 투자진흥관1966. 10, 대한국제경제협의체를 창설1966. 2, 정일권 국무총리 미국 국빈방문 수행, 통역을 담당했다. 이로부터 미 투자사설단Ball Mission을 영접하였고, 유럽 회원국을 순방하면서 투자진흥 경제외교를 주도했다. 포항제철건설을 위한 청구권 자금 사용 대일교섭을 벌여 드디어 제철산업의 문호를 열었다1969. 6~12.

농림부 농정차관보1971. 1~1972. 5, 대통령 경제3비서관1972. 5~ 1974. 2, 주미공사1974. 3~1979. 5로 재직하면서 경제외교를 주도했다. 수출입은행장1979 동력자원부 장관1979. 12~1980. 5 등을 역임했다. 특히 주미공사를 5년 동안 재임하면서 한국 경제외교에 진력, 한국 고도 경제성장에 기여했다.

1966년 2월 3일 박정희 대통령은 한국과학기술연구소KIST 설립허가장을 장기영張基榮, 1916~1977 경제기획원 장관에 수여했다. 이어 한국과학기술연구소 사업지원협정이 장기영 부총리 최형섭崔亨燮 연구소장 그리고 번스틴 유솜처장 사이에 체결되었다.[29]

박정희 대통령은 한국과학기술연구소KIST를 창립한 1966년 '2월 3일' 이 날을 '과학의 날'로 지정했다. 이로써 한국은 본격적으로 과학기술 개발의 길에 들어서기 시작했다.

"대한 지도자들의 무지와 당파적 분열로 우리는 고통과 치욕의 기간을 보냈다. 그후 대한민국은 1966년이 되어서야 한국과학기술연구원

---

29 양윤세 · 주익종, 『고도성장시대를 열다』, 해남, 2017, p.225.

KIST · Korea Inst. of Science and Tech.을 설립하며 본격적으로 과학기술의 길에 들어서기 시작했다.

당시 박정희 대통령은 베트남 파병을 결정하면서 미국과 정상회담을 갖게 되었는데, 이때 요청한 사항 중의 하나가 KIST 설립 및 운영이었다. 연간 국민소득 100여 달러 시대였다. 당장 먹을거리 마련이 아니라 미래를 준비한 안목은 당연히 높이 평가해야 할 일이다. 이렇게 설립된 KIST는 지난 50여 년간 과학기술연구를 선도하면서 기계, 전기, 화학, 재료 등 분야별 20여개 연구소로 분화했고, 한국방위산업발전의 계기가 되었다. 이들은 우리 국민소득을 3만5,000달러로 높이는데 크게 기여했다. 이제 대한민국 과학기술은 후발국들에 선망의 대상이다. 우리는 선진국의 문턱을 넘어섰으며 다른 나라를 도울 수 있는 능력을 갖게 되었다.

"2012년 3월 서울에서 열린 한-베트남 정상회담에서 베트남 측은 KIST를 '롤모델'로 자국의 발전을 꾀하겠다며 이명박 대통령에게 연구소 설립을 요청했고 우리 정부는 이에 긍정적으로 답했다. 2013년에 개최된 양국 정상회담에서 박근혜 대통령은 베트남 과학연구소 설립 지원을 약속했으며, 그후 2018년에는 하노이 근교에 베트남-한국과학기술연구원V-KIST · Vietnam-Korea Inst. of Science and Tech. 건설이 시작되었다. 착공식에는 문재인 대통령이 참석해 과학기술을 통한 두 나라의 공동번영을 다짐했다. 정부가 바뀌어도 적폐청산만이 답은 아니다. V-KIST처럼 앞선 정부를 이어가는 사업과 정책이 훨씬 더 많으면 좋겠다.

V-KIST란 이름은 KIST와 꼭 닮은 연구기관을 갖고 싶다는 뜻으로 베트남 정부가 직접 지은 것이다. 베트남 과학기술부는 초대 경영책임자로도 KIST 원장을 지낸 금동화 박사를 초빙 임명했다. KIST 운영 체제와 연구방식을 따르겠다는 강력한 의지가 드러난다. 미국의 도움으로 KIST가 발족했고, 반세기 지나 이번에는 우리가 도운 V-KIST가 본격

행보를 시작하고 있다. V-KIST가 베트남의 과학기술 메카로 크게 성장하길 기원한다. 베트남은 현재 중국, 미국, 일본에 이은 대한민국의 4대 교역국이다. 한해 1,000억 달러에 가까운 규모로 수출입을 주고받는 최고의 파트너다."[30]

그 이튿날에 최형섭崔亨燮 한국과학기술연구소 원장, 장기영張基榮 부총리, 번스틴 유솜 처장 실무 책임자 양윤세 사이에 한국 과학기술연구소 지원사업 협정 사인이 있었다.

박정희는 KIST 설립목적은 과학 영재를 길러 과학기술을 활용, 산업화를 앞당기기 위한 비전을 제시한 것이다. 1965년 5월 한미정상회담 공동성명서에서 KIST 설립건이 발표된 후 그해 7월에 호닉 박사 일행이 조사차 내한, 연구소 설립방안을 조사한 후 미 AID가 미국의 권위 있는 산업기술연구소인 바텔연구소에 KIST 설립안을 작성해 달라고 했고, 이에 9월에 바텔연구소 관계자들이 내한해서 연구소 설립 기본계획을 세우고 이를 AID에 보고했다. 한국정부도 바텔 보고서를 받아들여서 1966년 2월 4일에 한미간에 과학기술연구소에 대한 재정지원 협정을 맺었다. 이리하여 KIST를 설립하기로 하고 그해 10월에 착공했다.[31]

1965년 6월 박정희 대통령은 미국 국빈방문을 해서 워싱턴에서 정상회담을 한 다음에 피츠버그로 가서 제철공장을 시찰하고 포항 종합제철소 건설을 계획했다. 이어 1967년 4월 23일 KISA한국 국제 제철 차관단 대표단을 접견했다. 박정희를 중심으로 오른편에 양윤세, 왼편에 장기영을 배치, 대표단을 접견했다.

---

30 『東亞日報』(2022. 12. 1), 김도연 칼럼, '베트남-한국과학기술연구원' 출범에 거는 기대.
31 양윤세 · 주익종, 『고도성장 시대를 열다』, 해남, 2017, pp.225~227, 553~554.

〈'얻어' 먹지 말고 '벌어' 먹자, 양윤세 기획원 외자총괄과장〉

2년 전 꼭 같은 총회에 참석 후 귀국하였을 때 필자는"무슨 선물을 받아왔느냐?" 는 질문을 무수히 받은 일을 똑똑히 기억한다. 때로는 "나는 구걸하러 가지 않았소"라고 푸념을 한 일도 있었다. 이번에 돌아오니 "얼마나 수고했소?" "한국에 대해 무어라고들 합디까?"라는 것이 대부분의 질문이다.

'얻어 먹고' 사는 한국인에서 '벌어 먹고' 사는 한국인으로! 얼마나 떳떳하냐. 자립경제의 확립이라는 국가 지상목표 달성과제는…일보일보 전진해 가고 있다. 남에게서 공것을 받아먹지 않을 때, 또 이를 바라지 않는 마음의 자세가 독립되었을 때 비로소 자립하였다 할 수 있으리라. 필자는 1960년대가 이러한 자세를 확립하는 세대가 될 수 있다 믿으며…

한국 친구가 필자에게 해준 말이 쟁쟁히 울리고 있다. "경제는 일단 어떤 수준에 도달하면 전진하기 마련이다. 후퇴를 시킬래야 시킬 수 없으리라. 한국경제는 이미 이 수준에 도달하여 있다." 〈국제경제인들이 보는 한국 IMF 총회의 인상〉(신동아 1965년 12월호).[32]

박정희 대통령이 1965년 5월 미국 국빈방문하자 미국 국민은 열광적인 환영을 했다. 한국군이 월남으로 파견, 미군과 함께 공산월맹군과 전투를 할 것이기 때문이다. 한국으로서는 미국으로부터 국군 현대화 및 경제개발 고도화에 대한 경제원조를 얻을 수 있는 절호의 기회를 잡을 수 있었기 때문이다.

〈박정희-존슨 정상회담 공동성명 중 경제관계 주요문항(1965. 5. 18)〉

존슨 대통령은 월남 국민의 자유 수호를 위하여 이바지한 대한민국의 기여에 대하여 깊은 사의를 표하였으며, 양국 대통령은 월남 지원에 있어서 계속하여 밀접히 협조할 의도를 재확인하였다.

존슨 대통령은 한국에 대하여 군사 및 경제원조를 제공하는 미국의 기본

32 상게서, p.228.

정책 이 계속될 것이라고 러스크 국무장관 및 기타 미국 정부 요인이 종전에 언명한 확약을 재확인하였다. 한국의 안전과 독립유지를 위한 원조에 추가하여 자립경제, 균형 있는 경제성장 및 재정안전을 촉진하기 위하여 미국은 한국을 계속 원조할 것이라고 존슨 대통령은 언명하였다.

가. 한국의 긴요한 물자수입을 위한 자금조달을 돕기 위하여 지원원조를 적절히 계속한다.

나. 한국정부가 제의하여 미국 정부가 동의하게 될 계획과 사업을 위하여 1억5,000만 달러의 개발차관을 한국에 제공한다. 이 자금은 한국정부가 합당한 계획과 사업을 작성하여 제시하는 대로 가급적 조속히 제공될 것이다. 이 자금이 사용된 후에도 추가 개발차관 자금이 제공될 것이 예상된다. 존슨 대통령은 이와같이 장기차관을 저리 제공하는 계획이 한국경제의 투자수요 확대에 대처하는 것임을 지적하였다. 이러한 개발차관은 입법과 한국경제에 대한 공동판단에 따라 합의되는 수입계획을 위한 재원을 마련하고…여러 사업을 위한 재원을 마련하게 될 것이다.

다. 기술원조 및 훈련계획을 계속한다.[33]

〈브라운 각서(한국군의 월남 증파 선행 14개 조건, 1966. 3. 4)〉

이동원李東元 외무부장관 귀하

귀하는…대한민국정부가 1개 연대의 전두부대를 4월에, 1개 사단 병력을 7월에 각각 도착시키도록 하는 방식으로 월남 정부에서 요청받은 원조를 월남 정부에 제공하기로 결정했다고 진술하였습니다.…

미국정부는…대한민국정부의 결정을 충심으로 환영합니다. 본인은…다음의 조치를 취할 용의가 있음을 말씀드릴 권한을 부여받았습니다.

• 군사원조

1. 한국에 있는 한국군의 현대화 계획을 위해 앞으로 수년 동안 상당량의 장비를 제공…

---

33 상게서, p.220; 『경향신문』(1965. 5. 19).

2. 월남에 파견되는 추가 증파 병력에 필요한 장비를 제공하며 증파에 따른 모든 추가적 원화 경비를 부담…

- 경제원조

1. 추가 파병에 따른 순 추가비용 전액과 동액의 추가 원화를 한국측 예산에 방출

2. 한국군 병력이 월남에 주둔하는 동안 군원 이관을 중지…

3. 주월 한국군에 소요되는 보급물자 용역 및 장비를 가능한 한 한국에서 구매, 주월 미군과 월남군을 위한 물자 가운데 선정된 구매 품목을 한국에 발주…

5. 1965년 5월 한국에 약속한 1억5,000만 달러의 AID 차관에 덧붙여…추가 AID 차관을 제공…주한 미국대사 브라운[34]

브라운 각서는 미국의 군사원조를 받던 한국이 우리 군을 베트남전에 파병하며 상호 의존적 한미동맹으로 변모하는 과정을 담은 상징적 사료로 꼽힌다.

1966년 윈스럽 브라운 주한 미국대사가 한국정부에 전달한 이 문서의 정식 명칭은 "한국군 베트남 증파에 따른 미국에 대한 협조에 관한 주한미국대사 공식서한이다. 총 5장 16개 조항으로 구성된 이 문서는 한국이 베트남전에 2차 전투부대를 파병하는 대가로 미국이 군사 지원과 경제적 협조를 약속하는 내용을 담고 있다. 미국은 한국의 대월對越 수출을 지원하고 기타 경제개발 목적에 사용하기 위해…적당한 경우, 1966년 중 1,500만 달러의 신규 원자재용 차관을 제공한다는 내용 등이 담겼다. 앞서 한국은 1965년 10월, 11월 1차 전투부대를 파병하였다.

1966년 10월 31일 미국 존슨 대통령이 방한했다. 박정희 대통령이

34 상게서, p.230.

제2차 5개년 경제개발 5개년 계획을 시작하는 시점에 존슨 대통령의 방한이 이루어졌다. 정상회담의 주의제는 5개년 경제개발사업의 재원 확보였다. 정상회담 후 12개항의 공동성명에서 미국은 한국의 2차 5개년 계획을 지원한다고 명기되어 있다.

〈박정희-존슨 공동성명(1966. 11. 2)〉

4. 두 대통령은 월남에서 침략의 격퇴가 극히 중요함을 강조하였다.…그들은 필요하다면 언제까지라도 군사적인 또한 기타의 노력을 계속할 것과 또한 동시에 평화를 이룩할 수 있는 모든 길을 모색할 것에 다시 합의하였다. 그들은 이 두 가지 분야에서 가장 긴밀한 협의하에 계속 행동할 것을 재확인하였다.

7. 박 대통령은 대한민국이 자립경제와 한국민의 생활 향상을 지향하는 그러한 발전을 촉진시키려는 제2차 경제개발계획의 목표를 설명하였다.

8. 존슨 대통령은 박 대통령에게 합중국 정부는 한국경제의 성장과 특히 제2차 5개년 계획의 실행 지원을 계속 지원할 것이라고 확언하였다.

9. 두 대통령은 한국 경제의 안정과 전진에 따라서 양국 간 무역과 한국에 대한 미국의 민간투자가 훨씬 더 확장되리라는 데 동의하였다. 그들은 이 목적을 위해 사절단의 조속한 교환에 합의하였다.…[35]

박정희-존슨 정상회담을 한 지 보름 정도 지난 11월 17일에 유진 블랙 미 대통령 경제보좌관을 필두로 한 미국대표단이 내한하여 18일에 한미 고위 경제회의를 열었다. 이렇게 급속이 양국 대표단이 파견된 것은 박정희 대통령의 제2차 5개년 경제개발 의지를 미국측에서 호응 실천하겠다는 반응이다. 이 회담의 안건은 2차 5개년 경제개발 계획 지원, 2. 3억 달러의 AID 특별차관 계획, 3. 한미월 3각 경제협력책, 4. 아시

35 상게서, pp.305~306.

아 개발은행 참여와 같은 지역협력 문제 등이었다. 3억 달러 AID 특별차관 계획에는 고속도로 사업 8,000만 달러, 화력발전 5,000만 달러, 석유화학공업 4,000만 달러, 수산개발 2,000만 달러, 서울 지하철 시설 1,600만 달러 등이다.[36]

한미정상회담에서 양국 정상이 공약한 미국의 한국 2차 경제개발 차관이 조속 실행하기 위하여 양국 특별사절단 교환이 활발히 이루어졌다. 1966년 장기영 부총리 한국사절단이 워싱턴에 가서 조지 볼 등 고위급 인사와 교섭했다. 이어 1967년 3월 10일에 정일권 총리가 미국 국빈방문이 이루어졌다. 미국은 월남 공산군 격퇴를 위하여 한국군 추기 파병을 절실히 요망하고 있다. 한국은 2차 경제개발이 원활하게 추진하기 위하여 미국의 개발차관 제공이 절실히 필요 요건이었다. 이와같이 한미 상호 협력을 실현하기 위하여 정일권 미국 국빈방문이 성사된 것이다.

〈정일권-존슨 공동성명(1967. 3. 14)〉

5. 존슨 대통령은 정 총리에게 미국은 한국의 경제성장을 지원하고, 특히 제2차 5개년 계획의 목표달성을 위해 계속 지원하겠다는 앞서의 확약을 거듭 다짐했으며 개발차관이 계속 제공될 것임을 밝혔다.

6. 존슨 대통령은 또한 미국을 포함한 우방국들로 구성된 국제차관단이 한국에 대한 개발자금 제공면에서 협력하기 위해 구성되었음을 지적했다. 정 총리는 조지 볼 전 국무차관 인솔하에 비공식 통상투자사절단이 머지않아 한국을 방문하게 된데 대해 만족을 표명했다. 한국 상공장관과 미국 상무장관은 매년 회동할 것에 합의했다. 존슨 대통령은 또한 상업차관과 합작사업을 통한 대한 투자의 가능성과 기회에 관해 한국에 협조하는데 미 실업인들의 주의를 환기시키겠다고 다짐했다.[37]

---

36 상게서, pp.307~308.

한국 언론은 미국의 대한 투자가 활발하게 전개되고 있다고 보도했다.

대한對韓 투자율 높아

약 15일간 미국 민간 실업인들의 대한 투자유치를 위해 미국 경제계를 방문하고 10월 23일 돌아온 양윤세 경제기획원 투자진흥관은 미국의 대한투자열은 그 어느 때보다 고조되었으며, 미 민간 실업계의 20여 개 업체가 식품, 전자공업, 기계부속품, 섬유공업, 새우양식 부문의 대한 투자에 깊은 관심을 표시하고 11월 말에 조사단을 보내 시장조사를 하고 구체적인 상담을 벌일 것이라 하였다.

양 국장은 미국 실업계 중진들이 한국 경제가 높은 성장률을 보인데 대해 찬사를 보내고 있으나, 한국 경제의 당면 문제로서 단기 외채의 증가 템포가 너무 빠른 것과 상업차관의 과다, 수송, 전력 부문의 부족 등을 경고했다고 말했다.

양 국장은 우리나라의 대미 수출 증진에서 가장 큰 문제는 견본과 실제 수출상품의 품질 차이에서 오는 신용추락이라고 지적했다.[38]

박정희는 제1차 5개년 계획을 발표한지 5개월 후인 1962년 6월에 통화개혁을 단행했다. 미국에는 불과 며칠 전에 알렸기 때문에 미국의 항의와 마찰이 일어났다. 1965년 5월 18일 박정희-존슨 정상회담을 하면서 한국군 2개사단 병력을 월남에 파병할 경우, 1억5,000만 달러의 개발차관을 제공하겠다는 것이다. 이리하여 제2차 경제개발 5개년 계획이 발표되었다.

1965년 2월 비둘기 부대 월남파병을 시작으로 이어 청룡·맹호부대를 파병, 1966년 3월 브라운 각서에 의한 대규모 월남파병이 이루어지면서 월남에 대한 수출, 기업의 건설 및 용역 소득, 파병군인과 한국 근로자의 봉급소득 월남붐에 따르는 부수적 이득, 등이 '베트남 특수' 한국

---

37 상게서, pp.312.
38 상게서, p.321; 『경향신문』(1967. 10. 23); 『서울경제신문』(1967. 10. 24).

제2차 5개년 경제개발의 성공에 시너지효과를 거두는 데 큰 힘이 되었다. 이를 계기로 1960년대 말에 한국의 경제는 고도성장의 본궤도에 진입했다. 이렇게 고도성장을 거두자 선진국들은 대한국제경제협의체(IECOK)를 만들어 한국이 필요로 하는 개발차관을 제공하였다. 한국은 포항종합제철 건설에 소요되는 자금조달에 대일청구권자금을 얻어 공장을 건설하였고, 뿐만아니라 일본의 제철기술을 도입하여 포항종합제철 공사를 성공적으로 마무리함으로써 고도 경제개발사업이 실현된 것이다.

남양주시 사릉 농가에 은거 중인 춘원은 1946년 8월말경 10일 동안 서울에 다녀왔다. "내가 서울에 발을 들여놓은 날은 훈훈한 바람이 불어서 동대문 밖이 온통 몬지(먼지)였다. 길가 배추밭에 배추포기들이 검은 먼지를 뒤집어 쓴 양이 내 숨이 턱턱 막힐 것 같았다. 푹푹 패어진 길로 자동차들이 덜컥덜컥하고 수 없는 고개를 넘듯이, 달려서 먼지의 연막을 일으켰다. 여자들은 손수건으로 코를 막고 외면하고 걸었다.…전차를 타자는 것은 망계여서 나는 자앗골서 성동역 까지를 내리 걸었다. 길가에는 부인네와 아이들이 소위 양담배, 양사탕 가개를 수없이 벌려놓고 있었다. 상점 유리창에는 "日本製鉛筆一打百円이니, 中國製성냥 十個 七十円"이니 하는 절지가 붙어 있었다. 담배도, 사탕도, 아이들 연필도, 땅성냥도 외국서 들여다가 먹는 우리 신세는 한숨지울 신세였다."[39] 이와 같이 동대문 밖 비포장도로의 참상, 연필도 성냥도 국내서 만들지 못하고 외국서 수입해서 쓰는 절대 빈궁의 참상을 한탄하고 있다.

1960년대 박정희 정부는 국민소득 85달러의 '빈궁의 폐허'를 타파하고 산업혁명을 일으키기 위하여 제1 · 2차 경제개발 5개년계획을 강력 추진했다. 1967년 4월 21일 과학기술로 경제성장을 촉진하기 위하여

---

39 春園隨筆集, 『돌베개』, 生活社, 1948, pp.163, 173.

과학기술처를 설립하면서 기념사에서 "과학기술 발전 없이 경제성장을 이룰 수 없다"고 강조했다(4월 21일은 '과학의 날'로 기념). 박정희는 국책사업으로 포항제철박태준을 창립, 철강산업의 문호를 열면서 과학기술이 경제성장의 시너지 효과를 거두었다.

"잘살아보자, 우리도 할 수 있다"라는 '캔두can do 정신', "살기 좋은 내 마을 우리 힘으로 만드세"라는 '새마을 노래'를 불러가며 새마을운동이 일어나면서 경부고속도로 완공1970. 7. 7, 월남 파병과 월남특수 호경기 등 경제 성장동력으로 작동, 도시화가 급속히 진행되어 대군후발기업: 삼성·LG·현대이 벌떼처럼 일어나 산업혁명을 일으켜 '한강의 기적'을 창출했다. 분단국인데다가 6·25 전쟁으로 인해 산업시설이 폐허화 잿더미가 된, 세계 최빈국 한국이 단시일에 새마을운동을 바탕으로 하여 산업혁명을 일으켜 1인당 국민소득 3만5천 달러, 글러벌 '빅3' 자동차 생산·판매국, 10대 경제대국의 반열에 급등한 것은 UN 회원국 중 세계 유일한 산업화 성공사례로 역사에 기록될 것이다.

4. 박정희의 경주관광 종합개발계획 수립

〈경주관광 종합개발계획(1971. 11)〉

관광개발을 희망한 한국정부의 요청에 따라 1970년 5월 세계은행 조사단이 내한하여 경주를 제1순위, 제주를 제2순위 관광지로 평가하였다. 이에 6월 박정희 대통령의 지시에 따라 조직된 청와대 관광개발계획단이 11월 '경주관광종합개발계획'을 작성하고 세계은행에 차관공여를 요청하였다. 이 계획에는 세계은행 차관 2,390만 달러약 90억 원를 포함해 10년 동안 288억원의 거금을 들여 토함산 등 13개 사적지구를 정비하고 보문유원지 등 6개 관광시설3,000객실의 호텔 포함을 건설하기로 하였다. 1972년 이 사업에 대한 국내 전문가의 타당성 조사가 있었고, 1973년 4월 내한해 이를 평가한 세계은행 관계자는 보문단지 개발에 중점을 둘 것을 권하는 보고서를 11월 발표했으며, 이듬해 1월 한국정부와 세계은행 사이에 2,500만 달러 차관협정이 체결되었다. 이 자금으로 보문관광단지와 덕동댐, 수리시설이 건설되고 경주시 상하수도 시설과 전기시설이 확충되었다.[40]

〈경주관광개발 박정희 대통령의 1971년 7월 16일자 지시사항〉

"新羅 고도古都는 웅대雄大, 찬란燦爛, 정교精巧, 활달豁達, 진취進取, 여유餘裕, 우아優雅, 유현幽玄의 감感느낌이 살아날 수 있도록 재개발할 것"이라는 총괄지침을 내리면서 '관광코스 예'까지 제시했다.[41]

1970년대 초에 우리정부가 관광개발에서 가장 큰 비중을 둔 곳이 경주였다. 1971년에 청와대 경제 제1수석비서관실에서 경주관광개발계획안을 작성해서 세계은행과 차관도입을 협의하면서 사업에 착수하게 되었다.

우선 1971년 11월 완성된 경주관광종합개발계획서에는 앞머리에 '대통령大統領 각하閣下 지시사항指示事項'이 있었다. 박 대통령의 친필로 그린 지도 두 장이 있는데 하나는 경주관광종합개발계획 지도와 박 대통령이 1971년 7월 16일에 작성한 경주 관광 코스 지도이다.

관광개발의 전반적인 방향과 개발대상지 지정과 지구별 개발 세부계획, 문화재와 사적지의 보수 개발계획 등 경주 개발은 박정희 대통령이 직접 개발계획을 짰다는 것임을 알 수 있다.

---

40 양윤세 · 주익종, 『고도성장 시대를 열다(박정희시대의 경제외교사 증언)』, 도서출판 해남, 2017, p.425, 경주관광 종합개발계획.

41 상게서, p.428, 大統領閣下 指示事項.

박 대통령은 경주를 단지 전통문화 관광지가 아니라 1970년대의 국난을 극복할 이념을 제공하는 국민교육 성지로 보았다는 것이다. 북한의 도발 및 미군철수, 미중 중일 접근에 따라 국가안보가 위태로운 국가비상사태에서 과거 신라가 3국을 통일하고 당唐을 물리친 신라의 화랑정신, 호국정신을 앙양하려고 한 것이다. 아무튼 박 대통령이 경주개발에 큰 관심을 쏟은 건 사실이다.[42]

대통령 지시대로 '관광코스 예'에 따라 고분古墳발굴사업에 착수했다. 1973년 12월 26일 경주 제155호 고분에서 신라 금관6세기과 함께 천마도天馬圖를 발굴했다. 자작나무 껍질에 백마가 하늘로 날아 올라가는 그림을 그려놓았다 해서 제155호 고분을 천마총天馬塚이라 이름 붙였다. 그러나 제155호 고분에서 천마도와 함께 신라 금관이 출토되었다는 사실에서 이는 신라의 어느 국왕의 왕릉王陵일 가능성을 배제할 수가 없다.

더군다나 놀라운 사실은 자작나무 껍질에 그려놓은 천마도는 천여년의 세월을 견디면서 조금도 변색되지 않고 금방 그려 놓은듯 선명하게 백마가 우주로 역동적으로 비상飛翔하는 모습은 바로 신라 한민족은 북방기마민족騎馬民族의 후예인을 형상화하고 있다. 따라서 천마도의 발견은 박정희 대통령의 산업화 경제대국에로의 퀀텀점프quantum jump · 躍進를 상징화하고 있다. 뿐만 아니라 이는 신라의 한민족 신라문화의 정화精華인 천마도를 1500여년 만에 발굴한 사실은 신라문화 르네상스의 기적이 아닐 수 없다. 이리하여 박정희 정부는 즉시 문화적 가치를 인정, 천마도를 '국보 제207호'로 지정했다.

1973년 8월 22일 천마도 발굴 50주년을 맞이하여 경주 힐튼호텔에서 주최한 특별좌담회 '천마총, 그날의 이야기'에 발굴에 참여했던 지건

42 상게서, pp.425~431.

길 전 국립중앙박물관장80, 최병헌 숭실대 명예교수75, 윤근일 전 국립경주문화재연구소장76, 남시진 계림문화재연구원장71, 소성옥 씨71가 천마도 발굴 50년 만인 2023년 한자리에 모였다. "천마도天馬圖가 나오던 순간을 아직도 잊지 못해요. 장니障泥 · 말 안장의 부속구, 말다래 두 장이 겹쳐진 채로 출토되었는데, 아래 장을 들춰보니 선명한 색이 일품이었어요."

발굴 당시 나무껍질로 만든 유물이 부서질까 봐 지 전 관장을 포함한 발굴조사원 6명이 달라붙어 커다란 한지를 대고 상자 위에 옮겼다고 한다. 상자 안에는 솜과 소독된 한지를 겹겹으로 깔았고, 습도를 유지하기 위해 물을 적신 탈지면을 둘렀다. 지 전 관장은 "발굴 50년이 지난 지금까지도 천마도는 뒤틀림이나 변색이 없다"며 "우리가 정성으로 최선을 다한 덕인 것같아 자부심을 느낀다"고 했다.

천마총 발굴은 1971년 '경주관광종합개발계획'이 수립되면서 국가가 주도한 첫 번째 기획발굴이다. 1973년 4월 6일 첫 발굴을 시작해 국보 천마도와 '천마총 금관' 등을 포함한 유물 1만1526점이 쏟아져 나왔다. 고분은 천마도가 그려진 말다래말 탄 사람의 다리에 흙이 튀지 않도록 안장 밑에 늘어뜨리는 판가 출토되면서 '천마총'이라는 이름으로 불리게 됐다.43

자작나무는 불에 탈 때 '자작자작'하는 소리가 난다고 해서 붙여진 이름이다. 천수백년전 신라인이 종이에 천마도를 그리지 않고 왜 자작나무 껍질에 천마도를 그려놓았을까? 두께 0.1~0.2mm 남짓한 흰 껍질은 매끄럽고 잘 벗겨지므로 종이를 대신하여 불경을 새기거나 그림을 그리는데 쓰였다. 경주 제155호 고분에서 발굴한 천마도는 자작나무 껍질에 천마도를 그려놓은 것이 좋은 예증이 된다.

함경남도 함주 출생인 시인 백석白石, 1912~1996은 1938년 하얀 자작나무가 있는 풍경을 담은 시 '백화'를 동아일보에 발표했다.

---

43 『東亞日報』(2023. 4. 7), 50년전 부서질까 정성껏 발굴한 천마도 지금까지도 뒤틀림 변색 없어 자부심 경주=이소연 기자.

〈백화(白樺 · 자작나무), 백석, 1938〉

산골집은 대들보도 기둥도 문살도 자작나무다
밤이면 캥캥 여우가 우는 산도 자작나무다
그 맛있는 메밀국수를 삶는 장작도 자작나무다[44]

5. 천마도 발굴에 대한 역사적 평가

〈자작나무 껍질에 그려진 천마도, 강인욱, 2023〉

"천마도는 하늘로 날아오르는 천마天馬처럼 1500년 전(신라 법흥왕대) 유라시아 대륙과 맞닿으며 거대한 국가로 웅비하려는 신라의 모습을 상징적으로 담고 있다. 천마의 기원을 살펴보자.

신령한 말이 구름 사이를 헤엄치는 듯 날아 올라가는 모습은 신비감을 느끼게 한다. 천마도는 가로 75cm, 세로 56cm, 두께 0.6cm 크기의 자작나무 껍질 앞뒤를 덧대어 만든 말다래障泥를 말한다. 말다래는 달리는 말의 발굽에 차인 진흙이 기마인의 다리에 튀는 것을 막기 위한 장치이다.

첫 번째 코드는 그 재료인 자작나무다. 하얀 나무껍질로 유명한 자작나무는 시배리아를 중심으로 하는 북방 유라시아의 대표적인 나무다. 넓이 70㎠ 정도의 자작나무 껍질이다. 남한 신라新羅에는 자작나무가 자라지 않는다. 그래서 시베리아 북방에서 가공한 것을 신라로 수입해야 한다. 신라는 천마도 뿐만 아니라 신라 금관 밑에 덧대는 모자의 재료로도 시베리아 수입 자작나무 껍질을 사용해서 만든다. 신라의 북방지역과의 교역에 의해 이들 재료를 입수해서 제작한다.

두 번째 코드는 이마에 달린 뿔이다. 뿔이 달리고 날개가 달린 유니콘 같

---

44 『東亞日報』(2023. 2. 4), 하얀 눈이 쌓인 강원 인제군 원대리 자작나무 숲에서, 전승훈 기자).

은 모습은 유라시아 전역에 널리 퍼진 상상의 동물이다. 한때 이는 천마가 아니라 중국 신화의 기린麒麟이라는 주장도 있었다. 그러나 고구려 벽화에도 뿔 달린 말을 '천마天馬'라고 쓴 것이 남아 있다. 무덤에 천마를 함께 부장하는 풍습은 유목민의 오랜 전통 유습이다. 이는 무덤의 주인공王을 하늘로 인도해서 모셔간다는 것을 천마의 역할이다.

세 번째 코드는 천마도 말의 발에 있다. 천마도 발은 왼쪽의 앞발과 뒷발이 모두 뒤쪽을 향한다. 한쪽의 앞발과 뒷발을 동시에 내딛는 측대보測對步법이다. 이러한 측대보로 달리는 모습은 유목민 흉노가 도입해 널리 퍼뜨린 유물에 많이 남아 있다. 선비와 부여, 고구려 벽화에서도 보인다. 천마도의 말이 측대보로 걷는 모습은 결국 우연이 아니라 신라의 왕을 흔들리지 않고 편안하게 하늘로 모셔간다는 뜻이다."[45]

천마총 발굴은 한국 최초의 과학적 발굴의 기반을 닦은 역사적 발굴이었다. 제155호 고분天馬塚은 신라 마립간 시대의 최고지배세력의 고분이라는 것, 따라서 신라 적석목곽분이기에 지상에 거대한 봉분을 가진 고총高塚·봉분을 높다랗게 축조이다. "신라 고고학 자료의 편년編年·자료에 연대를 부여함은 천마총과 황남대총의 발굴 전후로 극명하게 나뉜다. 두 곳의 발굴성과가 반영되면서 편년이 정밀해져 이제 경주시대의 적석목곽분이 4세기 중엽부터 6세기 초엽까지 축조된 신라 마립간 시기 최고 지배세력의 고분들이라는데 이견은 없다."

신라 금관과 함께 출토된 천마도는 신령한 말이 구름 사이를 헤엄치는 듯한 느낌을 주고 있는 천마도天馬圖가 발굴되었다는 점에서 그동안 신라의 어느 왕릉일까 하는 궁금증이 있었는데 최병현숭실대 명예교수은 "천마총은 514신라 법흥왕 1년 숨진 '지증왕릉'으로 견해가 모이고 있다."[46]라고 결론을 내리고 있다.

---

45 『東亞日報』(2023. 4. 14), 천마도는 왜 시베리아 자작나무 껍질에 그려졌나(강인욱 경희대 교수).

46 『東亞日報』(2023. 5. 2), 최병현:천마총 발굴 50주년…신라 고분발굴 의의와 보존 활용.

이에 법흥왕은 부왕 지증왕릉을 조성했다. 법흥왕은 북방교역을 통하여 자작나무 껍질을 수입하여 천마도를 제작하고 정교한 신라금관과 함께 부장한 지증왕릉을 고총高塚으로 조성했다. 백마가 천상세계로 올라가는 천마도는 신라국운의 번창을 구가하고 있다는 것을 상징화하고 있다.

천마총은 법흥왕대에 부왕 지증왕의 왕릉이라고 학계의 일반적 판단이다. 신라 전성기를 맞이하여 법흥왕法興王 23(538)년에 독자적으로 건원建元이란 연호年號를 사용할 정도로 국운의 번창을 누리게 되었다. 법흥왕은 왕위에 즉위하면서 부왕 지증왕智證王의 왕릉을 조성한 것이 바로 천마총이다. 법흥왕은 다른 고분과 특이하게 古塚봉분을 높다랗게 조성을 축조하고 천마도와 신라금관을 비롯하여 수많은 부장품을 매장한 것이다.

경주 국립박물관에서 천마총 발굴 50주년 기념전을 개최하고 있다. 천마총 천마도天馬圖는 1500여년의 세월이 무색하게 당장이라도 구름을 타고 하늘을 노닐 듯한 찬연한 모습이었다. 천마는 하늘과 땅을 이어주는 신성한 동물로 신라 건국설화에서 시조의 탄생을 예견하는 동물로 분석된다. 윤근일 전 국립경주문화재연구소장73은 이날 전시장에서 "곧 으스러질 것 같은 유물을 자세히 들여다보니 하늘을 나는 백마가 보였다"고 발굴 당시의 감격적인 출토 순간을 회상했다. 높이 32.5cm의 국보 금제대관은 "현재까지 출토된 신라 금관 6개 중 천마총의 금관이 으뜸으로 꼽힌다"고 설명했다.[47]

지증왕대500~514는 산업이 크게 발전하여 신라가 경제적 번영을 누리게 되었다. 법흥왕대536에는 독자적으로 건원建元이라는 연호年號를 사용하기 시작했다. 그러므로 신라 전성기인 법흥왕대에 이 신라금관을 만든 것으로 추정된다. 그러나 650진덕여왕 4년 신라는 삼국통일을 앞두고 당唐에 오언태평송五言太平頌을 올리면서부터 당唐연호를 사용하면서 신라의 독자적 연호사용은 종결되었다.

트럼프 미국 대통령은 한국 국회에서의 연설에서, 북핵北核 위협에 대

47 『東亞日報』(2023. 5. 5), 1500여년 구름티고 노니는 천마(천마총 천마도) 경주=이소연 기자.

응하여, “오늘 나는 우리 양국뿐만 아니라 모든 문명국가들을 대신하여 북한에 말합니다. 우리를 과소평가하지 마십시오. 또한 우리를 시험하지도 마십시오. 우리는 공동의 안보, 우리가 공유하는 번영, 그리고 신성한 자유를 방어할 것입니다. 나는 힘을 통해 평화를 유지하고자 합니다I want peace through strength.”라고 엄중한 경고 발언을 토해냈다. 이어 한국은 6·25전쟁의 잿더미에서 일어나 5·16 군사정변 후 ‘한강의 기적’을 이룩하여 영광스런 경제대국을 이룩했다고 격찬하고 있다.

〈트럼프 미국 대통령 국회연설(2017. 11. 9.)〉

“이 아름다운 서울 대부분은 초토화되었습니다. 한국에 많은 지역에 전쟁의 상흔이 남았습니다. 그리고 한국의 경제는 큰 영향을 받았습니다. 하지만 전 세계가 알다시피 그 이후 두 세대에 걸쳐 기적과 같은 일이 한반도 남쪽에서 일어났습니다. 한 가구씩 한 도시씩 한국민들은 이 나라를 오늘의 모습으로 바꾸어놓았습니다. 한국은 이제 전 세계적으로 훌륭한 국가로 발돋움했습니다. 한평생이 채 되기도 전에 한국은 끔찍한 참화를 딛고 일어나 지구상 부강한 국가 반열에 올랐습니다. 오늘날 한국 경제규모는 1960년과 비교해 350배에 이르고, 교역은 근 1,900배 가까이 증가했습니다. 평균 수명 역시 53세에 불과했던 것이 이제는 82세 이상이 되었습니다.

다른 한쪽 한국에서는 사람들이 스스로의 삶과 국가를 꾸려나가고, 자유와 정의, 문명과 성취의 미래를 선택했습니다. 다른 한쪽 북한은 부패한 지도자들이 압제와 파시즘, 탄압의 기치하에 자국민들을 감옥에 가두었습니다. 이 실험의 결과가 이제 노출되었고 그 결과는 너무나도 극명합니다. 1950년 한국전쟁 발발 시, 두 한국의 국내총생산GDP · gross domestic product은 거의 동일했습니다. 하지만 1990년대 들어서서 한국의 부富는 북한과 비교해 10배를 넘었습니다. 그리고 오늘날 한국 경제는 북한 대비 40배 이상에 달하고 있습니다. 그러니까 동일 선상에서 출발한 지 얼마 되지 않았지만 이제는 40배 이상 성정했다는 말씀입니다. 굉장히 잘하고 계신 것이라고 생각합니다.

여기에서는 국가의 힘이 폭군의 가짜 영광에서 나오는 것이 아닙니다. 강력하고 위대한 한국 국민들의 진정한 영광에서 그 힘이 나옵니다. 한국인들은 자유롭게 살면서 번창하고 예배하고 사랑하며 삶을 만들고 자신의 운명을 만들어갈 수 있습니다. 한국에서는 그 어떤 독재자도 할 수 없었던 것을 한국 국민들이 해냈습니다. 바로 스스로 책임을 지고 미래 주도권을 가졌습니다. 꿈이 있었는데 바로 그 '코리안 드림Korean dream'을 현실로 만들어냈습니다. 그렇게 함으로써 여러분들께서는 '한강의 기적the miracle on the Hahn'을 만들었습니다."

Remarks by President Trump to the National Assembly of the Republic of Korea, November 9, 2017.

6. 박정희 대통령 바로 알기

〈박정희 대통령 한글전용화 전면 실시선언(1970. 1. 1)〉

"세종대왕이 만든 우리나라의 한글은 세계에서 으뜸가는 글이므로 슬기로운 조상들의 유업遺業을 다듬고 발전시켜 나아가야 한다. 한문漢文은 우리나라의 글이 아니고 중국 사람의 글이다.

우리나라의 글과 말을 전용화하여 주체성을 확립해야 한다. 한문은 너무 어렵고 복잡할 뿐만 아니라 타이프라이터 및 기계화시대에 있어서 비과학적이고 비능률적이다.

중공中共 같은 나라도 한문 간소화를 실시하고 있는데 새삼스럽게 구태의연舊態依然한 고집을 되풀이할 필요가 없다. 한문은 역사 및 고전문학을 연구하는 학자들에 의해 더욱 전문화시킬 것이다."

박 대통령은 이와같이 어문정책에 관한 견해를 밝히고 한글전용화를 단계적으로 실시할 것을 관계기관에 지시했다. 그리고 대통령은 먼저 청와대부터 일체의 서류, 보고서는 한글 타이프라이터를 사용할 것을 지시하였다. 그때까지 청와대 비서실은 대통령에게 올라가는 보고서에 지나치게 정성을 들이느라 전국에서 글씨 잘 쓰는 필경생筆耕生과 심지어 제도사까지 동원하는 등 여간 시간낭비적이고 비능률적이 아닐 수 없었다. 보고서를 몇 장 기안하고 정서하는 데 며칠씩 걸렸는데, 타이프라이터에 숙달되고 나니 순식간에 해낼 수 있어서 행정의 능률을 실감할 수가 있었다.

그러나 대통령의 한글전용화는 학계와 일반사회에서 찬반 양론으로 여론이 분분했다. 한문 고수파들은 한국은 동양문화권에 속해 있고, 정치권력이 문화권에 개입해서는 안 된다고 한글전용을 반대했으며, 또 한편에서는 배우기 쉽고 과학적인 우리글을 두고 복잡한 한문을 고집하는 것은 국력의 낭비고 주체성의 결여라고 맞서 한글전용을 극구 찬성하고 나섰다.

대개 나이 많은 학자 중에서는 이를 반대하는 사람이 많았고, 젊은 세대들은 거의가 찬성하는 쪽이었다. 이와 같이 한글전용화 문제가 표년화되자 매주 모임을 갖는 근대화 문제연구회에서도 자연 이 문제가 화제에 올랐다. 목요회언론인는 대찬성이었고, 화요회학자는 찬반이 엇갈렸으나 찬성하는 쪽이 우세했다.

한글전용문제에 대하여 일부에서는 "대통령께서 너무 소상하셔서 문자에까지 직접 관여하신다."라고 하는 사람들도 있습니다만 한글전용은 사소한 문제가 아닙니다. 저는 박 대통령이 말씀하신 한글전용을 적극 찬성합니다. 대통령께서는 재임중 꼭 이것을 완성시켜야 합니다.

그러면 우리 역사상 세종대왕에 못지않은 치적을 세운 분으로 길이 남을 것입니다. 이 한글전용화는 문화면뿐만 아닙니다. 하루 속히 문자가 간소화되고 기계화되어야 행정의 능률이 오르고 기업체의 경영에 있어서도 합리화를 기하게 될 것입니다.

케케묵은 늙은이를 제외하고는 모두 대통령의 말씀을 지지하고 있습니다. 며칠 전 모 신문에서 한글전용을 반대하는 사설이 나갔습니다. 그 사설을 쓴 사람은 그 신문사에서 제일 열렬히 한글전용을 지지하는 사람입니다. 위에서 쓰라 하니 눈물을 머금고 쓴 것입니다. 그 신문사의 논설위원들은 모두가 한글전용화를 지지하고 있는데, 늙은이 한두 사람은 아직 고집을 부리고 있습니다. 이런 늙은이들이 논설을 좌지우지하고 있으니 탈입니다.

정부에서 솔선하는 것은 참 잘하는 일입니다. 그 다음은 정부기관에 제출되는 민간공문도 한글을 써오도록 권유해야 합니다. 제일 문제는 신문사입니다. 신문만 한글을 쓰면 한글전용은 성공하는 것입니다.

일부 식자들은 이번 한글전용을 이승만 대통령 때의 '한글 표기 간소화' 운동과 혼동하고 있습니다. 그때는 철자법을 무시하고 소리 나는대로 써야 한다는 고집 때문에 반대하는 사람들의 구실이 되었습니다만 이번 경우는 다릅니다. 어떤 늙은이라도 따지고 들어가면 다들 얼굴을 붉힙니다.

이 기회에 대통령께서는 문자개혁의 기치旗幟를 들고 성공시켜 놓아야 합니다. 케말파샤도 터키의 문자혁명을 이룩할 때에는 여러 가지 잡음이 많았습니다만 기어이 오늘과 같이 이룩해 놓았습니다.

지금 우리나라도 실제로 90% 이상은 한글전용에 찬성하고 있습니다. 대통령께서 이번에 단안을 내려야 합니다. 중공에서도 모택동 정권이 들어서면서 문자간소화를 이룩해 놓았습니다. 중공 신문을 보면 읽을 수가 없습니다.

한문은 고정문자固定文字이므로 발전성이 없습니다. 언어도 멈추어 있을 수는 없습니다. 문명과 더불어 발전되어 나가는 것이니 그 발전된 언어를 표시해 나가야 하기 때문에서라도 한글을 써야 합니다. 그리고 한글을 써야 우리말이 세련되는 것입니다. 북한을 예를 들어 이상하기는 하나 그들은 20년 전부터 한글을 전용하고 있습니다. 예를 들어, '강력히 추진한다'를 '세차게 밀고 나간다', '촉진시킨다'는 '다그친다'로 고쳐 써 우리말을 세련화시켜 나가자는 것입니다. 오늘 아침 우리집 머슴애를 보고 '어떤 여자에게 장가갈래?'하고 물었더니 '보들 예쁜 아가씨한테 갈 테야'라고 했습니다. 보드랍고 예쁘다는 말입니다. 얼마나 부드럽고 아름다운 말입니까? 이렇게 어린 세대는 우리들이 모를 만큼 발전을 하려 하는데 어른들이 이런 소질을 살려주지 못하고 있는 것입니다.

어떤 사람은 일본의 예를 들고 있으나 일본의 문자와 우리 한글과는 근본적으로 다를 뿐만 아니라, 우리글은 우수한 표음문자입니다. 말이 좀 빗나갑니다만 일본말이라 하니 기억이 납니다. 문자의 기계화에 관한 것입니다.

제2차대전 전 미국의 라구미어노벨 수상자라는 사람이 어떤 일본 학자를 보고 '일본이 미국과 싸우면 이기겠는가?'하고 종이 한 장을 내주며 시카고에 있는 친구에게 전보 치기를 하자고 했습니다. 일본사람은 미처 20분의 1도 치지 못하였는데 라구미어는 텔레타이프로 두들겨 버리고 나서 전쟁도 이런 것이라고 말했답니다.

우리 군대에서는 오래전부터 한글을 사용해서 행정면에 있어서는 아주 발전되어 있습니다. 작전명령도 한글로 쓰고 있으나 착오가 없습니다. 한 가지 건의할 것이 있습니다. 한글전용을 조속히 이룩하여 역사적인 문헌을 우리말로 옮겨 놓는 작업을 서둘러야 합니다. 지금 각 대학의 역사학과를 보면 동양사 연구는 쇠퇴해가고 있습니다. 박식한 골동품 영감들 몇 분이 있는데 이분들이 돌아가기 전에 정부가 뒷받침을 해주어 이 작업을 이룩해야 합니다.

드디어 박정희 대통령은 한글전용을 반대해온 이병도李丙燾, 1896~1989 박사와 정면 충돌의 해프닝이 발생했다. 박정희 대통령은 한글전용화 정책에 대한 가부 여론을 점검하기 위하여 각계 원로 교수를 청와대 칵테일 파티에 초청했다. 연세대 전규태 교수는 "문교부 편수국장이라는 사람이 한글전용을 반대하고 있는데 어떻게 된 일이냐?"고 문의해 왔다. 국문학을 전공하는 그는 한글전용화에 열성이었다. 문교부장관에게 이 말을 전했더니 불도저 권오병 문교는 자기도 그런 말을 여러 곳에서 들어 왔는데 당장 "목을 떼어놓고 말겠다"고 말했다. 이처럼 한글전용화 운동은 찬반 양론이 격화되는 가운데, 이는 청와대 칵테일 파티에서 박정희 대통령은 한글전용화 정책 실시 의지의 여부를 천명하는 기회였다.

대통령은 귀빈들과 안부 인사를 나누면서 우리나라 석학인 이병도 박사 앞에 가서 손을 잡고, "이 박사님 오랜만입니다. 그동안 안녕하셨습니까?" 하며 술을 권했다. 이에 이병도 박사는 "각하, 한 가지 건의할 말씀이 있습니다. 한글전용은 고려하십시오."

이에 대통령은 "이 박사님도 한글전용을 오해하고 계시는 것 같은데 한문을 전적으로 배우지 말자는 것은 아닙니다." 이에 이 박사는 "그런 뜻인 줄은 잘 압니다만 한문을 쓰지 않으면 문화발전에 지장이 많을 것입니다."

누가 한문을 배우지 말자고 했습니까? 역사 등 고전古典을 연구하는 사람은 대학에서 더욱 한문을 전문적으로 가르치자는 것이 아닙니까? 대통령과 이 박사는 한글전용과 한문학에 대해서 오랫동안 의견을 나누었다. 서로 소신을 굽히지 않고 맞서서 주장하다 보니 분위기도 딱딱해지고 대통령의 언성도 처음과는 달리 다소 노기가 띤 것으로 변하고 있었다.

멀리서 그 광경을 눈여겨보고 있던 초대 문교부 장관 안호상安浩相, 1902~1999 박사가 술잔을 든 채 쏜살같이 달려오더니 다짜고짜 이 박사의 옷깃을 잡아당기며 끌고 갔다.

"이 늙은 놈아, 시끄럽다. 너나 나나 곧 공동묘지 같이 갈 놈이…. 그런 것은 젊은 사람들에게 맡겨 둬. 가자 이리와 술이나 한잔 하자." 장내의 사람들은 연세가 지긋한 학자들이 마치 어린아이들처럼 장난하는 것이 우스워 폭소를 타뜨렸다. 목덜미를 잡혀 끌려가는 이 박사는 어이없어 웃고 말았으며, 대통령 또한 웃지 않을 수 없어 파티장은 웃음바다가 되있다.

〈특별기고 : 이상규(경북대 교수), 한글전용화 선언은 국가 사회의 미래를 예단한 선택(2014. 10. 10)〉

박정희 대통령은 한글전용화 미래 비전을 담화문 형식으로 1968년 10월 9일 한글날에 발표하고 있다.

세종대왕이 창제하신 '한글'이 전 국민의 소통 문자로 자리를 잡기까지 4대 중요 국가 어문정책의 변화가 있었다.

첫째, 세종의 한글창제이다. 계층을 뛰어넘는 소통문자 '한글'을 세종 251443 12월에 창제했지만 그 한글사용은 잠시일 뿐이었다. 소중화 사상에 빠져있던 조선조 주류층의 사대부들에게는 철저하게 외면을 당하였다. 실제로 사대부들은 기초한자와 한문을 습득하기 위해서는 한글을 활용하지 않을 수 없었던 사정에서 그들 또한 대부분 한글을 알고 있었다. 그러나 공식적으로 한글을 사용하는 일은 일종의 금기사항이었으며 또 중화에 대한 불경이며, 체통에 어긋난다는 생각이 널리 퍼져 있을 것이다.

둘째, 고종의 국한문 혼용 선포이다. 조선의 여성들이나 하층인과 중인들에 의해 그 명맥을 유지해 왔던 한글이 대한제국기, 갑오개혁1894~1898과 함께 고종이 국한문 혼용을 선언하였다. 고종 31 1894 11월 21일 공문서 관련칙령 1호 제 14조에 "法律 勅令, 總以國文爲本 漢文附譯 或混用國漢文"이라 하고(칙령 제86호, 고종 32(1895)에 "法律命令은 다 國文으로써 본을 삼고 漢譯을 附하며 或 國漢文을 混用홈"이라고 밝힘으로써 한글을 위주로한 한자 공용화를 선언하였다. 세종이 한글을 창제한 이후 450여년이 지나서 겨우 한자와 섞어쓰기를 한 국한문 혼용시대를 열면서 한글이 공식적인 나라 글자로 인정을 받게 되었다.

셋째, 조선어학회의 '맞춤법통일안'과 '우리말 큰사전'을 편찬한 일이다. 일제 강점기간 동안 조선어학회에서는 "말은 민족의 정신이요, 글은 민족의 생명"이라는 관점에서 탈식민 저항운동으로서 한글이 무언의 민족공동체를 결속시키면서 오늘날 4대 어문규정인 '한글맞춤법통일안', '외래어 표기법', '표준어 규정', '로마자 표기법' 등의 기본 골간을 마련하고 '조선어 큰사전'을 민간단체의 힘으로 이끌어내었다.

조선어학회 33인사건1942과 같은 일제의 혹독한 탄압 아래 전개된 조선어학회의 어문문화 지항운동은 구국독립운동의 물길을 열어준 것이다. 그러나 식자들은 여전히 한자 사용을 고집하였다. 국한문 혼합체는 1960년대까지 유지됨으로써 계층간의 소통문자는 한글, 한자, 영어 등 여러 나라 문자가 신문과 교과서 등에서 마구 뒤섞여 있었다. 당시 우리 글에 나타난 한자의 비율은 80%, 1961년에는 70%에 달하였다. 한글을 읽을 수 있는 사람이 전 국민의 15~20% 정도밖에 되지 않았으니 한자가 섞인 국한문 혼용체를 온전히 읽을 수 있는 국민은 0.8%에도 미치지 못하였다는 말이다. 물론 그 0.8%에 속하는 한자 해독자라 하더라도 한자와 한문 독해 능력의 차등은 엄청나게 컸던 것으로 보인다.

넷째, 박정희 대통령의 한글전용화 선언이다. 1968년 10월 9일 한글날 기념식장에서 박 대통령은 1970년 1월 1일부터 전면 한글전용화를 실시한다고 친필로 쓴 담화문을 발표하였다. 지금도 한글파와 한자파의 대립과 시비가 끊이지 않는데 당시의 상황은 실로 충격적이어서 사회적 파장을 몰고올 수밖에 없었다. 전국 문과 계열의 교수들은 일제히 일어나 반대 서명운동을 시작하였고, 관련 학회들은 벌떼처럼 일어났다. 책상머리에 앉아있는 지식인들이 기대하는 사회의 진보적 변화는 그렇게 쉽지 않았다. 아마 박 대통령은 당시 엄청난 정치적 손실을 예상하지 못했을 리가 없었을 것이다. 그럼에도 불구하고 한글전용화 선언은 국가와 사회의 미래를 예단한 선택이라고 아니할 수 없다.

한글전용화라는 실로 엄청난 어문정책의 변화는 바로 세종대왕이 꿈꾸었던 이상이 현실이 되어 우리들의 눈 앞으로 다가온 것이다. 그러나 아직 이러한 현명한 결정에 대해 비판적인 시각이 상존하고 있다. 세계문화사에서도 크게 자랑할만한 우리나라의 글자인 한글로 초중고등학교 교육 현장에서 교육을 실시함으로써 얻을 수 있는 국가 전략적 목표와 이점을 박정희 대통령은 예시하고 있었던 것이 분명하다. 근대화의 단초로 경제발전을 통한 나라 중흥에 두었지만 국민들의 지혜와 창의력을 증대시키기 위해서는 무엇보다도 먼저 나라 글자의 개혁이 필요하다는 판단 아래 숱한 반대를 무릅쓰고 한글전용화의 용단을 내린 것이다.

한동안 한글 · 한자 논쟁이 잠잠하다 싶더니 최근 다시 한자교육을 주장하는 관련단체들이 연합하여 '국어기본법'이 위헌임을 주장하고 나섰다. 2012년 10월 23일 어문정책 정상화추진위원회회장 이한동 전 국무총리가 주도하여 '국어기본법'이 위헌의 소지가 있다며 위헌소송을 제기하면서 다시 한자 · 한글 논쟁의 불을 붙이고 있다. '어문정책정상화추진회'라는 명칭에는 지금까지 국가 어문정책이 비정상적이었다는 전제를 함의하고 있다. 비정상적이어서 정상적으로 돌린다는 말이다.

곧 박정희 대통령의 한글전용화 정책이 부당했으며, 2005년 노무현 대통령의 참여정부가 발의한 '국어기본법'이 전면적으로 부당하다는 의미가 담겨 있다. 그런데 매우 안타깝게도 한자 옹호의 관성은 꼬리가 끊이지 않고 최근 교육부장관이 초등학교 3학년 이상 한자교육을 실시할 것이라 밝히고 있다. 50년전 박 대통령의 한글전용화 정책에 전면 위배되는 교육정책을 내놓은 박근혜 정부의 교육정책을 도무지 이해할 수 없다.

박정희 대통령의 한글전용화 정책의 핵심 4대 목표 1) 문맹을 없애고, 2) 국민의 지식수준을 높이고, 3) 문화의 전달과 교류, 4) 교육의 능률 향상에 두었다. 이를 구체적으로 실현하기 위해서는 교육방식 곧 초중고등하교 교재를 단계적으로 한글전용 개편하는 강력한 방안을 선택하지 않을 수 없었던 것이다. 이러한 4대 목표를 전제로 하여 추진된 한글전용화 정책의 성과는 첫째, 10년 이내에 전 국민의 문맹률 65% 감소, 둘째, 한류 열풍과 한국문화의 융성과 발전의 기초, 셋째, IT · 한글 정보화 시대의 기반마련, 넷째, '세종학당'의 해외진출과 한글의 문화영역의 세계적인 확대 등의 효과를 거두는 밑거름이 되었다.

진실로 국민 집단지성의 수준을 올리기 위해서는 한문 전적의 대대적인 한글 번역작업에 총력을 기울이고, 그러한 일을 담당할 전문인력을 키우는 일이 훨씬 효과적이라고 판단한다. 한자능력검정시험을 실시한 엄청난 수익금을 활용하여 필요하다면 사회교육의 일환으로 또는 전문인력양성을 위해 한자와 한문을 가르칠 수 있도록 배려할 필요도 있다. 한글의 미래를 위해서도 우리나라의 지식정보의 발전을 위해서도 빗발치는 반대 여론에도 불구하고 한글전용화를 선언했던 1970년 이전으로 역사의 시계 바늘을 되돌릴 필요가 있는지 어느 길이 더 합리적인지를 깊이 성찰할 필요가 있다.

더 이상 한자교육의 문제와 한자 공용의 문제를 가지고 국가 사회의 갈등 요인으로 만들지 않기를 바라며 이 글을 놓아둔다.

김문수金文洙, 전 경기도 지사의 박정희 대통령 40주기 추도사(2019. 10. 26, 국립현충원)〉

40년 전 오늘, 당신께서는 너무도 갑작스럽게 저희 곁을 떠났습니다. 그날 저는 사회주의혁명을 꿈꾸며 대학에서 두 번 제적된 후 공장에 위장 취업해 있었습니다.

한일공업 노동조합 분회장으로서 출근길 지하철 바닥에 뿌려지는 '박정희 대통령 유고' 호외를 보고 깜짝 놀라면서도 한편으로는 이제 유신 독재가 끝나고 민주화가 되겠구나 가슴이 두근거리기도 했습니다.

저는 고등학교 3학년 때 당신의 3선개헌에 반대하는 시위로 무기정학 되었습니다. 교련 반대, 유신 반대로 대학을 두 번 쫓겨났습니다.

경부고속도로가 히틀러의 아우토반처럼 독재 강화의 수단이라는 운동권 선배의 가르침대로 저도 반대했습니다. 그러나 36년 뒤 제가 경기 도지사가 되어야 경기 북부 전방지역 발전을 위해서 고속도로 건설이 필수적임을 깨닫고 당신의 선견지명에 반대했던 제가 너무 부끄러웠습니다.

'마이 카' 시대를 외치던 당신을 향해 히틀러 나치 독재의 국민차 폭스바겐식 선동이라며 대학교수들과 우리 대학생은 반대했지요.

우리나라는 자동차 제조기술도 자본도 시장도 없고, 후진국에서 그 어떤 나라도 자동차를 성공시킨 사례가 없으며 조목조목 근거를 대며 반대했습니다. 그러나 놀랍게도 당신은 우리나라를 세계 5대 자동차 생산국으로 만들었습니다.

제철, 자동차, 조선, 중화학, 전차, 방위산업 모든 부문에서 당신은 최고의 산업혁명가였습니다.

포항, 울산, 구미, 창원, 안산 신도시를 건설한 당신은 최고의 도시계획가였습니다. 박정희 신도시는 첨단산업뿐 아니라 대학 공원 주거 모두 역사상 최고 수준의 복합 신도시를 최단시간에 만들었습니다.

고속도로, 지하철, 항만, 공항건설 당신은 최고의 국토건설가였습니다. 당신의 원대한 구상과 최첨단의 마스터플랜, 그리고 강렬한 추진력은 세계 역사상 그 누구도 따라갈 수 없는 '한강의 기적'을 이룩했습니다.

제가 늘 꿈꾸던 네 가지를, 제가 가장 미워했던 당신께서는 모두 이루어 주셨습니다.

첫째, 배부르게 먹는 꿈입니다. 농지개량 통일벼 생산, 비료공장 건설, 댐 건설, 간척지 개발 등 농업혁명으로 5천년 배고픔을 해결해 주셨습니다.

둘째, 건강과 장수의 꿈을 이루어 주셨습니다. 아파도 병원에 갈 수 없었던 어린 시절을 살아왔던 저희들에게 지금같은 의료혁명은 꿈만 같습니다. 당신께서 추진하셨던 의료보험제도와 의료기술 수준은 미국인조차 부러워하고 있습니다.

셋째, 20대까지노 전기 없이 호롱불 켜고 살았던 저희들이 세계 최고 수준의 전기를 사용할 수 있게 된 것도 당신의 원자력 발전 덕택입니다.

넷째, 항상 물이 부족하여 먹을 물 받으러 양동이를 지고 줄서서 기다리던 저희들이었습니다. 농업용수도 공업용수도 모두 부족한 물 부족 국가에서 당신께서는 댐을 건설하시고 산림녹화를 하시고 수도시설 발전시켜 아무리 가물 때도 주방에서 화장실에서 맑은 물을 펑펑 쓸 수 있게 되었다니 꿈만 같습니다.

당신이 가장 사랑하는 따님이자 저의 동년배인 박근혜 대통령은 촛불혁명 구호 아래 마녀사냥으로 탄핵되고 구속되어 32년 징역형을 선고

받고 지금 병원에 입원 중입니다.

반공을 국시로 첫 번째로 삼으셨던 당신이 떠나신 후 40년 세월 동안 민주화가 도를 넘어 지금 대한민국은 종북 주사파가 집권하였습니다. 대한민국은 적화통일의 위기에 처했습니다. 빨갱이 기생충들이 나라를 벌겋게 물들이고 '한강의 기적'을 허물어뜨리고 있습니다.

〈통일혁명당 사건(1968.8.24)〉

1968년 8월 24일 중앙정보부가 발표한 지하당 조직사건이다. 158명이 검거되어 50명이 구속되었다. 1960년대 최대의 공안사건이었다. 중앙정보부 김형욱에 따르면 김종태는 전후 네 차례에 걸쳐 월북, 김일성과 면담하고 통일혁명당을 결성하여 혁신정당으로 위장 합법화하여 반정부 반미데모를 전개, 대정부 공격과 반정부 반미적 소요사태를 유발시키는 데 주력했다.

통일혁명당은 김종태가 4차례나 월북해 조선민주주의인민공화국의 지령과 자금을 받고 결성된 혁명 지하당이었다. 통혁당은 조선로동당의 지시를 받는 지하당이었다. 주범 김종태 · 김질락 · 이문규는 월북해 조선로동당에 입당하였고, 당원 인진영 · 오병헌은 1968년 4월 22일 월북, 교육을 받던 중 1968년 6월말 통혁당 사건이 터지자 북한에 머물었다.

이 사건으로 김종태 · 이문규 · 김질락은 사형선고를 받고 사형이 집행되었다. 서울대 경제학과를 나와 육군사관학교 교관을 지낸 신영복은 1심과 2심에서 사형, 대법원에서 무기징역을 선고받았다. 신영복은 20년 복역 후 비록 사상 전향서를 썼지만 그의 공산혁명 사상을 바꾼다거나 동지를 배신하는 일은 하지 않았으며 통혁당에 가담한 것도 양심의 명령 때문이었고, 향후로도 따라 통혁당에 가담했던 때와 비슷한 생각으로 활동할 것임을 밝힌 바 있다. 신영복은 2016년 1월 15일 사망했다.

문재인 대통령은 북한정권의 남한 공산혁명 진지인 통혁당 간부 신영복을 2018년 평창 겨울올림픽에서 전세계 지도자 앞에서 '자신이 가장 존경하는 사상가'라고 했고, 2019년 현충일 기념사에서는 공산주의자 김원봉金元鳳, 若

山, 義烈團 단장을 공식 찬양했다.

통혁당 주범 무기수 신영복申榮福, 1941~2016을 가장 존경하는 사상가로 평창 올림픽에서 김여정과 세계 정상들을 향해 커밍아웃하는 김정은의 대변인 문재인이 대한민국 대통령이 되었습니다.

김정은을 칭송하며 위인으로 맞이하는 환영단이 생겼습니다. 우리 민족끼리를 외치며 반일 죽창 투쟁을 선동하는 조국이 법무장관이 되기도 했습니다. 당신께서 이룩하신 한강의 기적을 송두리째 무너뜨려 김정은에게 갖다 바치는 자가 당신을 친미 · 친일 · 반공 수구 적폐세력으로 공격하며 역사를 뒤집어엎고 있습니다.

한미동맹을 해체하고 무상복지를 약속하며 평화경제를 외치고 있습니다. 우리 민족끼리는 있어도 주적은 없다고 가르칩니다. 김정은이 핵미사일로 전 세계를 위협하고 있는데도 주사파 집권자는 이제 평화는 있어도 전쟁은 없어졌다고 거짓 선동을 반복하고 있습니다.

트럼프 대통령 국빈방문 중에 트럼프 참수대회가 주한 미국대사관 앞에서 열리기도 했습니다. '미군철수' 플래카드를 미국 대사관 앞에 몇 년째 걸어두어도 철거하지도 않고 조사하지도 않는 나라가 되어버렸습니다.

'싸우면서 일하자!' 당신의 구호입니다. '국방과 경제'의 근본정신이요 기본원리입니다. 소련, 중공, 북한 공산국가와 대치하는 최전방 대한민국에서도 한강의 기적을 이루어낸 당신의 구호가 절실한 오늘입니다.

"우리 민족끼리 싸우지 말고 나눠 먹자!" 종북 주사파 문재인의 '평화경제'의 구호입니다.

(가) '우리 민족끼리' 김정은과 백두산 천지에서 두 손 마주잡고 파안대소합니다. 김정은는 갑자기 싸움 상대가 아니라 우리 민족끼리 퍼주기 대상이 되어버렸습니다. 김정은의 핵무기는 폐기 대상이 아니라 美제국주의자와 일제 침략세력에 맞서는 우리 민족의 '보검'이랍니다.

(나) 문재인은 평양까지 김정은을 찾아가서 9 · 19 평양군사합의서로 NLL DMZ 정찰비행까지 김정은에게 다 나누어 주어버렸습니다.

(다) 경제와 일자리의 주축인 기업을 적폐세력으로 몰아다 죽이고 있습니다. 집권세력인 민주노총의 강성 만성파업 시위로 기업은 문을 닫고 자본 해외도피가 대세가 되어버렸습니다.

(라) 당신을 따라 '싸우면서 일하자!'고 하던 '시대착오 수구 꼴통' 취급당하는 세태가 되어버렸습니다. 일하지 않고 잘 사는 개인도 기업도 국가도 없음을 절감하신 당신이 외치던 '싸우면서 일하자!'는 외침이 그리운 오늘입니다.

'하면 된다'던 당신을 향하여 '할 수 없다'고 침을 뱉던 제가 이제는 당신의 무덤에 꽃을 바칩니다.

당신의 꿈은 식민지 시대의 배고픔과 절망에서 자라났지만 역사를 뛰어넘었고, 혁명적이었으며, 세계적이었습니다.

당신의 업적은 당신의 비운을 뛰어넘어 대한민국과 함께 영원할 것입니다. 당신의 무덤에 침을 뱉는 그 어떤 자도 당신이 이룬 '한강의 기적'을 뛰어넘지는 못할 것입니다.

당신의 따님 우리가 구하겠습니다. 당신의 업적 우리가 지키겠습니다. 당신의 대한민국 우리가 태극기 자유통일 이루겠습니다. 편히 쉬십시오.

출처 김문수의 박정희 대통령 40주기 추도사
2019년 10월 26일 김문수 재배 국립현충원[48]

2022년 현재, 북한의 미사일 위협으로 전쟁발발의 가능성이 고조되어가는 가운데 한국의 안보 불안이 이처럼 심각해진 적은 일찍이 없었다. 북한의 핵무기 도발의 원인은 무엇일까? 김대중 대통령은 햇볕정책으로 북한을 끌어안는 포용정책에 의하여 막대한 자금을 퍼주었다는 데서 비롯되고 있다. 김형석은 전쟁발발을 막는 길은 전쟁 억제력 확보만이 우리의 절체절명의 과업이라고 했다.

"대한민국은 전쟁을 원치 않는다. 전쟁은 대한민국의 국시國是를 위반

---

48 출처 김문수의 박정희 대통령 40주기 추도사(2019. 10. 26, 국립현충원).

하는 죄악이다. 그런 전쟁을 억제하거나 불가능하게 하는 외교력과 군사력은 지금 우리에게 주어진 절체절명의 과업이다. 대한민국은 평화를 지키고 유지하는 국가이다. 공산국들과 같은 정권욕의 노예가 되어 국가를 도탄에 빠지게 해서는 안 된다.

공산국가들, 독재국가들의 본성과 역사적 과거를 연구하거나 이해하지 못한 대한민국 정부와 좌파 정권이 현재와 같은 안보위기를 자초했다. 김대중 정부는 지나치게 많은 경제적 원조로 북의 핵무장을 키웠고, 노무현 정권은 운동권의 온상을 장만해 주었다. 문재인 정권은 김정은과의 개인적인 약속을 자유세계의 영수들 것과 동등하게 받아들였다. 결국은 국방력을 약화시키고, 공산국 억제의 기회까지 상실하는 위기를 초래했다.

야당인 민주당 대표는 한미일 군사훈련을 항일정신에 위배된다고 항의한다. 항일운동은 그들만의 독점물이 아니다. 자유와 평화를 위한 민주주의를 위해서 공산 침범은 허용할 수 없다는 세계적 역사의식에 동참하는 것은 우리 모두의 의무이고 책임이다. 지금 북의 핵위협은 김정은 한 사람의 순간적인 잘못된 결정으로 제2의 6·25전쟁보다 더한 참극의 운명을 맞게 할 수 있다. 민주당의 비판을 위한 비판과 반정부 운동은 애국적인 선택이 아니다. 6·25전쟁 때 정부의 무책임이 어떤 결과를 가져왔는가. 안보문제는 어느 한쪽에 국한된 과제가 아니다. 정부와 여야 정당의 민주주의를 위한 방향과 목적 설정이 필수적이다. 정부는 확고한 신념을 갖고 자유민주주의 정치의 정도를 되찾아 세계무대로 진출해야 한다."[49]

---

49 『東亞日報』(2022. 10. 21), 김형석 칼럼 : 북핵위기, 정치권은 더 이상 국민을 실망시키지 말라.

세종대왕이 1446세종 28. 9에 '어린 백성'을 위하여 훈민정음한글을 반포한 지 282년 만에 시조집 : '청구영언'에서 한글전용 시조가 발표되면서 이제 시조가 한글전용운동에 앞장서게 되었다.

〈시조집 『靑丘永言』(1728, 영조 4, 戊申) 296〉

간밤의 우던 여흘 슬피우러 지내여다
이제야 ᄉᆡᆼ각ᄒᆞ니 님이 우러 보내도다
져 물이 거스리 흐르고져 나도 우러 녜리라
註 : 여흘 – 여울灘, 거스리다 – 거역하다, 흐르고져 – 흘렸으면,
우러 녜리라 – 울어 가겠도다

개화기에 들어서면서 서재필의 '독립신문'1896. 4. 7~1899. 12. 4이 한글전용을 실천한 신문의 효시가 되었다.

"우리 신문이 한문은 아니 쓰고 다만 국문으로만 쓰ᄂᆞᆫ거슨 샹하귀쳔이 다 보게 홈이라. 죠션셔ᄂᆞᆫ 죠션국문은 아니ᄇᆡ오드ᄅᆡ도 한문만 공부ᄒᆞᄂᆞᆫ ᄭᆞᄃᆞᆰ에 국문을 잘 아ᄂᆞᆫ 사ᄅᆞᆷ이 드물미라. 죠션국문ᄒᆞ고 한문ᄒᆞ고 비교ᄒᆞ여보면 죠션국문이 한문 보다 얼마가 나흔거시 무어신고ᄒᆞ니 첫ᄌᆡᄂᆞᆫ ᄇᆡ호기가 쉬흔이 됴흔 글이요. 둘ᄌᆡᄂᆞᆫ 이 글이 죠션글이니 죠선인민들이 알아셔 ᄇᆡᆨᄉᆞ을 한문 ᄃᆡ신 국문으로 써야 샹하귀쳔이 모도 보고 알어보기가 쉬흘 터이라."(독립신문 제1호 논셜(1896. 4. 7).

그럼에도 불구하고 신문 잡지를 비롯하여 모든 출판서적에는 여전히 '현토 한문체' 문장이 출판계의 대세를 이루었다. 세종대왕의 '어린 백성'을 위하여 한글전용의 꿈은 완고한 한국 지식층의 현학적衒學的 학식 자랑 '현토한문체' 문장을 한글전용으로 변환할 수가 없었다.

두 번째로 한글전용신문을 발행한 신문은 대한매일신보1907. 5. 23~1910. 8. 28이다.

〈社說 : 국문신보 발간(대한ᄆᆡ일신보, 1907. 5. 23)〉

※ 한글 철자의 표기방식의 시대적 변천을 알기 위하여 구철자법 그대로 옮겼음.

본 긔쟈-이 한국사ᄅᆞᆷ을 ᄃᆡᄒᆞ야 ᄒᆞᆫ마ᄃᆡ 말노 질문코져 ᄒᆞ노니 대져 삼쳔리강토와 이천만 인구로 ᄌᆞ쥬독립ᄒᆞ지 못ᄒᆞᆯ 걱정이 업거ᄂᆞᆯ 무ᄉᆞᆷ 연고로 오ᄂᆞᆯ날에 나라권셰를 온젼히 일코 사ᄅᆞᆷ의 권리가 젼혀 업서져 무궁히 비참ᄒᆞᆫ 경우애 ᄲᅡ졋ᄂᆞ뇨. 그 원인을 의론컨ᄃᆡ ᄌᆞ릭로 한국인이 편리ᄒᆞᆫ 국문한글은 바리고 편리치 못ᄒᆞᆫ 한문을 숭샹ᄒᆞᄂᆞᆫ 폐막으로 말ᄆᆡ암이라 ᄒᆞ노니 모든 한문가에셔ᄂᆞᆫ 혹 이 말에 ᄃᆡ하야 노여ᄒᆞ며 괴이히 녁이ᄂᆞᆫ 자도 잇ᄉᆞ려니와 이것ᄉᆞᆫ 한국ᄂᆡ에 큰 마귀의 저희인즉 일쟝 셜명ᄒᆞ야 벽과치辟科治(각 품등관리를 물리치지) 아니치 못ᄒᆞᆯ지로다.

대져 셰계 렬국이 각기 졔나라 국문과 국어나라 방언로 제나라 정신을 완젼케 ᄒᆞᄂᆞᆫ 긔초를 삼는 것이어ᄂᆞᆯ 오직 한국은 제나라 국문을 ᄇᆞ리고 타국의 한문을 슝샹ᄒᆞᆷ으로 제나라 말ᄭᆞ지 일허ᄇᆞ린 쟈가 만흐니 엇지 능히 졔나라 졍신을 보존ᄒᆞ리오. 그 국문을 ᄇᆞ리고 한문을 슝샹ᄒᆞᆫ 폐막을 대상 밀ᄒᆞ랴면 여러 가지라.

한가지ᄂᆞᆫ 국문을 ᄇᆡ호지 안코 한문만 ᄇᆡ홈으로 말과 글이 ᄒᆞᆫ골 ᄀᆞᆺ지 못ᄒᆞ야 공부ᄒᆞᄂᆞᆫᄃᆡ 심히 어려우니 만일 평ᄉᆡᆼ 젼문가이 아니면 사ᄅᆞᆷ마다 ᄇᆡ호지 못ᄒᆞᄂᆞᆫ 고로 국민의 보통지식을 ᄀᆡ발ᄒᆞᄂᆞᆫ 길이 심히 좁고 ᄯᅩ 한가지ᄂᆞᆫ ᄇᆡ호기 쉽고 쓰기 편ᄒᆞᆫ 국문은 ᄇᆞ리고 ᄇᆡ호기 어렵고 쓰기 불편ᄒᆞᆫ 한문을 괴로히 공부ᄒᆞᆷ으로 쳥츈브터 장을 치고 ᄇᆡᆨ슈가 되도록 경셔를 궁리ᄒᆞ되 그의 머리該頭가 더욱 막혀가고 실효가 더욱 업서져셔 제집안의 경제도 ᄒᆞ기 어렵거든 엇지 부국강병ᄒᆞᆯ 능력이 잇스리오.

지식이 막히고 실업이 쇠ᄒᆞ고 렴치가 업셔진 거시 다 일노 말ᄆᆡ암이오. 또 한가지ᄂᆞᆫ 졔나라 국문은 쳔히 녁이며 경히 녁이고 남의 나라 한문은 귀히 녁이며 즁히 녁이ᄂᆞᆫ 고로 졔나라를 졔가 업수히 보고 남의 나라를 쳐다보ᄂᆞᆫ 노예의 셩품을 양셩ᄒᆞ고 독립의 명의ᄂᆞᆫ 도모지 아지도 못ᄒᆞ니 엇지 독립ᄉᆞ샹이 잇ᄉᆞ리오.

이럼으로 한국 ᄂᆡ에 문학가ᄂᆞᆫ 디리와 력ᄉᆞ등셔에 청국의 산쳔구역과 셰ᄃᆡᄉᆞ젹과 풍토 물산은 다 입으로 흐르ᄂᆞᆫᄃᆞ시 외오고 눈으로 손바닥 ᄀᆞᆺ치 발키 보되 졔나라의 산쳔구역과 셰ᄃᆡᄉᆞ젹과 풍토물산은 저마다 캄캄ᄒᆞ니 ᄎᆞ소위 노예의 학문이라 엇지 가쇼롭지 아니리오.

그 쓰이ᄂᆞᆫᄃᆡᄂᆞᆫ 한국ᄂᆡ에 뎨일 놉흔 문ᄌᆞ가 홍문관 규쟝각의 졔고문과 샹표와 젼문과 샹량문이니 이ᄂᆞᆫ 불과 시문채즁 ᄒᆞᆫ가지 일이언마ᄂᆞᆫ 그 글도 잘 하랴면 진실노 젼문으로 공부ᄒᆞ지 아니면 또ᄒᆞᆫ 능치 못ᄒᆞ나 그 실효를 말ᄒᆞ랴면 국가에나 민간에나 조금도 리익홈이 업고 소위 과거ᄉᆞᆫ들은 시라 부라 의라 ᄎᆡᆨ문이라 ᄒᆞᄂᆞᆫᄃᆡ 그 춍명과 ᄌᆡ지를 다ᄒᆞ야 허다ᄒᆞᆫ 세월을 허비ᄒᆞ야도 그 셩취를 궁구ᄒᆞᆯ진대 실노 졍치샹에 리익이 업고 도로혀 경제샹에 방ᄒᆡ로옴이 잇도다.

슬푸고 가셕ᄒᆞ도다. 이나라 삼쳔리 ᄂᆡ에 녜로부터 춍명쥰슈ᄒᆞ고 ᄌᆡ지잇ᄂᆞᆫ 션비가 다 ᄒᆞᆫ문과졍에만 싸져 능히 그 사업을 발달치 못하고 ᄆᆞᆺᄎᆞᆷ내 젹막히 늘거죽ᄂᆞᆫ 것ᄉᆞᆯ 면치 못ᄒᆞᄂᆞᆫ쟈 얼마뇨. 이것시 그 나라흘 약ᄒᆞ게 ᄒᆞ고 가난ᄒᆞ게ᄒᆞᆫ 원인이니 약ᄒᆞ고 가난ᄒᆞ고야 엇지 ᄌᆞ쥬독립ᄒᆞᆯ 능력이 잇ᄉᆞ리오.

혹은 닐ᄋᆞ기를 대한의 례의와 문물이 ᄌᆞ고로 혁혁ᄒᆞ야 동방에 유명ᄒᆞᆫ 나라이 된 것ᄉᆞᆫ ᄒᆞᆫ문을 숭샹ᄒᆞᆫ 효험이라 ᄒᆞ나 그러나 청국 셩경현젼을 만약 국문으로 번역ᄒᆞ야 ᄀᆞᄅᆞ쳐스면 인민의 보통 학식을 ᄌᆞ뢰ᄒᆞ기가 엇지 더욱 편치 아니ᄒᆞ며 례의와 법도를 ᄒᆞᆫ갈ᄀᆞᆺ치 발키기가 엇지 더욱 쉽지 아니ᄒᆞ리오. ᄒᆞ물며 오ᄂᆞᆯ날 이 셰계에 잇셔셔 다ᄆᆞᆺ 청국 학문의 조박만 가지고 문채를 ᄉᆞ미면 엇지 능히 강포ᄒᆞᆫ 렬국의 셔리ᄀᆞᆺ흔 검과 우박ᄀᆞᆺ흔 대포가 교접ᄒᆞ야 츙돌ᄒᆞᄂᆞᆫ 령독ᄒᆞᆫ 위엄과 예긔들 막으리오.

가령 ᄒᆞᆫ문을 십년동안 일거 성취ᄒᆞᄂᆞᆫ 경력을 삼ᄉᆞ일간에 능통ᄒᆞᄂᆞᆫ 국문에 옴겨 학문샹과 사업샹에 진보ᄒᆞ면 일년에 될 일은 이삼일에 필ᄒᆞᆯ 것이오. 십년에 될 일은 수삼삭에 필ᄒᆞᆯ 것이니 그리하며 둔ᄒᆞᆷ과 편ᄒᆞ며 불편ᄒᆞᆫ 것ᄉᆞᆫ 지혜롭지 못ᄒᆞᆫ 쟈라도 가히 알지라.

대져 국문의 공부로도 그 사ᄅᆞᆷ이 현량ᄒᆞ고 그 나라이 부강ᄒᆞ얏스면 그 사ᄅᆞᆷ은 현쳘ᄒᆞᆫ 사ᄅᆞᆷ이 되고 그 나라흔 웃듬나라이 될지니 엇지 구구히 한문의 능불능을 말ᄒᆞ리오. 폐일언ᄒᆞ고 한국은 국문이 발달되야 사ᄅᆞᆷ의 지혜가 열니고 나라 힘이 츙실ᄒᆞᆯ지라. 이러ᄒᆞᆷ으로 본샤에셔 국문신보 일부를 다시 발간ᄒᆞ야 국민의 정신을 ᄭᅢ여 니르키기로 쥬의ᄒᆞᆫ지가 오래엿더니 지금셔야 제반 마련이 다 쥰비되여 ᄅᆡ월일이브터 발ᄒᆡᆼ을 시작ᄒᆞ오니 한국 진보의 긔관은 우리 국문신보의 확쟝되ᄂᆞᆫ 졍도로써 징험ᄒᆞᆯ지니 쳠군ᄌᆞᄂᆞᆫ 이 쥬의와 ᄀᆞᆺ치 하기를 십분 ᄀᆞᆫ졀이 ᄇᆞ라노라(대한ᄆᆡ일신보, 社說 : 국문신보 발간).

〈공하 국문보 발ᄀᆞᆫ〉

반갑도다 깃부도다 대한ᄆᆡ일신보샤의
국문신보 일부분을 창셜발ᄒᆡᆼ 반갑노다
ᄀᆞᆷ사ᄒᆞ고 고맙도다 일반남녀 보통지식
일로 죠차 ᄀᆡ발ᄒᆞ야 독립국권 회복ᄒᆞᆫ후
광무일월 명랑하의 ᄆᆞᆫ셰동락 ᄒᆞ오리니
그 은덕을 ᄉᆡᆼ각ᄒᆞ면 감ᄉᆞ키도 측량업고
고맙기도 측량업쇼 문명발달 되ᄂᆞᆫ날의
져사ᄅᆞᆷ의 심ᄒᆞᆫ 학대 당각ᄂᆡ로 아니밧고
당당ᄒᆞ온 독립국에 활발발ᄒᆞᆫ ᄌᆞ쥬권리
누가 능히 막을손가 대한ᄆᆡ일신보 의리
츈추필법 졍대ᄒᆞ야 일월ᄀᆞ치 광명ᄒᆞ고

산악ᄀᆞ치 엄즁ᄒᆞ니 ᄂᆡ디쳠죤 동포님ᄂᆡ
죤모ᄒᆞ고 ᄋᆡ경하오 호샹권면 구람ᄒᆞ와
그의 리를 효측ᄒᆞ기 쳔만복츅 ᄒᆞ나니다
일본 동경 쳥산ᄀᆞ류 방한익

(다한ᄆᆡ일신보, 1907. 5. 23).

대한ᄆᆡ일신보는 최종호(1910. 8. 28)에서

"초야에 뭇친 사ᄅᆞᆷ이라도 다 나라를 위ᄒᆞ여 외국을 방어ᄒᆞᆯ줄을 알며 시졍에 쇼민이라도 다 국가의 졍치를 알어셔 즁인의 의론을 인ᄒᆞ여 졍치를 ᄒᆞ고 죠야의 공론을 취ᄒᆞ여 법령을 발표ᄒᆞ여 젼국의 인즁이 나라로 더브러 일톄가 되어 강토에 ᄀᆞ듣ᄒᆞᆫ 쟈가 쟈가 모다 인ᄌᆡ를 일우ᄂᆞ니라."

(대한ᄆᆡ일신보, 론셜 : 1910. 8. 28).

대한ᄆᆡ일신보가 국문한글신보 발간의 역사적 의의를 다음과 같이 정의하고 있다.

슬프고 가석하도다. 이 나라 삼천리 금수강산에 예로부터 총명준수하고 재주있는 선비가 그의 일생 지상목표가 오로지 과거급제를 위하여 한평생 한문전용 공부에만 열중하다가 그것마저 달성하지 못하고 마침내 적막히 늙어 죽는 자가 얼마이던가. 이러한 한문전용 공부에만 인생 일생의 운명을 걸고 몰입하는 것이 그 나라를 허약하게 하고 가난하게 만든 한 원인이 되고 있다. 이처럼 가난하고 허약하고 나서야 어찌 부국강병 자주독립할 능력이 생기겠는가.

한국 국민은 한일신협약정미7조약, 1907. 7이 강제 체결되면서 고종황제는 퇴위되고 순종이 황제에 즉위하면서부터 한국의 국권은 완전히 상실하는 허수아비 한국 황제의 비극이 발생했다. 이로부터 한국 국민은 비로소 한문전용을 폐지하고 배우기 쉽고 쓰기쉬운 한글전용 공부만이 잃어버린 국권을 되찾고 부국강병을 이룩하여 자주독립을 달성하는 유일한 방책이라고 각성하고 한글전용신문을 발간하게 된 것이다.

대한매일신보1907. 5. 23~1910. 8. 28는 한일합방과 동시에 발행을 중단하고 일제의 언론통폐합에 합병되고 말았다. 최종호1910. 8. 28 '논설 : 학술사상의 변환'에서 "초야에 묻힌 사람이라도 다 나라를 위하여 외국을 방어할줄 알며 시정의 소민이라도 다 국가의 정치를 알아서 중인의 의론을 인하여 정치를 하고 조야의 공론을 취하여 법령을 발표하여 전국의 인중이 나라로 더불어 일체가 되어 강토에 가득한 자가 모두 인재를 이루는지라."라는 뼈대 있는 유언을 남기고 역사 속으로 사라졌다.

이러한 거대한 망국적인 한문전용의 장벽을 일거에 허물어버린 것은 박정희 대통령의 한글전용 전면 실시선언1970. 1. 1이었다. 그러나 완고한 지식층은 여전히 박정희 대통령의 원대한 언어혁명정신을 무시하고 한글전용 언어정책 실시를 강경하게 반대했다. 이로부터 10년동안 한글전용운동은 침체기에 함몰했다.

1980년대에 들어서면서 언론매체 특히 신문사가 박정희 대통령의 한글전용 언어정책을 적극 지지하면서 한글전용 문화운동에 앞장서면서 한글전용 문화운동은 활기를 띠게 되었다. 한자문화권에는 공통적으로 글을 쓸 때 세로쓰기縱書가 기본적인 서법체계를 수천년간 고수해 왔다. 신문사는 이같은 세로쓰기 서법을 과감히 타파하고 가로쓰기橫書 체제에로의 대변혁을 일으켰다. 실로 이같은 대변혁은 출판계의 환호를 받아가면서 가로쓰기 신문제작에 돌입했다. 뿐만 아니라 신문제작에서 종래 오랫동안 유지해 왔던 연재소설을 폐지하고 정치 · 경제 · 사회 · 문화면을 대폭 확장하는 등 한글전용 문화운동은 순조로이 진행할 수 있었다. 각종 월간잡지 및 학술지도 이에 호응, 한글전용화 실현에 이바지했다. 이리하여 박정희 대통령이 한글전용 전면 실시선언1970한 지 20년 만에 비로소 한글전용 문화부흥 르네상스를 구가하게 되었다.

색인

(ㄹ)

(ㅁ)

(ㅂ)

(ㅋ)

(ㅌ)

(ㅍ)

(ㅎ)

자유민주주의 대한민국 산업화 미래 비전

2024년 8월 10일 초판 인쇄
2024년 8월 15일 초판 발행

지은이 _ 김원모
펴낸이 _ 안순철
기 획 _ 양영유
제 작 _ 성두현
편 집 _ 임현수
마케팅 _ 이어진
펴낸곳 _ 단국대학교출판부
등 록 _ 1968.2.27. : No.제03-00095호
주 소 _ 경기도 용인시 수지구 죽전로 152
전 화 _ 031-8005-2402
팩 스 _ 031-8021-7154

값 30,000원

ISBN 978-89-7092-832-6 93910